最新

最新中华人民共和国法律配套解读与实例系列

4

中华人民共和国

土地管理法

配套解读与实例

李遐桢 编著

法律出版社
LAW PRESS·CHINA

图书在版编目（CIP）数据

最新中华人民共和国土地管理法配套解读与实例 / 李遐桢编著. -- 3版. -- 北京 ：法律出版社，2020
ISBN 978 -7 -5197 -4132 -7

Ⅰ. ①最… Ⅱ. ①李… Ⅲ. ①土地管理法－法律解释－中国 Ⅳ. ①D922.305

中国版本图书馆CIP数据核字（2019）第293067号

最新中华人民共和国土地管理法配套解读与实例
ZUIXIN ZHONGHUA RENMIN GONGHEGUO
TUDI GUANLIFA PEITAO JIEDU YU SHILI

李遐桢 编著

责任编辑 陶玉霞
装帧设计 李 瞻

编辑统筹 法规出版分社
出版 法律出版社
总发行 中国法律图书有限公司
经销 新华书店
印刷 三河市龙大印装有限公司
责任印制 吕亚莉
开本 710毫米×1000毫米 1/16
印张 32
字数 570千
版本 2020年3月第3版
印次 2020年3月第1次印刷

法律出版社／北京市丰台区莲花池西里7号（100073）
网址／www. lawpress. com. cn
投稿邮箱／info@ lawpress. com. cn
举报维权邮箱／jbwq@ lawpress. com. cn
销售热线／400 - 660 - 8393
咨询电话／010 - 63939796

中国法律图书有限公司／北京市丰台区莲花池西里7号（100073）
全国各地中法图分、子公司销售电话：
统一销售客服／400 - 660 - 8393/6393
第一法律书店／010 - 83938432/8433 西安分公司／029 - 85330678 重庆分公司／023 - 67453036
上海分公司／021 - 62071010/1636 深圳分公司／0755 - 83072995

书号：ISBN 978 - 7 - 5197 - 4132 - 7 定价：68.00元

出版说明

“最新中华人民共和国法律配套解读与实例系列”丛书由相关领域法律专家编写，收录法律标准文本，解读法律重点条文，并对与法律条文相配套的法律、法规、司法解释、审判政策和典型案例予以精要分析。丛书自2014年出版以来，得到了广大读者的关注与厚爱，读者对丛书的内容、编排体例给予了高度评价。2017年丛书全面修订，至今已经两年有余。两年多来，随着我国立法的完善与发展，国家出台或者修改了与丛书各个领域联系紧密的法律法规、部门规章及司法解释，如《土地管理法》《社会保险法》《公司法》《劳动法》《刑事诉讼法》《民事诉讼法》《公安机关办理行政案件程序规定》《最高人民法院关于适用〈中华人民共和国公司法〉若干问题的规定（五）》《最高人民法院关于适用〈中华人民共和国行政诉讼法〉的解释》等，为了进一步适应新的形势需要，编者再次对本丛书进行了较为系统的修改和完善。

丛书此次修订，重点吸纳最新的配套规定，精选近五年来最高人民法院公报案例、最高人民法院和最高人民检察院指导案例及典型案例，旨在提高案例的典型性和代表性，增强案例的针对性。同时，根据读者需求，增加了保险、监察、安全生产等领域的分册。

丛书编写以实用、易用为原则，汇编体例如下：

1. 法律适用提要。分册皆由该领域法律专家撰写适用提要，帮助读者对每一个立法背景、主要内容、注意事项有更全面深入的理解。

2. 重点法条注释。对重点法条进行条文解读，且每个条文都提炼条文主旨，帮助读者准确理解法条内容。

3. 配套法规解读。对与主体法重点条文配套的其他法律、法规、司法解释、审判政策进行解读，使观点更为鲜明、准确，语言更为通俗、精练，更便于读者理解和适用。

4. 关联法规索引。详细列出与主体法条文相关联的法规的名目，方便读者查询使用。

5. 典型案例精选。选取贴近日常生活的典型纠纷，以案说法、以案析法。

6. 附录相关法规。书末收录一些与本领域相关的法律、法规和司法解释，增强了法律法规的相关性和实效性。

需要说明的是，本丛书“适用提要”“条文主旨”“条文解读”“法规解读”等内容皆是编者为方便读者阅读、理解而编写，非国家正式颁布的法律文本，不具有法律效力。

总之，我们所有的付出都旨在提高本书的实用性，以满足广大读者更高的需求。书中不足之处还望读者在使用过程中不吝赐教，提出您的宝贵意见，以便本书继续修订完善。

法律出版社法规中心

2020 年 2 月

目　　录

中华人民共和国土地管理法

配套法规

附　　录

《中华人民共和国土地管理法》适用提要

土地管理制度是一个国家土地管理中的基本法律制度，它在整个中国特色社会主义法制体系中处于一个非常重要的地位。《中华人民共和国土地管理法》（以下简称《土地管理法》）是关于管理土地资源的法律制度，我国土地管理法不仅具有其他国家土地管理的基本制度，也有体现我国实行社会主义公有制、地少人多、耕地少、山地多等基本国情的独特法律制度。

现行《土地管理法》由1986年6月25日第六届全国人民代表大会常务委员会第十六次会议通过，历经三次修正，一次修订。根据我国改革开放和经济发展的实际情况，1988年4月12日第七届全国人民代表大会第一次会议通过的《中华人民共和国宪法修正案》，对我国的土地制度作了重大修改，确立了土地使用权可以依法转让的制度。为了使《土地管理法》的有关内容与宪法修正案一致，1988年12月29日，第七届全国人民代表大会常务委员会第五次会议审议通过了《关于修改〈中华人民共和国土地管理法〉的决定》。

1998年8月29日，第九届全国人民代表大会常务委员会第四次会议审议通过了土地管理法修订案，该修订案于1999年1月1日起施行。由于这次修改《土地管理法》不是对个别条款的修改，涉及面较广，所以没有采取修改决定的方式，而是采取了修订案的方式。

2004年3月14日第十届全国人民代表大会第二次会议通过的《中华人民共和国宪法修正案》，将《宪法》第10条第3款“国家为了公共利益的需要，可以依照法律规定对土地实行征用”，修改为“国家为了公共利益的需要，可以依照法律规定对土地实行征收或者征用并给予补偿”。据此，2004年8月28日，第十届全国人民代表大会常务委员会第十一次会议决定将《土地管理法》第2条第4款修改为：“国家为了公共利益的需要，可以依法对土地实行征收或者征用并给予补偿。”将第43条第2款、第45条、第46条、第47条、第49条、第51条、第78条、第79条中的“征用”修改为“征收”。在

《土地管理法》中增加了土地征收以及补偿制度。

2019 年 8 月 26 日,第十三届全国人民代表大会常务委员会第十二次会议通过《关于修改〈中华人民共和国土地管理法〉、〈中华人民共和国城市房地产管理法〉的决定》,本次《土地管理法》的修改主要涉及以下内容:(1)建立了土地利用和土地管理情况进行督察制度。(2)合并原有土地登记的规定,仅对土地登记制度作了原则规定。(3)规定了国家建立国土空间规划体系。(4)进一步规范了土地利用规划制度。(5)建立了更加严格的耕地尤其是永久基本农田保护制度。(6)明确了土地征收中"公共利益"的范围,土地征收补偿尤其是对农村村民住宅补偿的标准。(7)对农村宅基地使用权作出更加明确规定。(8)建立了集体经营性建设用地法律制度。(9)根据机构改革的实际情况,明确了土地管理中的行政执法部门。

我国现行《土地管理法》共 8 章 87 条。主要内容包括:总则、土地的所有权和使用权、土地利用总体规划、耕地保护、建设用地、监督检查、法律责任及附则。《土地管理法》施行以来,对维护土地的社会主义公有制,加强土地用途管制,保护、开发土地资源,合理利用土地,保护耕地等发挥了积极的作用。

我国土地管理制度不但要解决土地的归属问题,更要解决土地的利用问题。围绕土地利用问题,全国人民代表大会及其常务委员会制定了许多与之相关的法律,如《城市房地产管理法》《农村土地承包法》《物权法》等相关法律制度。为配合《土地管理法》的实施,国务院以及相关土地行政管理部门围绕土地管理及利用制定了大量行政法规、部门规章以及规范性文件,主要有《土地管理法实施条例》《不动产登记暂行条例》《确定土地所有权和使用权的若干规定》《征用土地公告办法》《土地复垦条例》《城镇国有土地使用权出让和转让暂行条例》《国务院关于深化改革严格土地管理的决定》《国务院办公厅关于严格执行有关农村集体建设用地法律和政策的通知》《国务院关于促进节约集约用地的通知》《查处土地违法行为立案标准》等。为了审理与土地有关的民事案件、刑事案件,最高人民法院发布了《关于审理涉及国有土地使用权合同纠纷案件适用法律问题的解释》《关于审理涉及农村土地承包纠纷案件适用法律问题的解释》《关于审理破坏土地资源刑事案件具体应用法律若干问题的解释》。可以说,我国已经建立起一个以《宪法》为依据,以现行《土地管理法》为中心,以《物权法》《城市房地产管理法》《农村土地承包法》等法律为支撑,以相关条例、通知、司法解释为补充的土地归属与利用法律规范体系。可见,仅知道《土地管理法》显然是"管中窥豹",只能看见土地管理与利用制度的部分。要准确地把握我国的土地管理法律制度,不但要熟悉《土地管理法》本身,还要掌握与其配套相关的法律、法规以及司法解释,只有通盘了解,才能真正理解我国的土地管理制度。

中华人民共和国土地管理法

（1986年6月25日第六届全国人民代表大会常务委员会第十六次会议通过　根据1988年12月29日第七届全国人民代表大会常务委员会第五次会议《关于修改〈中华人民共和国土地管理法〉的决定》第一次修正　1998年8月29日第九届全国人民代表大会常务委员会第四次会议修订　根据2004年8月28日第十届全国人民代表大会常务委员会第十一次会议《关于修改〈中华人民共和国土地管理法〉的决定》第二次修正　根据2019年8月26日第十三届全国人民代表大会常务委员会第十二次会议《关于修改〈中华人民共和国土地管理法〉、〈中华人民共和国城市房地产管理法〉的决定》第三次修正）

第一章　总　　则

本章介绍

本章是《土地管理法》的总则部分，它是关于土地管理基本内容的规定，是其他各章的总结与统领。本章明确了《土地管理法》的立法目的、立法依据以及调整范围，重申了社会主义土地公有制，确立了耕地保护、土地征收与补偿、土地用途管制、合理利用土地、土地管理机关以及单位和个人的检举和控告权等土地管理的基本原则。

第一条　【立法目的】[1] **为了加强土地管理，维护土地的社会主义公有制，保护、开发土地资源，合理利用土地，切实保护耕地，促进社会经济的可持续发展，根据宪法，制定本法。**

---

〔1〕　条文主旨为编者所加，下同。

第二条 【所有制形式】 中华人民共和国实行土地的社会主义公有制，即全民所有制和劳动群众集体所有制。

全民所有，即国家所有土地的所有权由国务院代表国家行使。

任何单位和个人不得侵占、买卖或者以其他形式非法转让土地。土地使用权可以依法转让。

国家为了公共利益的需要，可以依法对土地实行征收或者征用并给予补偿。

国家依法实行国有土地有偿使用制度。但是，国家在法律规定的范围内划拨国有土地使用权的除外。

条文解读

本法第2条第1～3款是关于我国基本土地制度的规定。

(1)土地公有制是我国的一项基本法律制度

中华人民共和国成立以后，社会主义公有制逐步确立起来。《宪法》第6条第1款中规定："中华人民共和国的社会主义经济制度的基础是生产资料的社会主义公有制，即全民所有制和劳动群众集体所有制。"土地是最基本的生产资料和生活资料，是最宝贵的自然资源，土地制度是一个国家最基本的法律制度之一。所以本条第1款明确规定，中华人民共和国实行土地的社会主义公有制，即全民所有制和劳动群众集体所有制。所有制的法律表现形式是所有权，从法律上讲，土地的全民所有制就是全民对土地享有所有权，在社会主义国家，国家是全民意志的代表，所以，全民所有实际上也就是国家所有，国家拥有土地的所有权；土地的劳动群众集体所有制是劳动群众集体组织对本集体经济组织的土地享有所有权，它是社会主义土地公有制的重要组成部分。

(2)土地所有权的行使方式

国家所有权作为一种权利，由国务院代表国家来具体行使，即国务院代表国家依法行使对国有土地的占有、使用、收益和处分的权利。必须指出：地方各级人民政府不是国有土地所有权的行使主体，其无权擅自处置国有土地，只能依法根据国务院的授权处置国有土地。国务院代表国家行使国有土地所有权，但是在国有土地的具体经营、管理上，国务院可以直接行使有关权利，也可以授权地方人民政府或者委托国有公司行使有关权利。本条对农村集体经济组织土地所有权的行使未作规定，但是我国《物权法》第60条对农村集体经济组织土地所有权的行使作了较为明确的规定。根据本条的规定，对于集体所有的土地和森林、山岭、草原、荒地、滩涂等，依照下列规定行使所有权:①属于村农民集体所有的,由村集体经济组织或者村民委员会代表集体行使所有权;②分别属于村内两个以上农民集体所有的,由村内各该集体经济组织或者村民小组代表集体行使所有权;③属于乡镇农民集体所有的,由乡镇集体经济组织代表集体行使所有权。城镇集体所有的不动产和动产,依照法律、行政法规的规定由本集体享有占有、使用、收益和处分的权利。

(3)土地所有权的专属性

在我国,土地所有权的归属具有专属性,要么属于国家,要么属于集体。国家对城市市区的土地以及法律规定属于国家所有的农村和城市郊区的土地享有所有权。除此之外的土地属于集体组织所有。土地所有权的专属性决定了土地所有权不能在市场上自由流转。任何单位和个人不得侵占、买卖或者以其他形式非法转让土地。任何买卖或者变相买卖土地,即通过买卖改变土地所有权归属的行为都是非法的,都必须依法禁止。土地是最紧缺的自然资源,随着我国经济体制改革的不断深入,特别是社会主义市场经济体制的逐步建立,土地的商品属性日益显现出来。为了适应土地使用制度改革的需要,1988 年 4 月第七届全国人民代表大会第一次会议通过了《宪法修正案》,将《宪法》第 10 条第 4 款"任何组织或者个人不得侵占、买卖、出租或者以其他形式非法转让土地"修改为"任何组织或者个人不得侵占、买卖或者以其他形式非法转让土地。土地的使用权可以依照法律的规定转让"。即删去了禁止出租土地的规定,增加了土地使用权可以依法转让的规定。同年 12 月,第七届全国人民代表大会常务委员会第五次会议通过了《关于修改〈中华人民共和国土地管理法〉的决定》。这些规定为土地使用制度的改革提供了有力的法律保障。将土地使用权和所有权分离以实现土地的商品属性,有利于土地资源的优化配置,有利于探索土地公有制的有效实现形式,有利于公有土地资产的保值和增值,也有利于促进对外开放、引进资金。经过多年的实践,我国土地使用制度改革,特别是国有土地使用制度改革已经取得了巨大成功。2007 年 3 月通过的《物权法》明确了土地使用权的物权类型,包括建设用地使用权、农村土地承包经营权、宅基地使用权、地役权等。其中,建设用地使用权、农村土地承包经营权作为基本的土地使用权类型,原则上允许在市场上自由流通。为了充分发挥农村土地的流动性,充分利用农村土地,2018 年修正的《农村土地承包法》第 2 章第 5 节专门规定"土地经营权",2019 年新修正的《土地管理法》对集体建设用地作了更加详细的规定。

第 2 条第 4 款是关于土地征收、征用的规定。

2004 年《宪法修正案》将《宪法》第 10 条第 3 款"国家为了公共利益的需要,可以依照法律规定对土地实行征用”修改为“国家为了公共利益的需要，可以依照法律规定对土地实行征收或者征用并给予补偿”。这就赋予了国家土地征收、征用权，确立了土地征收、征用制度。新《土地管理法》第45条进一步明确了“公共利益”的范畴，第46条、第47条、第48条对土地征收的程序、实施、补偿及被征地农民的社会保障等作了更加明确的规定。

在我国，土地要么属于国家所有，要么属于集体所有。各项公共或者公益事业的发展所需要的土地，主要来源于对国有土地的分配调整，但由于国有土地不足而涉及集体所有的土地时，为了保证社会公共事业或者公益事业的发展，体现全社会的长远利益，建立一种使集体所有土地转为国有，以用于公用的特殊取得制度，是完全必要的。土地征收、征用制度就是解决我国农村土地用于公用特殊目的而规定的法律制度。土地征收、征用具有强制性和补偿性的特征，即被征地单位（集体土地所有权人）不得以其所有权从事对抗行为，不得阻挠。

《物权法》第42条第2款、第4款规定：征收集体所有的土地，应当依法足额支付土地补偿费、安置补助费、地上附着物和青苗的补偿费等费用，安排被征地农民的社会保障费用，保障被征地农民的生活，维护被征地农民的合法权益。任何单位和个人不得贪污、挪用、私分、截留、拖欠征收补偿费等费用。国家在一定的范围内依法对被征地单位予以适当补偿，而不是赔偿。同时需要指出的是，为了保护集体土地所有权人的合法权益，国家土地征收权或者征用权也不能滥用，必须依照法律规定的条件和程序行使。不得违反法律规定的权限和程序征收集体所有的土地。因抢险、救灾等紧急需要，依照法律规定的权限和程序可以征用集体土地。被征用土地使用后，应当返还被征用人。土地被征用或者征用后毁损、灭失的，应当给予补偿。

配套法规及解读

《土地管理法》（2019年8月26日修正）

第九条　城市市区的土地属于国家所有。

农村和城市郊区的土地，除由法律规定属于国家所有的以外，属于农民集体所有；宅基地和自留地、自留山，属于农民集体所有。

第十条　国有土地和农民集体所有的土地，可以依法确定给单位或者个人使用。使用土地的单位和个人，有保护、管理和合理利用土地的义务。

第十一条　农民集体所有的土地依法属于村农民集体所有的，由村集体经济组织或者村民委员会经营、管理;已经分别属于村内两个以上农村集体经济组织的农民集体所有的,由村内各该农村集体经济组织或者村民小组经营、管理;已经属于乡(镇)农民集体所有的,由乡(镇)农村集体经济组织经营、管理。

第四十六条 征收下列土地的,由国务院批准:

(一)永久基本农田;

(二)永久基本农田以外的耕地超过三十五公顷的;

(三)其他土地超过七十公顷的。

征收前款规定以外的土地的,由省、自治区、直辖市人民政府批准。

征收农用地的,应当依照本法第四十四条的规定先行办理农用地转用审批。其中,经国务院批准农用地转用的,同时办理征地审批手续,不再另行办理征地审批;经省、自治区、直辖市人民政府在征地批准权限内批准农用地转用的,同时办理征地审批手续,不再另行办理征地审批,超过征地批准权限的,应当依照本条第一款的规定另行办理征地审批。

第四十七条 国家征收土地的,依照法定程序批准后,由县级以上地方人民政府予以公告并组织实施。

县级以上地方人民政府拟申请征收土地的,应当开展拟征收土地现状调查和社会稳定风险评估,并将征收范围、土地现状、征收目的、补偿标准、安置方式和社会保障等在拟征收土地所在的乡(镇)和村、村民小组范围内公告至少三十日,听取被征地的农村集体经济组织及其成员、村民委员会和其他利害关系人的意见。

多数被征地的农村集体经济组织成员认为征地补偿安置方案不符合法律、法规规定的,县级以上地方人民政府应当组织召开听证会,并根据法律、法规的规定和听证会情况修改方案。

拟征收土地的所有权人、使用权人应当在公告规定期限内,持不动产权属证明材料办理补偿登记。县级以上地方人民政府应当组织有关部门测算并落实有关费用,保证足额到位,与拟征收土地的所有权人、使用权人就补偿、安置等签订协议;个别确实难以达成协议的,应当在申请征收土地时如实说明。

相关前期工作完成后,县级以上地方人民政府方可申请征收土地。

第四十八条 征收土地应当给予公平、合理的补偿,保障被征地农民原有生活水平不降低、长远生计有保障。

征收土地应当依法及时足额支付土地补偿费、安置补助费以及农村村民住宅、其他地上附着物和青苗等的补偿费用,并安排被征地农民的社会保障费用。

征收农用地的土地补偿费、安置补助费标准由省、自治区、直辖市通过制定公布区片综合地价确定。制定区片综合地价应当综合考虑土地原用途、土地资源条件、土地产值、土地区位、土地供求关系、人口以及经济社会发展水平等因素,并至少每三年调整或者重新公布一次。

征收农用地以外的其他土地、地上附着物和青苗等的补偿标准,由省、自治区、直辖市制定。对其中的农村村民住宅,应当按照先补偿后搬迁、居住条件有改善的原则,尊重农村村民意愿,采取重新安排宅基地建房、提供安置房或者货币补偿等方式给予公平、合理的补偿,并对因征收造成的搬迁、临时安置等费用予以补偿,保障农村村民居住的权利和合法的住房财产权益。

县级以上地方人民政府应当将被征地农民纳入相应的养老等社会保障体系。被征地农民的社会保障费用主要用于符合条件的被征地农民的养老保险等社会保险缴费补贴。被征地农民社会保障费用的筹集、管理和使用办法,由省、自治区、直辖市制定。

第四十九条 被征地的农村集体经济组织应当将征收土地的补偿费用的收支状况向本集体经济组织的成员公布,接受监督。

禁止侵占、挪用被征收土地单位的征地补偿费用和其他有关费用。

第五十条 地方各级人民政府应当支持被征地的农村集体经济组织和农民从事开发经营,兴办企业。

《物权法》(2007 年 3 月 16 日)

第四十二条 为了公共利益的需要,依照法律规定的权限和程序可以征收集体所有的土地和单位、个人的房屋及其他不动产。

征收集体所有的土地,应当依法足额支付土地补偿费、安置补助费、地上附着物和青苗的补偿费等费用,安排被征地农民的社会保障费用,保障被征地农民的生活,维护被征地农民的合法权益。

征收单位、个人的房屋及其他不动产,应当依法给予拆迁补偿,维护被征收人的合法权益;征收个人住宅的,还应当保障被征收人的居住条件。

任何单位和个人不得贪污、挪用、私分、截留、拖欠征收补偿费等费用。

第四十七条 城市的土地,属于国家所有。法律规定属于国家所有的农村和城市郊区的土地,属于国家所有。

第四十八条 森林、山岭、草原、荒地、滩涂等自然资源,属于国家所有,但法律规定属于集体所有的除外。

第五十六条　国家所有的财产受法律保护,禁止任何单位和个人侵占、哄抢、私分、截留、破坏。

第六十条　对于集体所有的土地和森林、山岭、草原、荒地、滩涂等,依照下列规定行使所有权:

(一)属于村农民集体所有的,由村集体经济组织或者村民委员会代表集体行使所有权;

(二)分别属于村内两个以上农民集体所有的,由村内各该集体经济组织或者村民小组代表集体行使所有权;

(三)属于乡镇农民集体所有的,由乡镇集体经济组织代表集体行使所有权。

《土地管理法实施条例》(2014年7月29日修订)

第二条　下列土地属于全民所有即国家所有:

(一)城市市区的土地;

(二)农村和城市郊区中已经依法没收、征收、征购为国有的土地;

(三)国家依法征收的土地;

(四)依法不属于集体所有的林地、草地、荒地、滩涂及其他土地;

(五)农村集体经济组织全部成员转为城镇居民的,原属于其成员集体所有的土地;

(六)因国家组织移民、自然灾害等原因,农民成建制地集体迁移后不再使用的原属于迁移农民集体所有的土地。

第二十五条　征收土地方案经依法批准后,由被征收土地所在地的市、县人民政府组织实施,并将批准征地机关、批准文号、征收土地的用途、范围、面积以及征地补偿标准、农业人员安置办法和办理征地补偿的期限等,在被征收土地所在地的乡(镇)、村予以公告。

被征收土地的所有权人、使用权人应当在公告规定的期限内,持土地权属证书到公告指定的人民政府土地行政主管部门办理征地补偿登记。

市、县人民政府土地行政主管部门根据经批准的征收土地方案,会同有关部门拟订征地补偿、安置方案,在被征收土地所在地的乡(镇)、村予以公告,听取被征收土地的农村集体经济组织和农民的意见。征地补偿、安置方案报市、县人民政府批准后,由市、县人民政府土地行政主管部门组织实施。对补偿标准有争议的,由县级以上地方人民政府协调;协调不成的,由批准征收土地的人民政府裁决。征地补偿、安置争议不影响征收土地方案的实施。

征收土地的各项费用应当自征地补偿、安置方案批准之日起3个月内全额支付。

※法规解读：《土地管理法》第9～11、45～51条，《物权法》第47、48、56、60条，《土地管理法实施条例》第2条等法律条文都涉及国有土地与集体土地的范围、权利的行使方式等，它是对《土地管理法》第2条的进一步细化。根据这些规定，国有土地的范围不但包括城市土地以及法律规定为国家所有的城市郊区以及农村的土地，还包括依法征收的土地；依法不属于集体所有的林地、草地、荒地、滩涂及其他土地；农村集体经济组织全部成员转为城镇居民的，原属于其成员集体所有的土地；因国家组织移民、自然灾害等原因，农民成建制地集体迁移后不再使用的原属于迁移农民集体所有的土地。劳动群众集体所有制实际上就是劳动群众集体所有权，即土地归村民集体组织所有，可以由村集体经济组织或者村民委员会经营、管理；已经分别属于村内两个以上农村集体经济组织的农民集体所有的，可以由村内各该农村集体经济组织或者村民小组经营、管理；已经属于乡（镇）农民集体所有的，由乡（镇）农村集体经济组织经营、管理。

《物权法》第42条、《土地管理法》第45～51条、《土地管理法实施条例》第25条等规定是关于土地征收具体操作的规定。这些规定明确了土地征收的程序、实施、补偿以及在此过程中产生的相关法律责任。

第一，关于土地征收的前提条件。

土地征收是为了公共利益的需要，国家将集体经济组织的土地通过强制手段转化为国家所有的一种制度。所以，征收的前提条件必须为了公共利益的需要。也就是说，只为某个或某些经济组织或者个人利益需要，是不能征收集体土地的。长期以来，我国法律、法规并没有明确界定哪些建设项目用地是为了“公共利益需要”，也没有界定哪些项目用地不是为了“公共利益需要”，造成实践中认定“公共利益需要”的实际困难，产生了很多纠纷。因此，2019年修正的《土地管理法》第45条对“公共利益”的认定作了明确规定，根据本条的规定，下列用地项目可以被认定为公共利益用地，依法可以征收：（一）军事和外交需要用地的；（二）由政府组织实施的能源、交通、水利、通信、邮政等基础设施建设需要用地的；（三）由政府组织实施的科技、教育、文化、卫生、体育、生态环境和资源保护、防灾减灾、文物保护、社区综合服务、社会福利、市政公用、优抚安置、英烈保护等公共事业需要用地的；（四）由政府组织实施的扶贫搬迁、保障性安居工程建设需要用地的；（五）在土地利用总体规划确定的城镇建设用地范围内，经省级以上人民政府批准由县级以上地方人民政府组织实施的成片开发建设需要用地的；（六）法律规定为公共利益需要可以征收农民集体所有的土地的其他情形。这里的“建设活动”应当符合国民经济和社会发展规划、土地利用总体规划、城乡规划和专项规划;第(四)项、第(五)项规定的建设活动,还应当纳入国民经济和社会发展年度计划;第(五)项规定的成片开发并应当符合国务院自然资源主管部门规定的标准。

第二,关于土地征收的基本程序。

新修改的《土地管理法》对土地征收程序作了更加明确的规定,根据第46~48条的规定,土地征收应遵守以下程序:

(一)申请征收土地的准备工作

县级以上地方人民政府拟申请征收土地的,应当先完成以下相关前期工作:

1. 土地现状调查

县级以上地方人民政府拟申请征收土地的,应当开展拟征收土地现状调查,现状调查通常由有关人民政府自然资源主管部门、被征地农村集体经济组织和被征地的农户(包括利害关系人)三方参与。调查内容包括对拟征土地的权属、地类、面积以及地上附着物权属、种类、数量等,土地现状调查的结果应与被征地农村集体经济组织、农村承包经营户或宅基地使用权人(利害关系人)共同确认。

2. 社会稳定风险评估

土地是农民赖以生存的物质基础,农村土地征收将影响到被征地农村集体经济组织土地所有权的消灭、土地承包经营户承包经营权的消灭以及宅基地使用权人的宅基地使用权的消灭,所以县级以上地方人民政府拟申请征收土地的,应当开展社会稳定风险评估,风险评估应对风险因素的权重比例、发生概率、影响程度等进行分析,综合判定风险程度指数,确定风险等级,形成评估报告。

3. 拟定土地征收方案并公告

征收土地方案由拟征收土地所在地县、市人民政府或其自然资源主管部门拟定。征收土地方案应包括征收范围、土地现状、征收目的、补偿标准、安置方式和社会保障等内容。土地征收方案应在拟征收土地所在的乡(镇)和村、村民小组范围内公告至少30日,听取被征地的农村集体经济组织及其成员、村民委员会和其他利害关系人的意见。

4. 公告征地补偿安置方案并听取意见

县级以上地方人民政府征收土地的,应当制订征地补偿安置方案,并进行公告。土地征收补偿方案涉及对被征地对象的“补偿”和“安置”两个重要方面。征收土地的“补偿”应当公平、合理。征收土地的,应当依法及时足额支付土地补偿费、安置补助费以及农村村民住宅、其他地上附着物和青苗等的补偿费用,并安排被征地农民的社会保障费用。征收农用地的土地补偿费、安置补助费标准由省、自治区、直辖市通过制定公布区片综合地价确定。制定区片综合地价应当综合考虑土地原用途、土地资源条件、土地产值、土地区位、土地供求关系、人口以及经济社会发展水平等因素,并至少每3年调整或者重新公布一次。征收农用地以外的其他土地、地上附着物和青苗等的补偿标准,由省、自治区、直辖市制定。对其中的农村村民住宅,应当按照先补偿后搬迁、居住条件有改善的原则,尊重农村村民意愿,采取重新安排宅基地建房、提供安置房或者货币补偿等方式给予公平、合理的补偿,并对因征收造成的搬迁、临时安置等费用予以补偿,保障农村村民居住的权利和合法的住房财产权益。

征地补偿安置方案应当公告,公告应当包括下列内容:(1)本集体经济组织被征收土地的位置、地类、面积,地上附着物和青苗的种类、数量,需要安置的农业人口的数量;(2)土地补偿费的标准、数额、支付对象和支付方式;(3)安置补助费的标准、数额、支付对象和支付方式;(4)地上附着物和青苗的补偿标准和支付方式;(5)农业人员的具体安置途径;(6)其他有关征地补偿、安置的具体措施。

多数被征地的农村集体经济组织成员认为征地补偿安置方案不符合法律、法规规定的,县级以上地方人民政府应当组织召开听证会,并根据法律、法规的规定和听证会情况修改方案。被征地农村集体经济组织、农村村民或者其他权利人对征地补偿、安置方案有不同意见的或者要求举行听证会的,应当在征地补偿、安置方案公告之日起10个工作日内向有关市、县人民政府自然资源主管部门提出。有关市、县人民政府自然资源主管部门应当研究被征地农村集体经济组织、农村村民或者其他权利人对征地补偿、安置方案的不同意见。对当事人要求听证的,应当举行听证会。确需修改征地补偿安置方案的,应当依照有关法律、法规和批准的征收土地方案进行修改。有关市、县人民政府自然资源主管部门将征地补偿、安置方案报市、县人民政府审批时,应当附具被征地农村集体经济组织、农村村民或者其他权利人的意见及采纳情况,举行听证会的,还应当附具听证笔录。

大中型水利、水电工程建设征收土地的补偿费标准和移民安置办法,由国务院另行规定。

县级以上地方人民政府应当将被征地农民纳入相应的养老等社会保障体系。被征地农民的社会保障费用主要用于符合条件的被征地农民的养老保险等社会保险缴费补贴。被征地农民社会保障费用的筹集、管理和使用办法,由省、自治区、直辖市制定。

地方各级人民政府应当支持被征地的农村集体经济组织和农民从事开发经营,兴办企业。

5. 拟征收土地的所有权人、使用权人就补偿、安置等签订协议

拟征收土地的所有权人、使用权人应当在公告规定期限内,持不动产权属证明材

料办理补偿登记。县级以上地方人民政府应当组织有关部门测算并落实有关费用,保证足额到位,与拟征收土地的所有权人、使用权人就补偿、安置等签订协议;个别确实难以达成协议的,应当在申请征收土地时如实说明。县级以上地方人民政府方可申请征收土地。

（二）征收土地申请

上述相关前期工作完成后,县级以上地方人民政府方可申请征收土地。征收土地的申请,依照法定程序批准后,由县级以上地方人民政府予以公告并组织实施。

（三）征收的批准

征地审批是国家征用土地时,必须办理的审批手续。新《土地管理法》第 46 条对土地征收审批作了规定,根据本条的规定,征收下列土地的,由国务院批准:(1)永久基本农田;(2)永久基本农田以外的耕地超过 35 公顷的;(3)其他土地超过 70 公顷的。征收上述以外的土地的,由省、自治区、直辖市人民政府批准。

征收农用地的,应当依照《土地管理法》第 44 条的规定,先行办理农用地转用审批。建设占用土地,涉及农用地转为建设用地的,应当办理农用地转用审批手续。根据新《土地管理法》第 44 条的规定,永久基本农田转为建设用地的,由国务院批准。在土地利用总体规划确定的城市和村庄、集镇建设用地规模范围内,为实施该规划而将永久基本农田以外的农用地转为建设用地的,按土地利用年度计划分批次按照国务院规定由原批准土地利用总体规划的机关或者其授权的机关批准。在已批准的农用地转用范围内,具体建设项目用地可以由市、县人民政府批准。在土地利用总体规划确定的城市和村庄、集镇建设用地规模范围外,将永久基本农田以外的农用地转为建设用地的,由国务院或者国务院授权的省、自治区、直辖市人民政府批准。

经国务院批准农用地转用的,同时办理征地审批手续,不再另行办理征地审批;经省、自治区、直辖市人民政府在征地批准权限内批准农用地转用的,同时办理征地审批手续,不再另行办理征地审批,超过征地批准权限的,应当依照《土地管理法》第 46 条第 1 款的规定另行办理征地审批。

关联法规索引

《农村土地承包法》第 2 条;《城市房地产管理法》第 6、9 条;《物权法》第 53～55 条;《最高人民法院关于审理涉及农村集体土地行政案件若干问题的规定》第 12 条

典型案例

张先强、湖南省洪江市人民政府再审审查与审判监督案[1]

※案情简介：湖南省怀化市中级人民法院一审认为，本案系行政补偿纠纷。张先强诉请洪江市政府补偿基本农田土地、果园土地、饲养场房屋土地、住房土地费安置补偿、青苗等费用。依照《中华人民共和国土地管理法》第二条："中华人民共和国实行土地的社会主义公有，即全民所有制和劳动群众集体所有制"、第八条第二款："农村和城市郊区的土地，除由法律规定属于国家所有的以外，属于农民集体所有；宅基地和自留地、自留山，属于农民集体所有。"《中华人民共和国土地管理法实施条例》第二十六条规定："土地补偿费归农村集体经济组织所有；地上附着物及青苗补偿费归地上附着物及青苗的所有者所有"和《湖南省大中型水库移民条例》第十二条："移民房屋及附属建筑物补偿费、被征用土地的土地补偿费、安置补助费及地上附着物和青苗的补偿费、零星果木补偿费等的标准，按照国家和省人民政府的规定执行。移民补偿具体方案由当地人民政府在移民所在地的乡（镇）、村予以公告。农村移民的房屋及附属建筑物补偿费、青苗补偿费、零星果木补偿费、搬迁运输费、过渡期生活补助费等，按照国家和省人民政府规定的标准计算，发给移民本人。"因此，本案所涉土地补偿费应归村组集体所有，张先强要求补偿给其个人无法律依据。对于张先强主张土地上的青苗补偿费，其本人已经领取，张先强再行主张该项补偿，无事实依据，且已超过法定的起诉期限。据此，一审法院依照《中华人民共和国行政诉讼法》第四十九条、《最高人民法院关于适用〈中华人民共和国行政诉讼法〉若干问题的解释》第三条第一款第一项、第二项及第二款之规定，作出（2015）怀中行初字第124号行政裁定：驳回张先强的起诉。

湖南省高级人民法院二审查明，为实施托口水电站移民安置，2010年8月13日，洪江市政府公布了《关于公布〈托口电站（湖南部分）移民安置补偿单价标准〉的通告》，对移民范围内的房屋及设施搬迁补偿安置标准，以及水田、鱼塘、果园、林木等补偿标准均作了详细的规定。2012年8月17日洪江市政府公布的《关于调整托口电站移民房屋补偿单价的通告》，对托口水电站移民房屋补偿单价进行调整并公告。张承云、蒋坤兰分别系张先强、张先凤、张小平的父母，以张承云、张先强、张先凤、张小平为户主的四户共同居住在两栋房屋内。该两栋房屋均登记在张承云名下，属于建托口水

---

〔1〕 案例来源：最高人民法院（2016）最高法行申4980号行政裁定书。

电站征迁范围。在该次征收中，张承云家庭协商将两栋房屋按上述四户进行分配。2009年、2011年、2012年，洪江市水库移民管理局将包括上述四户在内的移民的房屋、人口、土地（其中包括房屋及附属设施、移民搬迁及散迁基础设施、青苗等补偿费）等实物指标在村、组进行了一、二、三榜公示，张承云、张先强、张先凤、张小平均未提出异议。张承云于2010年12月9日向移民安置部门提交《关于散户安置的申请报告》，表示经全家协商，决定选择散迁安置方式，散迁地点为马颈坳，请办理相关建房手续。洪江市国土局等有关部门在该报告上盖章表示同意。2010年12月12日，以户主张承云为代表，张先凤1人、张先强3人，与洪江市水库移民管理局签订了《补偿协议》。张承云妻子蒋坤兰在该补偿协议上签字并捺手印。同日，张承云妻子蒋坤兰在移民实物指标、安置补偿单价及补偿金额拨付单（私房）-1上签字领款，共计领取张承云户、张先强户、张先凤户三户房屋及附属设施及移民搬迁、散迁基础设施等补偿费共计97129元。2013年11月23日，张承云领取移民原房拆迁奖励（1户）和过渡安置费（6人，每人1500元）9000元，计10500元；2013年12月23日，张承云在托口电站洪江市库区房屋拆迁奖励奖金发放表上签字，按6人人均500元领取了3000元奖金（备注：原房已拆）。同日，张承云在移民实物指标、安置补偿单价及补偿金额拨付单（私房）-2上签字领取张承云户、张先强户、张先凤户三户房屋及附属设施及移民搬迁、散迁基础设施等补偿费共计59510元。

2012年11月21日，洪江市水库移民管理局为（甲方）与洪江市托口镇新田村为（乙方）签订《托口电站洪江市库区征地补偿及移民生产安置协议书》，对移民的生产、生活安置进行了约定，其中青苗补偿费832247.08元，甲方如数拨给乙方后，由乙方发放到各移民户。同年12月3日，洪江市托口镇新田村祖上坳组将青苗补偿费打到各移民户（其中包括张先强）账上，张先强代理人表示知道打款的事实。2013年1月19日，以洪江市水库移民管理局为甲方，以洪江市托口镇新田村为乙方，签订《托口电站洪江市库区征地补偿及移民生产安置协议书》，约定祖上坳组在安堂脚、牛栏坳、斜马溪开发杨梅、黄桃基地500亩，用于生产安置开发的土地补偿费共计1274504.37元，生产安置费按项目实施进度分期分批拨付，经验收合格后付清。次日该费用拨付到位。

二审法院认为，公民、法人和其他组织应当依法提起行政诉讼。本案中，张先强请求人民法院判决洪江市政府补偿的费用分为三部分，一是基本农田土地、果园土地、饲养场房屋土地、住房土地补偿费，二是基本农田土地、果园土地、饲养场房屋土地、住房及其土地被征收后的安置补助费，三是基本农田土地、果园土地、饲养场房屋土地、住房土地被征收后的青苗补偿费。依据《中华人民共和国土地管理法》第二条第一款、第八条第二款,《中华人民共和国土地管理法实施条例》第二十六条,《湖南省大中型水库移民条例》第十三条规定,洪江市托口镇新田村系涉案被征收集体土地的所有人,土地补偿费应支付给张先强所在村集体(事实上洪江市移民管理局已将该两项费用支付给了张先强所在的新田村),张先强对其所承包经营的土地只有承包经营权,并无所有权,因此其不具有请求支付土地补偿费的主体资格,其该项起诉依法应予驳回。张先强主张村里分配了一些土地补偿费给移民个人,故其可以请求支付土地补偿费,因依法土地补偿费虽不能支付给移民个人,但在国家将土地补偿费支付给移民所在村集体后,村集体讨论对土地补偿费再进行分配的,系村民自治的表现,法律并不禁止。张先强主张安置补助费(包括生产安置和生活安置),因其系由新田村统一生产安置,且相关生产安置补助费已由洪江市水库移民管理局支付给张先强所在新田村,故依法张先强无权向政府主张。而生活安置费,在移民实物指标、安置补偿单价及补偿金额拨付单(私房)中包含搬迁、散迁安置等生活安置费用,并已由张先强父母领取;张先强主张土地上的青苗补偿费,也已于2012年12月3日通过村组拨付给张先强的银行账户。虽然张先强签收移民实物指标、安置补偿单价及补偿金额拨付单(私房)-2的时间是2013年12月23日,但应发给张先强的相关费用(含生活安置补助费、青苗费)均已经洪江市水库移民管理局于2012年前进行了公示,张先强此时已知道行政行为的内容,虽没有告知张先强诉权和起诉期限,但依据《最高人民法院关于执行〈中华人民共和国行政诉讼法〉若干问题的解释》第四十一条规定,张先强应在知道或者应当知道具体行政行为内容之日起最长不超过2年的时间内起诉,张先强于2015年8月31日起诉超过了起诉期限,依法应不予受理,已经受理的应驳回起诉。因此,一审裁定驳回张先强的起诉,事实清楚,适用法律正确,应予维持。张先强的上诉理由不成立,二审法院不予支持。据此,二审法院依据《中华人民共和国行政诉讼法》第八十九条第一款第一项之规定,作出(2016)湘行终56号行政裁定:驳回上诉,维持原裁定。

张先强向本院申请再审,请求撤销一、二审裁定,再审本案。其申请再审的事实与理由为:1. 根据《中华人民共和国农村土地承包法》第十六条第二项关于"承包地被依法征收、征用、占用的,有权获得相应的补偿"的规定,申请人应得到土地补偿费、安置补助费等补偿。2. 本案涉及不动产纠纷,应适用20年的起诉期限。3. 被申请人发布的《托口电站移民安置补偿标准》中的土地补偿费、安置补助费、青苗费等补偿标准明显偏低,不符合相关规定。

本院认为,本案申请人张先强诉请法院判决洪江市政府补偿因征收其基本农田土地、果园土地、饲养场房屋土地以及住房的土地补偿费、安置补助费和青苗补偿费。根据《中华人民共和国土地管理法》第八条第二款、《中华人民共和国土地管理法实施条例》第二十六条、《湖南省大中型水库移民条例》第十三条的规定，本案所涉土地补偿费应归村组集体所有，洪江市托口镇新田村系涉案被征收集体土地的所有权人，土地补偿费应支付给张先强所在村集体，且根据原审法院查明的事实，洪江市水库移民管理局已将该项费用支付给了张先强所在的新田村，张先强对其所承包经营的土地只有承包经营权，并无所有权，因此其不具有请求支付土地补偿费的主体资格。关于张先强主张的安置补助费问题，因生产安置由张先强所在新田村统一组织实施，且相关生产安置补助费已由洪江市水库移民管理局支付给了新田村，故张先强无权再主张生产安置费；而关于生活安置费，在移民实物指标、安置补偿单价及补偿金额拨付单（私房）中已包含了搬迁、散迁安置等生活安置费用，且该项费用已由张先强父母签字领取。关于张先强主张的被征土地上的青苗补偿费，洪江市水库移民管理局也已于2012年12月3日通过村组拨付至张先强的银行账户。故原审法院对其上述诉请不予支持，并无不当。另外，根据原审所查，虽然张先强签收移民实物指标、安置补偿单价及补偿金额拨付单（私房）-2的时间是2013年12月23日，但应发给张先强的相关费用（含生活安置补助费、青苗费）均已经洪江市水库移民管理局于2012年前进行了公示，张先强此时已应知道行政行为的内容，虽没有告知其诉权和起诉期限，但依据《最高人民法院关于执行〈中华人民共和国行政诉讼法〉若干问题的解释》第四十一条的规定，张先强于2015年8月31日才提起本案诉讼已超过了2年的法定起诉期限，故原审裁定驳回张先强的起诉，亦无不当。

综上，张先强的再审申请不符合《中华人民共和国行政诉讼法》第九十一条规定的情形。依照《中华人民共和国行政诉讼法》第一百零一条、《中华人民共和国民事诉讼法》第二百零四条第一款之规定，裁定如下：驳回再审申请人张先强的再审申请。

※裁判要旨：申请人诉请法院判决政府补偿因征收其基本农田土地、果园土地、饲养场房屋土地以及住房的土地补偿费、安置补助费和青苗补偿费。根据《中华人民共和国土地管理法》第八条第二款、《中华人民共和国土地管理法实施条例》第二十六条的规定，土地补偿费应归村组集体所有，洪江市托口镇新田村系涉案被征收集体土地的所有权人，土地补偿费应支付给申请人所在村集体，申请人对其所承包经营的土地只有承包经营权，并无所有权，因此其不具有请求支付土地补偿费的主体资格。

陵水陵港民政福利石化供应有限公司、海南省国营岭门农场确认合同无效纠纷案[1]

※案情简介:1996年7月8日,岭门农场与陵港公司签订《土地转让协议书》,约定:岭门农场将其顶风岭一块荒地转让给陵港公司发展高效农业使用,土地使用范围及位置以岭门农场提供的红线图为准,土地使用面积为350亩,土地转让金为人民币525000元(每亩1500元),土地转让期限为三十年(1996年7月8日至2026年7月8日止),土地转让作为残疾人基地发展使用,不得改变使用用途,如改变用途需经岭门农场同意。协议还约定:岭门农场负责落实土地范围、面积及红线图;该土地转让金上缴给国家部分由陵港公司负责;缴付土地转让金,经双方协议之日起十五天内由陵港公司一次性付清给岭门农场,如超期付款本协议自行失效等。该协议书上分别加盖岭门农场印章、岭门农场原法定代表人王善招私章以及陵港公司印章和陵港公司原法定代表人王朝碧签名。岭门农场于协议签订当日向陵水县土地管理局出具《土地转让证明书》,内容为:现有我场顶风岭一块荒地(见协议书及红线图为准),土地面积约350亩,经农场领导讨论同意将此一土地转让给陵港公司使用,转让金已按合同约定付清,请给陵港公司办理国有土地使用权登记手续。1999年2月26日,陵水黎族自治县人民政府(以下简称陵水县政府)向陵港公司颁发陵国用(岭门)字第8635号国有土地使用证(以下简称第8635号国土证)。

岭门农场所使用的土地均未办理国土证,经申请,2003年11月10日,陵水县政府给岭门农场颁发陵国用(岭门)第00002号国有土地使用权证(以下简称第00002号国土证),该证范围包含案涉土地。2011年,根据海南省关于农垦体制改革的要求,经海南省农垦总局批准,岭门农场将约405亩国有划拨地(含案涉土地)划转给岭门投资公司,并于2013年5月16日办理陵国用(岭门)14119号国有土地使用权证(以下简称第14119号国土证)。此后岭门农场、岭门投资公司和陵港公司因使用土地发生争议,各方均向政府有关部门反映情况要求处理。2014年9月1日,陵水县国土局注销岭门农场的第00002号国土证和岭门投资公司的第14119号国土证。岭门农场和岭门投资公司分别提起行政诉讼,请求撤销陵水县国土局注销第00002号国土证和第14119号国土证的行政行为。经海南省高级人民法院二审终审,判决驳回岭门农场和岭门投资公司的诉讼请求。岭门农场和岭门投资公司又提起行政诉讼,请求撤销陵港公司的第

[1] 案例来源:最高人民法院(2017)最高法民再276号民事判决书。

8635号国土证。在行政诉讼过程中,岭门农场提起本案民事诉讼,请求对民事争议一并审理。

另查明,2003年7月8日,岭门农场作为甲方与乙方黄开明、王朝碧签订一份《土地承包合同书》,将上述《土地转让协议书》中土地转让改为土地承包,土地位置、面积不变,土地承包金为人民币35000元,土地承包期限为三十年(2003年7月8日至2033年7月8日止),付款方式分两次缴交,双方签订协议之日乙方先付租金15000元,余额到2002年1月30日交清。其他条款与土地转让协议基本一致。该承包合同书上有原岭门农场法定代表人王善招、黄开明、王朝碧分别签名。王朝碧已向岭门农场缴租金15000元。陵港公司自1993年成立至今,已多次变更公司股东和法定代表人。

海南省第一中级人民法院经审理认为:岭门农场与陵港公司于1996年7月8日签订的《土地转让协议书》,双方均无异议,应为双方的真实意思表示。由于本案所转让的土地为国有划拨地,我国对国有划拨地的转让有特殊的规定,本案应适用相关的土地管理法律法规对转让协议的效力进行评价。《中华人民共和国土地管理法》第二条第三款规定:任何单位和个人不得侵占、买卖或者以其他形式非法转让土地。土地使用权可以依法转让。1990年国务院颁布施行的《中华人民共和国城镇国有土地使用权出让和转让暂行条例》(以下简称《国有土地出让转让暂行条例》)第四十四条规定:划拨土地使用权,除本条例第四十五条规定的情况外,不得转让、出租、抵押。该条例第四十五条规定:符合下列条件的,经市、县人民政府土地管理部门和房产管理部门批准,其划拨土地使用权和地上建筑物、其他附着物所有权可以转让、出租、抵押:(一)土地使用者为公司、企业、其他经济组织和个人;(二)领有国有土地使用证;(三)具有地上建筑物、其他附着物合法的产权证明;(四)依照本条例第二章的规定签订土地使用权出让合同,向当地市、县人民政府补交土地使用权出让金或者转让、出租、抵押所获收益抵交土地使用权出让金。1994年海南省人大常委会公布实施的《海南经济特区土地管理条例》第五十八条也有同样的规定:下列国有土地使用权,不得转让、出租:(一)未持有土地使用权证书及其他产权证书的;……(七)法律、法规规定禁止转让、出租的其他情形。另外,本案的土地为农垦系统的农业划拨用地,1994年《海南经济特区土地管理条例》第六十九条第二款对农垦系统的划拨土地使用权转让也有特殊规定:农垦系统的划拨土地使用权,经省农垦行政主管部门批准,可以转让、出租、抵押。依据以上规定,本案的国有划拨土地转让,应经农垦行政主管部门批准并办理土地使用权出让手续,取得国有土地使用证后方能转让。依照《最高人民法院关于审理涉及国有土地使用权合同纠纷案件适用法律问题的解释》第十一条"土地使用权人未经有批准权的人民政府批准,与受让方订立合同转让划拨土地使用权的,应当认定合同无效。但起诉前经有批准权的人民政府批准办理土地使用权出让手续的,应当认定合同有效”的规定,本案的土地使用权人岭门农场未取得土地使用证,也未经有批准权的农垦行政主管部门批准,且未办理土地使用权出让手续。岭门农场在不符合国有划拨地转让条件的情形下与陵港公司签订《土地转让协议书》,且在本案诉讼期间仍未经批准并补办手续,明显违反法律法规的禁止性规定,应为无效协议,依据《中华人民共和国土地管理法》第二条第三款、《中华人民共和国合同法》(以下简称合同法)第五十二条第五项、《国有土地出让转让暂行条例》第四十四、四十五条、《最高人民法院关于审理涉及国有土地使用权合同纠纷案件适用法律问题的解释》第十一条、《中华人民共和国民事诉讼法》第一百五十二条之规定,判决:确认岭门农场与陵港公司于1996年7月8日签订的《土地转让协议书》无效。案件受理费人民币9050元,由陵港公司负担。

陵港公司不服一审判决,上诉至海南省高级人民法院,请求撤销一审判决,改判驳回岭门农场的诉讼请求。

海南省高级人民法院对一审查明的事实予以确认,并另查明:《土地转让协议书》第六条约定:“本土地转让作为残疾人基地发展使用,安排解决残疾人就业,其使用用途,不得改变,如改变用途需经甲方同意。”

海南省高级人民法院二审认为:本案争议焦点是岭门农场主张其与陵港公司于1996年7月8日签订的《土地转让协议书》无效是否有事实根据和法律依据。根据查明事实,岭门农场为国营农场,《土地转让协议书》的标的为国有划拨农用地。根据《国有土地出让转让暂行条例》第四十四条、第四十五条、1994年《海南经济特区土地管理条例》第六十九条第二款的规定,岭门农场与陵港公司签订《土地转让协议书》时并未取得案涉土地的国有土地使用证,双方在协议中也未约定案涉土地的转让审批、土地出让金、国有资产评估、办理国有土地使用权变更登记等有关事项,双方也未提交证据证明存在其他补充协议。签订协议后,双方也未按照前述法律法规规定作出土地转让审批申报、评估、缴纳土地出让金等行为。因此,案涉土地不具备国有划拨土地转让的基本条件,双方的《土地转让协议书》也缺乏对上述法律规定事项的约定,双方的行为也未按照法律规定进行。《土地转让协议书》第五条却约定土地转让期限为三十年(即1996年7月8日至2026年7月8日止),且约定届期满后,如国家有规定,可按国家规定办理,也可协商续期使用手续;该协议第六条还约定案涉土地作为残疾人基地发展使用,如改变用途需经岭门农场同意。若是真正的划拨土地转让,双方完全没有必要对土地使用期限、用途进行约定。1988年《中华人民共和国土地管理法》第十二条规定，集体所有的土地，全民所有制单位、集体所有制单位使用的国有土地，可以由集体或者个人承包经营，从事农、林、牧、渔业生产。根据前述案涉土地不具备法律规定的国有划拨土地转让基本条件的事实，综合双方签订合同时的真实意思表示和合同条款，以及陵港公司实际占有使用部分土地的事实，《土地转让协议书》名为转让，实为承包。如此，该协议不能依据国有划拨土地转让的相关法律规定判定是否有效，岭门农场主张该协议违反国有划拨土地转让相关法律规定而无效的理由不能成立。由于双方的民事法律关系本质上属于国有土地承包关系，故双方签订的协议并未违反签订协议时法律关于国有土地承包的禁止性规定，因此是合法有效的。

陵港公司上诉称，陵水县政府颁发第8635号国土证过程中，在《土地登记审批表》"县级以上人民政府审批意见"栏显示：1999年2月24日陵水县政府负责人审批"同意按程序颁证"，证明本案土地转让协议经过县政府的批准，且《土地登记审批表》和第8635号国土证本身即足以说明陵港公司完成了土地出让手续。陵水县政府的颁证审批并无明确的同意划拨土地使用权出让的意思表示，该审批是普通土地登记均需履行的法定程序，不能等同于划拨土地使用权的转让审批，《土地登记审批表》和第8635号国土证也不能代替土地使用权出让合同，且协议双方并未补交土地使用权出让金。第8635号国土证中"使用权类型"一栏填写的是"转让"，"终止日期"一栏空白，也足以说明未办理划拨土地出让手续的事实。陵港公司该上诉主张不能成立。陵港公司上诉还称，本案应当适用《最高人民法院关于审理涉及国有土地使用权合同纠纷案件适用法律问题的解释》第十二条，该条是第十一条的特别规定，在第十一条的情形下，符合第十二条规定的，应当认定《土地转让协议书》为划拨土地转让的补偿合同，合同有效。对此，最高人民法院负责人就《关于审理涉及国有土地使用权合同纠纷案件适用法律问题的解释》答记者问时明确表示，该解释调整的国有土地范围为国有建设用地，不包括国有农用地。因此，陵港公司该上诉主张不能成立。一审判决认定基本事实清楚，但适用法律错误，应予撤销。依照1988年《中华人民共和国土地管理法》第十二条、《中华人民共和国民事诉讼法》第六十四条、第一百七十条第一款第二项之规定，判决：撤销海南省第一中级人民法院于2016年8月26日作出的（2016）琼96民初92号民事判决；驳回岭门农场的诉讼请求。一、二审案件受理费各9050元，由岭门农场负担。

陵港公司不服二审判决，向本院申请再审称：首先，土地使用权转让是双方当事人签订《土地转让协议书》的真实意思表示，二审认定该协议书名为转让实为承包没有事实依据。岭门农场向陵水县土地管理局出具《土地转让证明书》，明确要求土地管理局为陵港公司办理国有土地使用权登记手续。其次，《土地转让协议书》是否因违反法律禁止性规定而无效应看两点:一是涉诉土地是否有初始登记,二是转让行为是否经行政主管部门批准。本案涉诉土地已经进行初始登记,且陵水县政府已经批准涉诉土地的转让,《土地登记审批表》的县级以上人民政府审批意见显示:1999 年 2 月 24 日陵水县政府负责人审批"同意按程序颁证",因此,陵水县政府是在陵港公司符合土地出让条件的前提下,按照法定程序颁证,颁证行为虽有瑕疵,但不能否认陵水县政府同意划拨土地使用权出让的意思表示。一审认定事实、适用法律错误,二审错误认定双方之间的意思表示,均应予以撤销。请求撤销一、二审判决,在查明案件事实的基础上重新作出判决,驳回岭门农场的诉讼请求。

岭门农场答辩称:二审判决认定《土地转让协议书》名为转让实为承包定性准确。退一步讲,《土地转让协议书》假设属于土地转让协议,违反国家强制性规定,属无效协议。该协议未经有权政府机构批准,案涉土地系国有划拨土地,变更登记时,没有办理划拨地出让手续,且当时岭门农场尚未取得国有土地使用权证。土地是属于国家严格控制的稀缺资源特别是国有划拨用地,任何不符合土地管理的精神,都将损害国家利益。相关法律法规认定诉争土地在未取得土地使用权证,未办理土地使用手续的情况下,不具备转让的条件,一审认定《土地转让协议书》无效是正确的。陵港公司的再审申请缺乏法律依据,一审判决认定事实清楚,适用法律正确。请求驳回陵港公司的再审申请。

再审庭审中,岭门农场向本院提交以下证据:

第一组:琼纪(2009)94 号及岭党字(2009)50 号文件各一份,拟证明根据文件要求,在 2010 年开展土地的实际勘查测量形成测量图,系海南省农垦系统采用和卫星对接的方式进行测量,此前都是人工手绘。

第二组:岭门农场土地承包测量图一份,拟证明从测量图可看出争议土地范围内有职工承包的土地。除农场职工外还有农场外的承包人,这些承包人在 2010 年到现场指界形成该图。里面有黄开明 3 宗承包地,在 2010 年之前就承包案涉土地,在 2010 年进行指界;另有黄东 1 宗地、黄强 1 宗地,共 5 宗土地,65.4 亩。

第三组:2010 年 7 月 1 日黄开明与农场签订的《经营性土地承包合同》152 号,面积 18.1 亩。

第四组:2010 年 9 月 10 日符亚劝与农场签订的《经营性土地承包合同》186 号,面积 27.3 亩。

第五组:2010 年 7 月 1 日黄东与农场签订的《职工基础生活保障用地承包合同》139 号,面积 10 亩。第三、四、五组证据均拟证明岭门农场是出租土地而非转让土地。

第六组:琼农字(2016)82号文件一份。

第七组:岭门农场2016年土地承包测量图一份。第六、七组证据拟共同证明岭门农场也在2016年发文的范围内,依据该文件岭门农场在2016年又组织承包人进行指界确认测量,形成土地承包测量图。从测量图可以看出在争议地的承包范围内有陵港公司占地173.1亩。

第八组:岭门农场(公司)内部土地承包合同书农民企36104号及收据一张,拟证明发包方的主体岭门农场(公司),整个海南农垦改革成立这个公司,有些资产还没有完全对应进去,岭门农场现在是两块牌子一套人马。

第九组:调查笔录一份,拟证明黄开明和黄东、黄强、××香在顶风岭上承包土地,陵港公司实际上进入现场的时间,还提到王朝碧在顶风岭上有实际种植,根据2010年的实测种植面积共196.8亩,其中有40.2亩在争议地范围内,范围外156.6亩,陵港公司2013年顶风岭种景观树、硬化道路,2014年陵水县国土局出面阻止说其改变了用途,王朝碧向黄开明共取得了300万元。

第十组:编号为8635的《土地登记审批表》一份,拟证明该表不存在红线图,现有的所谓红线图不符合法律规定,也没有四至范围。

陵港公司对岭门农场提交的证据质证认为:第一组证据没有原件,无法确认真实性,其发文日期为2009年11月17日和2009年11月30日,其适用范围是对其所属农场承包租赁进行清理。陵港公司所有的案涉土地已经于1999年2月26日颁证,不属于该文件指向的对象,所以不具备关联性。第二组证据真实性、合法性均不认可。第三、四、五、八组证据合同真实性及证明目的均不认可。第九组证据《调查笔录》形式上不具合法性,对其真实性、证明目的均不认可。对第十组证据《土地登记审批表》,认为本案涉诉的350亩土地四周界限外权利人均为岭门农场,同时在红线图上岭门农场加盖公章确认就是对四至范围的确认,就是对四至的指界。陵水县政府也是依据这份红线图的指界向陵港公司颁发8635号国土证。且除第十组证据外,其他证据均不属于新证据。

经审查,本院对岭门农场提交的证据作如下认证:因本案的主要争议焦点为岭门农场与陵港公司于1996年7月8日签订的《土地转让协议书》的效力问题,岭门农场提交的第一组至第九组证据与本案并无关联性,故该九组证据均不能作为认定本案相关事实的依据,本院不予采信。第十组证据系原一、二审中双方均已提交的证据,故不属于再审中的新证据。

本院于2017年8月7日赴海南省陵水黎族自治县案涉争议地现场查看争议土地

现状，组织岭门农场与陵港公司对案涉土地的使用现状进行确认。岭门农场提供其农场土地红线图一份，现场指认在本案争议地范围内无王朝碧正在使用的土地，表示有其农场职工在案涉地范围内种植树木，在案涉地周围有部分土地上种有案外人王朝碧的树木，陵港公司亦对此予以确认。

本院认为，本案争议焦点为：1.《土地转让协议书》的性质是土地承包协议还是土地转让协议。2.《土地转让协议书》是否合法有效。具体分析如下：

一、关于《土地转让协议书》是土地承包协议还是土地转让协议的问题

首先，从《土地转让协议书》的形式上看，《土地转让协议书》名称中的关键字即为“土地转让”，与“土地承包”的字面意思区别甚大，双方在签订重大不动产承包或者转让合同时，不可能对“土地转让”与“土地承包”两个区别如此清晰的概念产生误解或混淆。

其次，从双方对协议性质的认识上看，岭门农场与陵港公司对签订本案《土地转让协议书》并无异议，在一、二审诉辩过程中也均以土地转让相关法律依据主张各方权利，同时结合岭门农场出具的《土地转让证明书》及陵水县土地管理局向陵港公司颁发第8635号国土证等证据，应认为《土地转让协议书》是岭门农场与陵港公司当时的真实意思表示，合同目的即为转让案涉350亩土地。

再次，从《土地转让协议书》本身的具体内容来看，亦能得出该《土地转让协议书》为土地转让合同的结论。《土地转让协议书》第五条明确表述为：“本土地转让期限为三十年（即1996年7月8日至2026年7月8日止）。届期满后，如国家有规定，可按国家规定办理，也可协商续期使用手续。”由此来看，若双方为土地承包关系，承包期限届满时，岭门农场完全可直接收回土地，并无必要在合同中约定“届期满后，如国家有规定，可按国家规定办理”等内容。同时，该协议书第八条约定：“本协议的履行：甲方负责落实土地范围、面积及红线图。该土地转让金上缴给国家部分由乙方负责。”只有土地转让行为方涉及需要上缴国家部分的土地转让金，承包关系只需陵港公司向岭门农场缴纳土地承包费用而并不涉及上缴国家的土地转让金。

最后，结合本院对案涉争议地现场查看可以确认，《土地转让协议书》与2003年7月8日岭门农场作为甲方与黄开明、王朝碧为乙方签订的《土地承包合同书》所指向的土地并非同一宗土地。两份协议涉及土地均为350亩，约定的转让承包期限均为30年。但《土地转让协议书》约定转让金为525000元，折合每亩1500元，而《土地承包合同书》则约定转让金为35000元，折合每亩100元。如果认为《土地转让协议书》为承包协议，则1996年的承包价格还高于2003年的承包价格，差距达15倍之多，明显不是

承包关系的对价。

综上，在《土地转让协议书》的名称与双方当事人的意思表示一致的情况下，结合《土地转让协议书》的具体条款内容综合分析，本案中双方当事人签订《土地转让协议书》的意思表示就是转让案涉土地而并非承包关系。二审认定本案《土地转让协议书》名为转让实为承包，定性错误，本院予以纠正。

二、关于《土地转让协议书》是否合法有效的问题

首先，1999年12月29日开始实施的《最高人民法院关于适用〈中华人民共和国合同法〉若干问题的解释(一)》第一条规定："合同法实施以后成立的合同发生纠纷起诉到人民法院的，适用合同法的规定；合同法实施以前成立的合同发生纠纷起诉到人民法院的，除本解释另有规定的以外，适用当时的法律规定，当时没有法律规定的，可以适用合同法的有关规定。"本案中的《土地转让协议书》签订于1996年7月8日，且由陵水县土地管理局于1999年2月26日向陵港公司颁发第8635号国土证，合同法于1999年10月1日开始实施，即《土地转让协议书》从签订至履行完毕均在合同法实施之前，故不宜用合同法关于合同效力的相关规定来评判在合同法实施之前已经履行完毕的《土地转让协议书》。同理，《最高人民法院关于审理涉及国有土地使用权合同纠纷案件适用法律问题的解释》于2005年8月1日开始实施，亦不能以后来的法律规定评判早已履行完毕的合同行为。

其次，《国有土地出让转让暂行条例》于1990年5月19日由中华人民共和国国务院令第55号发布实施，在本案《土地转让协议书》签订与履行之前，故该法的相关规定适用于对本案《土地转让协议书》的评判。《国有土地出让转让暂行条例》第四十四条规定："划拨土地使用权，除本条例第四十五条规定的情况外，不得转让、出租、抵押。"第四十五条规定："符合下列条件的，经市、县人民政府土地管理部门和房产管理部门批准，其划拨土地使用权和地上建筑物、其他附着物所有权可以转让、出租、抵押：(一)土地使用者为公司、企业、其他经济组织和个人；(二)领有国有土地使用证；(三)具有地上建筑物、其他附着物合法的产权证明；(四)依照本条例第二章的规定签订土地使用权出让合同，向当地市、县人民政府补交土地使用权出让金或者以转让、出租、抵押所获收益抵交土地使用权出让金。"可见，《国有土地出让转让暂行条例》对划拨土地的转让、出租、抵押行为作出限制性规定，但若符合该条例第四十五条的规定，仍可转让、出租、抵押。另一方面，该条例并未对未经市、县人民政府土地管理部门和房产管理部门批准而签订的相关合同的效力问题作出强制性规定。本案中，岭门农场与陵港公司于1996年7月8日签订《土地转让协议书》后，岭门农场当天便向陵水县土地管理局出具

《土地转让证明书》,载明:“现有我场顶风岭一块荒地(见协议书及红线图为准),土地面积约350亩,经农场领导讨论同意将此一土地转让给陵港石化供应有限公司使用,转让金已按合同约定付清,请给陵港民政福利石化供应有限公司,办理国有土地使用权登记手续。”之后,陵水县土地管理局于1999年2月26日向陵港公司颁发第8635号国土证。结合《国有土地出让转让暂行条例》第四十五条的规定及本案具体案情来看,陵水县土地管理局向陵港公司颁发国有土地使用权证的行为,即相当于“经市、县人民政府土地管理部门和房产管理部门批准”,应视为政府土地管理部门对案涉土地转让行为的批准。另外,虽然岭门农场对案涉土地在1996年转让时尚未办理国有土地使用证,但2003年11月10日已办理第00002号国土证,已经对《国有土地出让转让暂行条例》第四十五条规定的条件予以完善。本案中,在陵水县土地管理局向陵港公司颁发第8635号国土证后,应视为案涉土地转让行为已经得到政府土地管理部门批准并已办理完毕转让登记手续,合同已经履行完毕,物权已经转移并重新登记生效,即不仅案涉合同已合法有效履行,而且土地转让行为亦已完成,不存在是否需经相关部门审批而影响到合同效力的问题。

再次,《海南经济特区土地管理条例》属于地方性法规,并非法律或行政法规,不能作为认定合同无效的依据。海南省农垦行政主管部门属于岭门农场的上级管理机关,《海南经济特区土地管理条例》第六十九条的规定属于规范海南省农垦行政主管部门与岭门农场上下级之间针对土地流转程序作出的管理性规范,亦不能作为合同无效的依据。

最后,岭门农场与陵港公司于1996年7月8日签订案涉《土地转让协议书》,并已履行完毕,岭门农场提起本案诉讼,距案涉土地转让协议签订履行已逾二十年,岭门农场、岭门投资公司和陵港公司因使用土地发生争议后,陵水县国土局注销岭门农场第00002号国土证和岭门投资公司第14119号国土证,在如此长的时间内岭门农场从未对《土地转让协议书》提出异议。岭门农场拟将案涉土地转让给岭门投资公司导致争议,起诉请求确认与陵港公司于二十年前签订且早已履行完毕的《土地转让协议书》无效,不符合诚实信用原则,也有违实质公平正义。

综合考量岭门农场与陵港公司签订《土地转让协议书》的整个过程,结合岭门农场出具的《土地转让证明书》、陵水县土地管理局于1999年2月26日向陵港公司颁发第8635号国土证、岭门农场于2003年11月10日已办理第00002号国土证等情况,可以认定《土地转让协议书》是岭门农场与陵港公司当时的真实意思表示,且并未违反相关法律规定,应为合法有效合同。

综上所述，二审判决认定事实基本清楚，但将案涉《土地转让协议书》认定为承包法律关系错误，本院对此予以纠正，即该《土地转让协议书》是岭门农场与陵港公司之间的土地转让法律关系而非承包法律关系。因二审判决驳回岭门农场诉讼请求的裁判结果正确，故在对二审判决认定事实错误部分进行纠正的基础上仍可予以维持。依照《中华人民共和国民事诉讼法》第二百零七条第一款、第一百七十条第一款第一项、《最高人民法院关于适用〈中华人民共和国民事诉讼法〉的解释》第四百零七条第一款之规定，判决如下：维持海南省高级人民法院（2016）琼民终283号民事判决。

※裁判要旨：《土地转让协议书》的名称与双方当事人的意思表示一致的情况下，结合《土地转让协议书》的具体条款内容综合分析，本案中双方当事人签订《土地转让协议书》的意思表示就是转让案涉土地而并非承包关系。《土地转让协议书》签订于《合同法》以及《最高人民法院关于审理涉及国有土地使用权合同纠纷案件适用法律问题的解释》之前，不能以此作为否定合同无效的法律依据。原告起诉请求确认与被告于二十年前签订且早已履行完毕的《土地转让协议书》无效，不符合诚实信用原则，也有违实质公平正义。

第三条 【基本国策】十分珍惜、合理利用土地和切实保护耕地是我国的基本国策。各级人民政府应当采取措施，全面规划，严格管理，保护、开发土地资源，制止非法占用土地的行为。

第四条 【土地用途管制】国家实行土地用途管制制度。

国家编制土地利用总体规划，规定土地用途，将土地分为农用地、建设用地和未利用地。严格限制农用地转为建设用地，控制建设用地总量，对耕地实行特殊保护。

前款所称农用地是指直接用于农业生产的土地，包括耕地、林地、草地、农田水利用地、养殖水面等；建设用地是指建造建筑物、构筑物的土地，包括城乡住宅和公共设施用地、工矿用地、交通水利设施用地、旅游用地、军事设施用地等；未利用地是指农用地和建设用地以外的土地。

使用土地的单位和个人必须严格按照土地利用总体规划确定的用途使用土地。

条文解读

本法第 4 条是关于土地用途管制的规定。

土地用途管制是世界上一些土地管理制度较为完善的国家采用的一种土地利用管理制度。日本、美国、加拿大等国家称为“土地使用分区管制”，瑞典称“土地使用管制”，英国称“土地规划许可制”，法国、韩国则称“建设开发许可制”。实行这种制度的目的，是通过土地利用规划引导合理利用土地，促进区域经济、社会和环境的协调发展。土地用途管制的主要目的在于保护农用地，尤其是耕地。

我国按照土地的用途将土地分为农用地、建设用地与未利用地。农用地是指直接用于农业生产的土地，包括耕地、林地、草地、农田水利用地、养殖水面等。从事农、林、牧、副、渔生产的农用地转为建设用地的，应当办理农用地转用审批手续。省、自治区、直辖市人民政府批准的道路、管线工程和大型基础设施建设项目，建设项目占用土地，涉及农用地转为建设用地的，由国务院批准。在土地利用总体规划确定的城市和村庄、集镇建设用地规模范围内，为实施该规划而将农用地转为建设用地的，按土地利用年度计划分批次由原批准土地利用总体规划的机关批准。前述以外的建设项目占用土地，涉及农用地转为建设用地的，由省、自治区、直辖市人民政府批准。任何人不得擅自将农用地转化为建设用地。

为保证土地利用总体规划的实施，充分发挥土地供应的宏观调控作用，控制建设用地总量，我国实现建设项目用地预审制度。《建设项目用地预审管理办法》对建设项目用地预审制度进行了规定。建设项目用地预审，是指自然资源主管部门在建设项目审批、核准、备案阶段，依法对建设项目涉及的土地利用事项进行的审查。预审应当遵循下列原则：(1)符合土地利用总体规划；(2)保护耕地，特别是基本农田；(3)合理和集约节约利用土地；(4)符合国家供地政策。建设项目用地实行分级预审制度，需人民政府或有批准权的人民政府发展和改革等部门审批的建设项目，由该人民政府的自然资源主管部门预审。需核准和备案的建设项目，由与核准、备案机关同级的自然资源主管部门预审。需审批的建设项目在可行性研究阶段，由建设用地单位提出预审申请。需核准的建设项目在项目申请报告核准前，由建设单位提出用地预审申请。需备案的建设项目在办理备案手续后，由建设单位提出用地预审申请。申请用地预审的项目建设单位，应当提交下列材料：(1)建设项目用地预审申请表；(2)建设项目用地预审申请报告，内容包括拟建项目的基本情况、拟选址占地情况、拟用地是否符合土地利用总体规划、拟用地面积是否符合土地使用标准、拟用地是否符合供地政策等；(3)审批项目建议书的建设项目提供项目建议书批复文件，直接审批可行性研究报告或者需核准的建设项目提供建设项目列入相关规划或者产业政策的文件。预审应当审查以下内容：(1)建设项目用地是否符合国家供地政策和土地管理法律、法规规定的条件；(2)建设项目选址是否符合土地利用总体规划，属《土地管理法》第26条规定情形，建设项目用地需修改土地利用总体规划的，规划修改方案是否符合法律、法规的规定；(3)建设项目用地规模是否符合有关土地使用标准的规定；对国家和地方尚未颁布土地使用标准和建设标准的建设项目，以及确需突破土地使用标准确定的规模和功能分区的建设项目，是否已组织建设项目节地评价并出具评审论证意见。占用基本农田或者其他耕地规模较大的建设项目，还应当审查是否已经组织踏勘论证。

配套法规及解读

《土地管理法》(2019年8月26日修正)

第二十一条第一款　城市建设用地规模应当符合国家规定的标准，充分利用现有建设用地，不占或者尽量少占农用地。

第七十四条　买卖或者以其他形式非法转让土地的，由县级以上人民政府自然资源主管部门没收违法所得；对违反土地利用总体规划擅自将农用地改为建设用地的，限期拆除在非法转让的土地上新建的建筑物和其他设施，恢复土地原状，对符合土地利用总体规划的，没收在非法转让的土地上新建的建筑物和其他设施；可以并处罚款；对直接负责的主管人员和其他直接责任人员，依法给予处分；构成犯罪的，依法追究刑事责任。

第七十五条　违反本法规定，占用耕地建窑、建坟或者擅自在耕地上建房、挖砂、采石、采矿、取土等，破坏种植条件的，或者因开发土地造成土地荒漠化、盐渍化的，由县级以上人民政府自然资源主管部门、农业农村主管部门等按照职责责令限期改正或者治理，可以并处罚款；构成犯罪的，依法追究刑事责任。

《土地管理法实施条例》(2014年7月29日修订)

第十九条　建设占用土地，涉及农用地转为建设用地的，应当符合土地利用总体规划和土地利用年度计划中确定的农用地转用指标；城市和村庄、集镇建设占用土地，涉及农用地转用的，还应当符合城市规划和村庄、集镇规划。不符合规定的，不得批准农用地转为建设用地。

※法规解读：第一，充分利用现有建设用地。城市建设用地规模应当符合国家规

定的标准,充分利用现有建设用地,不占或者尽量少占农用地。第二,保护农用地。城市建设用地确需占用农用地的,必须办理审批手续。如果没有办理相应的审批手续而擅自将农用地转为建设用地的,如果该行为同时违反土地利用总体规划的,限期拆除在非法转让的土地上新建的建筑物和其他设施,恢复土地原状。对符合土地利用总体规划的,没收在非法转让的土地上新建的建筑物和其他设施。这是对在非法取得的土地上新建建筑物行为的处罚规定。这项处罚措施是针对非法转让的土地的受让方作出的,取得非法转让的土地,往往是从事某项建设活动,其建设活动根据本条的规定是违法的,但对其在非法转让的土地上新建设的建筑物或者其他设施,应当根据有关土地利用总体规划的要求,分情况处理:(1)对于违反土地利用总体规划新建的建筑物和其他设施,应当予以拆除。由有关自然资源主管部门对其作出限期拆除,恢复土地原状的处罚决定,即确定一定的期限,要求违法者在规定的期限内拆除违法建筑物和其他设施,并保证在该期限内将占用的土地恢复原状。要求违法者拆除违法建筑的目的,是要将违法占用的土地恢复到被占用前的状态。(2)符合土地利用总体规划要求的,可以不拆除,由自然资源主管部门予以没收。

非法占用耕地建窑、建坟或者擅自在耕地上建房等行为都会造成破坏耕地的种植条件的后果。由于这一类活动对土地,尤其是耕地破坏较为严重,属于应当严格限制的行为。依据本法及其他有关法律、法规的规定,这类活动必须依法经批准后才能进行;未经批准或者骗取批准,擅自从事这类活动,使种植条件受到破坏的,即是本条规定的擅自在耕地上建房等违法行为。对这些违法行为,通常采取下列强制措施:

(1)由县级以上人民政府自然资源主管部门责令限期改正或者治理。所谓限期改正,是指责令违法者在确定的期限内,停止违法活动,包括清除砖窑等违法建筑物、停止取土等活动,也包括停止开发、开垦土地的活动。限期治理是指在清除砖窑等违法建筑物、停止取土等的同时,对造成耕地破坏的,采取措施,恢复土地原状,达到耕地要求的种植条件等,或者对开发、开垦造成土地荒漠化、盐渍化的,责令负责、组织开发的单位和个人采取补救措施或者其他必要措施,根据土地破坏的状态和自然条件,进行整治,恢复土地原来状态。总之,通过治理,应当使土地达到某一可以利用的条件,宜农则农,宜林则林,宜牧则牧。

(2)有关自然资源主管部门在作出责令限期改正或者治理的决定的同时,依据具体情节,可以作出并处罚款的决定。

(3)上述违法行为构成犯罪的,应当依法追究刑事责任。

关联法规索引

《城乡规划法》第9、12～27条；《建设项目用地预审管理办法》；《建设用地审查报批管理办法》

典型案例

青岛市崂山区国土资源局与青岛南太置业有限公司土地使用权出让合同纠纷上诉案〔1〕

※案情简介：山东省青岛市崂山区沙子口街道办事处段家埠村与澳大利亚南太置业股份有限公司、青岛鑫城房地产有限公司签订了《开发"澳大利亚旅游观光度假村"联建合同书》。2001年8月15日，崂山区国土局与南太公司、澳大利亚南太置业股份有限公司签订青崂土预字（2001）第18号《青岛市崂山区国有土地使用权预约协议》。该协议约定：土地位于山东省青岛市崂山区沙子口街道办事处段家埠村，土地面积为20万平方米，土地使用权出让费用为每亩21万元，总计金额为6300万元，土地规划用途为综合用地，使用期限为50年；南太公司和澳大利亚南太置业股份有限公司凭本协议办理企业设立等手续，在预约有效期内，与崂山区国土局正式签订《国有土地使用权出让合同》，取得土地使用权。

2001年10月11日，山东省青岛市人民政府以商外资青府字（2001）0820号《外商投资企业批准证书》同意成立南太公司。该批准证书载明，企业类型为中外合资企业，经营年限为十年，注册资本为2000万元，其中澳大利亚南太置业股份有限公司出资600万元，占注册资本的30%；青岛鑫城房地产有限公司出资200万元，占注册资本的10%；青岛福日汽车销售有限公司出资600万元，占注册资本的30%；青岛高科工业园竞佳商贸有限责任公司出资600万元，占注册资本的30%。经营范围为：在山东省青岛市崂山区沙子口街道办事处段家埠村，依据青崂土预字（2001）第18号文确定的300亩土地范围内，从事房地产开发及房屋销售等业务。2001年11月13日，山东省青岛市工商行政管理局给南太公司颁发了《企业法人营业执照》。

2002年1月24日，山东省青岛市崂山区发展计划局依据南太公司的申请，下发崂

〔1〕 案例来源：最高人民法院（2004）民一终字第106号。

计项字(2002)29号《关于澳洲花园项目立项的批复》,同意澳洲花园开发项目实施。2002年2月4日,山东省青岛市规划局下发青规函字(2002)84号《建设工程规划审查意见书》。2002年7月29日,山东省青岛市规划局下发《建设用地规划设计条件通知书》,同意南太公司按规划设计条件,对该用地进行规划设计。2003年1月6日,崂山区国土局与南太公司签订《国有土地使用权出让合同》。2003年1月13日,山东省青岛市规划局向南太公司发放了青规用地字(2003)3号《建设用地规划许可证》,明确"澳洲花园"项目用地符合城市规划要求,准予办理规划用地手续。2003年2月19日,山东省人民政府下发鲁政土字(2003)52号《关于青岛市崂山区2002年第十八批次城市建设用地的批复》,同意青岛市将崂山区沙子口街道办事处20万平方米农用地转为建设用地,其中耕地66191平方米,园地133809平方米。上述农用地转用后同意征用,用于山东省青岛市城市建设。

2004年4月12日,崂山区国土局以《国有土地使用权出让合同》无效、其无法履行合同约定的义务为由,通知南太公司解除双方签订的《国有土地使用权出让合同》,并要求南太公司于接到通知后30日内到崂山区经营性用地合同清理办公室办理退款等相关事宜。2004年6月18日,崂山区国土局向南太公司送达《关于抓紧办理土地出让金退款手续的函》,要求南太公司于接到本函后15日内到崂山区经营性用地合同清理办公室办理土地出让金退款等相关手续,逾期崂山区经营性用地合同清理办公室将依法律程序退还南太公司已经缴纳的土地出让金。

2004年6月28日,南太公司向一审法院起诉,特请依法判令崂山区国土局继续履行《国有土地使用权出让合同》,立即为南太公司颁发土地使用权证。

一审法院经审理认为,根据《国有土地使用权出让合同》第四十条第二款的约定,该合同的生效条件为"本合同项下宗地出让方案尚需经山东省人民政府批准,本合同自山东省人民政府批准之日起生效"。经查,本案所涉及的"澳洲花园"项目是山东省青岛市人民政府在招商引资活动中引入的项目,该项目引进后,与该项目相关的立项、规划、用地等手续已经山东省青岛市人民政府有关职能部门批准。2002年12月26日山东省青岛市人民政府向山东省人民政府报送了《关于青岛市崂山区2002年第十八批城市建设用地的请示》,该请示的内容包括了本案所涉及的土地。2003年2月19日,山东省人民政府以《关于青岛市崂山区2002年第十八批次城市建设用地的批复》,批准了山东省青岛市人民政府的用地请示。至此,双方当事人所签订的《国有土地使用权出让合同》的生效条件已成就,该合同自山东省人民政府批复之日起生效。至于山东省青岛市人民政府报送的请示中是否包括合同约定的"出让方案",不影响该合同的效力。崂山区国土局关于《国有土地使用权出让合同》没有生效的抗辩主张不成立,不予支持。双方当事人签订的《国有土地使用权出让合同》及《补充协议》内容合法,意思表示真实,为有效合同。

南太公司按照《国有土地使用权出让合同》和《补充协议》约定,付清了土地出让金和代征道路及绿化用地征地费,山东省青岛市人民政府有关职能部门为该项目办理了项目立项、规划、土地农转用、征用等手续,双方的合同义务已基本履行完毕。根据合同第十五条的约定,今后只要崂山区国土局继续履行合同义务,依约为南太公司办理国有土地使用权证,合同目的即可得到实现。因此,南太公司请求崂山区国土局继续履行合同的主张,予以支持。据此判决:一、崂山区国土局、南太公司继续履行双方于2003年1月6日签订的《国有土地使用权出让合同》;二、崂山区国土局于判决生效后30日内为南太公司办理《国有土地使用权证》。崂山区国土局不服一审判决提起上诉,请求撤销一审判决,改判驳回南太公司的诉讼请求。

二审法院认为,本案双方当事人在二审中争议的焦点问题有三个:一是双方签订的《国有土地使用权出让合同》是否生效,二是双方签订的《国有土地使用权出让合同》是否有效,三是一审判决是否违反"不告不理"的民事诉讼原则。

根据《中华人民共和国合同法》第四十五条的规定,当事人对合同的效力可以约定附条件。附条件的合同,自条件成就时生效。所谓附条件的合同,是指当事人在合同中特别约定一定的条件,以条件是否成就作为合同效力是否发生的根据。合同所附条件,必须是将来发生的、不确定的事实,是当事人约定的而不是法定的,同时还必须是合法的。在我国,政府机关对有关事项或者合同审批或者批准的权限和职责,源于法律和行政法规的规定,而不属于当事人约定的范围。当事人将法律和行政法规规定的政府机关对有关事项或者合同的审批权或者批准权约定为附条件的合同中的条件,不符合《合同法》有关附条件的合同的规定。当事人将法律和行政法规没有规定的政府机关对有关事项或者合同的审批权或者批准权约定为附条件的合同中的条件,同样不符合《合同法》有关附条件合同的规定。根据《合同法》的规定的精神,当事人在订立合同时,将法定的审批权或者批准权作为合同生效条件的,视为没有附条件。将法律未规定为政府机关职责范围的审批权或者批准权作为包括合同在内的民事法律行为生效条件的,同样视为没有附条件,所附的"条件"不产生限制合同效力的法律效果。

根据一审法院和二审法院查明的事实,本案涉及的"澳洲花园"项目是山东省青岛市人民政府在招商引资活动中引入的项目,与该项目相关的立项、规划、用地等手续已经山东省青岛市人民政府有关职能部门及山东省青岛市崂山区人民政府有关职能部门陆续批准。2002年12月26日，山东省青岛市人民政府向山东省人民政府报送了《关于青岛市崂山区2002年第十八批城市建设用地的请示》，内容中包括了本案所涉及的土地。2003年2月19日，山东省人民政府下发鲁政土字(2003)52号《关于青岛市崂山区2002年第十八批次城市建设用地的批复》，同意青岛市将崂山区沙子口街道办事处20万平方米农用地转为建设用地。上述农用地转用后同意征用，用于青岛市城市建设。该批复还指出，要严格按照有关规定向具体建设项目提供用地，供地情况要经青岛市国土资源部门及时报山东省国土资源厅备案。这表明山东省人民政府对建设项目供地管理采取的是备案制而不是审批制，有关供地事项不需要报经山东省人民政府审批。

崂山区国土局与南太公司在《国有土地使用权出让合同》中约定"本合同项下宗地出让方案尚需经山东省人民政府批准，本合同自山东省人民政府批准之日起生效"，虽然表明双方约定经山东省人民政府批准合同项下宗地出让方案作为《国有土地使用权出让合同》的生效条件，但该条件不属于我国《合同法》规定的附生效条件合同的条件，并且山东省人民政府在有关批复中明确指出，具体建设项目提供用地情况经青岛市国土资源部门及时报山东省国土资源厅备案，表明不需要报经批准。因此，双方关于合同项下宗地出让方案需经山东省人民政府批准生效的约定，对本案所涉《国有土地使用权出让合同》不产生限制合同效力的法律效果。崂山区国土局认为双方签订的《国有土地使用权出让合同》约定的合同生效条件未成就，以此为由主张所涉土地出让合同未生效，没有法律依据。一审法院认为山东省青岛市人民政府报送的请示中是否包括合同约定的"出让方案"，不影响该合同的效力，适用法律是正确的。

本案双方所签《国有土地使用权出让合同》是在平等自愿的基础上达成的协议，意思表示真实。根据1999年1月1日起施行的《土地管理法》第四十四条的规定，建设占用土地，涉及农用地转为建设用地的，应当办理农用地转用审批手续。在土地利用总体规划确定的城市和村庄、集镇建设用地规模范围内，为实施该规划而将农用地转为建设用地的，按土地利用年度计划分批次由原批准土地利用总体规划的机关批准。在已批准的农用地转用范围内，具体建设项目用地可以由市、县人民政府批准。本案讼争土地已经山东省人民政府鲁政土字(2003)52号批复批准，属于已批准的建设用地，土地出让方案应由市、县人民政府批准。根据自1999年1月1日起施行的《土地管理法实施条例》第二十二条的规定，具体建设项目需要占用土地利用总体规划确定的城市建设用地范围内的国有建设用地的，需要市、县土地行政主管部门出具建设项目用地预审报告，由市、县人民政府批准土地行政主管部门拟定的供地方案，市、县人民政府批准供地方案后向建设单位颁发建设用地批准书,然后由市、县土地行政主管部门与土地使用者签订国有土地有偿使用合同。本案中,作为市、县一级土地行政主管部门的崂山区国土局与作为土地使用者的南太公司签订《国有土地使用权出让合同》之前,虽然没有颁发建设用地批准书,但这属于崂山区国土局在办理有关供地手续过程中程序的简化或者遗漏,不属于《合同法》第五十二条规定的导致合同无效的情形。

在崂山区国土局与南太公司于2003年1月6日签订《国有土地使用权出让合同》后不久,即2003年2月19日,山东省人民政府批准了合同项下宗地农用地转为建设用地的审批手续和征地手续,同时要求按照有关规定向具体建设项目提供用地并将供地情况报山东省国土资源厅备案。这表明双方签订的《国有土地使用权出让合同》项下的土地已经履行了农用地转为建设用地以及征地手续,符合《土地管理法》规定的由市、县人民政府批准具体建设项目用地条件,不再需要将合同项下宗地出让方案报经山东省人民政府批准,合同项下宗地符合建设用地条件,可以进入土地出让市场。双方于2003年1月6日签订的《国有土地使用权出让合同》效力至此得到补正,符合《合同法》第五十一条关于无处分权的人处分他人财产,订立合同后取得处分权的,该合同有效的规定的精神。故崂山区国土局主张双方签订的《国有土地使用权出让合同》违反法律和行政法规的强制性规定,应认定为无效合同,于法无据,不予支持。

山东省人大常委会制定的《山东省实施〈中华人民共和国土地管理法〉办法》是一部地方性法规;自2002年7月1日起施行的《招标拍卖挂牌出让国有土地使用权规定》是国土资源部为加强土地管理而制定的部门规章。根据《合同法》第五十二条第五项的规定和最高人民法院《关于适用〈中华人民共和国合同法〉若干问题的解释(一)》第四条"合同法实施以后,人民法院确认合同无效,应当以全国人大及其常委会制定的法律和国务院制定的行政法规为依据,不得以地方性法规、行政规章为依据"的规定,只有违反法律和行政法规强制性规定的合同才能被确认为无效,地方性法规和行政规章不能作为确认合同无效的依据。因此,崂山区国土局提出双方签订的《国有土地使用权出让合同》违反山东省人大常委会制定的地方性法规和国土资源部制定的部门规章,应认定为无效的请求,于法无据,不予支持。此外,按照国家有关规定,在2002年7月1日前未经市、县政府前置审批或者签订书面项目开发协议而在此后协议出让经营性用地的,应当按照有关规定改为以招标拍卖挂牌方式出让。崂山区国土局提出其出让讼争土地的行为违反有关行政管理规定需要完善招标拍卖挂牌手续,无法继续履行《国有土地使用权出让合同》,属于对相关合同的变更或者解除,影响到相关合同能否实际履行以及是否解除的问题,不影响和限制合同的效力,不是认定为合同无效的理由和依据。

根据崂山区国土局提供的已经生效的山东省泰安市中级人民法院于2005年1月13日作出的(2004)泰刑二初字第20号刑事判决书认定,路某在2001年8月签订《国有土地使用权预约协议》后,送给于某价值3万元的购物卡。于某于2003年1月以购车为由,向路某索要33万元。于某利用时任崂山区国土局局长职务的便利条件受贿和索贿,是其个人犯罪行为,已由有关法院对其追究了相应的刑事责任。崂山区国土局与南太公司签订《国有土地使用权预约协议》和《国有土地使用权出让合同》,是具体落实山东省青岛市人民政府有关招商引资项目,于某在签订有关协议时虽然担任崂山区国土局局长,但不具有决定有关协议和合同是否签订的权力和责任。作为时任崂山区国土局局长的于某,在签订有关协议后向对方索要33万元购车款的事实,不能证明崂山区国土局与南太公司签订有关国有土地使用权预约协议和出让合同时,恶意串通,损害国家利益。没有证据证明崂山区国土局与南太公司在签订《国有土地使用权出让合同》过程中存在恶意串通,损害国家利益的情形。故崂山区国土局以此为由主张认定有关国有土地使用权出让合同无效,证据不足,不予采信。

关于本案所涉土地的评估是否符合有关规定的问题。崂山区国土局主张其在处理群众对本案的举报中委托青岛衡元评估有限责任公司以2002年8月13日为基准日,对本案项下土地的评估价格与当时作为签订出让合同价款依据的青岛东部房地产评估咨询有限公司对本案项下土地的评估价格相差很大,以此为由主张土地使用权出让合同无效,并未对鉴定机构的鉴定资质提出异议。南太公司委托评估的鉴定机构由两名土地估价人员进行评估,符合有关规定。崂山区国土局委托评估时的土地用途为住宅用地,双方签订出让合同之前南太公司委托评估的土地用途为综合用地。因此,虽然同是以2002年8月13日为基准日,但由于鉴定结论出自不同的鉴定机构和鉴定人员,评估时间不同,土地用途不同,土地评估价格会出现较大差异。双方在国有土地使用权预约合同中约定的土地用途是综合用地,但山东省青岛市规划局于2002年2月4日下发的青规函字(2002)84号《建设工程规划审查意见书》载明意见,根据山东省青岛市人民政府批复的沙子口镇总体规划,该项目用地规划性质为居住用地,开发性质与规划用地性质相符,同意选址建设。因此,在双方签订《国有土地使用权出让合同》之前南太公司委托评估土地用途为综合用地,在签订《国有土地使用权出让合同》中将土地用途变成住宅,属于崂山区国土局与南太公司通过签订合同的形式对部分条款内容的变更,与《土地管理法》第五十六条关于建设单位使用国有土地的,应当按照土地使用权出让等有偿使用合同的约定或者土地使用权规划批准文件的规定使用土地的内容不相冲突。双方签订的《国有土地使用权出让合同》与规划和评估报告中的土地用途不同，如果可能导致土地使用权出让金低于订立合同时当地政府按照国家规定确定的最低价的，属于影响国有土地使用权出让合同价格条款效力的因素，但不导致国有土地使用权出让合同无效。

经查，南太公司在一审当庭宣读起诉状第一项请求判令崂山区国土局继续履行双方所签合同时，特意明确了办理《国有土地使用权证》这一继续履行合同的实质内容，并有一审庭审笔录佐证。按照双方在《国有土地使用权出让合同》第十五条第二款的约定，崂山区国土局应依法为南太公司办理出让土地使用权登记，颁发《国有土地使用权证》。这是崂山区国土局基于双方签订的《国有土地使用权出让合同》而应尽的合同义务，属于继续履行合同义务范畴。一审法院对此进行审理并作出判决，没有超出民事审判范围，并未违反“不告不理”的民事诉讼原则。

二审认为，崂山区国土局上诉主张本案所涉《国有土地使用权出让合同》未生效、无效的理由不能成立，认为一审判决违反民事诉讼原则的理由亦不能成立。因双方签订的《国有土地使用权出让合同》事实上无法继续履行，南太公司要求判令继续履行该合同的诉讼请求难以支持，一审判决相关判项应予撤销，南太公司的该项诉讼请求应予驳回。本案所涉《国有土地使用权出让合同》是否应当依法予以解除及其法律后果承担问题，当事人可依法另行解决。由于双方纠纷成讼以及南太公司关于继续履行合同的诉讼请求不能得到支持的根本原因是由崂山区国土局的行为造成的，崂山区国土局应当为诉讼成本付出代价，即承担本案的全部诉讼费用。依照《民事诉讼法》第一百五十三条第一款第三项之规定，判决如下：一、撤销山东省高级人民法院（2004）鲁民一初字第9号民事判决；二、驳回青岛南太置业有限公司关于继续履行合同的诉讼请求。

※裁判要旨：当事人对合同的效力约定所附条件，是指在合同中特别约定一定的条件，以条件成就与否作为合同效力发生的根据。该条件必须是将来发生的、不确定的、约定的、合法的事实。政府机关对有关事项或者合同审批或者批准的权限和职责，源于法律和行政法规的规定，不属于当事人约定的范畴。当事人将上述权限和职责约定为合同所附条件，不符合法律规定。确认合同无效应当以法律和行政法规作为依据，不得以地方性法规和行政规章作为依据。双方当事人签订的《国有土地使用权出让合同》中约定的土地用途与规划和评估报告中的土地用途不同，如果可能导致土地使用权出让金低于订立合同时当地政府按照国家规定确定最低价的，属于影响国有土地使用权出让合同价格条款效力的因素，但不导致国有土地使用权出让合同无效。民事主体从事民事活动，除必须遵守法律外，在法律没有规定的情况下还应当遵守国家

政策。国务院下发的有关规范整顿土地出让市场秩序的通知以及国务院有关部委颁发的贯彻配套规定等规范性文件属于国家政策。按照国家有关政策规定,在2002年7月1日前未经市、县政府前置审批或者签订书面项目开发协议而在此后协议出让经营性用地的,应当按照有关规定改为以招标拍卖挂牌方式出让。完善招标拍卖挂牌手续的,属于对有关国有土地使用权出让合同的变更或者解除,影响到相关合同能否实际履行以及是否解除问题,不影响和限制合同的效力。解除权在实体方面属于形成权,在程序方面则表现为形成之诉。在没有当事人依法提出该诉讼请求的情况下,人民法院不能依职权径行裁判。

陈久秀与中华人民共和国国土资源部行政纠纷案〔1〕

※案情简介:2009年4月22日,中华人民共和国国土资源部(以下简称国土资源部)作出国土资预审字(2009)179号《关于北京地铁十四号线工程建设用地预审意见的复函》(以下简称被诉复函),内容为:“北京市国土资源局、北京市基础设施投资有限公司:《关于北京地铁十四号线工程建设项目用地预审的初步审查意见》(京国土预〔2009〕034号)和《关于审查北京地铁十四号线工程建设项目用地预审的申请》(京投规字〔2009〕88号)收悉。经审查,现函复如下:一、北京地铁十四号线工程的建设对缓解城市中心交通压力,减少地面交通对城市环境的影响具有重要作用。该项目符合《北京市城市快速轨道交通近期建设规划》和供地政策,原则同意通过用地预审。二、该项目拟用地总面积36.14公顷,其中农用地18.23公顷(耕地12.78公顷,基本农田16.21公顷)。在初步设计阶段,应进一步优化设计方案,按照工程项目建设用地指标的规定,从严控制建设用地规模,节约和集约用地。三、项目设计方案优化应尽量避让基本农田,确需占用的,在建设用地报批阶段,必须落实基本农田补划方案,确保基本农田数量不减少,质量不降低。四、按照《中华人民共和国土地管理法》的规定,建设项目占用耕地,必须补充数量和质量相当的耕地,没有条件开垦或开垦的耕地不符合要求的,应按照要求落实耕地开垦费资金,切实做到占补平衡。占用基本农田应按当地最高标准缴纳耕地开垦费。五、丰台区和朝阳区人民政府要根据国家法律法规和有关文件的规定,认真做好征地补偿安置的前期工作,确保补偿安置资金足额到位,切实维护被征地农民的合法权益。六、项目按规定核准后,必须按照《中华人民共和国土地管理法》和国务院文件的有关规定,依法落实土地利用总体规划修改方案,办理建设用

〔1〕 案例来源:北京市高级人民法院(2015)高行终字第803号行政裁定书。

地报批手续。未办理农用地转用和土地征收手续的不得开工假设。七、依据《建设项目用地预审管理办法》的规定，建设项目用地预审文件有效期为两年，本文件有效期至二〇一一年四月二十二日。”陈久秀不服被诉复函，向北京市第一中级人民法院（以下简称一审法院）提起行政诉讼。

一审法院经审理认为，最高人民法院《关于执行〈中华人民共和国行政诉讼法〉若干问题的解释》第十二条规定，与具体行政行为有法律上利害关系的公民、法人或者其他组织对该行为不服的，可以依法提起行政诉讼；第四十二条规定，公民、法人或者其他组织不知道行政机关作出的具体行政行为内容的，其起诉期限从知道或应当知道该具体行政行为内容之日起计算。对涉及不动产的具体行政行为从作出之日起超过20年、其他具体行政行为从作出之日起超过5年提起诉讼的，人民法院不予受理。《建设项目用地预审管理办法》第二条规定，本办法所称建设项目用地预审，是指国土资源管理部门在建设项目审批、核准、备案阶段，依法对建设项目设计的土地利用事项进行的审查。该办法第十一条规定，预审应当审查以下内容：（一）建设项目选址是否符合土地利用总体规划，是否符合国家供地政策和土地管理法律、法规规定的条件；（二）建设项目用地规模是否符合有关建设用地指标的规定；（三）建设项目占用耕地的，补充耕地初步方案是否可行；（四）征地补偿费用和矿山项目土地复垦资金的拟安排情况；（五）属《土地管理法》第二十六条规定情形，建设项目用地需修改土地利用总体规划的，规划的修改方案、规划修改对规划实施影响评估报告等是否符合法律、法规的规定。该办法第十五条第二款规定，未经预审或者预审未通过的，不得批复可行性研究报告、核准项目申请报告；不得批准农用地转用、土地征收，不得办理供地手续。由此可知，国土资源管理部门对建设项目用地的预审批复系建设项目的前置审批，该批复的目的系确保特定建设项目用地不违反国家相关规定，并不直接决定建设项目的成立。因此，被诉复函未对陈久秀的权利义务产生实际影响，陈久秀与被诉复函不具有法律上的利害关系，其不具备针对被诉复函提起本案诉讼的原告主体资格。且陈久秀针对被诉复函提起的本案诉讼已超过5年起诉期限。综上，对陈久秀的起诉，依法应予驳回。依照《最高人民法院关于执行〈中华人民共和国行政诉讼法〉若干问题的解释》第四十四条第（二）项、（六）项之规定，裁定驳回陈久秀的起诉。

陈久秀不服一审裁定，向本院提起上诉。诉称，被诉复函是独立的具体行政行为，属于人民法院受理行政案件的范围。建设单位依据被诉复函办理了立项、用地批准、规划等系列拆迁前置文件，并直接导致上诉人房屋被列入拆迁范围并被强制拆除，故被诉复函对上诉人的权利义务产生实际影响，上诉人具备合法的诉讼主体资格。上诉人于2014年6月5日才知道被诉复函内容,2014年8月27日提起本案诉讼,符合法律关于起诉期限的规定。综上,一审法院认定事实不清,适用法律错误,请求二审法院撤销一审裁定,指令一审法院继续审理。

国土资源部答辩认为,被诉复函并不决定建设项目是否成立,也不直接涉及征收或拆迁事项,与上诉人没有直接利害关系。一审裁定认定事实清楚,适用法律正确,请求二审法院予以维持。

北京市基础设施投资有限公司同意国土资源部答辩意见,请求二审法院维持一审裁定。

本院认为,最高人民法院《关于执行〈中华人民共和国行政诉讼法〉若干问题的解释》第十二条规定,与具体行政行为有法律上利害关系的公民、法人或者其他组织对该行为不服的,可以依法提起行政诉讼;第四十二条规定,公民、法人或者其他组织不知道行政机关作出的具体行政行为内容的,其起诉期限从知道或应当知道该具体行政行为内容之日起计算。对涉及不动产的具体行政行为从作出之日起超过20年、其他具体行政行为从作出之日起超过5年提起诉讼的,人民法院不予受理。

《建设项目用地预审管理办法》第二条规定,本办法所称建设项目用地预审,是指国土资源管理部门在建设项目审批、核准、备案阶段,依法对建设项目涉及的土地利用事项进行的审查。该办法第十一条规定,预审应当审查以下内容:(一)建设项目选址是否符合土地利用总体规划,是否符合国家供地政策和土地管理法律、法规规定的条件;(二)建设项目用地规模是否符合有关建设用地指标的规定;(三)建设项目占用耕地的,补充耕地初步方案是否可行;(四)征地补偿费用和矿山项目土地复垦资金的拟安排情况;(五)属《土地管理法》第二十六条规定情形,建设项目用地需修改土地利用总体规划的,规划的修改方案、规划修改对规划实施影响评估报告等是否符合法律、法规的规定。该办法第十五条第二款规定,未经预审或者预审未通过的,不得批复可行性研究报告、核准项目申请报告;不得批准农用地转用、土地征收,不得办理供地手续。由此可知,国土资源管理部门对建设项目用地的预审批复系建设项目的前置审批,该批复的目的系确保特定建设项目用地不违反国家相关规定,并不直接决定建设项目的成立。因此,被诉复函未对陈久秀的权利义务产生实际影响,陈久秀与被诉复函不具有法律上的利害关系,其不具备针对被诉复函提起本案诉讼的原告主体资格。

本案被诉复函于2009年4月22日作出,陈久秀于2014年8月27日针对被诉复函向一审法院提起行政诉讼,确已超过5年起诉期限。

综上,一审法院裁定驳回陈久秀的起诉正确,本院予以维持。据此,依据《中华人民共和国行政诉讼法》第六十一条第(一)项的规定,裁定如下:驳回上诉,维持一审裁定。

※裁判要旨:建设项目用地预审,是指国土资源管理部门在建设项目审批、核准、备案阶段,依法对建设项目涉及的土地利用事项进行的审查。国土资源管理部门对建设项目用地的预审批复系建设项目的前置审批,该批复的目的系确保特定建设项目用地不违反国家相关规定,并不直接决定建设项目的成立。因此,被诉复函未对原告的权利义务产生实际影响,原告与被诉复函不具有法律上的利害关系,其不具备针对被诉复函提起本案诉讼的原告主体资格。

第五条　【主管部门】国务院自然资源主管部门统一负责全国土地的管理和监督工作。

县级以上地方人民政府自然资源主管部门的设置及其职责,由省、自治区、直辖市人民政府根据国务院有关规定确定。

第六条　【土地利用和管理的督察】国务院授权的机构对省、自治区、直辖市人民政府以及国务院确定的城市人民政府土地利用和土地管理情况进行督察。

第七条　【守法义务、检举控告义务】任何单位和个人都有遵守土地管理法律、法规的义务,并有权对违反土地管理法律、法规的行为提出检举和控告。

第八条　【奖励】在保护和开发土地资源、合理利用土地以及进行有关的科学研究等方面成绩显著的单位和个人,由人民政府给予奖励。

第二章　土地的所有权和使用权

本章介绍

本章是关于土地所有权与土地使用权的规定，明确了国家土地所有权与农村集体土地所有权的各自范围以及农村土地所有权的行使方式，确定了国有土地与集体土地可由他人取得使用权的原则，规定了土地使用人应该履行的义务。土地登记制度是一项重要的法律制度，本章对土地登记的法律依据、范围、登记的效力作了明确规定。此外，本章对农村土地承包经营权的相关内容作了原则性规定，明确了土地承包经营权的取得、期限、调整以及权利义务。最后，本章还确定了土地所有权与使用权争议的解决途径。

第九条　【所有权归属】城市市区的土地属于国家所有。

农村和城市郊区的土地，除由法律规定属于国家所有的以外，属于农民集体所有；宅基地和自留地、自留山，属于农民集体所有。

条文解读

本法第 9 条是关于土地所有权归属的规定。

《土地管理法》第 2 条对土地所有权属于国家或者集体作了规定。而本条是在第 2 条的基础上，进一步明确哪些土地所有国家所有，哪些土地属于农民集体所有。根据本条的规定，国家所有的土地主要包括两部分：其一，城市市区的土地属于国家所有；其二，农村和城市郊区的土地但由法律规定属于国家所有的。农民集体所有的土地主要包括：(1)农村和城市郊区的土地；(2)宅基地；(3)自留地、自留山。

配套法规及解读

《土地管理法实施条例》(2014 年 7 月 29 日修订)

第二条　下列土地属于全民所有即国家所有：

（一）城市市区的土地；

（二）农村和城市郊区中已经依法没收、征收、征购为国有的土地；

（三）国家依法征收的土地；

（四）依法不属于集体所有的林地、草地、荒地、滩涂及其他土地；

（五）农村集体经济组织全部成员转为城镇居民的，原属于其成员集体所有的土地；

（六）因国家组织移民、自然灾害等原因，农民成建制地集体迁移后不再使用的原属于迁移农民集体所有的土地。

※法规解读：《土地管理法实施条例》进一步明确了国有土地的范围，根据本条的规定，国有土地具体包括：(1)城市市区的土地；(2)农村和城市郊区中已经依法没收、征收、征购为国有的土地；(3)国家依法征收的土地；(4)依法不属于集体所有的林地、草地、荒地、滩涂及其他土地；(5)农村集体经济组织全部成员转为城镇居民的，原属于其成员集体所有的土地；(6)因国家组织移民、自然灾害等原因，农民成建制地集体迁移后不再使用的原属于迁移农民集体所有的土地。

《确定土地所有权和使用权的若干规定》则对国有土地所有权的范围进一步作了明确规定：

（一）城市市区范围内的土地属于国家所有。

（二）依据1950年《中华人民共和国土地改革法》及有关规定，凡当时没有将土地所有权分配给农民的土地属于国家所有；实施1962年《农村人民公社工作条例修正草案》（以下简称《六十条》）未划入农民集体范围内的土地属于国家所有。

（三）国家建设征用的土地，属于国家所有。

（四）开发利用国有土地，开发利用者依法享有土地使用权，土地所有权仍属国家。

（五）国有铁路线路、车站、货场用地以及依法留用的其他铁路用地属于国家所有。土改时已分配给农民所有的原铁路用地和新建铁路两侧未经征用的农民集体所有土地属于农民集体所有。

（六）县级以上（含县级）公路线路用地属于国家所有。公路两侧保护用地和公路其他用地凡未经征用的农民集体所有的土地仍属于农民集体所有。

（七）国有电力、通讯设施用地属于国家所有。但国有电力通讯杆塔占用农民集体所有的土地，未办理征用手续的，土地仍属于农民集体所有，对电力通讯经营单位可确定为他项权利。

（八）军队接收的敌伪地产及新中国成立后经人民政府批准征用、划拨的军事用地属于国家所有。

（九）河道堤防内的土地和堤防外的护堤地，无堤防河道历史最高洪水位或者设计洪水位以下的土地，除土改时已将所有权分配给农民，国家未征用，且迄今仍归农民集体使用的外，属于国家所有。

（十）县级以上（含县级）水利部门直接管理的水库、渠道等水利工程用地属于国家所有。水利工程管理和保护范围内未经征用的农民集体土地仍属于农民集体所有。

（十一）国家建设对农民集体全部进行移民安置并调剂土地后，迁移农民集体原有土地转为国家所有。但移民后原集体仍继续使用的集体所有土地，国家未进行征用的，其所有权不变。

（十二）因国家建设征用土地，农民集体建制被撤销或其人口全部转为非农业人口，其未经征用的土地，归国家所有。继续使用原有土地的原农民集体及其成员享有国有土地使用权。

（十三）全民所有制单位和城镇集体所有制单位兼并农民集体企业的，办理有关手续后，被兼并的原农民集体企业使用的集体所有土地转为国家所有。乡（镇）企业依照国家建设征用土地的审批程序和补偿标准使用的非本乡（镇）村农民集体所有的土地，转为国家所有。

（十四）1962年9月《六十条》公布以前，全民所有制单位，城市集体所有制单位和集体所有制的华侨农场使用的原农民集体所有的土地（含合作化之前的个人土地），迄今没有退给农民集体的，属于国家所有。《六十条》公布时起至1982年5月《国家建设征用土地条例》公布时止，全民所有制单位、城市集体所有制单位使用的原农民集体所有的土地，有下列情形之一的，属于国家所有：（1）签订过土地转移等有关协议的；（2）经县级以上人民政府批准使用的；（3）进行过一定补偿或安置劳动力的；（4）接受农民集体馈赠的；（5）已购买原集体所有的建筑物的；（6）农民集体所有制企事业单位转为全民所有制或者城市集体所有制单位的。1982年5月《国家建设征用土地条例》公布时起至1987年《土地管理法》开始施行止，全民所有制单位、城市集体所有制单位违反规定使用的农民集体土地，依照有关规定进行了清查处理后仍由全民所有制单位、城市集体所有制单位使用的，确定为国家所有。凡属上述情况以外未办理征地手续使用的农民集体土地，由县级以上地方人民政府根据具体情况，按当时规定补办征地手续，或退还农民集体。1987年《土地管理法》施行后违法占用的农民集体土地，必须依法处理后，再确定土地所有权。

（十五）1986年3月《中共中央、国务院关于加强土地管理、制止乱占耕地的通知》

发布之前,全民所有制单位、城市集体所有制租用农民集体所有的土地,按照有关规定处理后,能够恢复耕种的,退还农民集体耕种,所有权仍属于农民集体;已建成永久性建筑物的,由用地单位按租用时的规定,补办手续,土地归国家所有。凡已经按照有关规定处理了的,可按处理决定确定所有权和使用权。

(十六)土地所有权有争议,不能依法证明争议土地属于农民集体所有的,属于国家所有。

《确定土地所有权和使用权的若干规定》则对农民集体所有的土地的范围进行了明确:(1)土地改革时分给农民并颁发了土地所有证的土地,属于农民集体所有;实施《六十条》时确定为集体所有的土地,属农民集体所有。依照《确定土地所有权和使用权的若干规定》第二章规定属于国家所有的除外。(2)村农民集体所有的土地,按目前该村农民集体实际使用的本集体土地所有权界线确定所有权。根据《六十条》确定的农民集体土地所有权,由于下列原因发生变更的,按变更后的现状确定集体土地所有权:由于村、队、社、场合并或分割等管理体制的变化引起土地所有权变更的;由于土地开发、国家征地、集体兴办企事业或者自然灾害等原因进行过土地调整的;由于农田基本建设和行政区划变动等原因重新划定土地所有权界线的。行政区划变动未涉及土地权属变更的,原土地权属不变。(3)农民集体连续使用其他农民集体所有的土地已满20年的,应视为现使用者所有;连续使用不满20年,或者虽满20年但在20年期满之前所有者曾向现使用者或有关部门提出归还的,由县级以上人民政府根据具体情况确定土地所有权。(4)乡(镇)或村在集体所有的土地上修建并管理的道路、水利设施用地,分别属于乡(镇)或农村农民集体所有。(5)乡(镇)或村办企事业单位使用的集体土地,《六十条》公布以前使用的,分别属于该乡(镇)或村农民集体所有;《六十条》公布时起至1982年国务院《村镇建房用地管理条例》发布时止使用的,有下情况之一的,分别属于该乡(镇)或村农民集体所有:签订过用地协议的(不含租借);经县、乡(公社)、村(大队)批准或同意,并进行了适当的土地调整或者经过一定补偿的;通过购买房屋取得的;原集体企事业单位体制经批准变更的。1982年国务院《村镇建房用地管理条例》发布时起至1987年《土地管理法》开始施行时止,乡(镇)、村办企事业单位违反规定使用的集体土地按照有关规定清查处理后,乡(镇)、村集体单位继续使用的,可确定为该乡(镇)或村集体所有。乡(镇)、村办企事业单位采用上述以外的方式占用的集体土地,或虽采用上述方式,应将其全部或部分土地退还原村或乡农民集体,或按有关规定进行处理。1987年《土地管理法》施行后违法占用的土地,须依法处理后再确定所有权。(6)乡(镇)企业使用本乡(镇)、村集体所有的土地,依照有关规定进行补偿和安置的，土地所有权转为乡（镇）农民集体所有。经依法批准的乡（镇）、村公共设施、公益事业使用的农民集体土地，分别属于乡（镇）、村农民集体所有。（7）农民集体经依法批准以土地使用权作为联营条件与其他单位或个人举办联营企业的，或者农民集体经依法批准以集体所有的土地的使用权作价入股，举办外商投资企业和内联乡镇企业的，集体土地所有权不变。

《土地管理法实施条例》第2条第5项规定，农村集体经济组织全部成员转为城镇居民的，原属于其成员集体所有的土地，属于全民所有即国家所有。《确定土地所有权和使用权的若干规定》第14条亦规定，因国家建设征用土地，农民集体建制被撤销或其人口全部转为非农业人口，其未经征用的土地，归国家所有。继续使用原有土地的原农民集体及其成员享有国有土地使用权。为进一步明确上述规定的具体含义，2005年3月4日，国务院法制办公室、国土资源部联合发布了国法函〔2005〕36号《关于对〈中华人民共和国土地管理法实施条例〉第二条第（五）项的解释意见》。该解释规定，《土地管理法实施条例》第2条第5项规定，是指农村集体经济组织土地被依法征收后，其成员随土地征收已经全部转为城镇居民，该农村集体经济组织剩余的少量集体土地可以依法征收为国家所有。

农村集体经济组织土地被依法征收后，其成员随土地征收已经全部转为城镇居民，该农村集体经济组织剩余的少量集体土地可以依法征收为国家所有。

关联法规索引

《土地管理法》第2条；《土地管理法实施条例》第2条；《关于对〈中华人民共和国土地管理法实施条例〉第二条第（五）项的解释意见》；《确定土地所有权和使用权的若干规定》第3～25条

典型案例

程友田、湖南省长沙市望城区人民政府土地行政管理（土地）再审审查与审判监督行政裁定案[1]

※案情简介：2008年12月20日，望城县人民政府给程友田颁发望国土建字第

〔1〕 案例来源：最高人民法院（2018）最高法行申4928号行政裁定书。

0005263号《个人建房用地许可证》。2009年8月24日，望城县规划管理局向程友田颁发建字第2009639号《建设工程规划许可证》、望规地字第2009589号《建设用地规划许可证》。2010年7月15日，程友田申请土地确权登记，申请办理国有划拨土地使用权证。经相关部门实地调查、审批，望城县人民政府于2010年11月2日作出望国有划拨(2010)字第022号《望城县人民政府建制镇集镇城镇国有土地使用权初始登记划拨决定书》(以下简称22号划拨决定)，决定书记载宗地审核情况为："1. 法律依据：该宗土地位于望城县××镇××路××号，土地利用现状图斑508－1号，依据《中华人民共和国城市规划法》第三条、《中华人民共和国土地管理法》第六条、《确定土地所有权和使用权的若干规定》第二条、第三条、第十四条规定、建设部第44号令第3条，该宗土地属于建制镇城镇国有建设用地。2. 用地情况：程友田户主于2008年12月经望城县人民政府批准办理个人建房用地许可证，用地面积140平方米，测绘队实测140平方米。3. 审查结论：经高塘岭国土资源中心所现场调查公示，该用地位置、面积准确，可能性无争议，用地符合高塘岭建制镇集镇建设规划、土地利用总体规划、长沙市政府第19号令第18条，建议呈报县人民政府依法审查确认其国有土地权属，并按划拨国有土地使用权方式，为程友田同志办理划拨土地使用权初始登记。注：建制镇集镇土地利用现状图斑为1997年全国第一次土地详查数据；整村、整组转户的按《确定土地所有权和使用权的若干规定》第十四条申报；本审批单在进窗前申报完毕。"2010年11月30日，望城县人民政府向程友田颁发望国用(2010)字第××号《国有土地使用证》(以下简称第××号国有土地证)，该证记载内容：土地使用权人为程友田，坐落于望城县××镇××路××号，地类(用途)为住宅用地，使用权类型为国有划拨，使用权面积为140平方米。2014年3月26日，湖南省人民政府作出(2014)政国土字第521号《农用地转用、土地征收审批单》(以下简称521号审批单)，主要内容是"申请用地单位为长沙市望城区国土资源局，被用地单位为长沙市望城区高塘岭街道裕农村、喻家坡街道原佳村、喻家坡社区，建设项目名称为旺旺路城市综合体项目扩征用地，申请用地总面积为0.7742公顷，其中征收耕地、林地、其他农用地合计面积0.3168公顷，征收建设用地0.4574公顷"，备注内容是"征地补偿标准根据湘政发(2012)46号《湖南省人民政府关于调整湖南省征地补偿标准的通知》实施。"程友田持有的第××号国有土地证项下土地，位于521号审批单所附征地红线图范围内。2014年10月9日，望城区政府向程友田作出《撤销第××号国有土地证告知书》，认为颁发给程友田第××号国有土地证，错误将集体土地登记为国有土地，将拟作出的行政处理决定的事实、理由及陈述、申辩和听证的权利告知程友田。2014年12月5日，望城区政府向程友田送达《听证通知书》。2014年12月26日,望城区政府召开听证会,听取程友田的陈述和申辩意见。2015年4月1日,望城区政府作出望府案土字(2015)26号《行政处理决定书》(以下简称26号处理决定),主要内容:"经查明,程友田于2008年12月20日办理望国土字第0005263号《个人建房用地许可证》,2009年12月15日程友田以该用地许可证申请土地登记,向原望城县国土管理局提交《土地登记申请书审批表》。经地籍调查,实地测量,程友田取得第××号国有土地证。另查明,程友田取得的第××号国有土地证所载地块,位于原××镇××路××号,系农民集体所有的土地。该证用地未依法办理土地征收审批手续,无用地审批单、红线图,无合法国有土地权属来源。本府认为,未经法定程序,土地权属性质不得随意变更。程友田第××号国有土地证所载地块未实施征收,无用地审批单和红线图,土地权属性质实际并未发生改变,该证的土地权属认定错误,应予撤销。如撤销程友田第××号国有土地证,对其合法权益造成实际损失的,按照望城区政府区长办公会议(2014)49号会议纪要确定的标准进行补偿。根据《中华人民共和国土地管理法》第八、十二条,《湖南省行政程序规定》第一百五十八条第一款、第一百六十二条第一款规定,决定撤销程友田持有的第××号国有土地证。如不服本决定,可在收到本决定书之日起六十日内向长沙市政府申请行政复议或在三个月内向长沙市中级人民法院提起行政诉讼。"程友田不服,申请行政复议。2015年6月26日,长沙市政府作出长政复决字(2015)第328号行政复议决定(以下简称328号复议决定),维持26号处理决定。2015年7月22日,程友田提起本案行政诉讼,请求撤销26号处理决定和328号复议决定。另查明,2011年6月,长沙市望城县撤县设区,长沙市望城县人民政府变更为长沙市望城区人民政府。

长沙市中级人民法院(2015)长中行初字第00313号行政判决认为,程友田房屋所在地的土地性质至2014年仍是农民集体所有,但望城区政府于2010年在该集体土地上为程友田办理了第××号国有土地证,明显违法。望城区政府26号处理决定以第××号国有土地证所载地块权属来源认定错误,审批程序和审批手续不到位为由,根据《中华人民共和国土地管理法》第八条、第十二条,《湖南省行政程序规定》第一百五十八条第一款、第一百六十二条第一款规定,撤销第××号国有土地证是正确的。程友田在当时特定的法制环境和特定历史背景下取得国有土地使用证,其信赖利益应予保护,但此系另一法律关系,可通过其他合法途径予以解决。长沙市政府作出328号复议决定维持26号处理决定,程序合法,事实清楚,适用法律正确。依照《中华人民共和国行政诉讼法》第六十九条规定,判决驳回程友田的诉讼请求。程友田不服,提起上诉。

湖南省高级人民法院(2016)湘行终1309号行政判决认为,程友田在未办理土地使用权属变更登记的情况下,取得的第××号国有土地证权,属来源不合法。望城区政府对其错误登记行为予以自行纠正,作出26号处理决定,并无不当。望城区政府在作出处理决定时,告知程友田,若合法权益造成损失的,按照望城区政府区长办公会议(2014)49号会议纪要确定的标准进行补偿。鉴于程友田一审诉讼请求未涉及补偿或赔偿问题,其可通过其他合法途径寻求救济。根据《中华人民共和国行政诉讼法》第八十九条第一款第(一)项规定,判决驳回上诉,维持原判。

程友田申请再审称:1. 其取得第××号国有土地证经过申请、审批、决定、颁证等一系列程序,系合法取得。2. 22号划拨决定证明涉案土地属于国有建制镇国有建设用地,望城区政府未提交证据证明涉案土地系集体土地。请求撤销一、二审判决,依法对本案予以再审。

长沙市政府答辩称:涉案土地原属农村集体土地,未经法定的农用地转用征收程序,土地权属用途不得随意变更。程友田获得第××号国有土地证不符合法律规定,依法应予纠正。请求驳回程友田的再审申请。

望城区政府未提交书面答辩意见。

本院经审查认为,《中华人民共和国土地管理法》第八条规定,城市市区的土地属于国家所有。农村和城市郊区的土地,除由法律规定属于国家所有的以外,属于农民集体所有;宅基地和自留地、自留山,属于农民集体所有。《中华人民共和国土地管理法实施条例》第二条第(五)项规定,农村集体经济组织全部成员转为城镇居民的,原属于其成员集体所有的土地,属于全民所有即国家所有。《确定土地所有权和使用权的若干规定》第十四条亦规定,因国家建设征用土地,农民集体建制被撤销或其人口全部转为非农业人口,其未经征用的土地,归国家所有。继续使用原有土地的原农民集体及其成员享有国有土地使用权。为进一步明确上述规定的具体含义,2005年3月4日,国务院法制办公室、国土资源部联合发布的国法函〔2005〕36号《关于对〈中华人民共和国土地管理法实施条例〉第二条第(五)项的解释意见》。该行政解释规定,《中华人民共和国土地管理法实施条例》第二条第(五)项规定,是指农村集体经济组织土地被依法征收后,其成员随土地征收已经全部转为城镇居民,该农村集体经济组织剩余的少量集体土地可以依法征收为国家所有。根据上述法律和行政解释规定,原属于农村集体经济组织所有的集体土地,只有在被依法征收后,才能变为国有土地。未经土地征收程序,仅仅是规划变更,将农民所在村、组的集体土地纳入城镇规划区范围,农民的农村集体经济组织成员身份整建制转变为城市居民,原属农村集体经济组织所有的集体土地,并不能当然地转变为国有土地。本案中,尽管程友田所在村、组已经整体被纳入高塘岭建制镇集镇规划的城市市区范围,其原来农业人口身份已经转变为城市居民。但是,没有证据证明,在2014年湖南省政府作出521号审批单,决定对程友田所在村、组的集体土地实施征收前,该村、组土地已经被依法征收为国有的事实。2010年望城县政府给程友田颁发第××号国有土地证时,包括程友田使用并颁证的涉案土地在内的村、组土地,性质上都应当是集体所有的土地。给集体所有的土地颁发国有土地使用证,显然不符合法律规定。望城区政府发现违法颁证的事实后,依法自我纠错,告知程友田拟作出撤销颁证行为的事实、理由及陈述、申辩和听证的权利,召开听证会,听取程友田的陈述和申辩意见,依法作出26号处理决定。程友田不服,申请行政复议。长沙市政府依法作出328号复议决定,维持26号处理决定。26号处理决定和328号复议决定,证据确凿,适用法律、法规正确,符合法定程序。一、二审判决驳回程友田的诉讼请求,并无不当。程友田主张,第××号国有土地证经过申请、审批、决定、颁证等一系列程序,合法取得,且22号划拨决定证明涉案土地属于建制镇国有建设用地。但是,涉案土地原属集体所有,且未经征收程序依法征收为国家所有。根据国法函(2005)36号文及相关法律、法规规定,未经征收程序的原集体土地,即便划归城镇规划区范围内、农村村民身份变为城镇居民,原集体土地的性质仍然不能改变。2010年望城区政府给集体所有的土地颁发国有土地使用证,当然不合法。22号划拨决定仅仅是颁发第××号国有土地证的程序之一,望城区政府撤销第××号国有土地证行为,实质上已经否定22号划拨决定的效力。程友田以22号划拨决定,来否定被诉26号处理决定关于涉案土地属于集体所有土地的事实认定,理由不能成立。

综上,程友田的再审申请不符合《中华人民共和国行政诉讼法》第九十一条第(三)、(四)项规定的情形。依照《最高人民法院关于适用〈中华人民共和国行政诉讼法〉的解释》第一百一十六条第二款的规定,裁定如下:驳回程友田的再审申请。

※裁判要旨:原属于农村集体经济组织所有的集体土地,只有在被依法征收后,才能变为国有土地。未经土地征收程序,仅仅是规划变更,将农民所在村、组的集体土地纳入城镇规划区范围,农民的农村集体经济组织成员身份整建制转变为城市居民,原属农村集体经济组织所有的集体土地,并不能当然地转变为国有土地。

第十条 【土地使用权】国有土地和农民集体所有的土地,可以依法确定给单位或者个人使用。使用土地的单位和个人,有保护、管理和合理利用土地的义务。

条文解读

本法第10条是关于土地使用权和土地使用权人应履行的义务的规定。

使用国有土地的主体包括"单位",也包括个人。"单位"不限于全民所有制单位或者集体所有制单位。国有土地和农民集体所有的土地可以依法确定给单位或者个人使用,体现了土地所有权和土地使用权可以分离的基本原则。土地使用权是指使用土地的单位和个人在法律所允许的范围内对依法交由其使用的国有土地和农民集体所有土地的占有、使用和收益的权利。

依照国务院颁布的《城镇国有土地使用权出让和转让暂行办法》的规定,中华人民共和国境内外的公司、企业、其他组织和个人,除法律另有规定外,均可以通过出让方式取得国有土地使用权。土地使用者开发、利用、经营土地的活动,应当遵守国家法律、法规的规定,并不得损害社会公共利益。

土地使用权分为国有土地使用权和农民集体所有土地使用权。国有土地使用权包括单位和个人的使用权,如社会团体对国有土地的使用权、外商投资企业对国有土地的使用权等。农民集体土地的使用权包括全民所有制单位、建设单位对农村集体所有土地的临时使用权,农民对宅基地的使用权,乡镇企业对农民集体土地的使用权,乡(镇)和村公共设施公益事业建设对农民集体所有土地的使用权等。国有土地和农民集体所有的土地是否确定给单位或者个人使用由土地所有者自己依法决定。国有土地和农民集体所有的土地确定给单位或者个人使用时必须依法进行。本条所讲"依法"中的"法",应从广义上来理解,包括本法在内的法律和依据法律制定的有关行政法规、部门规章和地方性法规等。

使用土地的单位和个人有保护、管理和合理利用土地的义务。这里所讲的"保护、管理",是指土地使用单位和个人对土地生产能力的保护和管理,也就是对土地生态及其环境的良好性能和质量的保护和管理。土地的保护和管理范围较大,主要是土地使用单位和个人为了保护土地的生产能力所采取的整治措施和管理措施。所谓合理利用土地,是指要在使用土地的过程中,通过科学使用土地,使得土地的利用与其自然的、社会的特性相适应,充分发挥土地要素在生产活动中的作用,以获得最佳的经济、社会、生态的综合效益。具体来讲,要做到保护耕地,保护土地生态环境,提高土地利用率,防止水土流失和盐渍化等。

配套法规及解读

《物权法》(2007年3月16日)

第一百二十四条 农村集体经济组织实行家庭承包经营为基础、统分结合的双层经营体制。农民集体所有和国家所有由农民集体使用的耕地、林地、草地以及其他用于农业的土地,依法实行土地承包经营制度。

第一百二十五条 土地承包经营权人依法对其承包经营的耕地、林地、草地等享有占有、使用和收益的权利,有权从事种植业、林业、畜牧业等农业生产。

第一百三十五条 建设用地使用权人依法对国家所有的土地享有占有、使用和收益的权利,有权利用该土地建造建筑物、构筑物及其附属设施。

第一百五十二条 宅基地使用权人依法对集体所有的土地享有占有和使用的权利,有权依法利用该土地建造住宅及其附属设施。

第一百五十六条 地役权人有权按照合同约定,利用他人的不动产,以提高自己的不动产的效益。前款所称他人的不动产为供役地,自己的不动产为需役地。

※法规解读:《物权法》将土地使用权称为用益物权,其具体类型包括农村土地承包经营权、建设用地使用权、宅基地使用权以及地役权。土地承包经营权,也称农村土地承包经营权、土地承包权,是指土地承包经营权人为从事种植业、林业、畜牧业等农业生产,对其承包的集体组织的土地或者国家所有交由集体组织使用的土地所享有的占有、使用和收益的权利。土地承包经营权是我国农村土地法律制度中特有的概念,是我国农村集体经济组织实行土地承包责任制的产物,是我国农村集体经济组织实行家庭承包经营为基础、统分结合的双层经营体制的要求。建设用地使用权分为广义上的建设用地使用权与狭义上的建设用地使用权。广义上的建设用地使用权是指建设用地使用权人对国家所有土地和集体所有土地享有占有、使用、收益以及利用该土地建造建筑物、构筑物及其附属设施的权利。狭义上的建设用地使用权是指建设用地使用权人对国家所有的土地享有占有、使用、收益以及利用该土地建造建筑物、构筑物及其附属设施的权利。宅基地使用权是我国特有的一种用益物权,它是自中华人民共和国成立以来为解决农民住宅问题的土地政策逐步演变而来。广义上的宅基地使用权包括城镇宅基地使用权和农村宅基地使用权,但城镇宅基地使用权属于历史遗留问题,现实生活中已经非常少见。狭义上的宅基地使用权仅指农村宅基地使用权,是指集体组织成员因建造住宅以及附属设施而对集体土地享有占有、使用的一种用益物权。我国《物权法》是从狭义上使用宅基地使用权的。地役权是我国《物权法》吸收借

鉴国外用益物权制度而规定的一种新型用益物权，它是指地役权人按照合同约定利用他人的不动产，以提高自己不动产效益的权利。

关联法规索引

《土地管理法》第36、37条；《土地管理法实施条例》第19条；《城镇国有土地使用权出让和转让暂行条例》第2、3、5条；《确定土地所有权和使用权的若干规定》第26～52条

典型案例

上诉人东营市鑫鼎商贸有限责任公司与被上诉人东营市国土资源局土地行政撤销案[1]

※案情简介：2002年3月29日，东营嘉隆工贸有限责任公司（以下简称嘉隆公司）与市国土局签订了东土合字（2002）16号《国有土地使用权出让合同》，约定被上诉人将北二路以南、明珠商厦以西面积为10947.4平方米的土地出让给嘉隆公司，用于八分场商业街改造，嘉隆公司交纳土地出让金3481820.57元。2002年4月5日，东营市人民政府作出〔2002〕东政土批字30号批复，批准了该合同。该宗土地中，部分个体商户享有土地使用权。合同签订后，嘉隆公司仅就出让合同项下的2518.7平方米土地进行了建设，除7617.2平方米的土地至今未动工建设外，尚有811.5平方米的土地已动工但尚未建成。在此期间，嘉隆公司更名为鑫鼎公司。一审认为，嘉隆公司与市国土局签订的该合同规定的权利义务应由鑫鼎公司承担。鑫鼎公司自愿接受出让土地后，仅对部分土地进行开发建设，尚有811.5平方米的土地已动工未建成。鑫鼎公司长期不按合同约定使用土地，即为变相改变批准用途。一审依照《行政诉讼法》第五十四条第一项之规定，判决维持市国土局作出的东国土决字〔2004〕015号《关于交还土地的决定》。

上诉人诉称，一审判决认定事实与适用法律错误，上诉人长期不按期开发土地是被上诉人不登记发证造成的，一审判决认定上诉人变相改变批准用途但没有阐明作出

---

〔1〕 案例来源：山东省东营市中级人民法院（2005）东行终字第5号行政判决书。

认定的法律依据，属于适用法律错误，请求二审法院依法改判。

被上诉人辩称，东国土决字〔2004〕015号《关于交还土地的决定》事实清楚，适用法律正确。请求驳回上诉，维持原判。

二审法院认定的事实：2002年3月29日，嘉隆公司与市国土局签订了东土合字(2002)16号《国有土地使用权出让合同》，约定被上诉人将北二路以南、明珠商厦以西面积为10947.4平方米的土地出让给嘉隆公司，土地用途为八分场商业街改造，土地出让金为3481820.57元。并约定出让人在2002年4月5日前将出让的“现状土地条件”的宗地交付给受让人，受让人在2002年4月6日前动工建设。2002年4月5日，东营市人民政府作出〔2002〕东政土批字30号批复，批准了该合同。上诉人提交了刘洪亭、卢召平的土地使用权手续，但其二人所使用土地与本案所涉土地无关，原审认定“该宗土地中，部分个体商户享有土地使用权”是错误的。2001年4月28日，嘉隆公司取得了建设工程规划许可证和建设用地规划许可证，建设项目及用地项目名称均为“八分场商业街改造”。此后，嘉隆公司仅就出让合同项下的2518.7平方米土地进行了建设，并向被上诉人提出土地登记申请，取得了该部分土地的国有土地使用证。该出让合同项下的其余土地，除7617.2平方米的土地至今未动工建设外，尚有811.5平方米的土地已动工未建成。被上诉人经现场勘验后，向上诉人送达了东国土通字〔2004〕019号通知，责令上诉人在15日内对811.5平方米土地进行开发利用。上诉人在上述期限内未进行开发利用。被上诉人于2004年7月26日作出东国土决字〔2004〕015号《关于交还土地的决定》，责令上诉人交还未开发利用的811.5平方米土地。在此期间，嘉隆公司更名为鑫鼎公司。

二审法院认为，依据《土地管理法》第五条第二款、《山东省实施〈中华人民共和国土地管理法〉办法》第三条的规定，被上诉人有权对本行政区域内的土地进行管理和监督。上诉人与被上诉人签订了出让合同，并且上诉人已经缴纳了土地出让金，该出让合同亦得到了东营市人民政府的批准，按照《土地管理法》第五十五条的规定：以出让等有偿使用方式取得国有土地使用权的建设单位，按照国务院规定的标准和办法，缴纳土地使用权出让金等土地有偿使用费和其他费用后，方可使用土地。上诉人缴纳出让金后，已经可以使用该宗土地。依据《城市规划法》《城市房屋拆迁管理条例》的规定，持有了市政府的该批准文件，上诉人即可办理房屋拆迁以及开工的有关事项。对上诉人认为被上诉人未给涉案土地登记、发证是上诉人对涉案土地未动工建设的根本原因的主张，法院不予支持；上诉人与被上诉人在出让合同中约定了该宗土地的用途（八分场商业街改造），上诉人即应按照合同约定的用途进行建设，上诉人未进行建设应属于未按批准用途使用土地的一种情形。被上诉人依据《土地管理法》第八十条的规定，适用法律正确；被上诉人作出的《关于收回土地的决定》是被上诉人指令上诉人为一定行为（交还土地）的行政执法行为，是行政命令行为，不属于行政处罚行为。综上，被上诉人作出的《关于交还土地的决定》认定事实清楚，适用法律正确，程序合法，依法应予维持。一审法院认定在上诉人所受让土地中部分个体商户享有土地使用权属认定事实错误，法院予以纠正，但该部分事实认定错误未影响一审判决结果的正确性，其判决结果应予以维持。案经法院审判委员会讨论决定，依据《行政诉讼法》第六十一条第一项的规定，判决如下：驳回上诉，维持原判。

※裁判要旨：国有土地的使用权可以依法确定给单位或者个人使用。使用土地的单位和个人，有保护、管理和合理利用土地的义务。土地使用权人长期不按合同约定使用土地，即为变相改变批准用途，没有尽到合理利用土地的义务，土地管理部门有权要求其交还土地。《关于交还土地的决定》是指令违法者为一定行为（交还土地）的行政执法行为，是行政命令行为，不属于行政处罚行为。行政命令是指行政主体依法要求相对人进行一定的作为或不作为的意思表示。行政命令具有强制力，它包括两类：一类是要求相对人进行一定作为的命令，如命令不按合同约定使用土地的使用人交还土地；另一类是要求相对人履行一定的不作为的命令，称作为禁（止）令，如因修建马路禁止通行，禁止携带危险品的旅客上车等。行政处罚是指行政机关或其他行政主体依法定职权和程序对违反行政法规尚未构成犯罪的相对人给予行政制裁的具体行政行为。

第十一条　【集体所有土地经营、管理】农民集体所有的土地依法属于村农民集体所有的，由村集体经济组织或者村民委员会经营、管理；已经分别属于村内两个以上农村集体经济组织的农民集体所有的，由村内各该农村集体经济组织或者村民小组经营、管理；已经属于乡（镇）农民集体所有的，由乡（镇）农村集体经济组织经营、管理。

条文解读

本法第11条是关于农民集体所有的土地的经营、管理的规定。

农民集体所有的土地依法属于村农民集体所有的，由村集体经济组织或者村民委员会经营、管理。这里的“村”为行政村，即设立村民委员会的村，而非自然村。农民集体所有的土地依法属于村农民集体所有，就是指农民集体所有的土地依法属于行政村农民集体所有。村集体经济组织应理解为农村中有土地所有权的农业集体经济组织。村民委员会是指《村民委员会组织法》中所规定的村民委员会。因从我国实行家庭联产承包责任制以后，有些村的集体经济组织已不健全，难以完成集体所有土地的经营、管理任务，需要由行使自治权的村民委员会来行使集体经济组织经营、管理土地的职能。因此，如果有以村为单位的农业集体经济组织，就由该村集体经济组织经营、管理；如果没有以村为单位的农业集体经济组织，则由村民委员会经营、管理。

已经分别属于村内两个以上农村集体经济组织的农民集体所有的，由村内各该农村集体经济组织或者村民小组经营、管理。村民小组是指行政村内的由村民组成的自治组织。“已经分别属于村内两个以上农村集体经济组织的农民集体所有的”土地，是指该土地在改革开放以前就分别属于两个以上的生产队，现在其土地仍然分别属于相当于原生产队的各该农村集体经济组织或者村民小组的农民集体所有。

已经属于乡（镇）农民集体所有的，由乡（镇）农村集体经济组织经营、管理。这种情况包括：一是指改革开放以前，原来以人民公社为核算单位的土地，在公社改为乡（镇）以后仍然属于乡（镇）农民集体所有；二是在人民公社时期，公社一级掌握的集体所有的土地仍然属于乡（镇）农民集体所有。上述两种情况下的土地仍然由乡（镇）农村集体经济组织经营、管理。

关联法规索引

《村民委员会组织法》

典型案例

王其祥、山东省潍坊市坊子区人民政府资源行政管理纠纷案〔1〕

※案情简介：1992年，王其祥向杨庄村委申请十间宅基地并交纳十间宅基地的相应费用，但由于西邻杨进昌的老房（北屋）未拆除，王其祥实际建成房屋（北屋）六间。1994年核发土地证时，杨庄村委将上述六间房屋的西邻仍注明为王其祥。2008年，杨

〔1〕 案例来源：最高人民法院（2017）最高法行申6316号行政裁定书。

庄村委与杨进昌签订了村庄规划协议书，要求杨进昌拆除旧房三间、棚子两个，并允许其在此基础上拆旧建新，杨进昌遂据此拆除旧房，并在原来的地基上建房（南屋）居住至今。现争议的四间宅基地上存在杨进昌所建的南屋两间。

2014年12月13日，王其祥向坊子区政府递交了《处理土地使用权申请书》，请求坊子区政府针对其与杨庄村委之间的宅基地使用权争议作出处理。坊子区政府收到申请后进行了审查，于2014年12月25日作出《不予受理通知书》，决定对王其祥的申请不予受理，并于同年12月29日向王其祥进行了送达。王其祥对《不予受理通知书》不服，向法院提起行政诉讼。

一审法院认为：依据《中华人民共和国土地管理法》（以下简称《土地管理法》）第十六条"土地所有权和使用权争议，由当事人协商解决；协商不成的，由人民政府处理。单位之间的争议，由县级以上人民政府处理；个人之间、个人与单位之间的争议，由乡级人民政府或者县级以上人民政府处理"之规定，坊子区政府对土地使用权人之间因土地的界址、界线、走向等问题发生的争议具有行政裁决的职责。《土地管理法》第六十二条规定，农村村民以户为单位，在一处一户只能有一处宅基地，能依法取得宅基地的主体是农户。《土地管理法》第十条规定，农民集体所有的土地依法属于村农民集体所有的，由村集体经济组织或者村民委员会经营、管理，村民委员会系村农民集体所有土地的经营、管理主体，而非使用主体。本案中，王其祥系基于其与杨庄村委就宅基地的使用问题产生争议而申请坊子区政府进行裁决，因杨庄村委系争议土地的经营、管理主体而非使用主体，故王其祥所主张的宅基地使用问题，不属于法律规定的由人民政府处理土地使用权人之间的土地使用权争议范围。《山东省行政程序规定》第一百一十三条第二款第三项规定，申请事项依法不适用行政裁决程序的，不予受理，并书面告知申请人。坊子区政府收到王其祥的裁决申请后，依法进行了审查，认定王其祥的裁决申请不符合受理条件，决定不予受理并向王其祥送达了不予受理通知书，据此，坊子区政府已正确履行了法定职责，王其祥的起诉于法无据。一审法院据此于2015年4月22日作出（2015）潍行初字第10号行政判决：驳回王其祥的诉讼请求。

王其祥不服，向山东省高级人民法院上诉，请求撤销一审判决及《不予受理通知书》。

二审法院认为：《土地管理法》第十条规定，农民集体所有的土地依法属于村农民集体所有的，由村集体经济组织或者村民委员会经营、管理。第十六条规定，土地所有权和使用权争议，由当事人协商解决；协商不成的，由人民政府处理。单位之间的争议，由县级以上人民政府处理；个人之间、个人与单位之间的争议，由乡级人民政府或者县级以上人民政府处理。根据上述法律规定,村民委员会系村农民集体所有土地的经营、管理主体,而非使用主体。土地权利人分别对土地所有权和使用权发生争议的,根据当事人身份的不同,由不同层级的人民政府予以裁决处理。本案中,王其祥因主张与杨庄村委存在宅基地使用权争议而申请坊子区政府进行裁决,但杨庄村委对本村集体所有的土地仅具有经营、管理权,而不具有涉案宅基地的使用权,故王其祥所主张的其与杨庄村委之间的宅基地使用权争议,依法不属于《土地管理法》第十六条规定的由人民政府处理的土地使用权人之间的土地使用权争议范围。《山东省行政程序规定》第一百一十三条第二款第三项规定,申请事项依法不适用行政裁决程序的,不予受理,并书面告知申请人。据此,坊子区政府对王其祥的裁决申请审查后认为,该裁决申请不符合受理条件,决定不予受理并向其送达了不予受理通知书,符合上述法律规定。二审法院据此于2015年12月9日作出(2015)鲁行终188号行政判决:驳回上诉,维持原判。

王其祥不服,向本院申请再审,请求撤销一、二审判决,依法再审本案。主要事实和理由是:原判决证据不足。本案中,原审法院认为村委会是管理主体,不存在使用权纠纷是不对的,在宅基地使用权上,村委会将本属于再审申请人的宅基地转让给他人,超越了管理权限,干预了再审申请人的使用权。原审判决依据《土地管理法》第十条,认定村委会与再审申请人不存在宅基地使用权纠纷,属于适用法律错误。虽然法律规定村委会对宅基地有管理权,但在宅基地使用权上对合法拥有者予以侵权,造成了村委会与再审申请人产生了纠纷,是法人与自然人直接的宅基地使用权纠纷,属于再审被申请人的裁决范围。

本院认为:根据《土地管理法》第十条规定,农民集体所有的土地依法属于村农民集体所有的,由村集体经济组织或者村民委员会经营、管理。第十六条规定,土地所有权和使用权争议,由当事人协商解决;协商不成的,由人民政府处理。单位之间的争议,由县级以上人民政府处理;个人之间、个人与单位之间的争议,由乡级人民政府或者县级以上人民政府处理。根据上述法律规定,村民委员会系村农民集体所有土地的经营、管理主体,而非使用主体。土地权利人分别对土地所有权和使用权发生争议的,根据当事人身份的不同,由不同层级的人民政府予以裁决处理。本案中,再审申请人因主张与杨庄村委存在宅基地使用权争议而申请再审被申请人进行裁决,但杨庄村委对本村集体所有的土地仅具有经营、管理权,而不具有涉案宅基地的使用权,故申请人所主张的其与杨庄村委之间的宅基地使用权争议,依法不属于《土地管理法》第十六条规定的由人民政府处理的土地使用权人之间的土地使用权争议范围。杨庄村委依法属于农民集体所有土地的管理者、经营者，而非土地所有权和使用权争议的一方当事人。原审法院的认定和处理并无不当。同时，根据《山东省行政程序规定》第一百一十三条第二款第三项之规定，申请事项依法不适用行政裁决程序的，不予受理，并书面告知申请人。坊子区政府对王其祥的裁决申请依法进行了审查，认定王其祥的裁决申请不符合受理条件，决定不予受理并向王其祥送达了不予受理通知书，已经履行了法定职责。据此，一、二审法院未支持王其祥的诉讼请求并无不当。

综上，王其祥的再审申请不符合《中华人民共和国行政诉讼法》第九十一条规定的情形。依照《中华人民共和国行政诉讼法》第一百零一条、《中华人民共和国民事诉讼法》第二百零四条第一款之规定，裁定如下：

驳回再审申请人王其祥的再审申请。

※裁判要旨：农民集体所有的土地依法属于村农民集体所有的，由村集体经济组织或者村民委员会经营、管理。村民委员会系村农民集体所有土地的经营、管理主体，而非使用主体。

第十二条　【土地所有权和使用权的登记】土地的所有权和使用权的登记，依照有关不动产登记的法律、行政法规执行。

依法登记的土地的所有权和使用权受法律保护，任何单位和个人不得侵犯。

条文解读

本法第12条是关于土地所有权和使用权登记的规定。

根据本条的规定，土地所有权和使用权要进行登记，不论是国有土地还是集体土地的所有权，也不论是国有土地还是集体土地上的使用权，都要依照有关不动产登记的法律、行政法规进行登记，确认相关权利。依法登记的土地所有权、土地使用权受国家法律保护，任何单位和个人不得侵犯。按照《不动产登记暂行条例》《不动产登记暂行条例实施细则》等的规定，土地登记制度被不动产登记制度取代。

不动产登记，是指不动产登记机构依法将不动产权利归属和其他法定事项记载于不动产登记簿的行为。不动产，是指土地、海域以及房屋、林木等定着物。不动产登记包括不动产首次登记、变更登记、转移登记、注销登记、更正登记、异议登记、预告登记、查封登记等。

不动产登记应当依照当事人的申请进行，但法律、行政法规以及本实施细则另有规定的除外。

房屋等建筑物、构筑物和森林、林木等定着物应当与其所依附的土地、海域一并登记,保持权利主体一致。

(一)不动产登记机构

不动产登记由不动产所在地的县级人民政府不动产登记机构办理;直辖市、设区的市人民政府可以确定本级不动产登记机构统一办理所属各区的不动产登记。跨县级行政区域的不动产登记,由所跨县级行政区域的不动产登记机构分别办理。不能分别办理的,由所跨县级行政区域的不动产登记机构协商办理;协商不成的,由共同的上一级人民政府不动产登记主管部门指定办理。协商办理或者接受指定办理跨县级行政区域不动产登记的,应当在登记完毕后将不动产登记簿记载的不动产权利人以及不动产坐落、界址、面积、用途、权利类型等登记结果告知不动产所跨区域的其他不动产登记机构。

国务院确定的重点国有林区的森林、林木和林地,国务院批准项目用海、用岛,中央国家机关使用的国有土地等不动产登记,由国务院自然资源主管部门会同有关部门规定。

国务院自然资源主管部门负责指导、监督全国不动产登记工作。县级以上地方人民政府应当确定一个部门为本行政区域的不动产登记机构,负责不动产登记工作,并接受上级人民政府不动产登记主管部门的指导、监督。

(二)不动产登记簿

不动产登记簿是指记载不动产权利状态的簿册。不动产以不动产单元为基本单位进行登记。不动产单元具有唯一编码。不动产单元,是指权属界线封闭且具有独立使用价值的空间。没有房屋等建筑物、构筑物以及森林、林木定着物的,以土地、海域权属界线封闭的空间为不动产单元。有房屋等建筑物、构筑物以及森林、林木定着物的,以该房屋等建筑物、构筑物以及森林、林木定着物与土地、海域权属界线封闭的空间为不动产单元。这里的"房屋",包括独立成幢、权属界线封闭的空间,以及区分套、层、间等可以独立使用、权属界线封闭的空间。

不动产登记簿以宗地或者宗海为单位编成,一宗地或者一宗海范围内的全部不动产单元编入一个不动产登记簿。不动产登记机构应当按照国务院自然资源主管部门的规定设立统一的不动产登记簿。不动产登记簿应当记载以下事项:(1)不动产的坐落、界址、空间界限、面积、用途等自然状况;(2)不动产权利的主体、类型、内容、来源、期限、权利变化等权属状况;(3)涉及不动产权利限制、提示的事项;(4)其他相关事项。

不动产登记簿应当采用电子介质，暂不具备条件的，可以采用纸质介质。不动产登记机构应当明确不动产登记簿唯一、合法的介质形式。不动产登记簿采用电子介质的，应当定期进行异地备份，并具有唯一、确定的纸质转化形式。

不动产登记机构应当依法将各类登记事项准确、完整、清晰地记载于不动产登记簿。任何人不得损毁不动产登记簿，除依法予以更正外不得修改登记事项。

不动产登记机构应当指定专人负责不动产登记簿的保管，并建立健全相应的安全责任制度。采用纸质介质作为不动产登记簿的，应当配备必要的防盗、防火、防渍、防有害生物等安全保护设施。采用电子介质作为不动产登记簿的，应当配备专门的存储设施，并采取信息网络安全防护措施。不动产登记簿由不动产登记机构永久保存。不动产登记簿损毁、灭失的，不动产登记机构应当依据原有登记资料予以重建。行政区域变更或者不动产登记机构职能调整的，应当及时将不动产登记簿移交相应的不动产登记机构。

（三）登记程序

1. 不动产登记的申请

申请不动产登记的，申请人应当填写登记申请书，并提交身份证明以及相关申请材料。申请材料应当提供原件。因特殊情况不能提供原件的，可以提供复印件，复印件应当与原件保持一致。处分共有不动产申请登记的，应当经占份额三分之二以上的按份共有人或者全体共同共有人共同申请，但共有人另有约定的除外。按份共有人转让其享有的不动产份额，应当与受让人共同申请转移登记。建筑区划内依法属于全体业主共有的不动产申请登记，依照《不动产登记暂行条例实施细则》第 36 条的规定办理。

无民事行为能力人、限制民事行为能力人申请不动产登记的，应当由其监护人代为申请。监护人代为申请登记的，应当提供监护人与被监护人的身份证或者户口簿、有关监护关系等材料；因处分不动产而申请登记的，还应当提供为被监护人利益的书面保证。父母之外的监护人处分未成年人不动产的，有关监护关系材料可以是人民法院指定监护的法律文书、经过公证的对被监护人享有监护权的材料或者其他材料。

当事人或者其代理人应当到不动产登记机构办公场所申请不动产登记。当事人可以委托他人代为申请不动产登记。代理申请不动产登记的，代理人应当向不动产登记机构提供被代理人签字或者盖章的授权委托书。自然人处分不动产，委托代理人申请登记的，应当与代理人共同到不动产登记机构现场签订授权委托书，但授权委托书经公证的除外。境外申请人委托他人办理处分不动产登记的，其授权委托书应当按照国家有关规定办理认证或者公证。

申请登记的事项记载于不动产登记簿前，全体申请人提出撤回登记申请的，登记机构应当将登记申请书以及相关材料退还申请人。

因继承、受遗赠取得不动产，当事人申请登记的，应当提交死亡证明材料、遗嘱或者全部法定继承人关于不动产分配的协议以及与被继承人的亲属关系材料等，也可以提交经公证的材料或者生效的法律文书。

因买卖、设定抵押权等申请不动产登记的，应当由当事人双方共同申请。属于下列情形之一的，可以由当事人单方申请：(1)尚未登记的不动产首次申请登记的；(2)继承、接受遗赠取得不动产权利的；(3)人民法院、仲裁委员会生效的法律文书或者人民政府生效的决定等设立、变更、转让、消灭不动产权利的；(4)权利人姓名、名称或者自然状况发生变化，申请变更登记的；(5)不动产灭失或者权利人放弃不动产权利，申请注销登记的；(6)申请更正登记或者异议登记的；(7)法律、行政法规规定可以由当事人单方申请的其他情形。

2. 登记机构的审查

不动产登记机构收到不动产登记申请材料，应当分别按照下列情况办理：(1)属于登记职责范围，申请材料齐全、符合法定形式，或者申请人按照要求提交全部补正申请材料的，应当受理并书面告知申请人；(2)申请材料存在可以当场更正的错误的，应当告知申请人当场更正，申请人当场更正后，应当受理并书面告知申请人；(3)申请材料不齐全或者不符合法定形式的，应当当场书面告知申请人不予受理并一次性告知需要补正的全部内容；(4)申请登记的不动产不属于本机构登记范围的，应当当场书面告知申请人不予受理并告知申请人向有登记权的机构申请。不动产登记机构未当场书面告知申请人不予受理的，视为受理。

不动产登记机构受理不动产登记申请的，应当按照下列要求进行查验：(1)申请人、委托代理人身份证明材料以及授权委托书与申请主体是否一致；(2)权属来源材料或者登记原因文件与申请登记的内容是否一致；(3)不动产界址、空间界限、面积等权籍调查成果是否完备，权属是否清楚、界址是否清晰、面积是否准确；(4)法律、行政法规规定的完税或者缴费凭证是否齐全。

不动产登记机构进行实地查看，重点查看下列情况：(1)房屋等建筑物、构筑物所有权首次登记，查看房屋坐落及其建造完成等情况；(2)在建建筑物抵押权登记，查看抵押的在建建筑物坐落及其建造等情况；(3)因不动产灭失导致的注销登记，查看不动产灭失等情况。

3. 公告

有下列情形之一的，不动产登记机构应当在登记事项记载于登记簿前进行公告，但涉及国家秘密的除外：(1)政府组织的集体土地所有权登记；(2)宅基地使用权及房屋所有权，集体建设用地使用权及建筑物、构筑物所有权，土地承包经营权等不动产权利的首次登记；(3)依职权更正登记；(4)依职权注销登记；(5)法律、行政法规规定的其他情形。

公告应当在不动产登记机构门户网站以及不动产所在地等指定场所进行，公告期不少于15个工作日。公告所需时间不计算在登记办理期限内。公告期满无异议或者异议不成立的，应当及时记载于不动产登记簿。

不动产登记公告的主要内容包括：(1)拟予登记的不动产权利人的姓名或者名称；(2)拟予登记的不动产坐落、面积、用途、权利类型等；(3)提出异议的期限、方式和受理机构；(4)需要公告的其他事项。

(四)不动产权利登记

1. 首次登记

不动产首次登记，是指不动产权利的第一次登记。未办理不动产首次登记的，不得办理不动产其他类型登记，但法律、行政法规另有规定的除外。市、县人民政府可以根据情况对本行政区域内未登记的不动产，组织开展集体土地所有权、宅基地使用权、集体建设用地使用权、土地承包经营权的首次登记。首次登记所需的权属来源、调查等登记材料，由人民政府有关部门组织获取。

2. 变更登记

变更登记，是指不动产登记机关对经过初始登记的土地所有权、使用权和他项权利发生变动而进行的登记。变更登记，是指因土地权利人发生改变，或者因土地权利人姓名或者名称、地址和土地用途等内容发生变更而进行的登记。依法改变土地所有权、使用权的，因依法转让地上建筑物、构筑物等附着物导致土地使用权转移的，必须向土地所在地的县级以上人民政府自然资源主管部门提出土地变更申请，由原土地登记机关依法进行土地所有权、使用权变更登记。土地所有权、使用权的变更，自变更登记之日起生效。依法改变土地用途的，必须持批准文件，向土地所在地的县级以上人民政府自然资源主管部门提出土地变更登记申请，由原土地登记机关依法进行变更登记。土地使用者、所有者在初始登记发生变化后，应进行变更登记。土地使用权、所有权的转移不经变更登记的，不具有法律效力，即不仅不能以其权利变更对抗第三人，而且在当事人之间也不发生权利变动的后果。

下列情形之一的,不动产权利人可以向不动产登记机构申请变更登记:(1)权利人的姓名、名称、身份证明类型或者身份证明号码发生变更的;(2)不动产的坐落、界址、用途、面积等状况变更的;(3)不动产权利期限、来源等状况发生变化的;(4)同一权利人分割或者合并不动产的;(5)抵押担保的范围、主债权数额、债务履行期限、抵押权顺位发生变化的;(6)最高额抵押担保的债权范围、最高债权额、债权确定期间等发生变化的;(7)地役权的利用目的、方法等发生变化的;(8)共有性质发生变更的;(9)法律、行政法规规定的其他不涉及不动产权利转移的变更情形。

因下列情形导致不动产权利转移的,当事人可以向不动产登记机构申请转移登记:(1)买卖、互换、赠与不动产的;(2)以不动产作价出资(入股)的;(3)法人或者其他组织因合并、分立等原因致使不动产权利发生转移的;(4)不动产分割、合并导致权利发生转移的;(5)继承、受遗赠导致权利发生转移的;(6)共有人增加或者减少以及共有不动产份额变化的;(7)因人民法院、仲裁委员会的生效法律文书导致不动产权利发生转移的;(8)因主债权转移引起不动产抵押权转移的;(9)因需役地不动产权利转移引起地役权转移的;(10)法律、行政法规规定的其他不动产权利转移情形。

3. 注销登记

有下列情形之一的,当事人可以申请办理注销登记:(1)不动产灭失的;(2)权利人放弃不动产权利的;(3)不动产被依法没收、征收或者收回的;(4)人民法院、仲裁委员会的生效法律文书导致不动产权利消灭的;(5)法律、行政法规规定的其他情形。

不动产上已经设立抵押权、地役权或者已经办理预告登记,所有权人、使用权人因放弃权利申请注销登记的,申请人应当提供抵押权人、地役权人、预告登记权利人同意的书面材料。

(五)集体土地所有权登记

集体土地所有权登记,依照下列规定提出申请:(1)土地属于村农民集体所有的,由村集体经济组织代为申请;没有集体经济组织的,由村民委员会代为申请;(2)土地分别属于村内两个以上农民集体所有的,由村内各集体经济组织代为申请,没有集体经济组织的,由村民小组代为申请;(3)土地属于乡(镇)农民集体所有的,由乡(镇)集体经济组织代为申请。

申请集体土地所有权首次登记的,应当提交下列材料:(1)土地权属来源材料;(2)权籍调查表、宗地图以及宗地界址点坐标;(3)其他必要材料。

农民集体因互换、土地调整等原因导致集体土地所有权转移,申请集体土地所有权转移登记的,应当提交下列材料:(1)不动产权属证书;(2)互换、调整协议等集体土地所有权转移的材料；(3)本集体经济组织三分之二以上成员或者三分之二以上村民代表同意的材料；(4)其他必要材料。

申请集体土地所有权变更、注销登记的，应当提交下列材料：(1)不动产权属证书；(2)集体土地所有权变更、消灭的材料；(3)其他必要材料。

(六)国有建设用地使用权及房屋所有权登记

依法取得国有建设用地使用权，可以单独申请国有建设用地使用权登记。依法利用国有建设用地建造房屋的，可以申请国有建设用地使用权及房屋所有权登记。

申请国有建设用地使用权首次登记，应当提交下列材料：(1)土地权属来源材料；(2)权籍调查表、宗地图以及宗地界址点坐标；(3)土地出让价款、土地租金、相关税费等缴纳凭证；(4)其他必要材料。

根据权利取得方式的不同，土地权属来源材料包括国有建设用地划拨决定书、国有建设用地使用权出让合同、国有建设用地使用权租赁合同以及国有建设用地使用权作价出资(入股)、授权经营批准文件。申请在地上或者地下单独设立国有建设用地使用权登记的，按照《不动产登记暂行条例实施细则》办理。

申请国有建设用地使用权及房屋所有权首次登记的，应当提交下列材料：(1)不动产权属证书或者土地权属来源材料；(2)建设工程符合规划的材料；(3)房屋已经竣工的材料；(4)房地产调查或者测绘报告；(5)相关税费缴纳凭证；(6)其他必要材料。

办理房屋所有权首次登记时，申请人应当将建筑区划内依法属于业主共有的道路、绿地、其他公共场所、公用设施和物业服务用房及其占用范围内的建设用地使用权一并申请登记为业主共有。业主转让房屋所有权的，其对共有部分享有的权利依法一并转让。

申请国有建设用地使用权及房屋所有权变更登记的，应当根据不同情况，提交下列材料：(1)不动产权属证书；(2)发生变更的材料；(3)有批准权的人民政府或者主管部门的批准文件；(4)国有建设用地使用权出让合同或者补充协议；(5)国有建设用地使用权出让价款、税费等缴纳凭证；(6)其他必要材料。

申请国有建设用地使用权及房屋所有权转移登记的，应当根据不同情况，提交下列材料：(1)不动产权属证书；(2)买卖、互换、赠与合同；(3)继承或者受遗赠的材料；(4)分割、合并协议；(5)人民法院或者仲裁委员会生效的法律文书；(6)有批准权的人民政府或者主管部门的批准文件；(7)相关税费缴纳凭证；(8)其他必要材料。不动产买卖合同依法应当备案的，申请人申请登记时须提交经备案的买卖合同。

具有独立利用价值的特定空间以及码头、油库等其他建筑物、构筑物所有权的登记,按照《不动产登记暂行条例实施细则》中房屋所有权登记有关规定办理。

设立建设用地使用权的,应当向登记机构申请建设用地使用权登记。建设用地使用权的登记机构是县级以上地方人民政府土地管理部门。建设用地使用权自登记时设立,也即将特定土地上所设立的建设用地使用权的主要权利事项记载于不动产登记簿时,建设用地使用权方可依法设立,不经登记,建设用地使用权不能有效设立。因此,仅签订建设用地使用权出让合同,用地人尚未依法取得建设用地使用权。应当指出的是,在很长的一段时间内,我国司法实践界认为,登记是建设用地使用权出让合同的生效要件,不经登记,建设用地使用权出让合同无效。但是,现在学者普遍认为,建设用地使用权出让合同是一个民事合同,在合同的成立、有效、生效、履行以及违约责任等问题上,应依照《合同法》的规定。建设用地使用权的登记不再是建设用地使用权出让合同的生效要件而是建设用地使用权的设定要件。登记申请人应当是根据建设用地使用权出让合同约定,可以取得建设用地使用权的单位或个人。建设用地使用权是以利用国有土地进行建设为目的而设立的物权,其登记的事项一般包括:建设用地使用权人,建设用地的位置、范围等,土地用途,土地使用期限,允许建造的建筑物的情形等。建设用地使用权的设立登记包括申请人申请、登记机构的审查以及登记三个步骤。申请建设用地使用权登记的,登记机构不仅有义务按法定程序对申请人的申请进行审查,并将审查合格后的应登记事项记载于不动产登记簿,还有义务为建设用地使用权人发放建设用地使用权证书。建设用地使用权证书是建设用地使用权存在的证明。

(七)宅基地使用权及房屋所有权登记

依法取得宅基地使用权,可以单独申请宅基地使用权登记。依法利用宅基地建造住房及其附属设施的,可以申请宅基地使用权及房屋所有权登记。

申请宅基地使用权及房屋所有权首次登记的,应当根据不同情况,提交下列材料:(1)申请人身份证和户口簿;(2)不动产权属证书或者有批准权的人民政府批准用地的文件等权属来源材料;(3)房屋符合规划或者建设的相关材料;(4)权籍调查表、宗地图、房屋平面图以及宗地界址点坐标等有关不动产界址、面积等材料;(5)其他必要材料。

因依法继承、分家析产、集体经济组织内部互换房屋等导致宅基地使用权及房屋所有权发生转移申请登记的,申请人应当根据不同情况,提交下列材料:(1)不动产权属证书或者其他权属来源材料;(2)依法继承的材料;(3)分家析产的协议或者材料;(4)集体经济组织内部互换房屋的协议;(5)其他必要材料。

申请宅基地等集体土地上的建筑物区分所有权登记的，参照国有建设用地使用权及建筑物区分所有权的规定办理登记。

此外，《物权法》第155条规定：已经登记的宅基地使用权转让或者消灭的，应当及时办理变更登记或者注销登记。可见，宅基地使用权有的已经登记，有的没有登记。

（八）集体建设用地使用权及建筑物、构筑物所有权登记

依法取得集体建设用地使用权，可以单独申请集体建设用地使用权登记。依法利用集体建设用地兴办企业，建设公共设施，从事公益事业等的，可以申请集体建设用地使用权及地上建筑物、构筑物所有权登记。

申请集体建设用地使用权及建筑物、构筑物所有权首次登记的，申请人应当根据不同情况，提交下列材料：（1）有批准权的人民政府批准用地的文件等土地权属来源材料；（2）建设工程符合规划的材料；（3）权籍调查表、宗地图、房屋平面图以及宗地界址点坐标等有关不动产界址、面积等材料；（4）建设工程已竣工的材料；（5）其他必要材料。集体建设用地使用权首次登记完成后，申请人申请建筑物、构筑物所有权首次登记的，应当提交享有集体建设用地使用权的不动产权属证书。

申请集体建设用地使用权及建筑物、构筑物所有权变更登记、转移登记、注销登记的，申请人应当根据不同情况，提交下列材料：（1）不动产权属证书；（2）集体建设用地使用权及建筑物、构筑物所有权变更、转移、消灭的材料；（3）其他必要材料。因企业兼并、破产等原因致使集体建设用地使用权及建筑物、构筑物所有权发生转移的，申请人应当持相关协议及有关部门的批准文件等相关材料，申请不动产转移登记。

（九）土地承包经营权登记

承包农民集体所有的耕地、林地、草地、水域、滩涂以及荒山、荒沟、荒丘、荒滩等农用地，或者国家所有依法由农民集体使用的农用地从事种植业、林业、畜牧业、渔业等农业生产的，可以申请土地承包经营权登记；地上有森林、林木的，应当在申请土地承包经营权登记时一并申请登记。

依法以承包方式在土地上从事种植业或者养殖业生产活动的，可以申请土地承包经营权的首次登记。以家庭承包方式取得的土地承包经营权的首次登记，由发包方持土地承包经营合同等材料申请。以招标、拍卖、公开协商等方式承包农村土地的，由承包方持土地承包经营合同申请土地承包经营权首次登记。

已经登记的土地承包经营权有下列情形之一的，承包方应当持原不动产权属证书以及其他证实发生变更事实的材料，申请土地承包经营权变更登记：（1）权利人的姓名或者名称等事项发生变化的；（2）承包土地的坐落、名称、面积发生变化的；（3）承包期

限依法变更的；(4)承包期限届满，土地承包经营权人按照国家有关规定继续承包的；(5)退耕还林、退耕还湖、退耕还草导致土地用途改变的；(6)森林、林木的种类等发生变化的；(7)法律、行政法规规定的其他情形。

已经登记的土地承包经营权发生下列情形之一的，当事人双方应当持互换协议、转让合同等材料，申请土地承包经营权的转移登记：(1)互换；(2)转让；(3)因家庭关系、婚姻关系变化等原因导致土地承包经营权分割或者合并的；(4)依法导致土地承包经营权转移的其他情形。以家庭承包方式取得的土地承包经营权，采取转让方式流转的，还应当提供发包方同意的材料。

已经登记的土地承包经营权发生下列情形之一的，承包方应当持不动产权属证书、证实灭失的材料等，申请注销登记：(1)承包经营的土地灭失的；(2)承包经营的土地被依法转为建设用地的；(3)承包经营权人丧失承包经营资格或者放弃承包经营权的；(4)法律、行政法规规定的其他情形。

以承包经营以外的合法方式使用国有农用地的国有农场、草场，以及使用国家所有的水域、滩涂等农用地进行农业生产，申请国有农用地的使用权登记的，参照《不动产登记暂行条例实施细则》有关规定办理。

关于土地承包经营权是否需要登记，以及登记的效力如何，在物权法制定过程中学术界存有争议。有的学者认为，既然土地承包经营权属于用益物权，就应当实行登记制度，土地承包经营权自登记之日起设立。《物权法》第127条第2款规定："县级以上地方人民政府应当向土地承包经营权人发放土地承包经营权证、林权证、草原使用权证，并登记造册，确认土地承包经营权。"从该条的规定来看，登记不是土地承包经营权的生效要件。有的学者据此认为，我国《物权法》在土地承包经营权的设立上采取了登记对抗主义。我们认为，按照我国《物权法》的规定，登记既不是土地承包经营权的生效要件也不是土地承包经营权的对抗要件，土地承包经营权的设立登记仅具有确认权利的效果。之所以如此规定的理由在于：其一，农村土地具有保障农民生活的功能，土地被分割为一块块，对每一土地承包经营权皆予以登记是不可能的。其二，登记需要成本，登记费用等由农民承担会增加农民的负担，损害广大农民的利益。但是，土地承包经营权人申请登记的，县级以上地方人民政府应当依法为其办理登记，并颁发相关证书。颁发土地承包经营权证或者林权证等证书，除按规定收取证书工本费外，不得收取其他费用。

（十）国有土地的登记

从我国法律规定来看，国有土地所有权是不需要登记的。但是，单位和个人依法使用的国有土地的，则需要登记。土地使用者向土地所在地的县级以上人民政府自然资源主管部门提出土地登记申请，由县级以上人民政府登记造册，核发国有土地使用权证书，确认使用权。其中，中央国家机关使用的国有土地的登记发证，由国务院自然资源主管部门负责，具体登记发证办法由国务院自然资源主管部门会同国务院机关事务管理局等有关部门制定。

配套法规及解读

《物权法》(2007 年 3 月 16 日)

第十条　不动产登记，由不动产所在地的登记机构办理。

国家对不动产实行统一登记制度。统一登记的范围、登记机构和登记办法，由法律、行政法规规定。

第十一条　当事人申请登记，应当根据不同登记事项提供权属证明和不动产界址、面积等必要材料。

第十二条　登记机构应当履行下列职责：

(一)查验申请人提供的权属证明和其他必要材料；

(二)就有关登记事项询问申请人；

(三)如实、及时登记有关事项；

(四)法律、行政法规规定的其他职责。

申请登记的不动产的有关情况需要进一步证明的，登记机构可以要求申请人补充材料，必要时可以实地查看。

第十四条　不动产物权的设立、变更、转让和消灭，依照法律规定应当登记的，自记载于不动产登记簿时发生效力。

第十五条　当事人之间订立有关设立、变更、转让和消灭不动产物权的合同，除法律另有规定或者合同另有约定外，自合同成立时生效；未办理物权登记的，不影响合同效力。

第十六条　不动产登记簿是物权归属和内容的根据。不动产登记簿由登记机构管理。

第一百二十七条　土地承包经营权自土地承包经营权合同生效时设立。

县级以上地方人民政府应当向土地承包经营权人发放土地承包经营权证、林权证、草原使用权证，并登记造册，确认土地承包经营权。

第一百二十九条 土地承包经营权人将土地承包经营权互换、转让，当事人要求登记的，应当向县级以上地方人民政府申请土地承包经营权变更登记；未经登记，不得对抗善意第三人。

第一百三十九条 设立建设用地使用权的，应当向登记机构申请建设用地使用权登记。建设用地使用权自登记时设立。登记机构应当向建设用地使用权人发放建设用地使用权证书。

第一百四十五条 建设用地使用权转让、互换、出资或者赠与的，应当向登记机构申请变更登记。

第一百五十五条 已经登记的宅基地使用权转让或者消灭的，应当及时办理变更登记或者注销登记。

《农村土地承包法》(2018 年 12 月 29 日修正)

第三十五条 土地承包经营权互换、转让的，当事人可以向登记机构申请登记。未经登记，不得对抗善意第三人。

第四十八条 不宜采取家庭承包方式的荒山、荒沟、荒丘、荒滩等农村土地，通过招标、拍卖、公开协商等方式承包的，适用本章规定。

第四十九条 以其他方式承包农村土地的，应当签订承包合同，承包方取得土地经营权。当事人的权利和义务、承包期限等，由双方协商确定。以招标、拍卖方式承包的，承包费通过公开竞标、竞价确定；以公开协商等方式承包的，承包费由双方议定。

第五十条 荒山、荒沟、荒丘、荒滩等可以直接通过招标、拍卖、公开协商等方式实行承包经营，也可以将土地经营权折股分给本集体经济组织成员后，再实行承包经营或者股份合作经营。

承包荒山、荒沟、荒丘、荒滩的，应当遵守有关法律、行政法规的规定，防止水土流失，保护生态环境。

《土地管理法实施条例》(2014 年 7 月 29 日修订)

第三条 国家依法实行土地登记发证制度。依法登记的土地所有权和土地使用权受法律保护，任何单位和个人不得侵犯。

土地登记内容和土地权属证书式样由国务院土地行政主管部门统一规定。

土地登记资料可以公开查询。

确认林地、草原的所有权或者使用权，确认水面、滩涂的养殖使用权，分别依照《森林法》、《草原法》和《渔业法》的有关规定办理。

第四条 农民集体所有的土地，由土地所有者向土地所在地的县级人民政府土地行政主管部门提出土地登记申请,由县级人民政府登记造册,核发集体土地所有权证书,确认所有权。

农民集体所有的土地依法用于非农业建设的,由土地使用者向土地所在地的县级人民政府土地行政主管部门提出土地登记申请,由县级人民政府登记造册,核发集体土地使用权证书,确认建设用地使用权。

设区的市人民政府可以对市辖区内农民集体所有的土地实行统一登记。

第五条　单位和个人依法使用的国有土地,由土地使用者向土地所在地的县级以上人民政府土地行政主管部门提出土地登记申请,由县级以上人民政府登记造册,核发国有土地使用权证书,确认使用权。其中,中央国家机关使用的国有土地的登记发证,由国务院土地行政主管部门负责,具体登记发证办法由国务院土地行政主管部门会同国务院机关事务管理局等有关部门制定。

未确定使用权的国有土地,由县级以上人民政府登记造册,负责保护管理。

第六条　依法改变土地所有权、使用权的,因依法转让地上建筑物、构筑物等附着物导致土地使用权转移的,必须向土地所在地的县级以上人民政府土地行政主管部门提出土地变更登记申请,由原土地登记机关依法进行土地所有权、使用权变更登记。土地所有权、使用权的变更,自变更登记之日起生效。

依法改变土地用途的,必须持批准文件,向土地所在地的县级以上人民政府土地行政主管部门提出土地变更登记申请,由原土地登记机关依法进行变更登记。

《不动产登记暂行条例》(2019 年 3 月 24 日修订)

第二条　本条例所称不动产登记,是指不动产登记机构依法将不动产权利归属和其他法定事项记载于不动产登记簿的行为。

本条例所称不动产,是指土地、海域以及房屋、林木等定着物。

第三条　不动产首次登记、变更登记、转移登记、注销登记、更正登记、异议登记、预告登记、查封登记等,适用本条例。

第四条　国家实行不动产统一登记制度。

不动产登记遵循严格管理、稳定连续、方便群众的原则。

不动产权利人已经依法享有的不动产权利,不因登记机构和登记程序的改变而受到影响。

第五条　下列不动产权利,依照本条例的规定办理登记:

(一)集体土地所有权;

(二)房屋等建筑物、构筑物所有权;

（三）森林、林木所有权；

（四）耕地、林地、草地等土地承包经营权；

（五）建设用地使用权；

（六）宅基地使用权；

（七）海域使用权；

（八）地役权；

（九）抵押权；

（十）法律规定需要登记的其他不动产权利。

第七条 不动产登记由不动产所在地的县级人民政府不动产登记机构办理；直辖市、设区的市人民政府可以确定本级不动产登记机构统一办理所属各区的不动产登记。

跨县级行政区域的不动产登记，由所跨县级行政区域的不动产登记机构分别办理。不能分别办理的，由所跨县级行政区域的不动产登记机构协商办理；协商不成的，由共同的上一级人民政府不动产登记主管部门指定办理。

国务院确定的重点国有林区的森林、林木和林地，国务院批准项目用海、用岛，中央国家机关使用的国有土地等不动产登记，由国务院国土资源主管部门会同有关部门规定。

第八条 不动产以不动产单元为基本单位进行登记。不动产单元具有唯一编码。

不动产登记机构应当按照国务院国土资源主管部门的规定设立统一的不动产登记簿。

不动产登记簿应当记载以下事项：

（一）不动产的坐落、界址、空间界限、面积、用途等自然状况；

（二）不动产权利的主体、类型、内容、来源、期限、权利变化等权属状况；

（三）涉及不动产权利限制、提示的事项；

（四）其他相关事项。

第九条 不动产登记簿应当采用电子介质，暂不具备条件的，可以采用纸质介质。不动产登记机构应当明确不动产登记簿唯一、合法的介质形式。

不动产登记簿采用电子介质的，应当定期进行异地备份，并具有唯一、确定的纸质转化形式。

第十条 不动产登记机构应当依法将各类登记事项准确、完整、清晰地记载于不动产登记簿。任何人不得损毁不动产登记簿，除依法予以更正外不得修改登记事项。

第十一条　不动产登记工作人员应当具备与不动产登记工作相适应的专业知识和业务能力。

不动产登记机构应当加强对不动产登记工作人员的管理和专业技术培训。

第十二条　不动产登记机构应当指定专人负责不动产登记簿的保管,并建立健全相应的安全责任制度。

采用纸质介质不动产登记簿的,应当配备必要的防盗、防火、防渍、防有害生物等安全保护设施。

采用电子介质不动产登记簿的,应当配备专门的存储设施,并采取信息网络安全防护措施。

第十三条　不动产登记簿由不动产登记机构永久保存。不动产登记簿损毁、灭失的,不动产登记机构应当依据原有登记资料予以重建。

行政区域变更或者不动产登记机构职能调整的,应当及时将不动产登记簿移交相应的不动产登记机构。

第十四条　因买卖、设定抵押权等申请不动产登记的,应当由当事人双方共同申请。

属于下列情形之一的,可以由当事人单方申请:

(一)尚未登记的不动产首次申请登记的;

(二)继承、接受遗赠取得不动产权利的;

(三)人民法院、仲裁委员会生效的法律文书或者人民政府生效的决定等设立、变更、转让、消灭不动产权利的;

(四)权利人姓名、名称或者自然状况发生变化,申请变更登记的;

(五)不动产灭失或者权利人放弃不动产权利,申请注销登记的;

(六)申请更正登记或者异议登记的;

(七)法律、行政法规规定可以由当事人单方申请的其他情形。

第十五条　当事人或者其代理人应当向不动产登记机构申请不动产登记。

不动产登记机构将申请登记事项记载于不动产登记簿前,申请人可以撤回登记申请。

第十六条　申请人应当提交下列材料,并对申请材料的真实性负责:

(一)登记申请书;

(二)申请人、代理人身份证明材料、授权委托书;

(三)相关的不动产权属来源证明材料、登记原因证明文件、不动产权属证书;

（四）不动产界址、空间界限、面积等材料；

（五）与他人利害关系的说明材料；

（六）法律、行政法规以及本条例实施细则规定的其他材料。

不动产登记机构应当在办公场所和门户网站公开申请登记所需材料目录和示范文本等信息。

第十七条 不动产登记机构收到不动产登记申请材料，应当分别按照下列情况办理：

（一）属于登记职责范围，申请材料齐全、符合法定形式，或者申请人按照要求提交全部补正申请材料的，应当受理并书面告知申请人；

（二）申请材料存在可以当场更正的错误的，应当告知申请人当场更正，申请人当场更正后，应当受理并书面告知申请人；

（三）申请材料不齐全或者不符合法定形式的，应当当场书面告知申请人不予受理并一次性告知需要补正的全部内容；

（四）申请登记的不动产不属于本机构登记范围的，应当当场书面告知申请人不予受理并告知申请人向有登记权的机构申请。

不动产登记机构未当场书面告知申请人不予受理的，视为受理。

第十八条 不动产登记机构受理不动产登记申请的，应当按照下列要求进行查验：

（一）不动产界址、空间界限、面积等材料与申请登记的不动产状况是否一致；

（二）有关证明材料、文件与申请登记的内容是否一致；

（三）登记申请是否违反法律、行政法规规定。

第十九条 属于下列情形之一的，不动产登记机构可以对申请登记的不动产进行实地查看：

（一）房屋等建筑物、构筑物所有权首次登记；

（二）在建建筑物抵押权登记；

（三）因不动产灭失导致的注销登记；

（四）不动产登记机构认为需要实地查看的其他情形。

对可能存在权属争议，或者可能涉及他人利害关系的登记申请，不动产登记机构可以向申请人、利害关系人或者有关单位进行调查。

不动产登记机构进行实地查看或者调查时，申请人、被调查人应当予以配合。

第二十条 不动产登记机构应当自受理登记申请之日起30个工作日内办结不动

产登记手续,法律另有规定的除外。

第二十一条　登记事项自记载于不动产登记簿时完成登记。

不动产登记机构完成登记,应当依法向申请人核发不动产权属证书或者登记证明。

第二十二条　登记申请有下列情形之一的,不动产登记机构应当不予登记,并书面告知申请人:

(一)违反法律、行政法规规定的;

(二)存在尚未解决的权属争议的;

(三)申请登记的不动产权利超过规定期限的;

(四)法律、行政法规规定不予登记的其他情形。

第二十九条　不动产登记机构登记错误给他人造成损害,或者当事人提供虚假材料申请登记给他人造成损害的,依照《中华人民共和国物权法》的规定承担赔偿责任。

第三十条　不动产登记机构工作人员进行虚假登记,损毁、伪造不动产登记簿,擅自修改登记事项,或者有其他滥用职权、玩忽职守行为的,依法给予处分;给他人造成损害的,依法承担赔偿责任;构成犯罪的,依法追究刑事责任。

第三十一条　伪造、变造不动产权属证书、不动产登记证明,或者买卖、使用伪造、变造的不动产权属证书、不动产登记证明的,由不动产登记机构或者公安机关依法予以收缴;有违法所得的,没收违法所得;给他人造成损害的,依法承担赔偿责任;构成违反治安管理行为的,依法给予治安管理处罚;构成犯罪的,依法追究刑事责任。

第三十二条　不动产登记机构、不动产登记信息共享单位及其工作人员,查询不动产登记资料的单位或者个人违反国家规定,泄露不动产登记资料、登记信息,或者利用不动产登记资料、登记信息进行不正当活动,给他人造成损害的,依法承担赔偿责任;对有关责任人员依法给予处分;有关责任人员构成犯罪的,依法追究刑事责任。

第三十三条　本条例施行前依法颁发的各类不动产权属证书和制作的不动产登记簿继续有效。

不动产统一登记过渡期内,农村土地承包经营权的登记按照国家有关规定执行。

※法规解读:上述规定是对我国《土地管理法》《物权法》《农村土地承包法》规定的土地登记制度的进一步细化。因海域使用权、地役权等是《海域使用管理法》《物权法》等法律中确定的物权,且规定了这些权利需要登记,《物权法》还对异议登记、变更登记、预登记等进行了具体规定,下面将对这些登记进行较为详细的介绍。具体包括:

（一）海域使用权登记

依法取得海域使用权，可以单独申请海域使用权登记。海域使用权自登记之日起设立。依法使用海域，在海域上建造建筑物、构筑物的，应当申请海域使用权及建筑物、构筑物所有权登记。申请无居民海岛登记的，参照海域使用权登记有关规定办理。

申请海域使用权首次登记的，应当提交下列材料：(1)项目用海批准文件或者海域使用权出让合同；(2)宗海图以及界址点坐标；(3)海域使用金缴纳或者减免凭证；(4)其他必要材料。

有下列情形之一的，申请人应当持不动产权属证书、海域使用权变更的文件等材料，申请海域使用权变更登记：(1)海域使用权人姓名或者名称改变的；(2)海域坐落、名称发生变化的；(3)改变海域使用位置、面积或者期限的；(4)海域使用权续期的；(5)共有性质变更的；(6)法律、行政法规规定的其他情形。

有下列情形之一的，申请人可以申请海域使用权转移登记：(1)因企业合并、分立或者与他人合资、合作经营、作价入股导致海域使用权转移的；(2)依法转让、赠与、继承、受遗赠海域使用权的；(3)因人民法院、仲裁委员会生效法律文书导致海域使用权转移的；(4)法律、行政法规规定的其他情形。

申请海域使用权转移登记的，申请人应当提交下列材料：(1)不动产权属证书；(2)海域使用权转让合同、继承材料、生效法律文书等材料；(3)转让批准取得的海域使用权，应当提交原批准用海的海洋行政主管部门批准转让的文件；(4)依法需要补交海域使用金的，应当提交海域使用金缴纳的凭证；(5)其他必要材料。

申请海域使用权注销登记的，申请人应当提交下列材料：(1)原不动产权属证书；(2)海域使用权消灭的材料；(3)其他必要材料。

因围填海造地等导致海域灭失的，申请人应当在围填海造地等工程竣工后，依照《不动产登记暂行条例实施细则》规定申请国有土地使用权登记，并办理海域使用权注销登记。

（二）地役权登记

按照约定设定地役权，当事人可以持需役地和供役地的不动产权属证书、地役权合同以及其他必要文件，申请地役权首次登记。

经依法登记的地役权发生下列情形之一的，当事人应当持地役权合同、不动产登记证明和证实变更的材料等必要材料，申请地役权变更登记：(1)地役权当事人的姓名或者名称等发生变化；(2)共有性质变更的；(3)需役地或者供役地自然状况发生变化；(4)地役权内容变更的；(5)法律、行政法规规定的其他情形。

供役地分割转让办理登记，转让部分涉及地役权的，应当由受让人与地役权人一并申请地役权变更登记。

已经登记的地役权因土地承包经营权、建设用地使用权转让发生转移的，当事人应当持不动产登记证明、地役权转移合同等必要材料，申请地役权转移登记。申请需役地转移登记的，或者需役地分割转让，转让部分涉及已登记的地役权的，当事人应当一并申请地役权转移登记，但当事人另有约定的除外。当事人拒绝一并申请地役权转移登记的，应当出具书面材料。不动产登记机构办理转移登记时，应当同时办理地役权注销登记。

已经登记的地役权，有下列情形之一的，当事人可以持不动产登记证明、证实地役权发生消灭的材料等必要材料，申请地役权注销登记：(1)地役权期限届满；(2)供役地、需役地归于同一人；(3)供役地或者需役地灭失；(4)人民法院、仲裁委员会的生效法律文书导致地役权消灭；(5)依法解除地役权合同；(6)其他导致地役权消灭的事由。

地役权登记，不动产登记机构应当将登记事项分别记载于需役地和供役地登记簿。供役地、需役地分属不同不动产登记机构管辖的，当事人应当向供役地所在地的不动产登记机构申请地役权登记。供役地所在地不动产登记机构完成登记后，应当将相关事项通知需役地所在地不动产登记机构，并由其记载于需役地登记簿。

地役权设立后，办理首次登记前发生变更、转移的，当事人应当提交相关材料，就已经变更或者转移的地役权，直接申请首次登记。

（三）抵押权登记

我国《物权法》规定，不动产以及不动产权利设定抵押的，应当办理登记手续，不办理登记手续的，不能设定抵押权。动产设定抵押的，不办理登记手续的，不能对抗善意第三人。

下列财产进行抵押的，可以申请办理不动产抵押登记：(1)建设用地使用权；(2)建筑物和其他土地附着物；(3)海域使用权；(4)以招标、拍卖、公开协商等方式取得的荒地等土地承包经营权；(5)正在建造的建筑物；(6)法律、行政法规未禁止抵押的其他不动产。

以建设用地使用权、海域使用权抵押的，该土地、海域上的建筑物、构筑物一并抵押；以建筑物、构筑物抵押的，该建筑物、构筑物占用范围内的建设用地使用权、海域使用权一并抵押。

自然人、法人或者其他组织为保障其债权的实现，依法以不动产设定抵押的，可以由当事人持不动产权属证书、抵押合同与主债权合同等必要材料，共同申请办理抵押登记。

抵押合同可以是单独订立的书面合同,也可以是主债权合同中的抵押条款。

同一不动产上设立多个抵押权的,不动产登记机构应当按照受理时间的先后顺序依次办理登记,并记载于不动产登记簿。当事人对抵押权顺位另有约定的,从其规定办理登记。

有下列情形之一的,当事人应当持不动产权属证书、不动产登记证明、抵押权变更等必要材料,申请抵押权变更登记:(1)抵押人、抵押权人的姓名或者名称变更的;(2)被担保的主债权数额变更的;(3)债务履行期限变更的;(4)抵押权顺位变更的;(5)法律、行政法规规定的其他情形。

因被担保债权主债权的种类及数额、担保范围、债务履行期限、抵押权顺位发生变更申请抵押权变更登记时,如果该抵押权的变更将对其他抵押权人产生不利影响的,还应当提交其他抵押权人书面同意的材料与身份证或者户口簿等材料。

因主债权转让导致抵押权转让的,当事人可以持不动产权属证书、不动产登记证明、被担保主债权的转让协议、债权人已经通知债务人的材料等相关材料,申请抵押权的转移登记。

有下列情形之一的,当事人可以持不动产登记证明、抵押权消灭的材料等必要材料,申请抵押权注销登记:(1)主债权消灭;(2)抵押权已经实现;(3)抵押权人放弃抵押权;(4)法律、行政法规规定抵押权消灭的其他情形。

以建设用地使用权以及全部或者部分在建建筑物设定抵押的,应当一并申请建设用地使用权以及在建建筑物抵押权的首次登记。当事人申请在建建筑物抵押权首次登记时,抵押财产不包括已经办理预告登记的预购商品房和已经办理预售备案的商品房。"在建建筑物"是指正在建造、尚未办理所有权首次登记的房屋等建筑物。

(四)更正登记

权利人、利害关系人认为不动产登记簿记载的事项有错误,可以申请更正登记。

权利人申请更正登记的,应当提交下列材料:(1)不动产权属证书;(2)证实登记确有错误的材料;(3)其他必要材料。

利害关系人申请更正登记的,应当提交利害关系材料、证实不动产登记簿记载错误的材料以及其他必要材料。

不动产权利人或者利害关系人申请更正登记,不动产登记机构认为不动产登记簿记载确有错误的,应当予以更正;但在错误登记之后已经办理了涉及不动产权利处分的登记、预告登记和查封登记的除外。不动产权属证书或者不动产登记证明填制错误以及不动产登记机构在办理更正登记中,需要更正不动产权属证书或者不动产登记证明内容的,应当书面通知权利人换发,并把换发不动产权属证书或者不动产登记证明的事项记载于登记簿。不动产登记簿记载无误的,不动产登记机构不予更正,并书面通知申请人。

不动产登记机构发现不动产登记簿记载的事项错误,应当通知当事人在30个工作日内办理更正登记。当事人逾期不办理的,不动产登记机构应当在公告15个工作日后,依法予以更正;但在错误登记之后已经办理了涉及不动产权利处分的登记、预告登记和查封登记的除外。

(五)异议登记

利害关系人认为不动产登记簿记载的事项错误,权利人不同意更正的,利害关系人可以申请异议登记。利害关系人申请异议登记的,应当提交下列材料:(1)证实对登记的不动产权利有利害关系的材料;(2)证实不动产登记簿记载的事项错误的材料;(3)其他必要材料。

不动产登记机构受理异议登记申请的,应当将异议事项记载于不动产登记簿,并向申请人出具异议登记证明。异议登记申请人应当在异议登记之日起15日内,提交人民法院受理通知书、仲裁委员会受理通知书等提起诉讼、申请仲裁的材料;逾期不提交的,异议登记失效。

异议登记失效后,申请人就同一事项以同一理由再次申请异议登记的,不动产登记机构不予受理。

异议登记期间,不动产登记簿上记载的权利人以及第三人因处分权利申请登记的,不动产登记机构应当书面告知申请人该权利已经存在异议登记的有关事项。申请人申请继续办理的,应当予以办理,但申请人应当提供知悉异议登记存在并自担风险的书面承诺。

(六)预告登记

预告登记指当事人签订买卖房屋或者其他不动产物权的协议,为保障将来实现物权,而按照约定可以向登记机关申请预告登记。有下列情形之一的,当事人可以按照约定申请不动产预告登记:(1)商品房等不动产预售的;(2)不动产买卖、抵押的;(3)以预购商品房设定抵押权的;(4)法律、行政法规规定的其他情形。

预告登记生效期间,未经预告登记的权利人书面同意,处分该不动产权利申请登记的,不动产登记机构应当不予办理。

预告登记后,债权未消灭且自能够进行相应的不动产登记之日起3个月内,当事人申请不动产登记的,不动产登记机构应当按照预告登记事项办理相应的登记。

申请预购商品房的预告登记,应当提交下列材料:(1)已备案的商品房预售合同;(2)当事人关于预告登记的约定;(3)其他必要材料。预售人和预购人订立商品房买卖合同后,预售人未按照约定与预购人申请预告登记,预购人可以单方申请预告登记。预购人单方申请预购商品房预告登记,预售人与预购人在商品房预售合同中对预告登记附有条件和期限的,预购人应当提交相应材料。

申请预告登记的商品房已经办理在建建筑物抵押权首次登记的,当事人应当一并申请在建建筑物抵押权注销登记,并提交不动产权属转移材料、不动产登记证明。不动产登记机构应当先办理在建建筑物抵押权注销登记,再办理预告登记。

申请不动产转移预告登记的,当事人应当提交下列材料:(1)不动产转让合同;(2)转让方的不动产权属证书;(3)当事人关于预告登记的约定;(4)其他必要材料。

抵押不动产,申请预告登记的,当事人应当提交下列材料:(1)抵押合同与主债权合同;(2)不动产权属证书;(3)当事人关于预告登记的约定;(4)其他必要材料。

预告登记未到期,有下列情形之一的,当事人可以持不动产登记证明、债权消灭或者权利人放弃预告登记的材料,以及法律、行政法规规定的其他必要材料申请注销预告登记:(1)预告登记的权利人放弃预告登记的;(2)债权消灭的;(3)法律、行政法规规定的其他情形。

(七)建设用地使用权和土地承包经营权变更登记

当土地上的权利发生变动时,需要依法办理权利变动登记。依法改变土地所有权、使用权的,因依法转让地上建筑物、构筑物等附着物导致土地使用权转移的,必须向土地所在地的县级以上人民政府土地行政主管部门提出土地变更登记申请,由原土地登记机关依法进行土地所有权、使用权变更登记。土地所有权、使用权的变更,自变更登记之日起生效。在实践中,土地权利发生变动需要进行变更登记的情形主要是:

第一,建设用地使用权变更登记。建设用地使用权属于一种独立的财产权,它不同于人役权或地役权,并不附属于特定的人或者土地,也不同于宅基地使用权,其主体无须具备特定身份,建设用地使用权人原则上可以自由处分自己的权利,有权将建设用地使用权转让、互换、出资、赠与或者抵押等。建设用地使用权的流转采取登记生效主义,不登记不发生建设用地使用权变动的效力。因此,建设用地使用权处分时,须进行变更登记,否则不发生建设用地使用权变更的法律效果。

第二,土地承包经营权变更登记。土地承包经营权可以互换、转包、出租或其他方式流转。承包方之间为方便耕种或者各自需要,可以对属于同一集体经济组织的土地的土地承包经营权进行互换。土地承包经营权互换,当事人要求登记的,应当向县级以上地方人民政府申请土地承包经营权变更登记;未经登记,不得对抗善意第三人。

采取转包、出租、互换或者其他方式流转的,应当报发包方备案。承包方依法采取转包、出租、互换或者其他方式流转土地承包经营权,即使没有办理备案,发包方也不得以该土地承包经营权流转合同未报其备案为由主张无效。关于“四荒”地的土地承包经营权转让登记的效力,有学者认为,作为一种市场中的土地承包经营权变更,依据《物权法》第129条的精神,应当由当事人自愿向土地登记机关申请进行登记,未经登记的,不得对抗善意第三人。有的学者认为,根据原《农村土地承包法》第49条的规定,以其他方式承包的土地承包经营权流转的前提为土地承包经营权人依法登记取得土地承包经营权等权利证书,即对以拍卖等其他方式承包的土地承包经营权在物权变动上采取了登记生效主义。《物权法》第129条是对家庭承包取得土地承包经营权的登记效力的规定,《物权法》对以拍卖等其他方式取得的土地承包经营权转让登记的效力未作任何规定。但是,原《农村土地承包法》第49条规定:通过招标、拍卖、公开协商等方式承包农村土地,经依法登记取得土地承包经营权证或者林权证等证书的,其土地承包经营权可以依法采取转让、出租、入股、抵押或者其他方式流转。据此,以其他方式取得的土地承包经营权转让的前提条件是欲转让的土地承包经营权必须进行了登记。但这并非意味着以其他方式取得的土地承包经营权的流转采取了登记生效主义。我们认为,以其他方式取得的土地承包经营权与家庭承包取得的土地承包经营权相比存在很大差别,前者更具有市场化,因此采纳登记生效主义更符合立法本意。

(八)登记资料的查询

国家实行不动产登记资料依法查询制度。权利人、利害关系人按照法律规定依法查询、复制不动产登记资料的,应当到具体办理不动产登记的不动产登记机构申请。权利人可以查询、复制其不动产登记资料。因不动产交易、继承、诉讼等涉及的利害关系人可以查询、复制不动产自然状况、权利人及其不动产查封、抵押、预告登记、异议登记等状况。

人民法院、人民检察院、国家安全机关、监察机关等可以依法查询、复制与调查和处理事项有关的不动产登记资料。

其他有关国家机关执行公务依法查询、复制不动产登记资料的,依照本条规定办理。

涉及国家秘密的不动产登记资料的查询,按照《保守国家秘密法》的有关规定执行。

权利人、利害关系人申请查询、复制不动产登记资料应当提交下列材料:(1)查询申请书;(2)查询目的的说明;(3)申请人的身份材料;(4)利害关系人查询的,提交证实存在利害关系的材料。权利人、利害关系人委托他人代为查询的,还应当提交代理人的身份证明材料、授权委托书。权利人查询其不动产登记资料无需提供查询目的的说明。

有关国家机关查询的,应当提供本单位出具的协助查询材料、工作人员的工作证。

对符合法律规定的查询申请,不动产登记机构应当当场提供查询;因情况特殊,不能当场提供查询的,应当在5个工作日内提供查询。

查询人查询不动产登记资料,应当在不动产登记机构设定的场所进行。不动产登记原始资料不得带离设定的场所。查询人在查询时应当保持不动产登记资料的完好,严禁遗失、拆散、调换、抽取、污损登记资料,也不得损坏查询设备。

查询人可以查阅、抄录不动产登记资料。查询人要求复制不动产登记资料的,不动产登记机构应当提供复制。查询人要求出具查询结果证明的,不动产登记机构应当出具查询结果证明。查询结果证明应注明查询目的及日期,并加盖不动产登记机构查询专用章。

关联法规索引

《森林法》第3条;《渔业法》第6条;《草原法》第11、12条;《不动产登记暂行条例实施细则》第3~102条;《城市房地产管理法》第28、36条

典型案例

攀枝花市第一私立实验学校、四川省攀枝花市人民政府行政纠纷案[1]

※案情简介:2000年11月,攀枝花市政府为加快办学体制改革,大力发展民办教育,按照"整体移交、货币置换、加强对国有资产的监控;面向社会、公开招标"的原则,决定将原攀枝花市第一职业中学(以下简称市一职中)校产用于社会个人举办基础教育学校。同年12月,四川省攀枝花市教育委员会(现攀枝花市教育局,以下简称攀枝花市教委)委托攀枝花华光会计师事务所有限公司对市一职中部分资产进行评估(教

[1] 案例来源:最高人民法院(2018)最高法行申406号行政裁定书。

学用建筑物、构筑物)。2001年3月9日,攀枝花华光会计师事务所有限公司出具攀华会评报字〔2001〕第14号《攀枝花市第一职业中学校资产评估报告书》(以下简称14号评估报告书),其上载明:截至评估基准日2000年12月31日,原市一职中的房屋建筑物共19项,原值4746633元,未计折旧,净值与原值相同。

2001年1月,市一职中合并到攀枝花市××旅游学校(以下简称市经贸校)。2005年3月,市一职中土地使用权的权利人变更为市经贸校,市经贸校对此申请办理了攀国用(2005)第02038号国有土地使用证(以下简称02038号土地证)。2001年5月,"攀枝花市第一职业中学改制工作领导小组"按照攀枝花市政府"采取市场经济运作方式、引入竞争机制,面向社会公开招标"的要求,进行了公开招标,攀枝花博精学校中标。同月29日,攀枝花市教委与攀枝花博精学校签订了《关于将攀枝花市第一职业中学(教学区)校产用于举办民办基础教育学校的合同》,合同约定:攀枝花市教委将市一职中原校址教学区占地16605平方米,建筑面积1172平方米,资产总价值487.6万元(不含土地价值),以资产货币置换方式移交给攀枝花博精学校使用。资产货币置换款的支付时间从2001年5月21日至2007年9月10日止,每年付款时间为9月10日前。2010年,由于第一私立学校未按期付款,攀枝花市教育局提起民事诉讼。2012年6月1日,攀枝花市教育局与第一私立学校达成调解协议,一审法院制作并向双方送达了(2010)攀民初字第44号民事调解书。该调解书载明:第一私立学校将剩余置换款227.6万元及滞纳金92万元支付给攀枝花市教育局后,原市一职中校产(指14号评估报告书附件所列的19项校产)所有权及相应的土地使用权(该校土地面积以国土部门审核为准)即属于第一私立学校。攀枝花市教育局在第一私立学校应支付的置换款及滞纳金给付完毕后十个工作日内,与第一私立学校共同办理房屋所有权证和土地使用证的过户手续。

2012年7月3日,攀枝花市教育局、市经贸校共同向四川省攀枝花市国土资源局(以下简称攀枝花市国土局)提交《关于请求变更"攀国用(2005)第02038号"〈国有土地使用证〉所载明土地权利人的函》,该函载明:基于市一职中合并到市经贸校,市一职中土地的权利人变更为市经贸校,并新办得02038号土地证的事实和(2010)攀民初字第44号民事调解书确定的内容,现02038号土地证所载明土地的使用权属于第一私立学校。请以此办理前述土地过户和相关房产过户等事项。同月6日,第一私立学校、市经贸校以该函和(2010)攀民初字第44号民事调解书为据,向攀枝花市国土局提交《土地登记申请书》,申请将02038号土地证所载明土地的权利人变更为第一私立学校。同月18日,攀枝花市国土局将02038号土地证上记载的权利人由市经贸校变更登记为第一私立学校。同日,攀枝花市政府向第一私立学校核发攀国用(2012)第10250号国有土地使用证(以下简称10250号土地证)。

2014年10月27日,攀枝花市政府根据《中华人民共和国城市房地产管理法》第六十一条第三款和《土地登记办法》(国土资源部令第40号)第四十条的规定,作出《关于撤销攀国用(2012)第10250号土地使用权证书并注销其土地登记的决定》,认定攀枝花市国土局在第一私立学校、市经贸校还未对02038号土地证上附着的房产进行房屋所有权变更登记,以及未提交有批准权的人民政府的批准文件的前提下,违法将02038号土地证的权利人进行变更登记,违法向第一私立学校颁发攀国用(2012)第10249号国有土地使用证(以下简称10249号土地证)及10250号土地证。根据《四川省〈中华人民共和国土地管理法〉实施办法》第六十八条之规定,决定撤销10250号土地证,并注销其土地登记。该土地登记注销后,第一私立学校、市经贸校均有权依法重新提交资料申请土地登记。

攀枝花市政府在《关于撤销攀国用(2012)第10250号土地使用权证书并注销其土地登记的决定》的尾部告知第一私立学校、市经贸校:如不服本决定,第一私立学校、市经贸校可在接到本决定书之日起60日内向四川省人民政府申请行政复议,也可以在接到本决定书之日起三个月内直接向人民法院起诉。

同时查明,第一私立学校在诉讼中未提交攀枝花华光会计师事务所14号评估报告书及(2010)攀民初字第44号民事调解书中载明的19项校产(原市一职中资产)涉及的19栋房屋的所有权转移的证据。

另查明,02038号土地证所载明的土地面积为55723.3平方米,10250号土地证上载明的土地面积为49430.66平方米。庭审中,第一私立学校称两证之间面积数额的差距是因扣除了职工住房等占用的面积。攀枝花市政府称其中差距是因扣除了部分公共用地。

四川省攀枝花市中级人民法院一审作出(2015)攀行初字第9号行政判决认为,攀枝花市政府是四川省攀枝花市行政区域内的行政主管机关。《中华人民共和国城市房地产管理法》第六十一条第三款规定"房地产转让或者变更时,应当向县级以上地方人民政府房产管理部门申请房产变更登记,并凭变更后的房屋所有权证书向同级人民政府土地管理部门申请土地使用权变更登记,经同级人民政府土地管理部门核实,由同级人民政府更换或者更改土地使用权证书"、《土地登记办法》第四十条规定"因依法买卖、交换、赠与地上建筑物、构筑物及其附属设施涉及建设用地使用权转移的,当事人应当持原土地权利证书、变更后的房屋所有权证书及土地使用权发生转移的相关证明材料,申请建设用地使用权变更登记。涉及划拨土地使用权转移的,当事人还应当提供有批准权人民政府的批准文件”。根据上述法律和规章的规定,申请人申请划拨土地使用权变更登记时,应当提交地上建筑物房产变更登记的证书和有批准权的人民政府的批准文件。本案审理中已查明,第一私立学校申请土地使用权变更登记时,既未提交第14号评估报告书及(2010)攀民初字第44号民事调解书中载明的19项校产涉及的房屋所有权转移的证书,也未提交有批准权的人民政府的批准文件。同时,(2010)攀民初字第44号民事调解书载明的“相应的土地使用权”仅指14号评估报告书附件所列19项校产(建筑物)对应的土地使用权(16605平方米),并不是原市一职中的所有土地。故第一私立学校申请土地使用权变更登记不符合法律和规章的规定。

《中华人民共和国土地管理法》第十一条第三款规定,“单位和个人依法使用的国有土地,由县级以上人民政府登记造册,核发证书,确认使用权;其中,中央国家机关使用的国有土地的具体登记发证机关,由国务院确定”。本案诉争土地属于攀枝花市政府的行政管辖区域,故攀枝花市政府是本案诉争土地登记造册,核发证书,确认使用权的机关。《四川省〈中华人民共和国土地管理法〉实施办法》(2012年修正)第六十八条规定,“土地行政主管部门及其工作人员违法进行土地登记的,由有权机关注销土地登记,并可以对其负责人和直接责任人员给予行政处分。造成损失的依法承担赔偿责任”。根据上述法律和规章的规定,攀枝花市政府对土地行政主管部门及其工作人员违法进行的土地登记有权注销,对其自己核发的土地使用权证依法有权撤销。

综上,攀枝花市政府作出的《关于撤销攀国用(2012)第10250号土地使用权证书并注销其土地登记的决定》的行政行为合法,第一私立学校的诉讼理由不能成立,不予支持。故该院判决驳回第一私立学校的诉讼请求。

第一私立学校不服,向四川省高级人民法院上诉。该院二审查明,2000年11月,攀枝花市政府针对攀枝花市教委《关于报送市经济学校移交并与市第一职业中学合并及市第一职业中学校产用于社会公民举办基础教育学校的实施方案的请示》(攀教办〔2000〕71号)作出攀府函〔2000〕49号《对〈市教委关于报送市经济学校移交并与市第一职业中学合并及市第一职业中学校产用于社会公民举办基础教育学校的实施方案的请示〉的批复》,该批复载明:攀枝花市政府同意你们的请示,请你们按照实施方案认真做好各项工作,确保学校的正常教育教学秩序,确保学校的各项工作平稳过渡,确保国有资产不流失。2001年2月19日,攀枝花市教委向四川省攀枝花市国有资产管理局出具攀教计〔2001〕3号《关于对原市第一职业中学教学、生活用房、场地及其附属设施进行资产评估的函》,该函载明了拟定评估的市一职中的财产,并明确:土地目前暂不办理相关手续，由攀枝花市教委提供给中标者无偿使用，待中标者将已评估的资产置换完之后，如果中标者需要，再按国家有关规定办理土地的评估转让手续。2001 年 3 月 8 日，攀枝花华光会计师事务所有限公司在接受教委的委托后，作出 14 号评估报告书，该报告书载明：经过评定估算，在资产持续使用前提下，委托评估资产在评估基准日 2000 年 12 月 31 日调整后账面净值为 4746633 元人民币，评估价值为 4875639 元，本次评估增值率2.27%。评估结果详细情况见评估明细表。在该报告所附的资产明细表上载明了 19 项资产的名称、结构、建筑面积及评估价值等内容。

2001 年 1 月，市一职中合并到市经贸校。同年 5 月，“攀枝花市第一职业中学改制工作领导小组”按照攀枝花市政府的要求，进行了公开招标，攀枝花博精学校（后更名为第一私立学校）中标。同月 29 日，攀枝花市教委与攀枝花博精学校签订了《关于将攀枝花市第一职业中学（教学区）校产用于举办民办基础教育学校的合同》，该合同约定：攀枝花市教委将市一职中原校址教学区占地 16605 平方米，建筑面积 1172 平方米，资产总价值 4876000 元（不含土地价值），以资产货币置换方式移交给攀枝花博精学校使用。国有资产总额 4876000 元（不含土地），由攀枝花博精学校采取货币置换方式分年度全额进行置换。攀枝花博精学校置换时间从 2001 年 5 月 21 日至 2007 年 9 月 10 日止，每年付款时间为 9 月 10 日前交付攀枝花市教委指定账户。

2005 年 3 月 8 日，市一职中土地使用权的权利人变更为市经贸校，并办理了 02038 号土地证。2010 年，因第一私立学校未按期付款，攀枝花市教育局提起民事诉讼。2012 年 6 月 1 日，攀枝花市教育局与第一私立学校达成调解协议，一审法院制作并向双方送达了（2010）攀民初字第 44 号民事调解书。该调解书载明：第一私立学校将剩余置换款 227.6 万元及滞纳金 92 万元支付给攀枝花市教育局后，原市一职中校产（指 14 号评估报告书附件所列的 19 项校产）所有权及相应的土地使用权（该校土地面积以国土部门审核为准）即属于第一私立学校。攀枝花市教育局在第一私立学校应支付的置换款及滞纳金给付完毕后十个工作日内，与第一私立学校共同办理房屋所有权证和土地使用权证的过户手续。

2012 年 7 月 3 日，攀枝花市教育局、市经贸校共同向攀枝花市国土局提交《关于请求变更“攀国用（2005）第 02038 号”〈国有土地使用证〉所载明土地权利人的函》。同月 6 日，第一私立学校、市经贸校以该函和（2010）攀民初字第 44 号民事调解书为据，向攀枝花市国土局提交《土地登记申请书》，申请将 02038 号土地证所载明土地的权利人变更为第一私立学校。同月 18 日，攀枝花市国土局将 02038 号土地证上记载的权利人由市经贸校变更登记为第一私立学校。同日，攀枝花市政府向第一私立学校核发

10249 号土地证和 10250 号土地证。

2013 年 4 月 10 日，四川省攀枝花市东区人民法院作出（2013）攀东执裁字第 348－2 号执行裁定书，裁定：查封第一私立学校所有的土地使用权（权证号为 10249 号土地证和 10250 号土地证）。后于 2015 年 3 月 16 日解除查封。

2014 年 5 月 15 日，攀枝花市政府作出《告知书》，告知第一私立学校及市经贸校，攀枝花市国土局将 02038 号土地证上记载的权利人由市经贸校变更登记为第一私立学校的变更登记行为违法，攀枝花市政府拟决定注销 10250 号土地证，并告知第一私立学校其享有申请听证、陈述和申辩的权利。该《告知书》于同月 21 日、22 日和 23 日在《攀枝花日报》上进行了公告。同月 23 日，第一私立学校向攀枝花市政府提交《听证申请书》。同年 6 月 12 日，攀枝花市政府作出《听证告知书》，并于同月 17 日、18 日及 19 日在《攀枝花日报》上进行了公告。同年 9 月 2 日，攀枝花市政府就拟决定注销 10250 号土地证一事举行了听证会。2014 年 10 月 27 日，攀枝花市政府作出《关于撤销攀国用（2012）第 10250 号土地使用权证书并注销其土地登记的决定》。

四川省高级人民法院二审作出（2016）川行终 164 号行政判决认为，本案争议的焦点是攀枝花市政府 2014 年 10 月 27 日作出的《关于撤销攀国用（2012）第 10250 号土地使用权证书并注销其土地登记的决定》是否合法。根据第一私立学校与攀枝花市教育局 2001 年 5 月 29 日签订的合同及一审法院作出（2010）攀民初字第 44 号民事调解书载明的内容，第一私立学校合法取得的市一职中的校产为 14 号资产评估报告书附件所列的 19 项校产及相应的土地使用权。因案涉土地为划拨性质，根据《土地登记办法》第四十条的规定，涉及划拨土地使用权转移的，当事人还应当提供有批准权人民政府的批准文件。而市经贸校及第一私立学校在未取得攀枝花市政府批准文件的情况下，即向攀枝花市国土局提交土地变更登记申请，攀枝花市教育局也向攀枝花市国土局出具“同意将攀国用（2005）第 02038 号《国有土地使用证》所载明的土地使用权，直接转移过户给攀枝花市第一私立实验学校”的函件。攀枝花市国土局在审查过程中，未按照《土地登记规则》第三十七条“土地管理部门根据土地使用者、所有者、及他项权利拥有者申请变更土地登记的申请书经地籍调查、审核，符合变更土地登记规定的，报人民政府批准后，变更注册登记，更换或更改土地证书，地籍图、土地归户册（土地归户卡组装）作相应的更改”的规定，对市经贸校和第一私立学校的土地变更申请进行地籍调查、审核，且没有按照《中华人民共和国城市房地产管理法》第六十一条第三款的规定，在第一私立学校没有提交变更后的房屋所有权证书的情况下，即将 55723.3 平方米由市经贸校使用的土地中的 50002.75 平方米的使用权人变更为第一私立学校，并由攀枝花市政府向第一私立学校颁发了10249号土地证及10250号土地证。因此,攀枝花市国土局的土地变更登记行为属主要证据不足,程序违法。

攀枝花市政府发现攀枝花市国土局的该登记行为违反了《中华人民共和国城市房地产管理法》第六十一条第三款及《土地登记办法》第四十条的规定,经过调查、听证等法定程序,依据《四川省〈中华人民共和国土地管理法〉实施办法》(2012年修正本)第六十八条"土地行政主管部门及其工作人员违法进行土地登记的,由有权机关注销土地登记,并可以对其负责人和直接责任人员给予行政处分。造成损失的依法承担赔偿责任"的规定,作出了《关于撤销攀国用(2012)第10250号土地使用权证书并注销其土地登记的决定》。虽然该决定是攀枝花市政府在人民法院对10249号土地证及10250号土地证予以查封的情况下作出,但人民法院的查封行为实质是对该土地使用证上载明的土地使用权的查封。根据《土地登记办法》第六十九条"对被人民法院依法查封、预查封的土地使用权,在查封、预查封期间,不得办理土地权利的变更登记或者土地抵押权、地役权登记"的规定,对人民法院在土地使用权采取查封及预查封期间所禁止的三种情形,是为限制土地使用权的转移。而注销登记行为非限制情形,且该行为系攀枝花市政府对其不当行政行为依法进行自我纠错的行为,也是攀枝花市政府依法行政的应尽职责。因此,其作出注销10250号土地证所载土地使用权的登记行为合法。《土地登记办法》第五十六条规定,土地登记注销后,土地权利证书应当收回;确实无法收回的,应当在土地登记簿上注明,并经公告后废止。因此,攀枝花市政府在注销该土地登记的同时,撤销10250号土地证也并无不当。故该院判决驳回上诉,维持原判。

第一私立学校不服,向本院申请再审称,(一)10250号土地证是第一私立学校以生效的(2010)攀民初字第44号民事调解书为依据依法向攀枝花市国土局申请土地使用权变更登记而来,攀枝花市政府撤销该土地使用权证注销土地登记,对抗司法确权。(二)原审置换合同已经为(2010)攀民初字第44号民事调解书取代不能作为证据使用,14号评估报告书也有关于土地及土地面积的记载,原审法院予以采信将该调解书确权的面积认定为16605平方米,认定事实错误。(三)10250号土地证系司法确权而来,系因生效法律文书确权的土地登记事项,原审法院根据《中华人民共和国城市房地产管理法》、《土地登记办法》等规定,认定其办理土地使用证未提交房产转移证书及人民政府的批准文件无效,属适用法律错误。(四)原审法院在本案的审理范围、审理对象、举证责任分配上违反法律规定,影响公正审判。综上,请求撤销一、二审判决,依法再审本案。

本院经审查认为,本案审查的焦点为攀枝花市政府2014年10月27日作出的《关于撤销攀国用(2012)第10250号土地使用权证书并注销其土地登记的决定》是否合法。按照依法行政的要求,在充分保障相对人及利害关系人合法权益的前提下,应当允许行政机关自行主动纠错。这样不仅体现了行政机关依法行政,而且有利于切实解决行政争议,维护社会的和谐稳定。本案中,根据第一私立学校与攀枝花市教委签订的《关于将攀枝花市第一职业中学(教学区)校产用于举办民办基础教育学校的合同》及四川省攀枝花市中级人民法院(2010)攀民初字第44号民事调解书载明的内容,第一私立学校合法取得的市一职中的校产为14号评估报告书附件所列的19项校产及相应的土地使用权。攀枝花市国土局在审查过程中,未按照《土地登记规则》第三十七条"土地管理部门根据土地使用者、所有者、及他项权利拥有者申请变更土地登记的申请书经地籍调查、审核,符合变更土地登记规定的,报人民政府批准后,变更注册登记,更换或更改土地证书,地籍图、土地归户册(土地归户卡组装)作相应的更改"的规定,对市经贸校和第一私立学校的土地变更申请进行地籍调查、审核,即将市经贸校使用的土地中的50002.75平方米土地使用权变更在第一私立学校名下,并由攀枝花市政府向第一私立学校颁发了10249号土地证及10250号土地证。攀枝花市国土局的土地变更登记行为主要证据不足,程序违法。

攀枝花市政府发现攀枝花市国土局的该登记行为违反相关规定,经过调查、听证等法定程序,依据《四川省〈中华人民共和国土地管理法〉实施办法》(2012年修正本)第六十八条"土地行政主管部门及其工作人员违法进行土地登记的,由有权机关注销土地登记,并可以对其负责人和直接责任人员给予行政处分。造成损失的,依法承担赔偿责任"的规定,作出《关于撤销攀国用(2012)第10250号土地使用权证书并注销其土地登记的决定》,在注销该土地登记同时撤销10250号土地证,该行为系攀枝花市政府对其不当行政行为依法进行纠错,属于攀枝花市政府依法行政的职责范围,该处理结果并无不当。原审法院判决驳回第一私立学校的诉讼请求,认定事实清楚,适用法律正确。第一私立学校的申请再审理由不能成立,本院不予支持。

综上,攀枝花市第一私立实验学校的再审申请不符合《中华人民共和国行政诉讼法》第九十一条规定的情形。依照《最高人民法院关于适用〈中华人民共和国行政诉讼法〉的解释》第一百一十六条第二款之规定,裁定如下:驳回攀枝花市第一私立实验学校的再审申请。

※裁判要旨:按照依法行政的要求,在充分保障相对人及利害关系人合法权益的前提下,应当允许行政机关自行主动纠错。这样不仅体现了行政机关依法行政,而且有利于切实解决行政争议,维护社会的和谐稳定。土地行政主管部门及其工作人员违

法进行土地登记的，由有权机关注销土地登记，并可以对其负责人和直接责任人员给予行政处分。造成损失的，依法承担赔偿责任。

甘肃远东置业有限公司、甘肃省兰州市城关区人民政府资源行政纠纷案[1]

※案情简介：甘肃省兰州市城关区人民政府（以下简称城关区人民政府）于2001年10月26日以城政地字〔2001〕1号《关于给甘肃远东置业有限公司出让土地使用权的通知》，同意将九洲开发区四十号地内5.3917公顷（合80.876亩）土地使用权有偿出让给远东公司，作为综合项目建设用地，出让期限为50年。其中包括本案争议的兰州市城关区××号××（××）、图号57.75_47.75_1号使用面积15124.5平方米的土地。2001年10月26日，远东公司向城关区土地局提出土地登记申请，城关区人民政府及其土地管理机关在审核、审批过程中，远东公司于2001年12月25日又提交了同时盖有远东公司和甘肃金岛汽车超市有限公司（以下简称金岛公司）公章的《更名申请报告》，内容为："甘肃金岛汽车超市有限公司与我公司合资开发九洲土地，为适应市场需求，为明晰公司股东产权，更好地发挥投资双方的潜力，经双方协议并经我公司董事会研究决定，将城关区九洲图号57.75_47.75_1号使用面积15124.5平方米，土地使用证更名为甘肃金岛汽车超市有限公司名下。请审批办理更名手续为盼。"同时提交了2001年12月25日远东公司作为甲方与金岛公司的法定代表人邵新贵作为乙方就甲方兰州市九洲土地转让给乙方签订的"协议书"，约定"一、甲方欠乙方人民币200万元，现无力偿还，故将产权属于甲方的位于兰州市城关区九洲图号57.75_47.75_1、面积15124.5平方米的土地使用权作为债资偿还给乙方……"等内容。兰州市城关区城乡规划土地管理局经审核、兰州市城关区人民政府批准，将该土地登记在甘肃远东置业有限公司名下后，遂即将兰国用（2002）字第J021号《国有土地使用证》的使用者由远东公司变更为金岛公司，金岛公司持有该土地使用证至今。

另查明，2008年7月兰州市中级人民法院在执行生效的（2005）兰法民二初字第55号民事判决时，因义务人甘肃中坚实业有限责任公司、远东公司未按法律文书指定的期限履行金钱给付义务。该院向兰州市国土资源局城关分局发出协助执行通知书，要求协助将被执行人远东公司位于兰州市城关区××号××（××）、图号57.75_47.75_1、面积15124.5平方米的土地予以查封。金岛公司向该院提出执行异议，称该宗土地使

---

〔1〕 案例来源：最高人民法院（2016）最高法行申4744号行政裁定书。

用权在法院判决之前已经由远东公司转让过户到金岛公司名下，并提供了其名下的《国有土地使用证》；兰州市国土资源局城关分局也向该院证明金岛公司于2002年元月取得了国有土地使用证。该院于2008年7月21日发出（2008）兰法执登字第121号民事裁定书，裁定中止对登记在金岛公司名下，位于兰州市城关区××号××（××）、证号兰国用（2002）字第J021号面积15124.5平方米宗地的执行。同年8月13日，该院在《人民法院报》上向远东公司发出公告。

兰州市中级人民法院一审认为：1999年1月1日起施行的《中华人民共和国土地管理法》第十二条规定："依法改变土地权属和用途的，应当办理土地变更登记手续"。《中华人民共和国土地管理法实施条例》第六条第一款规定："依法改变土地所有权、使用权的，因依法转让地上建筑物、构筑物等附着物导致土地使用权转移的，必须向土地所在地的县级以上人民政府土地行政主管部门提出土地变更登记申请，由原土地登记机关依法进行土地所有权、使用权变更登记。土地所有权、使用权的变更，自变更登记之日起生效"。根据上述规定，土地使用权依法可以进行变更登记。本案原告远东公司经区政府通知取得九洲出让土地后，没有及时办理土地使用权证，其在办理土地登记的过程中，又向土地登记机关提交了《更名申请报告》，申请将争议土地使用证更名为金岛公司名下。区政府土地管理部门在给远东公司办理土地登记后，随即依双方申请给金岛公司颁发了《土地使用权证》，该具体行政行为并无不当。远东公司在其原法定代表人窦俊金已去世、第三人持有该土地使用权证多年后提出土地使用权变更登记违法的诉讼，并在诉讼中提出对《更名申请报告》中加盖的"甘肃远东置业有限公司"印章与经工商行政部门备案的"甘肃远东置业有限公司"印章是否为同一枚印章作出鉴定的申请。该院经审查认为，原告不能提供《更名申请报告》中其公司的印章并非自己加盖的证据，故对此鉴定已无实际意义，不予准许。至于第三人金岛公司提出原告所诉行政行为已经超过起诉期限的问题，因第三人不能提供远东公司何时知道其取得《土地使用权证》的确实证据；该院执行裁定亦为公告送达，且没有写明是以该争议土地抵债，故原告的起诉没有超过《最高人民法院关于执行〈中华人民共和国行政诉讼法〉若干问题的解释》第四十二条规定的期限，该答辩理由不予采纳。据此，根据《最高人民法院关于执行〈中华人民共和国行政诉讼法〉若干问题的解释》第五十六条第四项的规定，判决驳回原告甘肃远东置业有限公司的诉讼请求。

甘肃省高级人民法院二审认为：《最高人民法院关于执行〈中华人民共和国行政诉讼法〉若干问题的解释》第四十一条第一款规定："行政机关作出具体行政行为时，未告知公民、法人或者其他组织诉权或者起诉期限的，起诉期限从公民、法人或者其他组织知道或者应当知道诉权或者起诉期限之日起计算。但从知道或者应当知道具体行政行为内容之日起最长不得超过两年。”本案中,2008 年 7 月 21 日兰州市中级人民法院作出(2008)兰法执登字第 121 号民事裁定,中止对登记在金岛公司名下,位于兰州市城关区××号××(××),证号:兰国用(2002)字第 J021 号,面积 15124.5 平方米宗地的执行。该民事裁定书于 2008 年 8 月 13 日在人民法院报上予以刊登公告,自公告送达之日起 60 日,即视为送达。上诉人远东公司于 2008 年 10 月 12 日应当知道被诉具体行政行为的内容,而其于 2013 年 5 月对此行政行为不服,向法院提起行政诉讼,明显超过二年期限,且无正当理由。依照《最高人民法院关于执行〈中华人民共和国行政诉讼法〉若干问题的解释》第四十四条第一款第六项之规定,应当裁定驳回其起诉。一审法院作出实体判决不当,应予纠正。根据《最高人民法院关于执行〈中华人民共和国行政诉讼法〉若干问题的解释》第七十九条第一项之规定,裁定如下:一、撤销兰州市中级人民法院(2013)兰行初字第 46 号行政判决;二、驳回上诉人甘肃远东置业有限公司的起诉。

再审申请人不服,向本院申请再审称:一、在本案审理中,两级法院对二被申请人伪造手续颁发给金岛公司土地使用权证的事实调查不清,对基本事实认定错误,依据的关键证据不足;二、两审法院的判决适用法律、法规严重错误。2012 年再审申请人收到匿名人寄来的金岛公司的土地使用权证复印件,至此才知道该宗土地存在远东公司和金岛公司两个主体同时拥有同一宗土地的使用权。进而引发甘肃省兰州市中级人民法院(2013)兰行初字第 46 号行政判决和甘肃省高级人民法院(2014)年甘行终字第 32 号行政裁定。而终审裁定以 2008 年 7 月 21 日兰州市中级人民法院作出的(2008)年兰法执登字第 121 号民事裁定中止对该宗土地执行且经公告为由,驳回再审申请人的起诉,显然是错误的。法院的裁定公告与颁发土地使用权证的具体的行政行为是两个不同的概念,裁定公告不具有可诉性,具体行政行为具有可诉性;再审申请人知道或应当知道的是具体行政行为做出的时间,而不是裁定公告的时间。因此,终审判决认定再审申请人超过行政诉讼期限,属于对法律的曲解。请求:一、撤销兰州市中级人民法院(2013)兰行初字第 46 号行政判决书、甘肃省高级人民法院(2014)甘行终字第 32 号行政裁定书;二、依法受理再审申请人诉兰州市城关区人民政府撤销向金岛公司颁发的兰国用(2002)字第 J021 号《国有土地使用证》的具体行政行为,并确认再审申请人为唯一合法土地使用权人。

本院认为,《最高人民法院关于执行〈中华人民共和国行政诉讼法〉若干问题的解释》第四十一条第一款规定:“行政机关作出具体行政行为时,未告知公民、法人或者其他组织诉权或者起诉期限的,起诉期限从公民、法人或者其他组织知道或者应当知道诉权或者起诉期限之日起计算。但从知道或者应当知道具体行政行为内容之日起最长不得超过两年。”本案中,2008年7月21日兰州市中级人民法院作出(2008)兰法执登字第121号民事裁定,中止对登记在金岛公司名下,位于兰州市城关区××号××(××),证号:兰国用(2002)字第J021号,面积15124.5平方米宗地的执行。该民事裁定书于2008年8月13日在人民法院报上刊登公告。根据《中华人民共和国民事诉讼法》第八十四条的规定:“受送达人下落不明,或者用本节规定的其他方式无法送达的,公告送达。自发出公告之日起,经过六十日,即视为送达。”据此,该公告自发出之日起60日,应当视为已经送达给再审申请人。在此情况下,原审法院认定远东公司于2008年10月12日应当知道被诉具体行政行为的内容,而其于2013年5月对此行政行为不服,向法院提起行政诉讼,明显超过二年期限,且无正当理由,并依照《最高人民法院关于执行〈中华人民共和国行政诉讼法〉若干问题的解释》第四十四条第一款第六项之规定裁定驳回起诉,并无不当。

综上,远东公司的再审申请不符合《中华人民共和国行政诉讼法》第九十一条规定的情形。依照《中华人民共和国行政诉讼法》第一百零一条、《中华人民共和国民事诉讼法》第二百零四条第一款之规定,裁定如下:驳回再审申请人甘肃远东置业有限公司的再审申请。

※**裁判要旨**:法院的裁定公告与颁发土地使用权证的具体的行政行为是两个不同的概念,裁定公告不具有可诉性,具体行政行为具有可诉性。行政机关作出具体行政行为时,未告知公民、法人或者其他组织诉权或者起诉期限的,起诉期限从公民、法人或者其他组织知道或者应当知道诉权或者起诉期限之日起计算。但从知道或者应当知道具体行政行为内容之日起最长不得超过两年。

第十三条　【土地承包经营权】农民集体所有和国家所有依法由农民集体使用的耕地、林地、草地,以及其他依法用于农业的土地,采取农村集体经济组织内部的家庭承包方式承包,不宜采取家庭承包方式的荒山、荒沟、荒丘、荒滩等,可以采取招标、拍卖、公开协商等方式承包,从事种植业、林业、畜牧业、渔业生产。家庭承包的耕地的承包期为三十年,草地的承包期为三十年至五十年,林地的承包期为三十年至七十年;耕地承包期届满后再延长三十年,草地、林地承包期届满后依法相应延长。

国家所有依法用于农业的土地可以由单位或者个人承包经营,从事种植业、

林业、畜牧业、渔业生产。

发包方和承包方应当依法订立承包合同,约定双方的权利和义务。承包经营土地的单位和个人,有保护和按照承包合同约定的用途合理利用土地的义务。

条文解读

本法第13条是关于集体土地承包经营权的规定。

土地承包经营权,也称农村土地承包经营权、土地承包权,是指土地承包经营权人为从事种植业、林业、畜牧业、渔业,对其承包的集体组织的土地或者国家所有交由集体组织使用的土地所享有的占有、使用和收益的权利。土地承包经营权是我国农村土地法律制度中特有的概念,是我国农村集体经济组织实行土地承包责任制的产物,是我国农村集体经济组织实行家庭承包经营为基础、统分结合的双层经营体制的要求。到目前为止,调整土地承包经营权的法律主要包括《民法总则》、《土地管理法》、《农村土地承包法》与《物权法》。

土地承包经营权的客体是土地,主要是集体经济组织的土地,但并非所有的国有土地都作为建设用地或者未利用地存在,其实有些国有土地可以依法由单位或者个人承包经营,从事种植业、林业、畜牧业、渔业生产。国有土地农用的实现方式主要有两种:其一,国家将国有农用地交给集体组织使用,由集体组织再进行承包经营。其二,直接将国有土地承包给具有农业生产经营能力的单位或者个人,由这些单位或者个人取得土地承包经营权。但是,国有土地承包经营并非常态。

土地承包经营权作为一种用益物权,除具备用益物权的特征之外,还具备以下几个特征:

(1)土地承包经营权的客体具有特殊性。土地承包经营权的客体是农村土地。农村土地是指农民集体所有和国家所有由农民集体使用的耕地、林地、草地以及其他依法用于农业的土地。其他用于农业的土地,主要是指养殖水面、"四荒"土地以及农田水利设施用地等。从所有制来看,农村土地包括两部分:一是集体所有的土地;二是国家所有由农村集体组织使用的农业用地。从土地的利用目的来看,农村土地包括:耕地、林地、草地以及其他用于农业的土地。

(2)土地承包经营权具有很强的社会保障功能和福利功能。土地承包经营权主要采取家庭承包经营,人人有份,平均承包,籍以保障农民的基本生活,它具有社会保障功能和福利功能。因此,法律对土地承包经营权的流转等设置诸多限制,防止土地集中，损害农民的权利，危害社会稳定。

（3）土地承包经营权的主体具有特定性。土地承包经营权具有保障农民生活的功能决定了土地承包经营权的主体具有特定性。根据家庭承包和其他方式承包两种不同的承包方式，土地承包经营权的主体分为两类：其一，家庭承包的土地承包经营权具有保障生活的功能，所以，承包人必须是从事农业生产的个人或者“农户”，并且是承包地所属的村集体经济组织的成员。其二，通过招标、拍卖、公开协商等方式承包“四荒”地的承包人可以是本集体经济组织以外的单位或者个人。

（4）土地承包经营权的目的具有特定性。土地承包经营权的目的具有特性，即承包人取得土地承包经营权的目的在于从事耕种、畜牧等农业生产，而不能用于非农业建设，不得将农业用地擅自转化为非农业用地。

（一）土地承包经营权的期限

土地承包经营权作为一种限制物权，具有一定的期限性。我国《农村土地承包法》《物权法》都明确规定了土地承包经营权的存续期限，即土地承包经营权期限法定化，以法律形式确定土地承包经营权的期限，是土地承包经营权物权化的重要内容，也是使土地承包经营权确实成为长期稳定的权利的法律保障。考虑到不同性质土地的投资收益期限差别较大。根据《物权法》《农村土地承包法》《土地管理法》的规定，家庭承包的耕地的承包期为 30 年，草地的承包期为 30 年至 50 年，林地的承包期为 30 年至 70 年；耕地承包期届满后再延长 30 年，草地、林地承包期届满后依法相应延长。

（二）农村土地承包经营权的承包方式

根据《土地管理法》《农村土地承包法》《物权法》等法律的规定，我国农村土地承包主要有两种方式：一种为家庭承包，另一种为其他方式承包。

土地承包经营合同的主体为发包方与承包方。发包方一般为对土地和其他生产资料享有所有权的农村集体经济组织、村委会和村民小组；家庭承包的，承包方一般为集体经济组织内部的成员，但多以户的名义承包。

不宜采取家庭承包方式的荒山、荒沟、荒丘、荒滩等农村土地，可以采取招标、拍卖、公开协商方式承包给本集体经济组织之外的人。

（三）土地承包经营合同

1. 土地承包经营合同是双务合同。按照《物权法》的规定，承包方与发包方都享有一定的权利并负担一定的义务。例如，承包方享有使用收益权，但应按照土地的用途使用土地，并应履行合同约定的其他义务。

2. 土地承包经营合同是要式合同

发包方应当与承包方签订书面承包合同。如果土地承包经营合同不具备书面形式，土地承包经营合同不能成立。

土地承包经营合同一般包括以下条款：(1)发包方、承包方的名称，发包方负责人和承包方代表的姓名、住所；(2)承包土地的名称、坐落、面积、质量等级；(3)承包期限和起止日期；(4)承包土地的用途；(5)发包方和承包方的权利和义务；(6)违约责任。

土地承包经营合同一旦签订，合同即发生法律效力，承包方即取得土地承包经营权，发包方不得因具体承办人或者负责人的变动而变更或者解除土地承包经营合同，也不得因集体经济组织的分立或者合并而变更或者解除土地承包经营合同。

发包方就同一土地与多个承包方签订两个以上承包合同，承包方均主张取得土地承包经营权的，按照下列情形，分别处理：(1)已经依法登记的承包方，取得土地承包经营权；(2)均未依法登记的，合同生效在先的承包方取得土地承包经营权；(3)通过上述方法无法确定的，已经根据承包合同合法占有、使用承包地的人取得土地承包经营权，但争议发生后一方强行先占承包地的行为和事实，不得作为确定土地承包经营权的依据。

(四)通过招标、拍卖、公开协商等方式取得土地承包经营权

以招标、拍卖、公开协商方式取得土地承包经营权的客体仅限于“四荒地”。“四荒地”即荒山、荒沟、荒丘和荒滩。以上述方式承包土地的承包方不限于集体组织成员，本集体组织之外的自然人、法人或其他组织都可以作为承包方。但在同等条件下，本集体组织的成员享有优先承包权。本集体经济组织以外的单位或者个人承包四荒地的，应当具备下列条件：其一，应当事先经本集体经济组织成员的村民会议三分之二以上成员或者三分之二以上村民代表的同意；其二，报乡(镇)人民政府批准；其三，承包方应当具备经营能力。目的是确保本集体经济组织所有成员的利益，防止个别人员对农民集体所有土地所有权的侵害。

配套法规及解读

《物权法》(2007年3月16日)

第一百二十四条 农村集体经济组织实行家庭承包经营为基础、统分结合的双层经营体制。

农民集体所有和国家所有由农民集体使用的耕地、林地、草地以及其他用于农业

的土地，依法实行土地承包经营制度。

第一百二十五条　土地承包经营权人依法对其承包经营的耕地、林地、草地等享有占有、使用和收益的权利，有权从事种植业、林业、畜牧业等农业生产。

第一百二十六条　耕地的承包期为三十年。草地的承包期为三十年至五十年。林地的承包期为三十年至七十年；特殊林木的林地承包期，经国务院林业行政主管部门批准可以延长。

前款规定的承包期届满，由土地承包经营权人按照国家有关规定继续承包。

第一百三十条　承包期内发包人不得调整承包地。

第一百三十三条　通过招标、拍卖、公开协商等方式承包荒地等农村土地，依照农村土地承包法等法律和国务院的有关规定，其土地承包经营权可以转让、入股、抵押或者以其他方式流转。

《农村土地承包法》(2018 年 12 月 29 日修正)

第三条　国家实行农村土地承包经营制度。

农村土地承包采取农村集体经济组织内部的家庭承包方式，不宜采取家庭承包方式的荒山、荒沟、荒丘、荒滩等农村土地，可以采取招标、拍卖、公开协商等方式承包。

第十八条　承包方承担下列义务：

（一）维持土地的农业用途，未经依法批准不得用于非农建设；

（二）依法保护和合理利用土地，不得给土地造成永久性损害；

（三）法律、行政法规规定的其他义务。

第二十八条　承包期内，发包方不得调整承包地。

承包期内，因自然灾害严重毁损承包地等特殊情形对个别农户之间承包的耕地和草地需要适当调整的，必须经本集体经济组织成员的村民会议三分之二以上成员或者三分之二以上村民代表的同意，并报乡（镇）人民政府和县级人民政府农业农村、林业和草原等主管部门批准。承包合同中约定不得调整的，按照其约定。

第二十九条　下列土地应当用于调整承包土地或者承包给新增人口：

（一）集体经济组织依法预留的机动地；

（二）通过依法开垦等方式增加的；

（三）发包方依法收回和承包方依法、自愿交回的。

第三十条　承包期内，承包方可以自愿将承包地交回发包方。承包方自愿交回承包地的，可以获得合理补偿，但是应当提前半年以书面形式通知发包方。承包方在承包期内交回承包地的，在承包期内不得再要求承包土地。

第三十一条 承包期内,妇女结婚,在新居住地未取得承包地的,发包方不得收回其原承包地;妇女离婚或者丧偶,仍在原居住地生活或者不在原居住地生活但在新居住地未取得承包地的,发包方不得收回其原承包地。

第四十二条 承包方不得单方解除土地经营权流转合同,但受让方有下列情形之一的除外:

(一)擅自改变土地的农业用途;

(二)弃耕抛荒连续两年以上;

(三)给土地造成严重损害或者严重破坏土地生态环境;

(四)其他严重违约行为。

第四十八条 不宜采取家庭承包方式的荒山、荒沟、荒丘、荒滩等农村土地,通过招标、拍卖、公开协商等方式承包的,适用本章规定。

第四十九条 以其他方式承包农村土地的,应当签订承包合同,承包方取得土地经营权。当事人的权利和义务、承包期限等,由双方协商确定。以招标、拍卖方式承包的,承包费通过公开竞标、竞价确定;以公开协商等方式承包的,承包费由双方议定。

第五十条 荒山、荒沟、荒丘、荒滩等可以直接通过招标、拍卖、公开协商等方式实行承包经营,也可以将土地经营权折股分给本集体经济组织成员后,再实行承包经营或者股份合作经营。

承包荒山、荒沟、荒丘、荒滩的,应当遵守有关法律、行政法规的规定,防止水土流失,保护生态环境。

第五十一条 以其他方式承包农村土地,在同等条件下,本集体经济组织成员有权优先承包。

第五十二条 发包方将农村土地发包给本集体经济组织以外的单位或者个人承包,应当事先经本集体经济组织成员的村民会议三分之二以上成员或者三分之二以上村民代表的同意,并报乡(镇)人民政府批准。

由本集体经济组织以外的单位或者个人承包的,应当对承包方的资信情况和经营能力进行审查后,再签订承包合同。

第五十三条 通过招标、拍卖、公开协商等方式承包农村土地,经依法登记取得权属证书的,可以依法采取出租、入股、抵押或者其他方式流转土地经营权。

第五十四条 依照本章规定通过招标、拍卖、公开协商等方式取得土地经营权的,该承包人死亡,其应得的承包收益,依照继承法的规定继承;在承包期内,其继承人可以继续承包。

第六十四条 土地经营权人擅自改变土地的农业用途、弃耕抛荒连续两年以上、给土地造成严重损害或者严重破坏土地生态环境，承包方在合理期限内不解除土地经营权流转合同的，发包方有权要求终止土地经营权流转合同。土地经营权人对土地和土地生态环境造成的损害应当予以赔偿。

《最高人民法院关于审理涉及农村土地承包纠纷案件适用法律问题的解释》（2005年7月29日）

第三条 承包合同纠纷，以发包方和承包方为当事人。

前款所称承包方是指以家庭承包方式承包本集体经济组织农村土地的农户，以及以其他方式承包农村土地的单位或者个人。

第五条 承包合同中有关收回、调整承包地的约定违反农村土地承包法第二十六条、第二十七条、第三十条、第三十五条规定的，应当认定该约定无效。

第六条 因发包方违法收回、调整承包地，或者因发包方收回承包方弃耕、撂荒的承包地产生的纠纷，按照下列情形，分别处理：

（一）发包方未将承包地另行发包，承包方请求返还承包地的，应予支持；

（二）发包方已将承包地另行发包给第三人，承包方以发包方和第三人为共同被告，请求确认其所签订的承包合同无效、返还承包地并赔偿损失的，应予支持。但属于承包方弃耕、撂荒情形的，对其赔偿损失的诉讼请求，不予支持。

前款第（二）项所称的第三人，请求受益方补偿其在承包地上的合理投入的，应予支持。

第八条 承包方违反农村土地承包法第十七条规定，将承包地用于非农建设或者对承包地造成永久性损害，发包方请求承包方停止侵害、恢复原状或者赔偿损失的，应予支持。

第十一条 土地承包经营权流转中，本集体经济组织成员在流转价款、流转期限等主要内容相同的条件下主张优先权的，应予支持。但下列情形除外：

（一）在书面公示的合理期限内未提出优先权主张的；

（二）未经书面公示，在本集体经济组织以外的人开始使用承包地两个月内未提出优先权主张的。

第十二条 发包方强迫承包方将土地承包经营权流转给第三人，承包方请求确认其与第三人签订的流转合同无效的，应予支持。

发包方阻碍承包方依法流转土地承包经营权，承包方请求排除妨碍、赔偿损失的，应予支持。

第十九条 本集体经济组织成员在承包费、承包期限等主要内容相同的条件下主张优先承包权的，应予支持。但在发包方将农村土地发包给本集体经济组织以外的单位或者个人，已经法律规定的民主议定程序通过，并由乡（镇）人民政府批准后主张优先承包权的，不予支持。

※法规解读：上述这些法律规定是对《土地管理法》第13条的细化。因考虑到不同性质土地的投资收益期限差别较大。《物权法》对耕地、草地和林地规定了不同的承包期限：耕地的承包期为30年；草地的承包期为30年至50年；林地的承包期为30年至70年；特殊林木的林地承包期，经国务院林业行政主管部门批准可以延长。土地承包经营权的期限是法律明确规定的期限，具有强制性，任何单位和个人均不得通过合同随意作出约定。承包合同约定或者土地承包经营权证等证书记载的承包期限短于法律规定的期限，承包方请求延长的，应予以延长，以切实保护土地承包经营权人的合法利益。

承包期内，本着“增人不增地，减人不减地”的原则，不能调整承包地。承包合同中关于承包地调整、收回的约定是无效的。只有符合下列条件时，可以调整承包地：

（1）只有遇到自然灾害严重毁损承包地等特殊情形，才能个别调整承包地；

（2）特殊情况下的调整只能在个别农户之间进行，不得扩大调整范围；

（3）允许个别调整的承包地仅限于耕地和草地，不包括林地；

（4）个别调整必须经本集体经济组织成员的村民会议三分之二以上成员或者三分之二以上村民代表的同意，并报乡（镇）人民政府和县级人民政府农业农村、林业和草原等主管部门批准；

（5）承包合同约定不得调整的，按照约定。

因发包方违法调整承包地的，如果发包方未将承包地另行发包，承包方可以请求返还承包地，如果发包方已将承包地另行发包给第三人，承包方可以发包方和第三人为共同被告，请求确认其所签订的承包合同无效、返还承包地并赔偿损失。但因承包方弃耕、撂荒而被调整的，承包方可以请求返还承包地，但不能要求赔偿损失。

发包方不得收回承包地，承包期内，妇女结婚，在新居住地未取得承包地的，发包方不得收回其原承包地；妇女离婚或者丧偶，仍在原居住地生活或者不在原居住地生活但在新居住地未取得承包地的，发包方不得收回其原承包地。

承包方不得擅自在承包地上建房、建窑、采砂、采石、挖沙、取土等，不得在承包的基本农田上种植林木和挖塘养鱼，不得毁坏森林、草原进行开垦。如果承包方违反了这一义务，可能对承包地造成永久性损害的，发包方有权制止，并有权要求承包方赔偿由此造成的损失。此外,《农业法》《草原法》等法律、行政法规中都有关于承包人义务的规定,这些义务性规定,承包人不得违反。承包方违反这些义务,将承包地用于非农建设或者对承包地造成永久性损害,发包方可以请求承包方停止侵害、恢复原状或者赔偿损失。

承包经营耕地的单位或者个人,有按照承包合同的约定合理利用土地的义务,如果弃耕抛荒,就会浪费国家和集体的土地尤其是耕地资源,作为发包单位应当终止承包合同,收回发包的耕地。但是,我国是典型的农业大国,农民的社会福利也不多,通过家庭承包方式依法取得的土地承包经营权仍然是绝大多数农民安身立命的根本。因此,我国法律十分注重保护农民依法取得的土地承包经营权,对发包方收回承包地制定了极为苛刻的条件。根据《农村土地承包法》第 42 条的规定,受让方有弃耕抛荒连续两年以上的,承包方有权单方解除土地经营权流转合同。根据第 64 条的规定,土地经营权人弃耕抛荒连续两年以上的,承包方在合理期限内不解除土地经营权流转合同的,发包方有权要求终止土地经营权流转合同。土地经营权人对土地和土地生态环境造成的损害应当予以赔偿。根据最高人民法院的司法解释,《土地管理法》第 37 条第 3 款的规定已经被修改,在承包方弃耕、撂荒的承包地,发包方收回且已将承包地另行发包给第三人,承包方可以以发包方和第三人为共同被告,请求确认其所签订的承包合同无效、返还承包地,但不能要求赔偿损失。

农村土地承包采取农村集体经济组织内部的家庭承包方式,不宜采取家庭承包方式的荒山、荒沟、荒丘、荒滩等农村土地,可以采取招标、拍卖、公开协商等方式承包。

以其他方式承包农村土地的,应当签订承包合同,承包方取得土地经营权。当事人的权利和义务、承包期限等,由双方协商确定。以招标、拍卖方式承包的,承包费通过公开竞标、竞价确定;以公开协商等方式承包的,承包费由双方议定。荒山、荒沟、荒丘、荒滩等可以直接通过招标、拍卖、公开协商等方式实行承包经营,也可以将土地经营权折股分给本集体经济组织成员后,再实行承包经营或者股份合作经营。

在"四荒地"承包过程中,集体经济组织成员享有优先承包权,这种优先承包权的基本特征包括:其一,此种优先承包权是具有身份关系而由法律特别规定产生的。其二,优先承包权兼具请求权与物权双重属性。一方面,它是一种请求权,即请求原承包人或发包人与之缔约的权利。另一方面,它是一种对抗第三人效力的权利,具有物权性质。一旦原承包人或者发包人侵害了优先承包权,权利人可以申请人民法院宣告原承包人或发包人的行为无效。但是在发包方将农村土地发包给本集体经济组织以外的单位或者个人,已经法律规定的民主议定程序通过,并由乡(镇)人民政府批准后主张优先承包权的，集体经济组织成员再主张优先权的，不能得到支持。其三，"同等条件"主要是指承包费、承包期限等主要内容相同的条件。当然，我国法律对优先承包权的行使方式、原承包人或发包人的通知义务等都没有作出规定，需要进一步完善。

关联法规索引

《农村土地承包法》第18、57、58条

典型案例

王某与何某、王某丙等农村土地承包经营权纠纷案〔1〕

※案情简介：2007年10月30日，吉林省白城市洮北区农村土地承包仲裁委员会作出裁决：王某对王某甲所种土地享有承包经营权。一审原告王某甲遂向洮北区人民法院请求：(1)确认三跃村村委会与王某甲签订的土地承包经营合同有效；(2)确认王某对王某甲承包的土地无承包经营权。王某答辩称其在王某甲承包的土地中享有五分之一的承包经营权。王某1975年1月25日结婚，由于其丈夫是军人，故户口仍在王某甲家。1982年，三跃村发包土地时，王某与王某甲一家系同一家庭成员，5口人承包5.4亩地，人均1.08亩，承包户户主为王某甲。王某的户口于1992年1月迁入白城市并转为非农业户口。1997年第二轮土地承包时，王某甲家承包4.82亩土地，并于2005年取得《农村土地承包经营权证》，共有人没有记载王某。

王某甲于2010年10月死亡，被申请人由王某甲变更为其妻何某、其子王某乙、王某丙。

一审法院判决：一、王某甲与村委会签订的土地承包合同有效；二、王某对王某甲承包的土地不享有1.08亩承包经营权。白城中院二审判决：驳回王某的上诉，维持原判。白城中院再审后判决：一、撤销二审判决和一审判决第二项；二、维持一审判决第一项。2009年12月吉林高院裁定驳回王某的再审申请。2012年6月吉林高院提审后判决：一、撤销一、二审判决及原再审民事判决；二、驳回王某甲的诉讼请求。

---

〔1〕 案例来源：《最高人民法院公报》2015年第3期。

最高人民法院提审认为，王某作为城市居民，在二轮土地延包中不享有土地承包经营权。第一，王某于1992年1月将户口从王某甲家迁至白城市新立派出所辖区内落户。《农村土地承包法》第二十六条第三款规定："承包期内，承包方全家迁入设区的市，转为非农业户口的，应当将承包的耕地和草地交回发包方。承包方不交回的，发包方可以收回承包的耕地和草地。"可见迁入设区的市、转为非农业户口，是丧失农村土地承包经营权的条件。由于目前我国法律没有对农村居民个人丧失土地承包经营权的条件作出明确具体的规定，因此，只能比照法律中最相类似的条款进行认定，上述规定应当成为认定在第二轮土地承包中，王某是否对王某甲家承包的土地享有承包经营权的法律依据。此时王某的户口已经迁入设区的市，成为城市居民，因此不应再享有农村土地承包经营权。当地第二轮土地承包仍依照《农村土地承包法》第十五条之规定，以本集体经济组织的农户为单位。延包的含义是只丈量土地，不进行调整。符合"增人不增地、减人不减地"的政策。王某此时已不是王某甲家庭成员，在二轮土地延包中不享有土地承包经营权。第二，《农村土地承包经营权证》是民事案件中认定当事人是否具有农村土地承包经营权的重要依据。

王某甲起诉是因为洮北区农村土地承包仲裁委员会作出的裁决，确认王某在其家庭承包的土地中享有0.964亩土地承包经营权。该裁决书中有如不服裁决，可在30日内向法院起诉的内容。因此，法院应当受理此案并作出判决。另外，王某并未请求当地村委会另行向其发包土地，而是主张在王某甲一家承包的土地中，享有1.08亩承包经营权。故对于上述发生在平等主体之间的民事权益之争，不应通过行政诉讼解决。最高人民法院判决撤销了吉林高院的再审判决和白城中院民事判决，维持白城中院的二审判决。

※裁判要旨：部分法院对是否应当受理当事人以其在他人承包的土地中享有承包经营权为由提起的民事诉讼以及是否可以在一定条件下对某个自然人是否具有某个农村集体经济组织成员资格作出认定的问题，认识不一。本案明确了法院在审理此类案件中，应当比照原《农村土地承包法》第二十六条第三款之规定，在认定当事人是否具有某个农村集体经济组织成员资格的基础上对其是否享有农村土地承包经营权问题作出裁决，因而具有一定指导意义。

典型案例

潘首相与李军、建平县榆树林子镇前营子村民委员会、刘德全确认合同效力纠纷案[1]

※案情简介：申诉人潘首相与被申诉人李军、建平县榆树林子镇前营子村民委员会（简称前营子村委会）、刘德全确认合同效力纠纷一案，2006年9月19日，李军曾以前营子村委会、建平县顺达铁矿选厂（简称顺达铁矿选厂）为被告，提起本案诉讼。建平县人民法院于2006年11月8日作出（2006）建民合初字第694号民事判决。顺达铁矿选厂不服，提出上诉。2007年6月8日，朝阳市中级人民法院作出（2007）朝中民二合终字第191号民事判决，已发生法律效力。顺达铁矿选厂仍不服，向本院申请再审。本院于2009年8月10日作出（2009）辽立三民申字第496号民事裁定，指令朝阳市中级人民法院再审本案。朝阳市中级人民法院再审后，于2010年3月18日作出（2010）朝中民合再终字第23号民事裁定，将本案发回建平县人民法院重审。建平县人民法院重审后，依法追加刘德全为第三人参加诉讼，并于2010年10月13日作出（2010）建审民重字第16号民事判决。顺达铁矿选厂和刘德全不服，提出上诉。2011年8月30日，朝阳市中级人民法院作出（2011）朝中民三合终字第3号民事判决，已发生法律效力。朝阳市中级人民法院于2011年12月5日作出（2011）朝中民监字第19号民事裁定，再审本案。朝阳市中级人民法院再审后，于2012年3月7日作出（2012）朝中民合再终字第2号民事裁定，将本案发回建平县人民法院重审。建平县人民法院重审后，因顺达铁矿选厂已注销，且该厂为潘首相的独资企业，故变更潘首相为本案被告，并于2013年1月31日作出（2012）建审民重字第10号民事判决。潘首相不服，提出上诉。2013年7月16日，朝阳市中级人民法院作出（2013）朝审民再终字第15号民事判决，已发生法律效力。潘首相仍不服，向检察机关申诉。辽宁省人民检察院于2014年6月3日作出辽检民（行）监（2014）21000000090号民事抗诉书，向本院提出抗诉。本院于2014年8月11日作出（2014）辽立一民抗字第69号民事裁定，提审本案。本院依法组成合议庭，公开开庭审理了本案。辽宁省人民检察院指派检察员潘松、郎雨竹出庭。申诉人潘首相的委托代理人徐丰洋，被申诉人李军及其委托代理人杨德武，被申诉人刘德全的委托代理人宋照奎到庭参加诉讼。被申诉人前营子村委会经合法传唤，未到

---

〔1〕 案例来源：辽宁省高级人民法院（2015）辽审一民抗字第54号民事判决书。

庭参加诉讼，本院依法缺席进行了审理。本案现已审理终结。

2006年9月19日，李军向建平县人民法院提起民事诉讼称，2003年12月1日，李军与前营子村委会签订了承包荒山、荒沟协议书，并缴纳了承包费，履行了协议规定的义务。在李军经营管理期间，顺达铁矿选厂越界将尾矿倒入李军承包的荒沟内，虽经多次制止并致函告知，顺达铁矿选厂以其厂刘向伟也与村里签订了合同为由，拒绝劝阻。为此诉至法院，请求确认李军与前营子村委会签订的协议有效，并判令顺达铁矿选厂停止侵害，恢复原状，并承担本案诉讼费。

建平县人民法院(2012)建审民重字第10号民事判决查明的案件事实是，2003年5月1日，刘德全与前营子村委会签订了荒山承包合同，合同约定坐落在前营子村所辖矿点承包给刘德全使用，承包期限10年，自2003年5月1日起至2012年4月30日止。2003年12月1日，李军与前营子村委会签订了承包荒山、荒沟协议，前营子村将四组西山荒山、荒沟承包给李军，四至为东至四组村民村庄，西至梁顶松树林，南至湛家房上大台子地，北至魏家门前沟通山顶(有松树林那台子南沟)，承包期20年，即从2003年12月1日起至2023年11月30日止。2004年3月30日，刘德全与前营子村委会签订补充协议，对原合同补充了西山荒山的四至，即东至大河套的西岸，南至蛤蟆石山和架梁的梁顶，西至深井边界，北至四组和六组的分界中心，承包给刘德全使用。2003年6月1日，刘德全与顺达铁矿选厂签订转让协议，刘德全将前营子村委会四组西山荒沟(包括李军承包的荒沟)转让给顺达铁矿选厂堆放尾沙用。因顺达铁矿选厂在李军承包的荒沟内倾倒尾沙，为此李军诉至法院。

另查明，建平县榆树林子镇振东磷铁粉加工厂是刘德全独资企业，成立日期是2003年6月12日。顺达铁矿选厂是潘首相独资企业，成立日期是2004年3月22日，已注销。依工商行政法规，单位公章应用执照副本留查才能刻制。

建平县人民法院认为，前营子村委会于2003年5月1日与刘德全签订了承包合同，承包对象为矿点，不涉及荒沟，又于2003年12月1日与李军签订了承包合同，两份承包合同中的区域四至本不矛盾，但刘德全于2004年3月30日与前营子村委会签订了一份补充协议，补充后的区域四至却包括了李军承包的荒沟，侵犯了李军的承包经营权。前营子村委会就同一地域同时签订两份相互冲突的承包合同，在此过程中存在过错。而刘德全与顺达铁矿选厂于2003年6月1日签订的荒沟转让协议，将其承包的荒沟又转让给顺达铁矿选厂，此转让行为是在刘德全与前营子村委会签订补充协议之前，说明刘德全在未取得荒沟承包权时，就将荒沟转让给了顺达铁矿选厂使用，属于无权转让，因而也存在过错，且两个企业均系6月1日以后注册成立，此时均不应有公章，故此转让协议也有后补伪造之嫌。顺达铁矿选厂是依据与刘德全的转让协议在李军承包的荒沟内倾倒尾沙。综上,前营子村委会与刘德全签订的补充协议和刘德全与顺达铁矿选厂签订的转让协议均侵害了李军荒山、荒沟承包经营权,两份协议应为无效协议。该院依照《中华人民共和国民事诉讼法》第一百一十九条、《中华人民共和国合同法》第四十四条、《中华人民共和国民法通则》第一百三十条、第一百三十四条(一)、(二)、(五)项、《中华人民共和国侵权责任法》第六条第一款、第八条之规定,作出(2012)建审民重字第10号民事判决:一、李军与前营子村委会于2003年12月1日签订的荒山、荒沟承包协议书合法有效;二、潘首相停止向李军承包的荒沟内堆放尾沙;三、潘首相与前营子村委会、刘德全共同清除沟内尾沙,恢复原状,于判决生效后五日内执行。案件受理费50元,其他诉讼费300元,邮寄费46元,现场勘验费100元,合计516元,由前营子村委会、潘首相、刘德全各负担172元。

潘首相不服原判,提出上诉称,请求依法撤销建平县人民法院(2012)建审民重字第10号民事判决,诉讼费用由李军承担。其主要理由是:一、2003年5月1日,刘德全与前营子村委会签订的荒山承包合同(后2003年6月1日转包给潘首相)就包含了潘首相倾倒尾矿的荒沟,补充协议是对刘德全承包荒山的四至的进一步明确;二、依据《中华人民共和国农村土地承包法》第四十八条之规定,李军作为国家干部,并不是前营子村的人员,那么其与前营子村委会签订的承包荒山荒沟协议书没有经过本集体经济组织成员的村民会议三分之二或者三分之二以上村民代表的同意,也没有报乡(镇)人民政府批准,所以是无效合同。争议的荒山荒沟属村民小组四组所有,前营子村委会无权将村民小组四组的荒山荒沟发包给李军,属无权处分,所以前营子村委会与李军所签订的合同无效。

李军辩称,建平县人民法院(2012)建审民重字第10号民事判决认定的事实清楚,适用法律正确。

刘德全辩称,一审法院认定事实不清,合同是否有效应该在前营子村委会一方。如果是无效合同,产生的后果应该由前营子村委会承担,刘德全不应承担清除尾矿责任。

朝阳市中级人民法院(2013)朝审民再终字第15号民事判决查明的事实与原判认定的事实一致。该院认为,根据《中共中央、国务院关于加快林业发展的决定》(中发〔2003〕9号)第十五条、《中共朝阳市委、朝阳市人民政府关于鼓励全民创业的若干规定》(朝委发〔2005〕5号)第一条三款1项、《中共建平县委、建平县政府关于鼓励县乡机关干部离岗领办创办经济实体和县乡干部参与农业产业化建设的暂行规定》(建委法〔2003〕51 号）第二条（二）款 3 项关于鼓励干部投资创业的规定，李军具备承包前营子村委会荒山的主体资格。李军与前营子村委会的承包合同，虽没有经过本集体经济组织成员的村民会议三分之二或者三分之二以上村民代表的同意，也没有报乡（镇）人民政府批准，但根据 1999 年 7 月 8 日《最高人民法院关于审理农业承包合同纠纷案件若干问题的规定（试行）》第二十五条二款之规定，若自承包合同签订之日起超过一年，或虽未超过一年，但承包人已实际做了大量投入，主张承包合同无效的，法院不予支持。虽然此司法解释于 2008 年废止，但在 2003 年李军承包时是有效的，发包方村委会未对此承包合同的效力提出异议，其承包合同系双方当事人真实意思表示，不违反法律有关规定，应认定合法有效。

前营子村委会于 2003 年 5 月 1 日与刘德全签订了承包合同，又于 2003 年 12 月 1 日与李军签订了承包合同，两份承包合同中的区域四至并不矛盾，但前营子村委会又于 2004 年 3 月 30 日与刘德全签订了一份补充协议，补充后的区域四至却包括了李军承包的荒沟，侵犯了李军对荒沟的承包经营权。前营子村委会就同一地域同时签订两份相互冲突的承包合同，在此过程中存在过错。而刘德全在 2003 年 6 月 1 日未取得荒沟承包权时，与顺达铁矿选厂签订荒沟转让协议，属于无权转让，因而也存在过错。且两个企业均系 2003 年 6 月 1 日以后注册成立，在签订转让协议时均不应有公章，故此转让协议有后补伪造之嫌。前营子村委会与刘德全签订的补充协议和刘德全与顺达铁矿选厂签订的转让协议均侵害了李军荒山、荒沟承包经营权，这两份协议应为无效协议。潘首相将其选厂的尾沙堆放在李军承包的荒沟内，侵犯了李军的承包经营权，应当停止侵害。朝阳市中级人民法院依照《中华人民共和国民事诉讼法》第一百七十条第一款第（一）项之规定，作出（2013）朝审民再终字第 15 号民事判决：驳回上诉，维持建平县人民法院（2012）建审民重字第 10 号民事判决。二审案件受理费 50 元，由潘首相负担。

辽宁省人民检察院抗诉认为，朝阳市中级人民法院（2013）朝审民再终字第 15 号民事判决依据最高人民法院《关于审理农业承包合同纠纷案件若干问题的规定（试行）》，认定李军与前营子村民委员会签订的承包合同合法有效，适用法律确有错误。具体理由如下：首先，李军与村委会的承包合同签订于 2003 年 12 月，当时规范农村土地承包关系的法律主要有《中华人民共和国土地管理法》（简称《土地管理法》）、《中华人民共和国农村土地承包法》（简称《土地承包法》）以及法院援引的最高人民法院《关于审理农业承包合同纠纷案件若干问题的规定（试行）》（简称《承包规定》）。其中《土地管理法》第十五条、《土地承包法》第四十八条都明确规定：农村土地由本集体经济组织以外的单位或个人承包,应当事先经本集体经济组织成员的村民会议三分之二以上成员或者三分之二以上村民代表的同意,并报乡(镇)人民政府批准。可见民主议定和政府批准是该类土地承包合同合法有效的必要条件。《土地管理法》和《土地承包法》相对于《承包规定》而言是上位法,其中《土地承包法》实施的时间是2003年3月,又属于新法,法院在审判时应优先适用。本案中,法院在已经查明李军的承包合同"既未经过本集体经济组织成员的村民会议三分之二以上成员或者三分之二以上村民代表的同意,也未报乡(镇)人民政府批准"的情况下,抛开《土地管理法》和《土地承包法》,适用已经于2008年废止的《承包规定》,系适用法律错误。其次,本案情形也不符合《承包规定》第二十五条的适用条件。《承包规定》第二十五条只能适用于特定情形的案件,即该《承包规定》第二条所确定的半数以上村民作为原告起诉发包方的案件,而本案的情形与上述情形不符,缺乏适用《承包规定》第二十五条的前提条件。而且《承包规定》第二十五条规定的是如何处理违背民主程序的问题,不包括处理未经政府批准的情况。而土地向集体经济组织以外的人发包,需要同时满足民主程序和政府批准两个要件,李军的承包合同未能满足上述要件,当属无效。

潘首相表示同意检察机关的抗诉意见。

李军辩称,朝阳市中级人民法院(2013)朝审民再终字第15号民事判决认定事实清楚,适用法律正确,应依法驳回抗诉,维持终审判决。

刘德全辩称,刘德全与前营子村委会签订的荒山承包合同真实合法有效,并经过公证,依法应受保护。李军签订的承包合同不符合法定程序,签订时间在后,并与刘德全签订的荒山承包合同重合,况且也没有实际履行,应认定为无效。请求撤销朝阳市中级人民法院(2013)朝审民再终字第15号民事判决,重新对本案作出公正判决。

本院再审查明,朝阳市中级人民法院(2013)朝审民再终字第15号民事判决认定的事实属实。

本院认为,《最高人民法院关于审理农业承包合同纠纷案件若干问题的规定(试行)》于1999年7月施行,至2008年12月废止。李军与前营子村委会于2003年12月1日签订承包合同,于2006年9月19日提起本案诉讼,故原审法院适用当时有效的该规定审理本案,并无不当。根据最高人民法院的上述规定第二十五条第二款的基本原则,"自承包合同签订之日起超过一年,或者虽未超过一年,但承包人已实际做了大量的投入的",一般不应确认承包合同无效。本案中,李军与前营子村委会签订的承包合同,虽没有经过该村村民会议三分之二以上成员或者三分之二以上村民代表的同意,但李军与前营子村委会已签订承包合同多年,前营子村委会和该村村民均未对该合同的效力提出异议，故原审判决认定该合同合法有效，亦无不当。同时，原审法院依据本案的实际情况，认定潘首相、前营子村委会和刘德全均存在过错，并判决潘首相停止向李军承包的荒沟内堆放尾沙以及潘首相、前营子村委会、刘德全共同清除沟内尾沙，恢复原状，认定事实和适用法律正确，其判决结果依法应予维持。综上，依照《中华人民共和国民事诉讼法》第二百零七条、第一百七十条第一款第（一）项的规定，判决如下：维持朝阳市中级人民法院（2013）朝审民再终字第15号民事判决。

※**裁判要旨**："自承包合同签订之日起超过一年，或者虽未超过一年，但承包人已实际做了大量的投入的"，一般不应确认承包合同无效。李军与前营子村委会签订的承包合同，虽没有经过该村村民会议三分之二以上成员或者三分之二以上村民代表的同意，但李军与前营子村委会已签订承包合同多年，前营子村委会和该村村民均未对该合同的效力提出异议，故原审判决认定该合同合法有效，亦无不当。

第十四条　【争议解决】土地所有权和使用权争议，由当事人协商解决；协商不成的，由人民政府处理。

单位之间的争议，由县级以上人民政府处理；个人之间、个人与单位之间的争议，由乡级人民政府或者县级以上人民政府处理。

当事人对有关人民政府的处理决定不服的，可以自接到处理决定通知之日起三十日内，向人民法院起诉。

在土地所有权和使用权争议解决前，任何一方不得改变土地利用现状。

条文解读

本法第14条是关于土地所有权和使用权争议解决的规定。

土地所有权和使用权，从法律上来讲应当非常明确，但是由于地界不清、土地权属紊乱和因政策、体制的变更造成的历史遗留问题等，便产生了纠纷，争议各方各持己见，土地所有权和土地使用权权属就发生争议。按照本条的规定，土地权属争议由人民政府处理，具体而言：

（1）协商处理。争议发生后先由当事人之间协商解决。所谓协商，是指土地所有者或者使用者之间在权属发生争议后，各方在自愿互谅的基础上，依照法律的规定，直接进行磋商，自行解决争议。如果争议各方达成一致意见则协商成功。如果协商不成或者协商达成了协议而另一方又反悔，不履行协议，他方可以依照本条的规定提请人民政府处理。

(2)当事人协商不成时由人民政府处理。根据本条第2款的规定,单位之间的争议,由县级以上人民政府处理。个人之间、个人与单位之间的争议,由乡级人民政府或者县级以上人民政府处理。人民政府收到争议案件后,一般是对当事人先进行调解,调解不成的进行行政裁决。一般来讲,具体工作由自然资源主管部门承办,但作出处理决定须以人民政府的名义并出具处理决定书,该决定书须加盖人民政府处理土地所有权和使用权争议的专用章。

(3)当事人对有关人民政府的处理决定不服的,可以自接到处理决定通知之日起30日内,向人民法院起诉。

在土地所有权和使用权争议过程中,当事人必须遵守本条第4款的规定,即"在土地所有权和使用权争议解决前,任何一方不得改变土地利用现状"。同时,有关人民政府也应注意,对存在土地争议的土地,在争议没有解决前,不应进行土地登记。

配套法规及解读

《行政复议法》(2017年9月1日修正)

第九条 公民、法人或者其他组织认为具体行政行为侵犯其合法权益的,可以自知道该具体行政行为之日起六十日内提出行政复议申请;但是法律规定的申请期限超过六十日的除外。

因不可抗力或者其他正当理由耽误法定申请期限的,申请期限自障碍消除之日起继续计算。

第三十条 公民、法人或者其他组织认为行政机关的具体行政行为侵犯其已经依法取得的土地、矿藏、水流、森林、山岭、草原、荒地、滩涂、海域等自然资源的所有权或者使用权的,应当先申请行政复议;对行政复议决定不服的,可以依法向人民法院提起行政诉讼。

《行政诉讼法》(2017年6月27日修正)

第二条 公民、法人或者其他组织认为行政机关和行政机关工作人员的行政行为侵犯其合法权益,有权依照本法向人民法院提起诉讼。

前款所称行政行为,包括法律、法规、规章授权的组织作出的行政行为。

第十二条 人民法院受理公民、法人或者其他组织提起的下列诉讼:

(一)对行政拘留、暂扣或者吊销许可证和执照、责令停产停业、没收违法所得、没收非法财物、罚款、警告等行政处罚不服的；

（二）对限制人身自由或者对财产的查封、扣押、冻结等行政强制措施和行政强制执行不服的；

（三）申请行政许可，行政机关拒绝或者在法定期限内不予答复，或者对行政机关作出的有关行政许可的其他决定不服的；

（四）对行政机关作出的关于确认土地、矿藏、水流、森林、山岭、草原、荒地、滩涂、海域等自然资源的所有权或者使用权的决定不服的；

（五）对征收、征用决定及其补偿决定不服的；

（六）申请行政机关履行保护人身权、财产权等合法权益的法定职责，行政机关拒绝履行或者不予答复的；

（七）认为行政机关侵犯其经营自主权或者农村土地承包经营权、农村土地经营权的；

（八）认为行政机关滥用行政权力排除或者限制竞争的；

（九）认为行政机关违法集资、摊派费用或者违法要求履行其他义务的；

（十）认为行政机关没有依法支付抚恤金、最低生活保障待遇或者社会保险待遇的；

（十一）认为行政机关不依法履行、未按照约定履行或者违法变更、解除政府特许经营协议、土地房屋征收补偿协议等协议的；

（十二）认为行政机关侵犯其他人身权、财产权等合法权益的。

除前款规定外，人民法院受理法律、法规规定可以提起诉讼的其他行政案件。

第十三条　人民法院不受理公民、法人或者其他组织对下列事项提起的诉讼：

（一）国防、外交等国家行为；

（二）行政法规、规章或者行政机关制定、发布的具有普遍约束力的决定、命令；

（三）行政机关对行政机关工作人员的奖惩、任免等决定；

（四）法律规定由行政机关最终裁决的行政行为。

第四十四条　对属于人民法院受案范围的行政案件，公民、法人或者其他组织可以先向行政机关申请复议，对复议决定不服的，再向人民法院提起诉讼；也可以直接向人民法院提起诉讼。

法律、法规规定应当先向行政机关申请复议，对复议决定不服再向人民法院提起诉讼的，依照法律、法规的规定。

第四十五条　公民、法人或者其他组织不服复议决定的，可以在收到复议决定书之日起十五日内向人民法院提起诉讼。复议机关逾期不作决定的，申请人可以在复议期满之日起十五日内向人民法院提起诉讼。法律另有规定的除外。

第四十六条 公民、法人或者其他组织直接向人民法院提起诉讼的，应当自知道或者应当知道作出行政行为之日起六个月内提出。法律另有规定的除外。

因不动产提起诉讼的案件自行政行为作出之日起超过二十年，其他案件自行政行为作出之日起超过五年提起诉讼的，人民法院不予受理。

※法规解读：人民政府对土地所有权和使用权争议的处理决定，显然是一种具体行政行为。存在土地所有权或使用权争议，并对处理决定不服，不服一方显然会认为该行政行为侵犯了其已经依法取得的土地所有权或使用权。所以，对土地所有权或使用权争议的处理决定不服应先申请行政复议，而不能直接向人民法院起诉。在司法实践中，也常常出现当事人依据《土地管理法》第14条的规定直接起诉到人民法院后又被告知需行政复议前置而不予受理或被驳回起诉。当事人对有关人民政府的处理决定不服的，可以自接到处理决定之日起60日内提出行政复议申请；对复议决定不服的，可以在收到复议决定书之日起15日内向人民法院提起行政诉讼。根据最高人民法院于1991年7月24日对河北省高级人民法院《关于行政机关对土地争议的处理决定生效后一方不履行另一方不应以民事侵权向法院起诉的批复》，行政机关对土地争议的处理决定生效后，一方当事人不履行的，对方当事人不应以民事侵权案向法院起诉，可向行政机关提出申请执行，该行政机关依照《行政诉讼法》第97条（注：第66条规定，公民、法人或者其他组织对行政行为在法定期间不提起诉讼又不履行的，行政机关可以申请人民法院强制执行，或者依法强制执行）的规定，可以申请人民法院强制执行，或依法强制执行。

其他土地所有权和使用权的争议，如土地权属已经明确的侵犯土地所有权和使用权的争议等纠纷则应以侵权之诉提起民事诉讼。也就是说，有关当事人对于人民政府对这类土地纠纷的调解处理决定不服的，可以依据《民事诉讼法》的有关规定，以争议中的另一方当事人为被告向有管辖权的人民法院提起民事诉讼。

关联法规索引

《确定土地所有权和使用权的若干规定》

典型案例

张文松与淮安市淮阴区南陈集镇人民政府行政确认复查与审判监督行政裁定案[1]

※案情简介：张文松申请再审：1. 涉案土地已经原淮阴县人民法院陈集法庭调解处理给申请人，被申请人将涉案土地确权给陈集村三组错误；2. 被申请人确权处理决定程序违法，其处理时间超过了六个月的法定期限。请求本院撤销原审判决。

本院认为，《中华人民共和国土地管理法》（以下简称《土地管理法》）第十六条第二款规定，单位之间的争议，由县级以上人民政府处理；个人之间、个人与单位之间的争议，由乡级人民政府或者县级以上人民政府处理。国土资源部《土地权属争议调查处理办法》（以下简称《调查处理办法》）第五条规定，个人之间、个人与单位之间发生的争议案件，可以根据当事人的申请，由乡级人民政府受理和处理。据此，本案被申请人南陈集镇政府具有土地确权的职权依据。

《土地管理法》第九条规定，国有土地和农民集体所有的土地，可以依法确定给单位或者个人使用。本案中，有关村民及陈集村委会的证明相互印证，能够证明张文松和原审第三人许如法均未依法取得涉案土地的使用权。南陈集镇政府对涉案土地的权属和使用情况进行了调查了解及现场勘察，经调解未果后，依据查明的事实作出本案被诉的确权决定，认定事实清楚，适用法律正确，程序合法，处理结果并无不当。张文松提供的原淮阴县人民法院陈集法庭《协议书》尚不足以证明涉案土地已明确了使用权的归属，其提出涉案土地已经原淮阴县人民法院陈集法庭调解处理给申请人，被申请人将涉案土地确权给陈集村三组错误的主张不能成立，本院不予支持。

综上，张文松的再审申请不符合《中华人民共和国行政诉讼法》第九十一条第（三）项、第（四）项规定的情形。依照《最高人民法院关于执行〈中华人民共和国行政诉讼法〉若干问题的解释》第七十四条的规定，裁定如下：驳回张文松的再审申请。

※裁判要旨：土地所有权和使用权争议，单位之间的争议，由县级以上人民政府处理；个人之间、个人与单位之间的争议，由乡级人民政府或者县级以上人民政府处理。个人之间、个人与单位之间发生的争议案件，可以根据当事人的申请，由乡级人民政府受理和处理。

---

〔1〕 案例来源：江苏省高级人民法院（2015）苏行申字第00094号行政裁定书。

第三章　土地利用总体规划

本章介绍

本章是关于土地利用总体规划的规定。本章对土地利用总体规划的编制主体、期限、编制具体要求、编制原则、审批、修改等作了明确规定。本章明确了建设用地总量控制原则，确立了国家建立土地调查制度、土地统计制度以及土地管理信息系统等内容。

第十五条　【规划要求、期限】 各级人民政府应当依据国民经济和社会发展规划、国土整治和资源环境保护的要求、土地供给能力以及各项建设对土地的需求，组织编制土地利用总体规划。

土地利用总体规划的规划期限由国务院规定。

第十六条　【规划权限】 下级土地利用总体规划应当依据上一级土地利用总体规划编制。

地方各级人民政府编制的土地利用总体规划中的建设用地总量不得超过上一级土地利用总体规划确定的控制指标，耕地保有量不得低于上一级土地利用总体规划确定的控制指标。

省、自治区、直辖市人民政府编制的土地利用总体规划，应当确保本行政区域内耕地总量不减少。

第十七条　【规划编制原则】 土地利用总体规划按照下列原则编制：

（一）落实国土空间开发保护要求，严格土地用途管制；

（二）严格保护永久基本农田，严格控制非农业建设占用农用地；

（三）提高土地节约集约利用水平；

（四）统筹安排城乡生产、生活、生态用地，满足乡村产业和基础设施用地合理需求，促进城乡融合发展；

（五）保护和改善生态环境，保障土地的可持续利用；

（六）占用耕地与开发复垦耕地数量平衡、质量相当。

第十八条　【国土空间规划】 国家建立国土空间规划体系。编制国土空间规划应当坚持生态优先，绿色、可持续发展，科学有序统筹安排生态、农业、城镇等功能空间，优化国土空间结构和布局，提升国土空间开发、保护的质量和效率。

经依法批准的国土空间规划是各类开发、保护、建设活动的基本依据。已经编制国土空间规划的，不再编制土地利用总体规划和城乡规划。

第十九条　【土地利用区】 县级土地利用总体规划应当划分土地利用区，明确土地用途。

乡（镇）土地利用总体规划应当划分土地利用区，根据土地使用条件，确定每一块土地的用途，并予以公告。

第二十条　【规划分级审批】 土地利用总体规划实行分级审批。

省、自治区、直辖市的土地利用总体规划，报国务院批准。

省、自治区人民政府所在地的市、人口在一百万以上的城市以及国务院指定的城市的土地利用总体规划，经省、自治区人民政府审查同意后，报国务院批准。

本条第二款、第三款规定以外的土地利用总体规划，逐级上报省、自治区、直辖市人民政府批准；其中，乡（镇）土地利用总体规划可以由省级人民政府授权的设区的市、自治州人民政府批准。

土地利用总体规划一经批准，必须严格执行。

条文解读

本法第 20 条是关于土地利用总体规划分级审批的规定。

我国的土地利用总体规划由国家、省、地（市）、县（市）、乡（镇）五级组成。《土地管理法》对土地利用总体规划的审批实行分级审批制，即国务院、省（自治区、直辖市）、设区的市、自治州人民政府按各自的审批权限审批土地利用总体规划。

为了加强中央政府对土地利用的控制，使土地利用真正能克服地方和行业的局部利益，符合国家和社会的整体利益，必须适当上收审批权，对土地利用总体规划的审批权限作必要调整，以体现土地应由国家管理的原则。

省、自治区、直辖市的土地利用总体规划以及省、自治区人民政府所在地的市、人口在一百万以上的城市以及国务院指定的城市的土地利用总体规划，由国务院批准。

乡（镇）土地利用总体规划可以由省级人民政府授权的设区的市、自治州人民政府批准。除此之外的土地利用总体规划,逐级上报省、自治区、直辖市人民政府批准。

经批准的土地利用总体规划是土地用途管制的核心与基础。土地利用总体规划批准后,就具有法律效力。各地方、各部门在土地利用上都必须按照土地利用总体规划行事,单位和个人使用土地也必须按照土地利用总体规划确定用途使用土地,违反了土地利用总体规划就是违法。

配套法规及解读

《土地管理法》(2019 年 8 月 26 日修正)

第七十四条 买卖或者以其他形式非法转让土地的,由县级以上人民政府自然资源主管部门没收违法所得;对违反土地利用总体规划擅自将农用地改为建设用地的,限期拆除在非法转让的土地上新建的建筑物和其他设施,恢复土地原状,对符合土地利用总体规划的,没收在非法转让的土地上新建的建筑物和其他设施;可以并处罚款;对直接负责的主管人员和其他直接责任人员,依法给予处分;构成犯罪的,依法追究刑事责任。

《土地管理法实施条例》(2014 年 7 月 29 日修订)

第八条 全国土地利用总体规划,由国务院土地行政主管部门会同国务院有关部门编制,报国务院批准。

省、自治区、直辖市的土地利用总体规划,由省、自治区、直辖市人民政府组织本级土地行政主管部门和其他有关部门编制,报国务院批准。

省、自治区人民政府所在地的市、人口在 100 万以上的城市以及国务院指定的城市的土地利用总体规划,由各该市人民政府组织本级土地行政主管部门和其他有关部门编制,经省、自治区人民政府审查同意后,报国务院批准。

本条第一款、第二款、第三款规定以外的土地利用总体规划,由有关人民政府组织本级土地行政主管部门和其他有关部门编制,逐级上报省、自治区、直辖市人民政府批准;其中,乡(镇)土地利用总体规划,由乡(镇)人民政府编制,逐级上报省、自治区、直辖市人民政府或者省、自治区、直辖市人民政府授权的设区的市、自治州人民政府批准。

第九条 土地利用总体规划的规划期限一般为 15 年。

第十条 依照《土地管理法》规定,土地利用总体规划应当将土地划分为农用地、建设用地和未利用地。

县级和乡(镇)土地利用总体规划应当根据需要,划定基本农田保护区、土地开垦区、建设用地区和禁止开垦区等；其中，乡（镇）土地利用总体规划还应当根据土地使用条件，确定每一块土地的用途。

土地分类和划定土地利用区的具体办法，由国务院土地行政主管部门会同国务院有关部门制定。

第十一条　乡（镇）土地利用总体规划经依法批准后，乡（镇）人民政府应当在本行政区域内予以公告。

公告应当包括下列内容：

（一）规划目标；

（二）规划期限；

（三）规划范围；

（四）地块用途；

（五）批准机关和批准日期。

第十二条　依照《土地管理法》第二十六条第二款、第三款规定修改土地利用总体规划的，由原编制机关根据国务院或者省、自治区、直辖市人民政府的批准文件修改。修改后的土地利用总体规划应当报原批准机关批准。

上一级土地利用总体规划修改后，涉及修改下一级土地利用总体规划的，由上一级人民政府通知下一级人民政府作出相应修改，并报原批准机关备案。

※法规解读：《土地管理法实施条例》对土地利用规划的编制、修改等作出了进一步的明确性规定。其主要内容包括以下几个方面：

第一，土地利用规划的编制与批准。(1)全国土地利用总体规划，由国务院自然资源主管部门会同国务院有关部门编制，报国务院批准。(2)省、自治区、直辖市的土地利用总体规划，由省、自治区、直辖市人民政府组织本级自然资源主管部门和其他有关部门编制，报国务院批准。(3)省、自治区人民政府所在地的市、人口在100万以上的城市以及国务院指定的城市的土地利用总体规划，由各该市人民政府组织本级自然资源主管部门和其他有关部门编制，经省、自治区人民政府审查同意后，报国务院批准。(4)乡（镇）土地利用总体规划，由乡（镇）人民政府编制，逐级上报省、自治区、直辖市人民政府或者省、自治区、直辖市人民政府授权的设区的市、自治州人民政府批准。乡（镇）土地利用总体规划经依法批准后，乡（镇）人民政府应当在本行政区域内予以公告。公告应当包括下列内容：①规划目标；②规划期限；③规划范围；④地块用途；⑤批准机关和批准日期。(5)除此之外的土地利用总体规划，由有关人民政府组织本级自然资源主管部门和其他有关部门编制，逐级上报省、自治区、直辖市人民政府批准。

第二，土地利用总体规划的期限一般为15年。

第三，土地利用类型的划分。依照《土地管理法》规定，土地利用总体规划应当将土地划分为农用地、建设用地和未利用地。县级和乡（镇）土地利用总体规划应当根据需要，划定基本农田保护区、土地开垦区、建设用地区和禁止开垦区等；其中，乡（镇）土地利用总体规划还应当根据土地使用条件，确定每一块土地的用途。土地分类和划定土地利用区的具体办法，由国务院自然资源主管部门会同国务院有关部门制定。

第四，土地利用总体规划的修改依照《土地管理法》第25条第2款、第3款规定修改土地利用总体规划的，由原编制机关根据国务院或者省、自治区、直辖市人民政府的批准文件修改。修改后的土地利用总体规划应当报原批准机关批准。上一级土地利用总体规划修改后，涉及修改下一级土地利用总体规划的，由上一级人民政府通知下一级人民政府作出相应修改，并报原批准机关备案。

土地利用规划一经审批，就应该得到严格的贯彻执行。上述法律规范对地方各级土地利用总体规划编制的要求、土地利用总体规划编制原则的县、乡（镇）土地利用总体规划划分土地利用区、城市总体规划、村庄和集镇规划与土地利用总体的规划关系、土地利用总体规划与江河、湖泊综合治理和开发利用规划的关系、土地利用的年度计划、土地利用的年度计划执行情况报告制度、土地利用总体规划的修改等作了规定。土地利用总体规划是实行最严格土地管理制度的纲领性文件，是落实土地宏观调控和土地用途管制，规划城乡建设和统筹各项土地利用活动的重要依据。各地区、各部门、各行业编制的城市、村镇规划，基础设施、产业发展、生态环境建设等专项规划，应当与土地利用总体规划相衔接。不得擅自改变土地利用规划，更不能违反土地利用规划使用土地，尤其是不能违反土地利用规划要求将农用地擅自转化为建设用地。

对违反土地利用总体规划擅自将农用地改为建设用地的，限期拆除在非法转让的土地上新建的建筑物和其他设施，恢复土地原状，对符合土地利用总体规划的，没收在非法转让的土地上新建的建筑物和其他设施；可以并处罚款；对直接负责的主管人员和其他直接责任人员，依法给予行政处分；构成犯罪的，依法追究刑事责任。

关联法规索引

《农村土地承包法》第8、17条；《最高人民法院关于审理涉及农村土地承包纠纷案件适用法律问题的解释》第8条；《城市房地产管理法》第8条

典型案例

何吉胜与宁夏回族自治区吴忠市人民政府行政纠纷案[1]

※案情简介:何吉胜申请再审称:原审判决认定事实不清,适用法律错误。再审申请人的诉讼请求针对的是吴忠市政府对金星村的征地行为,法院审查不应只针对再审申请人的3.2亩土地,而应该审查吴忠市政府对集中连片土地的征收行为。此次征收涉及的集中连片的土地达758.02亩,而根据《中华人民共和国土地管理法》第十五条之规定,征收35公顷以上一般耕地需要国务院批准,涉案征地行为违法。故请求本院撤销一审、二审判决,依法改判。

本院认为:本案涉及吴忠市政府于2012-2013年间发布的七份通告所涉征地行为的合法性。首先,针对再审申请人何吉胜主张法院审查不应只针对再审申请人的3.2亩土地的主张,而应该审查吴忠市政府对集中连片土地的征收行为的理由,原审法院已明确指出,根据《中华人民共和国行政诉讼法》第二十五条第一款的规定,行政行为的相对人以及其他与行政行为有利害关系的公民、法人或者其他组织,有权提起诉讼。而涉案的七份通告中,与再审申请人有利害关系的公告只是吴政通字(2013)25、26号,其他五份与其没有利害关系,本院对此予以认可。

其次,有关涉案土地是否系须经国务院批准一事,原审法院指出,涉案土地在2000年9月10日至2009年8月7日期间属于基本农田。而根据《中华人民共和国土地管理法》第二十一条规定精神,宁夏回族自治区人民政府有权批准吴忠市土地利用总体规划,且已于2009年8月8日批准了吴忠市政府于2009年作出的《吴忠市市辖区土地利用总体规划》(2006-2020年),将涉案土地由基本农田划定为一般耕地,确定规划用途为城镇建设用地,符合上述法律规定。其后,宁夏回族自治区人民政府又于2012年作出两批次的建设用地批复,同意将涉案土地转用、征收为城市建设用地,涉案土地自2009年至今总体规划未发生变更。基于上述批准行为符合《中华人民共和国土地管理法》第四十五条、第四十四条之规定,吴政通字(2013)25、26号两个通告作出时涉案的3.2亩土地已非基本农田,不属于应由国务院批准情形。本院认为,原审法院的评析理由成立。至于再审申请人主张此次征收的集中连片土地达758.02亩之中,因为已经超过35公顷且属一般耕地,仍须国务院批准的理由,因自治区政府的征地批复系在已确定的

---

[1] 案例来源:最高人民法院(2016)最高法行申1637号行政裁定书。

规划范围内分批次作出,再审被申请人只是具体组织实施单位,再审申请人的主张缺乏充分的证据支持,其申请再审理由不足以推翻原审认定的事实和理由,本院不予支持。

综上,何吉胜的再审申请不符合《中华人民共和国行政诉讼法》第九十一条规定的情形。依照《中华人民共和国行政诉讼法》第一百零一条、《中华人民共和国民事诉讼法》第二百零四条第一款之规定,裁定如下:驳回再审申请人何吉胜的再审申请。

※**裁判要旨:**征收35公顷以上一般耕地需要国务院批准,涉案征地行为违法。行政行为的相对人以及其他与行政行为有利害关系的公民、法人或者其他组织,有权提起诉讼。依据《中华人民共和国土地管理法》第二十一条规定精神,宁夏回族自治区人民政府有权批准吴忠市土地利用总体规划,且已于2009年8月8日批准了吴忠市政府于2009年作出的《吴忠市市辖区土地利用总体规划》(2006－2020年),将涉案土地由基本农田划定为一般耕地,确定规划用途为城镇建设用地,符合法律规定。

第二十一条　【建设用地规模】城市建设用地规模应当符合国家规定的标准,充分利用现有建设用地,不占或者尽量少占农用地。

城市总体规划、村庄和集镇规划,应当与土地利用总体规划相衔接,城市总体规划、村庄和集镇规划中建设用地规模不得超过土地利用总体规划确定的城市和村庄、集镇建设用地规模。

在城市规划区内、村庄和集镇规划区内,城市和村庄、集镇建设用地应当符合城市规划、村庄和集镇规划。

第二十二条　【综合治理】江河、湖泊综合治理和开发利用规划,应当与土地利用总体规划相衔接。在江河、湖泊、水库的管理和保护范围以及蓄洪滞洪区内,土地利用应当符合江河、湖泊综合治理和开发利用规划,符合河道、湖泊行洪、蓄洪和输水的要求。

第二十三条　【计划管理】各级人民政府应当加强土地利用计划管理,实行建设用地总量控制。

土地利用年度计划,根据国民经济和社会发展计划、国家产业政策、土地利用总体规划以及建设用地和土地利用的实际状况编制。土地利用年度计划应当对本法第六十三条规定的集体经营性建设用地作出合理安排。土地利用年度计划的编制审批程序与土地利用总体规划的编制审批程序相同,一经审批下达,必须严格执行。

第二十四条　【计划执行情况报告】省、自治区、直辖市人民政府应当将土地利用年度计划的执行情况列为国民经济和社会发展计划执行情况的内容，向同级人民代表大会报告。

第二十五条　【规划的修改】经批准的土地利用总体规划的修改，须经原批准机关批准；未经批准，不得改变土地利用总体规划确定的土地用途。

经国务院批准的大型能源、交通、水利等基础设施建设用地，需要改变土地利用总体规划的，根据国务院的批准文件修改土地利用总体规划。

经省、自治区、直辖市人民政府批准的能源、交通、水利等基础设施建设用地，需要改变土地利用总体规划的，属于省级人民政府土地利用总体规划批准权限内的，根据省级人民政府的批准文件修改土地利用总体规划。

第二十六条　【土地调查】国家建立土地调查制度。

县级以上人民政府自然资源主管部门会同同级有关部门进行土地调查。土地所有者或者使用者应当配合调查，并提供有关资料。

第二十七条　【土地等级评定】县级以上人民政府自然资源主管部门会同同级有关部门根据土地调查成果、规划土地用途和国家制定的统一标准，评定土地等级。

第二十八条　【土地统计】国家建立土地统计制度。

县级以上人民政府统计机构和自然资源主管部门依法进行土地统计调查，定期发布土地统计资料。土地所有者或者使用者应当提供有关资料，不得拒报、迟报，不得提供不真实、不完整的资料。

统计机构和自然资源主管部门共同发布的土地面积统计资料是各级人民政府编制土地利用总体规划的依据。

第二十九条　【动态监测】国家建立全国土地管理信息系统，对土地利用状况进行动态监测。

第四章　耕 地 保 护

本章介绍

本章是关于耕地保护的规定。耕地是我国十几亿人口吃饭的基本保障，本章明确了严格保护耕地的基本法律原则，规定了严格控制耕地转为非耕地原则、耕地开垦制度等确保耕地数量不得减少。国家实行永久基本农田保护制度，永久基本农田经依法划定后，任何单位和个人不得擅自占用或者改变其用途。禁止任何单位和个人闲置、荒芜耕地。合理开垦未利用地，优先将未利用地开垦为农用地，保护开垦者的合法权益。此外，本章还对土地整理制度和土地复垦制度作了规定。

第三十条　【严格的耕地保护制度】国家保护耕地，严格控制耕地转为非耕地。

国家实行占用耕地补偿制度。非农业建设经批准占用耕地的，按照"占多少，垦多少"的原则，由占用耕地的单位负责开垦与所占用耕地的数量和质量相当的耕地；没有条件开垦或者开垦的耕地不符合要求的，应当按照省、自治区、直辖市的规定缴纳耕地开垦费，专款用于开垦新的耕地。

省、自治区、直辖市人民政府应当制定开垦耕地计划，监督占用耕地的单位按照计划开垦耕地或者按照计划组织开垦耕地，并进行验收。

第三十一条　【耕地耕作层土壤使用】县级以上地方人民政府可以要求占用耕地的单位将所占用耕地耕作层的土壤用于新开垦耕地、劣质地或者其他耕地的土壤改良。

第三十二条　【耕地总量和质量保护制度】省、自治区、直辖市人民政府应当严格执行土地利用总体规划和土地利用年度计划，采取措施，确保本行政区域内耕地总量不减少、质量不降低。耕地总量减少的，由国务院责令在规定期限内组织开垦与所减少耕地的数量与质量相当的耕地；耕地质量降低的，由国务院责令在规定期限内组织整治。新开垦和整治的耕地由国务院自然资源主管部门会同农业农村主管部门验收。

个别省、直辖市确因土地后备资源匮乏，新增建设用地后，新开垦耕地的数量不足以补偿所占用耕地的数量的，必须报经国务院批准减免本行政区域内开垦耕地的数量，易地开垦数量和质量相当的耕地。

第三十三条　【永久基本农田保护制度】 国家实行永久基本农田保护制度。下列耕地应当根据土地利用总体规划划为永久基本农田，实行严格保护：

（一）经国务院农业农村主管部门或者县级以上地方人民政府批准确定的粮、棉、油、糖等重要农产品生产基地内的耕地；

（二）有良好的水利与水土保持设施的耕地，正在实施改造计划以及可以改造的中、低产田和已建成的高标准农田；

（三）蔬菜生产基地；

（四）农业科研、教学试验田；

（五）国务院规定应当划为永久基本农田的其他耕地。

各省、自治区、直辖市划定的永久基本农田一般应当占本行政区域内耕地的百分之八十以上，具体比例由国务院根据各省、自治区、直辖市耕地实际情况规定。

第三十四条　【永久基本农田的划定】 永久基本农田划定以乡（镇）为单位进行，由县级人民政府自然资源主管部门会同同级农业农村主管部门组织实施。永久基本农田应当落实到地块，纳入国家永久基本农田数据库严格管理。

乡（镇）人民政府应当将永久基本农田的位置、范围向社会公告，并设立保护标志。

第三十五条　【不得擅自占用或者改变永久基本农田用途】 永久基本农田经依法划定后，任何单位和个人不得擅自占用或者改变其用途。国家能源、交通、水利、军事设施等重点建设项目选址确实难以避让永久基本农田，涉及农用地转用或者土地征收的，必须经国务院批准。

禁止通过擅自调整县级土地利用总体规划、乡（镇）土地利用总体规划等方式规避永久基本农田农用地转用或者土地征收的审批。

第三十六条　【土壤改良】 各级人民政府应当采取措施，引导因地制宜轮作休耕，改良土壤，提高地力，维护排灌工程设施，防止土地荒漠化、盐渍化、水土流失和土壤污染。

第三十七条 【非农业建设时的耕地保护】 非农业建设必须节约使用土地，可以利用荒地的，不得占用耕地；可以利用劣地的，不得占用好地。

禁止占用耕地建窑、建坟或者擅自在耕地上建房、挖砂、采石、采矿、取土等。

禁止占用永久基本农田发展林果业和挖塘养鱼。

条文解读

本法第37条是关于非农业建设占用耕地的规定。

现阶段，中国总人口达到14.56亿，其中农业户口9亿，从事农业生产的人口为7.4亿；全国耕地面积为18.2574亿亩（2008年）；人均耕地面积不足1.35亩，不足世界平均水平的40%，粮食产量46950万吨。我国现有的18亿多亩耕地，不但是粮、油生产的基础，而且也是农区人民肉、蛋、奶供给的源泉，是14亿多人民的衣食所依，如此少的耕地却要养活如此多的人口，土地压力可见一斑。在粮食安全的背景下，我国耕地供需矛盾十分突出。在粮食全部自给的保障水平下，2005年我国耕地面积供应缺口为1216.72万公顷，2010年为2968.46万公顷，中国要在2020年全面实现小康社会，粮食必然要保障自给，因而保护耕地已经是刻不容缓。而要保护耕地，就必须严格控制非农业建设占用耕地。各级人民政府在编制土地利用总体规划和进行项目选址时，都必须贯彻节约使用土地的原则，能够利用荒地的，不得占用耕地；可以利用劣地的，不得占用好地。本条第1款对此作了明确规定。

占用耕地建窑，是指占用耕地兴建各种类型的砖瓦窑、石灰窑等；占用耕地建坟，是指占用耕地兴建"椅子坟"、堆坟堆等。这两种行为对耕地造成的破坏是难以恢复的，因此必须严格加以禁止。在耕地上建房、挖砂、采石、采矿、取土等，必须依法取得有关部门的批准，未经批准，不得擅自进行。

占用永久基本农田发展林果业和挖塘养鱼，是指占用永久基本农田种果树和挖鱼塘。近年来，一些地方在永久基本农田种果树、挖鱼塘，占用了大量农田，且这些农田被占用以后再恢复成农田的难度比较大。据有关部门统计，1991～1994年发展果园占用耕地40万亩以上的有9个省，果园占用农田在整个农业结构调整占用耕地面积中的比重，有12个省在50%以上。鱼塘占用农田在农业结构调整中比重由"七五"期间的4.42%上升到"八五"期间的10.05%。因此，对于占用基本农田发展林果业和挖塘养鱼这种农业结构调整，《土地管理法》是禁止的，其目的是保住"基本农田"这块全国人民的保命田。

配套法规及解读

《土地管理法》(2019 年 8 月 26 日修正)

第三十三条 国家实行永久基本农田保护制度。下列耕地应当根据土地利用总体规划划为永久基本农田,实行严格保护:

(一)经国务院农业农村主管部门或者县级以上地方人民政府批准确定的粮、棉、油、糖等重要农产品生产基地内的耕地;

(二)有良好的水利与水土保持设施的耕地,正在实施改造计划以及可以改造的中、低产田和已建成的高标准农田;

(三)蔬菜生产基地;

(四)农业科研、教学试验田;

(五)国务院规定应当划为永久基本农田的其他耕地。

各省、自治区、直辖市划定的永久基本农田一般应当占本行政区域内耕地的百分之八十以上,具体比例由国务院根据各省、自治区、直辖市耕地实际情况规定。

第三十四条 永久基本农田划定以乡(镇)为单位进行,由县级人民政府自然资源主管部门会同同级农业农村主管部门组织实施。永久基本农田应当落实到地块,纳入国家永久基本农田数据库严格管理。

乡(镇)人民政府应当将永久基本农田的位置、范围向社会公告,并设立保护标志。

第三十五条 永久基本农田经依法划定后,任何单位和个人不得擅自占用或者改变其用途。国家能源、交通、水利、军事设施等重点建设项目选址确实难以避让永久基本农田,涉及农用地转用或者土地征收的,必须经国务院批准。

禁止通过擅自调整县级土地利用总体规划、乡(镇)土地利用总体规划等方式规避永久基本农田农用地转用或者土地征收的审批。

第七十五条 违反本法规定,占用耕地建窑、建坟或者擅自在耕地上建房、挖砂、采石、采矿、取土等,破坏种植条件的,或者因开发土地造成土地荒漠化、盐渍化的,由县级以上人民政府自然资源主管部门、农业农村主管部门等按照职责责令限期改正或者治理,可以并处罚款;构成犯罪的,依法追究刑事责任。

《土地管理法实施条例》(2014 年 7 月 29 日修订)

第四十条 依照《土地管理法》第七十四条的规定处理罚款的,罚款额为耕地开垦费的 2 倍以下。

《基本农田保护条例》(2001 年 1 月 8 日修订)

第十四条 地方各级人民政府应当采取措施,确保土地利用总体规划确定的本行政区域内基本农田的数量不减少。

第十五条 基本农田保护区经依法划定后,任何单位和个人不得改变或者占用。国家能源、交通、水利、军事设施等重点建设项目选址确实无法避开基本农田保护区,需要占用基本农田,涉及农用地转用或者征收土地的,必须经国务院批准。

第十六条 经国务院批准占用基本农田的,当地人民政府应当按照国务院的批准文件修改土地利用总体规划,并补充划入数量和质量相当的基本农田。占用单位应当按照占多少、垦多少的原则,负责开垦与所占基本农田的数量与质量相当的耕地;没有条件开垦或者开垦的耕地不符合要求的,应当按照省、自治区、直辖市的规定缴纳耕地开垦费,专款用于开垦新的耕地。

占用基本农田的单位应当按照县级以上地方人民政府的要求,将所占用基本农田耕作层的土壤用于新开垦耕地、劣质地或者其他耕地的土壤改良。

第十七条 禁止任何单位和个人在基本农田保护区内建窑、建房、建坟、挖砂、采石、采矿、取土、堆放固体废弃物或者进行其他破坏基本农田的活动。

禁止任何单位和个人占用基本农田发展林果业和挖塘养鱼。

《刑法》(2017 年 11 月 4 日修正)

第三百四十二条 违反土地管理法规,非法占用耕地、林地等农用地,改变被占用土地用途,数量较大,造成耕地、林地等农用地大量毁坏的,处五年以下有期徒刑或者拘役,并处或者单处罚金。

※法规解读:无论是《基本农田保护条例》还是原来的《土地管理法》,都规定我国实行"国家实行基本农田保护制度"。基本农田,是指按照一定时期人口和社会经济发展对农产品的需求,依据土地利用总体规划确定的不得占用的耕地。我国建立了基本农田保护区,基本农田保护区是指为对基本农田实行特殊保护而依据土地利用总体规划和依照法定程序确定的特定保护区域。2019 年修正的《土地管理法》将"基本农田"修改为"永久基本农田",所谓永久基本农田是指永久作为种植业耕作的耕地。各级人民政府在编制土地利用总体规划时,应当将永久基本农田保护作为规划的一项内容,明确永久基本农田保护的布局安排、数量指标和质量要求。县级和乡(镇)土地利用总体规划应当确定永久基本农田保护区。

永久基本农田划定以乡(镇)为单位进行,由县级人民政府自然资源主管部门会同同级农业农村主管部门组织实施。永久基本农田应当落实到地块,纳入国家永久基本农田数据库严格管理。下列耕地应当根据土地利用总体规划划为永久基本农田，实行严格保护：(1)经国务院农业农村主管部门或者县级以上地方人民政府批准确定的粮、棉、油、糖等重要农产品生产基地内的耕地；(2)有良好的水利与水土保持设施的耕地，正在实施改造计划以及可以改造的中、低产田和已建成的高标准农田；(3)蔬菜生产基地；(4)农业科研、教学试验田；(5)国务院规定应当划为永久基本农田的其他耕地。各省、自治区、直辖市划定的永久基本农田一般应当占本行政区域内耕地的百分之八十以上，具体比例由国务院根据各省、自治区、直辖市耕地实际情况规定。

根据土地利用总体规划，铁路、公路等交通沿线，城市和村庄、集镇建设用地区周边的耕地，应当优先划入基本农田保护区；需要退耕还林、还牧、还湖的耕地，不应当划入基本农田保护区。永久基本农田保护区以乡(镇)为单位划区定界，由县级人民政府自然资源主管部门会同同级农业农村主管部门组织实施。

乡(镇)人民政府应当将永久基本农田的位置、范围向社会公告，并设立保护标志。任何单位和个人不得破坏或者擅自改变基本农田保护标志。永久基本农田划区定界后，由省、自治区、直辖市人民政府自然资源主管部门和农业农村主管部门组织验收确认，或者由省、自治区人民政府授权设区的市、自治州人民政府组织自然资源主管部门和农业农村主管部门验收确认。永久基本农田经依法划定后，任何单位和个人不得擅自占用或者改变其用途。国家能源、交通、水利、军事设施等重点建设项目选址确实难以避让永久基本农田，涉及农用地转用或者土地征收的，必须经国务院批准。

我国实行严格的耕地保护政策。凡是非农业建设经批准占用耕地的，根据“占多少，垦多少”的原则进行新耕地的开垦。新开垦耕地的数量不足以补偿所占用耕地的数量的，必须报经国务院批准减免本行政区域内开垦耕地的数量，进行易地开垦。我国还实行基本农田保护制度，基本农田是从战略高度出发，为了满足一定时期人口和国民经济对农产品的需求而必须确保的耕地的最低需求量，老百姓称之为“吃饭田”“保命田”。按照新《土地管理法》第44条的规定，永久基本农田转为建设用地的，必须由国务院批准。任何单位和个人都有保护永久基本农田的义务，并有权检举、控告侵占、破坏基本农田和其他违反《基本农田保护条例》的行为。

占用耕地建窑、建坟或者擅自在耕地上建房、挖砂、采石、采矿、取土等，破坏种植条件的，或者因开发土地造成土地荒漠化、盐渍化的，由县级以上人民政府自然资源主管部门、农业农村主管部门等按照职责责令限期改正或者治理，可以并处罚款；构成犯罪的，依法追究刑事责任。罚款的数额为耕地开垦费的2倍以下。

违反土地管理法规，非法占用耕地、林地等农用地改作他用，数量较大，造成耕地、林地等农用地大量毁坏的，构成非法占用农地罪。非法占用耕地、林地等农用地“数量较大”，是指非法占用基本农田5亩以上或者非法占用基本农田以外的耕地10亩以上；非法占用耕地、林地等农用地“造成大量毁坏”，是指行为人非法占用耕地、林地等农用地建窑、建坟、建房、挖沙、采石、采矿、取土、堆放固体废弃物或者进行其他非农业建设，造成基本农田5亩以上或者基本农田以外的耕地10亩以上种植条件严重毁坏或者严重污染。构成非法占用农用地罪的，处5年以下有期徒刑或者拘役，并处或者单处罚金。

关联法规索引

《基本农田保护条例》；《土地管理法实施条例》第16～18条；《最高人民法院关于审理破坏土地资源刑事案件具体应用法律若干问题的解释》第3条

典型案例

马某等非法占用农用地案〔1〕

※案情简介：2008年4月，被告人马某与李某为了采矿，经两人商量后，由李某出资40,000元，马某负责协调并请挖掘机，在没有办理合法手续的情况下，于同年4月25日至29日，在马厂组至舒阁国有林（防护林）内开挖了一条长992米，平均宽度4.96米的公路以备运矿。2008年5月6日经维西县林业局工程师现场勘验测量，被告人马某、李某二人非法占用林地9.80亩，毁坏林木56.33立方米。

公诉机关认为上述事实足以证实被告人马某、李某的行为已构成非法占用农用地罪，提请法院依法判处。二被告人对公诉机关指控的罪名和事实未提出异议，请求法庭从轻判处。

经法院审理认为，被告人马某、李某以开采铁矿为目的，未办理使用林地及林木采伐手续，在马厂组舒阁国有林（防护林）区内开挖公路，非法占用林地9.80亩，毁坏林木56.33立方米，数量较大，二被告人的行为已触犯刑法，构成非法占用农用地罪。公诉机关指控罪名成立，法院予以支持。案发后二被告人如实供述了自己的犯罪事实，

〔1〕 案例来源：云南省维西傈僳族自治县人民法院（2008）维刑初字第34号刑事判决书。

认罪态度较好，法院在量刑时酌情予以从轻考虑。为保障国有资源的合法利用，维护国家土地资源不受非法侵占，依照《刑法》第二十五条、第五十二条、第五十三条、第七十二条、第七十三条、第三百四十二条，最高人民法院《关于审理破坏林地资源刑事案件具体应用法律若干问题的解释》第一条第一项之规定，判决如下：一、被告人马某犯非法占用农用地罪，判处有期徒刑二年，宣告缓刑三年，并处罚金 10000 元（刑期考验期自判决确定之日起计算，罚金已缴纳）。二、被告人李某犯非法占用农用地罪，判处有期徒刑二年，宣告缓刑三年，并处罚金 10000 元（刑期考验期自判决确定之日起计算，罚金已缴纳）。

※裁判要旨：以开采矿产资源等为目的，未办理使用林地及林木采伐等手续，非法占用林地数量较大的，构成非法占用农用地罪，处五年以下有期徒刑或者拘役，并处或者单处罚金。犯罪分子如实供述了自己的犯罪事实，认罪态度较好，法院在量刑时酌情予以从轻考虑。

民和诚兴农牧有限责任公司与民和回族土族自治县人民政府财产损害赔偿纠纷申诉、申请民事裁定案[1]

※案情简介：民和县政府向本院申请再审称：（一）原二审查明认定的基本事实缺乏证据证明。1. 认定农牧公司系本案一审原告错误，胡稳定是案涉《土地承包合同书》合同的当事人，农牧公司不是《土地承包合同书》的当事人。2. 民和县政府无侵权行为，与损害结果无关。3. 农牧公司在基本农田上种植核桃苗木的行为违反了《中华人民共和国土地管理法》第三十六条第三款、《基本农田保护条例》第十七条第二项有关禁止占用基本农田植树造林、发展林果叶和搞林粮间作及超标准建设农田林网的规定，不应受法律保护。4. 二审判决民和县政府赔偿 134557.5 元无事实依据。（二）二审判决适用法律错误。1. 民和县政府划拨土地的行为属于行政行为，本案不属于民事诉讼受案范围。2. 二审判决民和县政府承担损失赔偿责任错误。故其以《中华人民共和国民事诉讼法》第二百条第二项、第六项规定为据，申请再审。

农牧公司提交书面意见称，二审判决认定事实清楚，适用法律正确，请求驳回民和县政府的再审申请。

本院经审查认为：（一）原二审判决认定的基本事实有证据证明。1. 原告系为维护自身的民事权益，向人民法院提起诉讼的当事人。农牧公司以其自身名义向本案一审

[1] 案例来源：最高人民法院（2016）最高法民申 696 号民事裁定书。

法院青海省海东市中级人民法院提起民事诉讼，作为本案原告主体适格。案涉《土地承包合同书》载明合同甲方为民和县中川农场，乙方为农牧公司，落款分别有中川农场及农牧公司的单位印章及法定代表人的签名，原一、二审判决认定农牧公司是《土地承包合同书》当事人有事实依据。农牧公司以其权利受侵害为由提起侵权之诉，而非以《土地承包合同书》为据提起违约之诉，故民和县政府主张农牧公司不具有本案原告主体资格无事实和法律依据。

2. 民和县政府下发文件将案涉土地无偿划拨作为移民安置项目后，在未对农牧公司承包的案涉土地上的种植物进行清点评估的情况下，即将案涉土地划拨给移民安置使用，导致农牧公司的种植物毁损。二审判决据此认定民和县政府有侵权行为有事实依据。

3.《中华人民共和国土地管理法》第三十六条第三款有关"禁止占用基本农田发展林果业和挖塘养鱼"及《基本农田保护条例》第十七条第二款有关"禁止任何单位和个人占用基本农田发展林果业和挖塘养鱼"的规定系针对基本农田保护的规定，而非对种植物本身的财产权利保护的规定，该项规定并未免除侵害相应的种植物的行为的侵权责任。

4. 二审法院判决县政府赔偿134557.5元有事实依据。农牧公司主张在其承包的93亩土地上种植核桃苗木等四项损失共计95万元，并提交了《苗木购销合同》据以证明购买了核桃苗木11200棵，计470400元。但因其未提交足够证据证明所购苗木是否全部种植在案涉93亩土地上及成活率，原一、二审法院对此项证据未予认可。经农牧公司申请，一审法院委托青海省海东市价格认证中心对其损失所涉价格进行了鉴定，结论为：在价格认定基准日，2011年4月新疆薄壳核桃树苗四个规格的认定价格为38.50元；2011年国家征收案涉46亩青苗（冬小麦）的补偿费用为71760元，2010年4月至2011年4月核桃树苗的管理费用为13200元。原二审判决结合土地征收补偿的相关规定及核桃苗木合理栽植密度，酌定案涉土地每亩种植50株，结合鉴定意见每棵38.5元的价格，确定核桃苗木损失为179025元（38.50元/株×50株/亩×93亩），苗木管护费用为13200元，两项共计192225元。在此基础上，结合双方的过错程度，确定民和县政府应承担70%的赔偿责任，即赔偿农牧公司损失134557.50元。上述损失金额计算依据综合考虑了本案各方当事人的举证能力、鉴定结论、当事人的过错程度等因素，有事实依据，并无显著不当。

（二）二审判决适用法律正确。农牧公司系以其民事权利受侵害为由，请求民和县政府承担民事责任，故本案属于民事诉讼受案范围。因民和县政府无偿收回案涉土地进行移民安置，导致农牧公司在土地上种植的作物被清除而产生损失，二审判决据此判令民和县政府承担相应的损失赔偿责任，并无不当。

综上，民和县政府的再审申请不符合《中华人民共和国民事诉讼法》第二百条第一款第二项、第六项规定的情形。本院依照《中华人民共和国民事诉讼法》第二百零四条第一款之规定，裁定如下：

驳回民和回族土族自治县人民政府的再审申请。

※裁判要旨：《中华人民共和国土地管理法》第三十六条第三款有关"禁止占用基本农田发展林果业和挖塘养鱼"及《基本农田保护条例》第十七条第二款有关"禁止任何单位和个人占用基本农田发展林果业和挖塘养鱼"的规定系针对基本农田保护的规定，而非对种植物本身的财产权利保护的规定，该项规定并未免除侵害相应的种植物的行为的侵权责任。

第三十八条 【禁止闲置、荒芜耕地】 禁止任何单位和个人闲置、荒芜耕地。已经办理审批手续的非农业建设占用耕地，一年内不用而又可以耕种并收获的，应当由原耕种该幅耕地的集体或者个人恢复耕种，也可以由用地单位组织耕种；一年以上未动工建设的，应当按照省、自治区、直辖市的规定缴纳闲置费；连续二年未使用的，经原批准机关批准，由县级以上人民政府无偿收回用地单位的土地使用权；该幅土地原为农民集体所有的，应当交由原农村集体经济组织恢复耕种。

在城市规划区范围内，以出让方式取得土地使用权进行房地产开发的闲置土地，依照《中华人民共和国城市房地产管理法》的有关规定办理。

条文解读

本法第38条第1款是关于闲置、荒芜耕地的规定。

耕地是最重要的农业生产资源，大量闲置耕地造成土地资源的更大浪费，与我国人多地少的国情严重不符，因此禁止任何单位和个人闲置、荒芜耕地。

对已经办理审批手续的非农业建设占用耕地的规定，主要有以下三种情况：(1)一年内不用而又可以耕种并收获的，由原耕种该耕地的集体或者个人恢复耕种，也可以由用地单位组织耕种。(2)一年以上未动工建设的，按照省、自治区、直辖市的规定缴纳闲置费。也就是说，造成闲置的单位和个人，应当受到缴纳闲置费的经济处罚。

(3)连续二年未使用的,经原批准机关批准,由县级以上人民政府无偿收回用地单位的土地使用权。该幅土地原为农民集体所有的,应当交由原农村集体经济组织恢复耕种。

本条第2款是关于通过出让方式取得土地使用权的闲置土地的处理。

为了使《土地管理法》与《城市房地产管理法》相衔接,本条规定对城市规划区内以出让方式取得土地使用权进行房地产开发导致土地闲置的,适用《城市房地产管理法》的规定而不适用《土地管理法》。

配套法规及解读

《城市房地产管理法》(2019年8月26日修正)

第二十六条 以出让方式取得土地使用权进行房地产开发的,必须按照土地使用权出让合同约定的土地用途、动工开发期限开发土地。超过出让合同约定的动工开发日期满一年未动工开发的,可以征收相当于土地使用权出让金百分之二十以下的土地闲置费;满二年未动工开发的,可以无偿收回土地使用权;但是,因不可抗力或者政府、政府有关部门的行为或者动工开发必需的前期工作造成动工开发迟延的除外。

《闲置土地处置办法》(2012年6月1日修订)

第二条 本办法所称闲置土地,是指国有建设用地使用权人超过国有建设用地使用权有偿使用合同或者划拨决定书约定、规定的动工开发日期满一年未动工开发的国有建设用地。

已动工开发但开发建设用地面积占应动工开发建设用地总面积不足三分之一或者已投资额占总投资额不足百分之二十五,中止开发建设满一年的国有建设用地,也可以认定为闲置土地。

第三条 闲置土地处置应当符合土地利用总体规划和城乡规划,遵循依法依规、促进利用、保障权益、信息公开的原则。

第四条 市、县国土资源主管部门负责本行政区域内闲置土地的调查认定和处置工作的组织实施。

上级国土资源主管部门对下级国土资源主管部门调查认定和处置闲置土地工作进行监督管理。

※法规解读:《闲置土地处置办法》对闲置土地的范围,闲置土地的处理程序、法律后果等进行了规定,《城市房地产管理法》第26条对以出让方式取得土地使用权进行

房地产开发的闲置土地的法律后果进行了规定，他们是对《土地管理法》第38条的进一步细化。

（一）闲置土地的调查和认定

市、县自然资源主管部门发现有涉嫌构成闲置土地的，应当在30日内开展调查核实，向国有建设用地使用权人发出《闲置土地调查通知书》。国有建设用地使用权人应当在接到《闲置土地调查通知书》之日起30日内，按照要求提供土地开发利用情况、闲置原因以及相关说明等材料。《闲置土地调查通知书》应当包括下列内容：(1)国有建设用地使用权人的姓名或者名称、地址；(2)涉嫌闲置土地的基本情况；(3)涉嫌闲置土地的事实和依据；(4)调查的主要内容及提交材料的期限；(5)国有建设用地使用权人的权利和义务；(6)其他需要调查的事项。市、县自然资源主管部门履行闲置土地调查职责，可以采取下列措施：(1)询问当事人及其他证人；(2)现场勘测、拍照、摄像；(3)查阅、复制与被调查人有关的土地资料；(4)要求被调查人就有关土地权利及使用问题作出说明。

有下列情形之一，属于政府、政府有关部门的行为造成动工开发延迟的，国有建设用地使用权人应当向市、县自然资源主管部门提供土地闲置原因说明材料，经审核属实的，依照下列规定处置：

(1)因未按照国有建设用地使用权有偿使用合同或者划拨决定书约定、规定的期限、条件将土地交付给国有建设用地使用权人，致使项目不具备动工开发条件的；

(2)因土地利用总体规划、城乡规划依法修改，造成国有建设用地使用权人不能按照国有建设用地使用权有偿使用合同或者划拨决定书约定、规定的用途、规划和建设条件开发的；

(3)因国家出台相关政策，需要对约定、规定的规划和建设条件进行修改的；

(4)因处置土地上相关群众信访事项等无法动工开发的；

(5)因军事管制、文物保护等无法动工开发的；

(6)政府、政府有关部门的其他行为。

因自然灾害等不可抗力导致土地闲置的，依照上述规定办理。

经调查核实，构成闲置土地的，市、县自然资源主管部门应当向国有建设用地使用权人下达《闲置土地认定书》。《闲置土地认定书》应当载明下列事项：(1)国有建设用地使用权人的姓名或者名称、地址；(2)闲置土地的基本情况；(3)认定土地闲置的事实、依据；(4)闲置原因及认定结论；(5)其他需要说明的事项。

《闲置土地认定书》下达后，市、县自然资源主管部门应当通过门户网站等形式向社会公开闲置土地的位置、国有建设用地使用权人名称、闲置时间等信息；属于政府或者政府有关部门的行为导致土地闲置的，应当同时公开闲置原因，并书面告知有关政府或者政府部门。上级自然资源主管部门应当及时汇总下级自然资源主管部门上报的闲置土地信息，并在门户网站上公开。闲置土地在没有处置完毕前，相关信息应当长期公开。闲置土地处置完毕后，应当及时撤销相关信息。

（二）闲置土地的处置和利用

《闲置土地处置办法》第8条规定情形造成土地闲置的，市、县自然资源主管部门应当与国有建设用地使用权人协商，选择下列方式处置：

（1）延长动工开发期限。签订补充协议，重新约定动工开发、竣工期限和违约责任。从补充协议约定的动工开发日期起，延长动工开发期限最长不得超过一年。

（2）调整土地用途、规划条件。按照新用途或者新规划条件重新办理相关用地手续，并按照新用途或者新规划条件核算、收缴或者退还土地价款。改变用途后的土地利用必须符合土地利用总体规划和城乡规划。

（3）由政府安排临时使用。待原项目具备开发建设条件，国有建设用地使用权人重新开发建设。从安排临时使用之日起，临时使用期限最长不得超过两年。

（4）协议有偿收回国有建设用地使用权。

（5）置换土地。对已缴清土地价款、落实项目资金，且因规划依法修改造成闲置的，可以为国有建设用地使用权人置换其他价值相当、用途相同的国有建设用地进行开发建设。涉及出让土地的，应当重新签订土地出让合同，并在合同中注明为置换土地。

（6）市、县自然资源主管部门还可以根据实际情况规定其他处置方式。

除上述第（4）项外，动工开发时间按照新约定、规定的时间重新起算。

市、县自然资源主管部门与国有建设用地使用权人协商一致后，应当拟订闲置土地处置方案，报本级人民政府批准后实施。闲置土地设有抵押权的，市、县自然资源主管部门在拟订闲置土地处置方案时，应当书面通知相关抵押权人。

除《闲置土地处置办法》第8条规定情形外，闲置土地按照下列方式处理：（1）未动工开发满一年的，由市、县自然资源主管部门报经本级人民政府批准后，向国有建设用地使用权人下达《征缴土地闲置费决定书》，按照土地出让或者划拨价款的百分之二十征缴土地闲置费。土地闲置费不得列入生产成本；（2）未动工开发满两年的，由市、县自然资源主管部门按照《中华人民共和国土地管理法》第38条和《中华人民共和国城市房地产管理法》第26条的规定，报经有批准权的人民政府批准后，向国有建设用地使用权人下达《收回国有建设用地使用权决定书》,无偿收回国有建设用地使用权。闲置土地设有抵押权的,同时抄送相关土地抵押权人。

市、县自然资源主管部门在依照《闲置土地处置办法》第14条规定作出征缴土地闲置费、收回国有建设用地使用权决定前,应当书面告知国有建设用地使用权人有申请听证的权利。国有建设用地使用权人要求举行听证的,市、县自然资源主管部门应当依照《国土资源听证规定》依法组织听证。

《征缴土地闲置费决定书》和《收回国有建设用地使用权决定书》应当包括下列内容:(1)国有建设用地使用权人的姓名或者名称、地址;(2)违反法律、法规或者规章的事实和证据;(3)决定的种类和依据;(4)决定的履行方式和期限;(5)申请行政复议或者提起行政诉讼的途径和期限;(6)作出决定的行政机关名称和作出决定的日期;(7)其他需要说明的事项。

国有建设用地使用权人应当自《征缴土地闲置费决定书》送达之日起30日内,按照规定缴纳土地闲置费;自《收回国有建设用地使用权决定书》送达之日起30日内,到市、县自然资源主管部门办理国有建设用地使用权注销登记,交回土地权利证书。国有建设用地使用权人对《征缴土地闲置费决定书》和《收回国有建设用地使用权决定书》不服的,可以依法申请行政复议或者提起行政诉讼。

国有建设用地使用权人逾期不申请行政复议、不提起行政诉讼,也不履行相关义务的,市、县自然资源主管部门可以采取下列措施:

(1)逾期不办理国有建设用地使用权注销登记,不交回土地权利证书的,直接公告注销国有建设用地使用权登记和土地权利证书;

(2)申请人民法院强制执行。

对依法收回的闲置土地,市、县自然资源主管部门可以采取下列方式利用:(1)依据国家土地供应政策,确定新的国有建设用地使用权人开发利用;(2)纳入政府土地储备;(3)对耕作条件未被破坏且近期无法安排建设项目的,由市、县自然资源主管部门委托有关农村集体经济组织、单位或者个人组织恢复耕种。

闲置土地依法处置后土地权属和土地用途发生变化的,应当依据实地现状在当年土地变更调查中进行变更,并依照有关规定办理土地变更登记。

(三)闲置土地的预防和监管

市、县自然资源主管部门供应土地应当符合下列要求,防止因政府、政府有关部门的行为造成土地闲置:(1)土地权利清晰;(2)安置补偿落实到位;(3)没有法律经济纠纷;(4)地块位置、使用性质、容积率等规划条件明确;(5)具备动工开发所必需的其他基本条件。

国有建设用地使用权有偿使用合同或者划拨决定书应当就项目动工开发、竣工时间和违约责任等作出明确约定、规定。约定、规定动工开发时间应当综合考虑办理动工开发所需相关手续的时限规定和实际情况,为动工开发预留合理时间。因特殊情况,未约定、规定动工开发日期,或者约定、规定不明确的,以实际交付土地之日起一年为动工开发日期。实际交付土地日期以交地确认书确定的时间为准。

国有建设用地使用权人应当在项目开发建设期间,及时向市、县自然资源主管部门报告项目动工开发、开发进度、竣工等情况。国有建设用地使用权人应当在施工现场设立建设项目公示牌,公布建设用地使用权人、建设单位、项目动工开发、竣工时间和土地开发利用标准等。

国有建设用地使用权人违反法律法规规定和合同约定、划拨决定书规定恶意囤地、炒地的,依照本办法规定处理完毕前,市、县自然资源主管部门不得受理该国有建设用地使用权人新的用地申请,不得办理被认定为闲置土地的转让、出租、抵押和变更登记。

市、县自然资源主管部门应当将本行政区域内的闲置土地信息按宗录入土地市场动态监测与监管系统备案。闲置土地按照规定处置完毕后,市、县自然资源主管部门应当及时更新该宗土地相关信息。闲置土地未按照规定备案的,不得采取《闲置土地处置办法》第 12 条规定的方式处置。

市、县自然资源主管部门应当将国有建设用地使用权人闲置土地的信息抄送金融监管等部门。

省级以上自然资源主管部门可以根据情况,对闲置土地情况严重的地区,在土地利用总体规划、土地利用年度计划、建设用地审批、土地供应等方面采取限制新增加建设用地、促进闲置土地开发利用的措施。

关联法规索引

《城镇国有土地使用权出让和转让暂行条例》第 5、17、19 条;《城市房地产开发经营管理条例》第 15、26 条;《国家土地管理局关于认定收回土地使用权行政决定法律性质的意见》;《闲置土地处置办法》

典型案例

陈伟娥、广东省惠东县人民政府土地行政管理(土地)再审审查与审判监督行政裁定案[1]

※案情简介:陈伟娥申请再审称:陈伟娥未能开工建设的原因在于惠东县政府、惠东县国土局,理由是:1. 惠东县平海镇人民政府、惠东供电局平海供电所、平海镇自来水厂出具的用以证实涉案土地当时已具备通路、通电和通水开发建设条件的《证明》与事实不符,涉案土地不具备进行开发建设的基本条件。2. 惠东县政府、惠东县国土局未依法编制案涉地区的整体规划及详细规划,由此导致陈伟娥多次申请报建均被惠东县建设局以无规划为由予以拒绝,且政府未处理好征地补偿问题,导致涉案土地因村民阻挠而无法开发建设。请求撤销一、二审判决,支持陈伟娥的诉讼请求,判令诉讼费用由惠东县政府、惠东县国土局承担。

惠东县政府答辩称:1. 惠东县政府并非适格诉讼当事人,陈伟娥对惠东县政府提出的诉请无任何事实和法律依据。2. 惠东县国土局作出的行政行为认定事实清楚,程序合法且适用法律正确。3. 涉案土地已完成"三通一平",且惠东县国土局没有负责"三通一平"工作的义务。一是《国有土地使用权出让合同》没有明确约定;二是当时的法律法规没有规定出让方负有该义务;三是《广东省城镇国有土地使用权出让和转让实施办法》第六条第(二)款规定,出让的土地可以是未经开发的土地,也可以是经过平整和进行基础设施建设的土地;四是涉案土地的出让价格极为低廉,应由受让方自行承担"三通一平"工作。4. 陈伟娥关于因政府未编制总体规划及详细规划而导致其报建不能的主张缺乏事实依据。请求驳回再审申请。

惠东县国土局答辩称:1. 惠东县国土局作出的行政行为认定事实清楚,程序合法且适用法律正确。2. 涉案土地已完成"三通一平",且惠东县国土局没有负责"三通一平"工作的义务。3. 陈伟娥关于因政府未编制总体规划及详细规划而导致其报建不能的主张缺乏事实依据。请求驳回再审申请。

本院经审查认为,《中华人民共和国土地管理法》第三十七条第二款规定:"在城市规划区范围内,以出让方式取得土地使用权进行房地产开发的闲置土地,依照《中华人民共和国城市房地产管理法》的有关规定办理。"《中华人民共和国城市房地产管理法》

---

[1] 案例来源:最高人民法院(2018)最高法行申8806号行政裁定书。

第二十六条规定："以出让方式取得土地使用权进行房地产开发的，必须按照土地使用权出让合同约定的土地用途、动工开发期限开发土地……；满二年未动工开发的，可以无偿收回土地使用权；但是，因不可抗力或者政府、政府有关部门的行为或者动工开发必需的前期工作造成动工开发迟延的除外。"《闲置土地处置办法》第十四条第（二）项规定："未动工开发满两年的，由市、县国土资源主管部门按照《中华人民共和国土地管理法》第三十七条和《中华人民共和国城市房地产管理法》第二十六条的规定，报经有批准权的人民政府批准后，向国有建设用地使用权人下达《收回国有建设用地使用权决定书》，无偿收回国有建设用地使用权。闲置土地设有抵押权的，同时抄送相关土地抵押权人。"第八条第一款规定："有下列情形之一，属于政府、政府有关部门的行为造成动工开发延迟的，国有建设用地使用权人应当向市、县国土资源主管部门提供土地闲置原因说明材料，经审核属实的，依照本办法第十二条和第十三条规定处置：（一）因未按照国有建设用地使用权有偿使用合同或者划拨决定书约定、规定的期限、条件将土地交付给国有建设用地使用权人，致使项目不具备动工开发条件的；（二）因土地利用总体规划、城乡规划依法修改，造成国有建设用地使用权人不能按照国有建设用地使用权有偿使用合同或者划拨决定书约定、规定的用途、规划和建设条件开发的；（三）因国家出台相关政策，需要对约定、规定的规划和建设条件进行修改的；（四）因处置土地上相关群众信访事项等无法动工开发的；（五）因军事管制、文物保护等无法动工开发的；（六）政府、政府有关部门的其他行为。"本案中，惠东县国土局与陈伟娥签订《国有土地使用权出让合同》，明确约定陈伟娥必须在2004年1月10日前，完成地上建筑面积不少于可建总建筑面积的80%的建筑工程量；除惠东县国土资源局同意外，自合同规定的建设期限届满之日起，在规定的建筑工程量完成之日止，超过2年的，由惠东县国土资源局无偿收回涉案土地的土地使用权及地上建筑物或其他附着物。惠东县国土局提供的现场勘察照片，惠东县公证处出具的《公证书》证实，涉案土地截至2012年仍为空地。因此，惠东县国土局认定涉案土地构成闲置土地，并经过公告、告知、听证和报批程序后，作出涉案《闲置土地认定书》及《收回国有建设用地使用权决定书》，认定事实清楚，适用法律法规正确，程序合法。陈伟娥请求惠东县政府、惠东县国土局赔偿因其错误行政行为给其造成的损失问题，因其未提交相关证据予以证实，其行政赔偿请求缺乏事实与法律依据，原审判决驳回陈伟娥的诉讼请求，并无不妥。

陈伟娥主张土地闲置是因惠东县政府、惠东县国土局未能完成土地的"三通一平"工作造成。经查，惠东县国土局与陈伟娥签订的《国有土地使用权出让合同》约定土地使用权出让金为每平方米13元，且未对出让土地的"三通一平"作出明确约定，当时也无法律法规规定政府交付土地必须以“三通一平”为条件，平海镇人民政府、惠东供电局平海供电所和平海镇自来水厂出具的《证明》，可以证明涉案土地基本具备开发建设条件。因此，陈伟娥的该项主张不能成立。

陈伟娥主张土地闲置是因惠东县政府未制订相关规划，有关政府部门拒绝审批报建手续造成。经查，惠东县政府于1995年8月1日作出《关于惠东县平海镇镇区总体规划的批复》，对涉案土地制定了1995年至2010年的总体规划，陈伟娥无证据证明其向相关政府部门提交过开发立项规划等材料，该项主张不能成立。陈伟娥主张土地闲置是因政府未解决涉案土地的补偿问题造成，但该主张缺乏事实依据，不能成立。

综上，陈伟娥的再审申请不符合《中华人民共和国行政诉讼法》第九十一条规定的情形。依照《最高人民法院关于适用〈中华人民共和国行政诉讼法〉的解释》第一百一十六条第二款的规定，裁定如下：驳回陈伟娥的再审申请。

※裁判要旨：出让方式取得土地使用权进行房地产开发的，必须按照土地使用权出让合同约定的土地用途、动工开发期限开发土地；满二年未动工开发的，可以无偿收回土地使用权；但是，因不可抗力或者政府、政府有关部门的行为或者动工开发必需的前期工作造成动工开发迟延的除外。未动工开发满两年的，由市、县国土资源主管部门按照原《中华人民共和国土地管理法》第三十七条和《中华人民共和国城市房地产管理法》第二十六条的规定，报经有批准权的人民政府批准后，向国有建设用地使用权人下达《收回国有建设用地使用权决定书》，无偿收回国有建设用地使用权。闲置土地设有抵押权的，同时抄送相关土地抵押权人。

第三十九条 【土地开发】国家鼓励单位和个人按照土地利用总体规划，在保护和改善生态环境、防止水土流失和土地荒漠化的前提下，开发未利用的土地；适宜开发为农用地的，应当优先开发成农用地。

国家依法保护开发者的合法权益。

第四十条 【开垦条件】开垦未利用的土地，必须经过科学论证和评估，在土地利用总体规划划定的可开垦的区域内，经依法批准后进行。禁止毁坏森林、草原开垦耕地，禁止围湖造田和侵占江河滩地。

根据土地利用总体规划，对破坏生态环境开垦、围垦的土地，有计划有步骤地退耕还林、还牧、还湖。

第四十一条 【开发未确定使用权的国有荒山、荒地、荒滩】 开发未确定使用权的国有荒山、荒地、荒滩从事种植业、林业、畜牧业、渔业生产的，经县级以上人民政府依法批准，可以确定给开发单位或者个人长期使用。

条文解读

本法第41条是关于对未确定使用权的国有荒山、荒地、荒滩进行农业开发的规定。

非农业建设经批准占用耕地的，按照"占多少，垦多少"的原则，由占用耕地的单位负责开垦与所占用耕地的数量和质量相当的耕地。在土地利用总体规划确定的城市和村庄、集镇建设用地范围内，为实施城市规划和村庄、集镇规划占用耕地，以及在土地利用总体规划确定的城市建设用地范围外的能源、交通、水利、矿山、军事设施等建设项目占用耕地的，分别由市、县人民政府、农村集体经济组织和建设单位负责开垦耕地。开垦未利用的土地，必须经过科学论证和评估，在土地利用总体规划划定的可开垦的区域内，经依法批准后进行。开垦未利用的土地，必须具备以下几个条件：一是必须经过科学论证和评估。所谓科学的论证和评估，是指对未利用土地的性能、可利用的经济社会价值、开垦对周围环境的影响等因素进行科学的论证，综合评估。经过论证、评估后，认为开垦价值大，不破坏生态环境的，经依法批准后，可组织开垦，认为开垦价值不好，并对生态环境有影响的，就不应开垦。二是必须在土地利用总体规划划定的可开垦的区域内进行。三是必须经依法批准。未经批准，不得擅自开垦。开垦土地除了具备以上几个条件之外，还必须注意对林地、草原、江河湖滩地的特别保护。禁止毁坏森林、草原开垦耕地，禁止围湖造田和侵占江河滩地。

开垦土地必须根据土地利用总体规划，有计划有步骤地退耕还林、还牧、还湖，这是保护生态环境的客观需要。

开发未确定使用权的国有荒山、荒地、荒滩从事种植业、林业、畜牧业、渔业生产的，经县级以上人民政府依法批准，可以确定给开发单位或者个人长期使用。所谓未确定使用权，是指国有土地没有确定给具体的单位或者个人使用（而非未"确定所有权"）；所谓荒山，是指树木郁闭度小于10%，表层为土质，生长杂草的宜林山地；所谓荒地，是指尚未开垦种植或曾开垦而长期废弃的土地；所谓荒滩，是指河滩、海滩等浅滩。开发国有荒山、荒地、荒滩从事种植业、林业、畜牧业、渔业生产，是增加农用地面积，促进后备资源开发的重要途径，但是应当经县级以上人民政府依法批准。对于各级政府的具体审批权限，将在《土地管理法实施条例》中予以明确。同时，为了鼓励单位和个人对国有荒山、荒地、荒滩进行农业开发，本条规定，对于开发出来的土地，可以确定给开发单位或者个人长期使用。

配套法规及解读

《土地管理法实施条例》(2014年7月29日修订)

第十六条　在土地利用总体规划确定的城市和村庄、集镇建设用地范围内，为实施城市规划和村庄、集镇规划占用耕地，以及在土地利用总体规划确定的城市建设用地范围外的能源、交通、水利、矿山、军事设施等建设项目占用耕地的，分别由市、县人民政府、农村集体经济组织和建设单位依照《土地管理法》第三十一条的规定负责开垦耕地；没有条件开垦或者开垦的耕地不符合要求的，应当按照省、自治区、直辖市的规定缴纳耕地开垦费。

第十七条　禁止单位和个人在土地利用总体规划确定的禁止开垦区内从事土地开发活动。

在土地利用总体规划确定的土地开垦区内，开发未确定土地使用权的国有荒山、荒地、荒滩从事种植业、林业、畜牧业、渔业生产的，应当向土地所在地的县级以上地方人民政府土地行政主管部门提出申请，按照省、自治区、直辖市规定的权限，由县级以上地方人民政府批准。

开发未确定土地使用权的国有荒山、荒地、荒滩从事种植业、林业、畜牧业或者渔业生产的，经县级以上地方人民政府依法批准，可以确定给开发单位或者个人长期使用，使用期限最长不得超过五十年。

第三十四条　违反本条例第十七条的规定，在土地利用总体规划确定的禁止开垦区内进行开垦的，由县级以上人民政府土地行政主管部门责令限期改正；逾期不改正的，依照《土地管理法》第七十六条的规定处罚。

第四十条　依照《土地管理法》第七十四条的规定处以罚款的，罚款额为耕地开垦费的二倍以下。

※法规解读：上述法规是对土地开垦制度的进一步明确，根据这些规定，土地开垦需要依法进行，并符合土地利用总体规划。

经依法批准占用耕地需要开垦耕地的，由市、县人民政府、农村集体经济组织和建设单位依照《土地管理法》第32条的规定负责开垦耕地；没有条件开垦或者开垦的耕地不符合要求的，应当按照省、自治区、直辖市的规定缴纳耕地开垦费。开垦土地必须符合土地利用总体规划，禁止单位和个人在土地利用总体规划确定的禁止开垦区内从事土地开发活动。在土地利用总体规划确定的禁止开垦区内进行开垦的，由县级以上人民政府自然资源主管部门责令限期改正；逾期不改正的，依照《土地管理法》第77条关于非法占用土地的规定进行处罚。

因开垦土地造成土地荒漠化、盐渍化的，由县级以上人民政府自然资源主管部门责令限期改正或者治理，可以并处罚款；罚款额为耕地开垦费的2倍以下。构成犯罪的，依法追究刑事责任。

在土地利用总体规划确定的土地开垦区内，开发未确定土地使用权的国有荒山、荒地、荒滩从事种植业、林业、畜牧业、渔业生产的，应当向土地所在地的县级以上人民政府自然资源主管部门提出申请，报有批准权的人民政府批准。一次性开发未确定土地使用权的国有荒山、荒地、荒滩600公顷以下的，按照省、自治区、直辖市规定的权限，由县级以上地方人民政府批准；开发600公顷以上的，报国务院批准。

开发未确定土地使用权的国有荒山、荒地、荒滩从事种植业、林业、畜牧业或者渔业生产的，经县级以上人民政府依法批准，可以确定给开发单位或者个人长期使用，使用期限最长不得超过50年。

典型案例

刘某诉张某等在其开垦的国有荒地种植侵犯使用权案

※案情简介：2003年春，被告张某随其父在野外开垦了一块荒地，种植土豆等蔬菜以解决家中吃菜问题。种至2009年时，张某因上山工作等原因，仅在此地边缘种植，其余大部分地未予种植。2010年秋季，原告刘某在听他人说此地已几乎无人种植的情况下，遂与家人对此地进行了平整。2012年春季，原告刘某准备在平整后的土地上种植时，张某前来阻止，说此地是其早年开垦，这几年虽然未种，但并没有放弃使用权。双方因此发生争执，后经某镇司法所主持调解未果。2013年春，刘某又准备在此地进行种植时，发现该地已由张某种上，遂向某区人民法院起诉，以此荒地是自己开垦的，被被告种植为理由，要求张某归还此地的使用权。张某答辩称：此地是我们早年开垦的，后因上山工作，大部分地已经两年未种，但我们并没有放弃此地。原告去平整土地时，我们已经讲明是我们的。我们考虑原告出了一定的劳务，所以才

让他种了一年。故不同意原告的诉讼请求。

某区人民法院经审理认为:根据《中华人民共和国土地管理法》第十一条、第十七条之规定,非经国家有关部门的批准,任何个人都无权对国家所有的荒地进行开垦使用。因此,原、被告未经国家有关部门批准,擅自开垦荒地,是错误的,对双方的诉讼请求不予支持。依据《中华人民共和国民法通则》第八十一条第一款和《中华人民共和国土地管理法》第十三条的规定,该院判决如下:将原告刘某,被告张某争执的土地收归国有。

※裁判要旨:开垦国有荒地用于农业生产的,虽然开垦行为可能会在政府批准之前,而要取得使用权,并不以有投入、管理和实际使用的行为为依据,应以县级以上人民政府批准确定其使用权为准。因此,凡未取得政府批准确定其使用权的,其土地使用权主体资格不具备,不能以土地使用权主体身份主张权利。

第四十二条　【土地整理】国家鼓励土地整理。县、乡(镇)人民政府应当组织农村集体经济组织,按照土地利用总体规划,对田、水、路、林、村综合整治,提高耕地质量,增加有效耕地面积,改善农业生产条件和生态环境。

地方各级人民政府应当采取措施,改造中、低产田,整治闲散地和废弃地。

第四十三条　【土地复垦】因挖损、塌陷、压占等造成土地破坏,用地单位和个人应当按照国家有关规定负责复垦;没有条件复垦或者复垦不符合要求的,应当缴纳土地复垦费,专项用于土地复垦。复垦的土地应当优先用于农业。

条文解读

本法第43条是关于土地复垦的规定。

土地复垦是指对生产建设活动和自然灾害损毁的土地,采取整治措施,使其达到可供利用状态的活动。我国现有耕地面积约18.26亿亩,相比1997年的19.49亿亩,减少了1.23亿亩,耕地保护压力很大。截至2009年,全国共有损毁土地1.3亿多亩,同时,每年生产建设活动新损毁的土地几百万亩,其中60%是耕地或其他农用地。如果对这些土地进行复垦,就可以大大缓解经济发展与耕地保护之间的矛盾。

生产建设活动损毁的土地,按照“谁损毁,谁复垦”的原则,由生产建设单位或者个人(以下简称土地复垦义务人)负责复垦。但是,由于历史原因无法确定土地复垦义务人的生产建设活动损毁的土地(以下简称历史遗留损毁土地),由县级以上人民政府负责组织复垦。自然灾害损毁的土地,由县级以上人民政府负责组织复垦。下列损毁土地由土地复垦义务人负责复垦:(1)露天采矿、烧制砖瓦、挖沙取土等地表挖掘所损毁的土地;(2)地下采矿等造成地表塌陷的土地;(3)堆放采矿剥离物、废石、矿渣、粉煤灰等固体废弃物压占的土地;(4)能源、交通、水利等基础设施建设和其他生产建设活动临时占用所损毁的土地。对历史遗留损毁土地和自然灾害损毁土地,县级以上人民政府应当投入资金进行复垦,或者按照“谁投资,谁受益”的原则,吸引社会投资进行复垦。土地权利人明确的,可以采取扶持、优惠措施,鼓励土地权利人自行复垦。

土地复垦应当坚持科学规划、因地制宜、综合治理、经济可行、合理利用的原则。复垦的土地应当优先用于农业。国务院自然资源主管部门负责全国土地复垦的监督管理工作。县级以上地方人民政府自然资源主管部门负责本行政区域土地复垦的监督管理工作。

土地复垦义务人应当按照土地复垦标准和国务院自然资源主管部门的规定编制土地复垦方案。土地复垦义务人应当在办理建设用地申请或者采矿权申请手续时,随有关报批材料报送土地复垦方案。土地复垦义务人未编制土地复垦方案或者土地复垦方案不符合要求的,有批准权的人民政府不得批准建设用地,有批准权的自然资源主管部门不得颁发采矿许可证。

编制土地复垦方案、实施土地复垦工程、进行土地复垦验收等活动,应当遵守土地复垦国家标准;没有国家标准的,应当遵守土地复垦行业标准。制定土地复垦国家标准和行业标准,应当根据土地损毁的类型、程度、自然地理条件和复垦的可行性等因素,分类确定不同类型损毁土地的复垦方式、目标和要求等。

造成土地破坏的单位和个人没有条件复垦或者复垦的土地经自然资源主管部门验收后不合格的,应当缴纳土地复垦费。复垦的土地应当优先用于农业生产。

配套法规及解读

《土地管理法实施条例》(2014 年 7 月 29 日修订)

第四十一条 依照《土地管理法》第七十五条的规定处以罚款的,罚款额为土地复垦费的 2 倍以下。

《土地管理法》(2019 年 8 月 26 日修正)

第七十六条 违反本法规定,拒不履行土地复垦义务的,由县级以上人民政府自然资源主管部门责令限期改正;逾期不改正的,责令缴纳复垦费,专项用于土地复垦,可以处以罚款。

《土地复垦条例》(2011 年 3 月 5 日)

第十八条 土地复垦义务人不复垦,或者复垦验收中经整改仍不合格的,应当缴纳土地复垦费,由有关国土资源主管部门代为组织复垦。

确定土地复垦费的数额,应当综合考虑损毁前的土地类型、实际损毁面积、损毁程度、复垦标准、复垦用途和完成复垦任务所需的工程量等因素。土地复垦费的具体征收使用管理办法,由国务院财政、价格主管部门商国务院有关部门制定。

土地复垦义务人缴纳的土地复垦费专项用于土地复垦。任何单位和个人不得截留、挤占、挪用。

第二十条 土地复垦义务人不依法履行土地复垦义务的,在申请新的建设用地时,有批准权的人民政府不得批准;在申请新的采矿许可证或者申请采矿许可证延续、变更、注销时,有批准权的国土资源主管部门不得批准。

第三十六条 负有土地复垦监督管理职责的部门及其工作人员有下列行为之一的,对直接负责的主管人员和其他直接责任人员,依法给予处分;直接负责的主管人员和其他直接责任人员构成犯罪的,依法追究刑事责任:

(一)违反本条例规定批准建设用地或者批准采矿许可证及采矿许可证的延续、变更、注销的;

(二)截留、挤占、挪用土地复垦费的;

(三)在土地复垦验收中弄虚作假的;

(四)不依法履行监督管理职责或者对发现的违反本条例的行为不依法查处的;

(五)在审查土地复垦方案、实施土地复垦项目、组织土地复垦验收以及实施监督检查过程中,索取、收受他人财物或者谋取其他利益的;

(六)其他徇私舞弊、滥用职权、玩忽职守行为。

※法规解读:土地复垦应当综合考虑复垦后土地利用的社会效益、经济效益和生态效益。生产建设活动造成耕地损毁的,能够复垦为耕地的,应当优先复垦为耕地。土地复垦义务人有履行复垦的义务。复垦义务人没有条件复垦或者复垦不合格的,应当缴纳土地复垦费。土地复垦费的数额要综合考虑损毁前的土地类型、实际损毁面积、损毁程度、复垦标准、复垦用途和完成复垦任务所需的工程量等因素。土地复垦费专项用于土地复垦,不得擅自挪用。截留、挤占、挪用土地复垦费的,对直接负责的主管人员和其他直接责任人员,依法给予处分;直接负责的主管人员和其他直接责任人员构成犯罪的,依法追究刑事责任。

对于拒不履行土地复垦义务的，由县级以上人民政府自然资源主管部门责令限期改正；逾期不改正的，责令缴纳复垦费，专项用于土地复垦，可以处以罚款，罚款额为土地复垦费的2倍以下。此外，复垦义务人还应当缴纳复垦费，由有关自然资源主管部门代为组织复垦。

关联法规索引

《土地复垦条例》；《矿产资源法》第32条；《土地复垦技术标准》

典型案例

刘宝仓、渭南高新技术产业开发区管理委员会土地行政管理（土地）再审审查与审判监督案[1]

※案情简介：刘宝仓申请再审称，原审判决认定事实不清，证据不足。具体理由如下：1. 根据《中华人民共和国国家赔偿法》第三十六条的规定，对于财产损失应当赔偿直接损失而非酌情予以赔偿。两审法院已查明其种植的是经济作物，应当根据该经济作物的实际价值予以赔偿，但两审法院仍按照一般农作物的标准进行认定，赔偿的金额过低，严重损害其合法权益。2. 涉案土地自2017年4月耕地被毁损以来，至今仍处于闲置状态，根据《中华人民共和国土地管理法》第三十七条的规定，应当由其恢复耕种使用，并且由渭南高新区管委会缴纳闲置费。两审法院认定涉案土地已被征收不能恢复原状没有事实依据。3. 根据《中华人民共和国土地管理法》第四十二条的规定，因挖损、塌陷、压占等造成土地破坏，用地单位和个人应当按照国家有关规定负责复垦；没有条件复垦或者复垦不符合要求的，应当缴纳土地复垦费，专项用于土地复垦。根据《土地复垦条例》第三条的规定，生产建设活动损毁的土地，按照"谁损毁，谁复垦"的原则，由生产建设单位或者个人负责复垦。根据该条例第十九条的规定，土地复垦义务人对在生产建设活动中损毁的由其他单位或者个人使用的国有土地或者农民集体所有的土地，除负责复垦外，还应当向遭受损失的单位或者个人支付损失补偿费。渭南高新区管委会作为生产建设单位，造成涉案土地的损毁，依法应当负责复垦，并向其

---

〔1〕 案例来源：最高人民法院（2018）最高法行申7598号行政裁定书。

支付损失补偿费。请求:1.撤销陕西省高级人民法院(2018)陕行终36号行政判决第二项,即渭南高新区管委会赔偿刘宝仓经济损失28395元;2.撤销陕西省渭南市中级人民法院(2017)陕05行初91号行政判决第二项,即渭南高新区管委会赔偿刘宝仓经济损失20650元;3.责令渭南高新区管委会将铲除其所种植的小麦、花椒树以及毁坏的耕地恢复原状;若不能恢复原状,赔偿其经济损失共计259860元。

渭南高新区管委会答辩称,涉案土地属于渭南市政府具有公益性的公共设施建设即西海公园项目用地,该项目用地取得批准且已经全部被征收完毕。西海公园已建成投入使用,不可能恢复原状。同时,根据《陕西省实施〈中华人民共和国土地管理法〉办法》第二十九条第一款第(三)项的规定,征用其他土地上的附着物的,青苗补偿费按被毁青苗的耕地前三年平均年产值的百分之四十至百分之九十补偿。陕西省种植花椒处于盛果期时年亩产值约600到1000元,盛果期葡萄年亩产值约5000到9000元。涉案土地一直种植小麦,本案所涉及的花椒树系土地征收前半年为获得高额补偿而临时抢栽抢种的,只栽种了半年,根本没有挂果,刘宝仓主张的赔偿数额缺乏证据支持。一审法院作出花椒每亩赔付2000元、葡萄每亩赔付5000元较高,二审法院作出花椒每亩赔付3000元、葡萄每亩赔付7000元,不符合实际。刘宝仓的再审理由不能成立,请求驳回其再审申请。

本院认为,结合原审查明的事实和申请人的申诉请求及理由,本案的主要争议焦点是原审法院的判决赔偿金额是否合理。对于土地及地上附着物应当遵循先补偿后征收的原则,本案渭南高新管委会作为渭南市人民政府的派出机构,虽具有土地征收职权,但在未与被征收人就征收补偿问题协商一致的情况下,径行清除刘宝仓土地上附着物的行为违法。对于该违法行为对被征收人造成的损失应当依法予以赔偿。因涉案土地上附着物已被清除导致客观上无法进行鉴定,且刘宝仓提供的证据亦不足以证明其损失,根据《最高人民法院关于适用〈中华人民共和国行政诉讼法〉的解释》第四十七条第三款"当事人的损失因客观原因无法鉴定的,人民法院应当结合当事人的主张和在案证据,遵循法官职业道德,运用逻辑推理和生活经验、生活常识等,酌情确定赔偿数额"之规定,二审法院根据双方当事人的主张及补偿方案等相关证据,结合基本生活常识酌情确定对刘宝仓的花椒树按照每亩3000元、葡萄树按照每亩7000元标准予以赔偿并无不当。

关于刘宝仓提出对其土地恢复原状的主张,因涉案土地已被依法征收为国有,刘宝仓所依据的相关条款中有关土地复垦、支付损失补偿费等规定并不适用于已被征收的土地。

综上,刘宝仓的再审申请不符合《中华人民共和国行政诉讼法》第九十一条规定的情形。依照《最高人民法院关于适用〈中华人民共和国行政诉讼法〉的解释》第一百一十六条第二款之规定,裁定如下:驳回刘宝仓的再审申请。

※**裁判要旨:**因挖损、塌陷、压占等造成土地破坏,用地单位和个人应当按照国家有关规定负责复垦;没有条件复垦或者复垦不符合要求的,应当缴纳土地复垦费,专项用于土地复垦。生产建设活动损毁的土地,按照"谁损毁,谁复垦"的原则,由生产建设单位或者个人负责复垦。根据《土地复垦条例》第十九条的规定,土地复垦义务人对在生产建设活动中损毁的由其他单位或者个人使用的国有土地或者农民集体所有的土地,除负责复垦外,还应当向遭受损失的单位或者个人支付损失补偿费。

第五章　建 设 用 地

本章介绍

本章是关于建设用地的规定。建设用地的客体通常是国有土地。集体土地通常不能作为建设用地。本章规定农用地转为建设用地,必须经过审批程序,由农用地转化为建设用地,且通过征收补偿程序将其转化为国有土地,才可用于建设。本章确定了农用地转为建设用地的审批,明确了土地征收的条件、征收的批准、征收公告和申请征收土地的准备、征收补偿、征收费用的监管等。本章对国有土地使用权的取得方式、土地使用权出让与划拨制度作了规定。此外,本章还对临时用地制度、国有土地使用权的收回、集体经营性建设用地、宅基地使用权、集体土地的使用权的收回等作了规定。

第四十四条　【农用地转用审批】 建设占用土地,涉及农用地转为建设用地的,应当办理农用地转用审批手续。

永久基本农田转为建设用地的,由国务院批准。

在土地利用总体规划确定的城市和村庄、集镇建设用地规模范围内,为实施该规划而将永久基本农田以外的农用地转为建设用地的,按土地利用年度计划分批次按照国务院规定由原批准土地利用总体规划的机关或者其授权的机关批准。在已批准的农用地转用范围内,具体建设项目用地可以由市、县人民政府批准。

在土地利用总体规划确定的城市和村庄、集镇建设用地规模范围外,将永久基本农田以外的农用地转为建设用地的,由国务院或者国务院授权的省、自治区、直辖市人民政府批准。

条文解读

本法第44条是关于农用地转为建设用地审批的规定。

本条包括以下四个方面的内容:

第一，建设占用土地，涉及农用地转为建设用地的，应当办理农用地转用审批手续。农用地转用又称为农用地转为建设用地，是指现状的农用地按照土地利用总体规划和国家规定的批准权限报批后转变为建设用地的行为。

第二，为了保护永久基本农田，永久基本农田转为建设用地的，由国务院批准。地方人民政府无权批准将永久基本农田转为建设用地。

第三，基本农田以外的农用地转为建设用地的批准。永久基本农田以外的农用地转为建设用地的，必须具备以下条件：(1)该农用地为非永久基本农田；(2)该农用地在土地利用总体规划确定的城市和村庄、集镇建设用地规模范围内，即土地利用总体规划确定了该农用地要用于建设用地；(3)必须符合土地利用年度计划。永久基本农田以外的农用地转为建设用地的，按土地利用年度计划分批次按照国务院规定由原批准土地利用总体规划的机关或者其授权的机关批准。在已批准的农用地转用范围内，具体建设项目用地可以由市、县人民政府批准。在土地利用总体规划确定的城市和村庄、集镇建设用地规模范围内农用地转为建设用地的，按照规定，其批准权限为：

1. 直辖市、省和自治区人民政府所在地城市、人口在100万以上的城市，以及国务院指定的其他城市的城市建设用地统一开发的，涉及农用地转为建设用地的，由国务院批准。

2. 除上述城市之外的其他城市建设用地统一开发的，县和县级市所在城镇建设用地统一开发的，涉及农用地转为建设用地的，由省级人民政府批准。

3. 乡(镇)土地利用总体规划确定的村庄、集镇建设用地规模范围内的农民宅基地、乡镇企业、乡村公共设施和公益事业建设占地涉及农用地转为建设用地的，由省级人民政府，或省级人民政府授权设区的市、自治州批准。其农用地转用的批准权限与乡(镇)土地利用总体规划的批准权限相一致。农用地转为建设用地的，应当按土地利用年度计划分批次(年度利用计划不够一次批完)批准，即每个城市每年需要农用地转为建设用地的不必按照建设项目逐个申请办理，而可以集中分次分批由县、市人民政府向省级以上人民政府申请办理。

第四，在土地利用总体规划确定的城市和村庄、集镇建设用地规模范围外，将永久基本农田以外的农用地转为建设用地的，由国务院或者国务院授权的省、自治区、直辖市人民政府批准。

配套法规及解读

《土地管理法实施条例》(2014 年 7 月 29 日修订)

第十九条 建设占用土地,涉及农用地转为建设用地的,应当符合土地利用总体规划和土地利用年度计划中确定的农用地转用指标;城市和村庄、集镇建设占用土地,涉及农用地转用的,还应当符合城市规划和村庄、集镇规划。不符合规定的,不得批准农用地转为建设用地。

《刑法》(2017 年 11 月 4 日修正)

第三百四十二条 违反土地管理法规,非法占用耕地、林地等农用地,改变被占用土地用途,数量较大,造成耕地、林地等农用地大量毁坏的,处五年以下有期徒刑或者拘役,并处或者单处罚金。

《最高人民法院关于审理破坏土地资源刑事案件具体应用法律若干问题的解释》(2000 年 6 月 19 日)

第三条 违反土地管理法规,非法占用耕地改作他用,数量较大,造成耕地大量毁坏的,依照刑法第三百四十二条的规定,以非法占用耕地罪定罪处罚:

(一)非法占用耕地"数量较大",是指非法占用基本农田五亩以上或者非法占用基本农田以外的耕地十亩以上。

(二)非法占用耕地"造成耕地大量毁坏",是指行为人非法占用耕地建窑、建坟、建房、挖沙、采石、采矿、取土、堆放固体废弃物或者进行其他非农业建设,造成基本农田五亩以上或者基本农田以外的耕地十亩以上种植条件严重毁坏或者严重污染。

※法规解读:我国是一个人口大国,土地属于相对短缺的资源。因此我国对于土地的审批、使用有一套严格的管理制度。根据《土地管理法》的规定,未经依法批准而占用土地,违反土地用途总体规划擅自改变土地用途等行为,均属于土地违法行为,依法应予纠正并予以行政处罚。同时我国《刑法》也将一些严重违反土地管理法规,造成土地资源破坏的行为规定为犯罪。如《刑法》第 342 条的非法占用耕地罪。根据 1997 年《刑法》的规定,只有非法占用耕地改作他用的行为才构成犯罪,对于非法占用林地等农用地以及其他土地的行为并没有规定为犯罪。2001 年《刑法修正案(二)》对《刑法》第 342 条进行了修改,将原来规定的"违反土地管理法规,非法占用耕地改作他用,数量较大,造成耕地大量毁坏的"修改为"违反土地管理法规,非法占用耕地、林地等农用地,改变被占用土地用途,数量较大,造成耕地、林地等农用地大量毁坏的",刑罚未作改动。修正案与刑法原规定的不同之处是扩大了犯罪对象的范围,将非法占用耕地

以外的其他农用地，造成被占用土地毁坏的行为也规定为犯罪。

根据修正案的规定，理解修改后的《刑法》第342条时需要注意把握以下几点：

1. 行为人违反土地管理法规的含义

修正案并没有改变原《刑法》第342条中“违反土地管理法规”的含义。这里的土地管理法规是指土地法这个法律部门而言的，并不仅指《土地管理法》，它还包括其他法律中有关土地管理的规定以及国务院有关土地管理的行政法规。国务院根据上述法律制定的实施细则等行政法规以及其他行政法规中有关土地管理的规定，均属于本条中土地管理法规的范围。违反土地管理法规，就是指违反上述法律、法规关于土地管理的规定。

2. 非法占用耕地、林地等农用地，改变被占用土地用途的含义

关于土地的使用，土地管理法规规定了严格的审批制度。任何单位和个人进行建设需要占用土地的，必须依法申请批准。申请使用的土地属于农民集体所有的土地的，除兴办乡镇企业或者村民建设住宅经依法批准使用本集体经济组织农民集体所有土地，或者乡（镇）村公共设施和公益事业建设经依法批准使用农民集体所有的土地的以外，必须首先办理国家土地征用手续，将该集体土地征用为国家所有。

改变被占用土地用途是指未经依法办理农用地转用批准手续、土地征用、占用审批手续，非法占用耕地、林地、草地等农用地，在被占用的农用地上从事建设、采矿、养殖等活动，改变土地利用总体规划规定的农用地的原用途。如占用耕地建设建筑物，开垦林地、草地种植庄稼、占用林地挖塘养虾等。

3. 数量较大，造成耕地、林地等农用地大量毁坏的含义

违反土地管理法规，非法占用耕地改作他用，数量较大，造成耕地大量毁坏的，依照《刑法》第342条的规定，以非法占用耕地罪定罪处罚：（1）非法占用耕地“数量较大”，是指非法占用基本农田5亩以上或者非法占用基本农田以外的耕地10亩以上。（2）非法占用耕地“造成耕地大量毁坏”，是指行为人非法占用耕地建窑、建坟、建房、挖沙、采石、采矿、取土、堆放固体废弃物或者进行其他非农业建设，造成基本农田5亩以上或者基本农田以外的耕地10亩以上种植条件严重毁坏或者严重污染。

4. 本罪的刑事责任

构成本罪的，处5年以下有期徒刑或者拘役，并处或者单处罚金。

关联法规索引

《土地管理法》第74～76条;《最高人民法院关于审理破坏土地资源刑事案件具体应用法律若干问题的解释》第3条

典型案例

青岛市国土资源和房屋管理局崂山国土资源分局与青岛乾坤木业有限公司土地使用权出让合同纠纷案[1]

※案情简介:2000年5月29日,青岛市崂山区人民政府向青岛市人民政府报送《青岛市崂山区人民政府关于2000年度第一批城市建设用地的请示》。该请示称:根据《崂山区土地利用总体规划》,我区拟批次转用北宅街道办事处沟崖村园地126666平方米、洪园村园地6667平方米,合计133333平方米。上述用地在《崂山区土地利用总体规划》中已确定为城市建设用地。该批次土地办理农转用手续和征归国有后,我区将按照土地审批权限和具体建设项目另行审批。后青岛市人民政府向山东省人民政府报送青政地发〔2000〕267号《关于崂山区2000年度第一批城市建设用地的请示》。

2001年2月28日,乾坤公司与北宅街道办事处签订《土地使用权出让协议》。该协议约定,北宅街道办事处将北宅工业区内土地约150亩(松岭路以西、麦沟路以北)的土地使用权出让给乾坤公司,使用期限50年,每亩地价为6.88万元,总价款约为人民币1032万元。合同签订后,乾坤公司依据1999年青岛市崂山区人民政府的有关文件,分别于2001年4月20日和2001年9月5日,向原崂山区国土资源局的派出机构——崂山区人民政府北宅街道办事处土地规划与矿产资源管理所(以下简称土管所)缴纳土地出让定金180万元和50万元,土管所为其开具收款收据。2001年8月25日,乾坤公司给付土管所258万元支票一张,土管所向其开具258万元收款收据一份。该款实际于2003年3月27日划转至土管所。

2001年9月10日,乾坤公司取得青岛市崂山区环保局下发的〔2001〕青崂环预定字第10号《建设项目定点环保审核通知书》。2001年9月28日,取得青岛市崂山区村

---

〔1〕 案例来源:最高人民法院(2007)民一终字第84号民事判决书。

镇规划建设管理办公室下发的青崂村规定字〔2001〕第(045)号《青岛市崂山区村镇建设项目定点通知书》。2001年9月29日,取得青岛市崂山区村镇规划建设管理办公室下发的崂建村字第(045)号《建设用地规划许可证》,明确本用地项目符合城市规划要求,准予办理征用划拨土地手续。同日,取得青岛市崂山区村镇规划建设管理办公室下发的青崂村规设字〔2001〕第(045)号《青岛市崂山区村镇规划建设项目规划设计要求通知单》。同年9月30日,青岛市崂山区发展计划局依据北宅街道办事处经济贸易办公室的立项申请,下发崂计项字〔2001〕96号《关于同意青岛乾坤木业有限公司新建厂房项目立项的批复》。同日,崂山区国土局出具《关于青岛乾坤木业有限公司用地的说明》,该说明载明:青岛乾坤木业有限公司位于北宅工业园的150亩工业用地,因北宅工业园规划调整,经北宅街道办事处申请,我局研究同意将该公司用地调整为215亩,现该公司土地手续正在办理之中。

2002年1月31日,山东省人民政府下发鲁政土字〔2002〕35号《山东省人民政府关于青岛市崂山区城市建设用地的批复》称:青岛市崂山区土地管理局拟征用该区北宅街道办事处沟崖村等2个村园地133333平方米(折合200亩),作为青岛市崂山区政府建设储备用地。经审查,该批次用地符合青岛市崂山区土地利用总体规划,并已纳入你市土地利用年度计划,上报农用地转用方案和征用土地方案切实可行,同意该批次用地。

2003年1月16日,原青岛市崂山区国土资源局与乾坤公司签订青崂土合字〔2003〕4号《国有土地使用权出让合同》,其中约定,崂山区国土局出让给乾坤公司的宗地位于北宅街道沟崖村麦沟路北、松岭路西,宗地面积为175907平方米,其中出让土地面积为146383平方米。本合同项下出让宗地的用途为工业。本合同项下的土地使用权出让年限为50年。本合同项下的土地使用权出让金为每平方米103.20元,总额为18153602.40元。本合同签订之日起60日内,受让人一次性付清上述土地使用权出让金……。合同还约定,受让人在按合同约定支付全部土地使用权出让金之日起30日内,应持本合同和土地使用权出让金支付凭证,按规定向出让人申请办理土地登记,领取《国有土地使用证》,取得出让土地使用权。出让人应在受让土地登记申请之日起30日内,依法为受让人办理出让土地使用权登记,颁发《国有土地使用证》。受让人必须按照本合同约定,按时支付土地使用权出让金。如果受让人不能按时支付土地使用权出让金的,自滞纳之日起,每日按迟延支付款项的3‰向出让人缴纳滞纳金,延期付款超过6个月的,出让人有权解除合同,收回土地,受让人无权要求返还定金,出让人并可请求受让人赔偿因违约造成的其他损失。本合同项下宗地出让方案尚需经山东省人民政府批准,本合同自山东省人民政府批准之日起生效。本合同未尽事宜,可由双方约定后作为合同附件,与本合同具有同等法律效力。同日,双方签订《补充协议》,就代征道路及绿化带面积、费用作出约定。2003年2月18日,双方共同申请,对上述合同和协议在青岛市公证处办理了公证。同年3月26日,乾坤公司向土管所交付300万元支票一张,土管所向其开具300万元收款收据,但未实际划转该300万元。现崂山国土资源分局认可实际收取乾坤公司土地出让金共计488万元。此后,乾坤公司未缴纳剩余土地出让金。上述合同涉及的146383平方米的出让土地中,部分土地经鲁政土字〔2002〕35号文批准转为建设用地。

2005年6月6日,原青岛市崂山区国土资源局以乾坤公司未按合同约定如期缴纳全部土地使用权出让金以及项目用地违反青岛市政府〔2003〕95号文件为由,作出崂国土〔2005〕139号《崂山区国土资源局关于撤销国有土地使用权出让合同的决定》,决定撤销与乾坤公司2003年1月16日签订的《国有土地使用权出让合同》,并要求乾坤公司自收到本决定之日起10日内持《国有土地使用权出让合同》原件到该局办理解除合同相关事宜,已交款项的退还事宜到北宅街道办事处建设服务中心(原北宅街道办事处土管所)办理。2005年6月7日,原青岛市崂山区国土资源局通过特快专递将上述决定送达乾坤公司。

2006年3月13日,青岛市崂山区国土资源局更名为青岛市国土资源和房屋管理局崂山国土资源分局。

一审审理期间,崂山国土资源分局向一审法院提交涉案土地"现状地形图"一张,载明图中全部黑线部分为签订土地使用权出让合同后的地形图,图中红线圈定的部分为农转用获批准的部分。经质证,乾坤公司对此证据没有异议。

由于崂山国土资源分局单方解除合同,乾坤公司交付部分出让金后未能受让合同项下的土地,乾坤公司认为崂山国土资源分局违反合同约定,给其造成各项经济损失1200余万元,故向一审法院起诉,请求判令崂山国土资源分局履行青崂土合字〔2003〕4号《国有土地使用权出让合同》,向乾坤公司交付合同项下的全部土地。

一审法院认为,双方当事人签订的《国有土地使用权出让合同》涉及的土地中有部分履行了农用地转为建设用地的批准手续,根据《土地管理法》第四十三、四十四条的规定,崂山国土资源分局对该部分土地有权进行出让,其余部分未经人民政府批准,仍然为农村集体土地,崂山国土资源分局对此无权处分。因此,双方签订的《国有土地使用权出让合同》部分有效。关于乾坤公司缴纳的土地出让金问题。签订合同之前,乾坤公司已向崂山国土资源分局缴纳土地出让金共计488万元。2003年3月26日,乾坤公司向崂山国土资源分局交付300万元银行转账支票，崂山国土资源分局为其开具收款收据。上述一系列行为表明，乾坤公司一直在履行合同义务，对崂山国土资源分局辩称该300万元银行转账支票是空头支票、无法划转的理由，没有证据支持，一审法院不予采纳。关于《国有土地使用权出让合同》应否继续履行的问题。因合同项下的该宗土地部分获得山东省人民政府批准，该部分土地具备履行条件。鉴于乾坤公司涉案土地的相关项目已经政府有关部门批准，获得了项目立项、规划、环保等审批手续。故崂山国土资源分局应当向其交付该部分土地。崂山国土资源分局主张合同解除的抗辩理由，没有法律依据，一审法院不予支持。

综上所述，双方当事人签订的《国有土地使用权出让合同》部分有效，乾坤公司亦部分履行了付款义务，崂山国土资源分局应在政府批准的农用地转建设用地范围内向乾坤公司交付涉案土地。乾坤公司请求崂山国土资源分局履行青崂土合字〔2003〕4号《国有土地使用权出让合同》，向其交付合同项下的全部土地的主张部分成立。一审法院依据《中华人民共和国合同法》第八条、第五十六条、第一百零七条之规定，判决：(一)被告崂山国土资源分局于本判决生效后三十日内向原告乾坤公司交付合同项下已经审批转为建设用地的土地(具体以山东省人民政府鲁政土字〔2002〕35号《山东省人民政府关于青岛市崂山区城市建设用地的批复》及现状地形图红线坐标为准)；(二)驳回原告乾坤公司其他诉讼请求。案件受理费160778元，由乾坤公司承担130070元，崂山国土资源分局承担30708元。

崂山国土资源分局认为一审判决认定事实错误，适用法律不当。向本院提起上诉，请求二审撤销一审判决，依法驳回乾坤公司的诉讼请求，一、二审诉讼费由乾坤公司承担。理由是：

1. 一审判决认定上诉人和被上诉人双方签订的《国有土地使用权出让合同》部分有效是错误的。(1)本案合同中的标的物——宗地为不可分物，不适用量上的部分有效、部分无效。(2)上诉人对土地没有处分权，本案土地的出让要经过青岛市人民政府审批。(3)本合同项下宗地出让方案尚需经山东省人民政府批准，本合同自山东省人民政府批准之日起生效。由于本案项下的土地还没有完全办理农转用手续，所以不具备拟定出让方案报人民政府批准的条件，本案中的出让合同还不具有法律效力，被上诉人只具有一种期待权。(4)一审判决上诉人出让部分土地给被上诉人，违反了青岛市人民政府的规划。青岛市人民政府于2003年11月11日批准了包括本案宗地在内的地区规划。根据该规划，高新产业区“适当往东北方向发展延伸至李沙路，严禁继续往崂山风景区内延伸”，本案出让合同中的土地在青岛市政府规定的不准建设区域内。

本案已经办理农转用的84亩土地的批准文件依法已经自动失效。

2. 一审法院认定“崂山国土资源分局主张合同解除的抗辩理由，没有法律依据”是错误的。上诉人对被上诉人交纳的土地出让金数额有异议，即使按一审认定的788万元，也只占土地出让金总数18153602.4元的43%。被上诉人在合同签订后超过6个月没有付清出让金，上诉人依据涉案合同第9条和第31条，具有解除合同的权利，且乾坤公司已经收到解除合同的决定书。依据《合同法》第九十六条的规定，双方签订的《国有土地使用权出让合同》自乾坤公司收到该决定书时解除。由于合同没有约定上诉人行使解除权的时间，在解除条件构成后，上诉人可以随时行使解除权。

3. 一审判决关于被上诉人所交出让金数额的认定是错误的。一审判决认定乾坤公司所交土地出让金为488万元是错误的，不符合本案实际。扣除崂山区人民法院扣划的土地出让金3813357元，应认定乾坤公司所交的土地出让金为1066643元。

乾坤公司辩称：1. 一审认定涉案合同部分有效具有事实和法律依据，处理结果正确。涉案合同约定崂山国土资源分局向乾坤公司交付215亩土地，但实际上只有84亩具备了出让条件，符合合同部分无效的情形。崂山国土资源分局所称审批权上交是合同签订后发生的，审批权上交不影响合同的效力。至于崂山国土资源分局强调的政府新规划，是指规划后不再向风景区延伸，并不影响之前的合同。2. 一审认定崂山国土资源分局主张解除合同的抗辩理由不成立是正确的。乾坤公司没有全额付款的原因在崂山国土资源分局，当时乾坤公司的银行支票账户内存款多达700余万元，但土管所却停收土地出让金，致使乾坤公司履约不能。崂山国土资源分局单方解除合同的条件未成就。崂山区人民法院扣划土地出让金发生在合同解除之前，该行为与本案无关，崂山国土资源分局应当继续履行合同。

二审查明：乾坤公司于2003年3月26日向土管所提交的银行转账支票未记载出票日期和收款人，双方当事人对这一事实均无异议。本院认为，根据《票据法》第八十五条的规定，出票日期是支票的必要记载事项，涉及支票使用期限的起算，无出票日期的支票应认定为无效支票。

二审查明的其他事实与一审查明的事实相同。

本院认为，本案涉及三个争议焦点：(一)关于《国有土地使用权出让合同》效力的认定；(二)一审认定乾坤公司交纳土地出让金的数额是否正确；(三)崂山国土资源分局是否有权解除合同。

(一)关于《国有土地使用权出让合同》效力的认定问题。本合同虽约定合同须经山东省人民政府批准方可生效，但在合同签订前，合同项下的84亩土地已经山东省人民政府批准，由农业用地转为建设用地，故这部分土地未经审批不影响相应部分的合同效力；合同项下其余部分土地尚未办理农用地转用审批手续，按约定合同尚未生效，依法不得出让。崂山国土资源分局认为合同已经成立但未生效，不应认定部分有效、部分无效。本院认为，涉案合同是双方当事人的真实意思表示，内容不损害国家、集体和第三人的合法权益，且已经过公证，应认定已经成立。我国《合同法》第四十四条规定："依法成立的合同，自成立时生效。法律、行政法规规定应当办理批准、登记等手续生效的，依照其规定。"《土地管理法》第四十四条规定："建设占用土地，涉及农用地转为建设用地的，应当办理农用地转用审批手续。"据此认定本案中未经政府批准农转用土地的部分合同无效。根据《合同法》第五十六条的规定，部分合同无效，不影响其他部分效力的，其他部分仍然有效。就本案情况看，认定部分合同无效，不会影响其他部分的效力。因此，应当认定合同中经过政府批准的84亩土地使用权出让有效，未经政府批准的131亩土地使用权出让无效，其他合同条款仍然有效。对于崂山国土资源分局关于涉案合同项下转让的土地是不可分物，不适用量上的部分有效、部分无效的上诉主张，本院不予支持。

（二）关于一审认定乾坤公司交纳土地出让金的数额是否正确的问题。一审认定乾坤公司已向崂山国土资源分局交纳土地出让金788万元，乾坤公司对此不持异议。而崂山国土资源分局只承认收到乾坤公司的土地出让金488万元，且被崂山区人民法院划走3813357元，目前仅剩1066643元。双方当事人的主要分歧在于2003年3月26日乾坤公司向土地管理所交付的一张300万元的支票应否算作已付土地出让金。鉴于该支票因无出票日期而被认定为无效，凭无效支票不能划转乾坤公司的银行存款。乾坤公司的出票行为应被认定为无效民事行为。尽管土地管理所收到这张支票后出具了收据，但因支票无效，土地管理所出具的收据并不意味着已经或者能够收到300万元土地出让金，事后乾坤公司也未对这张支票进行补正。事实上崂山国土资源分局也未收到此笔款项。由于乾坤公司对这张支票的无效具有过错，不能认定乾坤公司提交这张支票即视为其支付了300万元土地出让金。崂山国土资源分局关于该支票无效的抗辩具有事实和法律依据，本院应予支持。一审认定乾坤公司已向崂山国土资源分局支付土地出让金788万元有误，应予纠正。

为执行（2004）崂执字297号、1162号民事裁定书，崂山区人民法院于2005年3月25日扣划被执行人乾坤公司在北宅街道办事处的出让土地定金907528元、2905829元至该院账户。同月29日，北宅街道办事处致函乾坤公司称，崂山区人民法院强行扣划北宅街道办事处财政款3813357元，北宅街道办事处已从乾坤公司交付的土地出让金

488万元中支付486.623万元。因此，一审判决认定乾坤公司交纳的土地出让金为488万元是正确的。乾坤公司应交纳的土地出让金应按照合同有效部分的土地出让面积计算，乾坤公司应交纳的土地出让金为5782089.6元（84亩×667平方米×103.2元=5782089.6元），所付488万元低于应付的土地出让金数额，故应认定乾坤公司未交齐合同有效部分的土地出让金。

（三）崂山国土资源分局是否有权解除合同。解除合同的前提是合同已经生效。涉案《国有土地使用权出让合同》第31条约定，受让人延期支付土地出让金超过6个月的，出让人有权解除合同。该合同未约定行使合同解除权的期限，也未约定出让方在解除合同前要进行催告。鉴于该合同部分有效，乾坤公司应在合同有效部分的范围内履行义务。涉案合同于2003年1月16日签订，截至2003年3月26日，乾坤公司向崂山国土资源分局交付土地出让金488万元，未达到84亩土地的出让金总额。因此，解除合同的条件已经成就。崂山国土资源分局根据《合同法》第九十三条第二款的规定，行使了合同解除权，且已经通知了乾坤公司。其未对乾坤公司进行催告，并不构成违约。对崂山国土资源分局关于乾坤公司没有按期付清合同项下全部土地出让金，其有权解除合同的主张，本院应予支持。对乾坤公司关于解除合同的条件未成就，崂山国土资源分局无权单方解除合同的主张，本院不予支持。

综上，本院认为，根据双方当事人在土地出让合同中的约定，涉案合同经过政府批准的部分有效、未经政府批准的部分无效。对于合同的有效部分，双方当事人均有义务履行。乾坤公司未在合同约定的期限内履行合同有效部分的交纳土地出让金的义务，解除合同的条件已经成就，崂山国土资源分局解除合同的行为有效。合同解除后，崂山国土资源分局不再履行向乾坤公司出让84亩土地使用权的义务。崂山国土资源分局的上诉有理，本院予以支持。一审法院认定事实不清，适用法律不当，应予改判。依照《中华人民共和国民事诉讼法》第一百五十三条第一款第（三）项的规定，判决如下：驳回青岛乾坤木业有限公司的诉讼请求。

※裁判要旨：国有土地使用权的出让涉及农用地转为建设用地等事项，应当依法办理农用地转用审批手续。国有土地使用权出让合同应当自通过审批之日起生效，未通过审批的合同无效。出让合同中未通过审批而无效的部分不影响通过审批部分的效力。国有土地使用权出让合同部分有效的，合同双方在有效部分范围内仍然应当履行合同义务。

第四十五条 【公共利益的认定】 为了公共利益的需要,有下列情形之一,确需征收农民集体所有的土地的,可以依法实施征收:

(一)军事和外交需要用地的;

(二)由政府组织实施的能源、交通、水利、通信、邮政等基础设施建设需要用地的;

(三)由政府组织实施的科技、教育、文化、卫生、体育、生态环境和资源保护、防灾减灾、文物保护、社区综合服务、社会福利、市政公用、优抚安置、英烈保护等公共事业需要用地的;

(四)由政府组织实施的扶贫搬迁、保障性安居工程建设需要用地的;

(五)在土地利用总体规划确定的城镇建设用地范围内,经省级以上人民政府批准由县级以上地方人民政府组织实施的成片开发建设需要用地的;

(六)法律规定为公共利益需要可以征收农民集体所有的土地的其他情形。

前款规定的建设活动,应当符合国民经济和社会发展规划、土地利用总体规划、城乡规划和专项规划;第(四)项、第(五)项规定的建设活动,还应当纳入国民经济和社会发展年度计划;第(五)项规定的成片开发并应当符合国务院自然资源主管部门规定的标准。

条文解读

本法第45条是关于土地征收中公共利益的认定的规定。

本条是2019年修正《土地管理法》时新增加的条文。《土地管理法》规定,为“公共利益”的需要可以征收集体土地。但长期以来,哪些情形应被认定为“公共利益”,始终没有定论,理论界和实务界争议非常大。本次修改明确规定,下列建设活动,如果符合国民经济和社会发展规划、土地利用总体规划、城乡规划和专项规划,可以征收土地:

(1)军事和外交需要用地的;

(2)由政府组织实施的能源、交通、水利、通信、邮政等基础设施建设需要用地的;

(3)由政府组织实施的科技、教育、文化、卫生、体育、生态环境和资源保护、防灾减灾、文物保护、社区综合服务、社会福利、市政公用、优抚安置、英烈保护等公共事业需要用地的;

(4)纳入国民经济和社会发展年度计划,由政府组织实施的扶贫搬迁、保障性安居工程建设需要用地的;

(5)纳入国民经济和社会发展年度计划,在土地利用总体规划确定的城镇建设用地范围内,经省级以上人民政府批准由县级以上地方人民政府组织实施的成片开发建设需要用地的,这里的"成片开发"应当符合国务院自然资源主管部门规定的标准。

上述列举并不能穷尽所有的"公共利益",所以,本条第6项又规定,"法律规定为公共利益需要可以征收农民集体所有的土地的其他情形"。也就是说,只有"法律"有权对"公共利益"做出认定,只有法律规定为公共利益,且为该公共利益的需要可以征收农民集体所有的土地。行政法规、部门规章等都不能规定。

配套法规及解读

《物权法》(2007年3月16日)

第四十二条 为了公共利益的需要,依照法律规定的权限和程序可以征收集体所有的土地和单位、个人的房屋及其他不动产。

征收集体所有的土地,应当依法足额支付土地补偿费、安置补助费、地上附着物和青苗的补偿费等费用,安排被征地农民的社会保障费用,保障被征地农民的生活,维护被征地农民的合法权益。

征收单位、个人的房屋及其他不动产,应当依法给予拆迁补偿,维护被征收人的合法权益;征收个人住宅的,还应当保障被征收人的居住条件。

任何单位和个人不得贪污、挪用、私分、截留、拖欠征收补偿费等费用。

※法规解读:《物权法》规定,为了公共利益的需要,依照法律规定的权限和程序可以征收集体所有的土地。但是,何为"公共利益",长期以来没有明确规定,造成实践中不同的认识,产生了很多纠纷,所以非常有必要明确"公共利益"的范围。在我国,征收的范围主要分为集体土地所有权的征收、国有土地上房屋等建筑物的征收。但是,集体土地所有权征收时,会涉及对集体土地上建造的建筑物的征收问题。因我国现行土地所有权实行双轨制,国有土地上的房屋征收由行政法规即《国有土地上房屋征收与补偿条例》调整,集体土地上的房屋作为集体土地的地上附着物进行征收,由《土地管理法》调整。尤其是在城中村改造过程中,在集体土地上的房屋征收和国有土地上的房屋征收产生非常大的差别。

关联法规

《土地管理法》第46～51条

典型案例

乔保银与济南市历城区华山街道姬家庄村民委员会房屋拆迁安置补偿合同纠纷上诉案[1]

※案情简介：乔保银上诉请求：1. 依法撤销历城区人民法院（2017）鲁0112民初4146号民事裁定，依法改判或发回重审；2. 一、二审案件受理费由姬家庄村委会负担。事实与理由：一、一审认定事实错误。（一）乔保银因房屋被拆除所引起的纠纷并非是征收农村集体土地上房屋拆迁安置补偿问题，并非是因地上物补偿问题引发的争议。根据《中华人民共和国土地管理法》等相关法律规定，土地征收行为是一种政府行为，是国家为了公共利益需要，依照法律规定的程序和权限将农民集体所有的土地转化为国有土地，并依法给予被征地的农村集体经济组织和被征地农民合理补偿和妥善安置的法律行为。征收主体应为市县级人民政府，被征收对象为农村集体土地及地上附着物，但是乔保银的房屋是被姬家庄村委会拆除，拆除房屋的目的在双方的签订的《拆房协议》中有明确记载，是为了"村里搞经济开发"。姬家庄村委会作为村委会并非是一级政府行政部门，其拆除行为也没有政府授权，当时拆除房屋的目的也是为了村里建设，并非是将集体土地转化为国有土地。因此乔保银的房屋被姬家庄村委会拆除的行为并不是土地征收行为，双方之间并不存在农村土地被征收，农村房屋拆迁安置补偿问题，更不存在因国家征收土地引起的地上物补偿问题。（二）乔保银与姬家庄村委会之间因房屋被拆除所引起的纠纷系平等主体之间的合同纠纷，属于人民法院受理民事诉讼的范围。乔保银的房屋被姬家庄村委会拆除时双方签订了《拆房协议》，该拆房协议中明确约定了合同双方当事人的名称及标的物，该《拆房协议》系当事人真实意思表示，内容不违反法律、行政法规的强制性规定，协议内容对双方均具有约束力，双方均应积极履行。现因姬家庄村委会不履行协议约定的义务，乔保银诉至法院，该纠纷应为因合同履行引起的纠纷，属于人民法院受理民事诉讼的范围。（三）乔保银与姬家庄

---

〔1〕 案例来源：山东省济南市中级人民法院（2018）鲁01民终1098号民事裁定书。

村委会签订的《拆房协议》是附生效条件的合同,现条件成就,合同生效,姬家庄村委会应当履行合同义务,向乔保银给付赔偿款。乔保银与姬家庄村委会签订的《拆房协议》中第二条约定“凡路西在开发区内的门头房集体和开发商占地有赔偿,村委会按每平方同等价格赔偿乔保银”,该约定即为双方当事人关于乔保银房屋被拆除后是否赔偿以及如何赔偿问题的附条件约定。条件是法律行为的附款,条件是决定法律行为效力的附款,条件是以将来客观上不确定事实为内容的附款。乔保银被拆除房屋所在区域位于历城区华山片区拆迁范围内,该范围内包括双方协议中约定的“路西在开发区内的门头房”在内的土地,且均已被政府征收,乔保银起诉至法院之时该范围内的拆迁安置补偿也已经由政府发放。《拆房协议》中条件成就,合同生效,姬家庄村委会应履行协议,予以赔偿。双方在《拆房协议》中也明确约定了赔偿时的标准为“村委会按每平方同等价格赔偿乔保银”,乔保银在一审时向法院提交了通过向济南市国土资源局历城分局申请政府信息公开取得的包括“路西在开发区内的门头房”在内的华山片区拆迁范围内土地征收及地上物补偿的标准,乔保银诉讼请求中要求姬家庄村委会给付的赔偿钱款也是根据该标准计算所得。因此,姬家庄村委会应按照该附生效条件的《拆房协议》中约定,履行给付赔偿款的约定义务。(四)乔保银被拆除的房屋并非违章建筑,在拆房协议中对于补偿的具体面积、数量,补偿的具体金额已经做了约定,完全能够依据此《拆房协议》予以实体审理。乔保银提供的涉案房屋平面图中有姬家庄村委会负责人的签字确认,双方已经对于补偿面积及数量予以核实,一审法院完全可以进行实体处理。二、一审适用法律错误。乔保银与姬家庄村委会因《拆房协议》这一附生效条件的合同所引发的争议属于人民法院受理民事诉讼的范围,法院应进行实体审理。《中华人民共和国民事诉讼法》第一百一十九条规定:起诉必须符合下列条件:(一)原告是与本案有直接利害关系的公民、法人和其他组织;(二)有明确的被告;(三)有具体的诉讼请求和事实、理由;(四)属于人民法院受理民事诉讼的范围和受诉人民法院管辖。乔保银起诉姬家庄村委会的案件是一起因附生效条件的合同的履行所引起的纠纷,属于人民法院受理民事诉讼案件的范围,一审法院裁定驳回乔保银的起诉,明显适用法律错误。

姬家庄村委会辩称,乔保银的上诉请求,没有事实依据。1. 被拆除的房屋无合法建设手续,系违章建筑,乔保银不应得到赔偿。2. 是否符合拆迁补偿的条件,应当由拆迁部门进行认定。只有符合拆迁补偿政策的房屋经拆迁部门认定后才会得到补偿。3. 被拆除的房屋系因妨碍村内修路而拆除,根据《拆房协议》第二条约定“如集体占用拆除都不包赔损失,乔保银不要求赔偿”。乔保银已自愿放弃要求赔偿的权利,权利

(即使存在)放弃后其不能再向姬家庄村委会主张该权利。姬家庄村委会范围内的土地转为国有土地,是政府实施的行政征收行为,并非村集体和开发商占用,不符合《拆房协议》中约定的赔偿条件。4. 案涉房屋已经灭失,在仅有房屋平面图而没有房屋的建筑结构、围墙材料、畜禽舍的结构等安置补偿的实质性内容的情况下,乔保银要求获得补偿款的诉讼请求没有事实依据。根据《济南市征地地上附着物和青苗补偿标准》中对每一项拆迁内容均分为多个档次,每一档次的补偿标准亦是动态的区间,乔保银在没有任何事实依据的情况下全部按照最高标准计算无事实依据。此外,被拆除的房屋并不符合拆迁补偿标准中的具体规定,即根据拆迁标准乔保银不能获得拆迁补偿。

乔保银向一审法院起诉请求:1. 依法判令姬家庄村委会向乔保银支付房屋补偿(赔偿)款 419580.5 元;2. 案件受理费由姬家庄村委会承担。

一审法院认为,人民法院受理的房屋拆迁安置补偿合同纠纷涉及的房屋拆迁是指因国家建设、城市改造等需要,由建设单位或个人对现存建设用地上的房屋进行拆除,对房屋所有人或使用人进行拆迁安置并根据具体情况给予一定补偿的活动;对农村集体土地上的房屋拆迁安置补偿问题,我国目前尚无明确的立法规定,由此产生的争议是否可以通过民事诉讼程序予以处理,也缺少明确的立法依据,人民法院受理此类民事诉讼于法无据。本案涉诉房屋所占土地系集体土地,已被政府征收,涉案房屋未办理建设规划审批许可手续,位于济南市历城区华山片区拆迁范围内,已被拆除。乔保银要求姬家庄村委会支付房屋补偿(赔偿)款 419580.50 元,该纠纷实质是农村集体土地征收过程中,因地上物补偿问题引发的争议,乔保银是否属于补偿对象以及是否应享有补偿权利等问题,均应由政府相关部门予以处理,故本案争议不属于人民法院受理民事案件的范围。本案中,涉诉房屋无合法建设规划手续,乔保银请求按照济南市征地补偿标准计算房屋拆迁补偿款,于法无据,乔保银与姬家庄村委会所签订拆房协议及所附涉案房屋平面图中,并未明确补偿款的具体数额,也未明确补偿的具体面积、数量,缺乏必要的安置补偿实质性内容,即使进行实体处理,也无法按照协议约定作为裁判依据。据此,一审法院依照《中华人民共和国民事诉讼法》第一百一十九条、第一百五十四条第一款第(三)项之规定,裁定:驳回原告乔保银的起诉。

本院审理查明,2001 年乔保银与济南市历城区华山镇姬家庄村民委员会签订拆房协议一份。该协议第一条双方约定:乔宝(保)银现有楼房,因村开发占地拆除;该协议第二条双方约定:如集体占用拆除都不包赔偿,乔宝(保)银不要求赔偿,凡路西在开发区内的门头房集体和开发商占地有赔偿,村委应按每平方同等价格赔偿乔宝(保)银。

本院认为:《最高人民法院关于受理房屋拆迁、补偿、安置等案件问题的批复》(法复〔1996〕12 号）第二条规定，拆迁人与被拆迁人因房屋补偿、安置等问题发生争议，或者双方当事人达成协议后，一方或者双方当事人反悔，未经行政机关裁决，仅就房屋补偿、安置等问题，依法向人民法院提起诉讼的，人民法院应当作为民事案件受理。本案中，乔保银与姬家庄村委会于 2001 年签订《拆房协议》，后双方当事人就房屋补偿发生纠纷并提起诉讼，符合上述司法解释的规定。因此，人民法院应当作为民事案件受理本案。

综上，原审裁定适用法律错误，应予纠正。本院依照《中华人民共和国民事诉讼法》第一百七十一条、《最高人民法院关于适用〈中华人民共和国民事诉讼法〉的解释》第三百三十二条规定，裁定如下：一、撤销济南市历城区人民法院（2017）鲁 0112 民初 4146 号民事裁定；二、本案指令济南市历城区人民法院审理。

※裁判要旨：拆迁人与被拆迁人因房屋补偿、安置等问题发生争议，或者双方当事人达成协议后，一方或者双方当事人反悔，未经行政机关裁决，仅就房屋补偿、安置等问题，依法向人民法院提起诉讼的，人民法院应当作为民事案件受理。

第四十六条　【征收土地的批准】征收下列土地的，由国务院批准：

（一）永久基本农田；

（二）永久基本农田以外的耕地超过三十五公顷的；

（三）其他土地超过七十公顷的。

征收前款规定以外的土地的，由省、自治区、直辖市人民政府批准。

征收农用地的，应当依照本法第四十四条的规定先行办理农用地转用审批。其中，经国务院批准农用地转用的，同时办理征地审批手续，不再另行办理征地审批；经省、自治区、直辖市人民政府在征地批准权限内批准农用地转用的，同时办理征地审批手续，不再另行办理征地审批，超过征地批准权限的，应当依照本条第一款的规定另行办理征地审批。

第四十七条　【征收土地的组织实施】国家征收土地的，依照法定程序批准后，由县级以上地方人民政府予以公告并组织实施。

县级以上地方人民政府拟申请征收土地的，应当开展拟征收土地现状调查和社会稳定风险评估，并将征收范围、土地现状、征收目的、补偿标准、安置方式和社会保障等在拟征收土地所在的乡（镇）和村、村民小组范围内公告至少三十日，听取被征地的农村集体经济组织及其成员、村民委员会和其他利害关系人的意见。

多数被征地的农村集体经济组织成员认为征地补偿安置方案不符合法律、法规规定的，县级以上地方人民政府应当组织召开听证会，并根据法律、法规的规定和听证会情况修改方案。

拟征收土地的所有权人、使用权人应当在公告规定期限内，持不动产权属证明材料办理补偿登记。县级以上地方人民政府应当组织有关部门测算并落实有关费用，保证足额到位，与拟征收土地的所有权人、使用权人就补偿、安置等签订协议；个别确实难以达成协议的，应当在申请征收土地时如实说明。

相关前期工作完成后，县级以上地方人民政府方可申请征收土地。

条文解读

本法第 47 条是关于征收农村土地的组织和实施的规定。

征收土地是一种国家行为，只有国家为了公共目的需要，才可以对农民集体所有的土地实行征用，由县级以上人民政府代表国家行使征用土地的权力。国家是征收土地的唯一主体，其他任何单位和个人都无权征用土地。根据《土地管理法》的规定，土地不得买卖，单位和个人也不能收买土地。

根据本法的规定，征收土地应当由县、市人民政府拟订征用土地方案，经省级以上人民政府土地行政主管部门审查后，报省级以上人民政府批准。报批时，必须有建设单位的用地申请，或城市建设用地开发方案、有关部门的批准文件、土地利用总体规划、土地利用年度计划指标等，征用耕地的，还应当有耕地补充方案。2019 年修改《土地管理法》时，明确了人民政府申请征收土地的前期准备，按照本条的规定，国家征收土地的，依照法定程序批准后，由县级以上地方人民政府予以公告并组织实施。相关前期工作完成后，县级以上地方人民政府方可申请征收土地。

县级以上地方人民政府拟申请征收土地的，应当开展拟征收土地现状调查和社会稳定风险评估，并将征收范围、土地现状、征收目的、补偿标准、安置方式和社会保障等在拟征收土地所在的乡（镇）和村、村民小组范围内公告至少 30 日，听取被征地的农村集体经济组织及其成员、村民委员会和其他利害关系人的意见。征收土地公告的内容包括：(1)被征用土地的所有权人、位置、地类和面积；(2)征地补偿标准和农业人员安置途径；(3)办理征地补偿登记的期限、地点。

多数被征地的农村集体经济组织成员认为征地补偿安置方案不符合法律、法规规定的，县级以上地方人民政府应当组织召开听证会，并根据法律、法规的规定和听证会情况修改方案。

拟征收土地的所有权人、使用权人应当在公告规定期限内，持不动产权属证明材料办理补偿登记。县级以上地方人民政府应当组织有关部门测算并落实有关费用，保证足额到位，与拟征收土地的所有权人、使用权人就补偿、安置等签订协议；个别确实难以达成协议的，应当在申请征收土地时如实说明。

被征收土地的所有权人、使用权人应当到当地人民政府土地行政主管部门办理征地补偿登记。被征地农村集体经济组织、农村村民或者其他权利人应当在征收土地公告规定的期限内持土地权属证书到指定地点办理征地补偿登记手续。被征地农村集体经济组织、农村村民或者其他权利人未如期办理征地补偿登记手续的，其补偿内容以有关市、县土地行政主管部门的调查结果为准。

配套法规及解读

《土地管理法实施条例》(2014 年 7 月 29 日修订)

第二十五条第一、二款 征收土地方案经依法批准后，由被征收土地所在地的市、县人民政府组织实施，并将批准征地机关、批准文号、征收土地的用途、范围、面积以及征地补偿标准、农业人员安置办法和办理征地补偿的期限等，在被征收土地所在地的乡(镇)、村予以公告。

被征收土地的所有权人、使用权人应当在公告规定的期限内，持土地权属证书到公告指定的人民政府土地行政主管部门办理征地补偿登记。

《征收土地公告办法》(2010 年 11 月 30 日修正)

第十四条第一款 未依法进行征收土地公告的，被征地农村集体经济组织、农村村民或者其他权利人有权依法要求公告，有权拒绝办理征地补偿登记手续。

※法规解读：以上规定是对土地征收公告规定的细化，其主要内容包括：

第一，公告的内容、地点。征收土地方案经依法批准后，由被征收土地所在地的市、县人民政府组织实施，并将批准征地机关、批准文号、征收土地的用途、范围、面积以及征地补偿标准、农业人员安置办法和办理征地补偿的期限等，在被征收土地所在地的乡(镇)、村予以公告。

第二，征地补偿登记。被征收土地的所有权人、使用权人应当在公告规定的期限内，持土地权属证书到公告指定的人民政府土地行政主管部门办理征地补偿登记。

《征收土地公告办法》第 14 条是关于未进行土地征收公告法律后果的规定。根据本条的规定，未进行土地征收公告的，属于征地程序违法，被征地农村集体经济组织、农村村民或者其他权利人有权要求征收土地公告，并有权拒绝办理征地补偿登记手续，不发生土地被征收的法律后果。如果土地征收程序违法，确权机关应认为该征地行为违法，该宗土地权属性质自始没有发生变化。

关联法规索引

《征收土地公告办法》第3～5条

典型案例

罗学会、重庆市人民政府行政纠纷案[1]

※案情简介：2013年2月1日，重庆市政府根据重庆市江津区人民政府（以下简称江津区政府）关于土地征收的请示作出渝府地（2013）142号《重庆市人民政府关于江津区实施城市规划建设农用地转用和土地征收的批复》。罗学会的厂房在征地批复征收的土地范围内。罗学会于2013年3月15日向重庆市政府提起行政复议申请，请求确认渝府地（2013）142号征地批复的行政行为违法，并予以撤销。重庆市政府的复议机构于2013年3月18日收到罗学会的行政复议申请后，于2013年3月19日作出渝府复（2013）218号《行政复议告知书》，认为罗学会提出的行政复议申请不符合《中华人民共和国行政复议法》（以下简称行政复议法）及其实施条例的申请条件，决定不予受理。罗学会不服，以重庆市政府为被告提起行政诉讼。主张原告是江津区双福镇长岭村人，在本村有种兔养殖场及宅基地房屋。2013年2月，被告作出渝府地（2013）142号《重庆市人民政府关于江津区实施城市规划建设农用地转用和土地征收的批复》，征收了原告所在村部分集体土地为国有。原告认为被告作出的征地批复违法，向被告申请复议，但被告作出渝府复（2013）218号《行政复议告知书》不予受理其复议申请违法，请求法院依法判决确认被告不予受理其行政复议申请的行为违法。

一审法院认为：行政复议法第十四条规定，对直辖市人民政府的具体行政行为不服的，向作出该具体行政行为的直辖市人民政府申请行政复议。据此，被告重庆市政

[1] 案例来源：最高人民法院（2014）行提字第31号行政判决书。

府具有作出本案被诉行政复议告知书的法定职权和相应职责。渝府地(2013)142号《重庆市人民政府关于江津区实施城市规划建设农用地转用和土地征收的批复》是被告根据江津区政府的农用地转用和土地征收请示对其作出的内部行政行为,该批复非针对原告,对外不产生行政法律效力,对原告权利义务产生实际影响的是之后江津区政府具体实施的征地和补偿行为。因此,原告的行政复议申请不属于被告行政复议的范围,被告对原告的行政复议申请不予受理并无不当。据此判决驳回原告罗学会的诉讼请求。罗学会不服,提起上诉。

重庆市高级人民法院二审查明的事实与一审一致。该院认为:渝府地(2013)142号《重庆市人民政府关于江津区实施城市规划建设农用地转用和土地征收的批复》是被上诉人重庆市政府根据江津区政府的农用地转用和土地征收请示对其作出的内部审批管理行为,该批复的对象并非上诉人罗学会。没有对其设定具体的权利义务,故该批复对上诉人的实体权利义务不产生直接的影响,对其权利义务产生实际影响的是江津区政府相关部门具体实施征地和安置补偿的行为。被上诉人以上诉人的行政复议申请不属行政复议的受案范围为由作出不予受理决定并无不当。一审判决认定事实清楚,适用法律正确。上诉人的上诉理由不能成立,法院不予支持。据此判决驳回上诉,维持原判。

罗学会仍不服,向本院申请再审称:1. 征地批复属于行政复议的受案范围,再审被申请人重庆市政府应当对征地批复具体行政行为的合法性作出实体上的审查及处理。2. 征地批复属于对外发生法律效力的具体行政行为,不属于内部行政行为,其对外(被征地农民包括再审申请人)产生了直接的权利义务关系。3. 征地批复不属于内部审批管理行为,不是征地审批过程中的一个环节及过程性行为,其具有独立的法律关系,具有可复议性。4. 征地批复具有可复议性,农民对此进行法律救济符合法律规定,且目前全国各省均在践行。重庆市第五中级人民法院一审判决驳回其诉讼请求,重庆市高级人民法院二审判决驳回上诉、维持原判存在错误。故请求本院依法判决撤销一审、二审判决,改判要求再审被申请人重庆市政府受理其复议申请或者发回重审。

重庆市政府辩称:(一)该府作出渝府复(2013)218号《行政复议告知书》的程序合法。罗学会于2013年3月15日向该府提起行政复议申请,请求确认渝府地(2013)142号《重庆市人民政府关于江津区实施城市规划建设农用地转用和土地征收的批复》违法并予以撤销。该府于2013年3月18日收到罗学会的行政复议申请后,于2013年3月19日作出涉案《行政复议告知书》,并通过邮局挂号信函的方式送达罗学会,符合行政复议法第十七条之规定。(二)该府作出涉案《行政复议告知书》认定事实清楚,法律依据正确。首先，涉案征地批复是该府依法针对江津区政府的请示所作的答复，属内部行政行为。根据《中华人民共和国土地管理法》(以下简称土地管理法)第四十六条第一款“国家征收土地的，依照法定程序批准后，由县级以上地方人民政府予以公告并组织实施”之规定，征收土地批复对外不产生行政法律效力，对原告权利义务产生实际影响的是江津区政府具体实施的征地和补偿安置行为。其次，根据行政复议法第三十条第二款之规定：“省级人民政府根据国务院或者省、自治区、直辖市人民政府对行政区划的勘定、调整或者征用土地的决定，作出的确认土地、矿藏、水流、森林、山岭、草原、荒地、滩涂、海域等自然资源的所有权或者使用权的行政复议决定为最终裁决”，以及最高人民法院(2005)行他字第23号复函表示：“《中华人民共和国行政复议法》第三十条第二款规定的最终裁决应当包括两种情形：一是国务院或者省级人民政府对行政区划的勘定、调整或者征用土地的决定；……”即国务院或省、自治区、直辖市人民政府作出的征地批复是最终裁决，不得申请行政复议。最后，因为国家征收的是集体土地所有权，因此，只有作为集体土地所有权人的集体经济组织才与征地批复有法律上的利害关系，而罗学会作为集体经济组织中的一员，无权代表本集体经济组织，其与土地征收批复无法律上的利害关系，因此，罗学会不具备行政复议申请人资格。综上，请求本院依法驳回罗学会的再审请求。

本院经审理查明的事实与原审认定的事实一致。以上事实有再审被申请人重庆市政府在原审期间提交的渝府复(2013)218号《行政复议告知书》及邮寄送达凭据、再审申请人罗学会向再审被申请人提交的《行政复议申请书》及邮寄凭据、渝府地(2013)142号《重庆市人民政府关于江津区实施城市规划建设农用地转用和土地征收的批复》，以及原审及本院再审庭审笔录、听证笔录、再审申请书等证据在案佐证。

本院认为：本案系针对省级政府征地批复引发相关行政争议的诉讼。主要涉及两个焦点问题，一是省级政府的征地批复是否属于行政复议受理范围，二是再审申请人罗学会是否具有行政复议申请人资格。

针对第一个问题，省级政府所作的征地批复在现实中和法律上通常等同于行政复议法第三十条所规定的“征收土地的决定”。根据行政复议法第十四条关于“对国务院部门或者省、自治区、直辖市人民政府的具体行政行为不服的，向作出该具体行政行为的国务院部门或者省、自治区、直辖市人民政府申请行政复议。对行政复议决定不服的，可以向人民法院提起行政诉讼；也可以向国务院申请裁决，国务院依照本法的规定作出最终裁决”之规定，征地批复作为“省、自治区、直辖市人民政府的具体行政行为”，实践中，相关内容往往已按照土地管理法所规定的征地公告程序公之于众，产生了外化效果。且经过同级复议后形成的复议决定，也是向国务院申请裁决的前提依据之一。同时，国务院法制办作为国务院办事机构，亦已办理大量针对省级政府所作的征地批复复议决定申请裁决的案件。同时，行政复议法第三十条第二款规定了“根据国务院或者省、自治区、直辖市人民政府对行政区划的勘定、调整或者征收土地的决定，省、自治区、直辖市人民政府确认土地、矿藏、水流、森林、山岭、草原、荒地、滩涂、海域等自然资源的所有权或者使用权的行政复议决定为最终裁决”，也即省级政府根据其作出的征地决定而作出的确认土地所有权或使用权的决定不仅可申请复议，且相关复议决定系不可诉的终局裁决。由此可见，如果征地决定（批复）本身被解释为不可复议，不仅与行政复议法第六条第七项、第十一项有关“认为行政机关违法集资、征收财物……或者违法要求履行其他义务的”“认为行政机关的其他具体行政行为侵犯其合法权益的”等可申请复议情形之规定精神不符，也与实践中绝大多数地方和国务院法制办认可的做法相冲突。因此，再审被申请人在涉案《行政复议告知书》及答辩中称，涉案征地批复属于内部行政行为，对外不产生行政法律效力，再审申请人申请复议不符合法定申请条件的理由，法律依据不充分，与目前行政管理实践脱节，本院不予支持；同时，再审被申请人将最高人民法院（2005）行他字第23号复函内容解释为省级政府作出的征地批复是最终裁决，不得申请行政复议，亦存在一定曲解，与行政复议法前述规定精神不符，本院亦难以支持。上述复函旨在强调，人民法院当时适用行政复议法第三十条第二款规定的一般标准，即省级政府的征地决定及行政复议决定未被纳入行政诉讼受案范围之内。原审法院进而将征地决定（批复）排除于行政复议范围之外，不利于当事人法定的复议请求权的保障，确有不当。

针对第二个问题，根据土地管理法第十条、十四条、六十二条等规定精神，农村集体经济组织、村民委员会、村民小组作为集体土地的管理者，代表集体行使所有权，可以申请行政复议；农民集体经济组织、村民委员会、村民小组不申请行政复议的，村民会议、村民小组会议或者村民代表会议可以决定申请行政复议。在上述主体均不申请行政复议时，应当允许土地承包经营权、宅基地使用权受到侵害的农村集体经济组织成员以自己的名义申请行政复议。本案中，从原审法院查明的事实看，罗学会的厂房在征地批复征收的土地范围内，且其诉讼理由中主张其是江津区双福镇长岭村人，在本村有种兔养殖场及宅基地房屋。从保护当事人复议请求权的客观需要以及全国各地多数省级政府的实际做法看，赋予其行政复议申请人资格，于法有据，并无不当。再审被申请人有关罗学会作为集体经济组织中的一员，无权代表本集体经济组织，其与土地征收批复无法律上的利害关系，故不具备行政复议申请人资格的抗辩理由，本院不予支持。

综上所述,再审被申请人作出渝府复(2013)218号《行政复议告知书》不予受理再审申请人的复议申请违反相关法律规定,构成不履行法定职责,原审判决适用法律不当,依照《中华人民共和国行政诉讼法》第七十条第二项,第七十二条,第八十九条第一款第二项、第三款,第一百零一条,《中华人民共和国民事诉讼法》第二百零七条以及《中华人民共和国行政复议法》第十七条之规定,判决如下:

一、撤销重庆市第五中级人民法院作出的(2013)渝五中法行初字第107号行政判决和重庆市高级人民法院作出的(2013)渝高法行终字第00154号行政判决;

二、撤销再审被申请人重庆市人民政府于2013年3月19日作出的渝府复(2013)218号《行政复议告知书》;

三、再审被申请人重庆市人民政府于本判决送达之日起受理再审申请人提出的复议申请。

※裁判要旨:省级政府所作的征地批复在现实中和法律上通常等同于《行政复议法》第三十条所规定的"征收土地的决定"。如果征地决定(批复)本身被解释为不可复议,不仅与《行政复议法》第六条第七项、第十一项有关"认为行政机关违法集资、征收财物……或者违法要求履行其他义务的""认为行政机关的其他具体行政行为侵犯其合法权益的"等可申请复议情形之规定精神不符,也与实践中绝大多数地方和国务院法制办认可的做法相冲突。

第四十八条 【征收补偿】征收土地应当给予公平、合理的补偿,保障被征地农民原有生活水平不降低、长远生计有保障。

征收土地应当依法及时足额支付土地补偿费、安置补助费以及农村村民住宅、其他地上附着物和青苗等的补偿费用,并安排被征地农民的社会保障费用。

征收农用地的土地补偿费、安置补助费标准由省、自治区、直辖市通过制定公布区片综合地价确定。制定区片综合地价应当综合考虑土地原用途、土地资源条件、土地产值、土地区位、土地供求关系、人口以及经济社会发展水平等因素,并至少每三年调整或者重新公布一次。

征收农用地以外的其他土地、地上附着物和青苗等的补偿标准,由省、自治区、直辖市制定。对其中的农村村民住宅,应当按照先补偿后搬迁、居住条件有改善的原则,尊重农村村民意愿,采取重新安排宅基地建房、提供安置房或者货

币补偿等方式给予公平、合理的补偿,并对因征收造成的搬迁、临时安置等费用予以补偿,保障农村村民居住的权利和合法的住房财产权益。

县级以上地方人民政府应当将被征地农民纳入相应的养老等社会保障体系。被征地农民的社会保障费用主要用于符合条件的被征地农民的养老保险等社会保险缴费补贴。被征地农民社会保障费用的筹集、管理和使用办法,由省、自治区、直辖市制定。

条文解读

本法第48条是关于征收土地补偿的规定。

征收土地补偿的基本原则是确保被征地农民原有生活水平不降低、长远生计有保障,给予公平、合理的补偿。所谓"公平、合理",主要是指征收土地的补偿,要充分考虑被征收土地的原来的用途和土地的价值,毕竟补偿不是赔偿,不讲究对价,即征地补偿的数额"公平、合理"但不是被征土地的价值。按照土地的原用途确定补偿标准和补偿数额。原来是耕地的按耕地的标准补偿,原来是林地的按林地补偿,原来是未利用的荒山、荒地没有收益的,原则上不予补偿。这是征收土地补偿的基本原则。

本次修改,不但要求征收补偿要公平、合理,还要求依法及时足额支付补偿费用。原《土地管理法》规定的征地补偿费用包括土地补偿费、安置补助费、地上附着物补偿费和青苗补偿费。但长期以来,征收农村土地的,农民的住宅如何补偿因没有明确的法律规定,引发了很多诉讼,农民的权益很难得到有效保障。这次修改,将征地补偿费用扩大到对农村村民住宅的补偿费用,包括土地补偿费、安置补助费以及农村村民住宅、其他地上附着物和青苗等的补偿费用。本法还规定,除了及时足额支付补偿费用外,还应安排被征地农民的社会保障费用。

土地补偿费是因国家征收土地对土地所有者和土地使用者对土地的投入和收益造成损失的补偿。补偿的对象包括土地所有权人和使用权人。安置补助费是为了安置以土地为主要生产资料并取得生活来源的农业人口的生活所给予的补助费用。2019年修正的《土地管理法》对土地补偿费和安置补助费的确定进行了比较大的修改。原《土地管理法》规定,征收耕地的土地补偿费标准为被征用耕地前三年平均年产值的4至6倍;安置补助费的标准为该耕地前三年平均年产值的4至6倍,即按人均耕地产值的4至6倍。但是,每公顷征收耕地的安置补助费最高标准由原来的前三年平均年产值的10倍调整到15倍。新修改的《土地管理法》规定,征收农用地的土地补偿费、安置补助费标准由省、自治区、直辖市通过制定公布区片综合地价确定。制定区片综合地价应当综合考虑土地原用途、土地资源条件、土地产值、土地区位、土地供求关系、人口以及经济社会发展水平等因素,并至少每三年调整或者重新公布一次。本次修改,改变了过去补偿标准的不统一,确保土地补偿费和安置补助费的公平、合理。

征收农用地以外的其他土地、地上附着物和青苗的补偿标准,由省、自治区、直辖市规定。地上附着物包括地上地下的各种建筑物、构筑物,如水井、道路、地上地下管线等。青苗补偿费,是指农作物正处于生长阶段而未能收获的,因征收土地需要及时让出土地而致使农作物不能收获而使农民造成损失的,应当给予土地承包者或土地使用者以经济补偿。青苗补偿费的补偿标准,一般根据农作物的生长期按一季的产值予以计算,或按一季作物产值的一定比例予以补偿,具体的标准由各省、自治区、直辖市规定。

征收集体土地,涉及农村村民住宅的现象比较多,侵害农民住宅权利的现象比较普遍。例如,有的地方先将农民住宅推倒,由农民自行寻找住处,造成很多农民无处安身。新《土地管理法》针对这种突出现象,明确规定,征收集体土地,涉及农村村民住宅的,应当按照先补偿后搬迁、居住条件有改善的原则,尊重农村村民意愿,采取重新安排宅基地建房、提供安置房或者货币补偿等方式给予公平、合理的补偿,并对因征收造成的搬迁、临时安置等费用予以补偿,保障农村村民居住的权利和合法的住房财产权益。

农地是农民最基本的生产资料,被征地农民失去农地后,失去最基本的生活资料。因此,被征地农民县级以上地方人民政府应当将被征地农民纳入相应的养老等社会保障体系。被征地农民的社会保障费用主要用于符合条件的被征地农民的养老保险等社会保险缴费补贴。被征地农民社会保障费用的筹集、管理和使用办法,由省、自治区、直辖市制定。

配套法规及解读

《土地管理法实施条例》(2014 年 7 月 29 日修订)

第二十五条第三、四款 市、县人民政府土地行政主管部门根据经批准的征收土地方案,会同有关部门拟订征地补偿、安置方案,在被征收土地所在地的乡(镇)、村予以公告,听取被征收土地的农村集体经济组织和农民的意见。征地补偿、安置方案报市、县人民政府批准后,由市、县人民政府土地行政主管部门组织实施。对补偿标准有争议的,由县级以上地方人民政府协调;协调不成的,由批准征收土地的人民政府裁决。征地补偿、安置争议不影响征收土地方案的实施。

征收土地的各项费用应当自征地补偿、安置方案批准之日起3个月内全额支付。

※法规解读：市、县人民政府自然资源主管部门根据经批准的征收土地方案，会同有关部门拟订征地补偿、安置方案，在被征收土地所在地的乡（镇）、村予以公告，听取被征收土地的农村集体经济组织和农民的意见。征地补偿、安置方案报市、县人民政府批准后，由市、县人民政府自然资源主管部门组织实施。对补偿标准有争议的，由县级以上地方人民政府协调；协调不成的，由批准征收土地的人民政府裁决。征地补偿、安置争议不影响征用土地方案的实施。征收土地的各项费用应当自征地补偿、安置方案批准之日起3个月内全额支付。

有关市、县人民政府自然资源主管部门会同有关部门根据批准的征收土地方案，在征收土地公告之日起45日内以被征用土地的所有权人为单位拟订征地补偿、安置方案并予以公告。

征地补偿安置、方案公告应当包括下列内容：(1)本集体经济组织被征收土地的位置、地类、面积，地上附着物和青苗的种类、数量，需要安置的农业人口的数量；(2)土地补偿费的标准、数额、支付对象和支付方式；(3)安置补助费的标准、数额、支付对象和支付方式；(4)地上附着物和青苗的补偿标准和支付方式；(5)农业人员的具体安置途径；(6)其他有关征地补偿、安置的具体措施。

被征地农村集体经济组织、农村村民或者其他权利人对征地补偿、安置方案有不同意见的或者要求举行听证会的，应当在征地补偿、安置方案公告之日起10个工作日内向有关市、县人民政府自然资源主管部门提出。

有关市、县人民政府自然资源主管部门应当研究被征地农村集体经济组织、农村村民或者其他权利人对征地补偿、安置方案的不同意见。对当事人要求听证的，应当举行听证会。确需修改征地补偿、安置方案的，应当依照有关法律、法规和批准的征收土地方案进行修改。有关市、县人民政府自然资源主管部门将征地补偿、安置方案报市、县人民政府审批时，应当附具被征地农村集体经济组织、农村村民或者其他权利人的意见及采纳情况，举行听证会的，还应当附具听证笔录。

征地补偿、安置方案经批准后，由有关市、县人民政府自然资源主管部门组织实施。

关联法规索引

《征收土地公告办法》第7～11条

典型案例

北沙坡村村委会诉西安市高新技术产业开发区东区管委会等拖欠征地款纠纷案[1]

※案情简介：西安高新技术产业开发区东区管理委员会和西安高新技术产业开发区碑林科技产业园（以下统称碑林科技园）系一套班子，两块牌子。1991年，碑林科技园根据陕西省人民政府和陕西省西安市人民政府以及陕西省西安市碑林区人民政府有关行政文件、批复，以撤村转户的方式征用西安市碑林区北沙坡村村民委员会（以下简称北沙坡村委会）集体土地，并先期使用了北沙坡村委会土地94.532亩。1997年9月30日，根据北沙坡村委会不愿撤村转户的请求，陕西省西安市碑林区人民政府以碑政发（1997）079号批复，对北沙坡村委会已交给碑林科技园使用的土地补办征地手续。

2002年5月8日，北沙坡村委会诉至陕西省高级人民法院称，1990年碑林科技园在未与北沙坡村委会签订征地协议的情况下，先期使用了北沙坡村委会94.532亩土地。1998年4月27日，双方签订《征地协议》约定了征地亩数、地价款，其中还约定了碑林科技园负责将规划范围内生活区（位于二环路北的土地）统一征为国有土地后，除去城市绿化和道路用地外，全部返还给北沙坡村委会，把土地证过户到北沙坡村委会所属的双环公司第二分公司名下，以及征地款的支付方法、欠款利息和违约责任。协议签订后，北沙坡村委会按约履行了合同全部义务，而碑林科技园没有全面履行合同义务，给北沙坡村委会造成巨大经济损失。请求判令碑林科技园支付拖欠征地款211.9946万元及其利息81932元和违约金1391.4275万元（截至2002年3月31日）；继续履行《征地协议》第三条约定的义务；负担诉讼费用。同年6月20日，北沙坡村委会增加诉讼请求，判令碑林科技园继续履行《征地协议》第三条约定的义务或者向北沙坡村委会支付办理国有土地使用证所需费用530万元。

一审法院经审理认为，碑林科技园经陕西省人民政府和陕西省西安市人民政府以及陕西省西安市碑林区人民政府批准，取得征用北沙坡村委会土地的主体资格。碑林科技园虽先期使用北沙坡村委会土地，但双方已于1998年4月27日签订《征地协议》和同年6月26日签订补充协议。该《征地协议》除第三条约定违反法律规定，损害国家利益应属无效，既计算利息又计算违约金属重复计算以及违约金计算标准过高应予

[1] 案例来源：最高人民法院（2003）民一终字第40号民事判决书。

变更或核减外,其他条款系双方当事人平等协商,并不违反国家法律和行政法规强制性规定,应确认有效。双方已于2001年4月9日对碑林科技园付款情况进行了对账,该对账清单所确认的付款事实予以采信。双方在对账清单中并未对北沙坡村委会前期逾期付款违约金和利息承担进行约定,现碑林科技园已向北沙坡村委会足额支付了征地款,故北沙坡村委会请求碑林科技园继续支付征地款并承担利息和违约金的理由不能成立,本不应支持,但北沙坡村委会起诉后,碑林科技园愿意依照最高人民法院关于逾期付款违约金计算标准承担123.1311万元违约责任,予以认可。北沙坡村委会请求碑林科技园支付1993年11月16日《征地补偿协议》约定的征地补偿款27.72万元。双方同一日就同一宗土地签订了两份《征地补偿协议》,碑林科技园已按其中一份《征地补偿协议》支付了征地款,北沙坡村委会要求碑林科技园按另一份《征地补偿协议》支付征地款,属同一宗土地的重复补偿,故其请求不予支持。根据《合同法》第四十四条、第四十五条、第七十七条第一款、第一百一十四条第一款、第二款,《土地管理法》第四十七条第一款、第二款之规定,判决:一、北沙坡村委会与碑林科技园签订的《征地协议》以及补充协议,除《征地协议》第三条约定无效、约定违约金标准过高应予核减外,其余协议内容合法有效;二、判决生效之日起10日内,碑林科技园支付北沙坡村委会逾期付款违约金123.1311万元,逾期加倍支付迟延履行期间的债务利息;三、驳回北沙坡村委会其他诉讼请求。

北沙坡村委会和碑林科技园不服一审判决,提起上诉。北沙坡村委会上诉称,一审判决认定事实错误,适用法律不当,请求二审法院查清事实,依法改判。碑林科技园上诉称,一审判决第2项判令其支付北沙坡村委会违约金123.1311万元不当,请求二审法院撤销该判项,维持其他判项,由北沙坡村委会负担二审案件诉讼费用。

二审法院查明:1998年5月11日,受碑林科技园委托,西安市勘察测绘院对《征地协议》第三条涉及的规划范围内生活区属于北沙坡村委会所有的位于陕西省西安市二环路北的土地进行了测绘,结论为土地面积共90.387亩,其中绿地11.602亩,占路面积36.937亩,余下可开发面积为41.848亩。碑林科技园未办理该部分土地征用手续,北沙坡村委会及其所属的双环公司自行开发经营该部分土地。

北沙坡村委会在一审庭审中认可《征地协议》第四条有关青苗补偿费的条款中没有约定具体金额,其中一份《征地协议》文本第四条中有关青苗补偿费数额系北沙坡村委会在签订后单方填写。双方于1998年6月15日形成的对账清单确认碑林科技园在1991年至1998年4月30日期间,付给北沙坡村委会的287万余元款项中,包括代付农业税、青苗及地面补偿费和征地费等。

北沙坡村委会在一审起诉和二审上诉时均提出碑林科技园尚欠其征地款211.9946万元及其利息81932元，在二审中虽提出碑林科技园尚欠其逾期付款利息255.07万元，但未提供证据予以证明。碑林科技园举证证明其尚欠北沙坡村委会逾期付款利息为51.6289万元。

北沙坡村委会主张的违约金1391.4275万元中，碑林科技园经计算认为，按照《征地协议》约定标准，违约金数额为620万余元。

北沙坡村委会和碑林科技园均未履行1998年6月26日双方签订的《协议》。北沙坡村委会在一审起诉时未涉及该协议内容。

二审法院查明的其他事实与一审法院查明的事实相同。

法院认为，碑林科技园经有批准权的人民政府批准，依法取得征用北沙坡村委会农村集体所有土地的资格之后，与北沙坡村委会于1998年4月27日签订的《征地协议》是双方在平等自愿的基础上，经协商达成的协议，意思表示真实。该《征地协议》第三条约定碑林科技园负责将规划范围内生活区的土地统一征为国有土地后，除去城市绿化和道路用地外，全部返还给北沙坡村委会，把土地证过户到北沙坡村委会所属的双环公司第二分公司名下，改变了陕西省有关人民政府征地批文中的征地用途，违反了我国《土地管理法》中有关国有土地用途的强制性规定，并且在没有约定取得对价的情况下，把农村集体所有的土地征为国有土地后又返还给北沙坡村委会，损害了国家和社会公共利益，违反了《合同法》第五十二条的规定，一审法院认定该条款无效、其他条款有效，适用法律是正确的。无效的合同条款，对当事人自始就没有法律约束力，且该条款约定的内容尚未实际履行，双方无须相互返还，北沙坡村委会自行开发经营该部分土地所需支出的费用也应由其自行承担。北沙坡村委会主张碑林科技园继续履行该《征地协议》第三条约定的义务或者承担其自行开发经营该部分土地所需支出的土地出让金等相关费用530万元，没有合同依据和法律依据，法院不予支持。根据《征地协议》约定的征地亩数和单价，碑林科技园应向北沙坡村委会支付征地款1191.10万元。《征地协议》第四条中约定的青苗补偿费没有约定具体金额，双方于1998年6月15日形成的对账清单确认碑林科技园在1991年至1998年4月30日期间，付给北沙坡村委会的287万余元款项中，包括代付农业税、青苗及地面补偿费和征地费等。截至2002年1月9日，碑林科技园共付给北沙坡村委会征地款、青苗及地面补偿费、农业税等共计1483.431485万元，按照《征地协议》第六条付款办法中有关扣除碑林科技园已支付给北沙坡村委会的征地预付款及垫付的有关费用的约定，碑林科技园先期付给北沙坡村委会的征地款、青苗及地面补偿费、农业税等均属于征地预付款及垫付的有关费用,应一并计入征地款中。双方经对账后,北沙坡村委会对碑林科技园共支付1483.431485万元款项的事实予以认可。北沙坡村委会在一审起诉时和二审上诉中主张碑林科技园拖欠征地款211.9946万元和利息8.1932万元,是根据《征地协议》约定从1998年6月30日起碑林科技园按当年中国人民银行公布的贷款利率开始计算所欠款额的利息。碑林科技园共支付给北沙坡村委会1483.431485万元,已经超额支付了按照《征地协议》约定应支付的1191.10万元,不欠北沙坡村委会的征地款,但根据碑林科技园举证证明计算得出其尚欠逾期付款利息51.6289万元。在未经人民法院或者仲裁机构确定违约责任、双方亦未经协商违约责任承担的情况下,碑林科技园超额支付的款项不具有违约金性质,余下292.331485万元中的一部分款项可视为对自1998年6月30日起碑林科技园逾期付款利息的支付,一审中碑林科技园没有提出请求北沙坡村委会返还该笔多支付的款项,二审中碑林科技园也没有提出请求返还多支付的款项,对此法院不作处理;北沙坡村委会再主张碑林科技园支付征地款211.9946万元和利息8.1932万元,缺乏事实依据,法院不予支持。双方在合同中约定逾期付款支付利息的同时约定承担违约责任,不违反法律的强制性规定。欠款或逾期付款造成接受款项一方的损失体现为利息的期待利益的丧失。北沙坡村委会没有提供有效证据证明其因碑林科技园逾期付款造成的损失超出同期贷款利息损失。按照双方在《征地协议》中约定日千分之二标准计算违约金数额,无论是北沙坡村委会主张的1391.4275万元,还是碑林科技园计算的620余万元,均过分高于按照中国人民银行规定的同期同类贷款利率计算该部分逾期付款的利息51.6289万元。如何确定过分高于损失的标准,根据《合同法》第一百一十四条的规定精神,应以约定的违约金数额是否过分高于违约行为所造成的损失为标准。本案中,碑林科技园以双方在合同中约定违约金数额过分高于北沙坡村委会逾期收到征地款所造成的利息损失为由,请求予以调整,符合合同法规定的条件。一审法院结合本案实际情况,基于碑林科技园愿意按照最高人民法院关于逾期付款违约金标准分段计算,确定逾期付款违约金具体数额,虽然与利息损失相比数额较高,但介于约定的违约金数额与违约行为造成的损失之间,大大低于约定的违约金数额,这是对双方约定的违约金过分高于违约行为造成的损失所进行的调整,属于人民法院依法裁量的结果,在适用法律上并无不当。在当事人对违约金有约定的情况下,一般应当适用约定违约金,但在当事人提出约定违约金过分高于造成的损失时,人民法院依法有权参照一定的计算标准予以适当调整,不是直接适用法定违约金;北沙坡村委会认为一审法院没有适用约定违约金而适用法定违约金标准应予纠正的主张,理由不成立,法院不予支持。碑林科技园没有按照《征地协议》约定的付款期限付清征地款，一审法院在认定其存在逾期付款行为需承担违约责任的基础上，基于碑林科技园的请求，针对双方在合同中约定的违约金标准过分高于逾期付款利息损失的实际情况，判令碑林科技园按照中国人民银行公布的同期逾期付款利率标准，向北沙坡村委会支付123.1311万元违约金，是根据当事人请求依法对约定违约金过分高于造成的损失进行调整的行为，并无不妥。碑林科技园上诉请求撤销一审判决相关判项的理据不足，法院不予支持；北沙坡村委会主张一审判决不应将双方约定的日千分之二违约金标准调整为中国人民银行公布的同期逾期付款利率标准，请求判令碑林科技园支付1391.4275万元违约金的理由不成立，法院亦不予支持。综上，根据《民事诉讼法》第一百五十三条第一款第一项之规定，判决如下：驳回上诉，维持原判。

※裁判要旨：有关单位在取得有批准权的人民政府批准后，与被征地方签订的《征地协议》是双方在平等自愿的基础上，经协商达成的协议，意思表示真实，协议有效。使用征地的，不得违反征地批文中的征地用途，否则违反了我国《土地管理法》中有关国有土地用途的强制性规定，损害了国家和社会公共利益，应当认定该行为违法。双方在合同中约定逾期付款支付利息的同时约定承担违约责任，不违反法律的强制性规定，是有效的。在当事人对违约金有约定的情况下，一般应当适用约定违约金，但在当事人提出约定违约金过分高于造成的损失时，人民法院依法有权参照一定的计算标准予以适当调整，不是直接适用法定违约金。

山西省安业集团有限公司诉山西省太原市人民政府收回国有土地使用权决定案[1]

※案情简介：安业公司于2004年4月和2005年10月先后办理了双塔西街162号的《国有土地使用证》，并于2006年3月1日办理了《房屋产权证》。太原市政府为实施解放南路长治路改造道路建设，于2014年4月4日发布并政收告〔2014〕018号《太原市人民政府为实施解放南路长治路改造道路建设涉及收回迎泽大街以南，中心街以北部分国有土地使用权的通告》（以下简称《通告》），并公示于2014年4月10日《太原日报》、山西省太原市国土资源局网站收地专栏。该《通告》告知各有关单位和住户，市政府决定收回解放南路长治路道路建设所涉及87个单位776.85亩的国有土地使用权。涉及的单位和住户自通告发布之日起15日内带有关土地手续到太原市国土资源局办理土地使用权注销手续；逾期不交回的，将予以注销。《通告》载明所涉安业公司

〔1〕 案例来源：最高人民法院（2016）最高法行再80号行政判决书。

两幅土地的面积分别为7.77平方米、741.73平方米，共749.5平方米。安业公司对《通告》不服提起本案诉讼，请求依法撤销太原市政府收回其国有土地使用权的行为。

一、二审法院认为：太原市政府于2014年4月4日发布《通告》，决定收回解放南路长治路道路建设所涉及87个单位776.85亩的国有土地使用权，有明确的南北界线、涉及单位和收回土地面积。收回通告区域内的国有土地，是为实现城市规划而实施道路建设改造工程，属于因公共利益需要使用土地。根据法律规定，经有权机关批准，人民政府可以收回国有土地使用权。《通告》发布前，相关单位办理了用地规划手续，并报请太原市政府批复同意，其收回程序符合法律规定。根据《中华人民共和国土地管理法》（以下简称《土地管理法》）的规定，依法收回的国有土地，可直接办理注销登记。因此，《通告》中有关土地使用权注销事项的内容并不违反法律规定。太原市政府收回安业公司依法取得的国有土地使用权，应当依照法律规定予以补偿。《通告》中也明确，收回上述国有土地使用权涉及的拆迁补偿事宜按照有关规定依法进行。2014年4月10日《通告》公示后，即于5月7日决定该项目暂缓实施，故未能实际开展补偿工作。安业公司认为太原市政府在作出通告前必须落实补偿的主张没有事实和法律依据。据此，一审法院判决驳回安业公司要求撤销太原市政府并政收告〔2014〕018号行政征收决定的诉讼请求。安业公司不服，提起上诉，二审法院判决驳回上诉，维持原判。

再审申请人安业公司在向本院提出的再审申请中请求撤销山西省高级人民法院终审判决。理由有：第一，太原市政府在补偿事宜均未落实的情况下，直接作出收回土地使用权的决定属于程序违法；第二，国有土地使用权收回的主体是人民政府的土地行政主管部门，太原市政府作为地市一级的人民政府直接作出收回国有土地使用权的决定，属于滥用行政权力；第三，收回国有土地使用权必须符合土地利用总体规划和城市总体规划，同时规划手续的办理须经论证会、听证会或者其他方式征求专家和公众的意见，修改规划的应当依法办理审批程序报批。本案中，太原市政府在道路改造的规划手续未经法定程序办理的情况下即直接决定收回国有土地使用权，属于程序违法；第四，《中华人民共和国城市房地产管理法》、《中华人民共和国城镇国有土地使用权出让和转让暂行条例》等法律法规均规定，土地使用权在特殊情况下，根据社会公共利益的需要，国家可以依照法律程序提前收回。太原市政府的收地行为显然与法律规定的"特殊情况"不符，收地决定作出至今已有两年之久，而道路改造项目并未开工建设，显然与我国依法行政、合理行政的基本原则相违悖；第五，根据正当程序原则以及相关法律规定，国家行政机关在作出涉及公民、法人或者其他组织切身利益的决定前，应当告知相对人决定的事实、理由和依据,并听取当事人的陈述和申辩,作出行政决定后,应当将该决定书面送达行政相对人。太原市政府自始至终没有向安业公司送达收回国有土地使用权的书面决定,也没有告知收回国有土地使用权决定的任何事实、理由和依据,更没有听取安业公司的陈述和申辩,取而代之的是仅仅在太原市国土资源局网站收地专栏以通告的形式公示了收回安业公司土地的面积共计749.5平方米(具体四至范围不清)。综上,太原市政府的行政行为明显程序不当,属于违法行政。原审法院判决驳回安业公司的诉讼请求不当,应依法予以撤销。

再审被申请人太原市政府答辩称:根据《土地管理法》第五十八条的规定,为公共利益需要使用土地的,土地行政主管部门经有权机关批准,可以收回国有土地使用权。太原市政府作出收回国有土地使用权的决定,主体适格,系在法定权限内作出。太原市政府对收回道路改造区域内的土地使用权作出通告,并在媒体进行了公示,作出收回国有土地使用权的决定,事实清楚,程序合法。根据《土地登记办法》的规定,依法收回的国有土地可以直接办理注销登记,太原市政府要求包括安业公司在内的有关单位及住户自通告发布之日起15日内办理土地使用权注销手续,逾期不交回的,将予以注销,符合法律规定。请求驳回安业公司的再审请求。

在本院对本案的听证审查和庭审中,双方当事人对原审判决认定的主要事实均无异议,本院予以确认。但在本案再审庭审中,再审被申请人太原市政府表示,原审判决认定"2014年4月10日《通告》公示后,即于5月7日决定并公告该项目暂缓实施",系一、二审法院根据相关证据认定的事实,目前虽然相关报纸已经公开报道过暂缓实施该项目,但太原市政府及相关职能部门并未作出暂缓实施的书面决定。

本案审理过程中,根据本院要求,双方当事人曾多次协商解决本案纠纷,但未达成一致意见。

本院认为:有征收必有补偿,无补偿则无征收。为了保障国家安全、促进国民经济和社会发展等公共利益的需要,国家可以依法收回国有土地使用权,也可征收国有土地上单位、个人的房屋;但必须对被征收人给予及时公平补偿,而不能只征收不补偿,也不能迟迟不予补偿。通常,征收决定应当包括具体补偿内容,因评估或者双方协商以及其他特殊原因,征收决定未包括补偿内容的,征收机关应当在征收决定生效后的合理时间内,及时通过签订征收补偿协议或者作出征收补偿决定的方式解决补偿问题。征收补偿应当遵循及时补偿原则和公平补偿原则。国家因公共利益需要使用城市市区的土地和房屋的,市、县人民政府一般应按照《国有土地上房屋征收与补偿条例》(以下简称《征补条例》)规定的程序和方式进行,并应根据《国有土地上房屋征收评估办法》和《城镇土地估价规程》等规定精神，由专业的房地产价格评估机构在实地查勘的基础上，根据被征收不动产的区位、用途等影响被征收不动产价值的因素和当地房地产市场状况，综合选择市场法、收益法、成本法、假设开发法等评估方法对被征收不动产价值进行评估，合理确定评估结果，并在此基础上进行补偿。对国有土地上房屋所有权人补偿内容已经包含了国有土地使用权补偿的，对同时收回的国有土地的土地使用权人不再单独给予补偿。对被征收不动产价值评估的时点，一般应当为征收决定公告之日或者征收决定送达被征收人之日。因征收人原因造成征收补偿问题不合理迟延的，且被征收不动产价格明显上涨的，被征收人有权主张以作出征收补偿决定或者签订征收补偿协议时的市场价格作为补偿基准。被征收人对征收补偿决定或者征收补偿协议所确定的补偿金额和其他内容有异议的，可以依法提起行政诉讼。征收机关依法办理相关提存等手续并书面告知被征收人领取补偿款项、使用安置房屋等内容的，被征收人无法定正当理由拒绝领取的，征收机关对诉讼期间被征收财物价格上涨而形成的损失不承担补偿责任。

本案中，因实施道路建设改造工程的需要，太原市政府与相关职能部门可以依法收回国有土地使用权，但应当遵循法定的程序和步骤并应依法及时解决补偿问题。在本案中，太原市政府收回安业公司拥有使用权的749.5平方米土地时，既未听取安业公司的陈述申辩，也未对涉案土地的四至范围作出认定，尤其是至今尚未对安业公司进行任何补偿，不符合《土地管理法》第五十八条、《中华人民共和国物权法》第四十二条第三款、《中华人民共和国城市房地产管理法》第六条以及《征补条例》第八条、第十三条、第二十七条等规定的精神，依法应予以撤销。但考虑到相关道路建设改造工程确属公共利益需要，因此根据《中华人民共和国行政诉讼法》第七十四条第一款第一项规定，对太原市政府以《通告》形式收回安业公司749.5平方米国有土地使用权的行政行为应确认违法。今后如因道路建设改造实际使用安业公司相应土地，安业公司有权主张以实际使用土地时的土地市场价值为基准进行补偿；安业公司也有权要求先补偿后搬迁，在未依法解决补偿问题前，安业公司有权拒绝交出土地。综上，依照《中华人民共和国行政诉讼法》第七十四条第一款第一项、第八十九条第一款第二项及《最高人民法院关于执行〈中华人民共和国行政诉讼法〉若干问题的解释》第七十八条之规定，判决如下：

一、撤销山西省高级人民法院（2015）晋行终字第50号行政判决和山西省太原市中级人民法院（2014）并行初字第43号行政判决；

二、确认再审被申请人山西省太原市人民政府并政收告〔2014〕018号《太原市人民政府为实施解放南路长治路改造道路建设涉及收回迎泽大街以南，中心街以北部分国有土地使用权的通告》中有关收回山西省安业集团有限公司749.5平方米国有土地使用权的行政行为违法。

一、二审案件受理费共计100元，由再审被申请人山西省太原市人民政府负担。

※**裁判要旨**：有征收必有补偿，无补偿则无征收。征收补偿应当遵循及时补偿原则和公平补偿原则。补偿问题未依法定程序解决前，被征收人有权拒绝交出房屋和土地。

第四十九条 【补偿费用收支情况的监督管理】 被征地的农村集体经济组织应当将征收土地的补偿费用的收支状况向本集体经济组织的成员公布，接受监督。

禁止侵占、挪用被征收土地单位的征地补偿费用和其他有关费用。

条文解读

本法第49条是关于征地补偿费公示、禁止侵占、挪用征地补偿费的规定。

土地补偿费归农村集体经济组织所有；地上附着物及青苗补偿费归地上附着物及青苗的所有者所有。征收土地的土地补偿属于农村集体经济组织所有，应当由农村集体经济组织或村民委员会负责管理，用于被征地单位的生产发展，安置被征地后的农民。县、乡政府直接管理和使用土地补偿费是不合法的。但是，乡级人民政府可以对征地补偿费的管理和使用情况进行监督，帮助他们建立征地补偿费管理和使用制度，防止农村集体经济组织和村民委员会中的个别领导乱占滥用征地补偿费。有关市、县人民政府土地行政主管部门将征地补偿、安置费用拨付给被征地农村集体经济组织后，有权要求该农村集体经济组织在一定时限内提供支付清单。市、县人民政府土地行政主管部门有权督促有关农村集体经济组织将征地补偿、安置费用收支状况向本集体经济组织成员予以公布，以便被征地农村集体经济组织、农村村民或者其他权利人查询和监督。

征收土地的安置补助费必须专款专用，不得挪作他用。需要安置的人员由农村集体经济组织安置的，安置补助费支付给农村集体经济组织，由农村集体经济组织管理和使用；由其他单位安置的，安置补助费支付给安置单位；不需要统一安置的，安置补助费发放给被安置人员个人或者征得被安置人员同意后用于支付被安置人员的保险费用。市、县和乡(镇)人民政府应当加强对安置补助费使用情况的监督。所以,征收土地的补偿费的使用情况必须向本集体经济组织的成员公布,定期公布征收土地补偿的数额、使用情况及收入和支出情况,本集体经济组织的成员有权监督和了解征地费的使用及收支状况。对不合理的使用征地补偿费有权提出改正意见。以防止少数人贪污、挪用和乱用征地补偿费。这是在农村实行征地费管理和使用民主决策的有效办法。

按本法规定征地补偿费包括土地补偿费、安置补助费、青苗补偿费和地上附着物补偿费,其他费用是指征地中除上述四项费用之外的费用,这根据具体的征地中涉及项目的不同而不同,如造成企业停产的损失补偿费、耕地的水利设施恢复费等,都由农村集体经济组织或农民个人所有。除此之外的任何单位和个人侵占、挪用征地补偿费和其他费用都是违法行为,都是不能允许的。

关联法规索引

《征收土地公告办法》第 12 条;《土地管理法实施条例》第 26 条;《刑法》第 271、272、382 条

典型案例

高某挪用公款案〔1〕

※案情简介:安阳市龙安区人民检察院指控被告人高某犯挪用公款罪,法院以挪用公款罪,判处被告人高某有期徒刑 5 年;宣判后,被告人高某提出上诉。2010 年 1 月 22 日,安阳市中级人民法院作出刑事裁定书,裁定发回龙安区人民法院重新审理。

安阳市龙安区人民检察院指控:2004 年 10 月 10 日,被告人高某利用担任安阳市国土资源局开发区分局会计职务之便利,以本单位名义从安阳市高新技术产业开发区银杏大街街道办事处郭吴村社区居民委员会(原安阳市高新技术产业开发区郭吴村村民委员会)借用征地补偿款 30 万元,用于其与他人合伙开办的安阳高新区广源硅业有限公司购买设备,直至 2009 年 8 月 19 日才将 30 万元归还郭吴村社区居民委员会。被

〔1〕 案例来源:安阳市龙安区人民法院(2010)安龙法刑重字第 3 号刑事判决书。

告人高某的行为应构成挪用公款罪，适用《刑法》第三百八十四条第一款之规定，请求依法判处。

经审理查明：2004年10月8日，被告人高某在担任安阳市国土资源局开发区分局会计期间，在向安阳市高新技术产业开发区银杏大街街道办事处郭吴村社区居民委员会（原安阳市高新技术产业开发区郭吴村村民委员会，以下简称郭吴村居委会）转拨征地补偿款的过程中，向该居委会会计赵某某（已死亡）提出借款要求，同年10月10日向郭吴村居委会转入征地补偿款50万元，该款转入居委会在郭王度信用社开设账户，同日被告人高某私自以本单位名义出具借款凭证，并加盖由其保管的安阳市国土资源局开发区分局财务章，由居委会会计赵某某以支取征地补偿款名义用现金支票方式支出现金30万元交于高某，高某将借款用于其与他人合伙开办的安阳高新区广源硅业有限公司购买设备，2004年10月13日，居委会会计赵某某拿着高某出具的借款凭证，经居委会主任郭某某、居委会党支部书记燕某某签字同意借款后将该凭证入账。2009年8月19日被告人高某将30万元借款归还郭吴村居委会。

另查明：因安彩嘉园建设而征用郭吴村居委会土地234.326亩，安阳市国土资源局开发区分局共分四次向郭吴村居委会拨转征地补偿款分别为：2003年5月20日拨转950万元，2003年6月10日拨转10.151万元，2004年10月9日拨转50万元，2005年5月16日拨转17.9436万元。其中，2004年10月9日安阳市国土资源局开发区分局拨转征地款50万元，于同年10月10日转入郭吴村居委会在郭王度信用社开户账目前，账户余额为174790.14元，该居委会对于征地补偿款未设独立科目，2004年10月10日收到拨付征地款50万元也未存入专项资金账户，该项征地补偿款全部记入该居委会在郭王度信用社开户总账。

法院认为：被告人高某作为国家工作人员，在转拨征地款过程中利用职务影响，伙同他人挪用其他单位征地补偿款后用于个人经营活动，数额巨大，该行为已构成挪用公款罪。安阳市龙安区人民检察院指控罪名成立。被告人高某及其辩护人康某辩称：被告人高某系个人向郭吴村村委会借款，并非其所在单位安阳市国土资源局开发区分局借款，指控其犯挪用公款罪证据不足的理由，因被告人高某供述、证人郭某某、燕某某证言、借支单、郭吴村财务账目复印件、付款凭证、农村信用社现金支票存根、明细分类账等证据证明被告人高某在向郭吴村居委会拨付征地补偿款过程中提出借款请求，郭吴村居委会在代为管理征地补偿款过程中，收到安阳市国土资源局开发区分局转入征地补偿款50万元的当日，即由会计赵某某以支付征地补偿款名义支出现金30万元交于被告人高某；被告人高某伙同村委会相关人员挪用上述征地补偿款应属挪用公款。故上述辩解理由法院不予采信；但辩称被告人高某系个人借用郭吴村居委会款，且案发前已归还了借款，请求从轻处罚的理由法院予以采信。综合本案具体情节，依照《刑法》第三百八十四条、第二十五条第一款、《最高人民法院关于审理挪用公款案件具体应用法律若干问题的解释》第二条第一项之规定，判决如下：一、被告人高某犯挪用公款罪，判处有期徒刑5年（刑期从判决执行之日起计算，判决执行以前先行羁押的，羁押一日折抵刑期一日，即自2009年8月21日起至2014年8月20日止）。二、对被告人高某挪用公款使用期间造成存款利息损失人民币8844.90元依法予以追缴。

※裁判要旨：国家工作人员在转拨征地款过程中利用职务影响，伙同他人挪用其他单位征地补偿款后用于个人经营活动，数额巨大的，其行为构成挪用公款罪。

第五十条　【兴办企业】地方各级人民政府应当支持被征地的农村集体经济组织和农民从事开发经营，兴办企业。

第五十一条　【大型工程征地】大中型水利、水电工程建设征收土地的补偿费标准和移民安置办法，由国务院另行规定。

第五十二条　【审查可行性报告】建设项目可行性研究论证时，自然资源主管部门可以根据土地利用总体规划、土地利用年度计划和建设用地标准，对建设用地有关事项进行审查，并提出意见。

条文解读

本法第52条是关于建设项目用地事项审查的规定。

在建设项目审批、核准、备案阶段，建设单位应当向建设项目批准机关的同级自然资源主管部门提出建设项目用地预审申请。受理预审申请的自然资源主管部门应当依据土地利用总体规划、土地使用标准和国家土地供应政策，对建设项目的有关事项进行预审，出具建设项目用地预审意见。建设项目用地可行性研究经过审批的，建设项目才能确定。建设项目用地预审，是指自然资源主管部门在建设项目审批、核准、备案阶段，依法对建设项目涉及的土地利用事项进行的审查。

自然资源主管部门审查建设项目建设用地可行性研究的依据是土地利用总体规划、土地利用年度计划和建设用地标准。土地利用总体规划是土地利用方面的最高规划，无论是城市、村庄、集镇建设，还是其他建设项目的建设用地都必须服从土地利用总体规划。对目前已有的建筑物、构筑物使用的土地不符合土地利用总体规划的，要逐步按土地利用总体规划的要求改变。对新增建设用地要严格按土地利用总体规划办理农用地转用和征用土地的审批。对不符合土地利用总体规划而又确需建设的,要先按土地利用总体规划的修改程序和批准权限对土地利用总体规划进行修改后方可批准农用地转用。因此,建设项目可行性研究中确定的用地必须严格符合土地利用总体规划,不然即使可行性研究报告获得批准,但建设项目却无法取得土地使用权,也无法建设。

土地利用年度计划是控制建设用地总量的主要手段。土地利用年度计划包括:农用地转为建设用地、生态退耕和耕地补充等指标,决定着政府土地行政主管部门能否对该建设项目提供建设用地。因此,自然资源主管部门应当根据土地利用年度计划对项目的建设用地供应的可能性提出明确的意见,防止建设项目可行性研究获得批准而没有建设用地致使无法如期开工,造成浪费和损失。

自然资源主管部门对建设项目用地审查后,要形成书面意见,送有关部门。自然资源主管部门对建设项目用地的意见应当作为有关部门和人民政府批准可行性研究报告的依据之一,也将作为申请建设用地和地方人民政府申报农用地转用和征用土地的材料之一。没有自然资源主管部门对建设项目可行性研究的审查意见,有关的人民政府和自然资源主管部门在受理建设项目用地申请时可以要求补充。

申请用地预审的项目建设单位,应当提交下列材料:(1)建设项目用地预审申请表;(2)建设项目用地预审申请报告,内容包括拟建项目的基本情况、拟选址占地情况、拟用地是否符合土地利用总体规划、拟用地面积是否符合土地使用标准、拟用地是否符合供地政策等;(3)审批项目建议书的建设项目提供项目建议书批复文件,直接审批可行性研究报告或者需核准的建设项目提供建设项目列入相关规划或者产业政策的文件。

预审应当审查以下内容:(1)建设项目用地是否符合国家供地政策和土地管理法律、法规规定的条件;(2)建设项目选址是否符合土地利用总体规划,属《土地管理法》第25条规定情形,建设项目用地需修改土地利用总体规划的,规划修改方案是否符合法律、法规的规定;(3)建设项目用地规模是否符合有关土地使用标准的规定;对国家和地方尚未颁布土地使用标准和建设标准的建设项目,以及确需突破土地使用标准确定的规模和功能分区的建设项目,是否已组织建设项目节地评价并出具评审论证意见。占用基本农田或者其他耕地规模较大的建设项目,还应当审查是否已经组织踏勘论证。

建设项目用地预审文件有效期为3年,自批准之日起计算。已经预审的项目,如需对土地用途、建设项目选址等进行重大调整的，应当重新申请预审。未经预审或者预审未通过的，不得批复可行性研究报告、核准项目申请报告；不得批准农用地转用、土地征收，不得办理供地手续。预审审查的相关内容在建设用地报批时，未发生重大变化的，不再重复审查。

关联法规索引

《建设项目用地预审管理办法》；《建设用地审查报批管理办法》第4条

典型案例

朱友华、房兆惠等与淮安市清江浦区人民政府、淮安市人民政府行政征收、行政复议纠纷案[1]

※案情简介：原淮安市清河区人民政府（以下简称原清河区政府）根据2015年国民经济和社会发展计划的决议，组织实施总理童年读书处周边特色街区一期项目（第一阶段）的征收。2015年5月14日，淮安市国土资源局清河分局出具了《关于总理童年读书处周边特色街区一期地块土地利用总体规划情况说明》，淮安市国土资源局经审查认为“位于宗地东侧代征道路部分东北角有80平方米与人民路重叠，其他部分都符合清河区土地利用总体规划”。2015年4月28日，淮安市规划局《用地规划条件》中明确建设项目名为“总理童年读书处周边特色街区一期”。2015年5月20日，原淮安市清河区住房和城乡建设局发布河房征调〔2015〕第004号《房屋征收调查公告》，明确项目名称为“总理童年读书处周边特色街区一期项目”，调查时间为2015年5月20日至6月10日。2015年10月22日，原淮安市清河区住房和城乡建设局作出《关于公布总理童年读书处周边特色街区一期项目（第一阶段）房屋征收调查结果的通知》，其中调查结果汇总表中有朱友华等6人的房屋。2015年8月，原淮安市清河区长西街道办事处发布《淮安市总理童年读书处周边特色街区项目社会稳定风险评估报告》。2015年10月28日，原清河区政府发布河房征字〔2015〕005号《房屋征收决定》（以下简称《5号房屋征收决定》），征收范围为漕运西路以北、人民路以西，朱友华等6人的房屋

〔1〕 案例来源：江苏省高级人民法院（2017）苏行终22号行政判决书。

均在征收范围内。朱友华不服该征收决定，于2016年1月12日向淮安市政府申请行政复议，淮安市政府经审查，于2016年7月1日作出〔2016〕淮行复第5号《行政复议决定书》（以下简称《5号复议决定》，维持了《5号房屋征收决定》。周耀禾、房兆惠、周曙萍、房晓红、袁先梅不服该征收决定，于2016年4月11日向法院提起行政诉讼，因朱友华就同一行政行为已经提起行政复议，法院依法中止审理，后朱友华对淮安市政府的复议维持决定不服，向法院提起行政诉讼，法院依法将两案合并审理。

另查明，《5号房屋征收决定》共涉及被征收户386户，朱友华等6人房屋均在征收范围。《5号房屋征收决定》征收范围内涉及"泗阳公馆"和"义顺巷民居"两处文物，该两处文物于2009年3月18日被列入第三次全国文物普查第一批城区不可移动文物名单并挂牌，其中"义顺巷民居"的四名产权人即本案的当事人房兆惠、周曙萍、房晓红、周耀禾，"泗阳公馆"的产权人之一为本案当事人袁先梅，"泗阳公馆"的另两户产权人已与征收人签订安置补偿协议。

一审法院认为，依据《国有土地上房屋征收与补偿条例》（以下简称征收与补偿条例）第四条第一款规定，市、县级人民政府负责本行政区域的房屋征收与补偿工作。因此，原清河区政府作为县区级人民政府负责本行政区域内的房屋征收与补偿工作，其被告主体适格，朱友华等6人认为原清河区政府房屋征收行为侵犯其合法权益，有权提起诉讼。

一、关于本案的征收程序是否合法，是否符合"四规划、一计划"问题。根据征收与补偿条例第九条规定：依照本条例第八条规定，确需征收房屋的各项建设活动，应当符合国民经济和社会发展规划、土地利用总体规划、城乡规划和专项规划。保障性安居工程建设、旧城区改建，应当纳入市、县级国民经济和社会发展年度计划。制定国民经济和社会发展规划、土地利用总体规划、城乡规划和专项规划，应当广泛征求社会公众意见，经过科学论证。本案征收范围内的土地符合土地利用总体规划、城乡规划和专项规划，原清河区政府在本案诉讼中未能提供符合国民经济和社会发展年度计划的证据，但淮安市政府提供的证据能够证明原清河区政府在复议程序中已经提交了该证据，并且已向法院提供了该证据，故应当认定原清河区政府所作出的征收决定符合上述规定。

二、关于涉及文物是否依照法定程序征收问题。《中华人民共和国城乡规划法》第三十一条规定：旧城区的改建，应当保护历史文化遗产和传统风貌，合理确定拆迁和建设规模，有计划地对危房集中、基础设施落后等地段进行改建。历史文化名城、名镇、名村的保护以及受保护建筑物的维护和使用，应当遵守有关法律、行政法规和国务院的规定。本案征收涉及文物,应当符合《中华人民共和国文物保护法》的相关规定。

根据《中华人民共和国文物保护法》第二十条第一、二、三款规定,将文物纳入征收范围内,若实施原址保护,应当事先确定保护措施并且报文物行政部门批准,若实施迁移异地保护或者拆除,应当报省级人民政府批准。《中华人民共和国土地管理法》第五十二条规定:建设项目可行性研究论证时,土地行政主管部门可以根据土地利用总体规划、土地利用年度计划和建设用地标准,对建设用地有关事项进行审查,并提出意见。建设项目立项是整个征收前置条件的重要环节,在进行立项时要进行前期调研并编制可行性报告、提出设计要点。涉及文物征收的,应当将文物的保护方案纳入可行性研究报告并进行论证,并根据原址保护和异地保护或拆除的程序来选择不同的设计方案和要点。本案中,原清河区政府发布征收决定公告已经将涉案文物列入征收范围,但是就文物进行原址保护还是异地保护或拆除并不明确,更未按上述相关规定确定保护措施或报省级人民政府批准。

根据征收与补偿条例第十二条规定:市、县级人民政府作出房屋征收决定前,应当按照有关规定进行社会稳定风险评估;房屋征收决定涉及被征收人数量较多的,应当经政府常务会议讨论决定。本案涉及的风险评估报告中也未就涉案文物进行相应的评估。故原市清河区政府在未履行相应程序的情况下,将涉案文物纳入征收范围,不符合相关法律、法规规定,征收决定中涉及文物的部分依法应当予以撤销。

三、关于淮安市政府的复议维持决定认定事实是否清楚、适用法律是否正确、程序是否合法问题。

淮安市政府的行政复议程序合法,其仅针对被征收人朱友华户的申请进行复议并作出维持被诉征收决定的复议决定。但对该征收决定范围内涉及文物是进行原址保护,还是异地保护或拆除,其未予以审查,由于征收决定部分违法,故淮安市政府的复议维持决定依法不能成立,应当予以撤销。

综上,朱友华等6人的部分诉讼请求成立,本案征收决定有部分违反法定程序,依法应当将违法部分予以撤销,淮安市政府的复议维持决定依法应当一并予以撤销。根据《中华人民共和国行政诉讼法》第七十条第(三)项、第七十九条之规定,判决:1. 撤销原清河区政府《5号房屋征收决定》中“义顺巷民居”以及“泗阳公馆”范围内的征收决定;2. 撤销淮安市政府《5号复议决定》;3. 驳回房兆惠、周曙萍、房晓红、周耀禾、袁先梅、朱友华的其他诉讼请求。

上诉人朱友华上诉称,一审判决认定事实不清,适用法律不当。《5号房屋征收决定》程序违法,该项目属于商业开发,不具有公共利益性,该项目没有列入当地2015年度国民经济和社会发展年度计划；原清河区政府没有组织对征收补偿方案进行论证；没有进行社会稳定风险评估，没有经政府常务会议讨论决定，作出征收决定前未将征收补偿资金足额到位、专户专储备，专款专用。请求本院撤销一审判决第三项；撤销《5号房屋征收决定》中有关征收官佑巷范围内房屋的决定。

上诉人清江浦区政府上诉称，《5号房屋征收决定》仅改变房屋的所有权，未改变房屋的物质结构，未降低其文物保护价值，现行文物保护法对不可移动文物的征收没有程序规定。一审判决中以风险评估报告中没有对文物保护的风险评估为由，撤销《5号房屋征收决定中》涉及的两处文物内容，适用法律不当。请求本院撤销一审判决第一项，维持《5号房屋征收决定》。

被上诉人淮安市政府答辩称，赞成上诉人清江浦政府上诉意见，同时请求本院撤销一审判决中的第二项，改判驳回朱友华等6人的诉讼请求。

被上诉人周耀禾、袁先梅答辩称，一审判决正确合法，请求驳回上诉，维持原判。

上诉人朱友华及清江浦区政府提起上诉后，一审法院已将各方当事人在一审中提交的证据材料随案移送本院。

本院庭审中，上诉人朱友华对于一审判决认定的其本人提出过行政复议及行政诉讼事实无异议，对于一审判决认定的其他案件事实，称本人不知道。上诉人清江浦区政府对于一审判决认定的本案案件事实的客观真实性无异议，但认为一审判决遗漏了征收补偿方案征求过意见以及修改，有相关资金证明两节事实。被上诉人周耀禾、袁先梅对于一审判决认定的案涉房屋的征收决定时间、起诉时间以及其房屋为文物的事实无异议，对于一审判决认定的其他案件事实，称没有收到，无法确认。

被上诉人淮安市政府于一审判决认定的本案案件事实的客观真实性无异议。

本院经审理查明的事实与一审判决认定的事实一致，本院予以确认。

本院另查明，2016年6月8日，国务院作出国函〔2016〕100号《国务院关于同意江苏省调整淮安市部分行政区划的批复》，同意撤销淮安市清河区、清浦区，设立淮安市清江浦区。

本院庭审中各方当事人围绕本案争议焦点，即原清河区政府作出的《5号房屋征收决定》及淮安市政府作出的《5号复议决定》是否合法，特别是涉案项目是否符合公共利益；涉案项目是否纳入到地方政府年度国民经济和社会发展计划；房屋征收决定程序是否合法，包括补偿安置方案是否进行了论证、听取意见，是否进行了社会风险评估，涉案项目的征收是否经过了政府常务会议讨论；涉案安置补偿资金是否足额到位；涉案征收是否违反文物保护法的相关规定；淮安市政府的行政复议决定是否正确等问题进行了辩论。各方当事人均坚持原上诉和答辩主张。

本院认为：

2015年2月12日，原清河区第八届人民代表大会第四次会议审议批准了清河区政府提出的2015年国民经济和社会发展年度计划，该计划中将案涉的《总理童年读书处周边特色街区》地块旧城改建纳入了该区2015年国民经济和社会发展年度计划。同年4月28日，淮安市规划局出具了《总理童年读书处周边特色街区一期》项目用地规划条件和红线图。同年5月15日，淮安市国土资源局批准了原清河区政府人民剧场地块旧城改建项目《总理童年读书处周边特色街区一期土地利用总体规划》。本案被上诉人淮安市政府在一审中提交的案涉的行政复议证据材料中包括上述材料，此可以证明涉案项目符合公共利益的需要。同时，由同作为一审共同被告的淮安市政府向法院提供上述证据材料，并未违反《中华人民共和国行政诉讼法》有关被告举证的法律规定。

在卷证据显示，2015年9月24日，原清河区政府公布了《总理童年读书处周边特色街区一期（第一阶段）房屋征收补偿安置方案（征求意见）》，同年10月25日，原清河区政府公布了《总理童年读书处周边特色街区一期（第一阶段）房屋征收补偿安置方案征求意见情况及修改情况的通知》，10月27日，原清河区维护稳定工作领导小组批准了《总理童年读书处周边特色街区社会稳定风险评估报告》。苏州银行淮安分行亦出具了资金证明材料。被上诉人淮安市政府在一审中提交的案涉的行政复议证据材料中有原清河区政府常务会议纪要第10号。上述证据可以证明，原清河区政府在作出被诉的《5号房屋征收决定》时，履行了对补偿安置方案进行论证、听取意见，进行了社会风险评估，经过了政府常务会议讨论研究，有关补偿安置资金亦到位。符合征收与补偿条例的规定。

本案被诉的《5号房屋征收决定》中涉及部分文物，但上诉人清江浦区政府不能提供证据证明，对该部分的征收依法履行了相关的报批手续，确定了相应的保护措施。一审法院对上诉人清江浦区政府存在的问题予以指出，并作出相应裁判，并无不当。被上诉人淮安市政府作出的《5号复议决定》虽然程序合法，但对《5号房屋征收决定》中涉及文物的问题，未予以审查，作出维持《5号房屋征收决定》的复议决定不当，应予纠正。

综上，上诉人朱友华及清江浦区政府的上诉理由和请求依法不能成立。原审判决认定事实清楚，适用法律正确，裁判结果并无不当。依据《中华人民共和国行政诉讼法》第八十九条第一款第（一）项的规定，判决如下：驳回上诉，维持原判。

※**裁判要旨**：建设项目可行性研究论证时，土地行政主管部门可以根据土地利用总体规划、土地利用年度计划和建设用地标准，对建设用地有关事项进行审查，并提出意见。建设项目立项是整个征收前置条件的重要环节，在进行立项时要进行前期调研并编制可行性报告、提出设计要点。涉及文物征收的，应当将文物的保护方案纳入可行性研究报告并进行论证，并根据原址保护和异地保护或拆除的程序来选择不同的设计方案和要点。

第五十三条 【建设用地申请批准】经批准的建设项目需要使用国有建设用地的，建设单位应当持法律、行政法规规定的有关文件，向有批准权的县级以上人民政府自然资源主管部门提出建设用地申请，经自然资源主管部门审查，报本级人民政府批准。

条文解读

本法第53条是关于建设用地申请批准的规定。

建设项目需要使用国有建设用地的，必须向有批准权的县级以上人民政府自然资源主管部门提出建设用地申请，报本级人民政府批准。建设项目需要使用国有土地的可以分为两类：一类是申请使用现有的国有建设用地，这一类只需要向当地县、市人民政府自然资源主管部门申请，经自然资源主管部门审查后报县、市人民政府批准后即可。另一类是申请使用国有农用地或集体所有的建设用地和农用地的，要先办理农用地转用和征用土地审批后，由县、市人民政府办理建设用地手续。涉及农用地转用和征用土地的要经省级以上人民政府批准，由县、市人民政府根据省级以上人民政府的批准文件办理建设用地手续。

没有取得建设项目批准的，不得申请建设用地。但是，按规定采用市场方式进行招标、拍卖方式提供土地使用权，按有关规定办理，则不需提出建设用地申请，不属于本条规定的范围。

具体建设项目需要使用土地的，建设单位应当根据建设项目的总体设计提出申请，办理建设用地审批手续；分期建设的项目，可以根据可行性研究报告确定的方案分期申请建设用地，分期办理建设用地有关审批手续。

具体建设项目需要占用土地利用总体规划确定的城市建设用地范围内的国有建设用地的，按照下列规定办理：(1)建设项目可行性研究论证时，由自然资源主管部门对建设项目用地有关事项进行审查，提出建设项目用地预审报告；可行性研究报告报批时，必须附具自然资源主管部门出具的建设项目用地预审报告。(2)建设单位持建设项目的有关批准文件，向市、县人民政府自然资源主管部门提出建设用地申请，由市、县人民政府土地行政主管部门审查，拟订供地方案，报市、县人民政府批准；需要上级人民政府批准的，应当报上级人民政府批准。(3)供地方案经批准后，由市、县人民政府向建设单位颁发建设用地批准书。有偿使用国有土地的，由市、县人民政府自然资源主管部门与土地使用者签订国有土地有偿使用合同；划拨使用国有土地的，由市、县人民政府自然资源主管部门向土地使用者核发国有土地划拨决定书。(4)土地使用者应当依法申请土地登记。

通过招标、拍卖方式提供国有建设用地使用权的，由市、县人民政府自然资源主管部门会同有关部门拟订方案，报市、县人民政府批准后，由市、县人民政府自然资源主管部门组织实施，并与土地使用者签订土地有偿使用合同。土地使用者应当依法申请土地登记。

建设单位申请用地时应当持法律、法规规定的文件，这是人民政府及自然资源主管部门审查和批准建设用地的依据。建设单位提出用地申请时，应当填写《建设用地申请表》，并附具下列材料：(1)建设项目用地预审意见；(2)建设项目批准、核准或者备案文件；(3)建设项目初步设计批准或者审核文件。建设项目拟占用耕地的，还应当提出补充耕地方案；建设项目位于地质灾害易发区的，还应当提供地质灾害危险性评估报告。

自然资源主管部门应对建设项目用地进行审查后，报人民政府批准。人民政府的自然资源主管部门是土地的主管部门，负责对土地的管理和监督工作，负责对土地的规划、利用和保护工作。因此，对依法批准建设用地的，应当先由土地行政主管部门根据土地利用总体规划、土地利用计划和建设用地标准及建设单位提供的有关文件进行审查，然后报人民政府批准。人民政府在批准建设用地时要依据自然资源主管部门提供的审查意见。对审批用地中出现的问题，自然资源主管部门有责任予以解决，不得推诿。

关联法规索引

《土地管理法实施条例》第21条；《建设用地审查报批管理办法》

典型案例

四川申蓉汽车股份有限公司诉四川省宜宾市翠屏区人民政府未按照约定履行行政协议造成损失赔偿案〔1〕

※案情简介：2009年6月26日，甲方四川省宜宾市翠屏区人民政府（以下简称翠屏区政府）与乙方四川申蓉汽车股份有限公司签订《企业入驻协议书》，2009年11月30日，双方对该《协议书》进行修订，就宜宾申蓉汽车商贸园项目进行了约定，该项目总投资1.5亿元，主要建设内容为新建4S店集合区，二手车交易区，综合配套服务区和物流美容中心，建成集汽车销售、汽车文化、售后服务及配套服务于一体的现代化汽车商贸园。项目选址及用地规模为四川省宜宾市翠屏区盐坪坝产业园区，占地约184亩。

甲方翠屏区政府承诺按该地块实际评估商业地价挂牌，在协议签订后半年内完成全部土地挂牌出让手续，在土地挂牌前将土地属性调规为商业用地。项目土地挂牌出让前，甲方保证项目用地"六通一平"（城市道路、水、电、光纤、电话线路、城市雨污水管道、土地平整）。负责完成乙方在使用地块内的人员安置、拆迁工作，并负责土地指标办理。同意乙方项目可先开工，后补办建设施工手续。若甲方原因未能按约定交付土地给乙方，乙方有权追究甲方的违约责任，并赔偿乙方经济损失。

2009年7月13日，四川申蓉在宜宾县工商行政管理局登记设立宜宾申蓉汽车有限公司并取得《营业执照》，注册资本2000万元，投资比例100%。2009年7月21日和8月6日，宜宾申蓉分两次向翠屏区政府"宜宾市翠屏区土地出让专户"转入"待结算土地有偿使用资金"共计1500万元。

翠屏区政府于2009年8月向四川申蓉、宜宾申蓉交付协议约定的部分土地。即本案翠屏区盐坪坝工业园区Ⅱ－G－01－C地块的土地。宜宾申蓉在上述地块上修建奇瑞、别克、雪佛兰、东风本田4个4S店，修建上述建筑物均未办理建设工程规划许可证。

2011年3月3日，宜宾市国土资源局向翠屏区政府送达了宜国土资发〔2011〕17号《关于翠屏区政府非法批准宜宾申蓉公司占用土地案处理决定的通知》。2011年3月7日，翠屏区政府作出区府发〔2011〕13号《关于收回土地的通知》并向四川申蓉、宜宾申蓉送达。通知要求四川申蓉、宜宾申蓉于2011年3月9日前将占用翠屏区南广镇盐坪坝工业集中区用于建设4S汽车商贸园的土地予以归还。2011年3月8日，宜宾市

---

〔1〕 案例来源：四川省宜宾市中级人民法院（2015）宜行初字第88号民事判决书。

国土资源局作出宜国土资函〔2011〕52号《关于翠屏区政府非法批准申蓉公司占用土地案处理情况的通知》并向四川申蓉、宜宾申蓉送达，该通知宣布四川申蓉与区政府于2009年6月26日、11月30日签订的《企业入驻协议书》中涉及非法批准用地的条款无效，责成区政府撤销涉及非法批准用地的条款，决定收回区政府非法批准申蓉公司占用的土地，并要求四川申蓉、宜宾申蓉公司按照区政府规定的期限归还非法批准占用的土地。2011年3月9日，四川申蓉、宜宾申蓉公司与翠屏区政府、宜宾市国土资源局、翠屏区盐坪坝产业园签订《归还土地交接书》。《归还土地交接书》载明：根据《土地管理法》第七十八条规定，四川申蓉汽车股份有限公司、宜宾申蓉汽车有限公司将翠屏区人民政府非法批准其占用的位于翠屏区南广镇盐坪坝工业集中区用于建设4S汽车商贸园的土地予以归还。归还土地时，地上建构筑物等设施移交宜宾市翠屏区人民政府代管。归还土地单位：四川申蓉汽车股份有限公司，宜宾申蓉汽车有限公司。接受土地单位：翠屏区政府，翠屏区盐坪坝产业园，宜宾市国土资源局。2013年4月10日，宜宾市翠屏区盐坪坝产业园区管委会作出盐管委函〔2013〕2号《关于拆除建构筑物的告知函》，告知四川申蓉、宜宾申蓉两家公司，由宜宾市翠屏区盐坪坝产业园区管委会和四川申蓉、宜宾申蓉公司共同聘请中介评估公司和公证机构对建构筑物进行资产评估和证据保全后，由四川申蓉和宜宾申蓉自行拆除，拆除截止时间为2013年6月30日。2013年8月2日，园区管委会通过宜宾市翠屏区财政局专户向宜宾申蓉公司指定账号退还了1500万元履约保证资金。

四川华信资产评估事务所有限责任公司受宜宾市翠屏区盐坪坝产业园区管委会和四川申蓉公司的委托，就产权持有单位宜宾申蓉位于宜宾市翠屏区翠屏区盐坪坝产业园区Ⅱ－G－01－C地块地面建筑物（构筑物）及设备进行资产保全项目进行评估，并于2013年11月29日作出川华信评报字（2013）第07号《资产评估报告书》，评估结论为：评估价值为27324600元。翠屏区政府、四川申蓉公司、宜宾申蓉公司对该评估结论均无异议。

2015年1月12日，宜宾市城乡规划局翠屏分局以翠屏区规划分局函〔2015〕1号文件认定宜宾申蓉在盐坪坝工业园区Ⅱ－G－01－C地块修建的建（构）筑物未办理规划建设相关手续，且严重影响宜宾市城市总体规划的实施，属于违法建筑。2015年2月2日，翠屏区住建局向宜宾申蓉公司送达宜翠规建限拆〔2015〕南广规第01号《责令限期拆除违法建设决定书》，认为宜宾申蓉在宜宾市翠屏区盐坪坝工业园区Ⅱ－G－01－C地块修建建（构）筑物的行为，违反了《城乡规划法》第四十条的规定，属违法建设，根据《城乡规划法》第六十四条的规定，责令宜宾申蓉公司于2015年2月28日之前自行予以拆除。逾期未拆除,将依法强制执行。宜宾申蓉公司对此不服,向翠屏区政府申请行政复议。翠屏区政府于2015年4月10日作出区府复决字〔2015〕01号《行政复议决定书》,维持翠屏区住建局作出的宜翠规建限拆〔2015〕南广规第01号《责令限期拆除违法建设决定书》。宜宾申蓉公司不服该决定提起诉讼,请求撤销该决定。经终审,驳回了宜宾申蓉公司的诉讼请求。

2015年5月27日,四川申蓉、宜宾申蓉公司的委托人郑明律师函告翠屏区政府,要求翠屏区政府赔偿因违约行为造成的损失。2015年8月30日,四川申蓉公司向宜宾市中级人民法院提起行政诉讼,请求判令翠屏区政府赔偿因违约行为造成的损失39006578元。

四川省宜宾市中级人民法院于2016年7月20日作出(2015)宜行初字第88号一审判决:一、被告宜宾市翠屏区人民政府在本判决生效之日起30日内支付原告四川申蓉汽车股份有限公司及第三人宜宾申蓉汽车有限公司财产损失1230万元;二、驳回原告四川申蓉汽车股份有限公司、第三人宜宾申蓉汽车有限公司的其他诉讼请求。一审判决后,原、被告均未上诉,判决已经发生法律效力。

※**裁判要旨:**经批准的建设项目需要使用国有建设用地的,建设单位应当持法律、行政法规规定的有关文件,向有批准权的县级以上人民政府土地行政管理部门提出建设用地申请,经土地行政主管部门审查,报本级人民政府批准。具体建设项目需要使用土地利用总体规划确定的城市建设用地范围内的国有建设用地的,其供地方案除国家和省批准的由省人民政府批准外,其他建设项目的供地方案由市、州、县级人民政府批准。翠屏区政府不具有国有土地使用权的审批权限,没有审批国有土地使用权的主体资格。四川申蓉和翠屏区政府虽然是以企业入驻名义签订的协议,但是该协议中涉及用地条款的约定违反了上述法律法规的强制性规定,属于无效约定。

第五十四条　【使用权取得方式】建设单位使用国有土地,应当以出让等有偿使用方式取得;但是,下列建设用地,经县级以上人民政府依法批准,可以以划拨方式取得:

(一)国家机关用地和军事用地;

(二)城市基础设施用地和公益事业用地;

(三)国家重点扶持的能源、交通、水利等基础设施用地;

(四)法律、行政法规规定的其他用地。

条文解读

本法第54条是关于建设使用国有土地的取得方式的规定。

（一）建设用地的有偿取得

国有土地有偿使用的方式包括：（1）国有土地使用权出让；（2）国有土地租赁；（3）国有土地使用权作价出资或者入股。

建设单位使用国有土地的权利实际上就是我国《物权法》规定的建设用地使用权。关于建设用地使用权的提供方式，在计划经济下，是采用单一的划拨用地方式。但是，这种国有土地使用权取得方式造成土地资源的浪费，也不利于土地进入市场进行流通。所以，《土地管理法》规定，建设单位使用国有土地，应当以出让等方式有偿取得。

建设用地使用权的出让，是指国家以土地所有权人的身份将国有土地使用权在一定年限内出让给建设用地使用权人，由使用权人向国家支付使用权出让金的行为。建设用地使用权出让，应当签订书面出让合同。土地使用权出让合同由市、县人民政府土地管理部门与土地使用者签订。建设用地使用权的出让可以采取下列方式：（1）协议；（2）招标；（3）拍卖。协议属于双方协商出让建设用地使用权的方式；招标、拍卖属于公开竞价出让建设用地使用权的方式。这三种方式中，国家对以经营性用途的土地，始终倡导采取拍卖、招标等公开竞价的方式出让建设用地使用权，始终坚持“公开竞价出让建设用地使用权优于协议出让”的原则。但是，工业、商业、娱乐等经营性用地以及同一土地有两个以上用地意向者应当采取招标、拍卖等公开竞价的方式出让，而不能通过协议的方式出让。

建设用地使用权出让合同一般包括下列条款：（1）当事人的名称和住所；（2）土地界址、面积等；（3）建筑物、构筑物及其附属设施占用的空间；（4）土地用途；（5）使用期限；（6）出让金等费用及其支付方式；（7）解决争议的方法。

设立建设用地使用权的，应当向登记机构申请建设用地使用权登记。建设用地使用权自登记时设立。登记机构应当向建设用地使用权人发放建设用地使用权证书。

建设用地使用权人应当依照法律规定以及合同约定支付出让金等费用。采取双方协议方式出让土地使用权的出让金不得低于按国家规定所确定的最低价。土地使用者必须按照出让合同约定，支付土地使用权出让金；未按照出让合同约定支付土地使用权出让金的，自然资源主管部门有权解除合同，并可以请求违约赔偿。土地使用者按照出让合同约定支付土地使用权出让金的，市、县人民政府自然资源主管部门必须按照出让合同约定，提供出让的土地；未按照出让合同约定提供出让的土地的，土地使用者有权解除合同，由自然资源主管部门返还土地使用权出让金，土地使用者并可以请求违约赔偿。

土地使用权出让最高年限由国务院规定。非住宅建设用地使用权期间届满后的续期，依照法律规定办理。该土地上的房屋及其他不动产的归属，有约定的，按照约定；没有约定或者约定不明确的，依照法律、行政法规的规定办理。住宅建设用地使用权期间届满的，自动续期。土地使用权出让合同约定的使用年限届满，土地使用者需要继续使用土地的，应当至迟于届满前一年申请续期，除根据社会公共利益需要收回该幅土地的，应当予以批准。经批准准予续期的，应当重新签订土地使用权出让合同，按照规定支付土地使用权出让金。土地使用权出让合同约定的使用年限届满，土地使用者未申请续期或者虽申请续期但未获批准的，土地使用权由国家无偿收回。

（二）建设用地的划拨取得

建设用地使用权的划拨是指县级以上人民政府依法批准，在建设用地使用权人缴纳补偿、安置等费用后将该幅土地交付其使用，或者将建设用地使用权无偿交付给建设用地使用权人使用的行为。

建设用地使用权划拨的主要程序是：(1)建设单位提出建设用地申请；(2)自然资源主管部门进行审批；(3)划拨建设用地；(4)核发建设用地使用权证。

配套法规及解读

《土地管理法实施条例》(2014年7月29日修订)

第二十九条 国有土地有偿使用的方式包括：

（一）国有土地使用权出让；

（二）国有土地租赁；

（三）国有土地使用权作价出资或者入股。

《城市房地产管理法》(2019年8月26日修正)

第三条 国家依法实行国有土地有偿、有限期使用制度。但是，国家在本法规定的范围内划拨国有土地使用权的除外。

第二十三条 土地使用权划拨，是指县级以上人民政府依法批准，在土地使用者缴纳补偿、安置等费用后将该幅土地交付其使用，或者将土地使用权无偿交付给土地使用者使用的行为。

依照本法规定以划拨方式取得土地使用权的，除法律、行政法规另有规定外，没有使用期限的限制。

第二十四条　下列建设用地的土地使用权，确属必需的，可以由县级以上人民政府依法批准划拨：

（一）国家机关用地和军事用地；

（二）城市基础设施用地和公益事业用地；

（三）国家重点扶持的能源、交通、水利等项目用地；

（四）法律、行政法规规定的其他用地。

第四十条　以划拨方式取得土地使用权的，转让房地产时，应当按照国务院规定，报有批准权的人民政府审批。有批准权的人民政府准予转让的，应当由受让方办理土地使用权出让手续，并依照国家有关规定缴纳土地使用权出让金。

以划拨方式取得土地使用权的，转让房地产报批时，有批准权的人民政府按照国务院规定决定可以不办理土地使用权出让手续的，转让方应当按照国务院规定将转让房地产所获收益中的土地收益上缴国家或者作其他处理。

《最高人民法院关于审理涉及国有土地使用权合同纠纷案件适用法律问题的解释》（2005 年 6 月 18 日）

第一条　本解释所称的土地使用权出让合同，是指市、县人民政府土地管理部门作为出让方将国有土地使用权在一定年限内让与受让方，受让方支付土地使用权出让金的协议。

第二条　开发区管理委员会作为出让方与受让方订立的土地使用权出让合同，应当认定无效。

本解释实施前，开发区管理委员会作为出让方与受让方订立的土地使用权出让合同，起诉前经市、县人民政府土地管理部门追认的，可以认定合同有效。

第三条第一款　经市、县人民政府批准同意以协议方式出让的土地使用权，土地使用权出让金低于订立合同时当地政府按照国家规定确定的最低价的，应当认定土地使用权出让合同约定的价格条款无效。

《城镇国有土地使用权出让和转让暂行条例》（1990 年 5 月19 日）

第四十三条　划拨土地使用权是指土地使用者通过各种方式依法无偿取得的土地使用权。前款土地使用者应当依照《中华人民共和国城镇土地使用税暂行条例》的规定缴纳土地使用税。

第四十四条　划拨土地使用权，除本条例第四十五条规定的情况外，不得转让、出租、抵押。

第四十五条 符合下列条件的,经市、县人民政府土地管理部门和房产管理部门批准,其划拨土地使用权和地上建筑物,其他附着物所有权可以转让、出租、抵押:

(一)土地使用者为公司、企业、其他经济组织和个人;

(二)领有国有土地使用证;

(三)具有地上建筑物、其他附着物合法的产权证明;

(四)依照本条例第二章的规定签订土地使用权出让合同,向当地市、县人民政府补交土地使用权出让金或者以转让、出租、抵押所获收益抵交土地使用权出让金。转让、出租、抵押前款划拨土地使用权的,分别依照本条例第三章、第四章和第五章的规定办理。

第四十六条 对未经批准擅自转让、出租、抵押划拨土地使用权的单位和个人,市、县人民政府土地管理部门应当没收其非法收入,并根据情节处以罚款。

第四十七条 无偿取得划拨土地使用权的土地使用者,因迁移、解散、撤销、破产或者其他原因而停止使用土地的,市、县人民政府应当无偿收回其划拨土地使用权,并可依照本条例的规定予以出让。对划拨土地使用权,市、县人民政府根据城市建设发展需要和城市规划的要求,可以无偿收回,并可依照本条例的规定予以出让。无偿收回划拨土地使用权时,对其地上建筑物、其他附着物,市、县人民政府应当根据实际情况给予适当补偿。

※法规解读:

一、有偿与无偿取得国有土地使用权的区别

国有土地有偿使用的方式包括:(1)国有土地使用权出让;(2)国有土地租赁;(3)国有土地使用权作价出资或者入股。而划拨是通过无偿的方式取得国有土地使用权。建设用地的有偿取得与无偿取得的区别主要有:

1. 法律性质不同

通过签订出让合同等有偿方式设立建设用地使用权的行为属于民事行为。但是,建设用地使用权的划拨是市、县级以上人民政府代表国家将建设用地使用权授予建设用地使用权人使用,是通过单方授予的方式创设建设用地使用权,申请方无权与之协商,人民政府也无须与建设用地申请方进行公开竞价。可见,建设用地使用权划拨完全是由市、县级以上人民政府依职权依法决定的,因而建设用地使用权划拨属于行政行为,具有行政性。当然,通过划拨方式取得的建设用地使用权属于民事权利。

2. 是否有偿不同

通过出让方式取得建设用地使用权的,受让方应向国家交付出让金,是有偿的。

划拨方式取得建设用地的使用权人虽然也要缴纳安置、补偿等费用，但这些费用不是建设用地使用权的对价，而只是对被征收为国有土地的集体土地所有权人或者原建设用地使用权人的损失和重新安置的补偿。因此，通过划拨方式取得建设用地使用权的，建设用地使用权人无须支付出让金，是无偿的。

3. 是否有期限限制不同

通过有偿的方式取得的建设用地都有使用年限。但是，除法律、行政法规另有规定外，建设用地使用权划拨没有期限的限制。

4. 使用土地的目的不同

通过有偿的方式取得建设用地，其目的通常在于营利，具有私利性。但是，建设用地使用权划拨只适用于公益事业或国家重点工程项目，主要包括：(1) 国家机关用地和军事用地；(2) 城市基础设施用地和公益事业用地；(3) 国家重点扶持的能源、交通、水利等基础设施用地；(4) 法律、行政法规规定的其他用地。

二、国有土地使用权出让合同的效力

土地使用权出让合同，是指市、县人民政府自然资源主管部门作为出让方将国有土地使用权在一定年限内让与受让方，受让方支付土地使用权出让金的协议。开发区管理委员会作为出让方与受让方订立的土地使用权出让合同，应当认定无效。《最高人民法院关于审理涉及国有土地使用权合同纠纷案件适用法律问题的解释》实施前，开发区管理委员会作为出让方与受让方订立的土地使用权出让合同，起诉前经市、县人民政府土地管理部门追认的，可以认定合同有效。经市、县人民政府批准同意以协议方式出让的土地使用权，土地使用权出让金低于订立合同时当地政府按照国家规定确定的最低价的，应当认定土地使用权出让合同约定的价格条款无效。

三、无偿取得的国有土地使用权的流转

划拨土地使用权是指土地使用者通过各种方式依法无偿取得的土地使用权。但是，土地使用者应当依照《中华人民共和国城镇土地使用税暂行条例》的规定缴纳土地使用税。

未经市、县人民政府自然资源主管部门批准并办理土地使用权出让手续，交付土地使用权出让金的土地使用者，不得转让、出租、抵押土地使用权。符合下列条件的，经市、县人民政府自然资源主管部门批准，其土地使用权可以转让、出租、抵押：(1) 土地使用者为公司、企业、其他经济组织和个人；(2) 领有国有土地使用证；(3) 具有合法的地上建筑物、其他附着物产权证明；(4) 依照《城镇国有土地使用权出让和转让暂行条例》等的规定签订土地使用权出让合同，向当地市、县人民政府交付土地使用权出让金或者以转让、出租、抵押所获收益抵交土地使用权出让金。

对未经批准擅自转让、出租、抵押划拨土地使用权的单位和个人，市、县人民政府自然资源主管部门应当没收其非法收入，并根据情节处以罚款。

关联法规索引

《城镇国有土地使用权出让和转让暂行条例》第8～13、43～47条

典型案例

重庆索特盐化股份有限公司与重庆新万基房地产开发有限公司土地使用权转让合同纠纷案[1]

※案情简介：索特公司在重庆市万州区观音岩1号拥有四块商服用地使用权，并将上述土地抵押给相关银行用于贷款担保，抵押期限自2005年至2011年。2005年12月1日，新万基公司与索特公司签订了《金三峡花园联合开发协议》（以下简称《联合开发协议》），在上述土地上联合开发金三峡花园。约定：第一条，索特公司现已将上述土地抵押给某银行融资贷款，同意在约定时间内将该土地的抵押权解除；第二条，以新万基公司出资、索特公司出土地使用权，共同投资、共享利润的方式，共同进行房地产开发；第四条，新万基公司承诺按项目开发需要逐步投入开发资金，首期资金500万元在合同签订之日起7个工作日内到位，用于前期开发筹备工作。索特公司承诺，本项目所涉及的土地已办理的抵押手续应在不影响开发进度的前提下办理解除抵押的相关手续，并保证不存在其他权利瑕疵，也没有被司法机关查封或被行政机关限制。若第三人对该地块权益提出主张，或权属手续不完善，或有权属障碍，由索特公司负责解决，并独自承担其费用，由此给新万基公司造成的损失，索特公司应承担违约责任；第五条，新万基公司提供合作项目的全部建设资金不低于4亿元，索特公司提供合作项目合法取得的全部建设用地；第六条，新万基公司对索特公司的办公大楼进行四星级酒店的改造升级，改造金额3100万元，改造后，其产权归索特公司所有；第九条，土地上的建筑物、构筑物由新万基公司负责拆除；第十条，本协议签订后，索特公司违约不与新

[1] 案例来源：最高人民法院（2008）民一终字第122号民事判决书。

万基公司合作,或者在本项目的方案设计经过政府的审核同意后,索特公司不配合新万基公司向政府以双方名义申请审批联建、立项、规划等工作的,视为索特公司根本违约,索特公司按照新万基公司总投资额的30%向新万基公司支付违约金,并赔偿因此给新万基公司造成的包括并不限于前期设计及往返谈判等各项经济损失;因新万基公司资金不能按开发进度到位而影响了开发或新万基公司未按时支付索特公司利润款,新万基公司应按总投资额的30%向索特公司支付违约金,因项目开发资金问题而造成停工30天以上,除新万基公司应向索特公司支付违约金以外,索特公司有权终止合同,并有权通过法律途径要求新万基公司支付因此造成的全部损失。

2005年12月1日,新万基公司与索特公司又签订了《联合开发协议之补充协议(一)》(以下简称《补充协议》)。约定:(1)本项目具备开工条件时,双方共同确定“金三峡花园联合开发项目开发进度表”,并以此作为新万基公司开发资金到位及索特公司工作配合的时间表;(2)本项目无论以任何方式开发、分配所涉及的税费,由新万基公司承担,索特公司只以本补充协议第四条约定的利润分配方式获得税后利润;(3)索特公司以实际交付给新万基公司开发的土地使用权计算分配的税后利润,双方同意按照37万元/亩计算出总利润额,由新万基公司按本条支付给索特公司。索特公司对新万基公司在开发本项目产生的经营风险及亏损不承担任何责任。本补充协议自签订之日起一年内,新万基公司向索特公司支付总利润额的30%;本补充协议自签订之日起二年内,新万基公司向索特公司支付总利润额的40%;本补充协议自签订之日起三年内(或开发期满),新万基公司向索特公司支付总利润额的30%,新万基公司已向索特公司支付的履约定金转为利润额,冲抵新万基公司应付给索特公司的利润额;(4)在本项目开工之时,新万基公司对索特公司现有的办公大楼进行四星级酒店改造,并于一年内按索特公司的方案完成改造,改造所产生的费用3100万元由新万基公司承担,该费用不属于本补充协议第四条新万基公司支付索特公司利润的范围;(5)本《补充协议》是《联合开发协议》的有效附件,与《联合开发协议》有冲突之处,以本《补充协议》为准。

2005年12月5日,新万基公司向索特公司发出《金三峡花园联合开发项目开发进度表(一)》,载明,为推进各项工作的顺利进行,请索特公司在相应时间内配合完成项目前期开发工作,于2006年1月20日前办理好土地解押手续,并要求索特公司予以确认回复。索特公司未予回复。

2005年12月25日,新万基公司与中冶赛迪工程技术股份有限公司签订了《建设工程设计合同(一)》,约定,新万基公司委托中冶赛迪工程技术股份有限公司对金三峡花园城进行设计,设计费按22元/平方米计算,暂估为1100万元。合同签订后,中冶赛迪工程技术股份有限公司出具了设计平面图与设计效果图。

2005年12月25日,新万基公司与重庆索特(集团)有限责任公司旅游公司(以下简称索特旅游公司)签订了《人员借用协议》。约定,为配合新万基公司与索特公司联合开发项目的进度,索特宾馆已正式停业,为妥善解决索特旅游公司职工在项目建设过渡期间的工作安置问题,索特旅游公司以借用形式向新万基公司输出职工17人,新万基公司按照劳动法规定支付借用人员的报酬、社会保险和福利待遇。2006年3月10日,新万基公司分别向王幼敏、洪江等17名职工支付了18980元工资。

2005年12月,新万基公司与索特旅游公司签订了两份《借款协议》,约定,由新万基公司借款150万元给索特旅游公司。

自2005年12月25日起,新万基公司多次致函索特公司,要求索特公司履行金三峡花园项目开发的配合工作。

2006年1月4日,新万基公司与成都尚筑地产顾问有限公司签订了《重庆新万基地产"万州观音岩"项目全程开发顾问暨营销代理合同》。新万基公司委托成都尚筑地产顾问有限公司担任金三峡项目"全程开发顾问暨营销代理",代理费用按照本项目销售合同金额的2.2%收取。合同签订后,成都尚筑地产顾问有限公司向新万基公司提供了《服务计划书》。

2006年3月6日,中国建设银行重庆万州分行致函索特公司称,索特公司未经该行同意,擅自将抵押物与他人合作进行房地产开发,严重侵害了该行的抵押权。要求索特公司必须立即停止侵权行为。

2006年4月10日,新万基公司与杨天歌签订了《房屋拆除合同》,约定由杨天歌承包金三峡花园项目范围内的地上建筑物拆除和垃圾清除工作。2007年4月12日,新万基公司与杨天歌又签订了《金三峡开发项目拆除补充协议》。该协议载明,因新万基公司未能履行其2006年6月开工的承诺,致杨天歌遭受一定经济损失,经双方协商,对2006年4月10日的《房屋拆除合同》作出一定修改。

2005年12月29日,新万基公司向重庆市万州区房地产管理局缴纳了2万元"房交会参展费"。2006年4月25日,新万基公司向成都康美凯信广告有限责任公司支付了"2006年万州房交会展台设计装修搭建费"40340.5元。

索特公司2007年12月20日向重庆市高级人民法院起诉称:其与新万基公司签订《联合开发协议》和《补充协议》后,新万基公司并未按照合同约定履行相应义务,致使联建工作无法进行,联合开发的目的无法实现。据此,请求法院判决:(1)解除双方签订的《联合开发协议》及《补充协议》;(2)新万基公司向索特公司支付违约金1000万元;(3)新万基公司承担本案诉讼费用。

新万基公司辩称:合同签订后,新万基公司积极履行了自身义务,但索特公司却以各种理由拒不履行合同义务,导致联建工作无法开展。因此,新万基公司请求法院驳回索特公司的诉讼请求。

新万基公司反诉称:在《联合开发协议》及《补充协议》签订后,新万基公司积极开展前期开发工作,并多次催促索特公司履行合同义务,但索特公司至今仍未履行合同主要义务。此外,由于项目所涉土地价格上涨,索特公司为独享项目利益,以种种借口企图毁约。据此,新万基公司请求法院判决:(1)索特公司向新万基公司支付违约金6000万元;(2)本案诉讼费用由索特公司承担。

索特公司针对新万基公司反诉辩称:根据合同约定,新万基公司应先履行付款义务,并提供经政府审批的方案之后,才有权要求索特公司履行相应的配合义务。但新万基公司至今未履行上述义务,因此,新万基公司的反诉请求不能成立,应当予以驳回。

一审法院认为:

(一)双方当事人之间法律关系的性质。根据《最高人民法院关于审理涉及国有土地使用权合同纠纷案件适用法律问题的解释》第十四条的规定,合作开发房地产合同以共同投资、共享利润、共担风险为构成要件。本案中,对于双方在金三峡花园项目开发中的利益分配与风险承担,《联合开发协议》并未作出明确约定,而是由《补充协议》进行了规定。从《补充协议》第4条、第5条确定的权利义务来看,在项目开发中,索特公司的主要义务是提供土地,并对新万基公司的开发行为予以配合,取得的利益则包括获得10360万元(37万元/亩×280亩)的价款,以及价值3100万元的办公大楼改造,索特公司并不承担项目的经营风险。因此,双方当事人之间法律关系不具备共担风险这一要件,在法律性质上不属于合作开发房地产合同。从该权利义务的具体内容来看,索特公司在提供该宗地的使用权之后,获得固定金额的对价,其实质是土地使用权转让,即索特公司是土地转让人,新万基公司是受让人。

(二)转让行为的法律效力。该土地使用权转让行为违反法律规定,应属无效。首先,《中华人民共和国担保法》(以下简称《担保法》)第四十九条第一款规定:“抵押期间,抵押人转让已办理登记的抵押物的,应当通知抵押权人并告知受让人转让物已经抵押的情况;抵押人未通知抵押权人或者未告知受让人的,转让行为无效。”本案中,没有证据证明索特公司将转让行为通知了建设银行与工商银行,根据上述规定,该转让行为应属无效。其次,《最高人民法院关于适用〈中华人民共和国担保法〉若干问题的解释》(以下简称《担保法司法解释》)第六十七条第一款规定:"抵押权存续期间,抵押人转让抵押物未通知抵押权人或者未告知受让人的,如果抵押物已经登记的,抵押权人仍可以行使抵押权;取得抵押物所有权的受让人,可以代替债务人清偿其全部债务,使抵押权消灭。受让人清偿债务后可以向抵押人追偿。"由于新万基公司受让的标的物上存在抵押权,根据该款规定,新万基公司可以通过行使涤除权消灭该抵押权,从而对转让行为的效力予以补正,但新万基公司并未行使涤除权,该转让行为的效力未能得到补正。索特公司请求解除双方签订的《联合开发协议》及其《补充协议》,这一诉讼请求不能成立。所谓合同的解除,是使合法有效的合同的法律效力归于消灭,而《联合开发协议》及其《补充协议》系无效合同,故不存在解除的问题。

(三)转让行为无效的法律责任。根据《中华人民共和国合同法》(以下简称《合同法》)第五十八条的规定,无效合同的法律后果是返还财产及赔偿损失。本案中,双方当事人之间并无财产交付、转移行为,故不存在返还的问题。至于损失,新万基公司为履行合同,先后向索特旅游公司17名职工支付了18980元工资,向重庆市万州区房地产管理局缴纳了"房交会参展费"2万元,向成都康美凯信广告有限责任公司支付了40340.5元展台设计装修搭建费,共计79320.5元。上述款项系新万基公司因履行合同而遭受的损失,应当按照当事人的过错确定赔偿责任。从本案合同无效的原因来看,是未将土地转让的情况通知抵押权人。根据《担保法》第四十九条第一款的规定,应当由抵押人履行该通知义务。因此,系索特公司单方的过错导致了合同无效,对新万基公司因此遭受的损失应由索特公司承担赔偿责任。虽然根据《担保法司法解释》第六十七条第一款的规定,也可由受让人行使涤除权消灭抵押权,从而使转让行为生效,但对受让人而言,该规定系权利的赋予,受让人作为权利人不行使权利,并不构成法律上的过错;新万基公司提出,其与索特旅游公司签订了《借款协议》借出款项143万元,属于为履行合同而支出的费用。既然是借款,则借款人负有归还的义务,新万基公司有要求借款人返还的权利。因此,该协议约定的借款金额不应视为新万基公司受的损失;新万基公司称,其与中冶赛迪工程技术股份有限公司签订了《建设工程设计合同(一)》,并支付了设计费440万元;与成都尚筑地产顾问有限公司签订了《重庆新万基地产"万州观音岩"项目全程开发顾问暨营销代理合同》,并支付了策划代理费115万元;与杨天歌签订了《房屋拆除合同》及《金三峡开发项目拆除补充协议》,不履行合同将导致相应的违约责任。上述合同及付款的真实性可另案审查。即使合同及付款真实有效,由于《联合开发协议》及其《补充协议》无效,因此上述四个合同无法继续履行。对于这类未履行完毕的合同,在确定其法律后果时,既要考虑已经履行的部分,也要考虑尚未履行的部分,要根据合同当事人的违约情况来确定违约责任。因此,新万基公司已经支付的费用并不等于其遭受的损失。目前,这四个合同的法律后果并未最终确定,所以无法认定新万基公司因此遭受的损失。只有待新万基公司在上述合同中的责任确定之后,人民法院才可以根据损失的不同性质,考虑发生原因、控制主体、可控程度、双方过错,确定新万基公司与索特公司之间的分担比例。基于此,本案对这部分损失不作处理;新万基公司称,其与张建华签订《房屋租赁合约》,并支付23.7万元租金;与李果签订《办公室装修合同》,并支付15万元装修费;购买办公家具、办公用品,支出313334元。新万基公司举示的证据无法证明这些费用与“金三峡花园”项目的关联性,即无法认定这些费用系因开发“金三峡花园”项目而支出的费用,故对新万基公司主张的这部分费用,不予支持;新万基公司提出的交通费、差旅费、招待费等费用支出,因无证据证明,不予支持。

(四)双方当事人诉请的违约责任。在本诉中,索特公司要求新万基公司支付违约金1000万元。在反诉中,新万基公司要求索特公司支付违约金6000万元,这两项诉讼请求均不能成立。违约金属于违约责任范畴,而违约责任是因违反有效合同导致的法律责任,以存在合法有效的合同关系为基础。本案中,《联合开发协议》及《补充协议》无效,故不存在违约的问题,亦不会引发违约责任的承担。

综上,一审法院依据《担保法》第四十九条第一款、《担保法司法解释》第六十七条第一款、《合同法》第五十八条之规定,判决:一、《联合开发协议》及《补充协议》无效;二、自本判决生效之日起十日内索特公司向新万基公司赔偿损失79320.5元;三、驳回索特公司的诉讼请求;四、驳回新万基公司的反诉请求。

新万基公司不服一审判决,向法院上诉称:(1)一审判决认定双方签订的土地使用权转让合同为无效合同,适用法律错误。根据《担保法司法解释》第六十七条、《中华人民共和国物权法》(以下简称《物权法》)第一百九十一条的规定,在未告知抵押权人的情况下,转让抵押物的行为并不当然无效。本案中,双方约定由索特公司履行先行解除转让土地的抵押,能够保护抵押权人的利益,该约定不违反法律的强制性规定,转让合同应为有效合同;(2)索特公司在合同签订后,虽经新万基公司多次敦促,迟迟不履行解除转让土地抵押的先履行义务,主动提起诉端,以谋求土地升值的巨大利益,有违诚信。新万基公司积极投入履约,蒙受了巨大经济损失。索特公司应为此承担违约责任;(3)索特公司应按合同约定承担违约金6000万元。故上诉请求:(1)撤销一审判决;(2)认定双方签订的《联合开发协议》及《补充协议》有效;(3)认定索特公司违约并承担6000万元违约金;(4)由索特公司承担全部诉讼费用。

索特公司答辩称,(1)本案所涉合同因违反《担保法》的强制性规定而无效。(2)双方的协议中并未对索特公司解除抵押权的时间作出规定,因新万基公司没有根据约定在合同签订的七日内投入首期资金500万元及后续资金,致使索特公司无法归还银行的贷款,从而向银行行使解除抵押权。因此可以看出,索特公司并没有违约,而是新万基公司违约。(3)违约金条款只有在合同有效的前提下才能适用,本案因合同无效,故新万基公司诉称适用违约金条款主张6000万元不成立。综上,一审判决程序合法,认定事实清楚,适用法律正确,应予维持。

法院二审查明:双方2005年12月1日签订《联合开发协议》及《补充协议》中约定的土地转让价格,双方确认为48万元/亩。2008年2月,索特公司将相关土地再次向银行进行抵押贷款时,其评估价约为88万元/亩。

法院二审查明的其他事实,与一审法院查明的基本事实一致。

根据当事人双方上诉请求及答辩情况,本案争议焦点为:(一)《联合开发协议》及其《补充协议》的效力问题。(二)索特公司是否应向新万基公司支付违约金。

(一)关于《联合开发协议》及其《补充协议》的效力问题。根据《担保法》第四十九条的规定,抵押期间抵押人转让抵押物应当通知抵押权人,否则转让行为无效;《物权法》第一百九十一条亦规定抵押期间转让抵押物须经抵押权人同意。其立法目的是确保抵押权人的利益不受侵害。但《担保法司法解释》第六十七条和《物权法》第一百九十一条也规定,未经通知或者未经抵押权人同意转让抵押物的,如受让方代为清偿债务消灭抵押权的,转让有效。即受让人通过行使涤除权涤除转让标的物上的抵押权负担的,转让行为有效。上述法律和司法解释的规定体现了相关立法和司法解释的指导思想是要在抵押权人和抵押人、受让抵押标的物的第三人之间实现利益平衡,既充分保障抵押权不受侵害,又不过分妨碍财产的自由流转,充分发挥物的效益。本案双方当事人在《联合开发协议》中约定由索特公司在不影响开发进度的前提下办理解除抵押的相关手续,即以约定的方式将先行解除本案所涉土地上的抵押权负担的义务赋予了索特公司;该约定既保障了抵押权人的利益,也不妨害抵押人和受让土地的第三人的利益,与《担保法》《物权法》以及《担保法司法解释》保障各方当事人利益平衡的立法精神并不相悖,不违反法律规定。从合同法的角度看,转让方对转让标的负有权利瑕疵担保责任,其主动告知转让土地上的权利负担,并承诺由其在不影响开发进度的前提下先行解除抵押,该承诺构成合同中的负担行为,即承担义务的行为,符合意思自治和合同自由原则,且确保了抵押权人的利益不受侵害,与《担保法》《物权法》和《担保法司法解释》的立法本意和制度设计不相抵触。因此，应当确认该《联合开发协议》及《补充协议》有效，双方应按照合同诚信履行，索特公司有义务根据双方商定的开发进度清偿银行债务，从而解除该转让土地上的抵押权负担。

根据《物权法》第十五条的规定，当事人之间订立有关设立、变更、转让和消灭不动产物权的合同，除法律另有规定或者合同另有约定外，自合同成立时生效；未办理物权登记的，不影响合同效力。该规定确定了不动产物权变动的原因与结果相区分的原则。物权转让行为不能成就，并不必然导致物权转让的原因即债权合同无效。双方签订的《联合开发协议》及《补充协议》作为讼争土地使用权转让的原因行为，是一种债权形成行为，并非该块土地使用权转让的物权变动行为。相关法律关于未经通知抵押权人而导致物权转让行为无效的规定，其效力不应及于物权变动行为的原因行为。因为当事人可以在合同约定中完善物权转让的条件，使其转让行为符合法律规定。本案即属此种情形。

综上，双方当事人签订的《联合开发协议》未违反法律强制性规定，应为有效合同。一审判决对此问题的认定适用法律不当，应予纠正。

（二）索特公司是否应向新万基公司支付违约金。一审判决根据双方签订的《联合开发协议》及《补充协议》约定的权利义务内容，确定双方的协议为土地使用权转让协议，此认定事实清楚，适用法律正确，双方当事人亦无异议，法院予以确认。土地使用权转让协议作为一项双务合同，要求出让方首先提供具有使用权无瑕疵的土地，受让方依约支付转让款。双方的《联合开发协议》第一条即明确了该转让土地已被抵押，且约定索特公司履行解除抵押的义务。该条约定表明，索特公司作为土地使用权的转让方具有消除转让土地上所存权利瑕疵的义务。双方在随后签订的《补充协议》中对履行各自义务的时间作出了约定，即以双方共同确定的《金三峡花园联合开发项目开发进度表》作为双方履行义务的时间表。新万基公司依《补充协议》的约定，于2005年12月5日向索特公司提交了《金三峡花园联合开发项目开发进度表》，要求索特公司解除转让土地上的抵押，索特公司未予回复。索特公司此举违反了《联合开发协议》第一条关于双方共同确定项目开发进度表的义务性规定，未能按协议约定适时解除转让土地上设定的抵押，提供无权利瑕疵的土地，此种消极不履行合同的行为，已构成违约。索特公司的沉默行为，引起新万基公司对合同继续履行的正当信赖，导致新万基公司与中冶赛迪工程技术股份有限公司等第三方签订了工程设计等一系列与项目开发实施行为有关的合同。在此情况下，索特公司提起诉讼请求解除《联合开发合同》及《补充协议》，根据《合同法》第一百零八条规定，应认定其构成根本违约。索特公司辩称，索特公司未能解除抵押的原因是由于新万基公司未能支付转让款，致使其无资金解除抵押。根据《联合开发协议》第四条索特公司的承诺，索特公司应以其自有资金履行解除抵押权义务，而不是以新万基公司先行支付转让款为条件，因此，索特公司的抗辩理由不成立。综上，结合涉案土地已经大幅升值的实际情况，以及双方在土地使用权转让过程中的利益平衡，索特公司应按《联合开发协议》第十条的约定承担违约责任。依据该条约定，索特公司根本违约，应按照新万基公司总投资额的30%支付违约金。由于双方签订的《联合开发协议》实为土地使用权转让协议，故应将该条约定的"总投资额"变更为合同约定的转让款的数额，以之作为确定违约责任的计算依据。根据《补充协议》的约定，双方确定的索特公司转让土地使用权的应得收益为10360万元(280亩×37万/亩)，新万基公司应负担的索特公司办公楼装修款3100万元；作为土地使用权转让的对价，两项共计13460万元。以此计算，索特公司应向新万基公司承担4038万元的违约金。新万基公司以其计划开发投入的总投资数额为依据主张索特公司应给付6000万元违约金的请求，系以合作开发为前提，与本案事实不符，法院不予支持。鉴于新万基公司认为索特公司不履行合同义务已构成根本违约，法院对此也予以确认，且索特公司在一审诉讼中请求解除双方所签订的合同，故双方签订的《联合开发协议》及其《补充协议》应予解除。新万基公司在诉讼中提出，为履行协议实际支付了相关费用，要求法院予以确认；由于此项主张并非其一审的诉讼请求，且索特公司应支付的违约金已超出了该项请求，法院二审对该项主张不予支持。

法院认为，双方当事人签订的《联合开发协议》及其《补充协议》系当事人的真实意思表示，不违反法律和行政法规的禁止性规定，合法有效。索特公司未履行合同义务的行为，构成违约，应承担合同约定的违约责任。新万基公司的上诉理由部分成立，法院予以支持。根据《中华人民共和国民事诉讼法》第一百五十三条第一款第二项、第三项之规定，判决如下：

一、撤销重庆市高级人民法院(2008)渝高法民初字第2号民事判决；

二、《金三峡花园联合开发协议》及《金三峡花园联合开发协议之补充协议(一)》有效；

三、解除双方签订的《金三峡花园联合开发协议》及《金三峡花园联合开发协议之补充协议(一)》；

四、重庆索特盐化股份有限公司自本判决生效之日起十日内向重庆新万基房地产开发有限公司支付违约金4038万元；

五、驳回重庆新万基房地产开发有限公司其他上诉请求。

逾期履行本判决确定之金钱给付义务,依照《中华人民共和国民事诉讼法》第二百二十九条的规定,加倍支付迟延履行期间的债务利息。

一审案件受理费304900元,反诉费170900元,共计475800元,由重庆索特盐化股份有限公司负担350694元,重庆新万基房地产开发有限公司负担125106元。

二审案件受理费170900元,由重庆索特盐化股份有限公司负担112794元,重庆新万基房地产开发有限公司负担58106元。

※**裁判要旨:**当事人之间订立有关设立、变更、转让和消灭不动产物权的合同,除法律另有规定或者合同另有约定外,自合同成立时生效;未办理物权登记的,不影响合同效力。该规定确定了不动产物权变动的原因与结果相区分的原则。物权转让行为不能成就,并不必然导致物权转让合同无效。

第五十五条 【土地有偿使用费】以出让等有偿使用方式取得国有土地使用权的建设单位,按照国务院规定的标准和办法,缴纳土地使用权出让金等土地有偿使用费和其他费用后,方可使用土地。

自本法施行之日起,新增建设用地的土地有偿使用费,百分之三十上缴中央财政,百分之七十留给有关地方人民政府。具体使用管理办法由国务院财政部门会同有关部门制定,并报国务院批准。

条文解读

本法第55条是关于国有土地有偿使用费收缴及分配办法的规定。

以出让等有偿使用方式取得国有土地使用权的建设单位必须缴纳土地使用权出让金等有偿使用费和其他费后,方可使用土地。按照本条的规定,应当先支付有偿使用费,后使用土地。具体的付款方式和付款办法,应当由国有土地使用权有偿使用合同来约定。采用出让方式的,应当先支付国有土地使用权出让金及其他费用,县、市人民政府自然资源主管部门方可为其办理土地使用权登记,核发《国有土地使用证》,建设单位方可取得土地并依法使用。采用国有土地租赁方式的,应当一次性支付按国有土地租赁合同约定的需要支付的国有土地有偿使用费和其他费用,取得《国有土地使用证》并办理土地登记后方可使用土地,但按国有土地租赁合同约定需今后按年度向人民政府支付租金的,则按合同约定的方式和时间支付。采用国有土地入股的,应当先办理国有土地股权持有的有关手续,签订合同或章程后,方可办理土地登记,并使用土地。虽然签订了国有土地有偿使用合同,但用地单位未按合同的约定支付国有土地有偿使用费的,政府将按合同的规定不予提供土地使用权,建设单位不得使用土地。

根据本法的规定,今后存量建设用地的土地有偿使用收益全部留给地方政府用于城市建设和土地开发。而新增建设用地的土地有偿使用费30%上缴中央财政,70%留给地方财政。新增建设用地是指建设占用农用地,并依法办理农用地转用的建设用地,包括建设占用耕地、林地、草地、农田水利用地和养殖水面等土地。办理农用地转用的,应视为新增建设用地。原《土地管理法》规定:新增建设用地的土地有偿使用费"都专项用于耕地开发",新《土地管理法》将该规定删除,规定"具体使用管理办法由国务院财政部门会同有关部门制定,并报国务院批准"。

配套法规及解读

《物权法》(2007年3月16日)

第一百三十九条 设立建设用地使用权的,应当向登记机构申请建设用地使用权登记。建设用地使用权自登记时设立。登记机构应当向建设用地使用权人发放建设用地使用权证书。

第一百四十一条 建设用地使用权人应当依照法律规定以及合同约定支付出让金等费用。

《城市房地产管理法》(2019年8月26日修正)

第十六条 土地使用者必须按照出让合同约定,支付土地使用权出让金;未按照出让合同约定支付土地使用权出让金的,土地管理部门有权解除合同,并可以请求违约赔偿。

第六十条 国家实行土地使用权和房屋所有权登记发证制度。

第六十一条第一款 以出让或者划拨方式取得土地使用权,应当向县级以上地方人民政府土地管理部门申请登记,经县级以上地方人民政府土地管理部门核实,由同级人民政府颁发土地使用权证书。

《最高人民法院关于审理涉及国有土地使用权合同纠纷案件适用法律问题的解释》(2005年6月18日)

第三条 经市、县人民政府批准同意以协议方式出让的土地使用权,土地使用权出让金低于订立合同时当地政府按照国家规定确定的最低价的,应当认定土地使用权出让合同约定的价格条款无效。

当事人请求按照订立合同时的市场评估价格交纳土地使用权出让金的，应予支持；受让方不同意按照市场评估价格补足，请求解除合同的，应予支持。因此造成的损失，由当事人按照过错承担责任。

※法规解读：第一，建设用地使用权人应当缴纳相关费用。通过出让方式取得建设用地使用权的，受让方应向国家交付出让金，是有偿的。划拨方式取得建设用地的使用权人要缴纳安置、补偿等费用。经市、县人民政府批准同意以协议方式出让的土地使用权，土地使用权出让金低于订立合同时当地政府按照国家规定确定的最低价的，应当认定土地使用权出让合同约定的价格条款无效。当事人请求按照订立合同时的市场评估价格交纳土地使用权出让金的，应予支持；受让方不同意按照市场评估价格补足，请求解除合同的，应予支持。因此造成的损失，由当事人按照过错承担责任。

以出让等有偿使用方式取得国有土地使用权的建设单位，按照国务院规定的标准和办法，缴纳土地使用权出让金等土地有偿使用费和其他费用后，方可使用土地。任何地区、部门和单位都不得以"招商引资""旧城改造""国有企业改制"等各种名义减免土地出让收入，实行"零地价"，甚至"负地价"，或者以土地换项目、先征后返、补贴等形式变相减免土地出让收入。也不得违反规定通过签订协议等方式，将应缴地方国库的土地出让收入，由国有土地使用权受让人直接将征地和拆迁补偿费支付给村集体经济组织或农民等。

土地使用者应当在签订土地使用权出让合同后60日内，支付全部土地使用权出让金。逾期未全部支付的，出让方有权解除合同，并可请求违约赔偿。经市、县人民政府批准同意以协议方式出让的土地使用权，土地使用权出让金低于订立合同时当地政府按照国家规定确定的最低价的，应当认定土地使用权出让合同约定的价格条款无效。当事人请求按照订立合同时的市场评估价格交纳土地使用权出让金的，合同有效；受让方不同意按照市场评估价格补足，可以请求解除合同，因此造成的损失，由当事人按照过错承担责任。

第二，建设用地使用权的登记。即使已经缴纳了土地出让金但没有办理登记的，使用人仍未取得建设用地使用权。以出让或者划拨方式取得土地使用权，应当向县级以上地方人民政府土地管理部门申请登记，经县级以上地方人民政府土地管理部门核实，由同级人民政府颁发土地使用权证书。建设用地使用权自登记时设立，也即将特定土地上所设立的建设用地使用权的主要权利事项记载于不动产登记簿时，建设用地使用权方可依法设立，不经登记，建设用地使用权不能有效设立。因此，仅签订建设用地使用权出让合同，用地人尚未依法取得建设用地使用权。

关联法规索引

《土地管理法实施条例》第30条;《城镇国有土地使用权出让和转让暂行条例》第14、16条;《最高人民法院关于审理涉及国有土地使用权合同纠纷案件适用法律问题的解释》第3条;《国务院办公厅关于规范国有土地使用权出让收支管理的通知》;财政部《国有土地使用权出让收支管理办法》

典型案例

涟水中联房地产开发有限公司与涟水县人民政府、涟水县财政局等行政允诺纠纷案[1]

※案情简介:2007年3月27日,涟水县政府发布涟政发〔2007〕52号《县政府关于鼓励建设高层建筑的暂行规定》(以下简称52号文),该文明确提出为加快该县城市建设的现代化进程,改善城市形象,提升城市品位,提高城市建设用地的集约化水平,经县政府研究,决定就建设高层建筑实行优惠照顾。为鼓励建设高层建筑,该文件给出"减收开发企业在建设高层建筑中7层以上部分建筑县权范围内的行政性规费,其中7至9层基础设施配套费按规定标准的40%收取,10层以上基础设施配套费按照规定标准的20%收取。建设高层建筑因增加7层以上部分建筑面积而超出规定容积率的不再增加国有土地使用权出让金。"该文件明确52号文自发文之日起即2007年3月27日执行。

2007年10月15日,涟水中联公司与涟水县国土资源局签订国有土地使用权出让合同(合同编号:2006-14),通过出让方式取得位于安东中路西侧、红日路两侧229764平方米国有土地(宗地编号:涟地2006-14),该土地用途为公共设施、居住用地。2009年12月28日,涟水中联公司与涟水县国土资源局签订国有土地使用权出让合同(合同编号:3208262009CR0039)通过出让方式取得位于襄××路东侧、××路北侧45925平方米国有土地(宗地编号:涟地2007-19),该土地用途为公共设施、其他商服用地、其他普通商品住房用地。2014年7月28日,涟水中联公司与涟水县国土资源局签订国有土地使用权出让补充合同,合同约定中联壹城项目由涟地2006-14号宗地及涟地

〔1〕 案例来源:江苏省高级人民法院(2017)苏行终1414号行政判决书。

2007－19号宗地整合而成。该合同约定，基于中联壹城项目容积率调整，根据评估机构评估结果，乙方即涟水中联公司补缴超容积率土地出让金6277.04万元。

2009年11月15日，涟水县政府作出涟政复〔2009〕74号《县政府关于中联·壹城天元商业广场中联·壹城小区地块调整容积率指标的批复》，经研究，为鼓励建设高层建筑，原则同意在履行相关法定程序后，将中联·壹城天元商业广场地块居住用地容积率由不大于1.6调整为不大于2.12，中联·壹城小区地块居住用地容积率由不大于1.65调整为不大于1.93。2009年12月21日，涟水县政府作出涟政复〔2009〕81号《县政府关于中联·壹城天元商业广场地块调整容积率指标的批复》，原则同意在履行相关法定程序后，将中联·壹城天元商业广场地块公共设施用地容积率由不大于3.0调整为不大于3.15。

根据评估结果，涟水中联公司因超出容积率而应增缴土地出让金6277.04万元。涟水中联公司分别于2013年7月8日、2014年4月16日、2014年7月11日、2015年6月17日以书面形式向涟水县政府提出申请，请求根据52号文精神，给予基础设施配套费6277.04万元，以及解决因剩余1352万元出让金未予缴纳带来的相关问题。

前两次申请，时任涟水县委常委、副县长杨亚专分别于2013年12月9日、2014年4月18日作出“同意安排，请按当时约定处理”的批示。第一次申请得到批准后，涟水中联公司于2013年12月13日缴纳部分土地出让金。第二次申请批准前后，涟水中联公司分别于2014年4月10日、2014年4月11日、2014年4月18日、2014年6月17日、2014年6月18日分五次缴纳部分土地出让金。2013年12月17日、2014年4月18日、2014年4月24日、2014年6月18日、2014年6月20日，涟水中联公司分五次得到返还。至此，涟水中联公司共缴纳4924.75113万元土地出让金，缴纳土地出让金后分五次以基础设施配套费的名义得到返还的4924.75113万元价款。

涟水中联公司第三次请求解决相关问题的申请，亦于2014年7月16日得到时任涟水县委常委、副县长杨亚专批示协调处理相关问题。涟水中联公司与涟水县国土资源局签订国有土地使用权出让补充合同时间形成于2014年7月28日，涟水中联公司实际上已于合同签订之前缴纳了按照合同约定应补缴超容积率土地出让金6277.04万元中的4924.75113万元。

涟水中联公司第四次申请，时任涟水县委常委陈印作出“拟同意继续执行13－14年的会商意见，请王冰县长审定。”批示后，未有县政府领导在申请报告上作出明确批示。后涟水县政府在答辩中明确表示，因审计违规，52号文中涉及土地出让金的优惠不再执行。

《中华人民共和国土地管理法》第五十五条第一款:"以出让等有偿使用方式取得国有土地使用权的建设单位,按照国务院规定的标准和办法,缴纳土地使用权出让金等土地有偿使用费和其他费用后,方可使用土地。"

《国务院办公厅关于规范国有土地使用权出让收支管理的通知》(国办发〔2006〕100号)第一条规定:"明确国有土地使用权出让收入范围,加强国有土地使用权出让收入征收管理……土地出让收入有财政部门负责征收管理,可由国土资源管理部门负责具体征收……任何地区、部门和单位都不得以'招商引资'、'旧城改造'、'国有企业改制'等各种名义减免土地出让收入,实行'零地价',甚至'负地价',或者以土地换项目、先征后返、补贴等形式变相减免土地出让收入。"该文件第六条规定,"对违反本通知规定,擅自减免、截留、挤占、挪用应缴国库的土地出让收入……要严格按照土地管理法、会计法、审计法、政府采购法、《财政违法行为处罚处分条例》(国务院令第427号)……等有关法律法规进行处理,并依法追究有关责任人的责任;触犯刑法的,依法追究有关人员的刑事责任。"

财政部《国有土地使用权出让收支管理办法》第十条规定:"任何地区、部门和单位都不得以'招商引资'、'旧城改造'、'国有企业改制'等各种名义减免土地出让收入,实行'零地价',甚至'负地价',或者以土地换项目、先征后返、补贴等形式变相减免土地出让收入;也不得违反规定通过签订协议等方式,将应缴地方国库的土地出让收入,由国有土地使用权受让人直接将征地和拆迁补偿费支付给村集体经济组织或农民等。"

一审法院认为,一、关于涟水中联公司与涟水县政府之间就基础设施配套费是否存在行政协议的问题。

《中华人民共和国行政诉讼法》第十二条第一款规定:"人民法院受理公民、法人或者其他组织提起的下列诉讼:……(十一)认为行政机关不依法履行、未按照约定履行或者违法变更、解除政府特许经营协议、土地房屋征收补偿协议等协议的;……"原《最高人民法院关于适用〈中华人民共和国行政诉讼法〉若干问题的解释》第十一条规定:"行政机关为实现公共利益或者行政管理目标,在法定职责范围内,与公民、法人或者其他组织协商订立的具有行政法上权利义务内容的协议,属于行政诉讼法第十二条第一款第十一项规定的行政协议。公民、法人或者其他组织就下列行政协议提起行政诉讼的,人民法院应当依法受理:(一)政府特许经营协议;(二)土地、房屋等征收征用补偿协议;(三)其他行政协议。"因此,根据上述法律及司法解释的规定,行政协议争议属于行政诉讼的受案范围。从行政协议的含义及构成要件看,行政协议一般应采用书面形式。

本案中，就基础设施配套费方面，各方未能提供书面的行政协议，且涟水中联公司所举证据亦不足以证明行政协议的存在，故本案争议并不属于行政协议争议。涟水县政府印发的52号文向开发企业（主要是房地产开发企业）给出了收费优惠政策，即建设高层建筑因增加7层以上部分建筑面积而超出规定容积率的不再增加国有土地使用权出让金。从该规定看，开发企业能否因增加7层以上部分建筑面积而超出规定容积率的不再增加国有土地使用权出让金，并不取决于该规定。开发企业尚需通过规划调整，并经过涟水县规划局、涟水县政府的批准，才能超出规定的容积率建设高层建筑。涟水中联公司取得出让土地后，根据文件鼓励建设高层建筑的规定，申请对建筑规划调整变更，得到了涟水县规划局、涟水县政府的批准同意。之后，涟水中联公司向涟水县政府申请给予该公司基础设施配套费6277.04万元。该配套费的数额与应缴纳的超容积率土地出让金一致。从本案查明的事实以及基础设施配套费的拨付情况来看，本案并不属于行政协议纠纷而系行政给付纠纷，即涟水县政府是否应向涟水中联公司支付基础设施配套费1352.28887万元。

二、关于涟水中联公司以涟水县政府、涟水县财政局、涟水县国土资源局为共同被告，被告主体是否适格的问题。

《中华人民共和国行政诉讼法》第二十六条第一、二、四款规定，公民、法人或者其他组织直接向人民法院提起诉讼的，作出行政行为的行政机关是被告。经复议的案件，复议机关决定维持原行政行为的，作出原行政行为的行政机关和复议机关是共同被告；复议机关改变原行政行为的，复议机关是被告。两个以上行政机关作出同一行政行为的，共同作出行政行为的行政机关是共同被告。

因此，除行政行为共同作出或者复议机关决定维持原行政行为等作为共同被告的情形，行政诉讼中并不需要多个被告。基于行政给付提起的行政诉讼，行政相对人应以行政给付的主体方为被告提起行政诉讼。本案中，涟水中联公司与涟水县政府双方之间存在的行政给付争议，涟水县政府系被申请行政给付主体，故应以涟水县政府为被告提起行政诉讼，并由涟水县政府承担相应的法律责任。而涟水县财政局、涟水县国土资源局系基础设施配套费返还的具体经办单位，并不属于适格的被告。基于涟水县政府为本案的适格被告，涟水中联公司同时以涟水县财政局、涟水县国土资源局为被告提起的诉讼，在被告主体上并不适格。故应驳回其对涟水县财政局、涟水县国土资源局为被告的起诉。

三、涟水县政府是否应当承担给付基础设施配套费的义务，亦即涟水中联公司诉请涟水县政府继续支付基础设施配套费 1352.28887 万元的诉讼请求有无事实和法律依据的问题。

行政给付一般是指政府等行政主体通过给予公民、法人或者其他组织利益或便利等方式实现行政目的的活动。具体而言，行政给付具有一定的行政目的，且由行政机关给予相对人一定的权益，但通常须以行政相对人的申请为条件。虽然行政给付与行政协议可能具有同样或类似的行政目的，并对行政相对人而言都具有一定的权益或利益，但行政协议中的具体权益系通过协议或合同的约定而得以实现。行政给付中的权益能否实现，需要一定的条件，首先需要符合法律规定，其次还需要行政相对人提出申请并由行政机关批准等程序才能得以实现。

本案中，涟水县政府以文件的形式鼓励建设高层建筑，同时明确对 7 层以上增容部分免交土地出让金，并且在实际履行中，以返还基础设施配套费的形式变相返还土地出让金。该规定和做法违反了《中华人民共和国土地管理法》、财政部《国有土地使用权出让收支管理办法》关于土地出让金收取以及管理的规定。同时，也违反了《国务院办公厅关于规范国有土地使用权出让收支管理的通知》（国办发〔2006〕100 号）政策文件中不得变相返还土地出让金的规定。涟水中联公司要求涟水县政府给付基础设施配套费，本质就是要求变相返还土地出让金，该主张因违反法律和政策规定，依法不能得到支持。

综上，涟水中联公司要求涟水县政府继续履行与其之间的约定，支付基础设施配套费 1352.28887 万元的诉讼请求，因其未能提供双方存在约定的证据，其主张给付基础设施配套费，实质是要求变相返还土地出让金，该要求违反法律规定，故该诉讼请求不能成立。涟水中联公司起诉涟水县财政局、涟水县国土资源局，因被告主体不适格，依法应驳回涟水中联公司对其的起诉。依据《中华人民共和国行政诉讼法》第六十九条、原《最高人民法院关于适用〈中华人民共和国行政诉讼法〉若干问题的解释》第三条第一款第（三）项之规定，判决驳回涟水中联公司对涟水县财政局、涟水县国土资源局的起诉；驳回涟水中联公司要求涟水县政府继续履行约定，支付基础设施配套费 1352.28887 万元的诉讼请求。

上诉人涟水中联公司上诉称：1. 本案所涉争议系行政协议，并非行政给付；2. 其与被上诉人涟水县政府就土地出让金的缴纳与返还达成协议，并已实际履行，故该行政协议应当继续履行；3. 其为响应被上诉人涟水县政府作出的 52 号文，将原土地规划作出了调整，导致建设成本大幅增加；4. 一审法院对行政协议的理解有误，并混淆了行政协议与行政许可、行政给付的关系；5. 本案应当依照《国务院关于税收等优惠政策相关事项的通知》(国发〔2015〕25 号)的相关规定作出裁判,一审法院适用法律及政策不当;6. 根据相关法律规定,如果行政协议无效、不能履行,必须有最高位阶的法律规定。请求本院撤销一审判决的第二项,并判令被上诉人涟水县政府继续履行双方之间的约定。

被上诉人涟水县政府答辩称:1. 本案所涉争议没有双方合意,且未达成一致的内容,不符合行政协议的特征,故本案并不存在上诉人涟水中联公司所主张的行政协议;2. 上诉人涟水中联公司曾在 2016 年 4 月向江苏省淮安市中级人民法院提起诉讼,案号为 2016 苏 08 行初 33 号。在该案中,上诉人涟水中联公司认为,根据 52 号文,其尚欠的 1300 万元土地出让金可以与基础设施配套费相抵冲,进而请求法院判令被上诉人涟水县政府立即安排其职能部门为其办理土地出让金缴清的相关证明手续。该案经开庭审理后,上诉人涟水中联公司撤回起诉。现上诉人涟水中联公司无正当原因提起本案之诉属于重复起诉。请求本院驳回上诉,维持原判。

原审被告涟水县财政局、原审被告涟水县国土资源局均答辩称,因一审判法院认定其并非本案的适格被告,故其同意被上诉人涟水县政府的答辩意见。

本院经审理查明的事实与一审判决认定的事实一致,应依法予以确认。

本院另查明,2016 年 4 月 14 日,涟水中联公司以涟水县政府为被告,向江苏省淮安市中级人民法院提起行政诉讼,请求"判令被告立即安排其职能部门为原告办理土地出让金缴清的相关证明手续"。该案在一审审理过程中,涟水中联公司以另行主张权利为由,向法院自愿申请撤回起诉。江苏省淮安市中级人民法院经审查,于 2016 年 9 月 22 日作出(2016)苏 08 行初 33 号行政裁定书,准许涟水中联公司撤回起诉。

本院认为:

一、关于确定涉案行政诉讼性质的问题。本案中,上诉人涟水中联公司主张本案核心争议涉及行政协议的履行,故被上诉人涟水县政府应当依法继续履行协议。被上诉人涟水县政府则否认任何行政协议的存在。本院认为,本案诉争行为系行政允诺。所谓行政允诺是行政主体为履行行政职能,向不特定的行政相对人发出承诺,为自己设定公法义务的行为。而行政协议则是指行政机关为实现公共利益或者行政管理目标,在法定职责范围内,与公民、法人或者其他组织协商订立的具有行政法上权利义务内容的协议。行政允诺与行政协议并非同一概念,存在一定的区别,主要体现在以下几个方面:首先,相对人表意的明确程度不同。在行政协议行为中,相对人接受行政机关的要约表示一般采取较为正式的方式,意思表示比较明显,比如采用书面协议的形式;在行政允诺行为中,相对人的意思表示则并不明显。其次,相对人行为的法律属性不同。在行政协议行为中,相对人的行为在多数情况下具有执行公务的性质;在行政允诺行为所形成的法律关系中,相对人的行为属于民事行为,不具有执行公务的属性。再次,行为属性不同。行政协议行为属于双方行为,行政允诺行为则属单方行为。最后,行为内容不同。行政协议行为中,双方均享有权利和承担义务;行政允诺行为属于单方法律行为,为行政机关自身设定了法定义务,而完成设定条件的相对人则单纯享有权利。本案中,被上诉人涟水县政府2007年3月27日发布52号文,该文件明确:"减收开发企业在建设高层建筑中7层以上部分建筑县权范围内的行政性规费,其中7至9层基础设施配套费按规定标准的40%收取,10层以上基础设施配套费按照规定标准的20%收取。建设高层建筑因增加7层以上部分建筑面积而超出规定容积率的不再增加国有土地使用权出让金"。该文系被上诉人涟水县政府作出的单方行为,仅为其自身设定了义务,是典型的行政允诺。上诉人涟水中联公司则经涟水县政府批准同意,将中联·壹城天元商业广场地块居住用地容积率、中联壹城小区地块居住用地容积率、中联·壹城天元商业广场地块公共设施用地容积率分别作出调整,并建设了部分案涉高层建筑。该建设行为系上诉人涟水中联公司的民事行为,不具有执行公务的属性,且上诉人涟水中联公司并未提供证据证明双方之间存在任何形式的协议,故上诉人涟水中联公司与被上诉人涟水县政府之间存在行政允诺法律关系。上诉人涟水中联公司称,其与被上诉人涟水县政府就土地出让金的缴纳与返还达成协议,并已实际履行,故该行政协议应当继续履行的观点缺乏事实根据和法律依据,本院不予支持。

二、关于确立行政允诺行为司法审查思路的问题。本案中,上诉人涟水中联公司提起行政诉讼,请求法院判令"被告继续履行与原告之间的约定,支付基础设施配套费1352.28887万元"。从上述诉讼请求看,上诉人涟水中联公司系依据52号文变更了容积率,在此基础之上要求被上诉人涟水县政府支付基础设施配套费1352.28887万元,故本案实质上系履责之诉,应当依照行政不作为的思路审理案件。但行政允诺有其自身特殊之处。在审理行政允诺案件时,通常要经历三个步骤:首先,确定行政允诺法律关系是否存在,这是事实前提。其次,确定行政允诺是否合法,从而决定行政机关是否要履行相应的给付义务。行政允诺是政府机关根据具体的行政管理目标,以完成特定的行政管理任务。但这些允诺也必须在法律框架之内由行政机关予以裁量,如果违反法律的禁止性规定,则允诺无法得到执行。最后,如果以上两个条件均具备,则可以依照审理行政不作为的思路进行司法审查。

三、关于上诉人涟水中联公司的诉讼请求能否得到支持的问题。本案中,上诉人涟水中联公司要求被上诉人涟水县政府继续履行与其之间的约定,支付基础设施配套

费1352.28887万元。本院认为,依据本案查明的案件事实,上诉人涟水中联公司的上述诉讼请求不能得到支持,理由如下:

(一)涉案行政允诺违反法律强制性规定。前文已述,上诉人涟水中联公司与被上诉人涟水县政府之间存在行政允诺法律关系。但并不是所有行政允诺均能得到履行,内容违反强制性规定的行政允诺即无法履行。本案中,被上诉人涟水县政府作出52号文,对于建设高层建筑因增加7层以上部分建筑面积而超出规定容积率的,不再增加国有土地使用权出让金。而《中华人民共和国土地管理法》第五十五条规定,以出让等有偿使用方式取得国有土地使用权的建设单位,按照国务院规定的标准和办法,缴纳土地使用权出让金等土地有偿使用费和其他费用后,方可使用土地。财政部《国有土地使用权出让收支管理办法》第十条规定,任何地区、部门和单位都不得以"招商引资"、"旧城改造"、"国有企业改制"等各种名义减免土地出让收入,实行"零地价",甚至"负地价",或者以土地换项目、先征后返、补贴等形式变相减免土地出让收入;也不得违反规定通过签订协议等方式,将应缴地方国库的土地出让收入,由国有土地使用权受让人直接将征地和拆迁补偿费支付给村集体经济组织或农民等。根据上述规定,任何地区、部门和单位都不得变相减免土地出让收入。由此可见,被上诉人涟水县政府以返还基础设施配套费的名义,放弃收取国有土地使用权出让金的行为违反法律强制性规定,其"不再增加国有土地使用权出让金"的承诺不具有合法性。

(二)被上诉人涟水县政府行使优益权致使行政允诺不能履行。行政机关一旦做出允诺,即应恪守诺言、实践承诺,这是诚信、法治政府的起码要求。在行政允诺引发的行政诉讼案件中,行政机关拒绝兑现先前作出的承诺,这本身就是一种背信行为,理应得到法院的负面评价。但在作出允诺后,基于法律强制性规定等原因,行政机关可不受许诺的约束。也就是说,行政机关可迳行作出推翻承诺的决定。行政机关之所以拥有此优益权,主要源自于行政允诺的行政公益性,即为了保障行政目的的实现和公共利益的妥善保护。本案中,被上诉人涟水县政府作出52号文,承诺不收取涉案土地出让金,该承诺明显与法律规定相悖。为保护公共利益、避免国家财产的流失,被上诉人涟水县政府可以行使其优益权,不受52号文的约束,即不再履行当初的承诺。

(三)上诉人涟水中联公司要求支付1352.28887万元土地出让金也缺乏事实根据。根据本案查明的事实,上诉人涟水中联公司因超出容积率而应增缴土地出让金6277.04万元,该公司确实曾依据52号文分批次缴纳了土地出让金共计4924.75113万元。后经上诉人涟水中联公司申请,并由被上诉人涟水县政府批准,以基础设施配套费的名义返还土地出让金4924.75113万元。在本案庭审中,上诉人涟水中联公司和被上诉人涟水县政府均承认,上诉人涟水中联公司至今并未缴纳剩余的1352.28887万元土地出让金。故在被上诉人涟水县政府作出的行政允诺违反法律强制性规定,且上诉人涟水中联公司并未实际缴纳土地出让金的情况下,上诉人涟水中联公司要求该县政府支付1352.28887万元土地出让金既违反法律规定,也缺乏事实根据,本院不予支持。

四、关于上诉人涟水中联公司提起本案之诉是否属于重复起诉的问题。《最高人民法院关于适用〈中华人民共和国行政诉讼法〉的解释》第一百零六条规定,当事人就已经提起诉讼的事项在诉讼过程中或者裁判生效后再次起诉,同时具有下列情形的,构成重复起诉:(一)后诉与前诉的当事人相同;(二)后诉与前诉的诉讼标的相同;(三)后诉与前诉的诉讼请求相同,或者后诉的诉讼请求被前诉裁判所包含。本案中,上诉人涟水中联公司以涟水县政府、涟水县国土资源局和涟水县财政局为被告,请求法院判令"被告继续履行与原告之间的约定,支付基础设施配套费1352.28887万元。"而在(2016)苏08行初33号行政案件中,涟水中联公司以涟水县政府为被告,请求法院"判令被告立即安排其职能部门为原告办理土地出让金缴清的相关证明手续"。由于上述两案在当事人、诉讼标的以及诉讼请求等方面均存在不同之处,故不符合重复起诉的认定要件。被上诉人涟水县政府称上诉人涟水中联公司提起本案诉讼系重复起诉的观点,本院亦不予支持。

综上,上诉人涟水中联公司的上诉理由和请求依法不能成立。一审判决认定事实清楚,适用法律正确,审判程序合法。依据《中华人民共和国行政诉讼法》第八十九条第一款第(一)项的规定,判决如下:驳回上诉,维持原判。

※裁判要旨:以出让等有偿使用方式取得国有土地使用权的建设单位,按照国务院规定的标准和办法,缴纳土地使用权出让金等土地有偿使用费和其他费用后,方可使用土地。任何地区、部门和单位都不得以"招商引资""旧城改造""国有企业改制"等各种名义减免土地出让收入,实行"零地价",甚至"负地价",或者以土地换项目、先征后返、补贴等形式变相减免土地出让收入。也不得违反规定通过签订协议等方式,将应缴地方国库的土地出让收入,由国有土地使用权受让人直接将征地和拆迁补偿费支付给村集体经济组织或农民等。

第五十六条 【建设单位使用土地用途】 建设单位使用国有土地的，应当按照土地使用权出让等有偿使用合同的约定或者土地使用权划拨批准文件的规定使用土地；确需改变该幅土地建设用途的，应当经有关人民政府自然资源主管部门同意，报原批准用地的人民政府批准。其中，在城市规划区内改变土地用途的，在报批前，应当先经有关城市规划行政主管部门同意。

条文解读

本法第56条是关于建设单位使用土地用途的规定。

建设单位应当按照土地有偿使用合同或土地使用权划拨批准文件的规定使用土地，不得擅自改变规定的土地用途。土地有偿使用合同对土地使用的性质、用途、建筑容积率和绿化等都作出了明确的规定，违反合同的约定使用土地属违约行为，应当依照合同的约定予以处置。采用划拨方式提供土地使用权的，政府在批准用地文件中对建设用地的用途及使用要求也都有明确的规定，用地单位必须按照批准的用途使用，不得擅自改变批准的用途。确属必须对土地有偿使用合同或批准用地文件规定的用途作某些调整时，应向县、市人民政府自然资源主管部门提出申请，自然资源主管部门经审查后，如认为改变的土地用途仍符合规划并允许改变的，报经原批准用地的机关批准，由县、市人民政府自然资源主管部门与土地使用者重新签订土地使用合同或签订土地使用的补充合同。如原是划拨土地使用权要实行有偿使用的，应当按国有土地有偿使用的有关规定办理有偿使用手续，签订土地有偿使用合同，补缴土地有偿使用费。

在城市规划区内，土地的用途应当符合城市规划，建设项目用地审批前，应当先取得城市规划许可证。土地需要改变用途时，同样也应当符合城市规划。如果不符合城市规划，土地用途就不得改变。根据部门的分工，城市规划行政主管部门是城市规划实施的组织机关，负责城市规划的组织编制和管理，对违反城市规划的作出处罚。因此，对土地使用是否符合城市规划，应当由城市规划的行政主管部门负责审查。符合城市规划的，城市规划行政主管部门应当出具意见，同意改变土地用途。自然资源主管部门再根据土地管理的要求，报人民政府批准。

配套法规及解读

《物权法》(2007 年 3 月 16 日)

第一百四十条 建设用地使用权人应当合理利用土地,不得改变土地用途;需要改变土地用途的,应当依法经有关行政主管部门批准。

《城市房地产管理法》(2019 年 8 月 26 日修正)

第十八条 土地使用者需要改变土地使用权出让合同约定的土地用途的,必须取得出让方和市、县人民政府城市规划行政主管部门的同意,签订土地使用权出让合同变更协议或者重新签订土地使用权出让合同,相应调整土地使用权出让金。

《最高人民法院关于审理涉及国有土地使用权合同纠纷案件适用法律问题的解释》(2005 年 6 月 18 日)

第五条 受让方经出让方和市、县人民政府城市规划行政主管部门同意,改变土地使用权出让合同约定的土地用途,当事人请求按照起诉时同种用途的土地出让金标准调整土地出让金的,应予支持。

第六条 受让方擅自改变土地使用权出让合同约定的土地用途,出让方请求解除合同的,应予支持。

※法规解读:建设用地使用权人不得改变土地用途,具体而言,是指建设用地使用权人不得改变建设用地使用权出让合同约定的或者划拨批准文件中规定的土地用途。例如,不得将公益性用地用于商业经营,不得将非住宅用地改变为非住宅用地。如果建设用地使用权人确实需要改变土地用途的,须经出让方和市、县人民政府城市规划行政主管部门同意,当事人可以请求按照同种用途的土地出让金标准调整土地出让金。受让方擅自改变土地使用权出让合同约定的土地用途,出让方可以请求解除合同。土地使用权转让合同擅自改变土地使用权出让合同约定的土地用途的,一般应当认定合同无效,但在一审诉讼期间已补办批准手续的,可认定合同有效。

关联法规索引

《城镇国有土地使用权出让和转让暂行条例》第 17、18 条

典型案例

顺兴(中国)有限公司、神东天隆集团有限责任公司合资、合作开发房地产合同纠纷案[1]

※案情简介:2010年2月22日,顺兴公司(甲方)与神东天隆公司(乙方)签订《合作协议》,约定:1. 甲方拥有位于上海市闵行区莘庄镇214街坊1/1丘和213街坊2/5丘地块之土地使用权;2. 甲方欲对该土地进行商业开发,兴建顺兴生产及配套用房房地产项目;3. 乙方有意与甲方合作,参建开发上述房地产项目。合作项目为:顺兴集团上海大虹桥商务交通枢纽研发、办公广场项目。项目占地面积约80亩,总建筑面积106593平方米。项目共分为三块功能区域,A区域为大型综合商务主楼(其中包含商务酒店、商务办公楼、商务洽谈及配套餐饮服务区),B区域为独栋式高档商务别墅(其中每户设有架空式停车区及独立的空中花园),C区域为商务办公配套服务会所与公寓(其中包含高管服务公寓、企业商务会所)。《合作协议》第三条合作相关事项约定:1. 合作项目以甲方名义进行开发;2. 鉴于甲乙双方已经建立的战略合作关系,乙方以每平方米9500元作为乙方取得该土地项下开发资格的对价。合作项目完成后,乙方分期取得32661平方米即3#楼(部分)、5#楼、6#楼、15#楼(部分)7339平方米的建设面积即8#楼、9#楼、10#楼、12#楼及住宅8套(280平方米)。总计参建面积4万平方米,合计参建款项为3.8亿元;3. 合作项目竣工验收后一年内甲方负责把乙方参建投资的建设面积的房屋所有权证书办到乙方名下,所产生的费用根据国家政策规定由协议双方各自承担。4. 合作项目的规划、立项、施工等全部手续由甲、乙双方以甲方之名义共同完成。《合作协议》同时约定,非甲、乙双方任何一方原因(如国家及政策调整、城市总体规划调整、项目开发手续未获批准等),导致合作项目开发无法实现的,本协议解除。《合作协议》并对其他事项进行了约定。

2010年3月1日,神东天隆公司向顺兴公司银行账号汇入3.8亿元。

2015年3月19日,神东天隆公司与顺兴公司签订《备忘录》,《备忘录》就双方会谈背景、顺兴公司意见、神东天隆公司的主张及双方共识四个方面进行了记载。

一审另查明,沪房地闵字(2004)第076780号上海市房地产权证载明:上海市闵行区中春路5999号莘庄镇214街坊1/1丘的权利人是顺兴公司,使用权来源是出让,用

[1] 案例来源:最高人民法院(2018)最高法民终790号民事判决书。

途为工业,总面积14528平方米。沪房地闵字(2007)第066461号上海市房地产权证载明:上海市闵行区黎安路1129号莘庄镇213街坊2/5丘的权利人是顺兴(上海)有限公司,使用权来源是转让,用途为工业,总面积24463平方米。

一审审理期间,神东天隆公司于2017年4月17日向顺兴公司发出《解除〈合作协议〉的通知》,表示顺兴公司从双方签订《合作协议》至今仍未完成土地变性、立项、规划以及施工手续,也未开工建设。根据《合同法》第九十四条第(四)项之规定,发函解除《合作协议》,要求顺兴公司在收到解除函后立即返还参建款3.8亿元,并按照银行同期贷款利率支付占用期间的利息。

一审法院认为,《中华人民共和国合同法》第五十二条规定,违反法律、行政法规的强制性规定的合同无效。案涉《合作协议》约定顺兴公司与神东天隆公司双方合作就系争土地共同进行房地产项目开发,双方的该项约定意在将工业用地进行房地产项目开发,该约定是否违反法律和行政法规的强制性规定,一审法院依法对此予以审查。《中华人民共和国土地管理法》第五十六条规定:建设单位使用国有土地的,应当按照土地使用权出让等有偿使用合同的约定或者土地使用权划拨批准文件的规定使用土地;确需改变该幅土地建设用途的,应当经有关人民政府土地行政主管部门同意,报原批准用地的人民政府批准。其中,在城市规划区内改变土地用途的,在报批前,应当先经有关城市规划行政主管部门同意。《中华人民共和国城镇国有土地使用权出让和转让暂行条例》第十七条规定:土地使用者应当按照土地使用权出让合同的规定和城市规划的要求,开发、利用、经营土地。第十八条规定:土地使用者需要改变土地使用权出让合同规定的土地用途的,应当征得出让方同意并经土地管理部门和城市规划部门批准,依照本章的有关规定重新签订土地使用权出让合同,调整土地使用权出让金,并办理登记。《中华人民共和国城市房地产管理法》第十八条规定:土地使用者需要改变土地使用权出让合同约定的土地用途的,必须取得出让方和市、县人民政府城市规划行政主管部门的同意,签订土地使用权出让合同变更协议或者重新签订土地使用权出让合同,相应调整土地使用权出让金。《最高人民法院关于审理房地产管理法施行前房地产开发经营案件若干问题的解答》第十一条规定:土地使用权转让合同擅自改变土地使用权出让合同约定的土地用途的,一般应当认定合同无效,但在一审诉讼期间已补办批准手续的,可认定合同有效。上述土地房屋管理的强制性规定均明确指出了土地使用者应当按照出让合同的约定进行土地使用,任何变更土地用途的行为均需要出让方和城市规划行政主管部门的同意,在变更出让合同甚至重新签订出让合同的情况下才将土地用途的变更成为可能。

顺兴公司对其及顺兴(上海)有限公司名下的工业用地,与神东天隆公司约定进行商业开发,建成上海大虹桥商务交通枢纽研发、办公广场项目,完成三块功能区域,A区域成为大型综合商务主楼(其中包含商务酒店、商务办公楼、商务洽谈及配套餐饮服务区),B区域为独栋式高档商务别墅(其中每户设有架空式停车区及独立的空中花园),C区域商务办公配套服务会所与公寓(其中包含高管服务公寓、企业商务会所),该约定将工业用地性质变更为商业用途,与出让合同的约定、与法律和司法解释对土地管理的规定相悖,故依法确认《合作协议》无效。

《合作协议》确认无效后,应依法就合同无效后果予以处理。《中华人民共和国合同法》第五十八条规定:合同无效或者被撤销后,因该合同取得的财产,应当予以返还。顺兴公司于2010年3月1日取得《合作协议》项下款项3.8亿元,相应钱款应当予以返还,且其占有期间的利息应当一并予以返还,利息按银行同期贷款利率计。

综上,依照《中华人民共和国合同法》第五十二条、第五十八条,《中华人民共和国土地管理法》第五十六条,《中华人民共和国城镇国有土地使用权出让和转让暂行条例》第十七条、第十八条,《中华人民共和国城市房地产管理法》第十八条,《最高人民法院关于审理房地产管理法施行前房地产开发经营案件若干问题的解答》第十一条之规定,判决:一、顺兴公司与神东天隆公司于2010年2月22日签订的《合作协议》无效;二、顺兴公司于判决生效之日起十日内返还神东天隆公司人民币3.8亿元;三、顺兴公司于判决生效之日起十日内支付神东天隆公司人民币3.8亿元的利息(自2010年3月1日起至实际付款之日止按同期银行贷款利率标准计算)。一审案件受理费人民币1941800元,财产保全费人民币5000元,共计1946800元,由顺兴公司负担。

二审期间,神东天隆公司未提交新证据,顺兴公司围绕上诉请求依法提交了证据。本院组织当事人进行了证据交换和质证。

顺兴公司提交了以下证据:1.上海市闵行区规划和土地管理局于2017年7月17日颁发的《建设用地规划许可证》和同日出具的沪闵规土许地〔2017〕第96号文件,拟证明上海市闵行区规划和土地管理局已同意发给顺兴公司《建设用地规划许可证》;2.上海市闵行区规划和土地管理局于2017年10月10日出具的沪闵规土许方〔2017〕第119号文件,拟证明案涉项目规划用地性质为第一类工业用地,主体建设工程性质为工业厂房,附属建筑工程性质为辅助用房;3.上海市闵行区规划和土地管理局于2017年12月7日出具的沪闵规土许方变〔2017〕3号文件,拟证明闵行区规划和土地管理局对顺兴公司提出的设计方案变更申请予以核准,同意调整设计方案,在地块北侧增加一幢4#生产厂房;4.建设工程设计方案意见征询单及回复意见单,拟证明经征询上海市闵行区住房保障和房屋管理局、上海市闵行区公安分局等单位,均获得“同意”项目方案的回复意见;5. 上海市闵行区卫生和计划生育委员会于2017年6月8日出具的闵卫建项发字(2017)第0141号文件,拟证明上海市闵行区卫生和计划生育委员会原则同意顺兴公司送审的新建微动开关生产厂房及辅助用房项目的方案设计;6. 上海市闵行区交通委员会于2017年6月9日作出的沪闵交停审(2017)76号审核意见单,拟证明上海市闵行区交通委员会对案涉项目机动车停车场(库)设计提出具体的审查意见;7. 上海市闵行区水务局于2017年7月24日作出的关于顺兴公司新建微动开关生产厂房及辅助用房项目方案设计的水务征询意见,拟证明上海市闵行区水务局经审查,原则同意顺兴公司新建微动开关生产厂房及辅助用房项目方案设6计;8. 上海市闵行区环境保护局于2017年9月19日作出的闵环保许评〔2017〕682号审批意见,拟证明上海市闵行区环境保护局根据顺兴公司提交的结论意见和建议,从环境保护角度同意项目建设。神东天隆公司质证认为:证据1证明2017年7月17日案涉土地依然是工业用地;证据2、证据3、证据6、证据7、证据8证明顺兴公司在案涉土地上推进的项目与双方约定的合作项目不一致;证据4、证据5与本案无关联。本院经审查,对证据的真实性予以确认,对于证据的证明力在说理部分综合阐述。

本院对一审查明的事实予以确认。另查明,顺兴公司正在上海市闵行区中春路5999号推进名称为新建微动开关生产厂房及辅助用房的建设项目,占地面积为14397m^2(以实测为准),建筑面积为35879m^2,建设用地规划性质为工业用地,项目内容为生产厂房(十三层)2幢,宿舍(六层)1幢,地下车库(地下一层)1座。

本案二审争议焦点为:一、案涉《合作协议》效力问题;二、确定合同效力后法律后果问题。

一、关于案涉《合作协议》效力问题

对合同效力的审查,属于人民法院裁判权范围,人民法院应依职权进行审查。本案中,双方在《合作协议》和《备忘录》中约定双方合作,欲对案涉土地进行商业开发,兴建顺兴生产及配套用房房地产项目,从约定内容可见双方的合作目的意在将工业用地进行房地产项目开发。一审法院据此确定本案案由为合资合作开发房地产合同纠纷并无不当。《中华人民共和国合同法》第五十二条规定,违反法律、行政法规的强制性规定的合同无效。因此,双方约定是否违反法律和行政法规的强制性规定,人民法院应依法对此予以审查。顺兴公司上诉主张一审法院适用的《中华人民共和国土地管理法》第五十六条,《中华人民共和国城市房地产管理法》第十八条、《中华人民共和国城镇国有土地使用权出让和转让暂行条例》第十七条、第十八条等规定均系管理性强制性规定,而违反上述规定,合同并非无效。神东天隆公司辩称上述规定系效力性强制性规定,违反法律、行政法规的效力性强制性规定的合同无效。对此本院认为正确理解、识别效力性强制性规定与管理性强制性规定,不仅关系到民商事合同效力维护,还影响市场交易的安全与稳定,人民法院应当根据法律法规的意旨,权衡相互冲突的权益,综合认定相关规定属于效力性强制性规定还是管理性强制性规定。而判断某项规定属于效力性强制性规定还是管理性强制性规定的根本在于违反该规定的行为是否严重侵害国家、集体和社会公共利益,是否需要国家权力对当事人意思自治行为予以干预。土地制度是我国的根本制度,土地资源的开发、利用和经营关系到国家的根本利益,违反上述规定即改变土地用途,将会损害国家、集体和社公共利益。因此,上述规定属于效力性强制性规定。顺兴公司违反该规定将案涉工业用地用于商业开发,改变了土地性质,一审判决认定案涉《合作协议》无效符合法律精神,但引用业已作废的本院《关于审理房地产管理法施行前房地产开发经营案件若干问题的解答》存在瑕疵,应予纠正,然裁判结果并无不当,应予维持。

二、关于《合作协议》无效后的法律后果问题

《中华人民共和国合同法》第六条规定:"当事人行使权利、履行义务应当遵循诚实信用原则。"第五十八条规定:"合同无效或者被撤销后,因该合同取得的财产,应当予以返还;不能返还或者没有必要返还的,应当折价补偿。有过错的一方应当赔偿对方因此所受到的损失,双方都有过错的,应当各自承担相应的责任。"《合作协议》签订后,神东天隆公司依约向顺兴公司银行账户汇入3.8亿元,该3.8亿元因《合作协议》无效而应当予以返还。根据顺兴公司的上诉理由,顺兴公司主张其积极履行了合同义务,即在案涉土地上推进名称为新建微动开关生产厂房及辅助用房的建设项目,而根据二审查明的事实,该建设项目与案涉合作项目明显不符,可见顺兴公司并无推进合作项目的真实意思,在此情况下与神东天隆公司签订《合作协议》违反了诚实信用原则,对《合作协议》无效存在过错。因此,一审判决顺兴公司对3.8亿元和占有期间的利息一并予以返还于法有据,并无不当。

综上所述,上诉人顺兴公司的上诉请求不能成立,应予驳回;一审判决认定事实清楚,裁判结果并无不当,应予维持。依照《中华人民共和国民事诉讼法》第一百七十条第一款第一项的规定,判决如下:驳回上诉,维持原判。

※裁判要旨:建设单位使用国有土地的,应当按照土地使用权出让等有偿使用合同的约定或者土地使用权划拨批准文件的规定使用土地;确需改变该幅土地建设用途的,应当经有关人民政府土地行政主管部门同意,报原批准用地的人民政府批准。其

中,在城市规划区内改变土地用途的,在报批前,应当先经有关城市规划行政主管部门同意。土地使用者需要改变土地使用权出让合同规定的土地用途的,应当征得出让方同意并经土地管理部门和城市规划部门批准,依照本章的有关规定重新签订土地使用权出让合同,调整土地使用权出让金,并办理登记。土地使用权转让合同擅自改变土地使用权出让合同约定的土地用途的,一般应当认定合同无效,但在一审诉讼期间已补办批准手续的,可认定合同有效。

第五十七条 【临时用地】建设项目施工和地质勘查需要临时使用国有土地或者农民集体所有的土地的,由县级以上人民政府自然资源主管部门批准。其中,在城市规划区内的临时用地,在报批前,应当先经有关城市规划行政主管部门同意。土地使用者应当根据土地权属,与有关自然资源主管部门或者农村集体经济组织、村民委员会签订临时使用土地合同,并按照合同的约定支付临时使用土地补偿费。

临时使用土地的使用者应当按照临时使用土地合同约定的用途使用土地,并不得修建永久性建筑物。

临时使用土地期限一般不超过二年。

条文解读

本法第57条是关于临时用地的规定。

建设项目施工和地质勘查需要临时使用土地的,由县级以土地方人民政府自然资源主管部门批准。城市规划区内的临时用地,报批前,应当先经城市规划行政主管部门同意,临时用地应当签订临时用地合同,临时用地不得建永久性建筑,临时用地的期限为二年。

临时用地是指建设过程中或勘查勘测过程中一些暂设工程和临时设施所需临时使用土地的行为。临时用地不改变土地用途的性质,即原土地的用地属建设用地的仍为建设用地,原来为农用地的仍为农用地。因此,临时使用农用地的无须办理农用地转用手续,使用结束后仍恢复原用途。临时用地不改变土地权属,即原土地的所有权和使用权都无须改变。使用农民集体土地的不需要办理征用土地,使用国有土地的也不必办理划拨或有偿使用手续,只需签订临时使用土地合同,并对土地所有权人和原土地使用权人予以一定的补偿。临时用地经批准后,应当签订临时用地合同,并给土地的所有权人和原使用权人的损失予以补偿。使用结束后,使用者应当负责恢复原貌,并交还原土地使用者或土地所有者。

按本法的规定,临时用地包括两类:一类是工程建设施工临时用地,包括工程建设施工中的设置的临时加工车间、修配厂、搅拌站、预制场、材料堆场,运输道路和其他临时设施用地,工程建设过程的取土弃土用地;架设地上线路、铺设地下管线和其他地下工程所需临时使用的土地等。另一类是地质勘查过程中的临时用地,包括:厂址、坝址、铁路、公路选址等需要对工程地质、水文地质情况进行勘测,探矿、采矿需要对矿藏情况进行勘查勘探所需临时使用的土地等。因临时用地不改变土地使用性质和土地权属,主要是经济补偿和使用后土地的恢复等问题,本法规定由自然资源主管部门审批,不必报人民政府批准。

在城市规划区的临时用地应当先经城市规划行政主管部门同意,属于临时用地建造的建筑,应当在规定的期限内拆除。这是为了保障城市规划实施的需要。

土地使用者应当与土地所有者签订临时用地合同。临时用地合同是约定土地所有权人和临时用地的使用权人的权利、义务的合同。临时用地的,按照合同的约定支付临时使用土地补偿费。

临时使用土地者应当按照合同约定的用途使用土地,临时用地只能是临时使用土地的行为,不能将临时用地改为永久建设用地,不得建永久性的建筑物及其他设施。使用结束后,将土地的临时建设的设施全部拆除,恢复土地的原貌,并交还给原土地所有权人或使用权人。

临时用地的期限一般不超过二年,使用的具体期限可以在临时使用土地合同中由双方约定。临时用地确需超过二年的,必须经过批准,通过双方的合同约定,或二年后重新办理临时用地手续。特别要防止借临时用地为名,将农用地转为建设用地。

配套法规及解读

《土地管理法实施条例》(2014 年 7 月 29 日修订)

第三十五条　在临时使用的土地上修建永久性建筑物、构筑物的,由县级以上人民政府土地行政主管部门责令限期拆除;逾期不拆除的,由作出处罚决定的机关依法申请人民法院强制执行。

《国有土地上房屋征收与补偿条例》(2011 年 1 月 21 日)

第二十四条第二款　市、县级人民政府作出房屋征收决定前,应当组织有关部门依法对征收范围内未经登记的建筑进行调查、认定和处理。对认定为合法建筑和未超过批准期限的临时建筑的，应当给予补偿；对认定为违法建筑和超过批准期限的临时建筑的，不予补偿。

※**法规解读**：《土地管理法实施条例》第35条是关于违反临时使用的土地法律责任的规定。在临时用地上修建永久性建筑物、构筑物的，由县级以上人民政府自然资源主管部门责令限期拆除；逾期不拆除的，由作出处罚决定的机关依法申请人民法院强制执行。

《国有土地上房屋征收与补偿条例》第24条第2款是关于在临时用地上建造建筑物因征收进行补偿的规定。对于征收范围内未超过批准期限的临时建筑的，应当给予补偿，对于征收范围内超过批准期限的临时建筑的，不予补偿。

关联法规索引

《土地管理法实施条例》第35条；《国有土地上房屋征收与补偿条例》第24条第2款；各省市临时用地管理办法

典型案例

严志康、盐源县人民政府、凉山彝族自治州人民政府行政纠纷案[1]

※**案情简介**：盐源监狱始建于1958年4月，1981年10月更名为四川盐源果场（以下简称果场），1996年5月改为四川省盐源监狱，隶属于四川省监狱管理局。严志康系原果场职工子女，经原果场同意，盐源县国土局批准，办理了临时用地许可证（土地性质为国有土地），每次办理许可证均缴纳了土地使用费100余元。最后一次办证时间、缴费时间均为2005年，面积为74平方米（该次临时用地批准延长的时间为2年），该次临时用地到期的时间为2007年10月。2012年7月，四川省机构编制委员会同意设立绿色家园管理委员会。2015年3月20日，《四川省人民政府办公厅关于凉山州绿色家园建设项目总体规划的复函》（川办函〔2015〕56号）批准了绿色家园总体规划。《凉山州绿色家园核心区修建性详细规划》为总规划的子规划。根据该子规划，盐源县政府

〔1〕 案例来源：四川省高级人民法院（2018）川行终257号行政判决书。

对凉山州绿色家园规划建设区(街心花园)房屋进行拆除。

经盐源县政府第47次常务会议通过,2016年4月27日盐源县政府办公室印发了盐府办函〔2016〕47号《凉山州绿色家园规划建设区(街心花园)房屋拆除补偿方案》(以下简称《房屋拆除补偿方案》)。2016年5月11日,凉山州绿色家园规划建设区房屋拆除工作领导小组将“拆除补偿方案”、“拆除实物补偿表”进行了公示。因严志康在临时用地上修建的建筑在凉山州绿色家园规划建设区范围内,属于拟拆除区域。2016年5月25日,四川省盐源监狱作为甲方与乙方严志康签订了《凉山州绿色家园规划建设区房屋(街心花园房屋)拆除补偿协议》。随后,四川省盐源监狱将严志康的“凉山州绿色家园规划建设区(街心花园)房屋拆除实物补偿费”219457.36元转入其银行卡内。盐源县政府根据协议将凉山州绿色家园规划建设区(街心花园)的房屋拆除。

严志康认为盐源县政府作出的《房屋拆除补偿方案》违法,向凉山州政府申请行政复议,凉山州政府2016年8月9日受理后,于2016年9月30日作出凉府复决字〔2016〕39号行政复议决定(以下简称39号复议决定)。严志康不服,于2017年6月6日向法院提起行政诉讼,请求撤销盐源县政府作出的《房屋拆除补偿方案》及凉山州政府作出的39号复议决定。

一审法院认为,依照《国有土地上房屋征收与补偿条例》第四条第一款“市、县级人民政府负责本行政区域的房屋征收和补偿工作”的规定,盐源县政府对本行政区域内的国有土地上房屋征收和补偿具有法定职责。同时,《中华人民共和国行政复议法》第十三条第一款规定,“对地方各级人民政府的具体行政行为不服的,向上一级地方人民政府申请行政复议”。凉山州政府是盐源县政府作出行政行为的法定复议机关,亦是本案的适格被告,具有依照《中华人民共和国行政复议法》对原告的行政复议申请进行审查并作出决定的法定职责。

盐源县政府2016年4月27日作出的《房屋拆除补偿方案》中涉及被拆除房屋范围系职工在临时用地上的自建房屋和原果场建设的公房。因原告办理的为临时用地许可证,且最后一次办证时间、缴费时间为2005年(该次临时用地批准延长的时间为2年),该次临时用地到期的时间为2007年10月,故原告房屋用地属于临时用地,并超过批准期限。依照《中华人民共和国土地管理法》第五十七条第二款“临时使用土地的使用者应当按照临时使用土地合同约定的用途使用土地,并不得修建永久性建筑物”;《国有土地上房屋征收与补偿条例》第二十四条第二款“市、县级人民政府作出房屋征收决定前,应当组织有关部门依法对征收范围内未经登记的建筑进行调查、认定和处理。对认定为合法建筑和未超过批准期限的临时建筑的,应当给予补偿;对认定为违法建筑和超过批准期限的临时建筑的,不予补偿”的规定;并参照《四川省国有土地上房屋征收与补偿条例》第十三条第一款“房屋征收范围确定后,市、县级人民政府应当组织城乡规划、住房城乡建设、国土资源等相关部门依法对房屋征收范围内未经登记的建筑进行调查、认定和处理。对认定为合法建筑和未超过批准期限的临时建筑的,应当给予补偿;对认定为违法建筑和超过批准期限的临时建筑的,不予补偿”的规定,对于超过批准期限的临时建筑不应予以补偿。原告虽然缴纳了一定的土地使用费,但是不足以认定是缴纳的土地出让金,其所建房屋不能认定为永久性建筑。原告办理的临时用地许可证已于2007年10月到期,对原告在超过批准期限用地上的临时建筑依法不应予以补偿,但盐源县政府基于尊重历史、照顾现实,并结合盐源县实际情况作出《房屋拆除补偿方案》,因此该方案的作出并无不当,原告的诉讼理由既无事实根据亦无法律依据,依法不能成立。原告请求撤销《房屋拆除补偿方案》的诉讼主张,该院不予支持。

凉山州政府受理原告的行政复议申请后,在法定期限内作出复议决定,并送达当事人,符合法定程序。该决定认定事实清楚,适用法律正确。原告请求撤销39号复议决定的诉讼请求,没有事实根据和法律依据,该院不予支持。依照《中华人民共和国行政诉讼法》第六十九条的规定,判决:一、驳回原告严志康要求撤销盐源县人民政府作出的《凉山州绿色家园规划建设区(街心花园)房屋拆除补偿方案》的诉讼请求。二、驳回原告严志康要求撤销凉山彝族自治州人民政府于2016年9月30日作出的凉府复决字(2016)39号行政复议决定的诉讼请求。一审案件受理费50元,由原告严志康负担。

严志康不服,上诉称:第一,上诉人的门市不属于违法建筑。上诉人是原果场职工的家属,是果场原有永久性住户。果场因未解决职工人员生活困难,家属子女就业安置问题,报经盐源县国土资源局批准同意,把果场路边的荒地作为商业用地,让上诉人修建营业性门市,经营五金副食日杂百货等,属自建自用门市房。从1993年修建到2007年期间,上诉人的门市一直按照国家规定缴纳土地使用费和办理延期使用手续。2007年5月,果场因面临撤并,无人办理土地延期使用手续。盐源县国土资源局答复对临时用地的延期办理,只针对单位办理,不针对个人办理。因此,该临时用地未予以延期并非上诉人的责任。上诉人的门市用地已有多年,行政机关不应再执行强拆。上诉人的门市所用土地虽然是临时用地,但土地上的门市房屋是合法拥有的,应当根据门市的市场价格依法补偿。第二,盐源县政府拆除程序违法。1.《四川省国有土地上房屋征收与补偿条例》第十六条第二款规定:“市县级人民政府应当组织有关部门对征收补偿方案进行审核论证,并在房屋征收范围内予以公布,征求公众意见。征求意见期限不得少于三十日。”对征收补偿方案，盐源县政府根本没有组织有关部门进行审核论证以及在房屋征收范围内予以公布，上诉人看到公示到签协议，仅有14天。在这期间，没有进行过任何协商和告知。2. 盐源县政府的补偿方案中规定：“在拆迁人与被拆迁人签订协议后，10日内将被拆除房屋腾空并将钥匙交给工作人员或自行拆除房屋交地。”而被上诉人规定上诉人在协议签订后5日内完成搬迁，导致上诉人在搬货和拆除房屋时造成损失。3. 在拆除房屋期间，盐源县政府从未公示过《建设用地许可证》、《国有土地使用证》、《凉山州绿色家园建设项目总体规划》及《凉山州绿色家园核心区修建性详细规划》等，明显违法。第三，盐源县政府胁迫上诉人签字。在张贴补偿方案时以及在签订补偿方案会议上，盐源县政府都威胁上诉人签字。盐源县政府只给予上诉人补助性补偿，实际补偿与合法补偿相差甚远。第四，上诉人向凉山州政府提出行政复议，希望凉山州政府尊重历史，查清果场的遗留人员和遗留资产这一根本事实，安置上诉人。但凉山州政府没有依据事实给予正确处理，反而支持了盐源县政府的补偿方案。请求：1. 撤销一审判决；2. 撤销盐源县政府作出的《房屋拆除补偿方案》；3. 撤销凉山州政府作出的39号复议决定。

盐源县政府答辩称：第一，盐源县政府作出的《房屋拆除补偿方案》依据确实充分，程序合法正当。依据《国有土地上房屋征收与补偿条例》第二十四条及《四川省国有土地上房屋征收与补偿条例》第十三条明确规定，对于违法建筑和超过批准期限的临时建筑是不应给予补偿的，但盐源县政府考虑到老百姓的实际困难以及盐源果场遗留的问题，为妥善解决被答辩人实际困难才作出的该补偿方案。盐源县政府制定《房屋拆除补偿方案》属于特事特办，针对绿色家园遗留问题，依据《四川省人民政府关于同意凉山州征地青苗和地上物附着物补偿标准的批复》，并参照了盐委办发〔2010〕15号文件、盐府函〔2010〕52号文件、盐府发〔2015〕19号文件的补偿标准，制定了补偿标准，该补偿标准并不和上位法和相关文件冲突，目的在于有利于当地社会稳定。《房屋拆除补偿方案》经过了公告，公告期间没有任何人提出异议。《房屋拆除补偿方案》是对于不应依据法律获得补偿的拆迁户的一种救济补偿，不存在违法的情况。因此，盐源县政府作出的《房屋拆除补偿方案》是合理合法的，理应维持。第二，被答辩人作为原告主体资格不适格，一审中原告以个体工商户起诉，二审又以自然人身份上诉，主体资格不适格。第三，凉山州政府作出的39号复议决定事实清楚，证据确凿、程序合法、依据正确。第四，根据《中华人民共和国行政诉讼法》第四十五条的规定，上诉人应当在收到复议决定书之日起十五日内向人民法院提起诉讼，上诉人于2016年便签收了复议决定，但其在2017年6月才提起诉讼，已超过了起诉期限。一审判决认定事实清楚，适用法律正确。请求二审法院维持一审判决。

凉山州政府答辩称:被答辩人的被拆除房屋不具备合法性。本案被拆除房屋建设在国有土地上,当初取得的是临时用地许可,且早已到期。被答辩人在到期临时用地上的建设未取得建设工程规划许可。被答辩人在临时用地上修建永久性建筑违反《中华人民共和国土地管理法》的强制性规定。被答辩人已签订了《凉山州绿色家园规划建设区(街心花园)房屋拆除补偿方案》并领取补偿款后又就拆迁补偿方案问题提起诉讼,有违诚实信用原则。请求二审法院驳回上诉,维持原判。

盐源县政府向一审法院提交了以下主要证据材料:

1. 盐源县人民政府办公室关于印发《凉山州绿色家园规划建设区(街心花园)房屋拆除补偿方案》的通知(盐府办〔2016〕47 号)及照片。

2. 盐源县政府、凉山州绿色家园管理委员会关于成立绿色家园规划建设区房屋拆除工作领导小组的通知(盐府函〔2015〕139 号)。

3. 凉山州绿色家园规划建设区房屋拆除工作领导小组关于凉山州绿色家园规划建设区(街心花园)房屋拆除补偿工作协议签订相关事宜的通知及公示照片。

4. 凉山州绿色家园规划建设区房屋拆除工作领导小组关于凉山州绿色家园规划建设区拟拆除房屋实物补偿结果的公示及照片。

5. 凉山州绿色家园规划建设区(街心花园)房屋拆除实物补偿费领取表。

6. 严志康临时用地申请审批表。

7. 凉山州绿色家园规划建设区房屋(街心花园房屋)拆除补偿协议。

8. 凉山州绿色家园规划建设区房屋拆除工作领导小组关于凉山州绿色家园规划建设区(街心花园)房屋拆除协议签订后房屋拆除事宜的通知。

9. 绿色家园历史沿革说明。

10. 四川省人民政府办公厅关于凉山州绿色家园建设项目总体规划的复函(川办函〔2015〕56 号)。

11. 凉山州政府转发四川省人民政府关于同意凉山州征地青苗和地上附着物补偿标准批复的通知(凉府函〔2012〕153 号)、四川省人民政府关于同意凉山州征地青苗和地上附着物补偿标准的批复(川府函〔2012〕96 号)及附件。

12. 盐源县政府关于印发《盐源县区域医疗卫生服务中心及污水处理厂建设征占用地补偿安置和房屋拆迁补偿安置方案》的通知(盐府发〔2015〕19 号)。

13. 中共盐源县委办公室、盐源县政府办公室关于印发《盐源县泸沽湖大道及其临街建设区建设征占地拆迁补偿安置工作实施方案》的通知(盐府办发〔2010〕15 号)及附件。

14. 盐源县政府关于印发盐源县泸沽湖大道及道路两侧临街建设区征占用地补偿安置和房屋拆迁补偿安置方案及其补充方案的通知(盐府函〔2010〕52号)及附件。

凉山州政府向一审法院提交了以下主要证据材料:

第一组:行政复议申请书及申请材料。

第二组:行政复议受理通知书、行政复议答复通知书及相关送达回证。

第三组:行政复议答复书及证据、依据和其他有关材料。

严志康向一审法院提交了以下主要证据材料:

用地申请书;甲方四川省盐源监狱与乙方严志康签订的《凉山州绿色家园规划建设区房屋(街心花园房屋)拆除补偿协议》。

上述证据材料均已随卷移送本院。一审判决记载了各方当事人对证据材料的质证意见和一审法院的认证意见。经审查,本院对一审法院采信的证据予以确认。本院经审理查明的事实与一审判决认定的事实一致,本院予以确认。

本院另查明,2012年3月,四川省监狱管理局开始将四川省盐源监狱的土地资产整体移交凉山州政府。

2016年4月27日,盐源县政府作出《房屋拆除补偿方案》,该方案主要内容为:一、凉山州绿色家园规划建设区(街心花园)房屋情况。1.原果场为解决本场职工家属就业,1993年起至2006年分批向县国土部门申请临时建设用地后,职工自建房自己使用,或自建房后将房屋卖与他人,临时用地已经到期。2.原果场建设的公房。二、凉山州绿色家园规划建设区(街心花园)房屋拆除组织机构。本次拆除补偿工作成立了凉山州绿色家园规划建设区房屋拆除工作领导小组负责调查补偿核算事宜,具体由被拆除人户籍所在的乡镇人民政府负责协议签订、补偿支付及被拆除人员撤离绿色家园回原户籍地等相关事宜。三、房屋拆除补偿安置原则:坚持以人为本,公正、公平、公开,和谐拆除,依法拆除,房地分离,推定拆除工作顺利实施。临时建房用地和公有房用地均为原果场国有建设用地,不予补偿。原果场公有住房属国家所有,并已经移交绿色家园,不予补偿。自建房屋临时用地使用期已过期,依法应由用地业主自行拆除恢复土地原状,但考虑历史原因,按《四川省人民政府关于同意凉山州征地青苗和地上附着物补偿标准的批复》(川府函〔2012〕96号),结合盐源县实际,按重置价适当作补助性补偿。补偿后不再安置。具体标准见附件1《各类房屋拆除补偿标准》。四、房屋拆除相关事宜。1.拆除:凡在拆除范围内的建筑物、构筑物及其他附着物均应在规定的时间内全部拆除完毕。拆除产权有争议的房屋及土地使用权有争议的应当依法做好证据保全工作,但必须按规定拆除。旧房自行拆除的,由被拆除人自行负责安全事故和损失。2. 被拆除房移交时间:在拆除人与被拆除人签订协议后10日内,被拆除人应腾空被拆除房屋,将其移交给拆除人。3. 拆除登记:以房屋所有权证、土地使用权证或有关的权属证件为依据进行登记,无房屋所有权证、土地使用权证或其他权属证件的以现场丈量为准。4. 拆除房屋结构类型确认。房屋补偿:被拆除房屋按结构类型分为:砖混结构、砖木结构、土木结构和简易结构。根据各类房屋地段、区位、结构、用途、陈新等因素,结合盐源县房屋市场指导价格,对被拆除房屋实行补偿,其标准见附件1。(1)房屋均以建筑面积为计算单位。根据建设部《房产面积测量规范》,层高达到2.2m及以上才能计算全建筑面积。但根据本次拆除区域的实际情况,凡土木、砖木结构的房屋楼层高度以前后墙的平均高度为依据,平均高度在1.2(含1.2)~1.5m的按实际丈量面积的50%计入补偿面积;平均高度在1.5(含1.5)~1.8m的按实际丈量的70%计入补偿面积;平均高度在1.8m(含1.8m)以上的按实际丈量面积的100%计入补偿面积;1.2m以下的不予计算面积。房屋中层高不足1.2米不能计算建筑面积,但又有木板楼能承重的非装饰性结构层按板楼计算面积。(2)超出原批准临时用地面积的违法建筑一律不予补偿。5. 附属建筑物补偿。对附属建筑物补偿标准见附件2《建(构)筑物、附着物补偿标准》。6. 房前屋后零星经济林木的补偿。对房前屋后零星经济林木的补偿标准见附件3《零星经济林木补偿标准》。五、搬家补助及奖励。在规定时间内签订协议的给予1600元/户的搬家补助。在规定时间内签订协议并在签订协议后5日内,被拆除人腾空被拆除房屋并将其移交给拆除人(或自行拆除)的,给予2000元/户奖励;在规定时间内签订协议并在签订协议后5日至10日内,被拆除人腾空被拆除房屋并将其移交给拆除人(或自行拆除)的,给予1000元/户的奖励;不在规定时间内签订协议或在签订协议后10日内被拆除人不腾空被拆除房屋并不将其移交给拆除人(或不自行拆除)的不予奖励。

本院认为,本案中,盐源县政府并未对原果场土地上房屋实施征收,盐源县政府于2016年4月27日作出的《房屋拆除补偿方案》中涉及被拆除房屋范围系职工在临时用地上的自建房屋和原果场建设的公房。严志康1993年取得原果场国有土地的临时用地许可并修建了建筑,该房屋所在土地性质为国有土地,办理的是临时用地许可证,2005年10月21日,盐源县国土资源管理部门同意对该临时用地延期,使用期限为2005年10月21日至2007年10月20日。故严志康案涉房屋用地属于临时用地,并早超过批准期限。依照《中华人民共和国土地管理法》第五十七条第二款"临时使用土地的使用者应当按照临时使用土地合同约定的用途使用土地,并不得修建永久性建筑物"的规定,严志康案涉房屋不能被认定为永久性建筑。但盐源县政府基于尊重历史、照顾现实,并结合盐源县实际情况作出《房屋拆除补偿方案》,并对实物补偿结果进行了公示,因此该方案的作出并无不当,其对严志康的补偿不是对国有土地上房屋实施征收补偿,因此没有按照国有土地上房屋征收的程序来实施征收补偿,严志康请求撤销《房屋拆除补偿方案》的诉讼主张既无事实根据亦无法律依据,依法不能成立。

凉山州政府受理严志康的行政复议申请后,在法定期限内作出复议决定,并送达当事人,符合法定程序。该决定认定事实清楚,适用法律正确。严志康请求撤销39号复议决定的诉讼请求,没有事实根据和法律依据,依法不予支持。

综上,一审判决认定事实比较清楚,判决驳回严志康的诉讼请求,该处理结果并无不当。严志康要求撤销一审判决的上诉理由不成立,本院不予支持。依照《中华人民共和国行政诉讼法》第八十九条第一款第(一)项的规定,判决如下:驳回上诉,维持原判。

※裁判要旨:临时使用土地的使用者应当按照临时使用土地合同约定的用途使用土地,并不得修建永久性建筑物。市、县级人民政府作出房屋征收决定前,应当组织有关部门依法对征收范围内未经登记的建筑进行调查、认定和处理。对认定为合法建筑和未超过批准期限的临时建筑的,应当给予补偿;对认定为违法建筑和超过批准期限的临时建筑的,不予补偿。

第五十八条　【收回国有土地使用权】有下列情形之一的,由有关人民政府自然资源主管部门报经原批准用地的人民政府或者有批准权的人民政府批准,可以收回国有土地使用权:

(一)为实施城市规划进行旧城区改建以及其他公共利益需要,确需使用土地的;

(二)土地出让等有偿使用合同约定的使用期限届满,土地使用者未申请续期或者申请续期未获批准的;

(三)因单位撤销、迁移等原因,停止使用原划拨的国有土地的;

(四)公路、铁路、机场、矿场等经核准报废的。

依照前款第(一)项的规定收回国有土地使用权的,对土地使用权人应当给予适当补偿。

条文解读

本法第 58 条是关于收回国有土地使用权的规定。

收回土地使用权涉及对用地单位的权利的剥夺，必须经过一定的法律程序，并经有关人民政府批准。本条规定了有关人民政府自然资源主管部门报经原批准用地的人民政府或者有批准权的人民政府批准收回国有土地使用权的范围，具体如下：

（一）为实施城市规划进行旧城区改建以及其他公共利益需要，确需使用土地的。为公共利益需要，确需使用土地的，可以依法收回。公共利益的判断应参照《土地管理法》第 45 条的规定。为公共利益需要使用土地的，不管是划拨土地还是未到期的出让土地，经过政府批准都可以行使国有土地收回权。为实施城市规划进行旧城区改建，需要调整使用土地的，也可以收回土地。这类土地使用权的收回，国家应给予补偿。

（二）土地出让等有偿使用合同约定的使用期限届满，土地使用者未申请续期或者申请续期未获批准的。原《土地管理法》规定，这类土地使用权收回的，国家将给予补偿。新《土地管理法》规定，收回这类土地的，不予补偿。

（三）因单位撤销、迁移等原因，停止使用原划拨的国有土地的。因法律规定，国有划拨土地不得出租、转让等，只能供批准的用地单位按批准的用途使用，如果单位撤销，或迁移不再需要使用，则交回国家。因划拨土地不是有偿使用的，土地也不予补偿。如果单位需要将土地和地上建筑物转让，应当补办出让手续，对土地按有偿使用的办法处理。

（四）公路、铁路、机场、矿场等经核准报废的。这与上一种情况不同之处在于单位还存在，但公路、铁路、机场、矿场等报废对这部分土地不再需要使用，国家应当将这部分土地收回。按规定这部分土地是采用划拨方式提供的，也将不给予补偿。

收回土地使用权的补偿问题比较复杂，各地、各城市也存在较大的差异，因此，本法未对补偿办法和补偿的具体标准作出规定，可以由各地根据当地的实际情况制定相应的标准，也可以参照征用土地的补偿办法给予补偿。

配套法规及解读

《城市房地产管理法》（2019 年 8 月 26 日修正）

第二十条 国家对土地使用者依法取得的土地使用权，在出让合同约定的使用年限届满前不收回；在特殊情况下，根据社会公共利益的需要，可以依照法律程序提前收回，并根据土地使用者使用土地的实际年限和开发土地的实际情况给予相应的补偿。

第二十二条　土地使用权出让合同约定的使用年限届满，土地使用者需要继续使用土地的，应当至迟于届满前一年申请续期，除根据社会公共利益需要收回该幅土地的，应当予以批准。经批准准予续期的，应当重新签订土地使用权出让合同，依照规定支付土地使用权出让金。

土地使用权出让合同约定的使用年限届满，土地使用者未申请续期或者虽申请续期但依照前款规定未获批准的，土地使用权由国家无偿收回。

第二十六条　以出让方式取得土地使用权进行房地产开发的，必须按照土地使用权出让合同约定的土地用途、动工开发期限开发土地。超过出让合同约定的动工开发日期满一年未动工开发的，可以征收相当于土地使用权出让金百分之二十以下的土地闲置费；满二年未动工开发的，可以无偿收回土地使用权；但是，因不可抗力或者政府、政府有关部门的行为或者动工开发必需的前期工作造成动工开发迟延的除外。

※法规解读：上述法律条文分别规定了通过出让方式取得的建设用地的收回的三种情形，是对《土地管理法》第58条的进一步细化。根据上述规定，通过出让方式取得建设用地使用权收回的事由主要有：(1)根据社会公共利益的需要，可以依照法律程序提前收回，并根据土地使用者使用土地的实际年限和开发土地的实际情况给予相应的补偿。(2)土地使用权出让合同约定的使用年限届满，土地使用者未申请续期或者虽申请续期但依照前款规定未获批准的，土地使用权由国家收回，并不予补偿。(3)以出让方式取得土地使用权进行房地产开发的，必须按照土地使用权出让合同约定的土地用途、动工开发期限开发土地。满二年未动工开发的，可以无偿收回土地使用权。

关联法规索引

《城镇国有土地使用权出让和转让暂行条例》第42、47条

典型案例

宣某等18人诉衢州市国土资源局收回土地使用权行政争议案[1]

※案情简介:2002年12月31日,被告浙江省衢州市国土资源局(以下简称国土局)作出衢市国土(2002)第37号《收回国有土地使用权通知书》,通知宣某等18名原告:根据《中华人民共和国土地管理法》(以下简称《土地管理法》)、《浙江省实施〈中华人民共和国土地管理法〉办法》及有关规定,将收回各原告在柯城区卫宁巷住宅的国有土地使用权,收回中涉及的拆迁补偿事宜由第三人中国建设银行衢州市分行(以下简称建设银行衢州分行)负责,具体拆迁事务由有关拆迁事务所负责。原由各原告申请登记的住宅国有土地使用权予以注销,并请在签订拆迁补偿协议时将土地证交回。宣某等18名原告不服国土局的决定,于2003年4月4日向浙江省衢州市柯城区人民法院提起行政诉讼。

经质证,衢州市柯城区人民法院确认如下事实:原告系衢州市柯城区卫宁巷1号衢州府山中学教工宿舍楼的住户。2002年12月9日,衢州市发展计划委员会根据第三人的报告,经审查同意第三人建设银行衢州分行在原有的营业综合大楼东南侧扩建营业用房建设计划。该项目为三层结构,其中一层车库,二层营业用房,总建筑面积849平方米,其中营业用房566平方米,车库283平方米,另建绿地400平方米。同日,衢州市规划局制定建设项目选址意见,建设银行衢州分行为扩大营业用房等,拟自行收购、拆除占地面积为205平方米的府山中学教工住宅楼,改建为露天停车场,具体按规划详图实施。同月18日,衢州市规划局又规划出第三人扩建营业用房建设用地平面红线图。同月20日,衢州市规划局发出建设用地规划许可证,建设银行衢州分行建设项目用地面积756平方米。2002年12月25日,被告建议收回衢州府山中学教工宿舍楼的住户国有土地使用权187.6平方米,并报审批同意。2002年12月31日,国土局作出(2002)37号《收回国有土地使用权通知》,并向各原告告知其正在使用的国有土地使用权将收回及诉权等内容,该通知虽然说明了行政决定所依据的法律名称,但没有对所依据的具体法律条款予以说明。

衢州市柯城区人民法院认为:《土地管理法》第五十八条规定:"有下列情形之一的,由有关人民政府土地行政主管部门报经原批准用地的人民政府或者有批准权的人

[1] 案例来源:衢州市柯城区人民法院(2003)柯行字第4号行政判决书。

民政府批准,可以收回国有土地使用权:(一)为公共利益需要使用土地的;(二)为实施城市规划进行旧城区改建,需要调整使用土地的;(三)土地出让等有偿使用合同约定的使用期限届满,土地使用者未申请续期或者申请续期未获批准的;(四)因单位撤销、迁移等原因,停止使用原划拨的国有土地的;(五)公路、铁路、机场、矿场等经核准报废的。"本案各原告均系衢州市府山中学教工住宅楼的住户,是该楼用地的合法使用者。被告国土局因建设银行衢州分行需要扩大营业用房,决定收回各原告住宅楼的国有土地使用权,国土局在有关该决定的书面通知中,仅说明该决定是依照《土地管理法》及浙江省的有关规定作出的,但却没有说明决定收回各原告住宅国有土地使用权的具体法律依据。国土局依照《土地管理法》对辖区内国有土地的使用权进行管理和调整,属于其行政职权的范围。但在决定收回各原告住宅国有土地使用权时,对所依据的法律条款应当予以具体说明而没有说明,属于适用法律错误。在本案的诉讼中提供的衢州市发展计划委员会(2002)35号《关于同意扩建营业用房项目建设计划的批复》《建设项目选址意见书审批表》《第三人扩建营业用房建设用地规划红线图》等有关证据,难以说明该决定是由于"为公共利益需要使用土地"或"实施城市规划进行旧城区改建,需要调整使用土地的"的需要,故原告主张被告的具体行为主要证据不足,理由成立,应予支持;被告主张其作出的收回各原告国有土地的具体行政行为符合《土地管理法》规定的辩解,不能成立。

根据最高人民法院《关于适用〈中华人民共和国行政复议法〉第三十条第一款有关问题的批复》的规定,本案的各原告可以对行政机关直接涉及国有土地使用权的具体行政行为向人民法院提起行政诉讼,故对第三人关于原告未经复议即直接起诉不当的主张不予采纳。据此,衢州市柯城区人民法院依照《行政诉讼法》第五十四条第一款第二项第一目之规定,于2003年8月29日判决:撤销被告衢州市国土资源局2002年12月31日作出的(2002)第37号收回国有土地使用权通知。

※裁判要旨:有下列情况之一的,由有关人民政府土地行政主管部门报经原批准用地的人民政府或者有批准权的人民政府批准,可以收回国有土地使用权:(1)为公共利益需要使用土地的;(2)为实施城市规划进行旧城区改建,需要调整使用土地的;(3)土地出让等有偿使用合同约定的使用期限届满,土地使用者未申请续期或者申请续期未获批准的;(4)因单位撤销、迁移等原因,停止使用原划拨的国有土地的;(5)公路、铁路、机场、矿场等经核准报废的。原国土局依照《土地管理法》对辖区内国有土地的使用权进行管理和调整,属于其行政职权的范围。行政机关在依法实施具体行政行为时,仅说明所依据的法律名称,没有说明依据的具体法律条款,且不能证明其具体行

政行为符合法律的哪些具体规定的，构成违法，应予撤销。

第五十九条 【乡村建设用地规划及审批】 乡镇企业、乡（镇）村公共设施、公益事业、农村村民住宅等乡（镇）村建设，应当按照村庄和集镇规划，合理布局，综合开发，配套建设；建设用地，应当符合乡（镇）土地利用总体规划和土地利用年度计划，并依照本法第四十四条、第六十条、第六十一条、第六十二条的规定办理审批手续。

第六十条 【乡镇企业用地审批】 农村集体经济组织使用乡（镇）土地利用总体规划确定的建设用地兴办企业或者与其他单位、个人以土地使用权入股、联营等形式共同举办企业的，应当持有关批准文件，向县级以上地方人民政府自然资源主管部门提出申请，按照省、自治区、直辖市规定的批准权限，由县级以上地方人民政府批准；其中，涉及占用农用地的，依照本法第四十四条的规定办理审批手续。

按照前款规定兴办企业的建设用地，必须严格控制。省、自治区、直辖市可以按照乡镇企业的不同行业和经营规模，分别规定用地标准。

条文解读

本法第60条是关于乡镇企业用地审批的规定。

农村集体经济组织利用本集体所有土地办企业，应当经县级以上人民政府批准。批准的权限由省、自治区、直辖市规定；涉及占用农用地的，应当办理农用地转用审批。省、自治区、直辖市应当制定乡镇企业的用地标准。

本法规定，使用农民集体所有土地兴办企业的，只有农村集体经济组织利用本集体所有的土地和利用本集体所有的土地与其他单位和个人以联营形式入股共同举办企业的，可以使用农民集体所有的土地，包括村农民集体使用村农民集体所有土地，村民组使用本村民组的土地，或村内联户或农户使用本村（或村民组）的土地，并在土地利用总体规划确定的建设用地区内，由农民集体经济组织或村民委员会向县级以上人民政府自然资源主管部门提出用地申请，报人民政府批准。乡镇企业使用农民集体所有土地的批准权限，由省、自治区、直辖市规定，即只能由地方人民政府批准。各省、自治区、直辖市在制定土地管理法实施办法时，将对此作出规定。

乡镇企业使用农民集体所有土地涉及占用农用地的，要依法办理农用地转用审批。具体的审批办法按照本法第44条关于农用地转用审批的规定办理。

本法规定各省、自治区、直辖市按照本地区乡镇企业的不同行业和规模制定用地标准，作为地方性标准执行。审批用地时要严格按照用地标准核定用地面积，防止浪费用地。

未经批准或者采取欺骗手段骗取批准，非法占用土地的，由县级以上人民政府自然资源主管部门责令退还非法占用的土地，对违反土地利用总体规划擅自将农用地改为建设用地的，限期拆除在非法占用的土地上新建的建筑物和其他设施，恢复土地原状，对符合土地利用总体规划的，没收在非法占用的土地上新建的建筑物和其他设施，可以并处罚款；对非法占用土地单位的直接负责的主管人员和其他直接责任人员，依法给予行政处分；构成犯罪的，依法追究刑事责任。

关联法规索引

《土地管理法》第77条；《国务院关于深化改革严格土地管理的决定》；《国务院办公厅关于严格执行有关农村集体建设用地法律和政策的通知》；《国务院关于促进节约集约用地的通知》

典型案例

惠东县国土资源局、杨和利土地行政管理纠纷案[1]

※案情简介：2005年10月10日，赖显秀与第三人惠东县平海镇六乡村民委员会张家墩村民小组签订《合作开发海边荒地协议》，约定共同开发"二姐妹"一带荒地约20亩（四至东至张堂住屋边，南至海边，西至北寮过水渡到海边小道，北至公路边），以每亩11000元人民币作价入股平海镇六乡张家墩村民小组、赖显秀双方的合作旅游企业，该企业的一切投资由赖显秀负责投资，平海镇六乡张家墩村民小组、赖显秀双方同意按投资额的多少比例占股及分成，共同承担风险。平海镇六乡张家墩村民小组、赖显秀双方合作开发该海边荒地期限定为45年，即从2005年10月10日起至2050年10月10日止。合同期满，在同等条件下，赖显秀有优先承包或合作权等约定。2008年张

[1] 案例来源：广东省高级人民法院（2016）粤行终93号行政判决书。

家墩小组向平海镇人民政府和国土所提出《申请报告》,请求将上述合作的土地作旅游用地。2008 年 12 月 26 日惠东县国土资源局平海国土所对上述土地已建部分 1480 平米作了《惠东县清理补办非农建设用地现场勘查调查表》,惠东县国土资源局平海国土所并在《惠东县清理补办非农建设用地现场勘查调查表》作了批复“同意上级审批”。

2010 年 9 月 9 日惠东县国土资源局向杨和利作土地案件调查笔录时,杨和利承认狮子岛旅游宾馆是其本人投资兴建的。赖显秀是杨和利的妻子。

2009 年 1 月 15 日,惠东县国土资源局平海国土资源所向平海镇政府报告:“我所工作人员在例行检查过程中,发现位于平海镇六乡村委南门海张家墩三姐妹沙滩地段,有人砍伐防风林,破坏生态和环境进行违章建设,建设规模为长度 60 米 × 宽度 10 米,占地面积达 600 平方米的建筑基础,经调查了解是属平海镇居民杨和利向六乡村委会租用该用地建设二层房屋建筑,用作收购花生仓储及供旅客冲水之用。因该建设未办理任何用地手续,我所于 2009 年元月 14 日向其下发《责令停止土地违法行为通知书》责令其停止上述违法行为……”

惠东县国土资源局分别于 2009 年 1 月 14 日、2010 年 12 月 3 日、2011 年 4 月 20 日、7 月 11 日、9 月 2 日、11 月 22 日、2012 年 1 月 10 日、2 月 10 日、4 月 12 日、5 月2 日向杨和利发出《责令停止土地违法行为通知书》,上述通知已送达给杨和利签收;杨和利非法使用土地建宾馆从 600 平方米直至 2012 年 1 月 10 日建筑面积达到 3000 平方米。

惠东县国土资源局平海国土资源所分别于 2012 年 4 月 12 日、9 月 2 日、11 月 13 日向平海镇人民政府提交《关于杨和利在六乡村委南门海三姐妹地段违法建筑情况的报告》。

2012 年 7 月 24 日,惠东县国土资源局对杨和利、赖显秀、惠东县狮子岛休闲度假旅游有限公司作出《国土资源行政处罚告知书》,内容:“一、责令退还非法占用的 17927.93 平方米(26.89 亩)土地;二、没收在非法占用的土地上新建的建筑物和其他设施;对非法占用的土地 17927.93 平方米处以每平方米 30 元的罚款,罚款金额合计 537837.9 元。根据《中华人民共和国行政处罚法》第三十一条、第三十二条、第四十二条的规定,现将上述情况告知,你单位享有陈述、申辩和要求举行听证的权利。如要求上述权利,应当在本告知送达之日起三日内向我局提出,逾期不提出的,视为放弃权利”。根据杨和利、赖显秀、惠东县狮子岛休闲度假旅游有限公司的听证申请,于 2013 年 3 月 19 日惠东县国土资源局向杨和利、赖显秀、惠东县狮子岛休闲度假旅游有限公司发出听证会通知,并于 2013 年 12 月 31 日召集杨和利、赖显秀、惠东县狮子岛休闲度假旅游有限公司进行了听证。惠东县国土局于2014年4月28日对杨和利、赖显秀、惠东县狮子岛休闲度假旅游有限公司作出《土地违法案件行政处罚决定书》[惠东国土资行处字(2014)3号],主要内容有:"一、责令你(单位)退还非法占用的17927.93平方米土地;二、依法没收在非法占用的土地上新建的建筑物和其他设施;对非法占用的土地17927.93平方米处以每平方米10元的罚款,罚款金额合计179279.3元,上缴国库。限你(单位)在接到本行政处罚决定书之日起30日内交清罚款。逾期不交纳的,每日加收罚款总额3%的滞纳金。如不服本处罚决定,可以自本决定书送达之日起60日内向惠东县人民政府或惠州市国土资源局申请行政复议或者自本决定书送达之日起三个月向惠东县人民法院提起行政诉讼,期满不申请复议不起诉又不履行的,本局将依法申请人民法院强制执行。"该《土地违法案件行政处罚决定书》于2014年7月14日送达杨和利、赖显秀、惠东县狮子岛休闲度假旅游有限公司,杨和利、赖显秀、惠东县狮子岛休闲度假旅游有限公司拒收,惠东县国土资源局工作人员冯伟雄、古伟锋、朱伟南在文书送达回证上证实签名。

2014年8月6日,惠东县公证处公证送达了惠东国土资行处字(2014)3号《土地违法案件行政处罚决定书》给杨和利、赖显秀、惠东县狮子岛休闲度假旅游有限公司。杨和利、赖显秀、惠东县狮子岛休闲度假旅游有限公司不服《土地违法案件行政处罚决定书》,向原审法院提起诉讼,请求:1.撤销被告作出的惠东国土资行处字(2014)3号《土地违法案件行政处罚决定书》的具体行政行为。2.被告承担本案诉讼费。

原审法院另查明,2013年7月23日,惠东县平海镇人民政府在互联网上公示《关于惠东县平海镇六乡地区控制性详细规划》。

惠东县狮子岛休闲度假旅游有限公司2012年6月4日领取《企业法人营业执照》,法定代表人为赖秋香;于2011年12月2日领取《特种行业许可证》,于2010年5月27日领取《卫生许可证》,于2010年7月9日领取了《税务登记证》,于2012年1月19日惠东县消防大队出具《关于惠州市南门海狮子岛宾馆有限公司更名为惠东县狮子岛休闲度假旅游有限公司的批复》给惠东县狮子岛休闲度假旅游有限公司,内容:"你公司更名申请收悉,经核实其使用性质和功能未变,单位地址未变,未改变原有建筑结构、室内装修和消防设施,同意惠州市南门海狮子岛宾馆有限公司更名为惠东县狮子岛休闲度假旅游有限公司,此批复与我大队原核发的惠东公消验字〔2010〕第A007号《验收意见书》同时使用。"

原审法院认为:本案争议的焦点问题:一是惠东县国土局于2014年4月28日对杨和利、赖显秀、惠东县狮子岛休闲度假旅游有限公司作出《土地违法案件行政处罚决定书》,事实是否清楚?二是惠东县国土资源局作出《土地违法案件行政处罚决定书》处罚的对象是否正确?程序是否合法?

对于惠东县国土局于2014年4月28日对杨和利、赖显秀、惠东县狮子岛休闲度假旅游有限公司作出《土地违法案件行政处罚决定书》,事实是否清楚的问题。惠东国土资行处字(2014)3号《土地违法案件行政处罚决定书》认为,原告占用"沿海滩涂3267.73平方米",其依据是原告提交的惠东县国土局勘察测绘队测定制作的五幅狮子岛旅游度假有限公司建设项目的用地红线图,该用地红线图可以看出,所有建设项目均在沿海潮位线以上,不属于沿海滩涂地带的范畴。根据被告提供的土地利用总体规划示意图(图一),也可以看出,建设项目范围均在"其他一特殊用地"的范围。涉案土地,是属于六乡村张家墩小组集体所有的海边荒地。政府部门没有公开公示该幅土地属于"风景名胜及特殊用地"。2013年7月23日,惠东县平海镇人民政府在互联网上公示《关于惠东县平海镇六乡地区控制性详细规划》,而本案建设项目均在此前已经完成,故被告惠东县国土资源局认为原告占用沿海滩涂3267.73平方米的事实认定不清。

对于惠东县国土资源局作出《土地违法案件行政处罚决定书》处罚的对象是否正确?程序是否合法?

2005年10月10日,赖显秀与第三人惠东县平海镇六乡村民委员会张家墩村民小组签订《合作开发海边荒地协议》,约定共同开发"二姐妹"一带荒地约20亩。杨和利、惠东县狮子岛休闲度假旅游有限公司(领取企业法人营业执照,法定代表人为赖秋香)并不是违法建筑的主体,违法建筑的主体应是赖显秀与第三人惠东县平海镇六乡村民委员会张家墩村民小组,《土地违法案件行政处罚决定书》将杨和利、惠东县狮子岛休闲度假旅游有限公司列为处罚主体,而放弃对第三人惠东县平海镇六乡村民委员会张家墩村民小组处罚,故认定惠东县国土资源局作出《土地违法案件行政处罚决定书》中将杨和利、惠东县狮子岛休闲度假旅游有限公司列为处罚主体不当。

《土地案件调查笔录》有工作人员李智涛、冯伟雄、赖佛锦、陈惠民、郭潭灵等,但这些工作人员在执行公务中均未出示执法相关证件。违反了《中华人民共和国行政强制法》第十八条第一款第三项的规定,工作人员在执法过程中,没有依法出示执法身份证件,故其执法程序违法。

惠东县国土资源局作出《土地违法案件行政处罚决定书》前根据原告申请进行听证。而冯伟雄、古伟锋是案件调查人及经办人。行政处罚听证会冯伟雄又做听证主持人、古伟锋是记录人;古伟锋又是案件讨论记录人。根据《国土资源听证规定》第七条:"听证设听证主持人,在听证员中产生;但须听证机构或者经办机构的有关负责人"的规定,听证主持人应由惠东县国土资源局法制部门或局主管负责人主持,而冯伟雄不能作为听证人及组织人员,冯伟雄有既是运动员又是裁判员之嫌,故听证程序违法。

惠东县国土资源局对杨和利、赖显秀、惠东县狮子岛休闲度假旅游有限公司作出《国土资源行政处罚告知书》,内容是:“一、责令退还非法占用的 17927.93 平方米(26.89亩)土地;二、没收在非法占用的土地上新建的建筑物和其他设施;对非法占用的土地 17927.93 平方米处以每平方米 30 元的罚款,罚款金额合计 537837.9 元。”惠东县国土资源局根据杨和利、赖显秀、惠东县狮子岛休闲度假旅游有限公司申请于 2013 年 12 月 31 日进行了听证。最后处理改为适用自由裁量权的处理原则,改变了告知书内容,应再次组织进行听证,而未进行。违反《国土资源听证规定》(国土资源部第 22 号令)第十八条:“行处罚实施机关行使行政处罚自由裁量权,符合听证条件的,应当告知当事人有要求举行听证的权利,当事人要求听证的,应当组织听证”的规定,故惠东县国土资源局适用行政处罚自由裁量权没有进行听证,程序不当。

综上所述,惠东县国土资源局于 2014 年 4 月 28 日作出的《土地违法案件行政处罚决定书》认定的事实不清,违反法定程序,故应予撤销。原告杨和利、赖显秀、惠东县狮子岛休闲度假旅游有限公司诉请依法有据,应予支持。依照《中华人民共和国行政诉讼法》第七十条的规定,判决:撤销被告惠东县国土资源局于 2014 年 4 月 28 日作出的惠东国土资行处字(2014)3 号《土地违法案件行政处罚决定书》的具体行政行为。

惠东县国土资源局不服一审判决提起上诉称:一、根据《土地利用现状分类》和《土地调查条例实施办法》,判定涉案土地地类的依据是涉案土地的违法用地界线图(定界坐标数据)与土地利用现状图,而非一审法院认为的用地红线图,或是土地利用总体规划示意图及《关于惠东县平海镇六乡地区控制性详细规划》。1. 土地利用总体规划示意图用来确定对非法占地行为采取何种处罚措施而非确定被非法占用土地的地类;2. 惠东县国土局勘察测绘队测定制作的是《惠东县平海镇南门海“狮子岛宾馆”违法用地界线图》,不是“用地红线图”。原审法院认为从该用地红线图可以看出,建设项目均在沿海潮位线以上,并推论涉案土地不属于沿海滩涂,没有科学依据;3.《关于惠东县平海镇六乡地区控制性详细规划》属于城乡规划,并非土地规划,是规划行政许可的依据,并非划分地类的依据,与被上诉人占用土地的地类认定毫无关系;4. 涉案土地属于原审第三人集体所有不能免除被上诉人作为土地使用人应履行的用地报批义务。二、原审法院将违法占地主体等同于《合作开发海边荒地协议》的合同主体,混淆了民事和行政法律关系,作出了将杨和利、惠东县狮子岛休闲度假旅游有限公司列为处罚主体不当的错误认定。三、1. 上诉人工作人员无论是现场勘察或对被上诉人进行调查的行为均不属于《行政强制法》规定的行政强制内容，一审法院适用《行政强制法》第十八条第一款第三项的规定，认定上诉人工作人员在执法过程中没有依法出示执法身份证件，执法程序违法，属于适用法律错误；2. 从上诉人提供的《国土资源案件立案呈批表》来看，承办人是李某某，调查笔录中从未出现过冯伟雄及古伟锋。冯伟雄没有以承办人的身份发言，是其以监察股股长身份主持听证，合法合规，不能草率认定冯伟雄既是运动员又是裁判员；3. 上诉人组织听证后，接纳了部分被上诉人的意见，降低了罚款数额，被上诉人的权益得到了保障，上诉人未在降低后的罚款数额举行听证并无不妥。综上，一审法院认定事实不清，适用法律错误，我方处罚事实清楚，对象正确，程序合法，请求二审法院撤销原判，驳回被上诉人的所有诉讼请求。

被上诉人杨和利、赖显秀、惠东县狮子岛休闲度假旅游有限公司二审辩称：1. 上诉人行政处罚程序违法。冯伟雄与古伟锋是行政处罚事项的具体经办人员，但在本宗处罚事项中，冯伟雄是听证主持人，古伟锋是听证记录员，听证程序严重违法；2. 上诉人提交的证据不能证明其认定的“占用沿海滩涂”3267.73 平方米、“风景名胜及特殊用地”14660.2 平方米的事实；3. 上诉人行政处罚的立案超过时限，办案过程中未出示执法证件，作出处罚决定严重超过法定期限；4. 行政处罚决定没有在法定期限送达，没有向所有人（只向杨和利）送达；5. 涉案建设项目 2008 年 12 月经平海镇六乡张家墩村民小组、平海镇六乡村民委员会以及上诉人下属的平海国土资源所进行了勘察调查和申请呈批并盖章通过，张家墩村民小组和赖显秀具有可予信赖的行政认可效力；6. 行政处罚决定混淆了行政处罚行为主体和工商行政管理相对人主体，错误将狮子岛休闲度假旅游有限公司作为处罚对象；7. 处罚决定没收“新建的建筑物和其他设施”，导致涉案土地也收归国家所有，显然侵害了原审第三人张家墩村民小组村民小组的合法权益；8. 上诉人适用行政处罚裁量程序不符合有关听证程序规定。综上，原审判决正确，请求二审法院予以维持。

原审第三人惠东县平海镇六乡村民委员会张家墩村民小组二审未提交书面答辩意见，二审庭审过程中口头答辩称：请求二审法院维持原判，维护村民集体合法权益。

本院二审经审理，查明的事实与原审相同，对原审查明的事实，本院予以确认。

本院认为：本案为土地管理行政处罚纠纷，二审争议焦点是惠东县国土资源局作出惠东国土资行处字（2014）3 号《土地违法案件行政处罚决定书》是否合法。

《中华人民共和国土地管理法》第六十条第一款规定：“农村集体经济组织使用乡（镇）土地利用总体规划确定的建设用地兴办企业或者与其他单位、个人以土地使用权入股、联营等形式共同举办企业的，应当持有关批准文件，向县级以上地方人民政府土地行政主管部门提出申请，按照省、自治区、直辖市规定的批准权限，由县级以上地方人民政府批准；其中，涉及占用农用地的，依照本法第四十四条的规定办理审批手续。”本案“狮子岛宾馆”及配套设施占用惠东县平海镇六乡村民委员会张家墩村民小组集体土地进行建设，未依据上述法律规定获得批准，属于非法占用土地进行建设的行为。上诉人惠东县国土资源局经过立案、调查和违法用地实地勘察测绘，认定“狮子岛宾馆”及配套设施占用土地面积分别为3267.73平方米和14660.2平方米具有事实根据。至于地类问题，上诉人在二审庭审中明确主张涉案土地的地类认定问题不作为行政处罚的考虑因素，不影响行政处罚决定的作出。对此，本院予以认同，对于各方当事人有关地类认定的不一致意见不作审查。被上诉人杨和利、赖显秀、惠东县狮子岛休闲度假旅游有限公司占用涉案土地进行建设，没有依法获得批准，其非法占地行为，事实清楚。而且，在惠东县国土资源局分别于2009年至2012年先后向杨和利发出十份《责令停止土地违法行为通知书》的情况下，被上诉人仍然置之不理，继续进行建设，其主观违法的意图明显，其对自身的违法行为应当承担相应的法律责任。被上诉人辩称其已经获得惠东县国土资源局平海国土所在《惠东县清理补办非农建设用地现场勘查调查表》上“同意上级审批”的批复，但因该批复只表明被上诉人启动了报批手续，并非最终的批准占用土地文件，被上诉人在未获得批准文件的情况下，即开始占用土地并进行建设，不符合法律规定，应当受到行政处罚。

《中华人民共和国土地管理法》第七十六条规定：“未经批准或者采取欺骗手段骗取批准，非法占用土地的，由县级以上人民政府土地行政主管部门责令退还非法占用的土地，对违反土地利用总体规划擅自将农用地改为建设用地的，限期拆除在非法占用的土地上新建的建筑物和其他设施，恢复土地原状，对符合土地利用总体规划的，没收在非法占用的土地上新建的建筑物和其他设施，可以并处罚款；对非法占用土地单位的直接负责的主管人员和其他直接责任人员，依法给予行政处分；构成犯罪的，依法追究刑事责任。”从上述规定可以看出，非法占用土地行为的处罚对象，应当是非法占用土地的单位或个人。本案中惠东县狮子岛休闲度假旅游有限公司是“狮子岛宾馆”及配套设施的经营主体，杨和利与赖显秀为夫妻，共同投资兴建、经营“狮子岛宾馆”，惠东县国土资源局经过案件调查及相关笔录，将杨和利、赖显秀以及惠东县狮子岛休闲度假旅游有限公司作为共同的行政处罚对象并无不当。

《国土资源听证规定》第七条规定：“听证设听证主持人，在听证员中产生；但须是听证机构或者经办机构的有关负责人。”本案上诉人2013年12月31日举行了行政处罚的听证程序，听证主持人为冯伟雄。虽然冯伟雄作为国土局执法监察股股长，其职位符合上述听证支持人的条件，但是，从上诉人的土地案件调查笔录显示，冯伟雄于2011年5月作为调查人，调查了包括“狮子岛”宾馆合同在内的土地用地问题。更为重要的是，在上诉人2012年7月23日进行的有关“狮子岛”宾馆违法用地问题案件讨论中，讨论记录显示承办人包括冯伟雄。由于调查程序和案件讨论程序在先，听证程序在后，冯伟雄在之前参与了案件的调查和议定程序，之后其再作为听证主持人，不符合行政执法的正当法律程序。《国土资源听证规定》第三十三条规定：“主管部门应当根据听证笔录，作出行政许可决定，依法作出行政处罚决定；在报批拟定的拟征地项目的补偿标准和安置方案、非农业建设占用基本农田方案时，应当附具听证笔录。”由此，听证程序是作出本案行政处罚的基本程序，确保听证的程序正当对正确处理案件至关重要。上诉人听证程序不当，已经完全可能影响本案行政处罚决定实体上的公正性，应当认定为行政程序违法，而非仅仅是程序瑕疵问题。原审判决据此认定上诉人行政处罚程序违法，并判决撤销被诉行政处罚决定并无不当。另，涉案土地属于原审第三人张家墩村民小组集体所有，上诉人作出有关“责令退还土地、没收建筑物和附属设施”的处罚决定内容，将导致房地分离，影响原审第三人对涉案土地的使用权，并不妥当。基于上述事实和理由，本院对原审判决予以维持。

综上，上诉人惠东县国土资源局的上诉理由不成立，本院依法予以驳回。依照《中华人民共和国行政诉讼法》第八十九条第一款第（一）项之规定，判决如下：驳回上诉，维持原判。

※裁判要旨：农村集体经济组织使用乡（镇）土地利用总体规划确定的建设用地兴办企业或者与其他单位、个人以土地使用权入股、联营等形式共同举办企业的，应当持有关批准文件，向县级以上地方人民政府土地行政主管部门提出申请，按照省、自治区、直辖市规定的批准权限，由县级以上地方人民政府批准；其中，涉及占用农用地的，依照本法第四十四条的规定办理审批手续。未经批准或者采取欺骗手段骗取批准，非法占用土地的，由县级以上人民政府土地行政主管部门责令退还非法占用的土地，对违反土地利用总体规划擅自将农用地改为建设用地的，限期拆除在非法占用的土地上新建的建筑物和其他设施，恢复土地原状，对符合土地利用总体规划的，没收在非法占用的土地上新建的建筑物和其他设施，可以并处罚款；对非法占用土地单位的直接负责的主管人员和其他直接责任人员，依法给予行政处分；构成犯罪的，依法追究刑事责任。

第六十一条 【公共设施、公益事业建设用地审批】 乡(镇)村公共设施、公益事业建设,需要使用土地的,经乡(镇)人民政府审核,向县级以上地方人民政府自然资源主管部门提出申请,按照省、自治区、直辖市规定的批准权限,由县级以上地方人民政府批准;其中,涉及占用农用地的,依照本法第四十四条的规定办理审批手续。

条文解读

本法第61条是关于乡村公共设施、公益事业建设用地审批的规定。

乡(镇)村公共设施、公益事业建设需要用地,必须依法提出申请,并按规定的批准权限取得批准。乡村公共设施和公益事业主要指乡村行政办公、文化科学、医疗卫生、教育设施、生产服务和公用事业等,如乡(镇)政府、村民委员会办公、公安、税务、邮电所、学校、幼儿园、托儿所、医院、农技推广站、敬老院以及乡村级道路、供水、排水、电力、电讯、公共厕所等用地。按本法规定,乡村公共设施、公益事业符合土地利用总体规划,经过批准可以使用农村集体的土地。

乡村公共设施、公益事业使用农民集体所有土地的批准权限由省、自治区、直辖市规定,并由地方人民政府负责审批。各省、自治区、直辖市在制定土地管理法实施办法时将作出明确规定。

乡村公共设施、公益事业使用农民集体所有土地,涉及占用农用地,应当按本法关于农用地转用的审批办法和批准权限办理农用地转用批准手续。

关联法规索引

《土地管理法》第44条

典型案例

姚家辉与重庆市江津区人民政府用地批复违法案[1]

※案情简介:2007年8月10日,重庆市江津区中山镇人民政府(简称中山镇政府)

〔1〕 案例来源:重庆市高级人民法院(2017)渝行终169号行政判决书。

作出中山府〔2007〕274 号《关于渔垮村新农村建设村民聚居点规划方案的批复》(简称《规划批复》),同意《渔垮村新村和村民聚居点规划》方案,灯杆堡村民聚居点等六处聚居点规划总用地 15.004 公顷,其中,斑竹滩村民聚居点规划总用地 1.334 公顷(13340 平方米),总建筑面积 15800 平方米,居住总户数 120 户,居住人口 400 人,要求渔垮村村民委员会严格按照规划实施建设。2007 年 12 月 20 日,重庆渝松建设有限公司和中山镇渔垮村村民委员会向重庆市江津区国土资源和房屋管理局(简称江津区土房局)提交了《用地申请》,载有:拟使用渔垮村第 5 村民小组斑竹滩集体土地 5 万平方米,其中农用地 3.8 万平方米、建设用地 0.85 万平方米、未利用地 0.35 万平方米,修建中山镇斑竹滩聚居点。中山镇渔垮村斑竹滩经济合作社、重庆渝松建设有限公司提交的《用地申报表》上所载建设内容为中山镇渔垮村游渡河新居点,建设面积为 4 万平方米,申报用地面积与《用地申请》内容一致。2008 年 3 月 4 日,中山镇政府作出中山府〔2008〕72 号《关于同意建设游渡河居民新村的批复》(简称《建村批复》),同意中山镇渔垮村村民委员会在游渡河开展新农村建设。2008 年 3 月 5 日,重庆市江津区规划委员会作出渝村建江津〔2008〕0013724 号《重庆市村镇规划建设许可证》,载有:原有建筑面积 2980 平方米,拆除面积 2980 平方米,准予修建 10015 平方米的房屋。2008 年 12 月 3 日,江津区政府对中山镇渔垮村村民委员会、重庆渝松建设有限公司作出江津府地〔2008〕195 号《重庆市江津区人民政府关于修建中山镇渔垮村游渡河居民新村聚居点使用集体土地的批复》(简称《用地批复》),批复:1. 同意将中山镇渔垮村斑竹滩经济合作社置换建设用地 41845 平方米,存量建设用地 8518 平方米,作为游渡河新村聚居点工程建设用地;2. 该项工程使用的置换建设用地 41845 平方米(置换前耕地 9973 平方米,园地 25906 平方米,其他农用地 2420 平方米,未利用地 3546 平方米),按照重庆市江津区人民政府《关于农村集体建设用地置换管理工作的试行意见》(江津府发〔2007〕90 号)的规定,其置换建设用地指标在中山镇经验收确认的建设用地置换指标中抵冲;3. 涉及此项工程使用置换建设用地的补偿和住房安置等事宜,参照征地标准办理;4. 该用地上修建的房屋建筑面积控制在 40861 平方米以内,只能出售确权给符合申请建房条件的农户。2008 年 12 月 4 日,江津区土房局向中山镇渔垮村村民委员会、重庆渝松建设有限公司颁发了〔2008〕49 号《重庆市建设用地许可证》,载有:批准用地面积 50363 平方米,耕地 9973 平方米,田地 25906 平方米,其他农用地 2420 平方米,建设用地 8518 平方米,未利用地 3546 平方米;用地批文为江津府地〔2008〕195 号《用地批复》。

1990 年 8 月 29 日,姚家辉取得江津区政府颁发的编号为鱼 -14 -11、鱼 -14 -10 的

《土地登记审批表》两份，鱼－14－11《土地登记审批表》载有申请人“姚家辉”、地址“中山乡渔塆村坛子口社”、土地权属来源“批准使用”、批准日期“84年9月26日”，用地面积为“263.2平方米”，用地类别由“住宅”改为“加工”，地上物权属“本人所有”；鱼－14－10的《土地登记审批表》载有申请人“姚家辉”、地址“中山乡渔塆村坛子口社”、土地权属来源“批准使用”、批准日期“84年9月26日”，用地面积由“30.6平方米”改为“45平方米”，用地类别“住宅”，地上物权属“本人所有”。1990年7月31日、8月1日，原江津县中山乡人民政府向姚家辉出具了编号为607273、607288《收据》两张；1991年5月7日，原江津县中山乡人民政府向姚家辉出具了编号为0331751、0331752《乡村房屋产权证专用收据》。姚家辉所持《村镇房屋产权申请登记审批表》(1991年5月7日)上对房屋建筑面积529平方米存在涂改之处；《房屋墙界申报表》上载有建筑面积529平方米。2014年4月30日，姚家辉因遗失编号为(1990)251230号集体土地使用证和中字第091429号房地产权证，登报声明作废。

重庆渝松建设有限公司在取得本案被诉《用地批复》后实施了房屋修建行为，并将所建房屋进行了销售。2008年，姚家辉的房屋因承建单位的施工放炮作业受损。姚家辉至迟于2012年1月3日知晓《用地批复》内容，并于2013年6月5日提起了本案行政诉讼，请求确认江津区政府作出的《用地批复》违法并依法予以撤销。

一审法院经审理认为，《中华人民共和国土地管理法》第六十一条规定：“乡(镇)村公共设施、公益事业建设，需要使用土地的，经乡(镇)人民政府审核，向县级以上地方人民政府土地行政主管部门提出申请，按照省、自治区、直辖市规定的批准权限，由县级以上地方人民政府批准；其中，涉及占用农用地的，依照本法第四十四条的规定办理审批手续”。本案中，江津区政府以村民聚居点工程名义开展建设用地置换，涉及农用地的占用，应当依法办理农用地转用审批手续。但江津区政府未举示本案所涉占用农用地依法办理了相关征地审批手续的有效证据，应承担举证不能的法律后果。同时，江津区政府在作出《用地批复》时，其批复的用地面积和建筑面积明显超过中山镇政府作出中山府[2007]274号《规划批复》所规划的用地面积和建筑面积，且未提交规划部门审核通过的规划审批手续，明显不当。江津区政府所作《用地批复》违反法定程序，明显不当，应予撤销，但因该《用地批复》不具有可撤销内容，故应予确认违法。姚家辉提出的诉讼理由成立，予以支持。遂依照《中华人民共和国行政诉讼法》第七十四条第二款第(一)项之规定，判决确认江津区政府作出的《用地批复》违法；案件受理费50元，由江津区政府负担。

姚家辉上诉称，一、《用地批复》以修建新村民聚居点的名义，批准占用包括基本农田在内的农村集体土地,违反《中华人民共和国土地管理法》的相关规定,且该批复没有具体的四至界限,导致姚家辉的财产受到损失;二、根据《中华人民共和国行政诉讼法》第七十条的规定,被诉《用地批复》违法,应予撤销,而一审法院却以该《用地批复》不具有可撤销内容为由,判决确认该批复违法,适用法律错误。请求撤销一审判决,并依法撤销被诉《用地批复》。

江津区政府上诉称,江津区政府作出的《用地批复》系其针对中山镇鱼塆村村委会提出的申请作出的批复,系内部管理行为,并不是征地批复,未对姚家辉的权利义务产生影响,不属于行政诉讼受案范围。请求撤销一审判决,裁定驳回姚家辉的起诉。

江津区政府在法定期限内向一审法院提交了以下证据和依据:

1. 江津区政府于2008年12月4日作出的江津府地〔2008〕195号《重庆市江津区人民政府关于修建中山镇渔塆村游渡河居民新村聚居点使用集体土地的批复》,拟证明江津区政府作出了用地批复具体行政行为;

2. 中山镇政府作出的中山府〔2008〕72号《关于同意建设游渡河居民新村的批复》,拟证明开展新农村建设,系经中山镇政府批复同意;

3. 中山镇政府作出的中山府〔2007〕274号《关于渔塆村新农村建设村民聚居点规划方案的批复》,拟证明对新农村建设村民聚居点规划,系经中山镇政府批复同意;

4. 重庆渝松建设有限公司、中山镇渔塆村村民委员会向江津区土房局提交的《用地申请》;

5. 中山镇渔塆村斑竹滩经济合作社提交的《用地申报表》;

6. 江津区土房局于2008年12月4日颁发的〔2008〕49号《重庆市建设用地许可证》;

7. 重庆市江津区规划委员会作出的渝村建江津〔2008〕0013724号《重庆市村镇规划建设许可证》;

证据2—7拟证明《用地批复》事实清楚,程序合法;

8.《行政复议申请书》、姚家辉提交的证据材料清单、江津府复字〔2012〕1号《行政复议决定书》;

9. 重庆市江津区人民法院作出的(2012)津法行赔初字第00045号行政赔偿裁定、重庆市第五中级人民法院作出的(2012)渝五中法行赔终字第00259号行政赔偿裁定;

证据8—9拟证明对姚家辉的诉求,曾经过行政复议和行政诉讼,江津府复字〔2012〕1号《行政复议决定书》认可了重庆市江津区城乡建设委员会颁发的村镇规划建设许可证的合法性。

法律依据:《中华人民共和国土地管理法》第六十一条。

姚家辉在法定期限内向一审法院提交了以下证据:

1. 中山镇政府作出的《关于姚家辉申请公开“同心坊”项目手续回复》;

2.《关于重庆市市长公开信箱交办单2011字0011号涉及江津区中山镇姚家辉有关信访问题的回复》;

证据1—2拟证明张祥个人的选址意见书不是渔塆村村民委员会的选址意见书,江津区政府作出《用地批复》没有合法规范性文件作为依据;

3. 土地登记审批表、村镇房屋产权申请登记审批表、房屋墙界申报表,拟证明用地面积为263平方米和45平方米,建筑面积529平方米;

4. 工本费缴费单,遗失登报收据,拟证明房屋产权合法;

5. 照片,拟证明用地面积为263平方米的房屋被震烂;

6. 代国宣、代贵德、刘焕楷的证人证言,主要证明内容主要为:姚家辉在20世纪八九十年代修建养猪场70—80平方米;代贵云、幸功灿、柯瑞航、王瑞昌、刘贵发、姚勇、胡永先、罗玉芳、邓国容等人的证人证言,主要证明内容为:中山镇政府、重庆渝松建设有限公司在修建旅游接待中心时,放炮毁损、占用姚家辉土地、房屋,拟证明用地面积为45平方米的房屋已经被推倒。

经一审庭审质证,姚家辉认为江津区政府举示的证据1—7不合法,证据8—9与本案无关联。江津区政府对姚家辉举示的证据1—2真实性无异议,但认为不能达到其证明目的;证据3证载内容存疑;证据4收据的真实性没有异议;证据5不能达到姚家辉的证明目的,姚家辉房屋毁损是施工单位造成;证据6中证人证言形式不合法。

一审法院对当事人提交的证据认证认为,江津区政府举示的证据1—7真实、合法、与本案有关联,能够证明江津区政府作出被诉批复的相关事实,予以采信;证据8—9与本案无关,不予采信。姚家辉举示的证据1—2与本案无关,不予采信;证据3—5真实、合法、有关联,予以采信,虽然江津区政府对证载内容的涂改予以质疑,但未举示有效证据予以反驳,能够达到姚家辉的证明目的;证据6虽真实、合法、有关联,但不能达到证明江津区政府实施了拆除、毁损姚家辉房屋的证明目的。

前述证据,已随案移送本院。经审查,一审法院对当事人所提交证据的认证正确,被认证采信的证据能够作为认定本案事实的依据,本院予以确认。二审查明的案件事实与一审无异。

本院认为,本案争议焦点为:一、《用地批复》是否属于行政诉讼受案范围;二、《用地批复》是否合法。

一、关于《用地批复》是否属于行政诉讼受案范围的问题

江津区政府针对中山镇鱼塆村村民委员会、重庆渝松建设有限公司关于修建游渡河新村聚居点工程使用集体土地的申请,根据《中华人民共和国土地管理法》第六十一条关于乡(镇)村公共设施、公益事业建设使用农村集体土地的相关规定,作出《用地批复》,批准将中山镇鱼塆村斑竹滩经济合作社置换建设用地作为游渡河新村聚居点工程建设用地,并规定涉及此项工程使用置换建设用地的补偿和住房安置等事宜,参照征地标准办理。重庆渝松建设有限公司在取得《用地批复》后,实施了房屋修建行为。被诉《用地批复》对中山镇鱼塆村辖区内的农村集体土地的建设使用进行了审批,对相应的土地使用人的权利义务产生了实际影响,故该批复并非内部管理行为,应当属于行政诉讼受案范围。

二、关于《用地批复》是否合法的问题

被诉《用地批复》批准使用置换建设用地41845平方米中,含耕地9973平方米、园地25906平方米、其他农用地2420平方米。根据《中华人民共和国土地管理法》第四十四条关于建设占用土地,涉及农用地转为建设用地的,应当办理农用地转用审批手续的规定,江津区政府作出《用地批复》前,应当依法办理农用地转用审批手续。但江津区政府在法定期限内未向法院提交相关证据证明本案所涉被占用的农用地依法办理了农用地转用审批手续,根据《中华人民共和国行政诉讼法》第三十四条"被告对作出的行政行为负有举证责任,应当提供作出该行政行为的证据和所依据的规范性文件"的规定,江津区政府应当承担举证不能的法律后果。据此,《用地批复》缺乏合法的前提条件。

同时,江津区政府在作出《用地批复》时,其批复的用地面积和建筑面积超过中山镇政府作出中山府〔2007〕274号《规划批复》所规划的用地面积和建筑面积,明显不当。

综上,江津区政府作出的《用地批复》违反了《中华人民共和国土地管理法》第四十四条、第六十一条的相关规定,事实不清,程序违法。本案中,江津区政府于2008年12月3日作出《用地批复》后,重庆渝松建设有限公司实施了房屋修建行为,该批复所涉农用地已经转用为建设用地,故该批复并无可撤销的内容。根据《中华人民共和国行政诉讼法》第七十四条第二款第(一)项关于行政行为违法,但不具有可撤销内容的,人民法院判决确认违法的规定,应当确认江津区政府作出的《用地批复》违法。

综上,一审判决认定事实清楚,适用法律正确。姚家辉及江津区政府的上诉理由均不能成立,本院不予支持。依照《中华人民共和国行政诉讼法》第八十九条第一款第

（一）项的规定，判决如下：驳回上诉，维持原判。

※裁判要旨：用地批复对农村集体土地的建设使用进行了审批，对相应的土地使用人的权利义务产生了实际影响，故该批复并非内部管理行为，应当属于行政诉讼受案范围。建设占用土地，涉及农用地转为建设用地的，应当办理农用地转用审批手续的规定，人民政府作出用地批复前，应当依法办理农用地转用审批手续。但人民政府在法定期限内未向法院提交相关证据证明本案所涉被占用的农用地依法办理了农用地转用审批手续，根据《中华人民共和国行政诉讼法》第三十四条“被告对作出的行政行为负有举证责任，应当提供作出该行政行为的证据和所依据的规范性文件”的规定，政府应当承担举证不能的法律后果。

第六十二条 【宅基地】农村村民一户只能拥有一处宅基地，其宅基地的面积不得超过省、自治区、直辖市规定的标准。

人均土地少、不能保障一户拥有一处宅基地的地区，县级人民政府在充分尊重农村村民意愿的基础上，可以采取措施，按照省、自治区、直辖市规定的标准保障农村村民实现户有所居。

农村村民建住宅，应当符合乡（镇）土地利用总体规划、村庄规划，不得占用永久基本农田，并尽量使用原有的宅基地和村内空闲地。编制乡（镇）土地利用总体规划、村庄规划应当统筹并合理安排宅基地用地，改善农村村民居住环境和条件。

农村村民住宅用地，由乡（镇）人民政府审核批准；其中，涉及占用农用地的，依照本法第四十四条的规定办理审批手续。

农村村民出卖、出租、赠与住宅后，再申请宅基地的，不予批准。

国家允许进城落户的农村村民依法自愿有偿退出宅基地，鼓励农村集体经济组织及其成员盘活利用闲置宅基地和闲置住宅。

国务院农业农村主管部门负责全国农村宅基地改革和管理有关工作。

条文解读

本法第62条是关于农村宅基地使用权的规定。

本条主要规定了四个方面的内容：

（一）一户一宅。农村村民实行一户一宅制，即每户农村村民只能在一个地方拥有一处宅基地。按照本法的规定农村村民建住宅只能使用本集体经济组织所有的集体土地,因此,农村居民只能在户口所在村(村民组)内申请宅基地,不能到其他乡村(或村民组)内申请宅基地。这主要是对新申请宅基地而言,但因房产继承等合法原因形成的多处住宅(包括宅基地)原则上不作处理,农村村民可以出卖等方式处理,也可以维护原状,但房屋不得翻建,房屋损坏后,多余的宅基地应当退出。已拥有一处宅基地并达到规定的面积标准,不得购买住宅,也不得到其他地区购买农民集体所有土地的房屋作为住宅。农村村民的宅基地标准由省、自治区、直辖市规定。

但是,有些地方人均土地少,不能保障一户拥有一处宅基地。在这种情况下,县级人民政府在充分尊重农村村民意愿的基础上,可以采取措施,按照省、自治区、直辖市规定的标准保障农村村民实现户有所居。

(二)农村建造住宅用地原则。人民政府在编制乡(镇)土地利用总体规划、村庄规划时,应当统筹并合理安排宅基地用地,确保改善农村村民居住环境和条件。农村村民建造住宅的,应当符合乡(镇)土地利用总体规划、村庄规划,不得占用永久基本农田。由于目前农村居民点建设分散,农民宅基地超标较为普遍并且村内存在许多空闲地,形成“空心村”。因此,今后农民建设住宅主要是利用原有宅基地和村内空闲地。

(三)农村村民住宅用地的审批。农村村民住宅用地,由乡(镇)人民政府审核批准;如果涉及占用农用地的,依照《土地管理法》第44条规定,永久基本农田转为建设用地的,由国务院批准。在土地利用总体规划确定的城市和村庄、集镇建设用地规模范围内,为实施该规划而将永久基本农田以外的农用地转为建设用地的,按土地利用年度计划分批次按照国务院规定由原批准土地利用总体规划的机关或者其授权的机关批准。在已批准的农用地转用范围内,具体建设项目用地可以由市、县人民政府批准。在土地利用总体规划确定的城市和村庄、集镇建设用地规模范围外,将永久基本农田以外的农用地转为建设用地的,由国务院或者国务院授权的省、自治区、直辖市人民政府批准。

(四)农村村民出卖、出租、赠与住宅后,再申请宅基地的,不予批准。农村村民出卖、出租、赠与住房后,不得批准新的宅基地,这是为了防止农村村民以建住宅为名搞房地产而采取的措施。但是村(或村民组)内由于两户的宅基地都未达到标准,而进行宅基地调剂,由其中一户申请宅基地的,不属此列,经村民会议讨论同意可以依法申请宅基地。

此外,新《土地管理法》明确规定,国家允许进城落户的农村村民依法自愿有偿退出宅基地,鼓励农村集体经济组织及其成员盘活利用闲置宅基地和闲置住宅。国务院农业农村主管部门负责全国农村宅基地改革和管理有关工作。

配套法规及解读

《物权法》(2007 年 3 月 16 日)

第一百五十二条　宅基地使用权人依法对集体所有的土地享有占有和使用的权利,有权依法利用该土地建造住宅及其附属设施。

第一百五十三条　宅基地使用权的取得、行使和转让,适用土地管理法等法律和国家有关规定。

第一百五十四条　宅基地因自然灾害等原因灭失的,宅基地使用权消灭。对失去宅基地的村民,应当重新分配宅基地。

第一百五十五条　已经登记的宅基地使用权转让或者消灭的,应当及时办理变更登记或者注销登记。

※法规解读:宅基地使用权是我国特有的一种用益物权,它是从中华人民共和国成立以来为解决农民住宅问题的土地政策逐步演变而来的。广义上的宅基地使用权包括城镇宅基地使用权和农村宅基地使用权,但城镇宅基地使用权属于历史遗留问题,现实生活中已经非常少见。狭义上的宅基地使用权仅指农村宅基地使用权,是指集体组织成员因建造住宅以及附属设施而对集体土地享有占有、使用的一种用益物权。

宅基地使用权的取得,是指宅基地使用权人通过法律规定的方式取得在农村集体土地上建造住宅的权利。从我国现行有关宅基使用权的法律规定和国家有关规定来看,宅基地使用权的取得有审批取得与附随取得两种方式。其中,审批是宅基地使用权的主要取得方式,其程序大致包括三个步骤:宅基地使用权的申请、集体组织同意和行政审批。

(一)审批取得

审批取得是指农户提出申请,经土地管理部门的审批而取得宅基地使用权。

1. 一户一宅原则

按照《土地管理法》的规定,申请宅基地应当以户为基本单位,且原则上一户只能申请一处宅基地,这就是所谓的"一户一宅"原则。申请宅基地的主体限于没有宅基地的村民,以农户的名义提出申请。"没有宅基地"包括自始无宅基地、确需分户居住、因国家或乡(镇)建设需要另行安排宅基地的或者在农村落户需要住宅而无宅基地等。当然,“一户一宅”原则只限于宅基地使用权的创设取得,而不包括通过房屋所有权而附随地取得宅基地使用权的情况。因此,“一户一宅”只是就申请而言的,其真实含义是“一户只能申请一处宅基地”。法律不应当禁止公民通过继承等方式取得两处以上宅基地的使用权。

2. 宅基地使用权的申请程序

(1)有权申请宅基地的农户首先向所在的农村集体经济组织的村民委员会提出申请。村民委员会同意后将申请提交乡(镇)土地管理部门。

(2)乡(镇)土地管理部门接到申请后到现场查看。

(3)申请人填写“建设用地申请表”,经乡(镇)人民政府审核后报县级人民政府土地管理部门审批。

(4)对于符合使用宅基地条件的,依法批准。

(二)附随取得

所谓附随取得,是指通过取得房屋所有权而附随取得宅基地使用权。尽管宅基地使用权不能单独转让,但我国法律允许农村房屋在一定条件下可以转让。例如,《继承法》第3条规定,公民的房屋属于遗产,可以由其继承人继承。在房屋被继承后,按照“地随房走”的原则,房屋占用范围内的宅基地使用权亦随之转移。而且,这种取得不受“一户一宅”原则的限制。

为保障农民的基本居住条件,在宅基地灭失后,没有宅基地的农户有权重新申请宅基地使用权。并非任何事由导致宅基地使用权灭失的,都可重新分配宅基地。可重新分得宅基地的事由主要包括:(1)因自然灾害使宅基地灭失的;(2)宅基地使用权被征收的;(3)宅基地使用权因土地规划而被收回的。宅基地使用权基于其他原因灭失的,农户一般无权重新申请宅基地使用权。

已经登记的宅基地使用权消灭的,权利人应当及时办理注销登记。

关联法规索引

《国务院关于深化改革严格土地管理的决定》;《国务院办公厅关于严格执行有关农村集体建设用地法律和政策的通知》;《国务院关于促进节约集约用地的通知》;《查处土地违法行为立案标准》

典型案例

丁德军诉徐海燕等城镇居民购买农民住宅合同被认定无效判令返还案[1]

※案情简介:2008年徐海燕和其丈夫金立和(甲方,现已去世)与丁德军(乙方)签订了《房屋买卖合同》一份,约定:甲方将自己的房屋及房屋占用范围内的土地使用权出售给乙方,房屋具体情况如下:(1)土地范围:为《集体土地建设用地使用证》上"宗地图"所标面积的一半(西宅),即16.66米×18.22米的一半为8.33米×18.22米。(2)房屋建筑范围:为《集体土地建设用地使用证》中所述土地上现有建筑物的一半即西宅(见建筑图纸)。(3)价款:叁拾陆万元整(人民币360000元)。(4)付款时间:2008年8月8日至2011年8月8日,每年年终付一次。(5)交房时间:2008年8月。(6)甲方保证上述所出售的房屋没有产权纠纷和财务纠纷。如发生纠纷,由甲方承担责任。(7)乙方未按合同约定期限付款的,应按逾期付款向甲方支付银行同期存款利息。(8)如在转户之前此房屋及土地被国家或地方征用,东西宅房屋及土地的拆迁款分开计算,西宅拆迁款全部归乙方所有。合同还对办理过户手续、违约责任等条款进行了约定。2008年8月中旬金立和向丁德军交付了涉案房屋后,丁德军开始对涉案房屋进行装修,装修完工后搬进去居住,后丁德军因故搬离该房,该房屋一直闲置至今。丁德军共向徐海燕夫妻俩支付购房款97700元。因为金立和向丁德军出具的收条丢失,2010年2月3日,徐海燕重新向丁德军的代理人于洪琴出具了收条。2011年12月19日,丁德军通过江苏云台山律师事务所律师向徐海燕送达了律师函一份,内容为"徐海燕:江苏云台山律师事务所现接受丁德军(以下简称委托人)的委托,针对你欠款一事致函如下:2008年委托人与你签订购房合同1份,并付款壹拾万元整。因你不愿意履行购房合同,根据你与委托人签订的合同,你已经违约。根据《民法通则》《合同法》相关规定,本所律师现向你正式发出函告:一、请你立即返还委托人购房款壹拾万元及利息。二、三日内如你未全额支付上述款项,本所将代表委托人依法通过司法程序处理此事,由此而产生的一切法律后果均由你承担"。徐海燕收到该律师函后亦没有向原告返还购房款,丁德军因而诉至法院。

连云港市连云区人民法院经审理认为:《中华人民共和国民法通则》第六条规定,民事活动必须遵守法律,法律没有规定的,应当遵守国家政策。宅基地是农村集体经

---

[1] 案例来源:连云港市中级人民法院(2013)连民终字第0453号民事判决书。

济组织分配给成员用于建造住宅的土地，根据我国《土地管理法》和《物权法》的规定，宅基地使用权的主体具有特定性即只能是农村居民，具有社会保障和社会福利性质。尽管中央正在研究盘活农民资产推动农村发展问题，但土地问题事关基本国策，若认可城镇居民购买农民房屋和宅基地有效，则势必形成对国家基本国策和战略发展以及社会公平、稳定的冲击。而本案争议的房屋系农村村民在集体土地上建造的住宅，丁德军作为城镇居民和徐海燕夫妻签订的关于涉案房屋买卖的合同违反了国家法律和政策的规定，该合同为无效合同，故对丁德军要求确认合同无效的诉求依法予以支持。《中华人民共和国合同法》第五十六条规定，无效的合同自始没有法律约束力；第五十八条规定，合同无效后，因该合同取得的财产，应当予以返还。依据上述法律规定，丁德军应当向徐海燕、金立和返还涉案房屋，徐海燕、金立和向丁德军返还已经收取的购房款97700元及按照物价部门估价确定的丁德军对涉案房屋的投入即装修款34758元。因为金立和已经去世，金立和的权利作为遗产由其第一顺序继承人金怀先、金怀朵、徐海燕、陆玉珍继承，故丁德军应当向徐海燕和陆玉珍、金怀先、金怀朵返还涉案房屋。徐海燕和金立和在夫妻关系存续期间收取了丁德军的购房款97700元，丁德军对涉案房屋进行装修亦是在徐海燕和金立和夫妻关系存续期间，故上述购房款和装修款为金立和和徐海燕的夫妻共同债务，徐海燕应当向丁德军返还，徐海燕不能偿还部分由金立和的继承人徐海燕、陆玉珍、金怀朵、金怀先在继承金立和遗产的范围内向丁德军返还。《中华人民共和国合同法》第五十八条还规定，合同无效后，有过错的一方应当赔付对方因此所遭受的损失，双方都有过错的，应当各自承担相应的责任。本案原、被告签订的合同违反国家法律和政策而无效，双方均有过错，因而双方应当各自承担对方因此而遭受的损失。丁德军的损失为其已经缴纳的购房款97700元从缴纳之日(2008年8月30日)起至返还之日的银行贷款利息，双方各应承担50%，该利息相应部分应当由徐海燕承担，其不能承担部分由陆玉珍、金怀先、金怀朵、徐海燕在继承遗产的范围内承担。金怀先、金怀朵、徐海燕、陆玉珍等人的损失为丁德军居住该房期间的房屋租金。虽然丁德军在诉前已经搬离涉案房屋，但是对自己主张的2009年5月交付房屋只提供了证人的证言，但该证人只是证明证人去涉案房屋搬家具时，丁德军的代理人于洪琴告诉证人其没有房屋的钥匙，并不能证明丁德军的主张，故对于丁德军居住房屋的时间认定为从2008年8月8日交付房屋至丁德军起诉主张退房还款为止，租金参照物价部门估价的租金标准按81500元予以认定，丁德军赔偿金怀先、金怀朵、徐海燕、陆玉珍上述费用的一半即40750元。关于反诉原告徐海燕要求丁德军赔偿装潢损失30000元和代垫的水电费1000元的诉求，因其未能提供证据加以证明，故不予支持。徐海燕向法院提供金怀朵和金怀先放弃继承的声明，因为该两人没有到法庭，对该声明是否其本人所写无法认定，故对此不予认定。关于徐海燕要求丁德军搬走涉案装潢，因为上述装潢无法搬走，故对该主张不能支持。依照《中华人民共和国民法通则》第六条，《中华人民共和国合同法》第五十二条、第五十六条、第五十八条，《中华人民共和国婚姻法》第四十一条，《中华人民共和国民事诉讼法》第六十四条第一款之规定，连云港市连云区人民法院于2012年12月17日作出(2012)港民初字第0555号判决：

一、原告丁德军和被告徐海燕、金立和（已故）签订的《房屋买卖合同》无效。

二、被告徐海燕于本判决生效之日起十日内返还原告丁德军购房款97700元和装潢款34758元，徐海燕不能返还部分由被告金怀先、金怀朵、徐海燕、陆玉珍在继承金立和遗产的范围内返还。

三、被告徐海燕于本判决生效之日起十日内给付原告丁德军自2008年8月30日起至本判决确定的履行期限止之日止以97700元为本金按照中国人民银行同期同类贷款利率计算出的利息的一半，徐海燕不能给付部分由被告陆玉珍、金怀先、金怀朵、徐海燕在继承金立和遗产的范围内承担。

四、反诉被告丁德军于本判决生效之日起十日内赔偿反诉原告徐海燕房屋租金40750元。

五、驳回反诉原告徐海燕要求反诉被告丁德军赔偿其装潢投入30000元以及代垫水电费1000元的诉讼请求。

宣判后，徐海燕、金怀朵、金怀先、陆玉珍提出上诉称：(1)一审判决认定银行利息损失和房屋租金损失双方按各50%承担错误。丁德军与其代理人于洪琴原为夫妻关系，购买房屋的真正购房人是本村的于洪琴，购房目的是于洪琴与丁德军在此房中举行婚礼。当时签合同时，于洪琴采用欺骗的手段，用丁德军的名字，从而该购房合同有效或无效都掌握在于洪琴手中。丁德军在缴纳97700元购房款后，再也不想缴纳余款，从而导致购房合同无效。本案是丁德军全部过错导致合同无效，银行利息损失应由丁德军全部承担。丁德军无偿占用房屋四年之久，造成上诉人房租损失81500元，亦应由丁德军全部承担。(2)一审判决结果错误。一审判决徐海燕返还装潢款34758元，是错误的。该损失是丁德军的全部过错造成的，应当由丁德军自行承担。一审判决陆玉珍、金怀先、金怀朵在遗产范围内承担给付责任也是错误的。请求二审法院撤销一审判决，依法改判。

被上诉人丁德军答辩称：(1)一审认定的合同无效以及双方的过错是正确的，合同无效是自始无效，并非是履行不能或未履行而导致。（2）一审中房屋租金损失评估过高，一审判决对被上诉人所举录音资料及证人证言所证明的被上诉人返还房屋的时间的事实均不予认定，但是被上诉人为减少诉累，争取和谐，放弃了上诉。（3）一审判决对上诉人的利益给予了很大程度的照顾，上诉人提起上诉实属无谓之争，请求二审法院予以驳回。

连云港市中级人民法院经过二审审理，确认了一审查明的事实。

连云港市中级人民法院二审认为：

《最高人民法院关于民事诉讼证据的若干规定》第二条规定，当事人对自己提出的诉讼请求所依据的事实或者反驳对方诉讼请求所依据的事实有责任提供证据加以证明。没有证据或者证据不足以证明当事人的事实主张的，由负有举证责任的当事人承担不利后果。本案中，徐海燕、金怀朵、金怀先、陆玉珍上诉称丁德军与于洪琴原为夫妻关系，购买房屋的真正购房人是本村的于洪琴，但没有证据证明丁德军与于洪琴系夫妻关系，该上诉理由，法院不予采信。依照《中华人民共和国合同法》的规定，违反法律、行政法规的强制性规定的合同，为无效合同。合同无效的，因合同取得的财产，应当予以返还；不能返还的或者没有必要返还的，应当折价补偿。有过错的一方应当赔偿对方因此所受的损失，双方都有过错的，应当各自承担相应的责任。本案中，争议的房屋土地使用权为集体土地，丁德军作为城镇居民购买徐海燕夫妻房屋，双方签订的《房屋买卖合同》违反了国家法律和政策规定，合同为无效合同。对于该无效合同，当事人双方均有过错，应当各自承担相应的责任。一审判决上诉人返还购房款97700元及50%的利息、34758元装潢款，并无不当。丁德军赔偿徐海燕房屋租金的一半，即40750元，亦无不当。徐海燕等上诉认为丁德军应承担合同无效的全部过错，没有事实依据，该上诉理由，法院不予采纳。陆玉珍、金怀先、金怀朵作为金立和遗产继承人，对本案债务在遗产范围内承担给付责任，符合法律规定。陆玉珍三人上诉认为不应承担责任的理由，没有法律依据，该上诉理由，法院不予支持。综上，一审判决查明事实清楚，适用法律正确，应予维持。连云港市中级人民法院依照《中华人民共和国民事诉讼法》第一百六十九条第一款、第一百七十条第一款第（一）项的规定，于2013年5月13日作出（2013）连民终字第0453号判决：驳回上诉，维持原判决。

※裁判要旨：宅基地使用权是农村居民凭借其作为集体经济组织成员这一特殊身份取得的，是国家为了保障农民的基本居住问题而设定的一项权利，具有社会保障和社会福利性质。我国《土地管理法》《物权法》均规定，宅基地使用权的主体是农村居民，城镇居民无权取得农民宅基地使用权。故城镇居民购买农村居民宅基地上的房

屋，因违反我国法律和政策的规定，应认定为无效。购房合同无效后，因该合同取得的财产，应当予以返还，有过错的一方应当赔偿对方因此所遭受的损失，双方都有过错的，应当各自承担相应的责任。

第六十三条　【集体经营性建设用地】 土地利用总体规划、城乡规划确定为工业、商业等经营性用途，并经依法登记的集体经营性建设用地，土地所有权人可以通过出让、出租等方式交由单位或者个人使用，并应当签订书面合同，载明土地界址、面积、动工期限、使用期限、土地用途、规划条件和双方其他权利义务。

前款规定的集体经营性建设用地出让、出租等，应当经本集体经济组织成员的村民会议三分之二以上成员或者三分之二以上村民代表的同意。

通过出让等方式取得的集体经营性建设用地使用权可以转让、互换、出资、赠与或者抵押，但法律、行政法规另有规定或者土地所有权人、土地使用权人签订的书面合同另有约定的除外。

集体经营性建设用地的出租，集体建设用地使用权的出让及其最高年限、转让、互换、出资、赠与、抵押等，参照同类用途的国有建设用地执行。具体办法由国务院制定。

条文解读

本法第63条是关于农民集体经营性建设用地的规定。

原《土地管理法》第63条对农村集体土地用于建设作了规定，根据原来的规定，农村集体土地原则上不能用于非农业建设。但是，在新的历史条件下，随着农村经济的发展和充分发挥农村土地价值的需要，新《土地管理法》对集体经营性建设用地作了规定，本次修改是对原有立法的重大突破，为农村集体土地成为经营性建设用地提供了法律保障。农村的集体建设用地分为三大类：宅基地、公益性公共设施用地和集体经营性建设用地。农村集体经营性建设用地，是指具有生产经营性质的农村建设用地，包括农村集体经济组织使用乡（镇）土地利用总体规划确定的建设用地兴办企业或者与其他单位、个人以土地使用权入股、联营等形式共同举办企业、商业所使用的农村集体建设用地。这包括商业、餐饮旅馆业、旅游业、娱乐业及其他经营性服务业建筑及相应附属设施用地、商品住宅等。

(一)集体经营性建设用地的设立

农村集体土地要成为集体经营性建设用地必须符合两个条件:其一,土地利用总体规划、城乡规划确定为工业、商业等经营性用途。其二,经依法登记的集体经营性建设用地。对于集体经营性建设用地,土地所有权人可以通过出让、出租等方式交由单位或者个人使用,并应当签订书面合同,载明土地界址、面积、动工期限、使用期限、土地用途、规划条件和双方其他权利义务。集体经营性建设用地出让、出租等,应当经本集体经济组织成员的村民会议三分之二以上成员或者三分之二以上村民代表的同意。

(二)集体经营性建设用地使用权的流转

通过出让等方式取得的集体经营性建设用地使用权可以转让、互换、出资、赠与或者抵押,但法律、行政法规另有规定或者土地所有权人、土地使用权人签订的书面合同另有约定的除外。集体经营性建设用地的出租,集体建设用地使用权的出让及其最高年限、转让、互换、出资、赠与、抵押等,参照同类用途的国有建设用地执行。具体办法由国务院制定。

所以,集体土地以出让、转让或者出租等方式用于农业用途是允许的。但必须保护原土地使用者或承包经营者的利益,必须按照国家有关规定和土地使用合同或承包经营合同的规定执行。农村集体经营性建设用地出让、租赁、入股,实行与国有土地同等入市、同权同价。

配套法规及解读

《中共中央关于全面深化改革若干重大问题的决定》(2013 年 11 月 12 日)

建立城乡统一的建设用地市场。在符合规划和用途管制前提下,允许农村集体经营性建设用地出让、租赁、入股,实行与国有土地同等入市、同权同价。缩小征地范围,规范征地程序,完善对被征地农民合理、规范、多元保障机制。扩大国有土地有偿使用范围,减少非公益性用地划拨。建立兼顾国家、集体、个人的土地增值收益分配机制,合理提高个人收益。完善土地租赁、转让、抵押二级市场。

《农村土地承包法》(2018 年 12 月 29 日修正)

第十一条 农村土地承包经营应当遵守法律、法规,保护土地资源的合理开发和可持续利用。未经依法批准不得将承包地用于非农建设。

第六十三条 承包方、土地经营权人违法将承包地用于非农建设的,由县级以上地方人民政府有关主管部门依法予以处罚。

承包方给承包地造成永久性损害的，发包方有权制止，并有权要求赔偿由此造成的损失。

第六十四条 土地经营权人擅自改变土地的农业用途、弃耕抛荒连续两年以上、给土地造成严重损害或者严重破坏土地生态环境，承包方在合理期限内不解除土地经营权流转合同的，发包方有权要求终止土地经营权流转合同。土地经营权人对土地和土地生态环境造成的损害应当予以赔偿。

※法规解读：2015 年 2 月，全国人大常委会通过决定，授权国务院在北京市大兴区等 33 个试点县市区行政区域暂时调整实施有关法律规定。试点县市区暂停实施《土地管理法》《城市房地产管理法》的 6 个条款，按照重大改革于法有据的原则推进农村"三块地"改革试点，即农村土地征收、集体经营性建设用地入市、宅基地制度改革试点。该授权的期限于 2017 年 12 月 31 日届满。2017 年 10 月 31 日，全国人大常委会审议关于延长授权国务院在北京市大兴区等 33 个试点县(市、区)行政区域暂时调整实施有关法律规定期限的决定草案，拟将农村土地制度三项改革试点期限延长 1 年，至 2018 年 12 月 31 日。截至 2018 年 3 月，集体经营性建设用地入市地块 812 宗，面积 1.6 万亩，总价款约 183 亿元。集体经营性建设用地入市价格每亩平均在 114 万元左右。此处所谓集体建设用地入市，试点行政区域只允许集体经营性建设用地入市，非经营性集体建设用地不得入市。入市要符合规划、用途管制和依法取得的条件。入市范围限定在存量用地。

农民集体所有的土地的使用权包括建设用地，也包括农业用地。使用农民集体所有的土地进行农村公共设施、公益事业建设的，应当按照《土地管理法》第 61 条等的规定办理相关审批手续。如果不符合《土地管理法》第 63 条规定的条件，未经依法批准不得将承包地用于非农建设，承包方、土地经营权人违法将承包地用于非农建设的，由县级以上地方人民政府有关主管部门依法予以处罚。承包方给承包地造成永久性损害的，发包方有权制止，并有权要求赔偿由此造成的损失。土地经营权人擅自改变土地的农业用途，给土地造成严重损害或者严重破坏土地生态环境，承包方在合理期限内不解除土地经营权流转合同的，发包方有权要求终止土地经营权流转合同。土地经营权人对土地和土地生态环境造成的损害应当予以赔偿。对使用农民集体土地进行农业生产的，则适用《农村土地承包法》的规定，依法取得农村土地承包经营权或者土地经营权，土地承包经营权或者土地经营权的流转按照《农村土地承包法》的规定办理。

农村集体经营性建设用地使用权可以抵押，它是指以农村集体经营性建设用地使用权作为抵押财产,由银行业金融机构向符合条件的借款人发放的在约定期限内还本付息的贷款。农村集体经营性建设用地是指存量农村集体建设用地中,土地利用总体规划和城乡规划确定为工矿仓储、商服等经营性用途的土地。

在符合规划、用途管制、依法取得的前提下,以出让、租赁、作价出资(入股)方式入市的和具备入市条件的农村集体经营性建设用地使用权可以办理抵押贷款。农村集体经营性建设用地使用权抵押的,地上的建筑物应一并抵押。入市条件是指,尚未入市但已经依法进行不动产登记并持有权属证书,符合规划、环保等要求,具备开发利用的基本条件,所有权主体履行集体土地资产决策程序同意抵押,试点县(市、区)政府同意抵押权实现时土地可以入市的情形;尚未入市但改革前依法使用的农村集体经营性建设用地,依法进行不动产登记并持有权属证书,按相关规定办理入市手续,签订土地使用合同,办理变更登记手续的情形。

关联法规索引

《农村土地承包法》第11、63、64条;《农村集体经营性建设用地使用权抵押贷款管理暂行办法》;《关于农村土地征收、集体经营性建设用地入市、宅基地制度改革试点工作的意见》

典型案例

岳阳市岳阳楼区人民政府、岳阳市岳阳楼区征收安置工作局合同纠纷案[1]

※案情简介:2011年8月,鸿泰公司以680万元受让原岳阳市洞庭明胶厂(以下简称洞庭明胶厂)整体资产及34.8亩集体土地使用权。楼区政府决定将洞庭明胶厂周边106亩地块整体规划作为望岳路陶家畈安置保障性住房项目建设用地,经岳阳市规划局圈定用地红线,颁发建设用地规划许可证,项目被列入政府投资项目。10月26日,岳阳楼区拆迁安置房建设工作领导小组成立望岳路陶家畈保障性住房建设项目管理部(以下简称项目部),具体负责项目实施。11月15日,项目部出具委托鸿泰公司承

[1] 案例来源:最高人民法院(2017)最高法民再372号民事判决书。

建项目的证明一份，委托鸿泰公司建设。12月20日，岳阳市发展和改革委员会对岳阳楼区发展和改革局作出了《关于望岳路陶家畈安置保障性住房建设项目立项的批复》。2012年4月6日，征收安置局(甲方)与鸿泰公司(乙方)签订一份《陶家畈保障性住房项目拆迁垫资协议》(以下简称《拆迁垫资协议》)，约定：陶家畈保障性住房建设项目占地106亩，分A、B、C三地块分期实施建设，由乙方垫资用于征地、拆迁补偿等工作；C地块垫资款3000万元分两期支付，第一期2000万元(含乙方已支付原洞庭明胶厂土地款及前期该项目已发生的合理费用)，在协议签订之日起15个工作日内到达征收安置局指定专项账户，第二期1000万元由甲方书面通知乙方后10个工作日内到账，不足部分据实垫资；甲方在基本完成拆迁、发改立项、规划、用地报批等手续后，组织公开招标确定项目建设施工总承包单位，在中标通知下达后5个工作日内，中标单位的保证金由甲方划转到乙方账户，并结清乙方垫资时段利息，垫资利息按同期中国人民银行贷款基准利率结算。如分期实施项目审计报告发布后3个月内甲方不能结清欠款，则该项目内配建的商业设施按审计后的建设成本价全部交由乙方处置；经双方签字盖章且乙方全额支付第一期垫资款后本协议生效。

协议签订后，鸿泰公司为项目前期建设投入了部分资金和人力、物力。2012年5月20日，湖南省人民政府审批了陶家畈安置保障性住房农用地转用、土地征收的种类和面积。10月23日，征收安置局(甲方)、鸿泰公司(乙方)、岳阳楼区望岳路街道办事处(丙方)签订《陶家畈保障性住房项目建设及回购协议》，约定：乙方垫资建设的保障性住房，按政策及《拆迁垫资协议》由甲方回购，优先用于安置被征收人。甲方回购款应在分期实施项目审计报告发布后3个月内付清，同时甲方承诺自乙方安置房分批竣工验收合格，提交结算文件之日起3个月内完成全部审计程序，并出具审计报告。逾期不能出具审计报告，每延迟一天，甲方按乙方提交结算文件造价总额的日万分之二对乙方予以补偿。甲方在审计报告发布后3个月内不能付清回购款，逾期未付款则按中国人民银行同期贷款利率计算对乙方予以补偿。2013年6月27日，楼区政府区长办公会议决定包括全区所有安置房建设项目在内的城建项目全部归口区城建投实施管理，由区城建投担任项目业主，在建项目财务管理等经审计等程序后移交区城建投管理，除历史形成的垫资项目外，所有城建项目一律不接受一般性民营企业投资，非特殊情况，不再批准建设新的安置房项目。10月12日，楼区政府召开会议，区优化办、征收安置局、区审计局、区交通建设局、区政府法制办、区国土资源分局、区房产分局、望岳路街道办事处、老垅坡社区、鸿泰公司等有关单位负责人参加了会议，并形成了岳楼府阅(2013)44号会议纪要。该纪要明确因暂无安置对象、资金需求大、交通条件差，

《陶家畈保障性住房项目建设及回购协议》予以废止，征收安置局应认真履行《拆迁垫资协议》中承诺的义务，由楼区审计局对鸿泰公司项目前期开支及原洞庭明胶厂土地房屋相关补偿款进行审计，相关票据折抵垫资款。其后岳阳市岳阳楼区审计局对陶家畈保障性住房项目前期费用进行了审计，2014年6月9日出具岳楼审报(2014)41号审计报告(以下简称41号审计报告)，确认鸿泰公司项目前期垫资款为21266338.39元，鸿泰公司基本上已按照《拆迁垫资协议》约定履行了义务，征收安置局和鸿泰公司会计资料基本真实地反映了该项目的财务收支情况，但鸿泰公司在会计核算、资金管理等方面还有待加强，征收安置局与鸿泰公司同时存在费用超标的问题。该报告称:2012年4月26日，鸿泰公司与征收安置局签订《项目拆迁补偿协议》，征地拆迁补偿8096896元;2013年12月20日，与征收安置局签订《漏登厂房宅基地补偿协议》，征地拆迁补偿993177元，合计补偿9090073元。鸿泰公司以该宗土地补偿款作为垫资计入陶家畈项目，垫资款21266338.39元包括楼面地价11374565元(支付时间为2011年12月至2013年11月)、配套附加977231元(支付时间为2012年2月至2014年3月)、规划、设计、勘探、招标、监理、材料检测等费用1122000元(支付时间为2012年1月至2013年)、管理费用892542.39元(支付时间为2011年12月至2014年3月)、支付给原洞庭明胶厂的价款690万元(具体支付时间和金额为2012年5月4日支付600万元、2013年4月26日支付30万元、2013年5月10日支付40万元、2013年5月17日支付20万元)。楼区政府岳楼府阅(2013)44号会议纪要出台后，征收安置局将项目建设叫停，鸿泰公司因该项目所投入的垫资款及其他建设费用系鸿泰公司股东和合伙人社会筹集资金，项目停建使鸿泰公司蒙受经济损失。鸿泰公司于2014年9月向征收安置局提交了《关于撤销会议纪要中有关废止〈回购协议〉承认其真实、合法、有效性的请示报告》，征收安置局于9月18日签收，并在该报告上签写了相关意见。

2013年5月9日，刘国政、戴本炎以其系湖南长鸿生物科技开发有限公司(以下简称长鸿生物公司)的股东，股东刘小奇未经股东表决同意，于2009年2月24日私自向王天星出具授权委托书授权王天星处置公司名下的土地及其地上建筑物等资产。王天星与李西阳、姜娟签订《原岳阳市洞庭明胶厂现有资产整体转让协议书》，转让公司资产，李西阳、姜娟又将非法转让的资产再次非法转让给鸿泰公司。刘小奇、王天星、李西阳、姜娟的行为损害了股东权益为由向岳阳市岳阳楼区人民法院提起诉讼。2015年2月3日，岳阳市岳阳楼区人民法院作出(2013)楼民二初字第177号民事裁定书，以刘国政、戴本炎主体资格不适格，裁定驳回刘国政、戴本炎的起诉。刘国政、戴本炎不服并上诉。2015年11月20日，岳阳市中级人民法院以(2015)岳中民二终字第314号民事裁定驳回上诉,维持原裁定。2011 年 8 月 28 日,刘小奇以王天星伪造文书非法买卖长鸿生物公司的土地为由向岳阳楼区公安分局冷水铺派出所控告。2013 年 1 月 9 日,黄剑波以其系长鸿生物公司的股东,王天星非法转让公司财产侵犯了其权利为由向岳阳市委市政府信访,要求楼区政府撤销陶家畈安居工程项目的行政许可。

一审法院认为:鸿泰公司具有从事房地产开发经营的资质,案涉土地办理了建设用地的发改立项、规划、用地报批等相关手续,《拆迁垫资协议》《陶家畈保障性住房项目建设及回购协议》系双方真实意思表示,内容未违反法律、行政法规强制性规定,合法有效。该案争议的焦点主要是:1. 楼区政府应否为该案适格被告;2. 该案是否超过诉讼时效;3. 项目未实施的原因是什么,责任在哪一方;4. 前期垫资金额如何确定,鸿泰公司主张的利息及经济损失的计算时间和标准有无依据。

关于焦点 1。征收安置局作为政府工作部门,有自己的名称、组织机构和场所,系独立法人,楼区政府并未参与签订《拆迁垫资协议》和《陶家畈保障性住房项目建设及回购协议》,非合同相对方。楼区政府以岳楼府阅(2013)44 号会议纪要明确废止《陶家畈保障性住房项目建设及回购协议》,因楼区政府是征收安置局领导机关,其作出废止《陶家畈保障性住房项目建设及回购协议》是造成征收安置局违约的原因。根据《中华人民共和国合同法》第一百二十一条"当事人一方因第三人的原因造成违约的,应当向对方承担违约责任。当事人一方和第三人之间的纠纷,依照法律规定或者按照约定解决"及《中华人民共和国民法通则》第一百一十六条"当事人一方由于上级机关的原因,不能履行合同义务的,应当按照合同约定向另一方赔偿损失或者采取其他补救措施,再由上级机关对它因此受到的损失负责处理"规定,楼区政府无须直接向鸿泰公司承担责任,楼区政府不是本案适格被告。

关于焦点 2。2013 年 10 月 12 日,鸿泰公司虽知悉了岳楼府阅(2013)44 号会议纪要关于废止《陶家畈保障性住房项目建设及回购协议》的内容,但该会议纪要同时明确要求鸿泰公司等单位配合楼区审计局查清前期鸿泰公司、区国土资源分局、征收安置局与街道办事处、社区的资金往来总数及使用去向等内容,审计部门对陶家畈保障性住房项目前期费用进行了审计,并于 2014 年 6 月 9 日出具 41 号审计报告,确认鸿泰公司项目前期垫资款的金额。鸿泰公司至 2014 年 6 月 9 日方知道楼区政府可能补偿的金额,进而才知道与自己期望得到补偿金额的差额,故该案的诉讼时效应从 2014 年 6 月 9 日起开始计算,鸿泰公司 2016 年 1 月 21 日提起该案诉讼,未超过法律规定的两年诉讼时效。

关于焦点 3。楼区政府提供的证据虽能证明在陶家畈保障性住房项目前期实施过程中,案外人刘国政、戴本炎等人提起诉讼主张过权利,公安机关也接到项目工地阻工的报警,但岳阳市中级人民法院终审裁定驳回了刘国政、戴本炎的起诉,公安机关四次出警后阻工人也离开了工地。岳楼府阅(2013)44号会议纪要载明废止《陶家畈保障性住房项目建设及回购协议》的原因是项目政策要求严,安置暂无对象,资金需求巨大,交通条件较差,并未言及鸿泰公司存在责任。41号审计报告也认定鸿泰公司基本上按照《拆迁垫资协议》的规定履行了为陶家畈项目垫资的义务。故鸿泰公司虽存在没有依协议约定及时给付垫资款,但该事实并不是导致项目未实施的原因。

关于焦点4。41号审计报告确定鸿泰公司实际支出的可以作为垫资款的总金额为21266338.39元,鸿泰公司虽存在少量费用超标的问题,但征收安置局并无相反证据推翻该项系鸿泰公司故意造成,且征收安置局亦同样存在该问题,故确定鸿泰公司垫资款的总金额为21266338.39元。考虑到陶家畈保障性住房项目并未实际进入建设阶段,且鸿泰公司也在会议纪要上签字同意废止《陶家畈保障性住房项目建设及回购协议》,亦约定垫资利息按同期中国人民银行贷款基准利率结算,故垫资款利息均按同期中国人民银行贷款基准利率自实际垫资之日起计算,但考虑到管理费用892542.39元支付时间为2011年12月至2014年3月,最大一笔金额为15352元,最小的一笔金额仅15元,具体次数近150次,故酌定管理费用892542.39元的利息支付时间自2013年1月1日起计算。鸿泰公司并无充分证据证明因垫资造成了其经济损失,故对鸿泰公司主张赔偿经济损失不予支持。鉴于2014年6月9日41号审计报告作出后,征收安置局仍未返还垫资款,如利息仍按同期中国人民银行贷款基准利率结算,对鸿泰公司确有不公,故对鸿泰公司主张垫资款的利息按月利率0.6%的请求予以支持,但应自2014年6月9日起计算。

综上所述,一审法院依照《中华人民共和国民法通则》第一百一十六条、《中华人民共和国合同法》第六十条、第一百零七条规定,判决:一、由征收安置局在判决生效后十日内向鸿泰公司支付垫资款21266338.390元及利息(其中管理费用892542.39元,自2013年1月1日起计算利息,其余利息按中国人民银行同期贷款基准利率自实际垫资之日起计算至2014年6月8日止。自2014年6月9日起,利息均按月利率0.6%的标准计算至付清之日止,具体计算金额和时间见附表);二、驳回鸿泰公司的其他诉讼请求。一审案件受理费289172元,由鸿泰公司负担119172元,由征收安置局负担170000元。

鸿泰公司、征收安置局不服一审判决,向湖南省高级人民法院提起上诉。

鸿泰公司上诉请求:撤销一审判决,改判由楼区政府、征收安置局共同偿付垫资款

21266338.39元,按照月利率2%支付利息和损失。(一)2011年9月13日,岳阳市政府批示由楼区政府组织涉案项目的实施,楼区政府向市政府申报项目的资金性质为市县财政预算内资金,并成立项目部对项目进行管理。此后楼区政府会议纪要明确《陶家畈保障性住房项目建设及回购协议》废止,履行垫资协议中承诺的义务,由楼区审计局对鸿泰公司前期开支及原洞庭明胶厂土地房屋相关补偿进行审计。上述事实表明楼区政府应承担责任。(二)《拆迁垫资协议》约定,中标单位在中标通知下达5个工作日内中标单位的信誉保证金由征收安置局划转到鸿泰公司账户,并结清鸿泰公司垫资时段部分利息,垫资利息按同期银行贷款基准利率结算,垫资期间内的利息应按银行同期同类贷款利率计息。《陶家畈保障性住房项目建设及回购协议》约定政府回购住宅房屋,项目内商业面积归鸿泰公司所有,可见鸿泰公司除了应得垫资利息外,还应有利润回报。鸿泰公司与借款债权人约定项目2012年9月开工建设,否则承担月息不低于3%的利息,故应判决垫资款在签订《拆迁垫资协议》后3个月内按照月利率0.6%,超过3个月至付清之日至按照月利率2%计息。

征收安置工作局上诉请求:撤销一审判决第一项,改判其不支付补偿款9090073元;涉案补偿款中核减鸿泰公司法定代表人孙永51万元借款。理由是:(一)鸿泰公司未实际取得原洞庭明胶厂整体资产及集体土地使用权(34.8亩),是否有权取得上述资产和集体土地使用权征地拆迁补偿款尚存在争议,如果通过民事判决将上述征地补偿款直接认定为项目垫资款,可能在垫资合同纠纷案件中将土地征收拆迁纠纷直接合法化。鸿泰公司虽有《原洞庭明胶厂资产转让协议》,但未办理资产过户手续,且转让人李西阳、姜娟是否合法拥有该资产还存在争议。事实上,在拆迁过程中,该资产初始权利人长鸿生物公司股东就提出该资产涉及非法转让,公司法定代表人刘小奇以王天星伪造公司文件非法买卖长鸿生物公司土地为由向公安机关报案,在刑事案件还没有结案的情况下,不能就此在民事案件中认定鸿泰公司取得上述资产所有权和集体土地使用权。《中华人民共和国土地管理法》第六十三条规定,农民集体所有的土地的使用权不得出让、转让或者出租用于非农业建设,但符合土地利用总体规划并依法取得建设用地的企业,因破产、兼并等情形致使依法转让的除外。因此,鸿泰公司与姜娟、李西阳签订的转让协议涉及集体土地使用权转让,违反法律强制性规定,应认定为无效。如果法院在本案中直接认定鸿泰公司为该土地的征收拆迁补偿权利人,一旦该资产转让行为被确认无效,该资产的其他权利人可能向征收安置局主张赔偿责任,再者,法院在案件审理过程中,如果发现当事人有违法行为,应该司法建议相关部门予以处理,而不能放任不管或不承认其非法获取的权益。鸿泰公司没有完成腾地义务,还不具备支付土地征收补偿款的法定条件。由于鸿泰公司内部股东较多，对该资产征收拆迁补偿存在争议，在项目拆迁过程中，多次到工地阻挠，导致无法办理土地收储手续，项目至今无法实施。（二）涉案垫资款利息只能按银行同期同类贷款利息计算，一审判决认定自2014年6月9日起计付利息并按月息0.6%的标准于法无据。（三）孙永的51万元借支应从补偿款中核减。

对一审法院查明的事实，二审法院予以确认。

二审法院另查明，2005年12月16日，岳阳市规划局向长鸿生物公司核发中华人民共和国建设用地规划许可证，准予办理征用划拨土地手续，土地位置望岳路原洞庭明胶厂，面积35208平方米。2011年10月14日，岳阳市规划局《规划设计条件通知书》载明：建设单位征收安置局，项目名称洞庭明胶厂地段安置房小区，项目位置外滩三路与岳纺路交汇处东南角，总面积70635平方米。2011年10月26日，岳阳楼区拆迁安置房建设工作领导小组向其辖区各乡、街道办事处、区直各单位下发《关于成立洞庭明胶厂周边地块安置房建设项目管理部的通知》，决定成立洞庭明胶厂周边地块安置房建设项目管理部，由李永红、孙永、易小杰、李勇等组成，李永红任主任，李勇任副主任。11月15日，该项目部《关于委托岳阳市鸿泰置业有限公司承建项目的证明》主要内容为：报请征收安置局同意，决定将岳阳楼区望岳路陶家畈保障性住房建设项目委托鸿泰公司承建，项目用地面积70635平方米，建筑面积17万余平方米，建设周期三年，总投资预计2亿元。12月20日，岳阳市发展和改革委员会文件《关于望岳路陶家畈安置保障性住房建设项目立项的批复》载明：同意望岳路陶家畈安置保障性住房建设项目管理部在老垅坡社区原洞庭明胶厂片区建设保障性住房，净地面积70635平方米，总建筑面积172000平方米，资金自筹，项目自立项文件发布之日起有效期2年，文件抄送楼区政府。2012年4月10日，《中华人民共和国建设用地规划许可证》地字第岳规（用）2012017号载明：用地单位征收安置局，望岳路陶家畈安置保障性住房，用地面积70635平方米。5月30日，湖南省人民政府作出的《湖南省人民政府农用地转用、土地征收审批单》（2012）政国土字第731号主要内容为：被用地单位岳阳楼区望岳超路办事处老垅坡居委会，建设项目名称岳阳市望岳路陶家畈安置保障性住房，批准农用地转用、土地征收的种类和面积合计4.8715公顷。《岳阳市岳阳楼区审计局审计报告》载明：截至2014年5月28日止，陶家畈项目账面资金来源及占用明细，征收安置局690万元，鸿泰公司21266338.99元，合计28166338.49元，鸿泰公司（项目部）的费用由孙永、李怡审批。2015年12月8日，鸿泰公司向楼区政府、征收安置局邮寄《关于对我司垫资的陶家畈保障性住房建设项目组织清算并依法作出最终决定的请示报告》，并称其投入拆迁垫资款2100万余元,楼区政府、征收安置局对报告签收。2016年7月15日,征收安置局在一审庭审辩论阶段陈述审计报告认定垫资为2000多万元。双方一审中的对账单显示,鸿泰公司至2012年4月30日(即2012年4月6日签订《拆迁垫资协议》后第15个工作日)止,垫资款为8670636元,至2013年10月12日岳楼府阅(2013)44号会议纪要时止,增加垫资款为12085702.3元,2013年10月12日之后增加垫资款为51万元(2013年11月30日16万元、2014年3月31日15万元、2013年12月31日18万元、2万元),三项合计为21256338.3元。二审庭审过程中,双方认可涉案土地使用权现在登记在征收安置局名下。

二审法院认为:该案二审双方争议的焦点是:(一)该案应否由楼区政府承担责任;(二)应如何起算垫资款利息及其利息计算的标准。

关于该案应否由楼区政府承担责任。二审法院认为,楼区政府对该案应承担责任。征收安置局虽取得《事业单位法人证书》,但该资料显示业务范围为经相关部门授权承担土地征收方案、征收资金概算等经送审上报及组织发布,负责廉租房、公共租赁房、征收安置房等工作的组织实施与统一管理等,经费来源全额拨款,开办费5万元,举办单位楼区政府,由此说明该局从事工作在政府授权下进行,自身实际不具有财产。该案诉争标的数千万元,从解决争端机制考虑,无论从财力方面,还是业务范围方面,征收安置局均不能以自己所有的财产或交给经营管理的财产承担民事责任。鉴于涉案项目被列入当地政府投资项目,项目由征收安置局与楼区政府共同实施,或楼区政府委托征收安置局实施,征收安置局在本案中的责任,应由其开办单位楼区政府承担。一审判决认定楼区政府对该案不承担责任错误,二审法院予以纠正。

关于应如何起算垫资款利息及其利息计算的标准。《中华人民共和国合同法》第一百一十三条第一款规定,当事人一方不履行合同义务或者履行合同义务不符合约定,给对方造成损失的,损失赔偿应当相当于因违约所造成的损失,包括合同履行后可以获得的利益,但不得超过违反合同一方订立合同时预见到或者应当预见到的因违反合同可能造成的损失。本案《拆迁垫资协议》未能全部履行,系征收安置局根据楼区政府会议纪要精神叫停项目的原因,鸿泰公司没有过错,征收安置局应承担全部责任。《中华人民共和国合同法》第九十八条规定:"合同的权利义务终止,不影响合同中结算和清理条款的效力"。双方在《拆迁垫资协议》约定C地块垫资分两期支付,第一期为2000万元(含乙方已支付原洞庭明胶厂土地款及前期该项目已发生的国土部门和甲方认可的合理费用),自协议签订之日起15个工作日内到达征收安置局账户,中标通知下达5个工作日之内中标单位信誉保证金由甲方划转到乙方账户并结清乙方已垫资时段部分本息，垫资利息按银行同期贷款基准利率结算。该案《拆迁垫资协议》于2012年4月6日签订，鸿泰公司至约定第一期付款日即2012年4月30日已垫资8670636元，按照双方上述约定，鸿泰公司首笔垫资款可在中标通知下达5个工作日内结算本息，利息按照银行同期同类贷款计息。从上述约定内容中可看出涉案项目如果按约定正常推进，鸿泰公司垫资款在征收安置局收到首笔垫资款之后的3个月收回并获取垫资期间按照银行同期同类贷款利率计算的利息。因至会议纪要签署之前，双方合同并未约定对未退垫资款计算计息，故签署会议纪要前未退的垫资款，亦应视为鸿泰公司对该期间计息标准执行协议中的约定。2013年10月12日，涉案会议纪要在楼区政府主持下签署，鸿泰公司在该会议纪要上盖章确认，该行为表明其接受该会议纪要。而该会议纪要后，征收安置局表示不再履行合同，鸿泰公司未表示反对，双方垫资关系解除，双方形成债权债务关系。该案中，鸿泰公司在签署会议纪要后向征收安置局递送《关于撤销会议纪要中有关废止〈回购协议〉承认其真实、合法、有效性的请示报告》，表明其不放弃回购协议中的利益。《陶家畈保障性住房项目建设及回购协议》约定鸿泰公司垫资建设涉案保障性住房，征收安置局回购安置房建筑面积15000平方米，岳阳楼区拆迁安置房建设工程领导小组《关于委托岳阳市鸿泰置业有限公司承建项目的证明》，称岳阳楼区望岳路陶家畈保障性住房建设项目委托鸿泰公司承建，可见上述文件表明征收安置局就鸿泰公司垫资拆迁行为赋予了一定的利益期待，鸿泰公司投资数千万元资金并非纯粹为了垫资拆迁。鉴于本案《拆迁垫资协议》履行三年多后被解除，距《拆迁垫资协议》签订已过去5年余，如果对鸿泰公司垫资款按照银行同期同类贷款计息，将使一方经济不堪重负，另一方却因此获取高额利益。涉案土地使用权登记在征收安置局名下，征收安置局为该土地受益人，对于鸿泰公司主张会议纪要签署后的垫资款按照月利率2%计算利息，即使比照《最高人民法院关于审理民间借贷案件适用法律若干问题的规定》第二十六条关于“借贷双方约定的利率未超过年利率24%，出借人请求借款人按照约定的利率支付利息的，人民法院应予支持。借贷双方约定的利率超过年利率36%，超过部分的利息约定无效。借款人请求出借人返还已支付的超过年利率36%部分的利息的，人民法院应予支持”的规定，亦未超出法律规定的最高限额范围，故酌情对鸿泰公司该主张予以支持。征收安置局上诉称拆迁补偿款中8096896元和993177元不能认定为鸿泰公司垫资款。二审法院认为，双方在《拆迁垫资协议》第四条约定鸿泰公司垫资款包括鸿泰公司已支付原明胶厂土地款及前期该项目已发生的国土部门和甲方认可的合理费用，涉案审计报告明确鸿泰公司费用包括征收安置局与鸿泰公司签订《拆迁补偿协议》拆迁补偿款8096896元和《漏登厂房宅基地补偿协议》拆迁补偿款993177元,两项合计9090073元,鸿泰公司在《关于对我司垫资的陶家畈保障性住房建设项目组织清算并依法作出最终决定的请示报告》中称其已投入拆迁垫资款2100万余元,楼区政府、征收安置局对该报告予以签收,征收安置局在一审庭审辩论阶段亦陈述审计报告认定垫资为2000多万元,因此,涉案9090073元为垫资款的证据充分,征收安置局的上诉理由不能成立。征收安置局上诉认为孙永借款51万元应核减补偿款。孙永系鸿泰公司法定代表人,担任项目部组成人员,其签名的51万元借据上加盖了鸿泰公司印章,该借款应认定为鸿泰公司的借款,从本案补偿款中核减。据此,鸿泰公司补偿款应为20756338.3元(审计报告确认21266338.390元 - 孙永借款510000元),该20756338.3元自垫资之日起至2013年10月12日止按照中国人民银行同期同类贷款计算利息,利息为2012128.73元(利息计算明细表附后);自2013年10月12日起至付清之日止的利息按照月利率2%标准计付。征收安置局上诉称涉案土地存在权属纠纷,案外人另诉主张土地权益,且案外人向公安机关报案称其他案外人伪造长鸿生物公司文件和印章并出售公司土地及资产,鸿泰公司因此取得涉案土地权益不合法。二审法院认为,案外人另案诉争涉案土地权益,被人民法院生效判决驳回,案外人向公安机关报案称其他案外人伪造长鸿生物公司文件和印章,公安机关至今未作处理,因此不能推翻鸿泰公司签订《原岳阳市洞庭明胶厂现有资产整体转让协议书》后受让涉案资产及土地使用权的客观事实,《原洞庭明胶厂资产转让协议》无效的依据不足。

综上,一审判决认定事实错误,适用法律错误。鸿泰公司上诉理由成立,征收安置局上诉理由部分成立。依照《中华人民共和国合同法》第六十条、第九十八条、第一百零七条、第一百一十三条第一款,《最高人民法院关于审理民间借贷案件适用法律若干问题的规定》第二十六条以及《中华人民共和国民事诉讼法》第一百七十条第一款第二项之规定,判决:一、撤销湖南省岳阳市中级人民法院(2016)湘06民初5号民事判决;二、由岳阳市岳阳楼区人民政府在本判决书送达之日起十五日内向岳阳鸿泰置业有限公司支付补偿款20756338.3元,并承担该款自垫资之日起至2013年10月12日止按照中国人民银行同期同类贷款利率计算的利息2012128.73元;承担补偿款20756338.3元自2013年10月12日起至付清之日止按照月利率2%的标准计付的利息;三、驳回岳阳鸿泰置业有限公司的其他诉讼请求。如果未按本判决指定的期间履行给付金钱义务的,应当依照《中华人民共和国民事诉讼法》第二百五十三条之规定,加倍支付迟延履行期间的债务利息。一审案件受理费289172元,由岳阳鸿泰置业有限公司负担57834元,由岳阳市岳阳楼区人民政府负担231338元,二审案件受理费184800元,由岳阳鸿泰置业有限公司负担36960元，由岳阳市岳阳楼区人民政府负担147840元。

楼区政府不服二审判决，向本院提出再审申请称：（一）二审判决认定的基本事实缺乏证据证明。1.鸿泰公司自始未合法取得案涉34.8亩集体土地使用权。该土地使用权至今仍在洞庭明胶厂名下，有《土地登记发证档案详细信息》为证。原判决认定双方认可案涉土地使用权登记在征收安置局名下，是错误的，申请人从没有对此认可。《拆迁垫资协议》因鸿泰公司未实际取得上述集体土地使用权而部分无效。2.鸿泰公司没有履行《拆迁垫资协议》约定的交付款项义务，在2013年10月12日会议纪要前没有任何款项进账，未按约定支付垫资款11329364元，已构成严重违约。二审判决认定鸿泰公司对案涉协议未能全部履行没有过错，征收安置局承担全部责任，且承担支付约定以外的利息，是错误的。3.案涉审计报告非法院依职权委托审计，不具有权威性、公正性，且岳阳市岳阳楼区审计局于2017年9月20日出具了“关于岳楼审报[41]号文件的重要说明”，明确案涉审计报告仅是对被审计单位项目部前期费用梳理，不是完整的结论性报告，鸿泰公司并未依法取得案涉宗地权属，其签署补偿协议获得9090073元补偿款法律依据不足。4.二审判决超范围审理，本案基于《拆迁垫资协议》，是关于垫资款及利息的纠纷，拆迁补偿款是基于补偿协议的另一个法律关系，9090073元补偿款是否支付应另案处理。二审法院判令支付补偿款，超出了一审请求范围。（二）二审判决适用法律错误。征收安置局是事业法人，是独立民事主体。楼区政府不是案涉合同主体，不应承担征收安置局的法律责任。综上，请求撤销二审判决，予以改判。

鸿泰公司辩称：（一）征收安置局作为楼区政府设立并拨付资金，从事楼区政府授权工作的事业单位法人，其自身不具备承担案涉项目的法律责任之行为能力，二审判令楼区政府承担合同责任确有道理。（二）征收安置局单方叫停项目构成违约，其存在过错，造成鸿泰公司巨大损失，二审判令其在法律规定的最高利率限额范围内按年利率24%赔偿鸿泰公司于法有据。（三）集体建设用地可依法流转，鸿泰公司整体受让原洞庭明胶厂资产的行为真实合法有效，双方款项和资产交割清楚，且该集体土地已经湖南省人民政府批准农用地转用，鸿泰公司有权处置案涉34.8亩集体建设用地使用权，楼区政府称鸿泰公司未取得土地使用权及《拆迁垫资协议》部分无效没有依据。（四）楼区政府和征收安置局在协议中多次确认将鸿泰公司的洞庭明胶厂土地款及拆迁补偿款和已发生的前期费用纳入垫资款，且各方均认可垫资款已经发生，鸿泰公司实际已经按约履行垫资义务，并未违约。（五）审计报告是楼区政府指示审计局据实审计作出，鸿泰公司亦认可，故在楼区政府无证据证明该报告存在任何应当重新鉴定之情形的情况下，二审法院依据该报告作出判决系事实清楚，适用法律正确。（六）判断是否存在超范围审理,应当以判决结果与一审的诉讼请求进行比较。二审法院判决以20756338.3元为基数,2013年10月12日之前按同期贷款利率计算利息,其后按月利率2%计算利息,并未超出鸿泰公司一审诉请范围。综上,请求驳回楼区政府的再审申请,维持原判。

征收安置局称同意楼区政府的再审申请意见。

再审审查中,楼区政府提交了两份新证据,证据1是岳阳市岳阳楼区审计局于2017年9月20日出具的"关于岳楼审报[41]号文件的重要说明",证明案涉审计报告仅是对被审计单位项目部前期费用梳理,不是完整的结论性报告,鸿泰公司并未依法取得案涉宗地权属,其签署补偿协议获得9090073元补偿款法律依据不足。证据2是《土地登记发证档案详细信息》,证明案涉土地使用权至今仍在洞庭明胶厂名下。

鸿泰公司对上述两份证据质证称:对证据1的真实性予以认可,对证明目的不予认可。审计局是楼区政府的工作部门,在法院判令楼区政府承担责任后出具这份说明,对其内容不予认可,且审计人员未出庭接受询问。对证据2,认为不属于新证据,且没有单位负责人签字,对该证据不予认可。认为二审庭审中,申请人认可了案涉土地使用权登记在征收安置局名下,二审法院认定该事实并无不当。

本院认为,对证据2的真实性、证明力予以认定。对证据1的真实性予以认可,对其证明力在下文中予以认定。

结合新证据和双方所提出的异议,本院查明,案涉土地使用权目前仍登记在洞庭明胶厂名下,二审庭审笔录亦未显示楼区政府认可案涉土地使用权已转至征收安置局名下,原判决认定案涉土地使用权已登记在征收安置局名下缺乏证据证实,属认定事实不清,本院予以纠正。

楼区政府称审计报告仅是对项目部前期费用进行梳理,不是完整的结论性报告。因楼区政府对审计报告的真实性和内容并无争议,实际是对原判决依据该审计报告认定其应支付的偿款,是否证据充足有异议。该问题不属于事实认定,本院将在认定补偿款时予以说明。

鉴于双方对原审查明的其他事实无异议,因此本院对原审查明的其他事实予以确认。

本院再审认为,本案的主要问题是:1. 鸿泰公司是否有权获得案涉补偿款以及数额多少的问题;2. 案涉补偿款应由谁来支付的问题。

一、关于鸿泰公司是否有权获得案涉补偿款以及数额多少的问题

根据原审查明的事实,鸿泰公司与征收安置局于2012年4月6日签订了《拆迁垫

资协议》,于2012年10月23日签订了《陶家畈保障性住房项目建设及回购协议》,以上两份协议均是当事人协商一致签订,依法生效,约定了鸿泰公司垫资建设等事宜。项目停止后,岳阳市岳阳楼区审计局对陶家畈保障性住房项目前期费用进行了审计,并于2014年6月9日出具41号审计报告。该报告载明:鸿泰公司项目前期垫资款为21266338.39元,其中拆迁补偿款9090073元(包括征收安置局与鸿泰公司签订《项目拆迁补偿协议》拆迁补偿款8096896元和《漏登厂房宅基地补偿协议》拆迁补偿款993177元)。

上述9090073元拆迁补偿款经项目拆迁补偿协议和漏登厂房宅基地补偿协议两份生效协议确认,虽然案涉土地使用权并未转至鸿泰公司名下,但依据原审查明的事实以及再审阶段双方的陈述,可以认定鸿泰公司经几次转手后实际获得了案涉土地使用权,并支付了对价,未过户主要是因为该土地涉及拆迁所致,并非鸿泰公司过错,且地上建筑已经拆迁完成。《拆迁垫资协议》第四条明确约定:"C地块垫资款分两期支付。第一期为2000万元(含乙方已支付原洞庭明胶厂土地款及前期该项目已发生的国土部门和甲方认可的合理费用),在本协议签订之日起15个工作日内到达岳阳市岳阳楼区征收安置工作局指定专项账户。"由此可见,将拆迁补偿款计入垫资款是有合同基础的,是双方当事人缔约时的真实意思表示,原判决将补偿款算入垫资款并无不当。

原判决确定案涉垫资款数额的主要依据是41号审计报告。据该报告载明,鸿泰公司费用包括拆迁补偿款9090073元。虽然申请人在再审期间提交了岳阳市岳阳楼区审计局于2017年9月20日出具的"关于岳楼审报[41]号文件的重要说明",证明案涉审计报告仅是对被审计单位项目部前期费用梳理,不是完整的结论性报告,但审计局是政府工作部门,其所出具的说明与案涉审计报告出具的作用和原意不符,本院对该证据的证明力不予认可。案涉审计报告是双方对于垫资数额的共同梳理和确认,原判决据此认定拆迁补偿款9090073元,并无不当。虽然本案纠纷是因《拆迁垫资协议》和《陶家畈保障性住房项目建设及回购协议》引发的纠纷,但拆迁补偿款在上述协议中明确约定作为垫资的一部分,在无证据证明相关拆迁协议无效,且拆迁业已完成的情况下,在案证据足以认定鸿泰公司应为被拆迁人,应当获得拆迁补偿款,本案中一并予以确认,并无不当。再审申请人关于拆迁款是另一个法律关系,不应在本案中解决的主张不能成立。

关于垫资款利息计算的问题。《拆迁垫资协议》约定,垫资利息按银行同期贷款基准利率结算。在2013年10月12日双方签署案涉会议纪要后,双方垫资关系解除,拆迁安置局拖欠款项的行为,给鸿泰公司造成资金占用的损失,在鸿泰公司明确提出申请的情况下，法院应酌情予以认定。但原判决适用《最高人民法院关于审理民间借贷案件适用法律若干问题的规定》第二十六条“借贷双方约定的利率未超过年利率24%，出借人请求借款人按照约定的利率支付利息的，人民法院应予支持。借贷双方约定的利率超过年利率36%，超过部分的利息约定无效。借款人请求出借人返还已支付的超过年利率36%部分的利息的，人民法院应予支持”之规定，认为鸿泰公司主张会议纪要签署后的垫资款按月利息2%的计算标准，未超出法律规定的最高限额范围而予以支持，确有不当。月利息2%并非双方约定，且明显高于资金占用的损失。本院将该损失酌定为按中国人民银行同期贷款基准利率130%计算。

二、关于案涉补偿款应由谁来支付的问题

本院认为，案涉补偿款应由拆迁安置局自行承担，楼区政府不承担支付案涉补偿款的责任。

首先，案涉《拆迁垫资协议》是由拆迁安置局、鸿泰公司签订的，《陶家畈保障性住房项目建设及回购协议》是由拆迁安置局、鸿泰公司和岳阳楼区望岳路街道办事处签订的，楼区政府均非上述合同的合同主体。

其次，拆迁安置局作为楼区政府设立的工作部门，已经取得《事业单位法人证书》，有必要的经费，有自己的名称、组织机构和场所，系独立法人，能够独立承担民事责任，具有独立民事主体资格。

最后，《国有土地上房屋征收与补偿条例》第四条规定：“市、县级人民政府负责本行政区域的房屋征收与补偿工作。市、县级人民政府确定的房屋征收部门(以下称房屋征收部门)组织实施本行政区域的房屋征收与补偿工作。市、县级人民政府有关部门应当依照本条例的规定和本级人民政府规定的职责分工，互相配合，保障房屋征收与补偿工作的顺利进行。”第五条规定：“房屋征收部门可以委托房屋征收实施单位，承担房屋征收与补偿的具体工作。房屋征收实施单位不得以营利为目的。房屋征收部门对房屋征收实施单位在委托范围内实施的房屋征收与补偿行为负责监督，并对其行为后果承担法律责任。”本案中，拆迁安置局应属上述法条规定中的房屋征收部门，其还可以委托具体实施单位，房屋征收部门与具体实施单位对房屋征收与补偿行为的后果承担法律责任。可见，拆迁安置局应独立承担法律责任。

原判决以征收安置局从事工作在政府授权下进行，自身实际不具有财产，从解决争端机制考虑判令楼区政府承担本案中的法律责任，没有法律依据。楼区政府关于其不应承担征收安置局的法律责任的主张成立，本院予以支持。

综上，原判决适用法律错误，申请人的再审请求部分成立。本院依照《中华人民共和国合同法》第六十条、第九十八条、第一百零七条、第一百一十三条第一款,《中华人民共和国民事诉讼法》第二百零七条第一款、第一百七十条第一款第二项的规定,判决如下:

一、维持湖南省高级人民法院(2017)湘民终179号民事判决第一项、第三项;

二、撤销湖南省高级人民法院(2017)湘民终179号民事判决第二项。

※裁判要旨:农民集体所有的土地的使用权不得出让、转让或者出租用于非农业建设,但符合土地利用总体规划并依法取得建设用地的企业,因破产、兼并等情形致使依法转让的除外。转让协议涉及集体土地使用权转让,违反法律强制性规定,应认定为无效。

徐兆花与青岛高科技工业园海天水产有限公司、曲先宝返还原物纠纷审判监督案〔1〕

※案情简介:2006年9月15日,海天公司(甲方)与徐兆花(乙方)签订《买卖协议》一份,双方约定:一、甲方将其所有的坐落于沙子口南姜村的冷库、宿舍、招待所及所有附属设施(详见平面图及清单)以536.90万元(房产面积4006.33平方米,土地面积1601.29平方米)卖给乙方徐兆花。二、甲方应协助乙方办理所有房地产确权、过户手续。三、甲方在此之前经营产生的债权、债务由甲方自行负责,与乙方无关。乙方购买后的债权、债务由乙方自行承担。四、甲方将所有房屋内的设施给乙方,现有的固定设施、家具等归乙方所有。五、房屋有:1.建设用地批准书。2.建设用地规划许可证。3.土地登记申请书。4.集体土地使用证编号:(空白)使用面积4006.33平方米。六、如遇政府征用土地,对用户进行补偿或赔偿,一切归乙方所有,与甲方无关。附:1.崂山区人民法院(2001)崂法执字第724号民事裁定书一份;2.土地租赁协议书一份(2002年10月30日);3. 2002年4月15日签订的《协议》一份。海天公司、曲先宝、王桂芝(曲先宝之妻)均在甲方落款处盖章、签字,徐兆花在乙方落款处签字。沙子口街道办事处沙子口居委会(以下简称沙子口社区)在该协议下方以手写方式注明:沙子口社区居委会同意本协议甲乙双方签订的上述财产买卖协议,居委会于2002年10月30日与海天公司签订的《土地租赁协议》,自本协议生效之日起由徐兆花履行,租赁协议的权利、义务由徐兆花承担。其后盖有沙子口社区公章。签订协议的当天,海天公司向徐兆花出具了收到536.90万元的收款收据。庭审中,海天公司主张徐兆花除付款

〔1〕 案例来源:最高人民法院(2015)民抗字第28号民事判决书。

150万元外,其余未付,但未提供充分的证据予以证明。

签约当日,徐兆花(甲方)与曲先宝(乙方)签订《房屋租赁合同》一份,约定徐兆花将其购买的上述房屋出租给曲先宝。租期三年,自2006年9月15日起至2009年9月15日止。年租金30万元,自合同签订之日起10日内交款,以后依此类推,租赁期内的水、电、卫生、治安费及一切费用由曲先宝支付。合同签订后,上述房屋一直由海天公司占有使用。

另查明,1994年3月21日,青岛市崂山区人民政府下发青崂政地字(1994)11号文件,批复同意沙子口村建海港水产品加工厂(后改为崂山海港水产品有限公司,以下简称海港公司),使用该村非耕地660平方米(合0.99亩)。1994年3月10日,沙子口村取得海港水产品加工厂项目的建设用地规划许可证、建设用地批准书。1994年4月9日,青岛市崂山区土地矿产资源管理局为沙子口村办理了(1994)崂建地批字第117号建设用地批准书。后因沙子口村在建设海港水产品加工厂和其他项目过程中,实际用地面积超出审批面积,青岛市崂山区人民政府下发崂政地补字(1998)73号文件,批复同意土地管理部门给沙子口村补办土地手续,其中包括1997年建海港冷库使用本村耕地0.5亩,未利用地0.91亩。海港公司房屋占用土地为集体土地,所有权人为沙子口社区。因青岛高科技工业园沙子口农村信用合作社(以下简称沙子口信用社)与海港公司借款纠纷案,青岛市崂山区人民法院于2001年6月6日作出(2001)崂法执字第724号民事裁定书,将海港公司所有的冷库、招待所、宿舍、设备以1612106元变卖给沙子口信用社使用。随后,沙子口信用社以215万元将上述房屋转让给海天公司。2002年10月30日,海天公司与沙子口社区签订租地协议,由其租赁上述房屋占用土地2.49亩,租赁期限自2002年11月1日至2012年10月31日,租赁费每年2万元。

又查明,2007年3月19日,海天公司(甲方)、曲先宝、王桂芝(丙方)与徐兆花(乙方)签订《协议书》一份,就甲、丙方所欠乙方500万元一事达成协议:"一、甲、丙方累计欠乙方现金共计500万元,三方无争议。二、鉴于甲、丙方暂时经营困难,乙方同意该500万元欠款由甲、丙方将坐落于青岛市沙子口街道办事处南姜哥庄村民委员会的一部分房产(抵顶)卖给乙方(该房产占用土地的使用权证号为青崂集用(1999)字第007号)。因甲、丙方尚需使用该部分房屋,三方同意三层酒店为乙方财产,没有乙方同意,甲、丙方不得处理上述房产。三、如遇政府征用土地或其他原因导致房屋拆迁,甲、丙方应将三层楼酒店全支(交)付给乙方,否则乙方有权向甲、丙方追偿全部损失。四、甲、丙方使用房屋期间,乙方暂不向其收取任何费用,但甲、丙方必须维护财产安全,如有损坏应及时修复,否则乙方有权向甲、丙方追偿损失。五、甲、丙方经营期间发生的一切债权、债务及纠纷与乙方无关,若因甲、丙方纠纷原因导致财产受损,甲、丙方应全额赔偿。六、若条件允许,三方另行办理分拆手续和确权手续……”2009 年 3 月 7 日,海天公司(乙方)、曲先宝(丙方)又与青岛市崂山区沙子口街道南姜哥庄社区居民委员会(以下简称南姜哥庄社区)(甲方)签订了一份《房屋、建筑物转让协议》,约定海天公司、曲先宝将其建筑在南姜哥庄社区土地之上的全部房屋、建筑物(注:含卖给徐兆花的部分房屋)等的所有权以 800 万元的价格转让给南姜哥庄社区。该协议项下土地为集体土地,集体土地使用证编号为青崂集用(1999)字第 007 号,土地所有人为南姜哥庄社区,土地用途为旅游。因海天公司、曲先宝还与他人存在债务纠纷,该协议项下房产被法院查封。在南姜哥庄社区付款完毕后,法院解除了对上述房产的查封。上述房产没有实际交付给南姜哥庄社区,一直由海天公司占有使用。徐兆花在得知海天公司、曲先宝将位于南姜哥庄社区的涉案房产转让给南姜哥庄社区后,于 2009 年 4 月 14 日以南姜哥庄社区、海天公司、曲先宝为被告,向山东省青岛市中级人民法院起诉,要求判令南姜哥庄社区、曲先宝、海天公司所签《房屋、建筑物转让协议》无效。该案审理过程中,徐兆花撤回了对海天公司、曲先宝的起诉,并与南姜哥庄社区达成调解协议,约定徐兆花以 1000 万元对价受让南姜哥庄社区取得的上述建筑物,建筑物所占用的土地由徐兆花承租使用。山东省青岛市中级人民法院经审查,以(2009)青民一初字第 34 号民事调解书予以确认。徐兆花已向南姜哥庄社区付款 1000 万元。

还查明,一审庭审后,海天公司、曲先宝提交了青岛市规划局崂山分局青规崂罚字(2002)第 004 号违法建筑案件行政处罚决定书、罚款交纳通知书各一份,以证明其在海港公司房屋基础上后续加建 470 平方米房屋,被罚款 141 万元。同时提交证人证言两份,证明海天公司向沙子口信用社购买位于沙子口社区的房屋后又增建了 2748 平方米,现总面积为 4008 平方米。徐兆花质证认为上述证据与本案无关。

海天公司的股东为曲先宝、王桂芝夫妻两人。

徐兆花以上述土地和房屋属其所有,一直被海天公司、曲先宝占用拒不交还为由,向一审法院起诉。请求:一、两被告腾还占用的位于沙子口社区的土地 1601.29 平方米、地上房屋 4006.33 平方米,并支付使用费 490 万元;二、两被告立即腾还位于崂山区南姜哥庄社区土地、地上建筑物约 4000 平方米,并承担使用费 30 万元;三、两被告承担诉讼费。庭审中,徐兆花将第一项请求中支付使用费 490 万元变更为支付使用费 90 万元,并撤回第二项中要求海天公司、曲先宝支付 30 万元使用费的诉讼请求。

山东省青岛市中级人民法院一审认为:一、关于海天公司、曲先宝应否腾让其占用的沙子口社区的房屋、土地并支付房租的问题。徐兆花要求海天公司、曲先宝腾让位于沙子口社区的涉案房屋的前提是其对该房屋享有所有权。因涉案房屋所占用的土地为集体土地,该房屋至今未办理合法登记手续,且部分建筑物因违法曾被处罚。徐兆花并非沙子口社区成员,故其要求海天公司、曲先宝腾让沙子口社区涉案房屋的主张于法无据。因徐兆花并未取得涉案房屋产权,故其无权要求海天公司、曲先宝支付房租。二、关于海天公司、曲先宝应否腾让南姜哥庄社区的土地及房屋的问题。徐兆花在本案中主张南姜哥庄社区涉案房屋的相关权利,已经山东省青岛市中级人民法院(2009)青民一初字第34号生效民事调解书所确认,其该项诉讼请求应通过该案执行程序予以解决,对徐兆花该诉请应予驳回。综上,徐兆花的诉讼请求不能成立,不应予以支持。据此,山东省青岛市中级人民法院于2011年6月13日作出(2010)青民一初字第51号民事判决:驳回徐兆花的诉讼请求。案件受理费12800元,由徐兆花负担。

徐兆花不服上述一审判决,向山东省高级人民法院提出上诉。

山东省高级人民法院二审认为,本案争议的焦点是:一、海天公司、曲先宝应否向徐兆花腾让其占用的位于沙子口社区的土地及地上房屋并支付使用费。二、海天公司、曲先宝应否向徐兆花腾让其占用的位于南姜哥庄社区的土地及房屋。

关于海天公司、曲先宝应否向徐兆花腾让涉案沙子口社区土地、房屋并支付使用费的问题。2001年6月6日,青岛市崂山区人民法院作出的(2001)崂法执字第724号民事裁定书,虽然以公权力介入的方式,使位于沙子口社区的涉案房产所有权得到了确认,但确认的房产所有权人并非徐兆花。由于涉案土地系农村集体土地,此后经数次转让,该房产至今未办理合法登记手续,没有产生物权转移的法律后果,故徐兆花基于与海天公司签订的房屋《买卖协议》主张对该房屋享有占有、使用、收益的权利,缺乏事实和法律依据。对其要求海天公司、曲先宝应腾让该房屋的主张,不应予以支持。

关于海天公司、曲先宝应否向徐兆花腾让南姜哥庄社区的土地、房屋的问题。位于南姜哥庄社区的涉案房屋权属,已经山东省青岛市中级人民法院(2009)青民一初字第34号生效民事调解书予以确认,徐兆花再就该房屋提起诉讼,违反了一事不再理的原则,故一审法院驳回徐兆花的诉讼请求并无不当。综上,一审判决认定事实清楚,适用法律正确。据此,山东省高级人民法院于2011年9月27日作出(2011)鲁民一终字第152号民事判决:驳回上诉,维持原判。二审案件受理费12800元,由徐兆花负担。

徐兆花不服山东省高级人民法院上述二审判决,向本院申请再审。本院于2012年12月26日作出(2012)民申字第1540号民事裁定,指令山东省高级人民法院再审本案。

山东省高级人民法院再审对二审查明的事实予以确认。该院另查明:涉案房屋已于2012年5、6月份被当地政府拆除。

山东省高级人民法院再审认为,本案的焦点问题是:徐兆花是否有权要求海天公司、曲先宝腾让涉案两处房屋。

(一)关于沙子口社区涉案房屋能否腾让的问题。涉案房屋所占用的土地系沙子口社区的集体土地,徐兆花作为非集体经济组织成员,不具备集体建设用地的使用资格。虽然,涉案房屋由青岛市崂山区人民法院强制执行确权给了沙子口信用社。但此后的数次买卖中,土地使用权性质未依法变更,仍系集体土地。房屋现已被政府拆除,徐兆花无权要求曲先宝及海天公司腾让土地、房屋及支付房租,原审判决并无不当。徐兆花因买卖协议无效后产生的相关债权及损失可另行主张。

(二)关于南姜哥庄社区的涉案土地及房屋的腾让问题。已经生效的山东省青岛市中级人民法院(2009)青民一初字第34号民事调解书对南姜哥庄社区涉案房屋的权属进行了确认,且基于目前房屋已被拆除的现状,原审对徐兆花要求腾房的主张不予处理,并无不当。

综上,二审判决认定事实清楚,适用法律正确,应予维持。该案经山东省高级人民法院审判委员会讨论决定,依照《中华人民共和国民事诉讼法》第一百七十条第一款第(一)项、第二百零七条之规定,判决:维持山东省高级人民法院(2011)鲁民一终字第152号民事判决。

徐兆花不服山东省高级人民法院上述再审判决,向检察机关申诉。

最高人民检察院高检民监(2014)241号民事抗诉书认为:山东省高级人民法院(2013)鲁民再字第6号民事判决适用法律确有错误。理由是:一、再审判决认为徐兆花与海天公司签订的沙子口社区房屋《买卖协议》无效,没有法律依据。首先,徐兆花与海天公司于2006年9月15日签订《买卖协议》的标的是在沙子口社区集体建设用地上建造的冷库、宿舍、招待所等房产及附属设施,不包括建筑物占用范围内的土地使用权,我国现行法律和行政法规没有关于集体建设用地上建筑物转让的禁止性规定,故转让该《买卖协议》标的不违反法律规定。其次,涉案的沙子口社区房产原系海港公司所有,该房产已由青岛市崂山区人民法院作出的(2001)崂法执字第724号民事裁定变卖给沙子口信用社,客观上已经通过法院执行程序进行了转让,这也说明司法实践中允许此类房产转让。因此,徐兆花与海天公司签订的沙子口社区房屋《买卖协议》是双方的真实意思表示,标的合法,不违反法律、行政法规的强制性规定,亦不存在其他无效情形,该协议合法有效。再审判决中“徐兆花因买卖协议无效后产生的相关债权损失可另行主张”的表述,实际确认了徐兆花与海天公司签订的《买卖协议》无效,属适用法律错误。二、再审判决以房屋被拆除为由,驳回徐兆花要求支付涉案房屋占用期间使用费的诉求,明显有误。徐兆花起诉时提出了两种不同类型的诉讼请求,一是要求腾让占用的土地及地上建筑物,属物权请求权;二是要求支付使用费,属债权请求权。徐兆花在与海天公司签订《买卖协议》后,虽未通过登记取得该房产的所有权,但其基于与海天公司签订的《买卖协议》及与土地使用权人沙子口社区签订的租赁协议,对该房产及土地享有占有、使用、收益等相关权利。因此,徐兆花根据与曲先宝签订的《房屋租赁合同》,对曲先宝在租赁合同期满后继续占有使用该房屋,有权要求支付使用费。虽然沙子口社区房屋已经在原再审中被政府拆除,但从法律关系上分析,该房产是否被拆除仅对腾让土地房屋的物权请求权产生影响,并不能阻却行使支付使用费的债权请求权。再审判决以涉案房屋已被拆除为由,对徐兆花要求支付使用费的债权请求权不予支持,属适用法律错误。

申诉人徐兆花同意上述抗诉意见,并补充申诉理由如下:徐兆花租赁的是沙子口社区的集体建设用地而非农用地,农民集体建设用地的出租不在法律禁止范畴之内,徐兆花享有涉案土地使用权。国家法律未禁止受让农村房屋,且经法院拍卖流转的沙子口涉案房屋合法有效,所有权已发生转移,徐兆花受让该地上房屋合法有效,不违反任何法律禁止性规定,且已实际履行,徐兆花虽未办理房产登记,但根据《中华人民共和国物权法》第十五条规定,未办理房产登记并不影响合同效力。涉案房屋虽已被拆除,但徐兆花有权主张合同债权,也有权依约取得房屋租赁费。退一步讲,即使认定房屋《买卖协议》无效,但协议涉及的土地租赁、转让设备设施,以及拆迁权益条款为独立条款,是双方真实意思表示,不违反任何法律规定,应属有效内容。本案涉及的两处房屋,原审判决认定沙子口社区的房屋买卖行为无效,但却认定受让南姜哥庄社区的房屋买卖属有效合同,判决极不严肃,且以涉案房屋被拆除为由维持二审判决错误,判决适用《中华人民共和国物权法》第六条、第七条驳回徐兆花诉讼请求错误,请求依法改判。

被申诉人海天公司、曲先宝辩称,涉案建筑物系建造在集体土地上的房屋,《买卖协议》违反了土地管理法等法律的强制性规定,因此未取得相关部门的变更登记,是无效协议。徐兆花是城市居民,不能占有、买卖集体土地及地上房产,也无付款凭据证明其履行了付款义务。海港公司无其他财产偿还贷款,法院将房产变卖给沙子口信用社后,实际上,沙子口信用社没有占有和使用房屋,也未办理房产登记,相反,却想方设法转让,最终由海天公司购得。徐兆花至今未取得房屋所有权,故无权要求海天公司、曲先宝腾房。

本院认为:涉案房屋共有两处,一处位于沙子口村,一处位于南姜哥庄村,均在沙子口街道集体经济组织辖区内。位于沙子口社区的房屋原为沙子口村海港公司所有,房屋建设时取得了(集体)建设用地批准书、建设用地规划许可证,土地性质为沙子口村集体建设用地。2000年11月，因沙子口信用社对海港公司享有债权，人民法院依据生效的法律文书，裁定将房屋变卖执行给沙子口信用社，沙子口信用社随即将房屋转卖给海天公司。南姜哥庄村的房屋由曲先宝出资建设，所用土地亦是农村集体用地。至2012年5、6月份，涉案两处房屋被当地政府拆除、土地因修路被征用前，涉案土地的集体性质没有发生变化。

农村集体土地包括集体建设用地是保障农村集体经济组织、农民及后代生存的基本生产资料，除此之外，其他任何单位和个人未经法定程序不得随意占用或"以租代征"，侵害或变相侵害农村集体经济组织和农民利益。《中华人民共和国土地管理法》第十条、第四十三条规定："农民集体所有的土地依法属于村农民集体所有的，由村集体经济组织或者村民委员会经营、管理"，"兴办乡镇企业和村民建设住宅……或者乡（镇）村公共设施、公益事业建设经依法批准可以使用本集体经济组织农民集体所有的土地"。从上述规定可以看出，在集体土地上建设房屋，限于以下三种用途：开办乡镇企业，用于乡（镇）村公共设施、公益事业建设，农村村民建设住宅。《中华人民共和国乡镇企业法》第二条规定："乡镇企业必须是农村集体经济组织或者农民投资为主，在乡镇（包括所辖村）举办的承担支援农业义务的企业"。农村住宅用地只能分配给本村村民，城镇居民不得到农村购买宅基地、农民住宅。除此之外，其他任何单位和个人进行非农业建设，需要使用土地的，必须依法申请使用国有土地。国家法律法规及相关政策均严格控制农民集体所有建设用地使用权的流转范围。《中华人民共和国土地管理法》第六十三条规定，"农民集体所有的土地的使用权不得出让、转让或者出租用于非农业建设；只有符合土地利用总体规划并依法取得建设用地的企业，因破产、兼并等情形时，致使农民集体所有建设用地使用权依法发生转移的除外"。即超出上述三类土地用途使用农村集体土地（含农村集体建设用地）的，必须依法办理农用地转用及征用审批手续，改变土地的所有权属性。否则，用地及建设等均不受法律保护。

2000年11月，因海港公司对沙子口信用社负有债务，依据生效的法律文书，人民法院裁定将其房屋执行变卖给沙子口信用社。基于我国法律对农村集体土地采取特殊的用途管制制度，沙子口信用社作为非集体经济组织成立的企业，若以取得的变卖物用于非农业建设的，需依法办理建筑物所占用集体土地的转用及征用审批手续，改变土地的集体性质。固然，人民法院裁定是行使公权力的象征，但裁定内容亦不得超出国家关于土地管理法律的强制性规定，况且，上述裁定并未赋予沙子口信用社对涉案房屋享有所有权，更未赋予其享有土地使用权。从已查明的事实看，沙子口信用社取得房屋后，房屋所占用土地的性质没有发生变化，仍为集体建设用地，房屋的权属也未因此改变,且房屋随后由海天公司购买。海天公司系由沙子口街道村民曲先宝及其妻王桂芝投资成立,注册地在沙子口街道,其占有、使用位于沙子口社区涉案房屋未违反法律强制性规定。徐兆花是城镇居民,其与海天公司签订《买卖协议》,购买该房屋并欲以租赁土地的方式变相改变土地用途的行为,违反了我国法律、行政法规以及国家政策的规定,故其与曲先宝、海天公司所签《买卖协议》无效。《中华人民共和国土地管理法实施条例》第二十六条规定:"土地补偿费归农村集体经济组织所有;地上附着物及青苗补偿费归地上附着物及青苗的所有者所有"。征地、拆房拆迁款是国家给予失地、失房的农民和集体经济组织的定向补偿款,海天公司、曲先宝在与徐兆花所签《买卖协议》中将拆迁权益处置给徐兆花的行为违反法律强制性规定,该约定亦无效。徐兆花申诉称应保护其相关拆迁权益的理由不能成立。《买卖协议》中虽载明了转让附属设施、家具的内容,但双方没有就该部分内容列明清单。本院再审中,徐兆花的代理人亦称附属设施、家具等与房屋、土地属于打包购买。况且,徐兆花在一审的诉请概括为腾还土地和房屋,没有单独要求返还附属设施、家具等。故,徐兆花关于即使房屋买卖、土地租赁部分无效,有关附属设施、设备的买卖应当有效的申诉依据不能成立。徐兆花以其享有上述土地和房屋的相关权利,要求占用方海天公司、曲先宝腾还土地及房屋的主张没有法律依据,本院不予支持,原审对徐兆花腾房主张不予支持的认定正确,本院予以维持。因《买卖协议》无效,徐兆花可另行主张债权及相关损失。

涉及南姜哥庄社区的房屋及土地纠纷,已在山东省青岛市中级人民法院生效的(2009)青民一初字第34号案件中予以处理,徐兆花在本案就该纠纷再次提出请求没有法律依据。原审法院驳回其该部分诉请正确,本院予以维持。

综上,本院依照《中华人民共和国民事诉讼法》第一百七十条第一款第(一)项、第二百零七条第一款之规定,判决如下:维持山东省高级人民法院(2013)鲁民再字第6号民事判决。

※裁判要旨:在集体土地上建设房屋,限于以下三种用途:开办乡镇企业,用于乡(镇)村公共设施、公益事业建设,农村村民建设住宅。农村住宅用地只能分配给本村村民,城镇居民不得到农村购买宅基地、农民住宅。除此之外,其他任何单位和个人进行非农业建设,需要使用土地的,必须依法申请使用国有土地。国家法律法规及相关政策均严格控制农民集体所有建设用地使用权的流转范围。农民集体所有的土地的使用权不得出让、转让或者出租用于非农业建设;只有符合土地利用总体规划并依法取得建设用地的企业,因破产、兼并等情形时,致使农民集体所有建设用地使用权依法发生转移的除外。即超出上述三类土地用途使用农村集体土地(含农村集体建设用

地)的,必须依法办理农用地转用及征用审批手续,改变土地的所有权属性。否则,用地及建设等均不受法律保护。

第六十四条 【集体建设用地的使用者的义务】 集体建设用地的使用者应当严格按照土地利用总体规划、城乡规划确定的用途使用土地。

第六十五条 【禁止重建、扩建】 在土地利用总体规划制定前已建的不符合土地利用总体规划确定的用途的建筑物、构筑物,不得重建、扩建。

条文解读

本法第65条是关于对不符合土地利用总体规划的建筑物、构筑物不得重建、扩建的规定。

土地利用必须符合土地利用总体规划,这是本法确定的土地用途管制制度的核心。但是在土地利用总体规划制定前已建的建筑物,因其不符合土地利用总体规划确定的用途,不得重建、扩建。但是,如果已经建造的建筑物、构筑物符合土地利用总体规划确定的用途,按照法定审批程序可以重建、扩建。

配套法规及解读

《土地管理法实施条例》(2014年7月29日修订)

第三十六条 对在土地利用总体规划制定前已建的不符合土地利用总体规划确定的用途的建筑物、构筑物重建、扩建的,由县级以上人民政府土地行政主管部门责令限期拆除;逾期不拆除的,由作出处罚决定的机关依法申请人民法院强制执行。

※**法规解读:**本条是对违反《土地管理法》第65条义务的法律责任的规定,不符合土地利用总体规划确定的用途的建筑物、构筑物不得重建、扩建,如果建筑物、构筑物重建、扩建的,由县级以上人民政府自然资源主管部门责令限期拆除;逾期不拆除的,由作出处罚决定的机关依法申请人民法院强制执行。

关联法规索引

《土地管理法实施条例》第36条

典型案例

聂育宽与西安市长安区人民政府行政行为违法及西安市人民政府行政复议决定纠纷案[1]

※案情简介：原告聂育宽开办的骨粉厂位于西安市长安区黄良街办聂家河村。2005年原告在其家人承包的集体土地上投资建设骨粉厂，2012年至2013年原告对该厂局部厂房进行了翻建。2013年12月2日，西安市集中整治违法用地专项行动领导小组办公室下发市整治发〔2013〕46号文件《市整治办关于开展严厉打击违法占地行为冬季攻势的通知》，决定利用1个月时间在全市范围内开展严厉打击违法占地行为冬季攻势，完成国家土地督察西安局卫片所发现的违法用地整改查处任务及国土部2013年度地籍变更调查以下图斑所发现的违法用地整改查处任务，并附《2013年度冬季攻势拆除整改名单》。2014年1月9日，长安区政府集中整治违法用地专项行动领导小组根据市整治发〔2013〕46号文件精神，下发长整治发〔2014〕1号文件《2013年度土地变更调查监测违法图斑限期拆除整改督办的实施方案》，决定利用10天时间在全区范围内集中开展土地变更调查违法用地整改拆除工作，确保长安区2013年度土地卫片违法比例控制在15%以下，并附有附件1《市整治办2013年冬季攻势整改拆除名单》和附件2《2013年度土地变更调查监测违法图斑第二批拆除整改任务名单》，其中，原告聂育宽的骨粉厂列入了《2013年度土地变更调查监测违法图斑第二批拆除整改任务名单》，其序号为299，图斑号2309，图斑位置"黄良街办聂家河村"，用地个人"聂育宽"，监测面积"耕地1.0"，实际用途为"老厂翻新"，整改要求"拆除复耕"。2014年1月27日，西安市集中整治违法用地专项行动领导小组办公室又下发市整治发〔2014〕1号《市整治办关于限期查处整改国家监测违法用地图斑的通知》，将2013年度国家监测图斑需要查处或拆除的违法用地名单下发，要求各区政府和开发区管委会务必于2014年2月底前查处、拆除到位，整改标准强调所有违法用地必须立案查处，并附有《2013年度国家监测违法用地图斑查处、拆除名单》，该名单中查处图斑2309号，为"聂育宽场违法占地"，监测面积"1亩"，耕地"1亩"。2014年2月20日，西安市国土资源局长安分局作出《责令停止土地违法行为通知书》，该通知书称聂育宽于2013年8月动工修建骨粉厂使用的土地，违反了《中华人民共和国土地管理法》第四十三条、第五

〔1〕 案例来源：陕西省高级人民法院（2017）陕行终502号行政判决书。

十九条,责令其立即停止违法行为,听候处理。2014年4月2日,西安市长安区黄良街道办事处书面告知原告,根据西安市长安区集中整顿违法用地专项行动领导小组文件,长整治发〔2014〕1号《2013年度土地变更调查监测违法图斑限期拆除整改督办的实施方案》文件要求,对聂家河村聂育宽骨粉厂违法建设于2014年2月26日进行了联合执法。

原告聂育宽于2016年9月13日以长安区政府为被申请人,向西安市人民政府申请行政复议,复议请求:1.将申请人的名单从长整治发〔2014〕1号文件附件2《2013年度土地变更调查监测违法图斑第二批拆除整改任务名单》中撤销;2.被申请人违法行政强拆申请人局部翻建的厂房,还在长安电视台播放,给申请人的声誉造成极大负面影响,应当进行书面道歉。西安市人民政府于2016年10月31日作出市政复决字〔2016〕204号《行政复议决定书》,以聂育宽的申请超过法律规定的申请期限,驳回其行政复议申请。聂育宽不服该行政复议决定,向法院提起行政诉讼,西安铁路运输中级人民法院于2016年12月30日作出(2016)陕71行初354号行政判决,撤销了西安市人民政府于2016年10月31日作出的市政复决字〔2016〕204号《行政复议决定书》,并责令西安市人民政府于判决生效之日起60日内对聂育宽的复议申请重新作出行政行为。被告西安市人民政府遂于2017年2月14日重新作出市政复决字〔2016〕204号《行政复议决定书》,认为根据《中华人民共和国土地管理法》第四十三条第一款的规定,申请人聂育宽未经依法批准使用聂家河村集体土地修建骨粉厂的行为违反了上述法律规定,对其复议请求不予支持,被申请人长安区政府2014年1月9日印发的长整治发〔2014〕1号文件《2013年度土地变更调查监测违法图斑限期拆除整改督办的实施方案》中将"申请人的骨粉厂列入拆除复耕的名单"认定事实清楚,适用依据正确,予以维持。根据《中华人民共和国行政复议法》第二十八条第一款第(一)项和《中华人民共和国行政复议法实施条例》第四十三条之规定,决定维持被申请人长安区政府2014年1月9日印发的长整治发〔2014〕1号文件《2013年度土地变更调查监测违法图斑限期拆除整改督办的实施方案》中将"申请人的骨粉厂列入拆除复耕的名单"的行为。被告西安市人民政府将行政复议决定于2017年2月15日向原告聂育宽邮寄送达。原告聂育宽收到后不服,遂将两被告诉至法院提起本案诉讼。

另查明,原告聂育宽曾于2014年4月4日向西安市人民政府提出行政复议申请,被申请人为长安区政府,聂育宽复议申请事项为:1.确认被申请人拆除其骨粉厂的具体行政行为违法;2.责令被申请人赔偿申请人财产损失923775元及停产停业损失每月50000元至恢复生产之日止。西安市人民政府于2014年7月2日作出市政复决字〔2014〕40号《行政复议决定书》认定,申请人的用地系违法用地,并确认被申请人拆除申请人的骨粉厂的行为违法。对该行政复议决定,聂育宽与长安区政府均未提起行政诉讼。

一审认为:本案争议的焦点是长安区政府长整治发〔2014〕1号文件附件2《2013年度土地变更调查监测违法图斑第二批拆除整改任务名单》将原告聂育宽的骨粉厂列入拆除整改任务名单的行政行为是否合法。经查,原告聂育宽的骨粉厂建设在其家人承包地上。2014年1月9日,长安区政府长整治发〔2014〕1号文件《2013年度土地变更调查监测违法图斑限期拆除整改督办的实施方案》附件2《2013年度土地变更调查监测违法图斑第二批拆除整改任务名单》中,序号299为原告聂育宽的骨粉厂,图斑号2309,图斑位置"黄良街办聂家河村",用地个人"聂育宽",监测面积"耕地1.0",实际用途为"老厂翻新",整改要求"拆除复耕"。2014年1月27日,西安市集中整治违法用地专项行动领导小组办公室下发的市整治发〔2014〕1号《市整治办关于限期查处整改国家监测违法用地图斑的通知》文件中,聂育宽骨粉厂占地,图斑2309号,"聂育宽场违法占地",监测面积"1亩",耕地"1亩"。据此,原告聂育宽的骨粉厂建在家人承包的集体土地上,被土地变更调查和国家监测违法用地图斑监测到占用耕地1亩。《中华人民共和国土地管理法》第三十六条规定,非农业建设必须节约使用土地,可以利用荒地的,不得占用耕地。第四十四条规定,建设占用土地,涉及农用地转为建设用地的,应当办理农用地转用审批手续。第六十四条规定,在土地利用总体规划制定前已建的不符合土地利用总体规划确定的用途的建筑物、构筑物,不得重建、扩建。《中华人民共和国城乡规划法》第六十五条规定,在乡、村庄规划区内未依法取得乡村建设规划许可证或者未按照乡村建设规划许可证的规定进行建设的,由乡、镇人民政府责令停止建设、限期改正;逾期不改正的,可以拆除。本案中,原告聂育宽没有提供证据证明其在家人承包的集体土地上建设骨粉厂履行了法定的用地审批手续,也未依法取得乡村建设规划许可证,其占用耕地建设骨粉厂,有土地变更调查监测违法用地图斑为据,故长安区政府长整治发〔2014〕1号附件2《2013年度土地变更调查监测违法图斑第二批拆除整改任务名单》将其骨粉厂列入拆除整改任务名单,于法有据,并无不当。被告西安市人民政府于2017年2月14日作出的市政复决字〔2016〕204号行政复议决定认定事实清楚,程序合法,应予维持。原告聂育宽的诉讼请求无事实根据和法律依据。遂依照《中华人民共和国行政诉讼法》第六十九条的规定,判决驳回原告聂育宽的诉讼请求。案件受理费50元,由原告聂育宽负担。

上诉人聂育宽上诉称:一审判决认定事实不清,适用法律错误。其在2005年之前承包了聂家河村村办企业原铁厂厂地开办骨粉加工厂,至2005年7月,聂家河村委会为给17户村民办理建庄宅地审批手续,经原黄良乡政府和黄良土地资源所同意,用其承包的骨粉厂集体建设用地置换给村民建住房,同时黄良土地资源所给其出具收款收据,作为其在家人承包的耕地上建厂房的审批手续。市整治发〔2013〕46号文件以及长整治发〔2014〕1号文件要求拆除整改范围,是针对2013年度土地使用性质发生变更的违法用地上的建设进行专项拆除整治,以2013年度冬季攻势拆除任务名单为准,同时要求不得扩大专项拆除整改范围,其不在冬季攻势拆除名单中。长安区政府将其翻修的局部厂房列入"2013年度土地变更第二批拆除任务名单",违反土地专项拆除整改政策,也没有法定的拆除依据。根据《中华人民共和国行政处罚法》第四条第二款规定:没有法定依据或不遵守法定程序的行政处罚行为无效。因此,长安区政府于2014年1月9日将其局部翻修的厂房列入2013年度土地变更拆除整改范围的名单中,并指使下属强制拆除,无人民法院委托授权进行强拆的证据,是违法无效的行政处罚行为,从行为开始就无效。另外,市整治发〔2014〕1号文件要求长安区政府立案查处其2013年8月翻修骨粉厂内局部厂房的行为,西安市国土资源局长安土地执法机构调查后,只给其送达了《责令停止违法用地通知书》,该《通知》只是让其"听候处理",并未作出相关行政处罚决定书。故其翻修局部厂房的行为,不存在违反土地管理法的情形。一审判决适用《中华人民共和国城乡规划法》错误,该法是城乡规划部门执法适用的法律,而不是国土资源部门执法适用的法律,且该法于2008年才开始实施,而其所建的厂房在该法实施之前的两年已经完成了全部建设行为。因此,其2005年迁建厂房使用土地和建设行为,不受该法律的约束。请求:撤销一审判决;支持其全部诉求。

被上诉人长安区政府答辩称:上诉人的骨粉厂位于西安市长安区黄良街办聂家河村集体土地上,属于违法用地行为。2005年7月,上诉人未经批准占用聂家河村二组自家承包土地1.758亩建厂。当年建成四周围墙,14间石棉瓦房及车间。2012年11月和2013年8月间,上诉人在厂区内进行翻建,共建成两座砖混彩钢房(占地面积533.4平方米),两座2间平房(占地面积98.64平方米),1.2米高8间砖混墙体(占地面积130.5平方米),部分地面硬化(占地面积30.96平方米),建筑物占地总面积793.5平方米。根据《黄良街道土地利用总体规划图(1997-2010)》,该宗地规划为基本农田,故上诉人的行为违反《土地管理法》第四十三条、五十九条的规定,属于违法用地行为。根据《中华人民共和国农村土地承包法》第十七条的规定,上诉人家庭作为承包方,依法应当维持土地的农业用途,不得用于非农建设。在农用地未办理转用审批手续转为建设用地的情况下,上诉人的建设行为不符合法律规定,所称的占地建设是与17户村民置换而来不具有法定的占地合法情节。上诉人对厂房局部进行翻建的行为也违反了《土地管理法》第六十四条关于“在土地利用总体规划制定前已建的不符合土地利用总体规划确定的用途的建筑物、构筑物，不得重建、扩建”的禁止性规定，土地行政主管部门也仅仅是针对该违法翻建的部分厂房进行了查处，故该查处行为合法。上诉人所称未在市整治发〔2013〕46号文件的拆除范围，其违反专项整治政策，扩大拆除范围的理由不能成立。长整治发〔2014〕1号文件中，将上诉人翻建的骨粉厂明确列为2013年度国家监测违法用地图斑查处、拆除名单。因此，其依据《黄良街道土地利用总体规划图》，作出并下发长整治发〔2014〕1号文件，将上诉人列入拆除复耕名单，符合法律规定。另外，被诉的市整治发〔2014〕1号文件属政府内部行为，主要针对2013年度违法用地的现象整改督办工作实施的具体工作方案，是其对下级单位工作的安排部署，未对上诉人的权利义务产生实际影响，上诉人将所诉文件与执法行为混为一谈错误。其执法部门对上诉人进行执法的事实依据是上诉人于2012年－2013年违法占地的翻建行为，以及国家监测违法用地的卫星航拍图等，法律依据是土地管理法等相关规定，并非依据其所作的长整治发〔2014〕1号文件。一审法院判决认定事实清楚，适用法律正确，程序合法。请求：驳回上诉，维持一审判决。

被上诉人西安市人民政府未提交书面答辩意见，在庭审中辩称：同意长安区政府的答辩意见。同时认为被诉复议决定认定事实清楚，适用法律正确。请求：维持一审判决。

经审理，二审查明的事实与一审判决认定的事实一致，且各方当事人均无异议，本院予以确认。

另查明：2014年7月25日，聂育宽向西安市中级人民法院提起诉讼，请求恢复原状或赔偿经济损失887803元。2014年12月11日，西安市中级人民法院以本案属单独提起行政赔偿的案件，而聂育宽未向赔偿义务机关递交赔偿申请为由，作出(2014)西中行初字第00021号行政裁定，驳回聂育宽的起诉。2014年12月9日，聂育宽向长安区政府申请赔偿，长安区政府于2015年3月26日作出长行赔字(2015)第01号行政赔偿决定书，决定不予赔偿。聂育宽遂以长安区政府、西安市长安区黄良街道办事处为被告，向西安市长安区人民法院提起行政赔偿诉讼，请求被告赔偿因厂房及构筑物被违法强制拆除造成的损失。2017年11月2日，西安市长安区人民法院作出(2017)陕0116行初5号行政赔偿判决：本判决生效后十日内，西安市长安区人民政府、西安市长安区黄良街道办事处共同赔偿聂育宽各项损失共计人民币159696元。宣判后，聂育宽不服，向西安市中级人民法院提起上诉，西安市中级人民法院于2018年2月12日作出(2017)陕01行终73号行政赔偿判决：驳回上诉，维持原判。

本院认为:《中华人民共和国土地管理法》第四十四条规定:“建设占用土地,涉及农用地转为建设用地的,应当办理农用地转用审批手续。省、自治区、直辖市人民政府批准的道路、管线工程和大型基础设施建设项目、国务院批准的建设项目占用土地,涉及农用地转为建设用地的,由国务院批准。在土地利用总体规划确定的城市和村庄、集镇建设用地规模范围内,为实施该规划而将农用地转为建设用地的,按土地利用年度计划分批次由原批准土地利用总体规划的机关批准。在已批准的农用地转用范围内,具体建设项目用地可以由市、县人民政府批准。本条第二款、第三款规定以外的建设项目占用土地,涉及农用地转为建设用地的,由省、自治区、直辖市人民政府批准。”本案中,上诉人聂育宽2005年在其家人承包的集体土地上投资建设骨粉厂,未按法律规定办理农用地转用审批手续。其向一审法院提交的2005年西安市长安区国土资源局黄良土地资源所出具收取用地费的收款收据、西安市长安区黄良乡人民政府于2009年3月28日收取耕地占用税300元的收款收据均不能作为上诉人在其家人承包的集体土地上建设骨粉厂履行了法定的用地审批手续。

《中华人民共和国土地管理法》第六十四条又规定:“在土地利用总体规划制定前已建的不符合土地利用总体规划确定的用途的建筑物、构筑物,不得重建、扩建。”上诉人聂育宽于2012年至2013年间对2005年建设的骨粉厂局部厂房进行翻建,亦未办理相关审批手续,不符合上述法律规定。西安市集中整治违法用地专项行动领导小组办公室市整治发〔2014〕1号《市整治办关于限期查处整改国家监测违法用地图斑的通知》,附有《2013年度国家监测违法用地图斑查处、拆除名单》,该名单中查处图斑2309号,为“聂育宽场违法占地”,监测面积“1亩”,耕地“1亩”,系聂育宽翻建部分厂房所致。被上诉人长安区政府所作被诉长整治发〔2014〕1号文件,附件2《2013年度土地变更调查监测违法图斑第二批拆除整改任务名单》将上诉人的骨粉厂列入拆除整改任务名单,并无不当,也与市整治发〔2014〕1号通知所附2013年度国家监测违法用地图斑一致。故上诉人称长安区政府将其骨粉厂列入拆除整改任务名单,违反土地专项拆除整改政策的理由不能成立,其请求撤销长整治发〔2014〕1号文件附件2中将其骨粉厂列入拆除整改任务名单的内容缺乏事实及法律依据。

被上诉人西安市人民政府在收到上诉人聂育宽的行政复议申请后,按照法定程序作出的市政复决字〔2016〕204号行政复议决定,认定事实清楚,程序合法,应予维持。

综上,上诉人的上诉理由不能成立,依法不予支持。一审判决驳回聂育宽的诉讼请求正确,应予维持。依照《中华人民共和国行政诉讼法》第八十九条第一款第(一)项之规定,判决如下:驳回上诉,维持原判。

※**裁判要旨**:在土地利用总体规划制定前已建的不符合土地利用总体规划确定的用途的建筑物、构筑物,不得重建、扩建。上诉人2005年建设的骨粉厂局部厂房进行翻建,亦未办理相关审批手续,不符合上述法律规定。

第六十六条 【收回集体土地使用权】有下列情形之一的,农村集体经济组织报经原批准用地的人民政府批准,可以收回土地使用权:

(一)为乡(镇)村公共设施和公益事业建设,需要使用土地的;

(二)不按照批准的用途使用土地的;

(三)因撤销、迁移等原因而停止使用土地的。

依照前款第(一)项规定收回农民集体所有的土地的,对土地使用权人应当给予适当补偿。

收回集体经营性建设用地使用权,依照双方签订的书面合同办理,法律、行政法规另有规定的除外。

条文解读

本法第66条是关于农民集体土地使用权收回的规定。

因收回土地使用权涉及农民的利益和公民的财产权,不能由土地所有权人任意行使,必须经原批准用地人民政府批准。没有原批准机关的,报县、市人民政府批准。农村集体经济组织可以收回土地使用权的情形如下:

1. 为了乡(镇)村公共设施和公益事业建设,需要使用土地的。这类土地使用权收回,应当根据土地使用权人的损失情况予以补偿。土地使用权人需要搬迁或安置的,农村集体经济组织应当予以安排。

2. 不按批准用途使用的。我国对建设用地实行严格的管理制度,擅自改变土地用途属违法用地,因土地所有权属农村集体经济组织,本法规定由农村集体经济组织收回土地使用权,而不是由政府土地行政主管部门收回。

3. 因撤销、迁移等原因而停止使用土地的。为了使土地资源能加以合理利用,使这些土地由土地所有权人收回,可以重新安排使用。但企业的破产和兼并,或虽单位迁移但土地仍利用的不能收回。

不按批准用途使用的,属处罚性收回,闲置、荒芜土地收回的,都不应给予补偿。

因集体经营性建设用地使用权是通过出让合同等方式取得,收回集体经营性建设用地使用权,依照双方签订的书面合同办理,法律、行政法规另有规定的除外。

配套法规及解读

《农村土地承包法》(2018 年 12 月 29 日修正)

第二十七条 承包期内,发包方不得收回承包地。

国家保护进城农户的土地承包经营权。不得以退出土地承包经营权作为农户进城落户的条件。

承包期内,承包农户进城落户的,引导支持其按照自愿有偿原则依法在本集体经济组织内转让土地承包经营权或者将承包地交回发包方,也可以鼓励其流转土地经营权。

承包期内,承包方交回承包地或者发包方依法收回承包地时,承包方对其在承包地上投入而提高土地生产能力的,有权获得相应的补偿。

第三十一条 承包期内,妇女结婚,在新居住地未取得承包地的,发包方不得收回其原承包地;妇女离婚或者丧偶,仍在原居住地生活或者不在原居住地生活但在新居住地未取得承包地的,发包方不得收回其原承包地。

第五十七条 发包方有下列行为之一的,应当承担停止侵害、排除妨碍、消除危险、返还财产、恢复原状、赔偿损失等民事责任:

(一)干涉承包方依法享有的生产经营自主权;

(二)违反本法规定收回、调整承包地;

(三)强迫或者阻碍承包方进行土地承包经营权的互换、转让或者土地经营权流转;

(四)假借少数服从多数强迫承包方放弃或者变更土地承包经营权;

(五)以划分“口粮田”和“责任田”等为由收回承包地搞招标承包;

(六)将承包地收回抵顶欠款;

(七)剥夺、侵害妇女依法享有的土地承包经营权;

(八)其他侵害土地承包经营权的行为。

第五十八条 承包合同中违背承包方意愿或者违反法律、行政法规有关不得收回、调整承包地等强制性规定的约定无效。

※法规解读:《土地管理法》第 66 条所规定的土地使用权收回中,不包括土地承包经营权。土地承包经营权的收回将按《农村土地承包法》的规定办理。

农户进城的，其土地承包经营权仍受国家法律保护，不得以退出土地承包经营权作为农户进城落户的条件。承包期内，承包农户进城落户的，引导支持其按照自愿有偿原则依法在本集体经济组织内转让土地承包经营权或者将承包地交回发包方，也可以鼓励其流转土地经营权。承包期内，承包方交回承包地或者发包方依法收回承包地时，承包方对其在承包地上投入而提高土地生产能力的，有权获得相应的补偿。

承包期内，妇女结婚，在新居住地未取得承包地的，发包方不得收回其原承包地；妇女离婚或者丧偶，仍在原居住地生活或者不在原居住地生活但在新居住地未取得承包地的，发包方不得收回其原承包地。

发包方违反规定收回承包地的，应当承担停止侵害、排除妨碍、消除危险、返还财产、恢复原状、赔偿损失等民事责任。

如果承包合同中违背承包方意愿或者违反法律、行政法规有关不得收回承包地等强制性规定的约定无效。

关联法规索引

《最高人民法院关于审理涉及农村土地承包纠纷案件适用法律问题的解释》第5、6条

典型案例

冯汝洪、鹤山市人民政府资源行政管理纠纷案[1]

※案情简介：原审法院经审理查明，一、冯汝洪享有涉案宅基地的来源基本情况。根据广东省高级人民法院作出的（2014）粤高法行终字第656号生效行政判决所确认的原审法院（2013）江中法行初字第31号判决所查明的事实，该院确认与本案有关的如下事实：1993年6月22日，鹤山市政府向冯汝洪核发鹤集建（沙）字总10431号《集体土地建设用地使用证》，确认其拥有越塘隔山村80平方米宅基地使用权，该证记载用途为住宅。2007年9月10日，冯六妹提出集体土地使用证更名申请，将该证的使用权人由冯汝洪更改为冯六妹。2007年10月10日，冯六妹取得鹤国土宅字（2007）第

[1] 案例来源：广东省高级人民法院（2017）粤行终245号行政判决书。

0806 号《用地批复书》,批准使用鹤山市沙坪镇越塘村委会隔山村面积 155.54 平方米土地作住宅用地。2008 年 2 月 21 日,鹤山市政府向冯六妹核发了鹤集用(2008)第000100 号《集体土地使用证》。2011 年 6 月 23 日,鹤山市政府作出鹤府〔2011〕10 号《关于撤销鹤国土宅字(2007)第 0806 号用地批文的决定》,认定冯六妹申请扩大土地证的使用面积时,该宅基地上没有房屋,至作出上述决定之日该宅基地上没有建房,遂撤销了同意更名扩建的批文。2011 年 6 月 24 日,鹤山市国土局根据鹤山市政府的决定注销了冯六妹宗地面积为 155.54 平方米的鹤集用(2008)第 000100 号《集体土地使用证》,并依据鹤山市政府《关于撤销鹤国土宅字(2007)第 0806 号用地批文的决定》于同年 7 月 5 日对冯汝洪拥有宗地面积为 80 平方米的宅基地使用权重新予以登记。鹤山市政府于 2011 年 7 月 14 日向冯汝洪核发鹤集用(1993)第 010431 号《集体土地使用证》,该证记载:“土地使用权人:冯汝洪,坐落:沙坪镇越塘村民委员会隔山村,地类(用途):农村宅基地,使用权类型:批准拨用宅基地,使用权面积:80 平方米。”至 2013 年 7 月 21 日前,该宅基地上没有建筑物。2012 年 11 月 25 日,鹤山市政府向越塘合作社核发鹤集有(2012)第 12076 号《集体土地所有权证》,该证记载:“土地所有权人:广东省鹤山市沙坪街越塘村越塘经济合作社农民集体,地址:鹤山市沙坪街越塘村委会,土地总面积:34.1628 公顷。”

二、冯汝洪关于涉案宅基地之前诉讼情况。冯汝洪曾因不服鹤山市政府于 2013 年 5 月 8 日作出的鹤府复〔2013〕43 号《关于同意收回冯汝江等五宗宅基地使用权的批复》,于 2013 年 10 月 23 日向原审法院提起行政诉讼。原审法院以(2013)江中法行初字第 31 号《行政判决书》判决驳回冯汝洪诉讼请求。冯汝洪不服,向广东省高级人民法院提出上诉。广东省高级人民法院经审理作出(2014)粤高法行终字第 656 号《行政判决书》认为,鹤山市政府批准越塘合作社收回冯汝洪的宅基地,直接影响冯汝洪重大利益。根据正当程序的要求,鹤山市政府作出被诉批复前,应当给予冯汝洪陈述和申辩的权利,并核实与收回有关的要件,如是否符合法律规定的条件以及涉案表决书的真实性等。但是,鹤山市政府仅向越塘合作社了解情况,未给予冯汝洪陈述异议的机会,就批复同意注销冯汝洪的鹤集用(1993)第 010431 号《集体土地使用证》由越塘合作社收回,违反了正当程序的要求,属于程序违法,且被诉批复未列明同意越塘合作社收回宅基地的事实、理由和法律依据,冯汝洪在诉讼程序中对其亲属表决同意收回自己宅基地使用权的真实性也持有强烈异议,属于主要事实不清,依法应予以撤销。广东省高级人民法院认为原审法院判决驳回冯汝洪的诉讼请求不当,应予以纠正。鹤山市政府应重新审查越塘合作社的申请,并依法作出同意与否的决定。广东省高级人民法院依照《中华人民共和国行政诉讼法》第五十四条第(二)项第1、3目、第六十一条第(三)项的规定,作出(2014)粤高法行终字第656号《行政判决书》,判决:一、撤销江门市中级人民法院(2013)江中法行初字第31号行政判决;二、撤销鹤山市政府《关于同意收回冯汝江等五宗宅基地使用权的批复》(鹤府复〔2013〕43号)中有关同意注销冯汝洪的鹤集用(1993)第010431号宅基地登记,由越塘合作社收回其宅基地使用权的决定;三、由鹤山市政府重新作出具体行政行为。

三、本案行政诉讼产生的基本情况。2014年9月12日,越塘合作社在召开村民代表大会前制作了《关于重新启动召开收回冯汝江等宅基地的村民户代表会议的公告》,并于2014年9月16日作出《公告》,告知了越塘合作社村民会议表决的事项,且于2014年9月17日向冯汝洪发出《通知》,并在《江门日报》上公开刊登了上述通知。2014年9月28日,越塘合作社全村的571户中的551户到场参加会议表决,其中550户代表签名同意收回冯汝洪等宅基地,1户弃权,同意率为99.8%。越塘合作社根据村民户代表会议形成决议后于2014年9月30日制作了《关于收回冯汝江等人宅基地使用权的申请》报请鹤山市政府批准。2014年9月30日,越塘合作社向鹤山市政府提出《关于收回冯汝江等人宅基地使用权的申请》并附《关于重新启动召开收回冯汝江等宅基地的村民户代表会议的公告》、《公告》、《通知》、村民表决会议的表决书、录像等材料。2015年3月27日鹤山市政府向冯汝洪送达鹤府告〔2015〕2号《权利告知书》告知冯汝洪:"越塘合作社申请收回你位于隔山街的宅基地(原土地证号:鹤集用〔1993〕第0104××号)归越塘村越塘经济合作社所有,你有陈述、申辩与申请听证的权利。若你对收回自己的宅基地使用权有异议,请于收到本告知书后5日内向本府陈述、申辩。若认为需要听证,请于收到本告知书后5日内向本府提交听证申请书。"2015年3月31日,冯汝洪向鹤山市政府提交《听证申请书》。2015年5月21日,鹤山市政府就越塘合作社向鹤山市政府提出《关于收回冯汝江等人宅基地使用权的申请》一事召开听证会,并制作了听证笔录,冯汝江、冯柏健、冯松坚参与了听证(冯汝洪是冯汝江代其参加)。2015年12月31日,鹤山市政府作出鹤府行决字〔2015〕3号《批准收回宅基地使用权决定书》,内容为"批准申请人越塘合作社收回被申请人冯汝江、冯汝洪、刘惠娥、冯松坚、冯柏健等五宗宅基地使用权归申请人越塘经济合作社所有。批准收回宅基地的原土地使用证号分别为:冯汝江宅基地:鹤集用(1993)第010439号、冯汝洪宅基地:鹤集用(1993)第010431号、刘惠娥宅基地:鹤集建(沙)字总10438号第13010207号、冯柏健宅基地:鹤集用(2008)第000200号、冯松坚宅基地:鹤集用(2008)第000197号。"

冯汝洪不服该决定,于2016年3月14日向江门市政府申请行政复议。江门市政府收到冯汝洪邮寄提交的《行政复议申请书》,经审查于2016年3月17日制作江府行复〔2016〕6号《补正行政复议申请材料通知书》送达给冯汝洪,要求其补正行政复议申请材料。2016年3月30日冯汝洪提交了最终补正材料,江门市政府审查后于同年4月1日予以立案并制作江府行复〔2016〕6号《行政复议受理通知书》,江门市政府依法受理后,依法指定两名行政复议的工作人员负责审理,于2016年4月6日向相关当事人鹤山市政府和越塘合作社送达相应的法律文书《提出行政复议答复通知书》和《第三人参加行政复议通知书》,并于2016年5月17日到涉案宅基地开展现场勘验及实地调查,核实有关证据材料。因案情复杂2016年5月25日还作出《延长行政复议审查期限通知书》。2016年5月30日,江门市政府作出江府行复〔2016〕6号《行政复议决定书》,维持鹤府行决字〔2015〕3号《批准收回宅基地使用权决定书》,并于2016年6月7日分别邮寄送达冯汝洪、越塘合作社和鹤山市政府,且冯汝洪也于2016年6月9日实际签收了上述文书。冯汝洪仍不服,于2016年6月21日向原审法院提起行政诉讼,请求判决:一、撤销鹤府行决字〔2015〕3号《批准收回宅基地使用权决定书》和江府行复〔2016〕6号《行政复议决定书》;二、本案全部诉讼费由鹤山市政府和江门市政府承担。

原审法院认为,本案系土地行政批准纠纷。根据《中华人民共和国土地管理法》第六十二条第三款"农村村民住宅用地,经乡(镇)人民政府审核,由县级人民政府批准……"以及第六十五条第一款"有下列情形之一的,农村集体经济组织报经原批准用地的人民政府批准,可以收回土地使用权:……(二)不按照批准的用途使用土地的……"的规定,鹤山市政府作为县级以上人民政府具有依法批准农村村民申请住宅用地的职权,对不按照批准用途使用土地的情形也具有批准农村集体经济组织收回土地使用权的法定职责,其在本案中根据越塘合作社的申请,作出涉案批复属于其法定职责,其主体适格,予以确认。根据《中华人民共和国行政复议法》第十三条"对地方各级人民政府的具体行政行为不服的,向上一级地方人民政府申请行政复议"的规定,江门市政府作为鹤山市政府的上级地方人民政府,具有受理涉案行政复议申请并作出复议决定的法定职权,其执法主体适格,予以确认。

根据各方当事人庭审中的诉辩意见,本案的争议焦点为:一、鹤山市政府作出的鹤府行决字〔2015〕3号《批准收回宅基地使用权决定书》是否合法;二、江门市政府作出的江府行复〔2016〕6号《行政复议决定书》是否合法。其中上述第一焦点又包含越塘合作社依法有无对涉案宅基地收回的权利及其申请收回有无履行法定的相关手续和关于鹤山市政府作出鹤府行决字〔2015〕3号《批准收回宅基地使用权决定书》是否严格履行广东省高级人民法院(2014)粤高法行终字第656号《行政判决书》确定的程序正当的要求的两个问题。

针对上述两焦点问题,原审法院作如下认定:

一、关于越塘合作社依法有无对涉案宅基地收回的权利及其申请收回有无履行法定的相关手续的问题。首先,根据《中华人民共和国土地管理法》第六十五条第一款第(二)项"有下列情形之一的,农村集体经济组织报经原批准用地的人民政府批准,可以收回土地使用权:……(二)不按照批准用途使用土地的",以及《确定土地所有权和使用权的若干规定》第五十二条"空闲或房屋坍塌、拆除两年以上未恢复使用的宅基地,不确定土地使用权。已经确定使用权的,由集体报经县级人民政府批准,注销其土地登记,土地由集体收回"的规定,没有正当理由空置两年期限的,集体组织可以依法报县级人民政府批准收回。冯汝洪主张越塘合作社于2012年11月25日才取得涉案土地所有权,其无权于2012年9月27日组织村民进行表决,也无权申请收回涉案宅基地使用权。因越塘合作社已依法取得涉案宅基地所在产权证号为鹤集有(2012)第12076号《集体土地所有权证》项下的集体用地的管理权限,其作为拥有集体土地所有权的集体经济组织,对冯汝洪不按规定用途使用宅基地造成宅基地空闲情况,有权报请鹤山市政府批准收回土地使用权。另冯汝洪认为,其享有使用权的宅基地属于隔山村,另外,越塘合作社取得鹤集有(2012)第12076号《集体土地所有权证》的时间是2012年,而冯汝洪获得土地使用权证是1993年,故越塘合作社并非涉案宅基地所在集体土地所有权人,其无权收回涉案宅基地。根据《中华人民共和国民法通则》第七十四条第二款"集体所有的土地依照法律属于村农民集体所有,由村农业生产合作社等农业集体经济组织或者村民委员会经营、管理"的规定,确定了农村集体土地就是归所在的农村集体所有这一基本原则,由于历史原因,我国的农村集体土地确权发证工作一直并不完善,虽然个别农村集体暂未获得《集体土地所有权证》,但这并不影响农村集体组织依法享有所在土地的所有权和管理权。另外,本案中的隔山村是一个隶属越塘合作社的自然村,越塘合作社对村集体内的自然村的土地也当然享有管理权。虽然越塘合作社在2012年11月25日才获得鹤山市政府颁发《集体土地所有权证》,但并不能因此否定越塘合作社在此之前已拥有涉案土地所有权并对该土地进行实际管理。冯汝洪也没有提供其他证据否定越塘合作社拥有涉案宅基地的土地所有权的事实。由此可见,本案的越塘合作社有权收回不按照批准用途使用土地的集体土地。其次,根据《中华人民共和国村民委员会组织法》第二十二条"召开村民会议,应当有本村十八周岁以上村民的过半数,或者村三分之二以上的户的代表参加,村民会议所作决定应当经到会人员的过半数通过"的规定,本案现有证据显示,越塘合作社组织的村民会议的决议同意率为99.8%,符合经到会人员的过半数通过的法律规定。据此,冯汝洪认为,该涉案宅基地属于隔山村,越塘合作社无权收回,以及村民会议不真实的主张缺乏事实和法律依据,不予采纳。

二、关于鹤山市政府作出鹤府行决字〔2015〕3号《批准收回宅基地使用权决定书》是否严格履行广东省高级人民法院(2014)粤高法行终字第656号《行政判决书》确定的程序正当的要求的问题。从现有证据显示,越塘合作社向鹤山市政府递交《关于收回冯汝江等人宅基地使用权的申请》,请求收回冯汝江等人闲置宅基地。鹤山市政府依法受理后,已将越塘合作社申请事项、利害关系人享有的权利义务告知冯汝洪,并应冯汝洪的申请举行听证。鹤山市政府在对越塘合作社的申请事项调查核实后,于法定期限内作出鹤府行决字〔2015〕3号《批准收回宅基地使用权决定书》,程序合法,予以确认。本案中,冯汝洪于1993年6月22日已通过鹤山市政府核发《集体土地建设用地使用证》拥有涉案宅基地使用权,其应当依据国家相关土地管理法律、法规的规定,及时、正当地行使其宅基地使用权人的权利。但冯汝洪获得宅基地使用权后,一直没有在该宅基地上建设住宅,根据上述1995年施行的《确定土地所有权和使用权的若干规定》的规定,至1997年止冯汝洪没有按宅基地的用途建造住宅的,相关集体已可按照上述规定报请收回该宅基地使用权。经鹤山市政府调查核实,直至2011年,涉案宅基地上均没有建造住宅或附属设施用于居住。鹤山市政府于2011年向冯汝洪重新颁发涉案宅基地的土地证书,否定了冯汝洪利用扩建非法占用土地的合法性,确认冯汝洪仍为涉案宅基地的权利人且使用面积仍为80平方米,是对冯汝洪原有宅基地使用权的恢复,不属于新的行政行为。冯汝洪主张该发证行为属新的行政行为,理据不足,不予支持。因此,冯汝洪自1993年取得宅基地使用权后,没有按规定用途使用宅基地,造成涉案宅基地空闲两年以上,符合上述规定的可由集体收回土地使用权的情形。冯汝洪认为鹤山市政府作出的行政行为与之前作出的行政行为结果一致甚至加重处理属于违法,但是鹤山市政府在收到省法院的判决后,履行了告知、听证等正当程序,在此程序基础上查明事实并作出决定,并不属于法律规定的"以同一的事实和理由作出与原行政行为基本相同的行政行为",亦不违反《中华人民共和国行政诉讼法》第七十一条之规定。至于冯汝洪认为鹤山市政府重新作出行政行为超过60日,不符合《中华人民共和国行政复议法实施条例》规定的60日违法的主张,因鹤山市政府重新作出行政行为并非复议行为,不能适用行政复议法有关法律规定,故冯汝洪该项主张于法无据,不予支持。

三、关于江门市政府作出的江府行复〔2016〕6号《行政复议决定书》维持鹤府行决字〔2015〕3号《批准收回宅基地使用权决定书》是否程序合法处理得当的问题。本案现有证据显示，冯汝洪虽然在2016年3月14日向江门市政府邮寄提交了《行政复议申请书》，但当时提交资料并不齐全。江门市政府在其补正行政复议申请材料后的2016年4月1日正式立案，于2016年5月30日作出复议决定，在法定期限60日内履行复议职责，符合行政复议法关于法定期限的规定。另江门市政府依法受理后，依法指定两名行政复议的工作人员负责审理，向相关当事人鹤山市政府和越塘合作社送达相应的法律文书，并到涉案宅基地开展现场勘验及实地调查，核实有关证据材料，履行了法定复议审查职责，程序合法，处理得当。

综上所述，鹤山市政府根据越塘合作社的申请，作出同意收回涉案宅基地使用权的决定行为符合相关法律、法规的规定。江门市政府作出的涉案行政复议决定，程序合法。冯汝洪诉请撤销涉案《批准收回宅基地使用权决定书》以及《行政复议决定书》的事实和法律依据均不充分，不予支持。依照《中华人民共和国行政诉讼法》第六十九条的规定，判决如下：驳回原告冯汝洪的诉讼请求。案件受理费人民币50元，由原告冯汝洪负担。

冯汝洪不服原审判决，向本院提出上诉称：一、法律不允许“村民表决”就可以收回土地使用权。1. 国家土地管理局1995年出台的《确定土地所有权和使用权的若干规定》，只是部门文件，违背立法法第八条关于民事基本制度只能制定法律的规定。违反物权法的规定，在物权法实施后不能再适用。2. 本案土地权属已经登记发证，有关争议应提起民事诉讼，或以登记机关为被告提起行政登记侵权诉讼。3. 涉案宅基地属于隔山经济社，不属于越塘合作社，越塘合作社无权收回。上诉人是1993年从隔山经济社取得宅基地，当时有效的法律规定，不存在2年不建设就没收宅基地的做法。如果后来法律有变化，应无溯及力。4. 证人冯某证实，当时越塘合作社村民签名是关于狗仔山地块问题而领取100元，却被越塘村委会做手脚变为签名表决同意收回上诉人宅基地。二、已经发证的土地使用权，不能由政府决定收回。利害关系人有异议可以申请更正，或复议、诉讼，政府不是利害关系人，政府无权决定收回土地使用权。三、涉案宅基地非因上诉人原因无法建设，不属于“闲置”，且争议未解决政府另行发证给越塘合作社，是政府违法。因地势平整需要，经多年挖掘至2006年涉案宅基地才与旁路平齐，遂打地基、砌挡土墙。2009年5月越塘合作社派人破坏了挡土墙。2012年5月填石粉建房，再次被村委会阻止。国土、建设规划部门不放线。本案因换届，村领导换届后新班子排挤打击陷害老班子引起。土地管理法规定土地所有权和使用权争议解决前，任何一方不得改变土地利用现状，本案争议未解决，政府发证给越塘合作社是违反该规定的。四、上诉人两个侄子冯柏健、冯松坚通过公开竞投所得的公司厂房及土地使用权应受法律保护。五、被诉行政行为程序不合法。被上诉人是以同一事实和理由作出与原行政行为基本相同的行政行为。复议机关在申请人请求范围内,不得作出对申请人更不利的复议决定。政府重新作出行政行为的期限应是60日,鹤山市政府超期作出〔2015〕3号决定。2011年国土局重新发证,是新的行政行为,至2013年作出收回宅基地决定,不满2年。2011年7月重新发证后各方均无异议,表明对上诉人涉案土地是否闲置及重新发证无异议。请求撤销原判,撤销鹤山市政府鹤府行决字〔2015〕3号《批准收回宅基地使用权决定书》和江门市政府江府行复〔2016〕6号《行政复议决定书》,本部全部诉讼费由被上诉人负担。

鹤山市政府答辩称:一、关于上诉人主张涉案宅基地属于隔山村,越塘合作社无权收回的问题。首先,根据物权法相关规定,涉案宅基地已办理权属登记,故越塘合作社是宅基地所有权人。其次,隔山村是隶属于越塘合作社的自然村,越塘合作社对村集体内的自然村的土地当然也有管理权。二、关于上诉人主张的已发证土地使用权不能由政府决定收回的问题。越塘合作社决定收回涉案宅基地并非对发证行为有异议,而是对其空闲土地情况依法处理,报县级人民政府批准收回。三、关于上诉人主张政府另行发证给越塘合作社违法的问题,该发证行为与本案需审查的行政行为是两个独立的行政行为。四、关于上诉人主张竞投取得的厂房不属于闲置的问题,宅基地是为保障村民居住权而由村集体分配的土地,依法只能用作建设住宅。五、关于上诉人主张的行政行为程序不合法的问题。答辩人按照法院判决指引的正当程序原则,经过正当程序,查明事实后作出涉案决定书,根本不属于与原行政行为基本相同的行政行为。答辩人按照判决重新作出行政行为,不属复议行为,不适用行政复议法实施条例相关规定。请求依法驳回上诉请求。

江门市政府答辩称:一、鹤山市政府鹤府行决字〔2015〕3号《批准收回宅基地使用权决定书》和江门市政府江府行复〔2016〕6号《行政复议决定书》均符合相关法律规定,原审判决驳回上诉人的诉讼请求合法有据。(一)鹤山市政府认定上诉人宅基地闲置满两年依法作出批准收回宅基地的决定事实清楚,证据确凿,适用依据正确,程序合法。上诉人自1993年6月22日取得该宅基地以来,该宅基地使用权历经初始、变更和注销登记程序,但上诉人一直未按规定进行房屋建设,长期闲置。越塘合作社召开村民户代表会议形成决议后逐级向鹤山市政府申请批准收回该宅基地,符合法律相关规定。越塘合作社在召开村民代表大会前,制作了《关于重新启动召开收回冯汝江等宅基地的村民户代表会议的公告》,告知包括上诉人的越塘合作社的村民会议表决的事项,并在《江门日报》上公开刊登了上述通知。鹤山市政府根据上诉人申请组织召开了听证会,听取其陈述和申辩,经调查核实认定上诉人闲置土地满两年,批准收回宅基地的决定事实清楚,证据确凿,适用依据正确,程序合法。(二)答辩人对上诉人作出的行政复议决定合法,处理得当。答辩人依法立案受理复议申请并制作、送达相关文书,指定二名行政复议工作人员负责审理,并对涉案地块开展现场勘查,并实地调查核实有关证据材料,作出维持原行政行为的行政复议决定。二、上诉人提出的上诉请求及理由不成立,依法应予驳回。(一)上诉人造成宅基地闲置两年以上。越塘合作社于2012年已取得集体土地所有证,作为拥有集体土地所有权的集体经济组织,对上诉人不按规定用途使用宅基地造成集体土地空闲的情况,经组织召开村民代表会议表决通过后,报鹤山市政府批准收回土地使用权,符合法律规定。履行了告知、听证等正当程序,在此程序基础上查明事实重新作出决定,不属于"以同一的事实和理由作出与原行政行为基本相同的行政行为",也不违反行政复议法有关规定。(二)答辩人作出行政复议决定符合相关法律规定,并不存在上诉人所述的作出对其更为不利的行政复议决定的问题。综上所述,答辩人作出行政复议决定具备法定职权,具有事实和法律依据,符合法定程序。上诉人的诉讼请求理据不足,请求驳回上诉,维持原判。

原审第三人越塘合作社陈述称:一、《中华人民共和国土地管理法》第六十二条规定:"农村村民一户只能拥有一处宅基地,其宅基地的面积不得超过省、自治区、直辖市规定的标准。"冯汝江、冯汝洪除了取得本案争议的土地外,在越塘范围内还拥有其他宅基地,不符合"一户一宅"的要求。其取得宅基地未建成住宅,闲置至今,根据土地管理法第六十五条第一款规定及《确定土地所有权和使用权的若干规定》第五十二条规定,第三人收回冯汝江、冯汝洪等四人的宅基地使用权合理合法。二、涉案宅基地的土地所有权归我越塘合作社所有,我社是根据相关法律法规及村民的意愿来收回宅基地。我社在召开村民户代表会议表决是否收回宅基地前,制作、发出了《关于重新启动召开收回冯汝江等宅基地的村民户代表会议的公告》,告知村民讨论表决的事项,并向冯汝洪等人发出了通知,在《江门日报》上刊登了上述通知;在表决中,我越塘合作社共571户,有551户到场表决,1户弃权,同意率达99.8%,从而表决通过收回宅基地使用权,整个过程有监督、有录像,保证了表决过程的公平、公正、公开,是越塘村民的真实意思表示。随后我越塘合作社向鹤山市政府申请收回涉案宅基地使用权,鹤山市政府也根据上诉人申请召开了听证会,充分听取其意见,然后,在全面查明所有事实的基础上,依法作出批准收回宅基地使用权决定。因此,我越塘合作社认为鹤山市政府收回涉案宅基地使用权的决定事实清楚,证据确凿,适用依据正确。请求驳回其所有上诉请求。

本院经审查，对原审判决认定的事实予以确认。

本院认为，本案二审争议的主要问题是：鹤山市政府批准收回上诉人冯汝洪的宅基地使用权，认定事实是否清楚，适用法律是否正确，是否属于经人民法院判决重作后，“以同一的事实和理由作出与原行政行为基本相同的行政行为”。

《中华人民共和国物权法》第一百五十三条规定：“宅基地使用权的取得、行使和转让，适用土地管理法等法律和国家有关规定。”《中华人民共和国土地管理法》第六十二条规定：“农村村民一户只能拥有一处宅基地，其宅基地的面积不得超过省、自治区、直辖市规定的标准。”该法第六十五条第一款规定：“有下列情形之一的，农村集体经济组织报经原批准用地的人民政府批准，可以收回土地使用权：……（二）不按照批准的用途使用土地的……”1995 年 5 月 1 日起实施的原国家土地管理局《确定土地所有权和使用权的若干规定》第五十二条规定：“空闲或房屋坍塌、拆除两年以上未恢复使用的宅基地，不确定土地使用权。已经确定使用权的，由集体报经县级人民政府批准，注销其土地登记，土地由集体收回。”宅基地使用权分配给村民的目的是给村民建住宅使用，村民取得宅基地使用权后长期闲置，造成农村土地资源浪费，不符合分配宅基地使用权的初衷，也不符合土地管理法规定的“十分珍惜、合理利用土地”的基本国策。因此对造成宅基地使用权闲置的，应当适用前述法律和部门规章规定的收回土地使用权的制度。虽然上诉人冯汝洪取得涉案宅基地在 1993 年，当时的法律法规未明确规定收回闲置宅基地使用权的问题，但至 1995 年、1998 年，前述规章和法律明确规定了收回闲置宅基地使用权制度，此后，涉案宅基地的使用应当受该规定约束。冯汝洪取得该宅基地多年未建住宅，该宅基地现处于空置状态，应当认定属于《中华人民共和国土地管理法》第六十五条第一款规定的不按照批准的用途使用土地，且早已超过《确定土地所有权和使用权的若干规定》第五十二条规定的两年期限。其称自 1993 年起一直挖掘土地直至 2006 年，才将土地挖成与旁路地面平齐，没有证据证实，且不符合常理。其称未建设房屋不是其自身原因，而是村委会阻止其建房，事实上在其主张存在的阻止行为发生前，其土地早已经闲置超过两年，而其对于主张的阻止行为并无提交充分证据证实，且未对所主张的阻止行为提起过诉讼。其称有 30 多名村民签名证实其 2012 年填土建房被阻止，但在越塘合作社 2014 年 9 月 28 日召开的村民户代表会议上，越塘合作社全村 571 户中的 551 户到场参加会议，其中 550 户代表签名同意收回冯汝洪闲置宅基地使用权，1 户弃权，也表明绝大多数村民对其闲置宅基地使用权这一事实的认可。因此，对上诉人的主张，本院不予采信。鹤山市政府认定上诉人宅基地闲置满两年的事实清楚,证据充分。

越塘合作社于2012年取得涉案集体土地所有权证,并无有权利的主体依法向人民政府提出异议,本案有关应否收回宅基地使用权的争议,不影响所在集体土地所有权登记发证。因此,应当认定越塘合作社对涉案宅基地拥有所有权。越塘合作社在召开村民代表大会前制作和发布《关于重新启动召开收回冯汝江等宅基地的村民户代表会议的公告》、《公告》,向本村村民告知村民代表会议表决事项。又向冯汝洪发出通知,告知其村民代表会议表决的事项,并在《江门日报》上刊登了该通知。2014年9月28日召开的村民户代表会议,越塘合作社全村571户中的551户到场参加会议,以99.8%的同意率决议收回冯汝洪闲置宅基地使用权。越塘合作社根据村民户代表会议决议向鹤山市政府提出关于收回涉案宅基地使用权的书面申请,并附村民户代表会议相关公告、通知、表决书及录像等。越塘合作社通过村民集体表决形成收回冯汝洪宅基地使用权的决议,报请鹤山市政府批准,是其依法行使集体土地所有权的行为。冯汝洪主张越塘合作社无权收回其宅基地使用权,没有事实和法律依据,本院不予支持。

鹤山市政府收到申请后,向冯汝洪告知了越塘合作社的申请事项及其享有的陈述、申辩权和申请听证权,应冯汝洪的申请组织了听证会,听取冯汝洪的意见,又对相关事实进行调查核实,按照本院(2014)粤高法行终字第656号判决的要求履行了正当法律程序,查清事实后,作出〔2015〕3号决定,送达给冯汝洪,不属于"以同一的事实和理由作出与原行政行为基本相同的行政行为"。鹤山市政府按照生效判决重新作出行政行为,不适用《中华人民共和国行政复议法》关于作出期限的规定。冯汝洪请求撤销该决定,理由不成立,本院不予支持。

江门市政府依照法定程序履行行政复议职责,作出维持鹤山市政府批准收回涉案宅基地使用权决定的江府行复〔2016〕6号《行政复议决定书》,实体及程序均符合法律规定。冯汝洪请求撤销该行政复议决定的理由亦不成立,本院不予支持。

上诉人冯汝洪两个侄子冯柏健、冯松坚的宅基地使用权问题已经另案提起行政诉讼,不是本案审查范围。

综上所述,原审判决驳回冯汝洪要求撤销鹤山市政府鹤府行决字〔2015〕3号《批准收回宅基地使用权决定书》和江门市政府江府行复〔2016〕6号《行政复议决定书》的诉讼请求认定事实清楚,适用法律正确,依法应予维持;冯汝洪上诉请求依据不足,依法应予驳回。依照《中华人民共和国行政诉讼法》第八十九条第一款第(一)项规定,判决如下:驳回上诉,维持原判。

※裁判要旨:空闲或房屋坍塌、拆除两年以上未恢复使用的宅基地,不确定土地使

用权。已经确定使用权的，由集体报经县级人民政府批准，注销其土地登记，土地由集体收回。宅基地使用权分配给村民的目的是给村民建住宅使用，村民取得宅基地使用权后长期闲置，造成农村土地资源浪费，不符合分配宅基地使用权的初衷，也不符合《土地管理法》规定的"十分珍惜、合理利用土地"的基本国策。因此对造成宅基地使用权闲置的，应当认定属于新《土地管理法》第六十六条第一款规定的不按照批准的用途使用土地的情形。

第六章　监 督 检 查

本章介绍

本章是关于土地管理监督检查的规定。县级以上人民政府自然资源主管部门对土地利用情况以及土地管理法落实情况拥有监督检查权，土地管理监督检查人员履行职责时应当出示土地管理监督检查证件，有关单位和个人应当支持土地监督检查工作，不得拒绝与阻碍土地管理监督检查人员依法执行职务。县级以上人民政府自然资源主管部门履行监督检查职责时有权采取措施，对国家工作人员的土地违法行为，依法应当如何给予行政处分的规定，对土地违法行为应当分别移送司法机关给予刑事处罚或者依法给予行政处罚。此外，本章还规定了自然资源主管部门不履行法定职责的处置办法。

第六十七条　【检查机关】县级以上人民政府自然资源主管部门对违反土地管理法律、法规的行为进行监督检查。

县级以上人民政府农业农村主管部门对违反农村宅基地管理法律、法规的行为进行监督检查的，适用本法关于自然资源主管部门监督检查的规定。

土地管理监督检查人员应当熟悉土地管理法律、法规，忠于职守、秉公执法。

条文解读

本法第67条是关于县级以上人民政府自然资源主管部门对违反土地管理法律、法规的行为进行监督检查的规定。

县级以上人民政府自然资源主管部门监督的对象则为一切违反土地管理法律、法规的单位和个人，包括各级政府部门及其公务员、各级政府及政府部门任命的其他人员、各级地方人民政府及其领导人员。

土地管理监督检查人员应当熟悉土地管理法律、法规，忠于职守、秉公执法。熟悉土地管理法律、法规，这是对土地管理监督检查人员必须具备的专业法律知识的要求。

忠于职守、秉公执法，这是对土地管理监督检查人员职业道德和执法能力的要求。

土地管理监督检查人员履行职责，需要进入现场进行勘测，要求有关单位或者个人提供文件、资料和作出说明的，应当出示统一制发的土地管理监督检查证件。不依法出示土地管理监督检查证件的，被检查的单位和个人有权拒绝接受检查。

有关单位和个人对县级以上人民政府自然资源主管部门就土地违法行为进行的监督检查应当支持与配合，并提供工作方便，不得拒绝与阻碍土地管理监督检查人员依法执行职务。县级以上人民政府自然资源主管部门履行监督检查职责时，有权采取下列措施：(1)要求被检查的单位或者个人提供有关土地权利的文件和资料，进行查阅或者予以复制；(2)要求被检查的单位或者个人就有关土地权利的问题作出说明；(3)进入被检查单位或者个人非法占用的土地现场进行勘测；(4)责令非法占用土地的单位或者个人停止违反土地管理法律、法规的行为。

配套法规及解读

《土地管理法》(2019年8月26日修正)

第七十三条 依照本法规定应当给予行政处罚，而有关自然资源主管部门不给予行政处罚的，上级人民政府自然资源主管部门有权责令有关自然资源主管部门作出行政处罚决定或者直接给予行政处罚，并给予有关自然资源主管部门的负责人处分。

《土地管理法实施条例》(2014年7月29日修订)

第三十一条 土地管理监督检查人员应当经过培训，经考核合格后，方可从事土地管理监督检查工作。

第三十二条 土地行政主管部门履行监督检查职责，除采取《土地管理法》第六十七条规定的措施外，还可以采取下列措施：

(一)询问违法案件的当事人、嫌疑人和证人；

(二)进入被检查单位或者个人非法占用的土地现场进行拍照、摄像；

(三)责令当事人停止正在进行的土地违法行为；

(四)对涉嫌土地违法的单位或者个人，停止办理有关土地审批、登记手续；

(五)责令违法嫌疑人在调查期间不得变卖、转移与案件有关的财物。

第三十三条 依照《土地管理法》第七十三条规定给予行政处分的，由责令作出行政处罚决定或者直接给予行政处罚决定的上级人民政府土地行政主管部门作出。对于警告、记过、记大过的行政处分决定，上级土地行政主管部门可以直接作出；对于降级、撤职、开除的行政处分决定，上级土地行政主管部门应当按照国家有关人事管理权限和处理程序的规定，向有关机关提出行政处分建议，由有关机关依法处理。

※法规解读：

一、土地管理人员的要求

土地管理监督检查人员应当经过培训，经考核合格后，方可从事土地管理监督检查工作。

二、土地管理部门的职权

(1)要求被检查的单位或者个人提供有关土地权利的文件和资料，进行查阅或者予以复制；

(2)要求被检查的单位或者个人就有关土地权利的问题作出说明；

(3)进入被检查单位或者个人非法占用的土地现场进行勘测；

(4)责令非法占用土地的单位或者个人停止违反土地管理法律、法规的行为；

(5)询问违法案件的当事人、嫌疑人和证人；

(6)进入被检查单位或者个人非法占用的土地现场进行拍照、摄像；

(7)责令当事人停止正在进行的土地违法行为；

(8)对涉嫌土地违法的单位或者个人，停止办理有关土地审批、登记手续；

(9)责令违法嫌疑人在调查期间不得变卖、转移与案件有关的财物。

三、自然资源主管部门不履行法定职责的处置办法

依法查处土地违法行为是县级以上各级人民政府自然资源主管部门的职责。县级以上人民政府自然资源主管部门应当依法履行自己的职责。有关自然资源主管部门不履行法定职责是指依照土地管理法律、法规的规定，应当给予行政处罚，而有关自然资源主管部门不给予行政处罚的事实。这里讲的依法应当给予行政处罚，而有关自然资源主管部门不给予行政处罚，是指在违法事实清楚，案件管辖明确的前提下，有处罚权的自然资源主管部门对依法应当给予行政处罚的行为，不给予行政处罚的做法。为了捍卫法律的尊严，维护国家土地管理秩序，依法查处土地违法行为，本条对有关自然资源主管部门不履行法定职责的行为，规定了三项处置办法：

其一，对依法应当给予行政处罚，而有关自然资源主管部门不给予行政处罚的土地违法事项，由上级人民政府行政主管部门责令有关自然资源主管部门作出行政处罚决定。有关自然资源主管部门应当依法作出行政处罚决定。

其二，上级人民政府自然资源主管部门对依法应当给予行政处罚，而有关自然资源主管部门不给予行政处罚的土地违法行为，认为有必要自行处理的，可以直接给予

行政处罚,及时制止违法行为继续发生。

其三,对依法应当给予行政处罚而有关自然资源主管部门不给予行政处罚的,由上级人民政府自然资源主管部门对该自然资源主管部门的负责人,依其应负的责任,给予警告、记过、记大过、降级、撤职、开除的行政处分。给予行政处分的,由责令作出行政处罚决定或者直接给予行政处罚决定的上级人民政府自然资源主管部门作出。对于警告、记过、记大过的行政处分决定,上级自然资源主管部门可以直接作出;对于降级、撤职、开除的行政处分决定,上级自然资源主管部门应当按照国家有关人事管理权限和处理程序的规定,向有关机关提出行政处分建议,由有关机关依法处理。

关联法规索引

《行政机关公务员处分条例》第6~17条

典型案例

晏胜才与四川省人民政府行政再审案[1]

※案情简介:晏胜才于2014年10月向四川省国土资源厅提出查处土地违法行为的申请(附晏胜才的身份证明、郫县团结镇人民政府发给晏胜才的拆迁通知书、拆迁补偿统计表等),要求对郫县人民政府和郫县团结镇人民政府非法占用郫县团结镇太和村十四组300多亩基本农田等违法行为进行查处。因认为省国土资源厅未就其申请履行法定职责,晏胜才于2015年2月24日向四川省人民政府邮寄行政复议申请书,要求责令省国土资源厅限期对其要求查处土地违法行为的申请作出答复。四川省人民政府于2015年2月25日收到申请,并于3月18日作出川府复不〔2015〕10号《不予受理行政复议决定书》,载明:“申请人对被申请人履行查处土地违法案件法定职责的具体行政行为不服,于2015年3月12日向本机关提出行政复议申请。经审查,本机关认为,申请人的行政复议申请不属于行政复议范围。根据《中华人民共和国行政复议法》第六条、第十七条的规定,决定不予受理。”晏胜才于同年6月收到决定后,提起本案诉讼。

---

〔1〕 案例来源:最高人民法院(2017)最高法行再51号行政判决书。

四川省成都市中级人民法院一审认为,四川省人民政府是本案适格的复议机关。晏胜才向省国土资源厅提出申请,要求查处郫县人民政府和郫县团结镇人民政府的违法行为,该事项属于内部监察范畴,故晏胜才以省国土资源厅未履行相应职责向四川省人民政府提起行政复议申请后,四川省人民政府认为其申请不属于行政复议受案范围正确。四川省人民政府据此作出《不予受理行政复议决定书》并向晏胜才送达,其行政行为并无不当。据此,依照《中华人民共和国行政诉讼法》第六十九条的规定,判决驳回晏胜才的诉讼请求。案件受理费人民币50元,由晏胜才负担。

四川省高级人民法院二审认为,四川省人民政府是本案适格的复议机关。晏胜才向省国土资源厅的申请实质系举报行为。《国土资源行政处罚办法》等规范性文件并未规定国土主管部门应向举报人回复查处情况。根据《中华人民共和国行政复议法》第六条规定,行政机关负有法定具体行政作为义务而不作为的才属于复议范围。因此,四川省人民政府对晏胜才的复议申请决定不予受理并无不当。遂判决驳回晏胜才的上诉,维持原判决。案件受理费人民币50元,由晏胜才负担。

晏胜才不服,向本院申请再审,请求撤销成都市中级人民法院(2015)成行初字第324号行政判决、四川省高级人民法院(2016)川行终311号行政判决,及四川省人民政府《不予受理行政复议决定书》(川府复不〔2015〕10号),判决四川省人民政府受理复议申请,作出复议决定。理由为:四川省国土资源厅接到申请人提交的违法用地查处申请后,应依法进行调查处理;申请人为维护自身合法权益而向四川省国土资源厅举报相关违法行为,对四川省国土资源厅就举报事项作出的处理或者不作为行为不服,具有行政复议申请人资格。

再审被申请人四川省人民政府提交答辩意见称:省政府于3月12日收到行政复议申请后,已在法定期限内履行了行政复议职责;省国土资源厅是否回复晏胜才关于查处土地违法的举报,不侵犯晏胜才的合法权益,故晏胜才提出的复议申请不属于复议范围,省政府不予受理理由充分;用地单位不是郫县人民政府和郫县团结镇人民政府;省国土资源厅已经答复其他举报人,只是没有答复晏胜才。请求维持原审判决。

本院认为:土地作为一种宝贵的自然资源,是人类赖以生存的基础。随着我国人口的增长和经济的发展,土地数量的有限性和土地需求的无限增长性之间的矛盾日益突出。因此,有效地保护土地资源,合理利用土地是我国当前的一项重要任务。同时,一些地方违法批地、乱占耕地、浪费土地的问题时有发生,造成耕地面积减少,土地资产流失;城镇外延扩张、村庄分散建设占用耕地严重。为了遏制和查处违反土地管理法律、法规的行为,《中华人民共和国土地管理法》第六十六条第一款规定:“县级以上人民政府土地行政主管部门对违反土地管理法律、法规的行为进行监督检查。”本案的争议焦点为晏胜才的行政复议申请是否属于行政复议范围，而核心在于如何适用《中华人民共和国土地管理法》第六十六条第一款的规定。

首先，根据该规定，县级以上人民政府土地行政主管部门对违反土地管理法律、法规的行为进行的监督检查属于行政监督，其有别于行政监察机关依据行政监察法的规定，对国家机关、国家公务员和国家机关任命的其他人员遵守和执行法律、法规和政府的决定、命令中的问题，及违反行政纪律的行为进行监督检查的行政内部监察。除监督主体和监督任务不同外，二者还有一个明显区别，即行政监察的对象限于国家行政机关、国家公务员和国家行政机关任命的其他人员；而县级以上人民政府土地行政主管部门监督的对象则是一切违反土地管理法律、法规的单位和个人，包括各级地方人民政府及其领导人员、各级人民政府部门及其公务员、各级人民政府及政府部门任命的其他人员。故一审法院所作“晏胜才请求省国土资源厅查处郫县人民政府和郫县团结镇人民政府的违法行为属内部监察范畴”的判断，属于适用法律错误。

其次，《中华人民共和国行政诉讼法》第二十五条第一款规定“行政行为的相对人以及其他与行政行为有利害关系的公民、法人或者其他组织，有权提起诉讼”。该规定强调了行政诉讼原告资格的标准为“与行政行为有利害关系”。最高人民法院《关于进一步保护和规范当事人依法行使行政诉权的若干意见》规定“当事人因投诉、举报、检举或者反映问题等事项不服行政机关作出的行政行为而提起诉讼的，人民法院应当认真审查当事人与其投诉、举报、检举或者反映问题等事项之间是否具有利害关系，对于确有利害关系的，应当依法予以立案。”最高人民法院〔2013〕行他字第14号《关于举报人对行政机关就举报事项作出的处理或者不作为行为不服是否具有行政复议申请人资格问题的答复》也明确，“根据《中华人民共和国行政复议法》第九条第一款、《中华人民共和国行政复议法实施条例》第二十八条第（二）项规定，举报人为维护自身合法权益而举报相关违法行为人，要求行政机关查处，对行政机关就举报事项作出的处理或者不作为行为不服申请行政复议的，具有行政复议申请资格。”本案中，晏胜才请求四川省国土资源厅查处郫县人民政府和郫县团结镇人民政府违反土地管理法律、法规的行为是否具有行政复议申请资格，关键在于是不是为维护自身合法权益而进行的。晏胜才向四川省国土资源厅提交的农产品批发市场项目合作建设合同、拆迁通知书、拆迁补偿统计表及其身份证明等材料可以证明其财产权等权利可能受到侵犯。因此，四川省国土资源厅对县市人民政府的违法占地行为的处理或者不作为行为会直接影响晏胜才的权益，其向四川省国土资源厅提出查处土地违法行为的申请，既不属于内部监察行为也不属于不影响其权益的举报行为，晏胜才具有本案行政复议申请资格。二审法院以晏胜才向省国土资源厅的申请实质系举报行为，《国土资源行政处罚办法》等规范性文件并未规定国土主管部门应向举报人回复查处情况为由认为四川省国土资源厅不回复晏胜才不属于行政机关负有法定具体行政作为义务而不作为，而认定晏胜才的申请不属于行政复议范围，显属不当。

另外，根据《中华人民共和国行政复议法》第六条、第十二条的规定，因四川省国土资源厅的不作为引起的行政复议申请，四川省人民政府应当受理；四川省人民政府2015年2月25日收到申请人晏胜才的复议申请后，于3月18日作出《不予受理行政复议决定书》（川府复不〔2015〕10号），违反了《中华人民共和国行政复议法》第十七条"行政复议机关收到行政复议申请后，应当在五日内进行审查，对不符合本法规定的行政复议申请，决定不予受理"的规定。

综上，四川省人民政府川府复不〔2015〕10号《不予受理行政复议决定书》、成都市中级人民法院（2015）成行初字第324号行政判决和四川省高级人民法院（2016）川行终311号行政判决认定事实清楚，但适用法律错误。申请人晏胜才的再审请求和理由成立。本院依照《中华人民共和国行政诉讼法》第八十九条第一款第（二）项、第三款和《最高人民法院关于执行〈中华人民共和国行政诉讼法〉若干问题的解释》第七十八条之规定，判决如下：

一、撤销四川省成都市中级人民法院（2015）成行初字第324号行政判决、四川省高级人民法院（2016）川行终311号行政判决；

二、撤销四川省人民政府川府复不〔2015〕10号《不予受理行政复议决定书》；

三、责令四川省人民政府受理晏胜才的行政复议申请。

※裁判要旨：县级以上人民政府土地行政主管部门对违反土地管理法律、法规的行为进行的监督检查属于行政监督，其有别于行政监察机关依据原《行政监察法》的规定，对国家机关、国家公务员和国家机关任命的其他人员遵守和执行法律、法规和政府的决定、命令中的问题，及违反行政纪律的行为进行监督检查的行政内部监察。除监督主体和监督任务不同外，二者还有一个明显区别，即行政监察的对象限于国家行政机关、国家公务员和国家行政机关任命的其他人员；而县级以上人民政府土地行政主管部门监督的对象则是一切违反土地管理法律、法规的单位和个人，包括各级地方人民政府及其领导人员、各级人民政府部门及其公务员、各级人民政府及政府部门任命的其他人员。

第六十八条 【监督措施】县级以上人民政府自然资源主管部门履行监督检查职责时,有权采取下列措施:

(一)要求被检查的单位或者个人提供有关土地权利的文件和资料,进行查阅或者予以复制;

(二)要求被检查的单位或者个人就有关土地权利的问题作出说明;

(三)进入被检查单位或者个人非法占用的土地现场进行勘测;

(四)责令非法占用土地的单位或者个人停止违反土地管理法律、法规的行为。

条文解读

本法第68条是对县级以上人民政府自然资源主管部门履行监督检查职责时有权采取的措施的规定。

县级以上人民政府自然资源主管部门依法履行监督检查职责,纠正和查处违反土地管理法律、法规的行为,根据本条的规定,主要有以下职权:

(1)要求被检查的单位或者个人提供有关土地权利的文件和资料,进行查阅或者予以复制。这是保证县级以上人民政府自然资源主管部门依法履行监督检查职责时,查清违法事实,获取书证的重要手段。县级以上人民政府自然资源主管部门依法行使该项调取、查阅、复制文件和资料权时,被检查的单位或者个人必须如实提供,不得拒绝、转移、销毁有关文件和资料,不得提供虚假的文件和资料。这里所称被检查的单位或者个人,是指与县级以上人民政府自然资源主管部门监督检查的事项有关的单位或者个人,包括土地所有权人和使用权人,土地承包经营的承、发包方,土地用途转用审批机关及具体经办人,土地征用审批机关及具体经办人,其他与监督检查事项有关的单位或者个人。这里所称有关土地权利的文件和资料,是指与被检查单位或者个人有关的土地权利的文件和资料,包括土地所有权或者使用权证明、土地承包合同书、土地用途转用批准文件、土地征用批准文件、其他与土地权利有关的文件和资料。县级以上人民政府自然资源主管部门履行监督检查职责时,不得随意扩大检查范围和调取、查阅、复制文件和资料的范围。县级以上人民政府自然资源主管部门调取有关土地权利的文件和资料时,应当以原始凭证为据,调取原始凭证有困难的,可以复制,但复制件应当注明"经确认与原件无误"的字样,并由出具该文件、资料的单位或者个人签名或者盖章。

(2)要求被检查的单位或者个人就有关土地权利的问题作出说明。县级以上人民政府自然资源主管部门对检查中发现有关土地权利的问题有权要求被检查单位或者个人说明。被检查的单位或者个人必须如实说明情况,不得拒绝或作与事实不符的虚假陈述。

(3)进入被检查单位或者个人非法占用的土地现场进行勘测。县级以上人民政府自然资源主管部门行使该项勘测权时,被检查的单位或者个人应当配合并提供便利条件,不得拒绝或者阻挠。县级以上人民政府自然资源主管部门行使勘测权时,应当按照法定程序进行。必要时,可以指派或者聘请具有勘测专门知识的人员,在县级以上人民政府自然资源主管部门主持下进行勘测。勘测结果应当制作勘测报告,由参加勘测的人员在勘测报告上签名或者盖章。

(4)责令非法占用土地的单位或者个人停止违反土地管理法律、法规的行为。非法占用土地,主要是指违反土地管理法律、法规的规定,未经合法批准占用土地的行为。非法占用土地严重破坏国家土地管理秩序,侵犯土地所有权人、使用权人及承包经营人的合法权益,必须严厉查处。县级以上人民政府自然资源主管部门在作出责令停止违反土地管理法律、法规行为的决定时,要确实掌握被责令的单位或者个人非法占用土地的事实。

本条规定的四项措施都是强制性措施,被检查的单位或者个人必须遵守。县级以上人民政府自然资源主管部门依法履行监督检查职责时,可以根据需要采用这些措施。县级以上人民政府自然资源主管部门采用这些措施时,必须符合法律规定,不得随意扩大适用范围,不得超越法律赋予的权限,采用法律未允许采用的其他强制措施。

配套法规及解读

《土地管理法实施条例》(2014 年 7 月 29 日修订)

第三十二条 土地行政主管部门履行监督检查职责,除采取《土地管理法》第六十七条规定的措施外,还可以采取下列措施:

(一)询问违法案件的当事人、嫌疑人和证人;

(二)进入被检查单位或者个人非法占用的土地现场进行拍照、摄像;

(三)责令当事人停止正在进行的土地违法行为;

(四)对涉嫌土地违法的单位或者个人,停止办理有关土地审批、登记手续;

(五)责令违法嫌疑人在调查期间不得变卖、转移与案件有关的财物。

※法规解读：本条是关于自然资源主管部门履行监督检查职责时有权采取的行政强制措施的补充性规定。自然资源主管部门除了享有《土地管理法》第68条规定的强制措施权之外，还有以下职权：

（一）询问违法案件的当事人、嫌疑人和证人。县级以上人民政府自然资源主管部门履行监督检查职责时，询问的对象为违法案件的当事人、嫌疑人和证人，不得随意扩大被询问对象的范围。县级以上人民政府自然资源主管部门行使询问权时，应当按照法定程序进行。询问时，土地管理监督检查人员一般不得少于二人；询问证人应当个别进行，并告知被询问对象虚假陈述应承担的法律后果。询问应当制作笔录，并经被询问人核对无误。询问人与被询问人均应在询问笔录上签名或者盖章。被询问人拒绝签名、盖章的，应当在询问笔录上注明。

（二）进入被检查单位或者个人非法占用的土地现场进行拍照、摄像。为了固定证据，证明被检查单位或者个人非法占用土地的事实，县级以上人民政府自然资源主管部门有权进入被检查单位或者个人非法占用的土地现场进行拍照、摄像。

（三）责令当事人停止正在进行的土地违法行为。如果当事人土地违法行为正在进行，县级以上人民政府自然资源主管部门有权责令其停止违法行为。

（四）对涉嫌土地违法的单位或者个人，停止办理有关土地审批、登记手续。

（五）责令违法嫌疑人在调查期间不得变卖、转移与案件有关的财物。

关联法规索引

《土地管理法实施条例》第32条；《行政强制法》

典型案例

曹运力、曹任宏、曹运新、巫长娣因诉被上诉人广东省国土资源厅行政复议纠纷案〔1〕

※案情简介：2012年9月6日，惠州市惠阳区淡水镇古屋村委会河背村7户（本案原告曹运力、曹任宏、曹运新、巫长娣和案外人曹运贤、曹国光、曹运区）向被告广东省

〔1〕 案例来源：广东省高级人民法院（2014）粤高法行终字第79号行政判决书。

国土资源厅申请行政复议,其称:"申请人经查询得知惠大高速公路项目未获得国务院征地批复,针对惠州市惠阳区人民政府非法批地、惠州惠大高速公路有限公司非法占地的行为,于2012年6月7日以邮寄方式向被申请人惠州市国土资源局寄出《土地违法行为举报书》,被申请人于2012年6月11日收到,但至今未对惠阳区人民政府和惠州惠大高速公路有限公司非法批地、非法占地行为进行查处。现惠大高速公路项目正在全面施工,申请人的合法权益遭到严重侵害。申请人认为,被申请人违反了原国家土地管理局《土地违法案件查处办法》第十三条、第十七条之规定,现依据《中华人民共和国行政复议法》第六条第(九)项、第六条第一款、第十二条第一款,《中华人民共和国行政复议法实施条例》第十六条第一款第(二)项之规定,向贵厅提起行政复议申请,请依法责令被申请人限期履行查处土地违法行为的职责,切实保护申请人的合法权益。"2012年9月13日,被告收到上述《行政复议申请书》后立案受理。2012年10月27日,被告作出粤国土行复(2012)66号行政复议决定,该决定查明:惠大疏港高速公路工程是省重点工程项目,惠州市国土资源局于2011年8月上报了该工程用地的报批材料,但同年9月在该工程建设用地尚未获得批准的情况下,惠州惠大高速公路有限公司即开始动工建设。惠州市国土资源局下属的永湖国土资源所发现惠州惠大高速公路有限公司的违法用地行为后,于2011年9月21日向其发出《责令停止土地违法行为通知书》;2011年10月14日,惠州市国土资源局向惠大高速公路工程部发出《关于限期整改的通知》。惠州市国土资源局惠阳分局于2011年12月12日向惠州惠大高速公路有限公司发出《关于限期整改的通知》,并分别向惠州市惠阳区人民政府、惠州市国土资源局报告了惠州惠大高速公路有限公司的动工情况即《关于责令惠州惠大高速公路有限责任公司停止项目违法用地的请示》。惠州市国土资源局于2011年12月21日再次向惠州惠大高速公路有限责任公司发出《责令停止土地违法行为通知书》。2012年3月20日,惠州市国土资源局向惠州惠大高速公路有限责任公司作出《土地行政处罚听证告知书》;2012年4月1日,惠州市国土资源局向惠州惠大高速公路有限责任公司作出《土地违法案件行政处罚决定书》。在上述事实的基础上,被告认为,惠州市国土资源局作为土地行政主管部门,对辖区内发生的土地违法案件,根据《土地管理法》及《土地违法案件查处办法》的相关规定进行立案查处,履行了其法定职责,故根据《中华人民共和国行政复议法实施条例》第四十八条第一款第(一)项的规定,驳回了惠州市惠阳区淡水镇古屋村委会河背村曹运力等7户提出的行政复议申请。2012年11月9日,原告的委托代理人王树民代为签收了上述行政复议决定书,原告对此予以认可。原告对上述行政复议决定不服,诉至法院,请求撤销被告作出的粤国土行复(2012)66

号行政复议决定。

另查明,2011年9月30日,惠州市惠阳区高速公路工程建设指挥部对古屋旱塘河背村小组曹运力、曹运新、曹运贤、曹任宏、曹运区等人发出《通知》,告知其因惠大高速公路建设需要,该部已对古屋旱塘河背村小组地段总面积30.61亩土地进行征收,作为惠大高速建设用地。因双方多次就相关补偿事宜协商未能达成协议,在对地上附着物进行证据保全后,该部决定给予上述人员补偿款人民币629622元,并告知上述人员领取相应补偿款等内容。

2012年7月24日,国土资源部经国务院同意对广东省人民政府的惠大疏港高速公路项目建设用地的请示作出国土资函(2012)587号《国土资源部关于惠大疏港高速公路惠州段工程建设用地的批复》,同意征收包括惠州市惠阳区在内的农民集体所有的农用地、建设用地、未利用地以及国有农用地、建设用地、未利用地等共计457.0175公顷作为惠大疏港高速公路惠州段工程建设用地。

原审法院认为,《中华人民共和国行政复议法》第六条规定:"有下列情形之一的,公民、法人或者其他组织可以依照本法申请行政复议:……(九)申请行政机关履行保护人身权利、财产权利、受教育权利的法定职责,行政机关没有依法履行的;……"原告曹运力、曹任宏、曹运新、巫长娣认为惠州市国土资源局没有履行查处土地违法行为的法定职责,故而向被告广东省国土资源厅申请行政复议,请求被告责令惠州市国土资源局履行查处土地违法行为的法定职责,符合上述法律的规定,被告亦有权对原告的行政复议申请作出处理。

《中华人民共和国土地管理法》第二条第三款规定:"任何单位和个人不得侵占、买卖或者以其他形式非法转让土地。土地使用权可以依法转让。"第三十六条规定:"非农业建设必须节约使用土地,可以利用荒地的,不得占用耕地;可以利用劣地的,不得占用好地。禁止占用耕地建窑、建坟或者擅自在耕地上建房、挖砂、采石、采矿、取土等。禁止占用基本农田发展林果业和挖塘养鱼。"第六十六条第一款规定:"县级以上人民政府土地行政主管部门对违反土地管理法律、法规的行为进行监督检查。"第六十七条规定:"县级以上人民政府土地行政主管部门履行监督检查职责时,有权采取下列措施:……(四)责令非法占用土地的单位或者个人停止违反土地管理法律、法规的行为。"《中华人民共和国土地管理法实施条例》第三十二条规定:"土地行政主管部门履行监督检查职责,除采取《土地管理法》第六十七条规定的措施外,还可以采取下列措施:(一)询问违法案件的当事人、嫌疑人和证人;(二)进入被检查单位或者个人非法占用的土地现场进行拍照、摄像;(三)责令当事人停止正在进行的土地违法行为;……"

第四十二条规定:“依照《土地管理法》第七十六条的规定处以罚款的,罚款额为非法占用土地每平方米30元以下。”惠州市国土资源局接到包括原告在内的河背村7户针对惠州惠大高速公路有限责任公司在惠州市惠阳区河背村的非法用地行为的投诉后,已经进行了立案、调查和查处,责令惠州惠大高速公路有限责任公司停止土地违法行为并处以罚款,故其已经履行了查处土地违法行为的法定职责,被告据此作出驳回原告行政复议申请的处理并无不当。原告请求撤销被告作出的涉案行政复议决定没有依据,不予支持。综上所述,依照最高人民法院《关于执行〈中华人民共和国行政诉讼法〉若干问题的解释》第五十六条第(四)项的规定,判决:驳回原告曹运力、曹任宏、曹运新、巫长娣的诉讼请求。

曹运力、曹任宏、曹运新、巫长娣不服提起上诉,请求撤销原审判决。主要理由是:惠州惠大高速公路有限责任公司并未签收领取行政处罚决定书,行政处罚行为以送达为生效要件,本案中惠州市国土资源局未将行政处罚决定书送达完毕,该行政处罚行为未生效。所以,一审判决认为惠州市国土资源局已经履行查处违法行为的法定职责属于认定事实错误。

被上诉人广东省国土资源厅答辩称:在我厅受理上诉人提出的行政复议申请之前,惠州市国土资源局对辖区内发生的惠州惠大高速公路有限公司违法用地案件,已根据《土地管理法》及《土地违法案件查处办法》的相关规定进行立案查处,履行了法定职责。我厅依法驳回上诉人的复议申请,认定事实清楚、程序合法、适用法律法规正确。请求二审法院驳回上诉,维持原判。

根据本案的相关证据以及各方当事人在二审法庭调查中的质证、辩论情况,本院对原审法院经审理查明的事实依法予以确认。

本院认为:《中华人民共和国行政复议法实施条例》第四十八条规定:“有下列情形之一的,行政复议机关应当决定驳回行政复议申请:(一)申请人认为行政机关不履行法定职责申请行政复议,行政复议机关受理后发现该行政机关没有相应法定职责或者在受理前已经履行法定职责的……”上诉人认为惠州市国土资源局对惠州惠大高速公路有限公司的非法用地行为未履行查处的法定职责而向被上诉人申请行政复议,被上诉人受理后查明惠州市国土资源局在受理本行政复议申请前已对惠州惠大高速公路有限责任公司违法用地的行为进行了立案查处,履行了法定职责。故被上诉人依据上述规定驳回上诉人的行政复议申请并无不当。上诉人认为惠州惠大高速公路有限责任公司未签收领取行政处罚决定书应视为惠州市国土资源局未履行查处违法行为的法定职责,理由不能成立,本院不予采纳。

但是,惠州市国土资源局在收到上诉人土地违法案件的举报后,未回复举报人本案的有关查处情况,明显不当,本院予以指出。

综上所述,原审判决正确,依法应予以维持;上诉人上诉请求改判的理由不能成立,本院予以驳回。依照《中华人民共和国行政诉讼法》第六十一条第(一)项的规定,判决如下:驳回上诉,维持原判。

※裁判要旨:县级以上人民政府土地行政主管部门履行监督检查职责时,有权责令非法占用土地的单位或者个人停止违反土地管理法律、法规的行为。土地行政主管部门履行监督检查职责,除采取新《土地管理法》第六十八条规定的措施外,还可以采取下列措施:询问违法案件的当事人、嫌疑人和证人;进入被检查单位或者个人非法占用的土地现场进行拍照、摄像;责令当事人停止正在进行的土地违法行为等。

第六十九条 【出示检查证件】土地管理监督检查人员履行职责,需要进入现场进行勘测、要求有关单位或者个人提供文件、资料和作出说明的,应当出示土地管理监督检查证件。

第七十条 【合作义务】有关单位和个人对县级以上人民政府自然资源主管部门就土地违法行为进行的监督检查应当支持与配合,并提供工作方便,不得拒绝与阻碍土地管理监督检查人员依法执行职务。

第七十一条 【对国家工作人员的监督】县级以上人民政府自然资源主管部门在监督检查工作中发现国家工作人员的违法行为,依法应当给予处分的,应当依法予以处理;自己无权处理的,应当依法移送监察机关或者有关机关处理。

第七十二条 【案件移送】县级以上人民政府自然资源主管部门在监督检查工作中发现土地违法行为构成犯罪的,应当将案件移送有关机关,依法追究刑事责任;尚不构成犯罪的,应当依法给予行政处罚。

第七十三条 【自然资源主管部门不履行行政处罚职责的处理】依照本法规定应当给予行政处罚,而有关自然资源主管部门不给予行政处罚的,上级人民政府自然资源主管部门有权责令有关自然资源主管部门作出行政处罚决定或者直接给予行政处罚,并给予有关自然资源主管部门的负责人处分。

条文解读

本法第73条是对有关自然资源主管部门不履行法定职责的处置办法的规定。

县级以上人民政府自然资源主管部门对违反土地管理法律、法规的行为进行监督检查。土地管理监督检查人员应当熟悉土地管理法律、法规，忠于职守、秉公执法。有关自然资源主管部门不履行法定职责，是指依照土地管理法律、法规的规定，应当给予行政处罚，而有关自然资源主管部门不给予行政处罚的事实。

为了捍卫法律的尊严，维护国家土地管理秩序，依法查处土地违法行为，有效保护土地所有权人、使用权人及承包经营人的合法权益，本条对有关自然资源主管部门不履行法定职责的行为，规定了三种处理措施：(1)对依法应当给予行政处罚，而有关自然资源主管部门不给予行政处罚的土地违法事项，由上级人民政府行政主管部门责令有关自然资源主管部门作出行政处罚决定。有关自然资源主管部门应当依法作出行政处罚决定。(2)上级人民政府自然资源主管部门对依法应当给予行政处罚，而有关自然资源主管部门不给予行政处罚的土地违法行为，认为有必要自行处理的，可以直接给予行政处罚，及时制止违法行为继续发生。(3)对依法应当给予行政处罚，而有关自然资源主管部门不给予行政处罚的，由上级人民政府自然资源主管部门，对该自然资源主管部门的负责人，依其应负的责任，给予警告、记过、记大过、降级、降职、撤职、开除留用察看或者开除的行政处分。

关联法规索引

《土地管理法》第7章；《行政复议法》第32条

典型案例

严忠女、李全英等与杭州市人民政府不履行法定职责二审行政纠纷案[1]

※案情简介：2013年8月14日，杭州市国土资源局余杭国土分局(以下简称余杭国土分局)作出杭土资余罚字〔2013〕147号《土地行政处罚决定书》，对杭州市余杭区人民政府五常街道办事处(以下简称五常街道)未经批准擅自占用余杭区五常街道文

〔1〕 案例来源：浙江省高级人民法院(2016)浙行终1049号行政判决书。

一社区集体土地新建农贸市场的行为进行处罚:1. 责令退还非法占用的2291.0平方米土地;2. 没收在非法占用的符合土地利用总体规划的2160.6平方米土地上新建的2052.4平方米建筑物及其他设施;并对该部分土地按每平方米15元处以罚款,计罚款32409元;3. 限期拆除在非法占用的不符合土地利用总体规划的130.4平方米土地上新建的45.0平方米建筑物及其他设施;限期恢复该部分土地原状;对该部分土地按每平方米15元处以罚款,计罚款1956元。2015年6月15日,严忠女等人向余杭国土分局提交《履行职责申请书》,要求被申请人就杭土资余罚字(2013)147号《土地行政处罚决定书》第三项第一部分处罚内容向余杭区法院申请强制执行。2015年8月10日,余杭国土分局作出《关于对严忠女等人"履行职责申请书"的回复》,告知申请人因涉案建筑客观上整体不可分割,且具有公益性质,故决定暂缓向人民法院申请强制执行。严忠女等5人不服,于2015年9月18日向余杭区政府提出复议申请,请求撤销被申请人余杭国土分局作出的上述《回复》。余杭区政府于2015年12月17日作出余政复决〔2015〕120号行政复议决定:撤销被申请人余杭国土分局于2015年8月10日作出的《关于对严忠女等人"履行职责申请书"的回复》,责令被申请人在法定期限内依法履行职责。2016年3月22日,严忠女等人向杭州市国土资源局(以下简称市国土局)提出"责令履行余政复决〔2015〕120号决定的申请",请求市国土局责令余杭国土分局履行余政复决〔2015〕120号决定。市国土局于2016年4月6日作出告知书:"你们向我局提交的《责令履行余政复决〔2015〕120号决定的申请》收悉,经查,你们就同一事项向余杭区政府提出申请,余杭区政府已于2016年3月29日向余杭国土分局下达《行政复议决定履行情况调查函》。为此,如你们需了解具体办理情况,请向余杭区政府咨询。"2016年4月18日,严忠女等人向杭州市政府提出复议申请,请求"确认被申请人市国土局在五常街道办非法占地案中行政不作为违法;要求被申请人履职,使加害者停止侵害,排除妨碍,维护申请人的权利。"2016年4月21日,杭州市政府向严忠女等人作出杭政复〔2016〕174号《行政复议不予受理决定书》。另查明,2016年3月22日,严忠女等人向余杭区政府提出"责令履行余政复决〔2015〕120号决定的申请",请求责令余杭国土分局履行余政复决〔2015〕120号决定。余杭区政府于2016年5月19日作出"关于《责令履行余政复决〔2015〕120号决定的申请》的回复":"……经查,余杭国土分局已于2016年3月25日向余杭区法院受理中心执行窗口递交了强制执行申请书、处罚决定书及相关案卷、催告情况等申请材料,已经履行了余政复决〔2015〕120号行政复议决定。"

原审法院认为,本案的争议焦点是严忠女等人提出的涉案行政复议申请是否属于行政复议受案范围。本案的争议焦点是严忠女等人提出的涉案行政复议申请是否属于行政复议受案范围。《中华人民共和国行政复议法》第三十二条规定,“被申请人应当履行行政复议决定。被申请人不履行或者无正当理由拖延履行行政复议决定的,行政复议机关或者有关上级行政机关应当责令其限期履行。”第三十七条规定,“被申请人不履行或者无正当理由拖延履行行政复议决定的,对直接负责的主管人员或者其他直接人员依法给予警告、记过、记大过的行政处分;经责令履行仍拒不履行的,依法给予降级、撤职、开除的行政处分。”本案严忠女等人提起行政复议的对象是市国土局未按照《中华人民共和国行政复议法》第三十二条及第三十七条之规定责令余杭国土分局限期履行案涉复议决定,并对相关责任人员给予行政处分的不作为行为。本院认为,上述复议法中规定的有关上级行政机关采取措施督促下级机关履行复议决定的职责,属于上级行政机关对下级行政机关的内部行政监督职责,虽属法定职责但不能直接纳入行政复议、行政诉讼救济渠道。本案严忠女等人就所谓市国土局不履行内部监督职责提起的行政复议申请不属于行政复议受案范围,杭州市政府作出案涉杭政复〔2016〕174 号《行政复议不予受理决定书》,决定不予受理,并无不当。综上,原告的诉讼请求,本院不予支持。依照《中华人民共和国行政诉讼法》第六十九条之规定,判决驳回原告严忠女、李全英、沈梅仙、殷陈良的诉讼请求。

严忠女等 4 人上诉称:一、一审法院偷换概念,篡改了上诉人的诉讼请求,把本案审理引向错误的方向。上诉人行政复议的请求事项为“确认被申请人在杭州市余杭区人民政府五常街道办事处(以下简称五常街道)非法占地案中行政不作为违法;要求被申请人履职,使加害者停止侵害,排除妨碍,维持申请人的权利。”由此可见,“被申请人(市国土局)在五常街道非法占地案中行政不作为行为”才是行政复议的对象。一审法院的认定与事实严重不符。二、在行政复议申请书中上诉人明确指出:“余杭国土分局在五常街道非法占地案中选择性执法,行政处罚严重不到位,作为其上级人民政府土地行政主管部门的市国土局应该依据《中华人民共和国土地管理法》(以下简称土地管理法)第七十二条的规定责令余杭国土分局依法申请法院强制执行或者直接给予五常街道行政处罚。”在起诉状中,上诉人再次重申:“依据土地管理法第七十二条的规定,上级土地行政主管部门的法定责任也是非常明确的。被申请人责令余杭国土分局履行余政复决(2015)120 号行政复议决定书以及给予余杭国土分局责任人行政处分只是其履职的一种手段。当市国土局穷尽各种方法都未能使余杭国土分局对五常街道违法占地案值进行处罚,被申请人就必须承担起直接给予五常街道行政处罚的职责。这种责任是法定的而不只是被告所谓的内部行政监督。”由此可见,上诉人已经明确指出市国土局在五常街道非法占地案中不作为违法的依据是其违反了土地管理法第七十二条的规定。然而一审法院却无视上述规定，对市国土局不履职违法行径进行掩饰，其实质就是违反了土地管理法。三、土地管理法第七十二条规定，依照本法规定应当给予行政处罚，而有关土地行政主管部门不给予行政处罚的，上级人民政府土地行政主管部门有权责令有关土地行政主管部门作出行政处罚决定或者直接给予行政处罚，并给予有关土地行政主管部门的负责人行政处分。在本案中执行《中华人民共和国行政复议法》（以下简称复议法）第三十二条及第三十七条的规定这也是市国土局履行土地管理法第七十二条法定职责的一种手段，当其下属单位余杭国土分局未对五常街道违法占地案进行实质性处罚时，市国土局必须直接查处。然而，市国土局没有履行复议法第三十二条及第三十七条的规定，也没有对该违法占地案件进行直接查处。因此上诉人认为市国土局未履行土地管理法第七十二条中规定的法定职责，在该违法占地案件中行政不作为，依据复议法第二条、第六条第（九）、（十一）项的规定依法向被上诉人申请行政复议。被上诉人理应依据复议法的规定受理此案，让市国土局在法定期限内提交能证明自己履职的证据。综上，一审法院对被上诉人作出的不予受理决定的支持是缺乏法律和事实依据的，其实质就是对被上诉人及被申请人的庇护。被申请人市国土局的违法行为得不到确认和追究，其结果是纵容了土地违法行为，这不但损害上诉人的权益，还严重危害了国家的利益。请求撤销一审判决，撤销被上诉人作出的杭政复〔2016〕174 号决定。

杭州市人民政府答辩称：一、答辩人作出的不予受理决定，程序合法，并无不当。上诉人因请求确认市国土局行政不作为违法并要求其履职，于 2016 年 4 月 18 日向答辩人申请行政复议，答辩人收到材料后予以审查，依法于当月 21 日作出杭政复（2016）174 号《行政复议不予受理决定书》并邮寄给上诉人。答辩人的复议审理程序，符合复议法第十七条第一款之规定。二、答辩人作出的不予受理决定，事实清楚，于法有据，上诉人诉讼理由不成立。根据复议机关及一审法院查明的事实，上诉人提起复议时的复议请求为“确认市国土局在五常街道非法占地案中行政不作为违法；要求市国土局履职，使加害者停止侵害，排除妨碍，维护申请人的权利”，结合申请人提交的复议申请材料，答辩人认为上诉人系要求市国土局责令市国土局余杭分局履行余政复决（2015）120 号行政复议决定，而复议机关或上级机关责令限期履行复议决定属于内部行政监督，不属于复议法第二条、第六条规定的行政复议范围，不符合《中华人民共和国行政复议法实施条例》第二十八条第（五）项规定的复议受理条件，故答辩人决定不予受理。答辩人作出的不予受理决定事实清楚，程序合法，并无不当。一审判决认定事实清楚，程序合法，适用法律正确，依法应予维持。请求驳回上诉，维持原判。

庭审中，双方当事人围绕着被上诉人杭州市政府于2016年4月21日作出的杭政复〔2016〕174号《行政复议不予受理决定》是否具备事实和法律依据、程序是否合法的审理重点进行了质证、辩论。

经审查，对原审判决认定的事实本院予以确认。

本院认为：上诉人严忠女等4人于2016年4月18日向被上诉人杭州市政府提起行政复议申请的对象系市国土局未按照《中华人民共和国行政复议法》第三十二条、第三十七条的规定，责令余杭国土分局限期履行余政复决〔2015〕120号行政复议决定，并对相关责任人员给予行政处分的不作为行为。复议法第三十二条及第三十七条中虽规定了“上级行政机关应当责令其限期履行行政复议决定”，但该职责系上级行政机关对下级行政机关的内部行政监督职责，并非行政法意义上的法定职责，因此不属于行政复议的受案范围，杭州市政府据此对上诉人的行政复议申请不予受理，并无不当。且余杭区人民政府已于2016年5月19日作出回复，告知上诉人：余杭国土分局已于2016年3月25日向余杭区法院受理中心执行窗口递交了强制执行申请书、处罚决定书及相关案卷、催告情况等申请材料，已经履行了余政复决〔2015〕120号行政复议决定。综上，原审判决认定事实清楚，适用法律正确，依法应予维持。上诉人提出的上诉理由不能成立，本院不予采信。依照《中华人民共和国行政诉讼法》第八十九条第一款第（一）项之规定，判决如下：驳回上诉，维持原判。

※裁判要旨：被申请人应当履行行政复议决定。被申请人不履行或者无正当理由拖延履行行政复议决定的，行政复议机关或者有关上级行政机关应当责令其限期履行。被申请人不履行或者无正当理由拖延履行行政复议决定的，对直接负责的主管人员或者其他直接人员依法给予警告、记过、记大过的行政处分；经责令履行仍拒不履行的，依法给予降级、撤职、开除的行政处分。原告提起行政复议的对象是市国土局未按照《中华人民共和国行政复议法》第三十二条及第三十七条之规定责令余杭国土分局限期履行案涉复议决定，并对相关责任人员给予行政处分的不作为行为。这属于有关上级行政机关采取措施督促下级机关履行复议决定的职责，属于上级行政机关对下级行政机关的内部行政监督职责，虽属法定职责但不能直接纳入行政复议、行政诉讼救济渠道。

第七章 法律责任

本章介绍

本章是关于土地违法行为法律责任的规定。本章明确了各种土地违法行为要承担的法律责任,是对其他各章规定的违法行为应承担的行政责任、刑事责任的规定。本章主要规定了以下几方面的内容:(1)买卖和以其他形式非法转让土地行为的处罚;(2)破坏耕地种植条件和造成土地荒漠化、盐渍化行为的处罚;(3)不履行土地复垦义务行为的处罚;(4)未经批准或者采取欺骗手段骗取批准,或者超过批准的数量,非法占用土地的处罚;(5)农村村民未经批准或者采取欺骗手段骗取批准,或者超过批准的数量,非法占用土地建住宅的处罚;(6)非法批地的处罚以及赔偿责任;(7)侵占、挪用被征用土地单位的征地补偿费用和其他有关费用行为的处罚;(8)依法收回国有土地使用权当事人拒不交出土地、临时使用土地期满拒不归还和不按照批准的用途使用国有土地三种行为的处罚;(9)擅自将农民集体所有的土地的使用权出让、转让或者出租用于非农业建设行为的处罚;(10)不依法办理土地变更登记行为的法律责任;(11)责令限期拆除的行政处罚的执行;(12)土地行政主管部门的工作人员渎职行为的法律责任。

第七十四条 【非法转让土地责任】 买卖或者以其他形式非法转让土地的,由县级以上人民政府自然资源主管部门没收违法所得;对违反土地利用总体规划擅自将农用地改为建设用地的,限期拆除在非法转让的土地上新建的建筑物和其他设施,恢复土地原状,对符合土地利用总体规划的,没收在非法转让的土地上新建的建筑物和其他设施;可以并处罚款;对直接负责的主管人员和其他直接责任人员,依法给予处分;构成犯罪的,依法追究刑事责任。

条文解读

本法第74条是对买卖和以其他形式非法转让土地行为的处罚规定。

以买卖或者其他形式非法转让土地的违法行为,依据其非法转让的土地权利内容

的不同,概括起来,主要表现为以下三种情况:

(一)买卖、非法转让土地所有权的行为。我国实行土地的社会主义公有制,即全民所有制和劳动群众集体所有制;除土地使用权可以依法转让以外,任何单位和个人不得侵占、买卖或者以其他形式非法转让土地。任何单位或者个人,要使用土地的,只能依法取得土地使用权,而不得对其使用的土地进行买卖或者以其他形式转让土地所有权。

(二)非法转让国有土地使用权的行为。转让国有土地使用权,是指土地使用者将国有土地使用权再转移的行为,包括出售、交换和赠与等。我国《城市房地产管理法》《城镇国有土地使用权出让和转让暂行条例》等法律、法规对土地使用权的转让作了规定。根据相关规定,以出让方式取得的土地使用权不得转让的情况包括:(1)未按照出让合同的约定支付全部土地使用权出让金,并取得土地使用权证书的;(2)司法机关和行政机关依法裁定、决定查封或者以其他形式限制房地产权利的;(3)依法收回土地使用权的;(4)共有房地产,未经其他共有人书面同意的;(5)未按照土地使用权出让合同规定的期限和条件投资开发、利用土地的;(6)土地权属有争议的;(7)未依法登记,领取权属证书的;(8)有关法律、行政法规规定的禁止转让的其他情形。以划拨方式取得的土地使用权不得转让的情况包括:(1)转让房地产时,未按照国务院的规定报有批准权的人民政府批准的;(2)有批准权的人民政府根据国务院的规定,决定可以不办理土地使用权出让手续,但转让方未按照国务院规定将转让的房地产所获得的收益中的土地收益上缴国家或者作其他处理的。

(三)非法转让农民集体所有土地使用权的行为,系指违反本法第63条的规定,转让农民集体所有土地的使用权用于非农业建设的行为。

存在上述违法行为的,根据本条的规定,处罚措施主要有以下几种:

(一)对违法行为人处以没收其违法所得的处罚。这里的违法所得,是指买卖或者非法转让土地时所获得的全部价款,但不包括土地本身,即不包含没收土地。没收违法所得的处罚决定,由县级以上人民政府自然资源主管部门作出。行政处罚的相对人是在买卖或者非法转让土地的活动中,取得违法所得的当事人。

(二)对在非法转让的土地上新建设的建筑物或者其他设施,应当根据有关土地利用总体规划的要求,分别情况处理:(1)对于违反土地利用总体规划新建的建筑物和其他设施,应当予以拆除。由有关自然资源主管部门对其作出限期拆除,恢复土地原状的处罚决定,即确定一定的期限,要求违法者在规定的期限内拆除违法建筑物和其他设施,并保证在该期限内将占用的土地恢复原状。要求违法者拆除违法建筑的目的,是要将违法占用的土地恢复到被占用前的状态。(2)符合土地利用总体规划要求的,可以不拆除，由自然资源主管部门予以没收。

（三）并处罚款。自然资源主管部门在对非法转让土地的双方当事人分别作出前述处罚决定的同时，可以作出并处罚款的决定。根据《土地管理法实施条例》第38条的规定，依照《土地管理法》第74条的规定处以罚款的，罚款额为非法所得的百分之五十以下。

（四）行政处分。对单位直接负责的主管人员和其他直接责任人员由其所在单位或者其上级主管部门依法给予行政处分。

（五）刑事处罚。买卖或者以其他形式非法转让土地，构成犯罪的，应当依法追究刑事责任。

配套法规及解读

《刑法》（2017年11月4日修正）

第二百二十八条 以牟利为目的，违反土地管理法规，非法转让、倒卖土地使用权，情节严重的，处三年以下有期徒刑或者拘役，并处或者单处非法转让、倒卖土地使用权价额百分之五以上百分之二十以下罚金；情节特别严重的，处三年以上七年以下有期徒刑，并处非法转让、倒卖土地使用权价额百分之五以上百分之二十以下罚金。

※法规解读：我国《刑法》第228条规定，以牟利为目的，违反土地管理法规，非法转让、倒卖土地使用权，情节严重的，构成非法转让、倒卖土地使用权罪。“情节严重”主要是指：（一）非法转让、倒卖基本农田5亩以上的；（二）非法转让、倒卖基本农田以外的耕地10亩以上的；（三）非法转让、倒卖其他土地20亩以上的；（四）非法获利50万元以上的；（五）非法转让、倒卖土地接近上述数量标准并具有其他恶劣情节的，如曾因非法转让、倒卖土地使用权受过行政处罚或者造成严重后果等。

“情节特别严重”主要是指：（一）非法转让、倒卖基本农田10亩以上的；（二）非法转让、倒卖基本农田以外的耕地20亩以上的；（三）非法转让、倒卖其他土地40亩以上的；（四）非法获利100万元以上的；（五）非法转让、倒卖土地接近上述数量标准并具有其他恶劣情节，如造成严重后果等。

关联法规索引

《刑法》第228条；《最高人民法院关于审理破坏土地资源刑事案件具体应用法律

若干问题的解释》第1、2条;《土地管理法实施条例》第38条

典型案例

江苏高成房地产开发有限公司与福中集团有限公司股权转让纠纷案[1]

※案情简介:2005年7月13日,福中公司与国浩公司作为受让人与出让人南京市国土资源局签订宁国土资让合(2005)165号国有土地使用权出让合同,约定,出让人出让给受让人位于南京市玄武区顾家营的宗地,地块编号为NO.2005G36,用地总面积424537.6平方米,其中城市道路及绿化用地面积85536.0平方米,配套教育用地43000.0平方米,实际出让面积为296001.6平方米。土地成交价款总额为人民币6.5亿元。

2005年8月11日,国浩公司、福中公司共同出资设立新浩宁公司,注册资本为1192万美元,其中国浩公司出资1180.08万美元,福中公司出资11.92万美元。2005年8月19日,国浩公司与福中公司共同出资成立新浩玄公司,注册资本1192万美元,其中,国浩公司出资1180.08万美元,福中公司出资11.92万美元。

2009年12月8日,NO.2005G36地块交付国浩公司与福中公司,土地出让年限自2009年12月8日起算。

2010年11月23日,岩石公司通过竞拍的形式,以23亿元的成交总价,取得国浩公司与福中公司分别所对应的在新浩宁公司、新浩玄公司的所有股权及股权所对应的全部顾家营地块及该地块的全部权益。

2010年11月30日,福中公司(甲方)、岩石公司(乙方)与江苏东南国际拍卖有限公司(以下简称东南拍卖公司)(丙方)签订南京顾家营项目股权转让三方协议,约定交易标的为甲方合法持有的顾家营地块所有的权益。本次交易通过股权转让的方式实现。三方约定协议签署后五个工作日后,乙方付甲方定金6000万元,甲、乙、丙三方共同确认由甲方推荐银行、以丙方名义在银行设三方共管账户,签署资金共管协议,对资金共管事宜进行约定。

2010年12月24日,岩石公司(甲方)与高成公司(乙方)签订合作协议,协议载明新浩宁公司、新浩玄公司的两大股东国浩公司、福中公司正式委托东南拍卖公司将其

[1] 案例来源:江苏省高级人民法院(2014)苏商再终字第0006号民事判决书。

在项目公司中100%的股权及项目公司的全部权益进行拍卖。甲方于2010年11月23日，通过竞拍获得了项目的权益，拍卖成功后于11月24日与国浩公司正式签订了南京顾家营地块合作框架协议，并于11月30日与福中公司、东南拍卖公司正式签订了福中、岩石、东南拍卖公司股权转让三方协议。甲乙双方确认在甲方成功拍卖标的基础上，各出资13亿元人民币完成对南京顾家营项目的全部权益的收购。乙方认可甲方与国浩公司和福中公司签订的框架协议及股权转让协议的基本内容。协议还对双方合作条件作了约定。

2010年12月31日，福中公司(甲方)与岩石公司(乙方)签订股权转让协议，约定：(一)交易标的为：甲方合法持有的项目公司(即新浩宁公司、新浩玄公司，下同)的1%股权及所对应的本地块(即NO.2005G36地块，下同)1%权益。乙方承诺以3.7亿元价格收购甲方1%股权及所对应的本地块全部权益。(二)交易价格：乙方收购甲方合法持有的项目公司的1%股权及所对应的本地块1%权益的总对价为3.7亿元。同时，双方共同签署《资金共管协议》，并设立由甲方指定银行、以乙方名义开设账户的银行共管账户，按照约定对本协议所涉资金进行共管。乙方将交易价款余款3.1亿元汇入共管账户后，甲方保证配合乙方与国浩公司共同将01号、02号、03号地块《土地使用权证》的使用权人更名为新浩宁公司。并办理股权变更的批准及工商登记手续。双方还约定乙方或乙方指定的公司收购国浩公司股权无论成功与否，均不得影响本协议的履行。协议还对违约责任等事项作了约定。

2011年1月4日，高成公司委托高成投资集团公司向福中公司支付6000万元。

同日，岩石公司(甲方)、福中公司(乙方)、民生银行南京分行(丙方)签订资金监管协议。

2011年1月5日，岩石公司(甲方)与高成公司(乙方)签订岩石公司、高成公司合作补充协议，对向福中公司支付的资金操作程序作了约定。2011年3月10日，高成公司向福中公司支付500万元。

2011年3月14日，福中公司(甲方)与岩石公司(乙方)签订股权转让补充协议，将岩石公司的付款期限延迟于2011年3月25日前，乙方自愿一次性额外补偿甲方人民币500万元整。

2011年4月2日，福中公司(甲方)、岩石公司及高成公司(共同的乙方)签订股权转让补充协议二，约定：鉴于乙方岩石公司申请其合作方高成公司作为“股权转让协议”、“补充协议(一)”及本协议中与其组成共同的乙方，甲方对此予以确认。协议补充约定：乙方最迟于2011年4月2日将交易价款余款3.1亿元人民币或等值美元的

50%之款项（即1.55亿元人民币或等值美元）汇入共管账户。甲方保证配合乙方与国浩公司共同将01号、02号、03号地块《土地使用权证》的使用权人更名为新浩宁公司。《土地使用权证》变更到项目公司前二日内，乙方将交易价款余款3.1亿元人民币或等值美元的另50%之款项（即1.55亿元人民币或等值美元）也须汇入共管账户。至此，乙方将交易价款余款3.1亿元人民币或等值美元已全部汇入共管账户后二日内，双方办理《土地使用权证》变更到项目公司之手续。经甲方与乙方中的双方一致同意，共同与监管银行签订补充协议，就增加高成公司作为监管协议的乙方中的一方以及监管资金退还等内容作出约定，共同申请向银行增加监管账户之乙方中的高成公司提供人名章一枚，作为监管账户预留印鉴章，未经甲方及乙方中的双方一致同意并向银行提供书面申请，不得变更印鉴。甲、乙双方一致确认：本补充协议中约定共同监管资金，以及此前甲方所收取的首期6000万元资金、500万元逾期补偿款，均由乙方中的高成公司支付。如乙方中的双方违约，则甲方已收款项不予退还。如因甲方原因造成政府收回土地、不可抗力及甲方因素造成股权转让未能实现，则甲方已收款项退还乙方中的高成公司。

同日，岩石公司及高成公司作为甲方与福中公司（乙方）、民生银行南京分行（丙方）签订资金监管补充协议，该协议的丙方民生银行南京分行未签字盖章。

2011年5月23日，岩石公司致函高成公司，要求高成公司于2011年5月31日前履行高成公司与岩石公司合作协议及补充协议中的义务。

2011年5月30日，高成公司回函岩石公司，要求提供顾家营项目合法有效的拍卖资料，协调与国浩公司的关系，签署《境外收购协议》，否则仅就福中公司1%的权益收购毫无意义和无法执行。

2011年6月18日，福中公司向岩石公司、高成公司发函，要求岩石公司、高成公司于2011年6月26日前积极履行股权转让协议，否则，应于2011年4月2日起按3.1亿元的日万分之五承担逾期违约金，并不予退还已收款项，并要求岩石公司、高成公司承担因违约而导致的无法对顾家营地块进行开发造成的损失。

2011年7月17日，高成公司函告福中公司及其法定代表人杨宗义，载明在股权转让系列协议签订后，由于福中公司就资金共管及释放等事项提出了新的要求等原因，有关转让事项一直未能继续，在此期间，国家对房地产的调控和监管进一步加大，福中公司及国浩公司名下顾家营项目地块由于长达六年多仍未开发，已严重违反国家关于房地产开发的法律规定，面临着严峻的政策和法律风险。且因福中公司与国浩公司仍存在重大争议，亦导致其拟受让的权益处于事实上的不确定状态及争议之中，故要求福中公司接函后3个工作日内给予书面回复及保证,并积极推进计划进行。逾期其将终止福中公司与高成公司关于顾家营项目地块及股权转让的协议。

同日,高成公司向岩石公司发出催告函,载明因岩石公司未能提供其要求提供的资料,且国浩公司境外收购无进展,其承担着已支付的6500万元资金压力,要求岩石公司尽快受让国浩公司的股权,如10日内未能完整受让,高成公司将终止该项受让计划,已筹集的资金将另作他用,并要求收回已支付的6500万元资金。

2011年7月20日,福中公司复函高成公司,要求高成公司于近期立即按照股权转让协议履行合同义务,否则造成的一切损失和法律后果由高成公司承担。

2012年3月21日,福中公司将其在新浩宁公司、新浩玄公司的1%的股权,转让给嘉丰公司,并办理了工商变更登记。

本案一审审理过程中,福中公司与嘉丰公司共同或福中公司单方先后于2012年5月9日、2012年5月11日、2012年5月28日三次向岩石公司、高成公司发出声明或通知,载明将股权转让给嘉丰公司系为了避免土地被政府收回减少损失,且更好地推进顾家营地块开发进程,嘉丰公司的成立也有利于更好地履行三方签订的股权转让系列协议。福中公司对合同标的有实际控制权,其愿意将股权转让价款3.7亿元降至3亿元。嘉丰公司的股东承诺在高成公司2012年5月31日前按股权转让系列协议履行义务的前提下,将嘉丰公司100%的股权转让给高成公司,愿意配合完成所有股权转让手续,否则已收取的付款6000万元和违约金500万元不予退回,并保留追究高成公司违约责任的权利等。一审审理中,嘉丰公司股东袁琳森、张延春到一审法院表示,2012年5月9日的郑重声明、2012年5月11日的承诺及敦促函,是嘉丰公司与福中公司共同向岩石公司与高成公司发出。如果高成公司与岩石公司履行案涉股权转让系列协议,嘉丰公司会配合将股权转回,原股权转让协议仍可履行。

一审审理中,2012年8月17日,案涉NO.2005G36地块的土地使用权变更登记至新浩宁公司名下。

一审还查明:2006年9月5日,国浩公司向中国贸仲会提交申请,就其与福中公司于2005年7月30日签订的《合资建立新浩玄公司的合同》(以下简称国浩、福中合资建立新浩玄公司合同)项下的纠纷提起仲裁,请求:1.福中公司履行国浩、福中合资建立新浩玄公司约定的义务,按照南京市有关部门的行文要求,立即签署《关于申请变更NO.2005G36地块受让人的报告》等文件,将相关地块的受让人变更到新浩玄公司名下,由该合营公司开发建设;2.福中公司赔偿由于其违约行为给国浩公司造成的经济损失500万元。中国贸仲会仲裁庭认为,国浩公司《关于申请变更NO.2005G36地块受让人的报告》中含有将面积为142253平方米的01号地块变更至新浩玄公司名下的内容,而国浩、福中合资建立新浩玄公司合同约定新浩玄公司负责开发建设的项目实际出让土地面积为49333.6平方米、建筑面积为57442.2平方米,由于01号地块的面积大大多于合同约定的新浩玄公司负责开发建设的土地面积,也超出了南京市玄武区商务局批准的内容,故对该请求不予支持。基于此,对上述国浩公司关于违约损失赔偿的请求也不予支持。中国贸仲会于2007年6月25日作出(2007)中国贸仲京裁字第0309号裁决,裁决:驳回国浩公司的全部仲裁请求。对国浩公司另案提起的要求福中公司履行国浩、福中合资建立新浩宁公司合同中约定的义务,按照南京市有关部门的行文要求,立即签署《关于申请变更NO.2005G36地块受让人的报告》等文件,将相关地块的受让人变更到新浩宁公司名下,由新浩宁公司开发建设,福中公司赔偿由于违约给国浩公司造成的损失500万元,中国贸仲会同时裁决驳回国浩公司的全部仲裁请求。

2009年9月1日,国浩公司对福中公司提起诉讼,请求判令:1.分割南京市玄武区顾家营NO.2005G36地块;2.具体分割方式为:折价分割,该土地经评估后,由国浩公司、福中公司中的一方单独拥有并折价补偿另一方;3.由国浩公司获得土地,同时国浩公司按评估价值及共有比例折价补偿福中公司。本院经审查认为,1.国浩公司与福中公司所签署的联合竞买协议合法有效;2.国浩公司与福中公司在联合竞买协议、两份合资合同中约定的仲裁条款合法有效;3.本案属于双方约定的仲裁事项范围。涉案讼争的标的顾家营地块系双方根据联合竞买协议获得,该标的物能否分割以及如何分割等问题均应受联合竞买协议约束,亦应受联合竞买协议的仲裁条款的约束。故该案不属于人民法院受理案件范围。江苏省高级人民法院于2009年12月17日作出(2009)苏民三初字第005-1号民事裁定,驳回国浩公司对福中公司的起诉。国浩公司不服该裁定,向最高人民法院提起上诉,该院于2010年6月10日作出(2010)民一终字第51号民事裁定,裁定驳回上诉,维持原裁定。

一审法院审理认为:股权转让补充协议二未将高成公司加入监管方作为付款的前提条件。高成公司的有关函件内容表明,高成公司未付款系与岩石公司未能顺利收购国浩公司在新浩宁公司、新浩玄公司的股权有关。因此,对高成公司主张其未付款系付款条件未成就的意见不予采纳。福中公司为了避免土地使用权因长期闲置可能被政府收回的风险,将股权转让给嘉丰公司。诉讼中,福中公司表示可以让嘉丰公司退出,嘉丰公司亦至一审法院表明其可将股权退回福中公司或直接转让给高成公司和岩石公司。故福中公司将股权转让至嘉丰公司并不当然导致股权转让协议无法履行和高成公司合同目的不能实现。福中公司将股权转让给嘉丰公司的行为不构成违约,高成公司单方以福中公司违约为由,要求解除合同,于法无据。江苏省南京中级人民法院作出(2012)宁商初字第44号民事判决:驳回高成公司的全部诉讼请求。一审案件受理费670529元,保全费5000元,由高成公司负担。

高成公司不服一审判决,向本院提起上诉称:1. 股权转让补充协议二、资金监管补充协议及相关事实均表明高成公司作为共管一方,参与对3.1亿元资金的监管,高成公司的付款条件未成就,不存在违约情形。一审判决认定高成公司的付款条件已成就,高成公司未按期付款构成违约错误。2. 福中公司在股权转让系列协议未解除的情况下,未以任何方式告知高成公司,将股权转让给嘉丰公司,其不再持有合同标的物即项目公司股权和项目地块权益,股权转让系列协议的履行已无可能,福中公司的行为构成根本违约。一审判决认定福中公司将股权转让给嘉丰公司,不违反股权转让系列协议,高成公司合同目的仍可实现错误。3. 一审判决认定股权转让系列协议合法有效属于适用法律错误。股权转让系列协议的实质是转让土地使用权,福中公司非法转让顾家营地块的土地使用权,违反了《中华人民共和国土地管理法》(以下简称《土地管理法》)第七十三条、《中华人民共和国刑法》(以下简称《刑法》)第二百二十八条、第二百三十一条、《中华人民共和国城镇国有土地使用权出让和转让暂行条例》(以下简称《城镇国有土地使用权出让和转让暂行条例》)第十七条、第十九条等法律、行政法规的强制性规定,亦违反了土地出让合同关于首次转让时应做到按照合同约定进行投资开发,且完成开发投资总额的25%以上的规定,股权转让系列协议属于无效合同。4. 福中公司存在欺诈行为,应依法撤销股权转让系列协议。综上,请求撤销原判,改判支持高成公司一审诉讼请求,由福中公司承担本案一、二审案件受理费、保全费等诉讼费用。

被上诉人福中公司辩称:一审判决认定事实清楚、适用法律完全正确,请求驳回高成公司的上诉请求,维持原判决。

岩石公司述称:一审判决正确,请求维持原判。

本院二审查明的事实与一审相同。

本院二审另查明:1. 股权转让补充协议二第七条约定:本补充协议为对股权转让协议及股权转让补充协议之补充,与股权转让协议及股权转让补充协议具有同等法律效力。2. 2011年5月30日,高成公司复函岩石公司称:(1)涉及福中公司及国浩公司两家转让主体的关系协调及相关协议的签订问题,尤其是与国浩公司的转让协议的签订事项,一直未能有效推进,而如果国浩公司的转让无法达成,即使与福中公司约定转让,也是完全背离合作目标的,在此情况下与福中公司之间的转让行为也将根本失去意义,而无法执行;(2)为体现合作诚意,促进合作成功,高成公司支付人民币6500万元,但随着时间的推移,如上述重大关节仍不能解决,则合作所指向的标的将面临越来越大的政策风险,如出现政府收回土地等风险情形,将使得高成公司面临资金收回的重大风险;(3)需要声明的是,如果国浩公司的收购无法达成,则仅就福中公司1%权益予以收购是毫无意义和无法执行的,也是完全违背合作的基本目标的。如出现此情形或合作事项无法推进甚或终止的责任,均应由岩石公司承担。3. 高成公司二审中陈述:"我们与岩石公司签订的第一份协议是全盘收购顾家营地块土地使用权,但事后发现这是陷阱,99%的持有方不积极,1%的持有方非常积极,我们要付3.7亿元,我们担心被骗,从逻辑上说,主观上有不安,怕款项被非法侵吞,但与不付款没有必然的因果关系,如果打到共管账户是安全的我们也可以付款。我们为这个地块总共打算拿23亿元,我们关心的是总代价是多少,由于99%拿不下来,1%就像一个陷阱。"

本院二审认为:股权转让补充协议二未为高成公司的付款设置前提条件。高成公司未付款的实质原因并非是账户问题,而是其收购国浩公司99%的股权无法推进。福中公司和嘉丰公司多次向一审法院表明嘉丰公司可将股权退回福中公司或直接转让给高成公司和岩石公司,高成公司和岩石公司受让股权的合同目的完全可以实现。福中公司将其股权转让至嘉丰公司的行为不构成根本违约。案涉协议合法有效。案涉协议标的为股权,而非土地使用权。土地有无在法定期间内投资开发,土地使用权是否会被政府收回只会造成协议履行中的障碍,或履行不能,而不影响协议本身的效力。综上,本院二审判决:驳回上诉,维持原判决。二审案件受理费670529元,由高成公司负担。

高成公司向本院申诉称:1. 本案名为股权转让,实际上是土地使用权转让,违反了我国《土地管理法》第二条第三款关于"任何单位和个人不得侵占、买卖或者以其他形式非法转让土地"、《中华人民共和国城市房地产管理法》(以下简称《城市房地产管理法》)第三十九条"以出让方式取得土地使用权的,转让房地产时,应当符合下列条件:……(二)按照出让合同约定进行投资开发,属于房屋建设工程的,完成开发投资总额的百分之二十五以上,属于成片开发土地的,形成工业用地或者其他建设用地条件"、第二十八条第一款第一项"以出让方式取得土地使用权的,不符合本法第三十九条规定的条件的,不得转让"及《城镇国有土地使用权出让和转让暂行条例》第十九条第二款关于"未按土地使用权出让合同规定的期限和条件投资开发、利用土地的,土地使用权不得转让"等法律、行政法规禁止性规定,且涉嫌以合法形式掩盖非法目的,及逃避国家土地增值税,损害国家利益,应确认无效;2. 新浩宁公司、新浩玄公司均为中外合资企业,福中公司与岩石公司之间系列转让协议至今未取得合营另一方同意的书面文件,没有报审批机构批准,依据《最高人民法院关于审理外商投资企业纠纷案件若干问题的规定(一)》第一条的规定,应认定合同未生效,一、二审法院认定合同有效显属不当;3. 因该案性质及效力与申诉人起诉主张不一致,原审法院未对高成公司进行释明并告知变更诉讼请求,即驳回高成公司诉讼请求,适用法律错误。

福中公司在本院再审中辩称:涉案股权转让协议只是个框架性的协议,成立时即生效,且报批条款属于独立条款,前提是高成公司先付款,高成公司未付款,不享有合同解除权,依据《最高人民法院关于审理外商投资企业纠纷案件若干问题的规定(一)》第八条的规定,应赔偿福中公司的相关损失。高成公司提出的合同未生效理由,违反了一事不二理原则。

岩石公司在本院再审中述称,原判决是正确的,请求维持原判。

本院再审查明的事实与原审相同。

本院再审另查明:国浩公司系在境外注册的公司。2013 年 1 月 23 日,国浩公司将其拥有的新浩宁公司 99% 的股权转让给其全资子公司国祥房地产有限公司(以下简称国祥公司),并办理了工商登记变更手续。2013 年 9 月 17 日,嘉丰公司股东袁琳森、张延春将其在嘉丰公司 100% 股权转让给扬州明源房地产开发有限公司(以下简称扬州明源公司),并在协议中约定其具有完全的权利签署协议并将该股权转让给受让人,并办理了变更登记手续。2013 年 8 月,国祥公司将其在新浩宁公司的 99% 股权转让给了香港佳源集团。经本院现场勘查和确认,涉案 1 号地块已经开发建设且基本预售完毕,2 号地块配套设施已经竣工,3 号地块即将开始建设。

本案再审争议焦点是:(一)本案性质是股权转让合同纠纷还是土地使用权转让纠纷;(二)涉案股权转让合同是否违法;(三)涉案股权转让合同是否生效;(四)高成公司在本案中的诉讼请求应否支持。

(一)关于本案的性质

本院再审认为,本案性质属股权转让合同纠纷而非土地使用权转让纠纷。理由是:1. 涉案股权转让合同明确约定岩石公司收购福中公司持有的新浩宁公司、新浩玄公司 1% 股权及所对应的地块 1% 权益,即合同转让的标的是股权而非土地使用权;2. 合同的名称为股权转让合同,合同双方的真实意思表示是通过股权转让形式来转让或取得公司名下的 1% 股权所对应的 1% 的地块权益,通过股权转让,公司的股东发生了变更,但土地使用权并未发生流转,仍属公司所有。

综上,本案性质属股权转让合同纠纷而非土地使用权转让纠纷,高成公司认为本案属名为股权转让实际为土地使用权转让的主张不能成立,本院不予支持。

(二)关于涉案股权转让协议是否违法

高成公司认为,本案属于以股权转让的合法形式掩盖其逃避《土地管理法》、《城市房地产管理法》及《城镇国有土地使用权出让和转让暂行条例》等相关禁止土地使用权转让的规定、规避土地增值税征收的非法目的,属无效行为;且本案名为股权转让,实际上是土地使用权转让,违反了《刑法》第二百二十八条的规定,构成犯罪,应追究刑事责任。

本院再审认为,涉案股权转让协议不违反法律法规的规定。理由是:

1. 法律、法规并未禁止涉及土地使用权的股权转让。

(1)《中华人民共和国公司法》(以下简称《公司法》)第七十二条关于"有限责任公司的股东之间可以相互转让其全部或者部分股权"的规定,第一百三十八条关于"股份有限公司股东持有的股份可以依法转让"的规定,第二十七条关于"股东可以用货币出资,也可以用实物、知识产权、土地使用权等可以用货币估价并可以依法转让的非货币财产作价出资"的规定表明,股权可以依法自由转让。土地使用权可以作价出资,出资之后即成为公司股份相对应的资产。既然股权可以转让,那么股权所对应的土地使用权益当然由股权受让人所享有。

(2)《公司法》对股权转让的限制仅规定"股东向股东以外的人转让股权,应当经其他股东过半数同意"、"在同等条件下,其他股东有优先购买权",以及国有股权转让、涉外股权转让要经政府主管部门批准等,并未禁止涉及土地使用权的股权转让。

2. 以股权转让形式控制公司名下的土地使用权并不违法。理由是:

(1)该股权转让形式不违反我国《公司法》和《土地管理法》的相关规定。我国《公司法》对股权转让除作了程序性限制外,对以股权转让形式控制公司名下的土地使用权未作限制,更未禁止;以股权转让形式控制公司名下的土地使用权的受让人,主要是通过受让公司股权从而间接控制股权所对应的土地使用权,公司股东虽发生了变化,但土地使用权并未发生流转,仍登记在具有独立法人人格的公司名下。受让人对公司名下土地的控制、使用或开发,乃系代表公司的正常经营行为;以股权转让形式控制公司名下的土地使用权,在性质上仍属于股权转让,并非土地使用权转让,该股权转让行为,并未违反《公司法》的规定,也不涉及《土地管理法》有关土地买卖和转让的相关规定。高成公司关于本案股权转让协议违反我国《土地管理法》第二条第三款关于"任何单位和个人不得侵占、买卖或者以其他形式非法转让土地"的主张无事实依据,本院不予采纳。

(2)该股权转让形式亦不违反有关房地产法律法规的禁止性规定。

根据法律的规定，房地产开发企业的开发用地只能是国有土地，主要通过出让和转让两种方式取得。根据《城镇国有土地使用权出让和转让暂行条例》第十九条的规定，以出让方式取得的土地使用权可以再转让，但相关法律法规对土地使用权转让规定了一定的限制条件。《城市房地产管理法》第三十七条规定，被依法查封、政府收回土地使用权、未经共有人同意、权属有争议、未领取权属证书的房地产，不得转让。该法第三十八条还规定："以出让方式取得土地使用权的，转让房地产时，应当符合下列条件：(一)按约已经支付全部土地使用权出让金，并取得土地使用权证书；(二)按约进行投资开发，属于房屋建设工程的，完成开发投资总额的百分之二十五以上。"《城镇国有土地使用权出让和转让暂行条例》第十九条规定："未按土地使用权出让合同规定的期限和条件投资开发、利用土地的，土地使用权不得转让"。

本案以股权转让形式控制公司名下的土地使用权是否规避了国家对房地产业的上述监管规定？从本案事实看，涉案土地确实未按土地使用权出让合同规定的期限和条件投资开发，不符合土地所有权转让的条件。但是，本案受让方控制转让方的土地使用权，经过了两个行为：第一，转让方设立了项目公司即新浩宁公司和新浩玄公司，并将涉案土地使用权作价投入项目公司；第二，转让方再将项目公司的股权转让给受让方。可见，导致土地使用权的转移实际上发生在第一个行为当中，原属于转让方的土地使用权变更成为项目公司的财产，而第二个行为纯属股权转让行为，未涉及土地使用权的变更，土地使用权仍属于项目公司的财产。第一个行为虽导致了土地使用权的变更，但它属于以土地使用权作价入股，并非土地使用权转让，是法律允许的。法律、法规并未规定土地使用权作价入股也需要符合《城市房地产管理法》关于"完成开发投资总额的百分之二十五以上"等条件；由于以股权转让形式控制公司名下的土地使用权的性质属股权转让，并非土地使用权转让，因而不涉及《城市房地产管理法》、《城镇国有土地使用权出让和转让暂行条例》关于土地使用权不得转让的相关规定，因此，高成公司关于本案属于以股权转让的合法形式掩盖逃避《土地管理法》、《城市房地产管理法》及《城镇国有土地使用权出让和转让暂行条例》等相关禁止土地使用权转让规定的主张不能成立，本院不予支持。

(3)该股权转让形式并未逃避国家土地增值税和契税的征收。

按照我国现行相关税法的规定，土地使用权转让涉及的纳税种类包括营业税、城市建设维护税和教育费附加税、土地增值税、契税、印花税和所得税。土地使用权作价入股过程中应当缴纳的税收有:印花税、土地增值税、契税、所得税。根据财政部的有关规定,土地使用权作价入股不征收营业税。因此,以营业税作为计税额的城市建设维护税和教育费附加也不用缴纳。也就是说,土地使用权作价入股并未逃避土地增值税和契税。股权转让的纳税种类只涉及印花税、所得税,根据财政部的规定,对股权转让不征收营业税。同样也就无须缴纳城市建设维护税和教育费附加。由于股权转让并不导致土地使用权的转让,因而不需交纳土地增值税和契税。这就是主张无效观点的人认为以股权转让形式控制公司名下的土地使用权逃避了土地增值税和契税的原因。

但是,现行税法没有对涉及土地使用权的项目公司的股权转让作出是否征收土地增值税和契税的规定。根据税收法定主义,税法未规定需要纳税的,当事人即可不交税。且在股权转让时,土地增值税最终并未流失,因为:股权转让也只是股东的变换,土地使用权权属没有变化,股权无论经过多少次转让,土地无论如何增值,公司初始受让土地支付对价的成本不变。但是,只要房地产发生了权属流转,公司就需要按最终的实际房地产销售价与最初的房地产成本价之间的增值部分缴纳土地增值税。因此,涉案股权转让实际上并未逃避土地增值税的征收。高成公司主张涉案股权转让逃避了国家土地增值税征收的理由不能成立。

(4)涉案股权转让并未触犯《刑法》。

《刑法》第二百二十八条规定:以牟利为目的,违反土地管理法规,非法转让、倒卖土地使用权,情节严重的,处三年以下有期徒刑或者拘役……这就是"非法倒卖土地使用权罪"的法律依据。

本院认为,《公司法》允许股权自由转让,而土地使用权的转让则须经过政府主管部门的批准。政府批准证书上的土地使用权人是公司,而股权转让并不引起公司名下土地使用权的转让,土地使用权人仍然是公司,因此,股权的任何转让都不会导致批准证书上的土地使用权人的变更,因而不涉及非法转让、倒卖土地使用权问题。高成公司主张涉案股权转让触犯《刑法》的申诉理由无事实依据,不能成立。

3. 最高人民法院(2007)民二终字第219号、(2007)民二终字第219号等生效判决,均未认定以股权转让形式控制公司名下土地使用权的股权转让合同无效。

综上,我国土地使用权的主体,包括公司、企业、其他组织和个人(自然人),因此,在拥有土地资产的公司中,股权转让必然涉及公司土地使用权相关权益的转移。对于这种股权转让涉及公司土地使用权份额变更,是否界定为土地使用权转让行为,相关法律法规没有明确的规定,更没有明令禁止此类性质的股权转让。基于股权转让是《公司法》保护的民事法律行为,股权转让并不导致土地使用权权属的转移和变更,因此，此类性质的股权转让行为应属于《公司法》调整范围，而不属于国家土地转让的相关法律、法规的调整范畴。但是，由于《城市房地产管理法》《城镇国有土地使用权出让和转让暂行条例》等法律、法规对土地使用权转让作了诸多立法限制，且土地使用权直接转让税费成本较高，除交易手续费和印花税等外，受让方要交纳较高的契税，转让方需交纳较高的营业税、土地增值税，土地使用权直接转让的手续也比较繁杂，要涉及土地使用权权利人和项目建设的开发者名称、批文、许可证等事项的变更登记，而股权转让的实质或实体性限制较少，交易简便快捷，因此，土地使用权人通过设立项目公司并以土地使用权作价入股，再由受让人通过收购项目公司的部分股权或全部股权从而间接控制项目公司的土地使用权以合理规避土地使用权转让的法定转让条件，尤其为规避未完成开发投资总额百分之二十五的法定限制和土地使用权直接转让中的高额税收，即成为当前的普遍现象。这需要政府和立法机关对以股权转让形式控制项目公司的土地使用权进行规范和完善，以填补法律、法规的空白，避免非法转让土地使用权和炒买炒卖土地使用权现象的发生。但不应以此为由认定本案的股权转让协议和补充协议无效。高成公司认为本案属于以股权转让的合法形式掩盖其逃避《土地管理法》、《城市房地产管理法》及《城镇国有土地使用权出让和转让暂行条例》等相关禁止土地使用权转让的规定、规避土地增值税征收的非法目的，属无效行为的理由不能成立，本院不予支持。

（三）关于本案股权转让协议及补充协议是否生效问题

本院认为，涉案股权转让协议及补充协议虽合法成立但未生效。理由是：

新浩宁公司、新浩玄公司均为中外合资企业，依据《中华人民共和国合同法》（以下简称《合同法》）第四十四条、《中华人民共和国中外合作经营企业法》（以下简称《中外合作经营企业法》）第十条及《最高人民法院关于审理外商投资企业纠纷案件若干问题的规定（一）》第一条关于“当事人在外商投资企业设立、变更等过程中订立的合同，依法律、行政法规的规定应当经外商投资企业审批机关批准后才生效的，自批准之日起生效；未经批准的，人民法院应当认定该合同未生效”的规定，应当认定涉案股权转让协议及补充协议成立但未生效。

（四）关于高成公司在本案中的诉讼请求应否支持

本院认为，本案股权转让协议及补充协议虽然已成立，但在生效前已解除。因为：2011年7月17日，高成公司向福中公司和岩石公司分别发函称，由于福中公司就资金共管及释放提出了新的要求，且国浩公司收购无进展，要求岩石公司尽快受让国浩公司的股权，如10日内未能完整受让，高成公司将终止该项受让计划，并要求收回已支付的6500万元。2012年3月21日,福中公司将其在新浩宁公司、新浩玄公司1%的股权转让给嘉丰公司,并办理了工商变更登记。上述事实表明,福中公司将股权转让给嘉丰公司的行为,应认定是其以行为对高成公司终止合同的要求予以同意,表明此时合同已解除。

《最高人民法院关于适用〈中华人民共和国合同法〉若干问题的解释(二)》第八条规定,有义务办理申请批准或登记手续而未办理致使合同未生效的,属于合同法规定的"其他违背诚实信用原则的行为",人民法院可以判决相对人自己办理有关手续;对方当事人对由此产生的费用和给相对人造成的实际损失,应当承担损害赔偿责任。根据本案股权转让协议及补充协议约定内容,表面上看是岩石公司、高成公司先履行支付股权转让款义务,福中公司再办理股权转让和报批手续,但实质上,应当认定福中公司负有先履行或同时履行义务,理由是:1. 2010年12月31日的股权转让协议约定福中公司以3.7亿元向岩石公司、高成公司出让其持有的新浩宁公司、新浩玄公司1%股权及所对应的地块1%权益,但直至2012年8月17日,案涉地块的土地使用权才变更登记至新浩宁公司名下,也就是说,股权转让时,福中公司在新浩宁公司和新浩玄公司并无1%股权所对应的1%的土地权益,因此,福中公司应先履行或同时履行将涉案地块投入新浩宁公司、新浩玄公司的义务。2.《中外合作经营企业法》第十条规定:"中外合作者的一方转让其合作企业中的全部或者部分权利、义务的,必须经他方同意,并报审查机关批准",可见,福中公司转让新浩宁公司、新浩玄公司1%股权及所对应的地块1%权益,应经国浩公司同意,但无证据表明福中公司的转让经过了国浩公司的同意,因此,福中公司应首先履行报经国浩公司同意的义务。3. 高成公司虽未履行支付其余股权转让款的义务,但其并无过错。因为:首先,股权转让补充协议二明确约定高成公司最迟于2011年4月2日将交易价款余款3.1亿元人民币的50%款项汇入共管账户,但资金监管补充协议因民生银行要履行流程手续,未盖章生效,这也是导致高成公司未付款的原因之一;其次,高成公司在福中公司未首先履行或同时履行将土地投入项目公司、并在股权转让前征得国浩公司同意义务的情况下,依《合同法》第六十六条关于"当事人互负债务,有先后履行顺序,先履行一方未履行的,后履行一方有权拒绝其履行要求"的规定,高成公司可以拒绝履行支付其余股权转让款的义务。

综上,福中公司应对本案股权转让合同及补充协议的解除承担缔约过错的主要责任。因本案股权转让合同及补充协议在生效前已经解除,根据《最高人民法院关于审理外商投资企业纠纷案件若干问题的规定(一)》第五条关于"股权转让合同成立后,转让方和外商投资企业不履行报批义务,受让方请求解除合同并由转让方返还其已支付的转让款、赔偿因未履行报批义务而造成的实际损失的，人民法院应予支持”的规定，福中公司应返还高成公司6500万元，并赔偿其利息损失。高成公司要求福中公司应返还其6500万元并赔偿其利息损失请求成立，本院予以支持。但其在本案股权转让协议及补充协议尚未生效前即行设计，对造成损失扩大负有过错，应由其自行承担该项损失。由于本案股权转让协议及补充协议并未生效，高成公司要求福中公司赔偿预期利益损失5000万元无法律依据，本院亦不予支持。

综上，原审判决查明的事实清楚，但认定涉案股权转让协议和补充协议有效，并判决驳回高成公司的全部诉讼请求属适用法律错误，依法应予纠正。高成公司部分诉讼请求成立，本院予以支持。经本院审判委员会讨论决定，依照《中华人民共和国民事诉讼法》第二百零七条、第一百七十条第一款第二项之规定，判决如下：

一、撤销本院（2013）苏商终字第0201号民事判决及江苏省南京市中级人民法院（2012）宁商初字第44号民事判决；

二、福中集团有限公司自本判决生效之日起十五日内返还江苏高成房地产开发有限公司6500万元，并赔偿高成公司利息损失（自高成公司付款之次日起至还清之日止，按中国人民银行同期贷款利率计算）；

三、驳回江苏高成房地产开发有限公司的其他诉讼请求。

※裁判要旨：被依法查封、政府收回土地使用权、未经共有人同意、权属有争议、未领取权属证书的房地产，不得转让。未按土地使用权出让合同规定的期限和条件投资开发、利用土地的，土地使用权不得转让。以土地使用权作价入股，并非土地使用权转让，是法律允许的。法律、法规并未规定土地使用权作价入股也需要符合《城市房地产管理法》关于“完成开发投资总额的百分之二十五以上”等条件。土地使用权的转让则须经过政府主管部门的批准。政府批准证书上的土地使用权人是公司，而股权转让并不引起公司名下土地使用权的转让，土地使用权人仍然是公司，因此，股权的任何转让都不会导致批准证书上的土地使用权人的变更，因而不涉及非法转让、倒卖土地使用权问题。

第七十五条　【非法占用耕地责任】违反本法规定，占用耕地建窑、建坟或者擅自在耕地上建房、挖砂、采石、采矿、取土等，破坏种植条件的，或者因开发土地造成土地荒漠化、盐渍化的，由县级以上人民政府自然资源主管部门、农业农村主管部门等按照职责责令限期改正或者治理，可以并处罚款；构成犯罪的，依法追究刑事责任。

第七十六条 【拒绝复垦土地责任】 违反本法规定，拒不履行土地复垦义务的，由县级以上人民政府自然资源主管部门责令限期改正；逾期不改正的，责令缴纳复垦费，专项用于土地复垦，可以处以罚款。

第七十七条 【非法占用土地责任】 未经批准或者采取欺骗手段骗取批准，非法占用土地的，由县级以上人民政府自然资源主管部门责令退还非法占用的土地，对违反土地利用总体规划擅自将农用地改为建设用地的，限期拆除在非法占用的土地上新建的建筑物和其他设施，恢复土地原状，对符合土地利用总体规划的，没收在非法占用的土地上新建的建筑物和其他设施，可以并处罚款；对非法占用土地单位的直接负责的主管人员和其他直接责任人员，依法给予处分；构成犯罪的，依法追究刑事责任。

超过批准的数量占用土地，多占的土地以非法占用土地论处。

条文解读

本法第77条是关于未经批准或者采取欺骗手段骗取批准，或者超过批准的数量，非法占用土地的处罚规定。

未经批准或者采取欺骗手段骗取批准而占用土地的主要包括以下情形：(1)建设单位或者个人未经用地审批或者采取欺骗手段骗取批准而占用土地的；(2)举办乡镇企业未经批准使用农民集体所有的土地的；(3)乡(镇)、村公共设施和公益事业建设未经批准或者采取欺骗手段骗取批准，占用农民集体所有的土地进行建设的；(4)建设项目施工和地质勘查未经批准或者采取欺骗手段骗取批准，临时使用国有土地或者农民集体所有的土地的；(5)城镇非农业户口的居民未经批准或者采取欺骗手段骗取批准，占用土地建住宅的；涉及农用地改为建设用地，未取得农用地转用审批或者采取欺骗手段骗取农用地转用审批的等。

超过批准的数量占用土地的，多占的土地以非法占用土地论处，因而，建设单位或者个人的这种超占行为，也构成本条规定的违法行为。

对本条规定的违法行为，县级以上有关人民政府自然资源主管部门应当分别情况，依法作出以下处罚：

1. 行政处罚，包括：(1)责令退还非法占用的土地。即将非法占用的土地返还给土地的合法所有者或者使用者。(2)对违反土地利用总体规划擅自将农用地改为建设用地的，限期拆除在非法转让的土地上新建的建筑物和其他设施，恢复土地原状；对符合土地利用总体规划的，没收在非法转让的土地上新建的建筑物和其他设施。这一处罚与本法第 74 条关于对非法转让土地的违法行为处罚中的有关措施是一致的，只是适用的违法行为不同。(3)有关自然资源主管部门在作出有关行政处罚决定的同时，根据情节，可以作出并处罚款的决定。

2. 行政处分，适用于单位违法，即对非法占用土地单位的直接负责的主管人员和其他直接责任人员，由其所在单位或者上级主管部门，依法给予行政处分。

3. 刑事处罚。本条规定的违法行为，属于非法占用土地的行为，因此，对本条规定的违法行为，构成犯罪的，追究刑事责任。

配套法规及解读

《土地管理法实施条例》(2014 年 7 月 29 日修订)

第四十二条 依照《土地管理法》第七十六条的规定处以罚款的，罚款额为非法占用土地每平方米 30 元以下。

《刑法》(2017 年 11 月 4 日修正)

第三百四十二条 违反土地管理法规，非法占用耕地、林地等农用地，改变被占用土地用途，数量较大，造成耕地、林地等农用地大量毁坏的，处五年以下有期徒刑或者拘役，并处或者单处罚金。

《最高人民法院关于审理破坏土地资源刑事案件具体应用法律若干问题的解释》(2000 年 6 月 19 日)

第二条 实施第一条规定的行为，具有下列情形之一的，属于非法转让、倒卖土地使用权“情节特别严重”：

(一)非法转让、倒卖基本农田十亩以上的；

(二)非法转让、倒卖基本农田以外的耕地二十亩以上的；

(三)非法转让、倒卖其他土地四十亩以上的；

(四)非法获利一百万元以上的；

(五)非法转让、倒卖土地接近上述数量标准并具有其他恶劣情节，如造成严重后果等。

第三条 违反土地管理法规，非法占用耕地改作他用，数量较大，造成耕地大量毁坏的，依照刑法第三百四十二条的规定，以非法占用耕地罪定罪处罚：

(一)非法占用耕地“数量较大”，是指非法占用基本农田五亩以上或者非法占用基本农田以外的耕地十亩以上。

（二）非法占用耕地“造成耕地大量毁坏”，是指行为人非法占用耕地建窑、建坟、建房、挖沙、采石、采矿、取土、堆放固体废弃物或者进行其他非农业建设，造成基本农田五亩以上或者基本农田以外的耕地十亩以上种植条件严重毁坏或者严重污染。

※法规解读：经批准或者采取欺骗手段骗取批准，非法占用土地的，由县级以上人民政府土地行政主管部门责令退还非法占用的土地，对违反土地利用总体规划擅自将农用地改为建设用地的，限期拆除在非法占用的土地上新建的建筑物和其他设施，恢复土地原状，对符合土地利用总体规划的，没收在非法占用的土地上新建的建筑物和其他设施，可以并处罚款，罚款额为非法占用土地每平方米30元以下。

任何单位和个人进行建设需要占用土地的，必须依法申请批准。超过批准的数量占用土地的，多占的土地以非法占用土地论处。非法占用农用地，数量较大的，处5年以下有期徒刑或者拘役，并处或者单处罚金。“数量较大”，是指非法占用基本农田5亩以上或者非法占用基本农田以外的耕地10亩以上。

典型案例

王某某非法占用农用地案〔1〕

※案情简介：2013年上半年至2014年3月，被告人王某某在云阳县堰坪镇中升村5组小地名“天口湾”处开办养殖场，为图交通便利，在未经审批的情况下，擅自将该组集体林地非法用于修建公路、种植牧草等。经勘验，王某某非法占用林地14.98亩，其中修公路占用林地11.87亩，林种为用材林；毁茶园开垦面积3.11亩。另修公路弃土造成330米长公路两侧林地不同程度毁坏，共计面积5.94亩，毁坏林地种类为其他林地（非防护林地和特种用途林地）。

本案发生后，公安机关通过走访调查，发现王某某有重大作案嫌疑。2014年5月30日上午9时许，公安机关将王某某抓获。经讯问，王某某如实供述了自己的犯罪事实。

一审中，王某某主动缴纳罚金20000元。

原判认定上述事实的证据有：户口证明、受案登记表、立案决定书、取保候审决定

〔1〕　案例来源：重庆市第二中级人民法院（2015）渝二中法环刑终字第00002号刑事判决书。

书、传唤证、抓获经过、逮捕决定书、逮捕证、逮捕通知书、林权证、林地状况登记表，证人杨某甲、杨某乙等的证言，云阳县森木林业工程有限公司勘验报告及资质证书，现场指认笔录及照片，被告人王某某的供述等。

重庆市万州区人民法院判决认为，被告人王某某违反土地管理法规，非法占用林地，造成林地大量毁坏，数量较大，其行为已构成非法占用农用地罪。王某某到案后如实供述自己的犯罪事实，积极缴纳罚金，有悔罪表现，可以从轻处罚。依照《中华人民共和国刑法》第三百四十二条、第五十二条、第五十三条、第六十七条第三款，《最高人民法院关于审理破坏林地资源刑事案件具体应用法律若干问题的解释》第一条，《中华人民共和国土地管理法》第七十六条第一款的规定，判决：王某某犯非法占用农用地罪，判处有期徒刑9个月，并处罚金20000元（已缴纳）。

上诉人王某某上诉提出，其一贯表现良好，无犯罪前科，且到案后如实供述罪行，积极缴纳罚金；妻子几年前离家出走，留下两个小孩，家庭困难；修路是经过组里同意的，村里还补贴了3000元；本案发生后，其系自行前往派出所投案，而非被抓捕。请求从轻处罚并适用缓刑。

重庆市人民检察院第二分院认为，未经相关部门批准占用林地即属非法，经村小组同意、得到村里补贴均不能改变其行为的违法性；关于王某某的家庭情况，请法庭依法综合考虑。二审中举示公安机关出具的到案经过一份。

经二审审理查明，2013年上半年至2014年3月，上诉人王某某在云阳县堰坪镇中升村5组小地名“天口湾”处开办养殖场，为图交通便利，在未经审批的情况下，擅自将该组集体林地非法用于修建公路、种植牧草等。经勘验，王某某非法占用林地14.98亩，其中修公路占用林地11.87亩，林种为用材林；毁茶园开垦面积3.11亩。另修公路弃土造成330米长公路两侧林地不同程度毁坏，共计面积5.94亩，毁坏林地种类为其他林地（非防护林地和特种用途林地）。

本案发生后，公安机关发现王某某有重大作案嫌疑，遂电话通知王某某到公安机关接受调查。王某某于2014年5月30日上午抵达公安机关并如实供述了自己的犯罪事实。一审中，王某某主动缴纳罚金20000元。

另查明，王某某在修路前曾取得中升村5组时任组长杨文成及相关组员的同意。路修好后，鉴于该组组员出行需要使用该道路，中升村村民委员会遂补贴了王某某3000元。

上述事实有经一审确认的除抓获经过以外的证据以及二审中检察机关举示的到案经过、本院依法向云阳县堰坪镇中升村支部书记罗中树进行调查取得的调查笔录等证据予以证实，本院予以认定。

本院认为，上诉人王某某违反土地管理法规，非法占用林地，改变被占用林地用途，造成林地大量毁坏，数量较大，其行为已构成非法占用农用地罪。关于王某某提出其修路系经村小组同意并由村委会补助3000元的上诉意见。经查，其辩解的事实虽属实，但并不能改变其非法占用林地的性质，不影响定罪。关于王某某提出其系自行前往派出所，而非被抓捕，并要求改判缓刑的上诉意见。经查，王某某经公安机关电话通知后主动到派出所投案，并如实供述了自己的犯罪事实，是自首，依法可以从轻或减轻处罚。王某某积极缴纳罚金，有悔罪表现，综合考虑其犯罪情节、对犯罪行为的认知、初犯及一贯表现等，没有再犯罪的危险，宣告缓刑对所居住社区亦无重大不良影响，符合判处缓刑的条件。

综上，原判定性准确，审判程序合法，鉴于二审出现新证据证实上诉人王某某有自首情节，故予以改判。依照《中华人民共和国刑事诉讼法》第二百二十五条第一款第（二）项，《中华人民共和国刑法》第三百四十二条、第五十二条、第六十七条第一款、第七十二条第一款，《最高人民法院关于审理破坏林地资源刑事案件具体应用法律若干问题的解释》第一条，《中华人民共和国土地管理法》第七十六条第一款的规定，判决如下：

一、维持重庆市万州区人民法院（2014）万法环刑初字第00089号刑事判决的定罪部分，即被告人王某某犯非法占用农用地罪。

二、撤销重庆市万州区人民法院（2014）万法环刑初字第00089号刑事判决的量刑部分，即对被告人王某某判处有期徒刑九个月，并处罚金20000元（已缴纳）。

三、上诉人（原审被告人）王某某犯非法占用农用地罪，判处有期徒刑九个月，缓刑一年，并处罚金20000元（已缴纳）。

※裁判要旨：违反土地管理法规，非法占用林地，改变被占用林地用途，造成林地大量毁坏，数量较大，其行为已构成非法占用农用地罪。

第七十八条 【非法建住宅责任】农村村民未经批准或者采取欺骗手段骗取批准，非法占用土地建住宅的，由县级以上人民政府农业农村主管部门责令退还非法占用的土地，限期拆除在非法占用的土地上新建的房屋。

超过省、自治区、直辖市规定的标准，多占的土地以非法占用土地论处。

条文解读

本法第78条是关于农村村民未经批准或者采取欺骗手段骗取批准，或者超过批准的数量，非法占用土地建住宅的处罚规定。

本条规定的违法行为，就是违反本法第62条规定的行为，包括：（1）农村村民建房的住宅用地未经乡（镇）人民政府批准；（2）农村村民占地建住宅，对涉及占用农用地的，未办理或者采取欺骗手段办理农用地转用审批手续的行为；（3）农村村民骗取批准，占地建住宅的行为。骗取批准，在实际生活中可以表现为许多不同的方式。例如，故意弃耕，以使耕地荒芜，然后将耕地谎称为非农用地，以此"绕"过农用地转用审批，这种行为应当属于骗取批准的行为。

此外，根据本条的规定，对超过省、自治区、直辖市规定的标准，多占土地建房的，以非法占用土地论处。因此，农村村民超占土地建住宅的，也是本条规定的违法行为。

县级以上人民政府自然资源主管部门，对本条规定的违法行为的处罚，包括：（1）责令退还非法占用的土地，包括退还超占的土地；（2）限期拆除在非法占用的土地上新建的房屋。

关联法规索引

《物权法》第152～155条；《国务院办公厅关于严格执行有关农村集体建设用地法律和政策的通知》

典型案例

黄德坤、黄晓芹等再审审查与审判监督案〔1〕

※案情简介：刘双全未经批准，在郏城街铁甲村四组占用耕地违建住宅，新洲区国土资源和规划局巡查发现后，于2013年2月16日向其下达了《责令停止国土资源违法行为通知书》。黄银国未经批准，在铁甲村四组占用耕地违建住宅，新洲区国土规划局巡查发现后，于2013年2月16日向其下达了《责令停止国土资源违法行为通知书》。黄晓芹未经批准，在铁甲村六组占用耕地违建住宅，新洲区国土资源和规划局巡查发

〔1〕 案例来源：最高人民法院（2017）最高法行申8164号行政裁定书。

现后,于2014年9月17日向其下达了《责令停止国土资源违法行为通知书》。黄德坤未经批准,在铁甲村六组占用耕地违建住宅,新洲区国土资源和规划局巡查发现后,于2014年9月17日向其下达了《责令停止国土资源违法行为通知书》。邱梅芝未经批准,在铁甲村六组占用耕地违建住宅,新洲区国土资源和规划局巡查发现后,于2014年9月17日向其下达了《责令停止国土资源违法行为通知书》。新洲区国土资源和规划局对上述五人调查后,分别制作有《询问笔录》,并经其签字确认。新洲区控制和查处违法建设办公室、区国土资源和规划局、区城管执法局、邾城街道办事处针对上述违法建设于2014年11月22日联合下达了《关于邾城街铁甲村违法建设情况的公示》并予以张贴公告。2014年11月27日,新洲区政府根据《关于依法拆除邾城街铁甲村违法建设实施方案》组织开展联合执法,对包括黄德坤等五人违法建设在内的30余户违建房进行了强制拆除。2015年1月22日,黄德坤等五人向武汉市公安局提起行政复议,请求确认武汉市公安局新洲分局不制止强拆、不履行保护人身及财产安全的法定职责的行为违法,并责令其履行法定职责并赔偿损失。2015年2月6日,武汉市公安局新洲分局就该复议案件作出《行政复议答复书》,其中载明2014年11月27日的强制拆除行为是由新洲区政府根据《关于依法拆除邾城街铁甲村违法建设实施方案》组织当地有关政府部门作出。武汉市公安局于2015年3月16日作出了《驳回行政复议决定书》(武公复驳字〔2015〕第7号)。2015年4月1日,黄德坤等五人向武汉市政府申请行政复议,请求确认新洲区政府实施强制拆除其房屋的行为违法,并责令新洲区政府足额赔偿遭受的损失。2015年4月27日,新洲区政府针对该复议作出了《行政复议答复书》,承认了2014年11月26日至27日强制拆除黄德坤等五人房屋的行为是由其组织当地有关政府部门作出。2015年5月21日,武汉市政府作出了武政复决〔2015〕第60号《行政复议决定书》。根据该复议决定,武汉市政府确认新洲区政府强制拆除黄德坤等五人房屋的行为程序违法,但认定黄德坤等五人房屋为违法建筑,不属于国家赔偿范围,不支持其提出的行政赔偿的请求。黄德坤等五人对武汉市政府的行政复议决定不服,于2015年6月5日以新洲区政府为被告向一审法院提起行政诉讼。2015年11月9日,一审法院书面告知黄德坤等五人,本案应当以市政府为被告,故黄德坤等五人以武汉市政府和新洲区政府为共同被告向一审法院提起诉讼。

武汉市中级人民法院一审认为,新洲区政府强拆黄德坤等五人房屋的行政行为因违反法定程序,而被武汉市政府经行政复议认定为违法行为,对此认定黄德坤等五人及新洲区政府均无异议。新洲区政府的违法强拆行为所造成黄德坤等五人房屋的毁损是否应当承担赔偿责任的问题。根据《中华人民共和国国家赔偿法》第二条"国家机关和国家机关工作人员行使职权,有本法规定的侵犯公民、法人和其他组织合法权益的情形,造成损害的,受害人有依照本法取得国家赔偿的权利”的规定,只有违法的行政行为造成黄德坤等五人的合法权益受到损害时,黄德坤等五人才依法取得国家赔偿的权利,即黄德坤等五人的房屋应是合法建筑。然而黄德坤等五人在行政复议程序和该院审理过程中均未能提供合法有效证据证实其被强拆的房屋系合法建筑,且新洲区国土资源和规划局曾向黄德坤等五人下达了《责令停止国土资源违法行为通知书》,也分别对黄德坤等五人进行了调查并制作了《询问笔录》,黄德坤等五人对其违建行为未经报批的事实均予以承认。黄德坤等五人的违建行为违反了《中华人民共和国土地管理法》第七十七条第一款“农村村民未经批准或者采取欺骗手段骗取批准,非法占用土地建住宅的,由县级以上人民政府土地行政主管部门责令退还非法占用的土地,限期拆除在非法占用的土地上新建的房屋”,第八十三条“依照本法规定,责令限期拆除在非法占用的土地上新建的建筑物和其他设施的,建设单位或者个人必须立即停止施工,自行拆除;对继续施工的,作出处罚决定的机关有权制止。建设单位或者个人对责令限期拆除的行政处罚决定不服的,可以在接到责令限期拆除决定之日起15日内,向人民法院起诉;期满不起诉又不自行拆除的,由作出处罚决定的机关依法申请人民法院强制执行,费用由违法者承担”,以及《武汉市控制和查处违法建设办法》第二条第二款“本办法所称违法建设,是指未取得建设工程规划许可证或者未按照建设工程规划许可证的规定建设的建筑物、构筑物或者其他设施”的规定,故黄德坤等五人被强拆的房屋系违章建筑而不具备合法利益,其赔偿财产损失的请求于法无据,对黄德坤等五人的诉讼请求,该院不予支持。武汉市政府的行政复议程序合法、认定事实清楚、实体处理恰当。依照《中华人民共和国行政诉讼法》第六十九条的规定,判决驳回黄德坤、黄晓芹、黄银国、刘双全、邱梅芝的诉讼请求。

黄德坤等五人不服,向湖北省高级人民法院上诉,湖北省高级人民法院判决驳回上诉,维持原判。

黄德坤等五人向本院申请再审,请求撤销原一、二审判决,确认武汉市政府在作出的武政复决〔2015〕第60号《行政复议决定书》中未对黄德坤等五人申请财产赔偿的复议请求作出处理决定的行为违法,并责令武汉市政府就该内容作出行政复议决定,将本案发回重审或依法改判,支持黄德坤等五人的诉讼请求。其申请再审的事实与理由为:1. 针对黄德坤等五人房屋为违法建筑的认定,缺乏基本证据,属于认定事实、适用法律错误。新洲区国土资源和规划局出具的调查材料多存在可疑之处,新洲区国土资源和规划局并未提供再审申请人占用耕地的任何证据或该土地非再审申请人宅基地范围的证据，其对黄德坤等五人房屋的认定，违反法定程序，该认定行为应当无效。新洲区国土资源和规划局仅提供了《责令停止国土资源违法行为的通知书》及相关调查取证的材料，而涉及行为定性的至关重要调查报告却只字未提。涉案房屋是在再审申请人的宅基地上建设的，基于现实的习惯原因，申请人已向村委口头申请了建房要求，但相关建房手续尚未来得及办理。此次新洲区人民政府已经明确了本村的违章建筑有90多户，但是实际拆除的仅10来户人家，而且此后再也没有采取强拆措施，不能简单的将没有相关建房手续的房屋直接认定为违章建筑。2. 新洲区政府强制拆除再审申请人房屋的行为属于滥用职权的行为。本村的违章建筑有90多户，但事实上只有包括黄德坤等五人在内的几户人家被拆除，显然被申请人在执法过程中存在滥用职权的情况。再审申请人房屋被强制拆除之后，新洲区政府却开始为那些未被拆除的公示上的"违法建筑"办理产权证件。如此差别待遇，实难有公平可言。此次强拆行动中，被申请人给予被强拆人的待遇也天差地别。部分被强拆人已经领取了部分赔偿款但再审申请人却不能获得任何补偿。另外，部分被强拆人在2015年11月前后期间恢复建设并建设完成，而被申请人却不进行处理。复议机关及一审法院均没有考虑被申请人此等厚此薄彼、滥用职权的行为因素。3. 黄德坤等五人请求新洲区政府赔偿黄德坤等五人财产损失各30万元，共计150万元的诉讼请求，于法有据。再审申请人的复议请求及诉讼请求均是要求被申请人足额赔偿遭受的损失，包括被强拆建筑的损失，也包括房屋内财产的损失。但本案行政复议及行政诉讼一审阶段均没有就对黄德坤等五人请求被申请人赔偿其屋内财产损失的诉讼请求进行处理。黄德坤等五人举证不能，是由于被申请人的违法强拆行为造成的，关于黄德坤等五人财产损失的内容，应当由被申请人举证。

本院认为，黄德坤等五人认为其房屋不是违法建筑和新洲区人民政府滥用职权的主张不成立。根据《中华人民共和国土地管理法》第七十七条规定，农村村民未经批准或者采取欺骗手段骗取批准，非法占用土地建住宅的，由县级以上人民政府土地行政主管部门责令退还非法占用的土地，限期拆除在非法占用的土地上新建的房屋。本案中，因黄德坤等五人未经批准占用耕地违建住宅，新洲区国土资源和规划局巡查发现后，先后向黄德坤等五人下达《责令停止国土资源违法行为通知书》，并分别对其进行了调查并制作《询问笔录》，黄德坤等五人对其违建行为未经报批的事实均予以承认。后新洲区控制和查处违法建设办公室、区国土资源和规划局、区城管执法局、邾城街道办事处针对上述违法建设联合下达了《关于邾城街铁甲村违法建设情况的公示》并予以张贴公告。鉴于黄德坤等五人在行政复议程序中未能提供合法有效证据证实其被强拆的房屋系合法建筑,武汉市政府在行政复议决定中认定黄德坤等五人被强制拆除的建筑属于违法建设,并无不当。

根据《中华人民共和国国家赔偿法》第二条规定:“国家机关和国家机关工作人员行使职权,有本法规定的侵犯公民、法人和其他组织合法权益的情形,造成损害的,受害人有依照本法取得国家赔偿的权利”。据此,行政赔偿必须以合法权益受到损害为前提。黄德坤等五人请求赔偿的涉案建筑物系违法建筑,其就违法建筑物要求赔偿与国家赔偿法规定的立法精神不符,故武汉市政府的行政复议程序合法、认定事实清楚、实体处理恰当。

至于黄德坤等五人称本案行政复议及行政诉讼一审阶段均没有就对申请人请求被申请人赔偿其屋内财产损失的诉讼请求进行处理。根据二审法院查明事实,黄德坤等五人在行政复议程序中并未说明屋内物品损失的具体构成及数额,也未提交屋内物品清单,一审法院不属于遗漏诉讼请求。原审法院认定黄德坤等五人被强拆的房屋系违章建筑不应获得赔偿,驳回其诉讼请求并无不当,黄德坤等五人的申请再审理由不成立,本院不予支持。

综上,黄德坤等五人的再审申请不符合《中华人民共和国行政诉讼法》第九十一条规定的情形。依照《中华人民共和国行政诉讼法》第一百零一条、《中华人民共和国民事诉讼法》第二百零四条第一款之规定,裁定如下:

驳回黄德坤、黄晓芹、黄银国、刘双全、邱梅芝的再审申请。

※裁判要旨:农村村民未经批准或者采取欺骗手段骗取批准,非法占用土地建住宅的,由县级以上人民政府土地行政主管部门责令退还非法占用的土地,限期拆除在非法占用的土地上新建的房屋。

第七十九条 【非法批地的法律责任】无权批准征收、使用土地的单位或者个人非法批准占用土地的,超越批准权限非法批准占用土地的,不按照土地利用总体规划确定的用途批准用地的,或者违反法律规定的程序批准占用、征收土地的,其批准文件无效,对非法批准征收、使用土地的直接负责的主管人员和其他直接责任人员,依法给予处分;构成犯罪的,依法追究刑事责任。非法批准、使用的土地应当收回,有关当事人拒不归还的,以非法占用土地论处。

非法批准征收、使用土地,对当事人造成损失的,依法应当承担赔偿责任。

条文解读

本法第 79 条是关于非法批地的处罚以及赔偿责任的规定。

1. 非法批地行为类型

适用本条规定的非法批地行为,包括以下四种情况:

(1)无批准权而非法批准占用土地的行为。根据本法第 44 条的规定,建设占用土地,涉及农用地转为建设用地的,应当办理农用地转用审批手续。省级人民政府批准的道路、管线工程和大型基础设施建设项目,国务院批准的建设项目占用土地,涉及农用地转用的,应当由国务院批准;在土地利用总体规划确定的城市和村庄、集镇建设用地规模范围内为实施该规划而将农用地转为建设用地的,应当按照土地利用年度计划分批次由原批准土地利用总体规划的机关批准。违反上述规定,由其他有关各级政府批准用地的,即是本条规定的无权批准而非法批准占用土地的行为。根据本法第 46 条的规定,征用基本农田的,由国务院批准。地方各级人民政府批准征用基本农田的,即是本条规定的无权批准而非法批准征用土地的行为。根据本法第 57 条的规定,临时用地应当由县级以上人民政府自然资源主管部门批准。因此,没有该批准权的乡级人民政府或者各级人民政府的其他行政主管部门批准临时用地的,也是本条规定的无权批准而非法批准占用土地的行为,此外,本法未授予有关土地征用、使用审批权限的各级人民政府的其他部门或者单位,无权批地,如果批地,也是无权批准而非法批地的行为。

(2)超越批准权限非法批地的行为。这是指下级地方人民政府越权批准应当依法由上一级人民政府或者国务院审批的占用、征用土地的行为。例如,根据本法第 46 条的规定,省级人民政府批准征用基本农田以外其他耕地超过 35 公顷或者其他土地超过 70 公顷的,即为越权批准。

(3)依照本法规定,享有有关土地批准权的各级人民政府不按照土地利用总体规划确定的土地用途批准用地的行为。例如,根据本法第 44 条的规定,市、县级人民政府批准的具体建设项目用地违反土地利用总体规划要求的用途的,即是本条规定的不按照土地利用总体规划确定的土地用途批准用地的行为。

(4)违反法律规定的程序批准占用、征用土地的行为。例如,违反本法第 46 条的规定,未依法先行办理农用地转用审批手续而批准征用农用地的。

根据本条的规定,非法批准、使用的土地应当收回,有关当事人拒不归还的。以非法占用土地论处,即依据本法第 77 条或者第 78 条的有关规定处罚。

2. 非法批地的法律责任

根据本条的规定，非法批地的处罚包括给予行政处分和追究刑事责任两种：

(1)行政处分。对非法批准征用、使用土地的直接负责的主管人员和其他直接责任人员，由其所在单位或者其上级主管部门，或者监察部门依法给予行政处分。

(2)对构成犯罪的，应当依法追究刑事责任。

3. 非法批地中的国家赔偿

根据本条第2款的规定，对非法批地的，除依法给予行政处分和追究刑事责任以外，对当事人造成损失的，还应当由非法批地的机关依法赔偿。这里的赔偿，就是行政赔偿。所谓行政赔偿，是国家赔偿的一种，是指国家行政机关或者其工作人员违法行使行政职权，侵犯公民、法人或者其他组织的合法权益(包括人身权利和财产权利)并造成损害的，由国家给予赔偿的法律制度。国家依法向当事人赔偿后，应当向有故意或者重大过失的工作人员追偿，即责令其承担部分或者全部赔偿费用。

配套法规及解读

《刑法》(2017年11月4日修正)

第四百一十条 国家机关工作人员徇私舞弊，违反土地管理法规，滥用职权，非法批准征收、征用、占用土地，或者非法低价出让国有土地使用权，情节严重的，处三年以下有期徒刑或者拘役；致使国家或者集体利益遭受特别重大损失的，处三年以上七年以下有期徒刑。

《最高人民法院关于审理破坏土地资源刑事案件具体应用法律若干问题的解释》(2000年6月19日)

第四条 国家机关工作人员徇私舞弊，违反土地管理法规，滥用职权，非法批准征用、占用土地，具有下列情形之一的，属于非法批准征用、占用土地“情节严重”，依照刑法第四百一十条的规定，以非法批准征用、占用土地罪定罪处罚：

(一)非法批准征用、占用基本农田十亩以上的；

(二)非法批准征用、占用基本农田以外的耕地三十亩以上的；

(三)非法批准征用、占用其他土地五十亩以上的；

(四)虽未达到上述数量标准，但非法批准征用、占用土地造成直接经济损失三十万元以上；造成耕地大量毁坏等恶劣情节的。

第五条 实施第四条规定的行为，具有下列情形之一的，属于非法批准征用、占用土地“致使国家或者集体利益遭受特别重大损失”：

（一）非法批准征用、占用基本农田二十亩以上的；

（二）非法批准征用、占用基本农田以外的耕地六十亩以上的；

（三）非法批准征用、占用其他土地一百亩以上的；

（四）非法批准征用、占用土地，造成基本农田五亩以上，其他耕地十亩以上严重毁坏的；

（五）非法批准征用、占用土地造成直接经济损失五十万元以上等恶劣情节的。

《国家赔偿法》（2012年10月26日修正）

第四条　行政机关及其工作人员在行使行政职权时有下列侵犯财产权情形之一的，受害人有取得赔偿的权利：

（一）违法实施罚款、吊销许可证和执照、责令停产停业、没收财物等行政处罚的；

（二）违法对财产采取查封、扣押、冻结等行政强制措施的；

（三）违法征收、征用财产的；

（四）造成财产损害的其他违法行为。

※法规解读：

一、非法批准征用、占用土地罪

《刑法》第410条规定了非法批准征用、占用土地罪，是指国家机关工作人员徇私舞弊，违反土地管理法规，滥用职权，非法批准征用、占用土地，情节严重的行为。

（一）非法批准征用、占用土地罪的构成

1. 非法批准征用、占用土地罪侵犯的客体，是国家土地管理、城市规划等机关的正常活动以及其他有关国家机关的正常管理活动。非法批准征用、占用土地罪的犯罪对象是土地。

2. 非法批准征用、占用土地罪在客观方面表现为徇私舞弊，违反土地管理法规，滥用职权，非法批准征用、占用土地，情节严重的行为。“违反土地管理法规”，是指违反《土地管理法》《森林法》《草原法》等法律以及有关行政法规中关于土地管理的规定。“非法批准征用、占用土地”，是指非法批准征用、占用耕地、林地等农用地以及其他土地。

非法征用、占用土地的行为只有情节严重才构成非法批准征用、占用土地罪。国家机关工作人员徇私舞弊，违反土地管理法规，滥用职权，非法批准征用、占用土地，具有下列情形之一的，属于非法批准征用、占用土地“情节严重”，依照《刑法》第410条的规定，以非法批准征用、占用土地罪定罪处罚：

(1)非法批准征用、占用基本农田10亩以上的;

(2)非法批准征用、占用基本农田以外的耕地30亩以上的;

(3)非法批准征用、占用其他土地50亩以上的;

(4)虽未达到上述数量标准,但非法批准征用、占用土地造成直接经济损失30万元以上;造成耕地大量毁坏等恶劣情节的。

3. 非法批准征用、占用土地罪主体是特殊主体,即国家机关工作人员,主要是指在各级政府中的主管人员,土地管理、城市规划等部门的工作人员。

4. 非法批准征用、占用土地罪在主观方面必须是出于故意,即行为人明知自己的徇私舞弊行为是违反有关法律规定的,明知自己行为可能产生的后果,而对这种后果的发生持希望或者放任的态度。行为人的犯罪动机是徇私,有的是为了贪图钱财等不法利益,有的是因碍于亲朋好友情面而徇私舞弊,有的是出于报复或嫉妒心理而徇私舞弊等。

(二)非法批准征用、占用土地罪的处罚

1. 构成非法批准征用、占用土地罪的处罚

国家机关工作人员徇私舞弊,违反土地管理法规,滥用职权,非法批准征用、占用土地,或者非法低价出让国有土地使用权,情节严重的,处3年以下有期徒刑或者拘役。

2. 加重情节的处罚

致使国家或者集体利益遭受特别重大损失的,处3年以上7年以下有期徒刑。具有下列情形之一的,属于非法批准征用、占用土地"致使国家或者集体利益遭受特别重大损失":

(1)非法批准征用、占用基本农田20亩以上的;

(2)非法批准征用、占用基本农田以外的耕地60亩以上的;

(3)非法批准征用、占用其他土地100亩以上的;

(4)非法批准征用、占用土地,造成基本农田5亩以上,其他耕地10亩以上严重毁坏的;

(5)非法批准征用、占用土地造成直接经济损失50万元以上等恶劣情节的。

二、非法批准征用、占用土地的国家赔偿

行政机关及其工作人员在行使行政职权时,违法征收、征用财产,造成公民或者其他单位经济损失的,国家应承担赔偿责任。根据《国家赔偿法》的规定,构成行政赔偿责任,应当具备以下条件:(1)国家行政机关或者其工作人员违法行使行政职权,即侵

权主体是国家行政机关，包括各级人民政府及其职能部门和公务员，并且，侵权主体实施了违法行使职权的行为，即未按照法律、行政法规规定的程序、方法等行使法定的权力，履行法定的职责。(2)造成公民、法人或者其他组织的合法权益的损害，并且该损害与侵权行为有因果关系。(3)法律规定由国家赔偿的情形下，国家予以赔偿。

关联法规索引

《国家赔偿法》第6～16条

典型案例

被告人刘某非法批准占用土地案[1]

※案情简介：1998年7月，台前县中台养猪场与孙口乡西影塘村民委员会签订了一份出让、出租土地合同，出让土地40.24亩，出租土地58.098亩。被告人刘某在中台养猪场未办理土地使用证的情况下收取其管理费20000元，并出具证明西影塘西街土地使用权转让给中台养猪场张某，该养猪场非法使用土地多年。为证实指控的犯罪事实，公诉机关向法院提供了被告人刘某的供述；证人张×、张××的证言及书证等证据在卷予以证实，认为被告人刘某的行为触犯了《刑法》第四百一十条之规定，应以非法批准占用土地罪追究其刑事责任。请依法判处。被告人刘某对起诉书指控的犯罪事实未提出异议。

经审理查明：1998年7月，台前县中台养猪场与孙口乡西影塘村民委员会签订了一份出让、出租土地合同，出让土地40.24亩，出租土地58.098亩。被告人刘某在中台养猪场未办理土地使用证的情况下收取其管理费20000元，并出具证明西影塘西街土地使用权转让给中台养猪场法人代表张某，导致该养猪场非法使用土地多年。

法院认为，被告人刘某在向台前县工商局开具的证明上说明，经商议同意将原孙口乡西影塘西街村民委员会出让、出租的土地使用权转交给张某，表明其已经同意将该地划归中台养猪场的张某。被告人刘某的行为属于徇私舞弊，违反土地管理法规，滥用职权，非法批准占用土地的行为，且情节严重。被告人刘某构成非法批准占用土

〔1〕 案例来源：河南省台前县人民法院(2011)台刑初字第003号刑事判决书。

地罪。公诉机关指控的犯罪事实及罪名成立。鉴于被告人刘某非法批准占用的土地现已复耕，且认罪、悔罪态度较好，情节轻微，不需要判处刑罚。依照《刑法》第四百一十条、第三十七条之规定，判决如下：被告人刘某犯非法批准占用土地罪，免予刑事处罚。

※**裁判要旨：**行为人违反土地管理法规，滥用职权，非法批准占用土地的行为，且情节严重，构成非法批准占用土地罪。非法批准占用的土地现已复耕，且认罪、悔罪态度较好，情节轻微，不需要判处刑罚，免予刑事处罚。

第八十条　【非法侵占、挪用征地费责任】侵占、挪用被征收土地单位的征地补偿费用和其他有关费用，构成犯罪的，依法追究刑事责任；尚不构成犯罪的，依法给予处分。

条文解读

本法第80条是关于侵占、挪用被征收土地单位的征地补偿费用和其他有关费用行为的处罚规定。

本条所规定的侵占、挪用的对象为被征用土地单位的征地补偿费用和其他有关费用。所谓侵占，是指侵吞、盗窃、骗取或者以其他非法手段将征地补偿费和其他有关费用占为已有的行为。所谓挪用，是指将征地补偿费和其他有关费用挪作他用的行为。只有非法将征地补偿费和其他有关费用占为已有或者挪作他用的，才能构成本条所称的侵占和挪用。因此，如果征地补偿费用和其他有关费用已发放至被征地农民手中，已确定为个人所有，则不属于公共财产，即使被他人盗窃、骗取或者以其他非法手段占有或者挪作他用，也不构成本条所称的侵占和挪用，只能依据其他有关规定，依法追究其法律责任。

侵占、挪用被征地单位的征地补偿费用和其他有关费用的行为，情节显著轻微，危害性不大，按照刑法的有关规定，不构成犯罪的，应当依照有关法律、法规的规定，给予行政处分。所谓行政处分，是指国家机关根据法律或者法规，按行政隶属关系，对犯有轻微违法失职行为或者违反内部纪律的人员给予的一种制裁。行政处分有警告、记过、记大过、降级、降职、撤职、留用察看和开除8种。

根据《刑法》的有关规定，侵占、挪用被征收土地单位的征地补偿费用和其他有关费用的行为，可能构成贪污罪、挪用公款罪、侵占罪及挪用公司、企业或者其他单位资金罪。

第一,贪污罪及其处罚。国家工作人员利用职务上的便利,侵吞、窃取、骗取或者以其他手段非法占有作为公共财物的被征收土地单位的征地补偿费用和其他有关费用的,构成贪污罪。构成本罪必须具备以下几个条件:(1)本罪主体必须是国家工作人员,即在国家权力机关、行政机关、司法机关从事公务的人员,国有公司、企业、事业单位、人民团体中从事公务的人员和国家机关、国有公司企业、事业单位委派到非国有公司、企业、事业单位、社会团体从事公务的人员,以及其他依照法律从事公务的人员。(2)本罪侵犯的对象必须是公共财产,如果被征地单位的征地补偿费用和其他有关费用已发放至被征地农民的手中,则不能构成本罪。(3)本罪在行为上主要表现为利用职务上的便利,侵吞、窃取、骗取或者以其他手段非法占有作为公共财产的征地补偿费用和其他有关费用的行为。所谓利用职务上的便利,是指利用自己职务范围内的权力和地位所形成的主管、管理、经手上述公共财产的便利条件。此外,根据《刑法》第382条第2款的规定,受国家机关、国有公司、企业、事业单位、人民团体委托管理、经营国有财产的人员,利用职务上的便利,侵吞、窃取、骗取或者以其他手段非法占有国有财物的,以贪污论。因此,上述人员利用职务上的便利,侵占的征地补偿费用和其他有关费用还未确定为集体或者农民个人所有,而属于国有财产,也应当以贪污罪论处。对犯贪污罪的,根据情节轻重,分别依照下列规定处罚:(1)贪污数额较大或者有其他较重情节的,处3年以下有期徒刑或者拘役,并处罚金。(2)贪污数额巨大或者有其他严重情节的,处3年以上10年以下有期徒刑,并处罚金或者没收财产。(3)贪污数额特别巨大或者有其他特别严重情节的,处10年以上有期徒刑或者无期徒刑,并处罚金或者没收财产;数额特别巨大,并使国家和人民利益遭受特别重大损失的,处无期徒刑或者死刑,并处没收财产。

第二,挪用公款罪及其处罚。国家工作人员利用职务上的便利,挪用征地补偿费用和其他有关费用,归个人使用,进行非法活动,或者挪用数额较大、进行营利活动,或者挪用数额较大、超过3个月未还的,构成挪用公款罪。构成本罪必须具备以下几个条件:(1)本罪主体只能是国家工作人员,包括在国家权力机关、行政机关、司法机关从事公务的人员,国有公司、企业、事业单位、人民团体中从事公务的人员和国家机关、国有公司、企业、事业单位委派到非国有公司、企业、事业单位、社会团体从事公务的人员,以及其他依照法律从事公务的人员。(2)在客观方面是利用职务上的便利,实施了以下三种行为之一的:一是挪用作为公共财产的征地补偿费用和其他有关费用归个人使用进行非法活动的。这里所说的挪用归个人使用,包括挪用者本人使用或者给其他人使用。进行非法活动是指进行违法犯罪活动。对挪用上述款项归个人使用进行非法活动的，不论数额多少，时间长短，原则上都可构成本罪。二是挪用作为公共财产的征地补偿费用和其他有关费用数额较大并进行营利活动的。三是挪用上述款项数额较大并且超过3个月未还的。这里所说的未还，是指案发前未还。如果挪用的数额较大，超过3个月后在案发前已全部退还本息的，一般可不作为犯罪处理。(3)本罪的主观方面应具有挪用的故意，即准备以后归还，不打算永久占有。这是挪用公款罪与贪污罪的根本区别。根据《刑法》第384条的规定，对挪用公款罪，处5年以下有期徒刑或者拘役；情节严重的，处5年以上有期徒刑；挪用数额巨大不退还的，处10年以上有期徒刑、无期徒刑。

第三，侵占罪及其处罚。根据《刑法》第271条的规定，公司、企业或者其他单位的人员，利用职务上的便利，将本单位财物；非法占为已有，数额较大的，构成侵占罪。集体经济组织和村民委员会属于上述规定中的公司、企业或者其他单位的范畴，如果集体经济组织和村民委员会中非从事公务的人员，利用职务上的便利，将本单位的征地补偿费用和其他有关费用非法占为己有，数额较大的，构成侵占罪，处5年以下有期徒刑或者拘役；数额巨大的，处5年以上有期徒刑，可以并处没收财产。

第四，挪用公司、企业或者其他单位资金罪及其处罚。根据《刑法》第272条的规定，集体经济组织和村民委员会中非从事公务的人员，利用职务上的便利，挪用本单位的征地补偿费用和其他有关费用归个人使用或者借贷给他人，数额较大、超过3个月未还的，或者虽未超过3个月，但数额较大、进行营利活动的，或者进行非法活动的，处3年以下有期徒刑或者拘役；挪用资金数额巨大的，或者数额较大不退还的，处3年以上10年以下有期徒刑。

关联法规索引

《刑法》第271、272、382、384条

典型案例

刘文刚与重庆市北碚区国土资源管理分局行政纠纷案[1]

※案情简介：2018年7月22日，刘文刚向北碚国土局邮寄《要求重庆市北碚区国

[1] 案例来源：重庆市第一中级人民法院(2019)渝01行终77号行政判决书。

土资源管理分局履行法定职责申请》，请求事项为：1. 请求北碚国土局按照渝府发〔2008〕45号第一条第（二）项、第（四）项和北碚府发〔2013〕59号第五条第二款，国办发〔2006〕29号第四条、《中华人民共和国社会保险法》第九十六条的规定，由征地单位足额给刘文刚按照“城镇企业职工基本养老保险费”5年差额资金补足；2. 依法将答复资料加盖公章寄给刘文刚。北碚国土局于次日收悉后，于2018年9月19日作出《关于刘文刚要求履职事项的回复》，并于同月21日寄送给了刘文刚。该回复的主要内容为：经渝府地〔2014〕173号、〔2015〕1546号批复批准，征收歇马镇农荣村王家楠桠组部分集体土地。征地中，刘文刚属于征地人员安置对象（农转非人员），出生于1963年12月，在征地补偿安置方案批准之月，年满50周岁不满60周岁，符合《重庆市2008年1月1日以后新农转非人员基本养老保险试行办法》第五条的规定，为“4050”人员，应按第五条第一款规定每人41000元的标准一次性缴纳基本养老保险费。按照渝府发〔2008〕45号第一条第一款第（一）项、北碚府发〔2013〕59号第六条第二款第（二）项规定，应在刘文刚的安置补助费中代划缴参加城镇企业职工基本养老保险费总费的50%到劳动保障部门。因此北碚国土局按照渝府发〔2008〕45号第一条第一款第（一）项、北碚府发〔2013〕59号第五条第二款和渝人社发〔2009〕36号等规定，已按时将社保和地税部门征缴的基本养老保险费（包含土地补偿费80%）交地税部门，按征地政策规定完整履行了对刘文刚的征地农转非人员参加城镇企业职工基本养老保险的参保年限（15年）及缴费职责。

经重庆市北碚区社会保险局核定，刘文刚参加基本养老保险应缴纳费用总额为41000元。2017年10月13日，刘文刚至重庆市北碚区社会保险局查询，其一次性缴费金额41000元，其中：个人缴纳金额20500元。

一审法院经审理认为，《中华人民共和国土地管理法实施条例》第二十五条第三款规定：“征地补偿、安置方案报市、县人民政府批准后，由市、县人民政府土地行政主管部门组织实施。”《重庆市2008年1月1日以后新农转非人员基本养老保险试行办法》第八条规定：“被征地农转非人员一次性缴纳的基本养老保险费由国土行政管理部门统一代缴。”第十一条第三款规定：“各级国土行政管理部门负责被征地农转非人员参保资格条件的认定，以及被征地农转非人员一次性缴纳的基本养老保险费的代缴。”北碚国土局作为本辖区内具体组织实施征地补偿、安置的法定机关，负责被征地农转非人员参保资格条件的认定，以及被征地农转非人员一次性缴纳的基本养老保险费的代缴。

根据《最高人民法院关于适用〈中华人民共和国行政诉讼法〉的解释》第六十八条

的规定,行政诉讼的原告提起诉讼,既可以请求判决撤销或者变更行政行为,也可以请求判决行政机关履行特定法定职责或者给付义务,等等。本案诉讼请求中虽包括了撤销回复的内容,但不能因此认定这个起诉在类型上属于撤销之诉。在履行法定职责之诉中,通常都会包括撤销一个拒绝性决定的请求,刘文刚真正的诉讼目标不是撤销,而仍然是判令行政机关以新的标准为被征地农转非人员代缴一次性基本养老保险费。故一审法院确定该案案由为履行法定职责。

关于刘文刚要求北碚国土局按相关标准补缴其基本养老保险费的问题。《重庆市2008年1月1日以后新农转非人员基本养老保险试行办法》第五条第一款第一项规定,征地补偿安置方案依法批准之月,男年满50周岁不满60周岁的人员,每人按41000元的标准一次性缴纳基本养老保险费。北碚府发〔2013〕59号《重庆市北碚区人民政府关于印发贯彻重庆市人民政府关于进一步调整征地补偿安置标准有关事项的通知的实施办法的通知》第五条第二款规定:"被征地土地补偿费总额的80%首先统筹用于被征地农转非人员参加城镇企业职工基本养老保险,由土地行政管理部门代为划拨到人力社保部门。"第六条第二款第二项规定:"对年满16周岁及以上的被征地农转非人员,其个人按照有关规定应缴纳参加城镇企业职工基本养老保险费用总额的50%,由土地行政管理部门从其安置补助费中代为划拨到人力社保部门,专项用于该征地农转非人员的基本养老保险。"本案中,刘文刚作为征地农转非"4050"人员,参加基本养老保险的缴费金额应为41000元,其到重庆市北碚区社会保险局查询到的基本养老保险参保情况与北碚国土局为其代扣代缴情况一致,北碚国土局已经履行了该项法定职责,回复并无不当。刘文刚的诉请理由不成立。综上,刘文刚申请北碚国土局履行法定职责,请求撤销回复缺乏事实和法律依据。依据《中华人民共和国行政诉讼法》第六十九条之规定,判决驳回刘文刚的诉讼请求。

上诉人刘文刚不服一审判决,向本院提起上诉称,被上诉人北碚国土局违反了《中华人民共和国土地管理法》第七十九条、渝府发〔2008〕45号第一条第(二)项、第(四)项和北碚府发〔2013〕59号第五条第二款,国办发〔2006〕29号第四条,国发〔2006〕31号第二条、《中华人民共和国社会保险法》第九十六条的规定,乱作答复。为维护上诉人的合法财产不受侵害,特提起上诉,请求撤销一审判决,查清事实,依法改判,一、二审诉讼费用由被上诉人承担。

被上诉人北碚国土局在二审程序中未向本院提交书面答辩意见。

北碚国土局向一审法院提交并举示了以下证据:

1.《要求重庆市北碚区国土资源管理分局履行法定职责申请》及投邮凭证;2.《重

庆市北碚区国土资源管理分局关于刘文刚要求履职事项的回复》及投邮凭证；3.(2018)渝0109行初46号《重庆市北碚区人民法院行政裁定书》;4.北碚征地办函〔2017〕72号《重庆市北碚区人民政府征地办公室关于办理北碚区实施城市规划土地征收征地人员安置对象手续的函》;5.《重庆市2008年1月1日以后新征地农转非人员拟参加基本养老保险报批名册》;6.渝府发〔2008〕26号《重庆市人民政府关于印发重庆市2007年12月31日以前被征地农转非人员基本养老保险试行办法和重庆市2008年1月1日以后新征地农转非人员基本养老保险试行办法的通知》;7.渝府发〔2008〕45号《重庆市人民政府关于调整征地补偿安置政策有关事项的通知》。

刘文刚向一审法院提交并举示了以下证据：

1.《要求重庆市北碚区国土资源管理分局履行法定职责申请》;2.北碚府发〔2013〕59号文件第五条第二款规定;3.渝府发〔2008〕45号文件第一条第(二)项、第(四)项的规定;4.国办发〔2006〕29号文件第四条;5.国发〔2006〕31号文件第二条;6.《中华人民共和国社会保险法》第九十六条;7.渝府发〔2008〕26号第九条;8. 2017年4月17日北碚国土局对易显明的信访回复。

上述证据经一审法院庭审质证已依法随案移送本院。经审查,本院对证据的认定如下:除刘文刚举示的第7项证据与本案无关,不予采信外,刘文刚和北碚国土局举示的其他证据,均与本案有关,且客观真实、来源合法,本院予以采信。

根据已认定的证据以及一审庭审笔录,本院认定的案件事实与一审法院认定事实相同。

本院认为,本案被诉的行政行为是被上诉人于2018年9月19日作出《关于刘文刚要求履职事项的回复》。根据本案查明的事实,上诉人刘文刚系符合《重庆市2008年1月1日以后新农转非人员基本养老保险试行办法》中的"4050"人员,按照该办法第五条第一款第(一)项规定,"4050"人员每人按41000元的标准一次性缴纳基本养老保险费。又根据渝府发〔2008〕45号《重庆市人民政府关于调整征地补偿安置政策有关事项的通知》中关于"被征地土地补偿费总额的80%首先统筹用于被征地农转非人员参加城镇企业职工基本养老保险,由土地行政管理部门代为划拨到人力社保部门"、"对年满16周岁及以上的被征地农转非人员,其个人按照有关规定应缴纳参加城镇企业职工基本养老保险费用总额的50%,由土地行政管理部门从其安置补助费中代为划拨到人力社保部门,专项用于该征地农转非人员的基本养老保险"、"土地补偿费80%部分和个人缴纳基本养老保险费用之和尚不能满足被征地农转非人员参加基本养老保险资金需要的,其差额部分由征地单位补足,直至满足被征地农转非人员参加基本养老保险的资金需要”的规定,因上诉人刘文刚实际参保的缴费总额是41000元,个人缴纳额是20500元,这部分是在其人员安置费中予以扣除代缴,其余的20500元由被征地土地补偿费总额中的80%进行的统筹缴纳,并无尚不能满足被征地农转非人员参加基本养老保险资金需要的情形,而上诉人刘文刚在一审庭审中亦对实际参保的事实无异议,故被上诉人北碚国土局在回复中查明的事实清楚。上诉人刘文刚要求被上诉人北碚国土局“按照城镇企业职工基本养老保险费5年差额资金补足”其社会养老保险费,缺乏事实根据和法律依据,被上诉人在回复中告知上诉人提出的履职要求不符合规定,无职责予以办理,并无不当。综上,一审法院判决驳回上诉人诉讼请求,认定事实清楚,适用法律正确,审判程序合法。上诉人刘文刚提出的上诉请求及上诉理由不能成立,本院不予支持。据此,根据《中华人民共和国行政诉讼法》第八十九条第一款第(一)项之规定,判决如下:驳回上诉,维持原判。

※裁判要旨:征地补偿、安置方案报市、县人民政府批准后,由市、县人民政府土地行政主管部门组织实施。被征地农转非人员一次性缴纳的基本养老保险费由国土行政管理部门统一代缴。各级国土行政管理部门负责被征地农转非人员参保资格条件的认定,以及被征地农转非人员一次性缴纳的基本养老保险费的代缴。

第八十一条 【拒还土地责任】依法收回国有土地使用权当事人拒不交出土地的,临时使用土地期满拒不归还的,或者不按照批准的用途使用国有土地的,由县级以上人民政府自然资源主管部门责令交还土地,处以罚款。

条文解读

本法第81条是关于对拒不交还收回的土地、临时使用期满的土地、不按照批准的用途使用的国有土地的处罚规定。

一、拒不交还土地的类型

1. 依法收回国有土地使用权当事人拒不交出土地的行为。根据本法第58条的规定,有下列情形之一的,由有关人民政府自然资源主管部门报经原批准用地的人民政府或者有批准权的人民政府批准,可以收回国有土地使用权:(1)为实施城市规划进行旧城区改建及其他公共利益需要,确需使用土地的;(2)土地出让等有偿使用合同约定的使用期限届满,土地使用者未申请续期或者申请续期未获批准的;(3)因单位撤销、迁移等原因,停止使用原划拨的国有土地的;(4)公路、铁路、机场、矿场等经核准报废的。根据本法第38条的规定,已经办理审批手续的非农业建设占用耕地,连续二年未使用的,经原批准机关批准,由县级以上人民政府无偿收回用地单位的土地使用权。在城市规划区范围内,以出让方式取得土地使用权进行房地产开发,超过出让合同约定的动工开发日期满二年来动工开发的,可以无偿收回土地使用权,但是,因不可抗力或者政府、政府有关部门的行为或者动工开发必须的前期工作造成动工开发迟延的除外。对属于上述应当收回国有土地使用权的情形,当事人拒不交出该幅土地,应当给予本条规定的行政处罚。

2. 临时使用土地期满拒不归还的行为。按照本法第57条的规定,建设项目施工和地质勘查需要临时使用国有土地或者农民集体所有的土地的,由县级以上人民政府自然资源主管部门批准。其中,在城市规划区内的临时用地,在报批前,应当先经有关城市规划行政主管部门同意。土地使用者应当根据土地权属,与有关自然资源主管部门或者农村集体经济组织、村民委员会签订临时使用土地合同,并按照合同的约定支付临时使用土地补偿费。临时使用土地的使用者应当按照临时使用土地合同约定的用途使用土地,并不得修建永久性建筑物。临时使用土地期限一般不超过二年。临时用地期满,用地人应当按照临时使用土地合同,将土地交还该土地的所有权人或者管理人。

3. 不按批准的用途使用国有土地的行为。按照本法规定,各级人民政府都应当制定土地利用总体规划,规定土地用途,乡(镇)土地利用总体规划应当将土地用途落实到具体地块,国有土地在由有关人民政府批准确定给单位或者个人使用时,都限定其必须用于特定的用途,如果当事人不按批准的用途使用土地,应给予本条规定的处罚。

二、拒不交还土地的行政处罚

1. 责令交还土地。所谓责令交还土地是指自然资源主管部门作出的,要求当事人立即或者在一定期限内放弃对土地的占有、管理或者使用,而交由土地所有者或者原管理者占有、管理或者使用的行政处罚。其中,对为公共利益需要以及为实施城市规划进行旧城区改建,需要收回国有土地使用权的,应当依照本法规定,对土地使用权人给予适当补偿。

2. 罚款。罚款是行政机关作出的剥夺被处罚人一定财产的行政处罚。罚款额为非法占用土地每平方米10元以上30元以下,县级以上自然资源主管部门应当根据违法行为的情节轻重、危害程度,酌情确定罚款数额。

作出上述处罚的行政机关必须是县级以上人民政府自然资源主管部门,其他任何机关不得针对上述行为作出行政处罚决定。

配套法规及解读

《土地管理法实施条例》(2014 年 7 月 29 日修订)

第四十三条 依照《土地管理法》第八十条的规定处以罚款的,罚款额为非法占用土地每平方米 10 元以上 30 元以下。

《行政处罚法》(2017 年 9 月 1 日修正)

第八条 行政处罚的种类:

(一)警告;

(二)罚款;

(三)没收违法所得、没收非法财物;

(四)责令停产停业;

(五)暂扣或者吊销许可证、暂扣或者吊销执照;

(六)行政拘留;

(七)法律、行政法规规定的其他行政处罚。

第二十条 行政处罚由违法行为发生地的县级以上地方人民政府具有行政处罚权的行政机关管辖。法律、行政法规另有规定的除外。

第三十条 公民、法人或者其他组织违反行政管理秩序的行为,依法应当给予行政处罚的,行政机关必须查明事实;违法事实不清的,不得给予行政处罚。

第三十一条 行政机关在作出行政处罚决定之前,应当告知当事人作出行政处罚决定的事实、理由及依据,并告知当事人依法享有的权利。

第三十二条 当事人有权进行陈述和申辩。行政机关必须充分听取当事人的意见,对当事人提出的事实、理由和证据,应当进行复核;当事人提出的事实、理由或者证据成立的,行政机关应当采纳。

行政机关不得因当事人申辩而加重处罚。

※法规解读:根据上述规定,罚款属于行政处罚的一种。它是行政机关依法强制违反行政管理法规的行为人(包括法人及其他组织)在一定期限内缴纳一定数量货币的处罚行为。罚款是一种财产罚。罚款是一种适用范围比较广泛的行政罚。为了避免罚款的随意性,《行政处罚法》对罚款进行了一些限定性的规定。对已经制定的法律、行政法规规定的行政处罚的种类中没有罚款的,地方性法规和规章不能增加规定罚款的处罚。为了避免罚款执行人徇私舞弊,法律规定作出罚款决定的机关与收缴罚款的机构分离,罚款必须全部上缴国库,任何行政机关或者个人不得以任何形式截留、

私分。罚款的设定与执行要运用适当，罚与过相当。

无须调查的，违法事实确凿并有法定依据，对公民处以50元以下、对法人或者其他组织处以1000元以下罚款或者警告的行政处罚的，可以当场作出行政处罚决定。

作出罚款决定的行政机关应当与收缴罚款的机关分离。除依法当场收缴的罚款外，作出行政处罚决定的行政机关及其执法人员不得自行收缴罚款。当事人应当自收到行政处罚决定书之日起15日内，到指定的银行缴纳罚款。银行应当收受罚款，并将罚款直接上缴国库。当场交纳罚款的情形：其一，依法当场作出行政处罚决定，有下列情形之一的，执法人员可以当场收缴罚款：(1)依法给予20元以下的罚款的；(2)不当场收缴事后难以执行的。其二，在边远、水上、交通不便地区，行政机关及其执法人员依法作出罚款决定后，当事人向指定的银行缴纳罚款确有困难，经当事人提出，行政机关及其执法人员可以当场收缴罚款。行政机关及其执法人员当场收缴罚款的，必须向当事人出具省、自治区、直辖市财政部门统一制发的罚款收据；不出具财政部门统一制发的罚款收据的，当事人有权拒绝缴纳罚款。

依照《土地管理法》第80条的规定处以罚款的，罚款额为非法占用土地每平方米10元以上30元以下。

关联法规索引

《土地管理法实施条例》第43条；《行政处罚法》第47～50条

典型案例

豪嘉园房地产开发公司土地行政处罚案[1]

※案情简介：豪嘉园房地产开发公司原法定代表人周某，于2004年11月2日在平顶山市土地收购储备发展中心公开竞得编号为平储收字(2004)011号地块国有土地使用权，宗地面积14693.2平方米，用途为住宅用地。2006年4月7日平顶山市人民政府为周某颁发了国有土地使用证。后周某申请变更登记土地使用权人，经被告平顶山国土局针对周某的申请向河南省国土资源厅请示，2007年1月18日河南省国土资源厅

[1] 案例来源：河南省平顶山市中级人民法院(2010)平行终字第80号行政判决书。

办公室对被告的请示作出关于土地使用权变更登记的批复。答复:以出让方式取得的土地使用权需要变更名称的,土地使用者应向土地行政主管部门申请,经审查无误,应予办理变更登记。2007 年 2 月 11 日周某向市国土局申请,要求注销原土地使用证,2007 年 2 月 15 日平顶山国土局新华分局作出初审意见:经审核,该宗地位于光明路中段西侧,2006 年已依法办理《国有土地使用证》。依据河南省国土资源厅豫国土资办发〔2007〕2 号及豪嘉园房地产开发公司申请,现对该宗地依法办理名称变更登记。经城镇地籍调查,该宗地权属来源清楚,四邻无争议,实测面积为 14693.2 平方米,批准用途为住宅用地,出让年限为 70 年,建议上报市国土局审核。后经市国土局审核同意变更,2007 年 3 月 15 日平顶山市人民政府批准同意变更发证。

另查明,2006 年 6 月 15 日平顶山市城市规划局作出的平规审〔2006〕3 号《关于批准平顶山市东城科技创业园等规划方案的意见》的同时也审批同意"水岸嘉园小区规划",规划用地位于光明路与湛北路交叉口西北角,周边均为现状多层住宅。于入口处规划一栋 5 层管理办公建筑,规划一栋 11 层住宅楼,两栋 6 层住宅楼。2006 年 7 月 24 日,平顶山市发展和改革委员会作出了平发改城市〔2006〕270 号"关于平顶山市水岸嘉园小区可行性研究报告的核准通知"具体核准事项为该小区内规划建设一栋 5 层管理办公建筑,一栋 11 层住宅楼,两栋 6 层住宅楼。

2006 年 7 月 18 日,平顶山市城市规划局为豪嘉园房地产开发公司颁发了建设用地规划许可证,该许可证(附件)上"用地性质"一栏中注明为居住用地。该许可证用地规划平面位置定点图中入口处为物业管理办公建筑楼房。

2008 年 6 月 6 日,豪嘉园房地产开发公司与平顶山市圣洁物业管理有限公司签订一份"物业管理移交协议",该协议内容:由原告将 4 号楼一楼 1572.62 平方米建筑面积作为物业办公用房交给物业公司为管理用房。2009 年 6 月 25 日,平顶山市圣洁物业管理有限公司与河南省九方圆文化艺术传播有限公司签订一份"门面房租赁合同",合同主要内容是:物业公司将该楼一楼的部分建筑面积共约 629 平方米作为门面房有偿租赁给九方圆文化艺术传播公司为商业用房,实际租赁的建筑面积是 427.61 平方米。为此,被告平顶山国土局于 2009 年 10 月 16 日以原告在国有土地使用权批准用途为住宅用地的宗地上擅自将该宗地部分土地用以商业用地为由立案调查。经调查,被告于 2009 年 12 月 22 日作出平国土资罚字〔2009〕158 号行政处罚决定,内容:(1)责令自收到本处罚决定书之日起 30 日内交还非法改变用途 427.61 平方米土地;(2)对非法改变用途的 427.61 平方米土地处以每平方米 10 元的罚款,共计 4276.1 元。

一审法院认为,《土地管理法》第五十六条规定:建设单位使用国有土地的,应当按照土地使用权出让等有偿使用合同的约定或者土地使用权划拨批准文件的规定使用土地;确需改变该幅土地建设用途的,应当经有关人民政府土地行政主管部门同意报原批准用地的人民政府批准。《土地管理法实施条例》第六条规定:依法改变土地所有权、使用权的,因依法转让地上建筑物、构筑物等附着物导致土地使用权转移的,必须向土地所在地的县级以上人民政府土地行政主管部门提出土地变更登记申请,由原土地登记机关依法进行土地所有权、使用权变更登记。依法改变土地用途的,必须持有批准文件,向土地所在地的县级以上人民政府土地行政主管部门提出土地变更登记申请,由原土地登记机关依法进行变更登记。平顶山市规划局虽对原告的"水岸嘉园小区规划"进行了审批,同意该小区入口处规划一栋5层管理办公建筑。但在平顶山市规划局为原告颁发的《建筑用地规划许可证》的附件上标明的用地性质为居住用地,且在该规划的平面图上显示的是小区入口处一栋楼房一层为物业管理办公建筑。《城镇国有土地使用权出让和转让暂行条例》第十八条规定:土地使用者需要改变土地使用权出让合同规定的土地用途的,应当征得出让方同意并经土地管理部门和城市规划部门批准,依照本章的有关规定重新签订土地使用权出让合同,调整土地使用权出让金,并办理登记。原告未重新签订土地使用权出让合同,也未重新交纳出让金,更未重新办理登记。显然原告是在未经过土地行政主管部门的批准下,擅自将该小区入口处4号楼一层为住宅结构的建筑建为无隔离墙壁的通透建筑结构。该实际建筑结构与原土地登记审批为住宅的建筑是完全不相一致。原告的建筑属违规建筑。被告对原告作出的行政处罚决定事实清楚,适用法律、法规正确,处理适当,法院应予支持。依照《行政诉讼法》第五十四条第一项之规定,判决维持被告平顶山市国土资源局作出的平国土资罚字〔2009〕158号行政处罚决定。

豪嘉园房地产开发公司不服一审判决,提起上诉称。二审经审理查明的事实与一审相一致。

二审认为,《中华人民共和国行政诉讼法》第三十四条规定:"被告对作出的行政行为负有举证责任,应当提供作出该行政行为的证据和所依据的规范性文件。"本案中,被上诉人平顶山国土局虽然在法定期限内提交了有关证据,但该证据尚不能充分证明平国土资罚字〔2009〕158号行政处罚决定的正确性,故该决定依法应予撤销。一审判决维持该处罚决定的处理属适用法律错误,应予纠正。根据《行政诉讼法》第五十四条第二项第一目、第六十一条第二项之规定,判决如下:一、撤销平顶山市新华区人民法院(2010)新行初字第18号行政判决;二、撤销平顶山市国土资源局作出的平国土资罚字〔2009〕158号行政处罚决定。

※**裁判要旨**：行政机关对作出的具体行政行为负有举证责任，应当提供作出该具体行政行为的证据和所依据的规范性文件，否则应予撤销。

第八十二条 【擅自转移土地使用权或集体经营性建设用地责任】擅自将农民集体所有的土地通过出让、转让使用权或者出租等方式用于非农业建设，或者违反本法规定，将集体经营性建设用地通过出让、出租等方式交由单位或者个人使用的，由县级以上人民政府自然资源主管部门责令限期改正，没收违法所得，并处罚款。

条文解读

本法第82条是对擅自将农民集体所有的土地的使用权出让、转让或者出租用于非农业建设行为，或者违法将集体经营性建设用地通过出让、出租等方式交由单位或者个人使用的处罚规定。

擅自将农民集体所有的土地的使用权出让、转让或者出租用于非农业建设，是指没有法律依据或者未经法律规定的程序，出让、转让或者出租集体土地使用权用于非农业建设的行为。所谓出让，是指集体土地的所有权人或者本法规定的经营管理人将集体土地的使用权让与土地使用者，由土地使用者支付集体土地使用权出让金的行为。所谓转让，是指取得集体土地使用权的土地使用者通过交易方式将集体土地使用权转移给他人的行为。所谓出租，是指集体土地的所有权人或者本法规定的经营管理人及依法取得集体土地使用权的使用权人将集体土地交由承租人使用，由承租人支付租金的行为。根据宪法和本法的规定，国家对集体所有的土地的使用权进入土地市场并流通是严格限制的。首先，《宪法》第10条、本法第2条均规定，国家为了公共利益的需要，可以对集体土地实行征用，即只有在上述情况下，通过征用方式，才能改变集体土地的所有权。其次，只有国有土地才能依法实行有偿使用制度。集体所有的土地的使用权一般不得通过出让、转让、出租方式进入土地市场并流通。国家对集体土地使用权的流转实行严格控制，维护农民集体所有土地的所有权和使用权，保护农民土地权益的需要，是维护土地关系和土地市场秩序稳定的需要，是切实保护耕地，控制农用地转为建设用地，保障农村经济稳定发展的需要。

《土地管理法》第63条对集体经营性建设用地设定的条件、出让等有明确的规定，如果违反本条规定，违法将集体经营性建设用地通过出让、出租等方式交由单位或者个人使用的，要承担相应的法律责任。

擅自将农民集体所有的土地的使用权出让、转让或者出租用于非农业建设，或者违法将集体经营性建设用地通过出让、出租等方式交由单位或者个人使用的，要承担以下法律责任：

（1）责令限期改正。所谓责令限期改正，是指行政机关依法作出的要求被处罚人在一定期限内停止违法行为或者将其违法行为恢复到合法状态的行政处罚，集体土地使用权的出让方、转让方、出租方在接到责令限期改正的处罚决定后，应当要求对方交回集体土地使用权，受让方、承租方应当在限定的期限内将集体土地使用权退回对方，由此造成的损失，应由有过错的一方承担。

（2）没收非法所得。这里所说的非法所得包括出让金、转让金和租金以及受让方、承租方因受让土地使用权或者承租土地而获取的收益。

（3）并处罚款。自然资源主管部门可以视违法行为的情节轻重、危害程度等，酌情确定罚款数额。如果本法实施后，国务院制定的实施细则或者各省、自治区、直辖市人大制定的实施办法，对本条规定的罚款数额或者幅度作出了具体规定，则应当依照其规定作出处罚。根据《土地管理法实施条例》第39条的规定，罚款额为非法所得的5%以上20%以下。

关联法规索引

《土地管理法实施条例》第39条；《土地管理法》第63条

典型案例

南通市通州区李港供销社有限公司与汤建国土地租赁合同纠纷案[1]

※案情简介：（一）关于案件事实。江苏省高级人民法院（2014）苏审二民申字第0989号民事裁定及二审法院（2014）通中民再终字第0029号民事裁定均认为原一、二审判决"认定事实错误""基本事实不清"，但重审后的一、二审判决依旧照搬原一、二审判决的"查明事实"。1. 汤建国只租赁李港供销社700m^2土地，其余土地是从案外人处

〔1〕 案例来源：江苏省高级人民法院（2016）苏民申4648号民事裁定书。

租赁,当时该土地尚有房屋,后经与案外人商量并经李港供销社同意,拆除部分房屋,土地由汤建国使用,但二审法院却得出从案外人处取得的土地视为双方对合同内容的变更、多出面积应当一并返还的错误结论;2. 汤建国的缴费凭证及李港供销社的财务账册可证明汤建国的土地租赁费交至2010年,李港供销社的起诉已过诉讼时效,但二审法院却错误认定费用缴至2011年;3. 政府改制文件规定土地使用权"采用剥离的方法留在新企业",但改制协议载明对剥离资产和量化资产进行监督和管理系甲方(即通州市供销合作总社)的权利,故涉案土地管理权仍属于通州市供销合作总社,2004年供销系统属地管理后,土地管理权归五接镇人民政府,改制时出售的只是建筑物,并不包括土地,但建筑物和所属土地是整体,李港供销社只是地面建筑物所属土地的使用者,而本案所涉700m^2土地是空地,二审法院认为该土地由李港供销社实际占用错误。(二)关于一、二审程序。1. 五接镇人民政府和通州市供销合作总社出具的证明有伪造之嫌,汤建国要求该两单位出庭接受质证,但法庭在未安排其出庭的情况下采信该证明错误;2. 一、二审法院推定李港供销社的财务账册记录系笔误,违反了证据规则,其目的是掩盖李港供销社的起诉已过诉讼时效;3. 李港供销社未取得土地使用权故没有出租获利的权利,其主体不适格,涉案合同构成欺诈,李港供销社已收的土地使用费应上缴国库,一、二审法院对此未作实质处理,并错误地判决将土地归还给李港供销社。综上,请求再审本案。

本院审查查明,一、二审法院查明事实正确,本院予以确认。

本院另查明:汤建国在二审法院2014年1月22日询问中陈述,租赁协议所涉700m^2场地交付时并未测量;在一审法院2015年6月17日重审庭审中陈述,(租赁)一开始就使用了1000多m^2,该1000多m^2土地(原来)都是李港供销社(占有)的。李港供销社在一审法院2013年4月23日庭审中陈述,其提交的财务账册记录中的"2010年11月8日"系笔误,应当为"2011年11月8日"。

本院经审查认为:关于李港供销社是否有权主张返还土地问题。《中华人民共和国物权法》第二百四十五条规定,占有的不动产或者动产被侵占的,占有人有权请求返还原物;对妨害占有的行为,占有人有权请求排除妨害或者消除危险;因侵占或者妨害造成损害的,占有人有权请求损害赔偿。据此,无论原占有人是有权占有还是无权占有,均享有占有物返还请求权。本案中,李港供销社改制时,土地资产采取剥离的处置方式,并随建筑物一起转移给李港供销社占有使用,改制企业的一切经营权、产权等均转入新企业李港供销社,李港供销社对涉案土地存在占有的事实,有权依据上述法律规定要求返还土地。

关于超出合同面积的场地是否应当返还给李港供销社问题。虽租赁协议约定租赁的土地为700m²,但当时双方均未进行测量,汤建国亦自认一开始就使用了1000多m²,且本案所涉1000多m²土地原来均由李港供销社占有,故一、二审法院判令汤建国返还李港供销社租赁协议约定的700m²及超过约定而实际使用的土地,并无不当。

关于诉讼时效。李港供销社的财务账页记录明显系笔误,其已经作出说明。一审法院结合汤建国反诉状的相关内容,认定李港供销社的财务账页记载汤建国未交土地租金的起始时间应为"2011年11月8日"且李港供销社的起诉未超诉讼时效,并无不当。

关于涉案租金。《中华人民共和国土地管理法》第八十一条规定,擅自将农民集体所有的土地的使用权出让、转让或者出租用于非农业建设的,由县级以上人民政府土地行政主管部门责令限期改正,没收违法所得,并处罚款。故一、二审法院认为涉案租金是否应当收缴由行政机关处理,并无不当。

依据《中华人民共和国民事诉讼法》第二百零四条第一款、《最高人民法院关于适用〈中华人民共和国民事诉讼法〉的解释》第三百九十五条第二款的规定,裁定如下:驳回汤建国的再审申请。

※**裁判要旨**:擅自将农民集体所有的土地的使用权出让、转让或者出租用于非农业建设的,由县级以上人民政府土地行政主管部门责令限期改正,没收违法所得,并处罚款。

第八十三条　【非法建筑责任】依照本法规定,责令限期拆除在非法占用的土地上新建的建筑物和其他设施的,建设单位或者个人必须立即停止施工,自行拆除;对继续施工的,作出处罚决定的机关有权制止。建设单位或者个人对责令限期拆除的行政处罚决定不服的,可以在接到责令限期拆除决定之日起十五日内,向人民法院起诉;期满不起诉又不自行拆除的,由作出处罚决定的机关依法申请人民法院强制执行,费用由违法者承担。

条文解读

本法第83条是关于非法建筑行政处罚如何执行的规定。

1. 应当给予责令限期拆除在非法占用的土地上新建的建筑物和其他设施的行政处罚的情形。根据本法第74条、第77条的规定,对买卖或者以其他形式非法转让土地、未经批准或者采取欺骗手段骗取批准非法占用土地,并且违反土地利用总体规划,擅自将农用地转为建设用地的，应当对当事人处以责令限期拆除在非法占用的土地上新建的建筑物和其他设施的行政处罚。对上述处罚，有关行政机关应当在查明事实、搜集充分证据的情况下，根据《行政处罚法》的有关规定，制作行政处罚决定书，送达有关当事人。

2. 责令限期拆除的行政处罚的执行与行政诉讼

(1)当事人在接到责令限期拆除的处罚决定后，应当立即停止施工，自行拆除建筑物和其他设施的已完工部分。如果当事人不服该行政处罚，在停止施工的同时，可以及时向作出处罚决定的机关说明情况，要求其撤销上述处罚决定，或者向有关行政机关申请行政复议，或者在规定的期限内向人民法院提起行政诉讼。

(2)对继续施工的，作出处罚决定的机关有权制止。这里所说的制止，是指作出处罚决定的机关以口头命令、书面通知、查封用以继续施工的设备、建筑材料等方式促使有关单位或者个人停止继续施工，以减轻以后强制执行的难度和减少有关当事人可能将承受的损失。

(3)行政诉讼。被处罚的建设单位或者个人对责令限期拆除的行政处罚决定不服的，可以在接到上述决定之日起 15 日内，向人民法院提起行政诉讼。本条规定的提起行政诉讼的期间为接到责令限期拆除决定之日起 15 日内，是特殊的提起行政诉讼的期间，而不是《行政诉讼法》规定的从当事人知道行政机关作出具体行政行为之日起的 3 个月。超过上述期间向人民法院提起行政诉讼的，人民法院应当不予受理或者驳回其诉讼请求。

(4)强制执行。当事人拒不执行其行政处罚决定，依照本法作出行政处罚的机关可以向人民法院提出申请，由人民法院强制执行。

配套法规及解读

《行政强制法》(2011 年 6 月 30 日)

第五十三条 当事人在法定期限内不申请行政复议或者提起行政诉讼，又不履行行政决定的，没有行政强制执行权的行政机关可以自期限届满之日起三个月内，依照本章规定申请人民法院强制执行。

第五十四条 行政机关申请人民法院强制执行前，应当催告当事人履行义务。催告书送达十日后当事人仍未履行义务的，行政机关可以向所在地有管辖权的人民法院申请强制执行；执行对象是不动产的，向不动产所在地有管辖权的人民法院申请强制执行。

※法规解读:本法未赋予县级以上人民政府自然资源主管部门强制执行其行政处罚决定的权力,土地管理机关作出行政处罚后,相对人拒不履行的,可以申请人民法院强制执行,行政机关可以向所在地有管辖权的人民法院申请强制执行;执行对象是不动产的,向不动产所在地有管辖权的人民法院申请强制执行。申请强制执行的基本程序包括以下几个环节:第一,由作出行政处罚决定的机关向人民法院提出书面申请。行政机关向人民法院申请强制执行,应当提供下列材料:(1)强制执行申请书;(2)行政决定书及作出决定的事实、理由和依据;(3)当事人的意见及行政机关催告情况;(4)申请强制执行标的情况;(5)法律、行政法规规定的其他材料。强制执行申请书应当由行政机关负责人签名,加盖行政机关的印章,并注明日期。第二,接受申请的人民法院对强制执行申请进行审查。人民法院对行政机关强制执行的申请进行书面审查,对符合规定的,且行政决定具备法定执行效力的,人民法院应当自受理之日起7日内作出执行裁定。第三,命令当事人限期履行。人民法院作出强制执行决定后,应当向当事人发出强制执行通知书。命令当事人在一定期限内履行行政处罚决定,即拆除被执行的建筑物和其他设施。第四,执行。如果当事人仍不履行该行政处罚决定,由人民法院主持,必要时请有关单位协助,强行拆除被执行的建筑物和其他设施。

关联法规索引

《行政强制法》第53～60条

典型案例

长岭县国土资源局申请强制执行张某行政处罚决定案[1]

※案情简介:申请执行人长岭县国土资源局于2009年3月25日向法院提出申请,要求强制执行其于2008年8月22日作出的长国土罚字(2008)第057号行政处罚决定,“1.限3日自行拆除地上建筑物,恢复土地原状。2.处以每平方米2元的罚款,共计50400元”。

---

〔1〕 案例来源:长岭县人民法院(2009)长行审字第44号行政判决书。

法院审查后认为，申请执行人长岭县国土资源局作出的长国土罚字(2008)第057号行政处罚决定，符合法律规定的执行条件。依照《最高人民法院关于执行〈中华人民共和国行政诉讼法〉若干问题的解释》第六十三条、第八十六条、第九十三条之规定，裁定如下：

申请执行人长岭县国土资源局作出的长国土罚字(2008)第057号行政处罚决定，准予执行。

案件受理费50元，由被申请执行人负担。

本裁定送达后即发生法律效力。

※**裁判要旨**：没有强制执行权的行政机关可以申请人民法院执行已经生效的行政处罚决定。人民法院应在审查行政处罚决定的合法性的基础上决定是否强制执行。

第八十四条　【渎职的法律责任】自然资源主管部门、农业农村主管部门的工作人员玩忽职守、滥用职权、徇私舞弊，构成犯罪的，依法追究刑事责任；尚不构成犯罪的，依法给予处分。

条文解读

本法第84条是关于自然资源主管部门、农业农村主管部门的工作人员渎职行为的法律责任的规定。

自然资源主管部门、农业农村主管部门的工作人员的渎职行为包括玩忽职守、滥用职权、徇私舞弊。所谓玩忽职守，是指自然资源主管部门、农业农村主管部门的工作人员不履行、不正确履行或者放弃履行职责的行为。所谓滥用职权，是指自然资源主管部门、农业农村主管部门的工作人员违反法律规定的权限和程序，滥用职权或者超越职权的行为。所谓徇私舞弊，是指自然资源主管部门、农业农村主管部门的工作人员为徇个人私利或者亲友私情而玩忽职守、滥用职权的行为。对于自然资源主管部门、农业农村主管部门工作人员的上述该职行为，任何单位和个人都有权检举和控告，有关部门应当严肃查处，并依法追究其刑事责任。

自然资源主管部门、农业农村主管部门的工作人员虽有玩忽职守、滥用职权、徇私舞弊行为，但情节显著轻微，危害性不大，按照《刑法》的有关规定，不构成犯罪的，应当依照有关法律、法规的规定，给予行政处分。所谓行政处分，是指国家机关根据法律或者法规，按行政隶属关系，对犯有轻微违法失职行为或者违反内部纪律的人员给予的一种制裁。行政处分有警告、记过、记大过、降级、降职、撤职、留用察看和开除八种。

配套法规及解读

《刑法》(2017 年 11 月 4 日修正)

第三百九十七条 国家机关工作人员滥用职权或者玩忽职守,致使公共财产、国家和人民利益遭受重大损失的,处三年以下有期徒刑或者拘役;情节特别严重的,处三年以上七年以下有期徒刑。本法另有规定的,依照规定。

国家机关工作人员徇私舞弊,犯前款罪的,处五年以下有期徒刑或者拘役;情节特别严重的,处五年以上十年以下有期徒刑。本法另有规定的,依照规定。

《土地管理法实施条例》(2014 年 7 月 29 日修订)

第三十三条 依照《土地管理法》第七十二条规定给予行政处分的,由责令作出行政处罚决定或者直接给予行政处罚决定的上级人民政府土地行政主管部门作出。对于警告、记过、记大过的行政处分决定,上级土地行政主管部门可以直接作出;对于降级、撤职、开除的行政处分决定,上级土地行政主管部门应当按照国家有关人事管理权限和处理程序的规定,向有关机关提出行政处分建议,由有关机关依法处理。

※法规解读:自然资源主管部门、农业农村主管部门的工作人员玩忽职守、滥用职权、徇私舞弊,尚不构成犯罪的,依法给予行政处分。给予行政处分的,由责令作出行政处罚决定或者直接给予行政处罚决定的上级人民政府自然资源主管部门、农业农村主管部门作出。对于警告、记过、记大过的行政处分决定,上级自然资源主管部门、农业农村主管部门可以直接作出;对于降级、撤职、开除的行政处分决定,上级自然资源主管部门、农业农村主管部门应当按照国家有关人事管理权限和处理程序的规定,向有关机关提出行政处分建议,由有关机关依法处理。

自然资源主管部门、农业农村主管部门工作人员玩忽职守、滥用职权、徇私舞弊,构成犯罪的,分别按照滥用职权罪或玩忽职守罪定罪处罚。

一、滥用职权罪

滥用职权罪,是指国家机关工作人员违反法律规定的权限和程序,滥用职权或者超越职权,致使公共财产、国家和人民利益遭受重大损失的犯罪。本罪的构成要件是:

1. 本罪的客体为国家机关的正常活动。

2. 本罪的客观方面表现为行为人实施了滥用职权的行为,并导致公共财产、国家利益和人民利益遭受重大损失。它包括:其一,行为人实施了滥用职权的行为。其二,造成“重大损失”。重大损失包括:(1)造成死亡 1 人以上,或者重伤 2 人以上,或者轻伤 5 人以上的;(2)造成直接经济损失 20 万元以上的;(3)造成有关公司、企业等单位停产、严重亏损、破产的;(4)严重损害国家声誉,或者造成恶劣社会影响的;(5)其他致使公共财产、国家和人民利益遭受重大损失的情形;(6)徇私舞弊,具有上述情形之一的。

3. 本罪的犯罪主体为特殊主体,即只有有国家机关工作人员身份的人,才能成为本罪的犯罪主体。

4. 本罪的主观方面为故意,即行为人明知自己滥用职权的行为会导致公共利益、国家利益和人民利益遭受重大损失的结果,并且希望或者放任这种结果的发生。

构成本罪的,处3年以下有期徒刑或者拘役;情节特别严重的,处3年以上7年以下有期徒刑。国家机关工作人员徇私舞弊,犯滥用职权罪的,处5年以下有期徒刑或者拘役;情节特别严重的,处5年以上10年以下有期徒刑。

二、玩忽职守罪

"玩忽职守罪",是指国家机关工作人员不履行、不正确履行或者放弃履行其职责,致使公共财产、国家和人民利益遭受重大损失的犯罪。

1. 本罪的客体为国家机关的正常活动。

2. 本罪的客观方面表现为行为人实施了玩忽职守的行为,并导致公共财产、国家利益和人民利益遭受重大损失。它包括:其一,行为人实施了玩忽职守的行为。其二,造成"重大损失"。重大损失包括:(1)造成死亡1人以上,或者重伤3人以上,或者轻伤10人以上的;(2)造成直接经济损失30万元以上的,或者直接经济损失不满30万元,但间接经济损失超过100万元的;(3)徇私舞弊,造成直接经济损失20万元以上的;(4)造成有关公司、企业等单位停产、严重亏损、破产的;(5)严重损害国家声誉,或者造成恶劣社会影响的;(6)海关、外汇管理部门的工作人员严重不负责任,造成巨额外汇被骗或者逃汇的;(7)其他致使公共财产、国家和人民利益遭受重大损失的情形;(8)徇私舞弊,具有上述情形之一的。

3. 本罪的犯罪主体为特殊主体,即只有国家机关工作人员身份的人,才能成为本罪的犯罪主体。

4. 本罪的主观方面只能为过失,即行为人作为国家机关工作人员理应恪尽职守,尽心尽力,在履行公职时时刻保持必要注意,但行为人却持一种疏忽大意或者过于自信的心态,对自己玩忽职守的行为可能导致的公共财产、国家和人民利益的重大损失应当预见而没有预见,或者虽已经预见到但轻信能够避免。

构成本罪的,处3年以下有期徒刑或者拘役;情节特别严重的,处3年以上7年以下有期徒刑。国家机关工作人员徇私舞弊,犯玩忽职守罪的,处5年以下有期徒刑或者拘役;情节特别严重的,处5年以上10年以下有期徒刑。

关联法规索引

《最高人民检察院关于人民检察院直接受理立案侦查案件立案标准的规定(试行)》

典型案例

原浙江省舟山市土地管理局局长徐某受贿、贪污、滥用职权案[1]

※案情简介:

一、受贿

1999年11月,被告人徐某利用担任舟山市土地管理局局长的职务便利,在决定给舟山市普陀浦西开发区管委会减免了部分土地管理费时,以给本单位解决招待费为名,向该管委会索要人民币5万元,并要求对方将款汇至某宾馆。之后,被告人徐某通过该宾馆副总经理姚某将该款提现占为已有。

经查,被告人徐某在侦查机关多次供述其向上述四家房地产公司要钱是想借单位名义为个人捞钱,其想为公务开支一些也是为了万一事发可逃避罪责,证人陈德某证言称被告人徐某从未对其讲过市土管局的车辆修理费从房地产公司汇入款中开支,且上述款项汇至某汽修厂和某甲大酒店后,其实际长期处于被告人的控制之中,实际也未为单位开支过,故应认定被告人徐某以非法占有为目的索要上述款项后实际占有。

经查,被告人徐某原在侦查机关供称其因在审批用地时给予了某房地产公司优惠,故要求该房地产公司拿出10万元给其情妇支付房款,证人陈泉某证言证实,被告人徐某要求其公司为其亲友买房解决10万元,其公司为感谢被告人在办理土地出让手续过程中的关照及日后开展业务,就以虚开发票后提现送给被告人9万余元,因此对该款供证双方索取与送予的意思表示十分明确,且该款该公司已以虚假发票入账,故也不属垫付,被告人及其辩护人的相关理由不能成立,不予采信。

经查,证人林某成证言证实,其公司为感谢被告人徐某在土地出让审批等方面给予的关照及日后开展业务,在被告人为他人买房时决定给被告人减半收费,故其实质是借买卖房屋进行权钱交易,且该房的实际价格有鉴证结论书证实,被告人实际占有

[1] 案例来源:舟山市中级人民法院(2001)舟刑初字第41号刑事判决书。

差价款数额较大,故应以受贿论。

经查,被告人徐某明知城镇居民不得建造私房,却要求房地产公司出面为他人办理有关造房手续并予以批准,系利用职务便利为他人谋利,应予认定。

二、贪污

1995 年 1 月至 6 月,被告人徐某与项某、朱某勇、鲍某业事先商定,由被告人徐某利用职权调动资金,由项某等人具体经办外借,然后四人截留利息差予以私分。被告人徐某利用时任舟山市渔农工委书记的职务便利,要求市渔农工委直属企业某甲区经济协作公司出面向银行贷款 200 万元后借给普陀海龙经济开发公司,项某等人与普陀海龙经济开发公司李某芬商定月息为 5 分,并按被告人徐某的要求在借款合同上写明月息为 1.4 分,向某甲经济协作公司隐瞒了 5 分利的事实。之后,项某等人从李某芬处收取全部 5 分息后,除按合同约定支付了某甲经济协作公司 1.4 分息后,将其中 3.6 分共计人民币 35 万元利息款予以截留。被告人共分得 13.5 万元,鲍某业分得 7.5 万元,项某和朱某勇各分得 7 万元。半年后,普陀海龙经济开发公司涉嫌非法集资被公安机关调查,被告人徐某怕侵占利息款一事败露,遂与项某等人将分掉的 35 万元重新凑拢后放在项某承包的市商业局食堂账户上,被告人徐某还指使项某与某甲经济协作公司签订假协议以欺骗公安机关,后该 35 万元中的 15 万元被公安机关暂扣,并作为项某、徐某等人在李某芬处集资本金损失的补偿分配给了项某等人,被告人徐某分得 11 万元,项某分得 4 万元,另外 20 万元,被告人徐某占有了其中的 15 万元。

经查,被告人徐某利用主管公共财产的职务便利,将下属单位公款出借并将所得部分利息款截留侵吞,其行为符合贪污罪的构成要件,应予认定。

经查,被告人徐某在侦查阶段及庭审中均一致辩称起初其是为单位索要该款,后来才产生占有故意,现无证据证明被告人徐某索要该款时就有非法占有目的,故公诉机关指控被告人徐某索贿 6.5 万元证据不足,辩护人关于该节的辩护意见予以采纳。

三、滥用职权

2000 年 8 月至 12 月,被告人徐某在担任舟山市土地管理局局长期间,明知政府对土地开垦费等应及时足额缴入财政专户,实行专户管理,专款专用,不得移用等有严格的使用管理规定的情况下,仍违反有关规定,决定处理其无权决定处理的造地改田等资金,个人超越职权擅自决定采用用地单位自行委托造地的虚假形式,将造地项目以每亩 6500 元的造价给私营企业舟山市某甲实业有限公司承造,将用地单位舟山市某建设开发公司、某甲区临城镇政府、浙江某集团有限公司应缴入市财政造地基金专户的开垦费等共计人民币 184.5 万元全部作为委托造地费支付给舟山市某甲实业有限公司,并成为该公司的营业收入。其中136.5万元作为某甲区大沙乡下庵村210亩造地工程的工程款,经舟山市安达会计师事务所鉴定该造地工程造价仅为303963元,由此造成国家直接经济损失1061037元。

经查,采用用地单位自行委托造地的形式,并将应入财政专户的开垦费以每亩6500元的造价给舟山市地产开发公司造地包干使用,虽经市土管局集体讨论决定,但采用相同方式给舟山市某甲公司造地是被告人徐某个人擅自决定的,采用用地单位自行委托造地的虚假形式并将应入财政专户的开垦费直接支付给造地单位是违反省、市二级政府关于造地专项基金管理规定的,且以每亩6500元的造价支付给舟山市某甲实业公司造地事实上造成了国家经济的重大损失,故被告人的行为符合滥用职权罪的构成要件。另外,舟山市安达会计师事务所具有工程预结算审价资格证书,该审核报告经舟山市某甲实业公司鉴证,故辩护人的该节理由不予采纳。

法院认为,被告人徐某身为国家工作人员,利用职务便利,索取他人财物或非法收受他人财物为他人谋取利益;同时又利用职务便利侵吞公款,且在共同犯罪中起主要作用,系主犯;此外,还滥用职权,致使国家财产遭受重大损失,其行为已分别构成受贿罪、贪污罪和滥用职权罪,应数罪并罚。公诉机关指控被告人徐某的罪名成立。辩护人认为被告人徐某有自首情节,经查,侦查机关在掌握了被告人滥用职权和部分受贿、贪污事实后对被告人进行审查,被告人逐步交代了全部罪行,根据法律的规定不属自首。据此,依照《刑法》第十二条第一款,第二十六条第一、四款,第五十七条第一款,第六十四条,第六十九条,第三百八十二条第一款,第三百八十三条第一款第一项,第三百八十五条第一款,第三百八十六条,第三百九十七条第一款之规定,判决如下:

一、被告人徐某犯受贿罪,判处无期徒刑,剥夺政治权利终身,并处没收个人全部财产;犯贪污罪,判处有期徒刑15年,并处没收财产人民币5万元;犯滥用职权罪,判处有期徒刑1年,决定执行无期徒刑,剥夺政治权利终身,并处没收个人全部财产。

二、被告人徐某犯罪所得赃款1422948.2元予以追缴。

※裁判要旨:明知政府对土地开垦费等应及时足额缴入财政专户,实行专户管理,专款专用,不得移用等有严格使用管理规定的情况下,滥用职权,致使国家财产遭受重大损失,构成滥用职权罪。

第八章　附　　则

本章介绍

本章是关于《土地管理法》适用对象以及施行时间的规定，确立了中外合资经营企业、中外合作经营企业、外资企业使用土地原则上适用本法的规定。

第八十五条　【三资企业使用土地的法律适用】外商投资企业使用土地的，适用本法；法律另有规定的，从其规定。

第八十六条　【本法的溯及力】在根据本法第十八条的规定编制国土空间规划前，经依法批准的土地利用总体规划和城乡规划继续执行。

第八十七条　【生效日期】本法自1999年1月1日起施行。

配套法规

一、总类

中华人民共和国土地管理法实施条例

1. 1998年12月27日国务院令第256号公布
2. 根据2011年1月8日《国务院关于废止和修改部分行政法规的决定》第一次修订
3. 根据2014年7月29日《国务院关于修改部分行政法规的决定》第二次修订

第一章 总 则

第一条 根据《中华人民共和国土地管理法》(以下简称《土地管理法》),制定本条例。

第二章 土地的所有权和使用权

第二条 下列土地属于全民所有即国家所有:

(一)城市市区的土地;

(二)农村和城市郊区中已经依法没收、征收、征购为国有的土地;

(三)国家依法征收的土地;

(四)依法不属于集体所有的林地、草地、荒地、滩涂及其他土地;

(五)农村集体经济组织全部成员转为城镇居民的,原属于其成员集体所有的土地;

(六)因国家组织移民、自然灾害等原因,农民成建制地集体迁移后不再使用的原属于迁移农民集体所有的土地。

第三条 国家依法实行土地登记发证制度。依法登记的土地所有权和土地使用权受法律保护,任何单位和个人不得侵犯。

土地登记内容和土地权属证书式样由国务院土地行政主管部门统一规定。

土地登记资料可以公开查询。

确认林地、草原的所有权或者使用权,确认水面、滩涂的养殖使用权,分别依照《森林法》、《草原法》和《渔业法》的有关规定办理。

第四条 农民集体所有的土地,由土地所有者向土地所在地的县级人民政府土地行政主管部门提出土地登记申请，由县级人民政府登记造册，核发集体土地所有权证书，确认所有权。

农民集体所有的土地依法用于非农业建设的，由土地使用者向土地所在地的县级人民政府土地行政主管部门提出土地登记申请，由县级人民政府登记造册，核发集体土地使用权证书，确认建设用地使用权。

设区的市人民政府可以对市辖区内农民集体所有的土地实行统一登记。

第五条 单位和个人依法使用的国有土地，由土地使用者向土地所在地的县级以上人民政府土地行政主管部门提出土地登记申请，由县级以上人民政府登记造册，核发国有土地使用权证书，确认使用权。其中，中央国家机关使用的国有土地的登记发证，由国务院土地行政主管部门负责，具体登记发证办法由国务院土地行政主管部门会同国务院机关事务管理局等有关部门制定。

未确定使用权的国有土地，由县级以上人民政府登记造册，负责保护管理。

第六条 依法改变土地所有权、使用权的，因依法转让地上建筑物、构筑物等附着物导致土地使用权转移的，必须向土地所在地的县级以上人民政府土地行政主管部门提出土地变更登记申请，由原土地登记机关依法进行土地所有权、使用权变更登记。土地所有权、使用权的变更，自变更登记之日起生效。

依法改变土地用途的，必须持批准文件，向土地所在地的县级以上人民政府土地行政主管部门提出土地变更登记申请，由原土地登记机关依法进行变更登记。

第七条 依照《土地管理法》的有关规定，收回用地单位的土地使用权的，由原土地登记机关注销土地登记。

土地使用权有偿使用合同约定的使用期限届满，土地使用者未申请续期或者虽申请续期未获批准的，由原土地登记机关注销土地登记。

第三章 土地利用总体规划

第八条 全国土地利用总体规划，由国务院土地行政主管部门会同国务院有关部门编制，报国务院批准。

省、自治区、直辖市的土地利用总体规划，由省、自治区、直辖市人民政府组织本级土地行政主管部门和其他有关部门编制，报国务院批准。

省、自治区人民政府所在地的市、人口在一百万以上的城市以及国务院指定的城市的土地利用总体规划，由各该市人民政府组织本级土地行政主管部门和其他有关部门编制，经省、自治区人民政府审查同意后，报国务院批准。

本条第一款、第二款、第三款规定以外的土地利用总体规划，由有关人民政府组织本级土地行政主管部门和其他有关部门编制，逐级上报省、自治区、直辖市人民政府批准；其中，乡（镇）土地利用总体规划，由乡（镇）人民政府编制，逐级上报省、自治区、直辖市人民政府或者省、自治区、直辖市人民政府授权的设区的市、自治州人民政府批准。

第九条 土地利用总体规划的规划期限一般为十五年。

第十条 依照《土地管理法》规定，土地利用总体规划应当将土地划分为农用地、建设用地和未利用地。

县级和乡(镇)土地利用总体规划应当根据需要，划定基本农田保护区、土地开垦区、建设用地区和禁止开垦区等；其中，乡(镇)土地利用总体规划还应当根据土地使用条件，确定每一块土地的用途。

土地分类和划定土地利用区的具体办法，由国务院土地行政主管部门会同国务院有关部门制定。

第十一条 乡(镇)土地利用总体规划经依法批准后，乡(镇)人民政府应当在本行政区域内予以公告。

公告应当包括下列内容：

(一)规划目标；

(二)规划期限；

(三)规划范围；

(四)地块用途；

(五)批准机关和批准日期。

第十二条 依照《土地管理法》第二十六条第二款、第三款规定修改土地利用总体规划的，由原编制机关根据国务院或者省、自治区、直辖市人民政府的批准文件修改。修改后的土地利用总体规划应当报原批准机关批准。

上一级土地利用总体规划修改后，涉及修改下一级土地利用总体规划的，由上一级人民政府通知下一级人民政府作出相应修改，并报原批准机关备案。

第十三条 各级人民政府应当加强土地利用年度计划管理，实行建设用地总量控制。土地利用年度计划一经批准下达，必须严格执行。

土地利用年度计划应当包括下列内容：

(一)农用地转用计划指标；

(二)耕地保有量计划指标；

(三)土地开发整理计划指标。

第十四条 县级以上人民政府土地行政主管部门应当会同同级有关部门进行土地调查。

土地调查应当包括下列内容：

(一)土地权属；

(二)土地利用现状；

(三)土地条件。

地方土地利用现状调查结果，经本级人民政府审核，报上一级人民政府批准后，应当向社会公布；全国土地利用现状调查结果，报国务院批准后，应当向社会公布。土地调查规程，由国务院土地行政主管部门会同国务院有关部门制定。

第十五条 国务院土地行政主管部门会同国务院有关部门制定土地等级评定标准。

县级以上人民政府土地行政主管部门应当会同同级有关部门根据土地等级评定标准，对土地等级进行评定。地方土地等级评定结果，经本级人民政府审核，报上一级人民政府土地行政主管部门批准后，应当向社会公布。

根据国民经济和社会发展状况，土地等级每六年调整一次。

第四章 耕地保护

第十六条 在土地利用总体规划确定的城市和村庄、集镇建设用地范围内，为实施城市规划和村庄、集镇规划占用耕地，以及在土地利用总体规划确定的城市建设用地范围外的能源、交通、水利、矿山、军事设施等建设项目占用耕地的，分别由市、县人民政府、农村集体经济组织和建设单位依照《土地管理法》第三十一条的规定负责开垦耕地；没有条件开垦或者开垦的耕地不符合要求的，应当按照省、自治区、直辖市的规定缴纳耕地开垦费。

第十七条 禁止单位和个人在土地利用总体规划确定的禁止开垦区内从事土地开发活动。

在土地利用总体规划确定的土地开垦区内，开发未确定土地使用权的国有荒山、荒地、荒滩从事种植业、林业、畜牧业、渔业生产的，应当向土地所在地的县级以上地方人民政府土地行政主管部门提出申请，按照省、自治区、直辖市规定的权限，由县级以上地方人民政府批准。

开发未确定土地使用权的国有荒山、荒地、荒滩从事种植业、林业、畜牧业或者渔业生产的，经县级以上地方人民政府依法批准，可以确定给开发单位或者个人长期使用，使用期限最长不得超过五十年。

第十八条 县、乡（镇）人民政府应当按照土地利用总体规划，组织农村集体经济组织制定土地整理方案，并组织实施。

地方各级人民政府应当采取措施，按照土地利用总体规划推进土地整理。土地整理新增耕地面积的60%可以用作折抵建设占用耕地的补偿指标。

土地整理所需费用，按照谁受益谁负担的原则，由农村集体经济组织和土地使用者共同承担。

第五章 建设用地

第十九条 建设占用土地，涉及农用地转为建设用地的，应当符合土地利用总体规划和土地利用年度计划中确定的农用地转用指标；城市和村庄、集镇建设占用土地，涉及农用地转用的，还应当符合城市规划和村庄、集镇规划。不符合规定的，不得批准农用地转为建设用地。

第二十条 在土地利用总体规划确定的城市建设用地范围内，为实施城市规划占用土地的，按照下列规定办理：

（一）市、县人民政府按照土地利用年度计划拟订农用地转用方案、补充耕地方案、征收土地方案，分批次逐级上报有批准权的人民政府。

（二）有批准权的人民政府土地行政主管部门对农用地转用方案、补充耕地方案、征收土地方案进行审查，提出审查意见，报有批准权的人民政府批准；其中，补充耕地方案由批准农用地转用方案的人民政府在批准农用地转用方案时一并批准。

（三）农用地转用方案、补充耕地方案、征收土地方案经批准后，由市、县人民政府组织实施，按具体建设项目分别供地。

在土地利用总体规划确定的村庄、集镇建设用地范围内，为实施村庄、集镇规划占用土地的，由市、县人民政府拟订农用地转用方案、补充耕地方案，依照前款规定的程序办理。

第二十一条 具体建设项目需要使用土地的，建设单位应当根据建设项目的总体设计一次申请，办理建设用地审批手续；分期建设的项目，可以根据可行性研究报告确定的方案分期申请建设用地，分期办理建设用地有关审批手续。

第二十二条 具体建设项目需要占用土地利用总体规划确定的城市建设用地范围内的国有建设用地的，按照下列规定办理：

（一）建设项目可行性研究论证时，由土地行政主管部门对建设项目用地有关事项进行审查，提出建设项目用地预审报告；可行性研究报告报批时，必须附具土地行政主管部门出具的建设项目用地预审报告。

（二）建设单位持建设项目的有关批准文件，向市、县人民政府土地行政主管部门提出建设用地申请，由市、县人民政府土地行政主管部门审查，拟订供地方案，报市、县人民政府批准；需要上级人民政府批准的，应当报上级人民政府批准。

（三）供地方案经批准后，由市、县人民政府向建设单位颁发建设用地批准书。有偿使用国有土地的，由市、县人民政府土地行政主管部门与土地使用者签订国有土地有偿使用合同；划拨使用国有土地的，由市、县人民政府土地行政主管部门向土地使用者核发国有土地划拨决定书。

（四）土地使用者应当依法申请土地登记。

通过招标、拍卖方式提供国有建设用地使用权的，由市、县人民政府土地行政主管部门会同有关部门拟订方案，报市、县人民政府批准后，由市、县人民政府土地行政主管部门组织实施，并与土地使用者签订土地有偿使用合同。土地使用者应当依法申请土地登记。

第二十三条 具体建设项目需要使用土地的，必须依法申请使用土地利用总体规划确定的城市建设用地范围内的国有建设用地。能源、交通、水利、矿山、军事设施等建设项目确需使用土地利用总体规划确定的城市建设用地范围外的土地，涉及农用地的，按照下列规定办理：

（一）建设项目可行性研究论证时，由土地行政主管部门对建设项目用地有关事项进行审查，提出建设项目用地预审报告；可行性研究报告报批时，必须附具土地行政主管部门出具的建设项目用地预审报告。

（二）建设单位持建设项目的有关批准文件，向市、县人民政府土地行政主管部门提出建设用地申请，由市、县人民政府土地行政主管部门审查，拟订农用地转用方案、补充耕地方案、征收土地方案和供地方案（涉及国有农用地的，不拟订征收土地方案），经市、县人民政府审核同意后，逐级上报有批准权的人民政府批准；其中，补充耕地方案由批准农用地转用方案的人民政府在批准农用地转用方案时一并批准；供地方案由批准征收土地的人民政府在批准征收土地方案时一并批准（涉及国有农用地的，供地方案由批准农用地转用的人民政府在批准农用地转用方案时一并批准）。

（三）农用地转用方案、补充耕地方案、征收土地方案和供地方案经批准后，由市、县人民政府组织实施，向建设单位颁发建设用地批准书。有偿使用国有土地的，由市、县人民政府土地行政主管部门与土地使用者签订国有土地有偿使用合同；划拨使用国有土地的，由市、县人民政府土地行政主管部门向土地使用者核发国有土地划拨决定书。

（四）土地使用者应当依法申请土地登记。

建设项目确需使用土地利用总体规划确定的城市建设用地范围外的土地，涉及农民集体所有的未利用地的，只报批征收土地方案和供地方案。

第二十四条 具体建设项目需要占用土地利用总体规划确定的国有未利用地的，按照省、自治区、直辖市的规定办理；但是，国家重点建设项目、军事设施和跨省、自治区、直辖市行政区域的建设项目以及国务院规定的其他建设项目用地，应当报国务院批准。

第二十五条 征收土地方案经依法批准后，由被征收土地所在地的市、县人民政府组织实施，并将批准征地机关、批准文号、征收土地的用途、范围、面积以及征地补偿标准、农业人员安置办法和办理征地补偿的期限等，在被征收土地所在地的乡（镇）、村予以公告。

被征收土地的所有权人、使用权人应当在公告规定的期限内，持土地权属证书到公告指定的人民政府土地行政主管部门办理征地补偿登记。

市、县人民政府土地行政主管部门根据经批准的征收土地方案，会同有关部门拟订征地补偿、安置方案，在被征收土地所在地的乡（镇）、村予以公告，听取被征收土地的农村集体经济组织和农民的意见。征地补偿、安置方案报市、县人民政府批准后，由市、县人民政府土地行政主管部门组织实施。对补偿标准有争议的，由县级以上地方人民政府协调；协调不成的，由批准征收土地的人民政府裁决。征地补偿、安置争议不影响征收土地方案的实施。

征收土地的各项费用应当自征地补偿、安置方案批准之日起三个月内全额支付。

第二十六条 土地补偿费归农村集体经济组织所有；地上附着物及青苗补偿费归地上附着物及青苗的所有者所有。

征收土地的安置补助费必须专款专用，不得挪作他用。需要安置的人员由农村集体经济组织安置的，安置补助费支付给农村集体经济组织，由农村集体经济组织管理和使用；由其他单位安置的，安置补助费支付给安置单位；不需要统一安置的，安置补助费发放给被安置人员个人或者征得被安置人员同意后用于支付被安置人员的保险费用。

市、县和乡（镇）人民政府应当加强对安置补助费使用情况的监督。

第二十七条 抢险救灾等急需使用土地的，可以先行使用土地。其中，属于临时用地的，灾后应当恢复原状并交还原土地使用者使用，不再办理用地审批手续；属于永久性建设用地的，建设单位应当在灾情结束后六个月内申请补办建设用地审批手续。

第二十八条 建设项目施工和地质勘查需要临时占用耕地的，土地使用者应当自临时用地期满之日起一年内恢复种植条件。

第二十九条 国有土地有偿使用的方式包括：

（一）国有土地使用权出让；

（二）国有土地租赁；

（三）国有土地使用权作价出资或者入股。

第三十条 《土地管理法》第五十五条规定的新增建设用地的土地有偿使用费，是指国家在新增建设用地中应取得的平均土地纯收益。

第六章　监督检查

第三十一条 土地管理监督检查人员应当经过培训，经考核合格后，方可从事土地管理监督检查工作。

第三十二条 土地行政主管部门履行监督检查职责，除采取《土地管理法》第六十七条规定的措施外，还可以采取下列措施：

（一）询问违法案件的当事人、嫌疑人和证人；

（二）进入被检查单位或者个人非法占用的土地现场进行拍照、摄像；

（三）责令当事人停止正在进行的土地违法行为；

（四）对涉嫌土地违法的单位或者个人，停止办理有关土地审批、登记手续；

（五）责令违法嫌疑人在调查期间不得变卖、转移与案件有关的财物。

第三十三条 依照《土地管理法》第七十二条规定给予行政处分的，由责令作出行政处罚决定或者直接给予行政处罚决定的上级人民政府土地行政主管部门作出。对于警告、记过、记大过的行政处分决定，上级土地行政主管部门可以直接作出；对于降级、撤职、开除的行政处分决定，上级土地行政主管部门应当按照国家有关人事管理权限和处理程序的规定，向有关机关提出行政处分建议，由有关机关依法处理。

第七章　法律责任

第三十四条 违反本条例第十七条的规定，在土地利用总体规划确定的禁止开垦区内进行开垦的，由县级以上人民政府土地行政主管部门责令限期改正；逾期不改正的，依照《土地管理法》第七十六条的规定处罚。

第三十五条 在临时使用的土地上修建永久性建筑物、构筑物的，由县级以上人民政府土地行政主管部门责令限期拆除；逾期不拆除的，由作出处罚决定的机关依法申请人民法院强制执行。

第三十六条 对在土地利用总体规划制定前已建的不符合土地利用总体规划确定的用途的建筑物、构筑物重建、扩建的，由县级以上人民政府土地行政主管部门责令限期拆除；逾期不拆除的，由作出处罚决定的机关依法申请人民法院强制执行。

第三十七条 阻碍土地行政主管部门的工作人员依法执行职务的，依法给予治安管理处罚或者追究刑事责任。

第三十八条 依照《土地管理法》第七十三条的规定处以罚款的，罚款额为非法所得的50%以下。

第三十九条 依照《土地管理法》第八十一条的规定处以罚款的，罚款额为非法所得的5%以上20%以下。

第四十条 依照《土地管理法》第七十四条的规定处以罚款的，罚款额为耕地开垦费的二倍以下。

第四十一条 依照《土地管理法》第七十五条的规定处以罚款的，罚款额为土地复垦费的二倍以下。

第四十二条 依照《土地管理法》第七十六条的规定处以罚款的，罚款额为非法占用土地每平方米三十元以下。

第四十三条 依照《土地管理法》第八十条的规定处以罚款的，罚款额为非法占用土地每平方米十元以上三十元以下。

第四十四条 违反本条例第二十八条的规定，逾期不恢复种植条件的，由县级以上人民政府土地行政主管部门责令限期改正，可以处耕地复垦费二倍以下的罚款。

第四十五条 违反土地管理法律、法规规定，阻挠国家建设征收土地的，由县级以上人民政府土地行政主管部门责令交出土地；拒不交出土地的，申请人民法院强制执行。

第八章 附 则

第四十六条 本条例自1999年1月1日起施行。1991年1月4日国务院发布的《中华人民共和国土地管理法实施条例》同时废止。

中华人民共和国物权法(节录)

1.2007年3月16日第十届全国人民代表大会第五次会议通过

2.2007年3月16日中华人民共和国主席令第62号公布

3.自2007年10月1日起施行

第三十九条 【所有权基本内容】所有权人对自己的不动产或者动产,依法享有占有、使用、收益和处分的权利。

第四十条 【所有权人设定他物权】所有权人有权在自己的不动产或者动产上设立用益物权和担保物权。用益物权人、担保物权人行使权利,不得损害所有权人的权益。

第四十一条 【国家专有】法律规定专属于国家所有的不动产和动产,任何单位和个人不能取得所有权。

第四十二条 【征收】为了公共利益的需要,依照法律规定的权限和程序可以征收集体所有的土地和单位、个人的房屋及其他不动产。

征收集体所有的土地,应当依法足额支付土地补偿费、安置补助费、地上附着物和青苗的补偿费等费用,安排被征地农民的社会保障费用,保障被征地农民的生活,维护被征地农民的合法权益。

征收单位、个人的房屋及其他不动产,应当依法给予拆迁补偿,维护被征收人的合法权益;征收个人住宅的,还应当保障被征收人的居住条件。

任何单位和个人不得贪污、挪用、私分、截留、拖欠征收补偿费等费用。

第四十三条 【保护耕地、禁止违法征地】国家对耕地实行特殊保护,严格限制农用地转为建设用地,控制建设用地总量。不得违反法律规定的权限和程序征收集体所有的土地。

第四十四条 【征用】因抢险、救灾等紧急需要,依照法律规定的权限和程序可以征用单位、个人的不动产或者动产。被征用的不动产或者动产使用后,应当返还被征用人。单位、个人的不动产或者动产被征用或者征用后毁损、灭失的,应当给予补偿。

第四十七条 【国家所有土地范围】城市的土地,属于国家所有。法律规定属于国家所有的农村和城市郊区的土地,属于国家所有。

第五十八条 【集体财产范围】集体所有的不动产和动产包括:

(一)法律规定属于集体所有的土地和森林、山岭、草原、荒地、滩涂;

(二)集体所有的建筑物、生产设施、农田水利设施;

（三）集体所有的教育、科学、文化、卫生、体育等设施；

（四）集体所有的其他不动产和动产。

第五十九条　【农民集体所有财产归属以及重大事项集体决定】农民集体所有的不动产和动产，属于本集体成员集体所有。

下列事项应当依照法定程序经本集体成员决定：

（一）土地承包方案以及将土地发包给本集体以外的单位或者个人承包；

（二）个别土地承包经营权人之间承包地的调整；

（三）土地补偿费等费用的使用、分配办法；

（四）集体出资的企业的所有权变动等事项；

（五）法律规定的其他事项。

第六十条　【农民集体所有权的行使】对于集体所有的土地和森林、山岭、草原、荒地、滩涂等，依照下列规定行使所有权：

（一）属于村农民集体所有的，由村集体经济组织或者村民委员会代表集体行使所有权；

（二）分别属于村内两个以上农民集体所有的，由村内各该集体经济组织或者村民小组代表集体行使所有权；

（三）属于乡镇农民集体所有的，由乡镇集体经济组织代表集体行使所有权。

第一百二十四条　【农村集体经济组织实行双层经营体制】农村集体经济组织实行家庭承包经营为基础、统分结合的双层经营体制。

农民集体所有和国家所有由农民集体使用的耕地、林地、草地以及其他用于农业的土地，依法实行土地承包经营制度。

第一百二十五条　【土地承包经营权人享有的基本权利】土地承包经营权人依法对其承包经营的耕地、林地、草地等享有占有、使用和收益的权利，有权从事种植业、林业、畜牧业等农业生产。

第一百二十六条　【土地承包期】耕地的承包期为三十年。草地的承包期为三十年至五十年。林地的承包期为三十年至七十年；特殊林木的林地承包期，经国务院林业行政主管部门批准可以延长。

前款规定的承包期届满，由土地承包经营权人按照国家有关规定继续承包。

第一百二十七条　【土地承包经营权设立和登记】土地承包经营权自土地承包经营权合同生效时设立。

县级以上地方人民政府应当向土地承包经营权人发放土地承包经营权证、林权证、草原使用权证，并登记造册，确认土地承包经营权。

第一百二十八条　【家庭承包的土地承包经营权流转】土地承包经营权人依照农村土地承包法的规定，有权将土地承包经营权采取转包、互换、转让等方式流转。流转的期限不得超过承包期的剩余期限。未经依法批准,不得将承包地用于非农建设。

第一百二十九条 【互换、转让土地承包经营权进行登记】土地承包经营权人将土地承包经营权互换、转让,当事人要求登记的,应当向县级以上地方人民政府申请土地承包经营权变更登记;未经登记,不得对抗善意第三人。

第一百三十条 【承包地调整】承包期内发包人不得调整承包地。

因自然灾害严重毁损承包地等特殊情形,需要适当调整承包的耕地和草地的,应当依照农村土地承包法等法律规定办理。

第一百三十一条 【承包地收回】承包期内发包人不得收回承包地。农村土地承包法等法律另有规定的,依照其规定。

第一百三十二条 【承包地被征收的补偿】承包地被征收的,土地承包经营权人有权依照本法第四十二条第二款的规定获得相应补偿。

第一百三十三条 【以招标等方式承包的土地承包经营权流转】通过招标、拍卖、公开协商等方式承包荒地等农村土地,依照农村土地承包法等法律和国务院的有关规定,其土地承包经营权可以转让、入股、抵押或者以其他方式流转。

第一百三十四条 【国有农用地实行承包经营的法律适用】国家所有的农用地实行承包经营的,参照本法的有关规定。

第十二章 建设用地使用权

第一百三十五条 【建设用地使用权概念】建设用地使用权人依法对国家所有的土地享有占有、使用和收益的权利,有权利用该土地建造建筑物、构筑物及其附属设施。

第一百三十六条 【建设用地使用权分层设立】建设用地使用权可以在土地的地表、地上或者地下分别设立。新设立的建设用地使用权,不得损害已设立的用益物权。

第一百三十七条 【建设用地使用权出让方式】设立建设用地使用权,可以采取出让或者划拨等方式。

工业、商业、旅游、娱乐和商品住宅等经营性用地以及同一土地有两个以上意向用地者的,应当采取招标、拍卖等公开竞价的方式出让。

严格限制以划拨方式设立建设用地使用权。采取划拨方式的,应当遵守法律、行政法规关于土地用途的规定。

第一百三十八条 【建设用地使用权出让合同内容】采取招标、拍卖、协议等出让方式设立建设用地使用权的,当事人应当采取书面形式订立建设用地使用权出让合同。

建设用地使用权出让合同一般包括下列条款:

(一)当事人的名称和住所;

(二)土地界址、面积等;

（三）建筑物、构筑物及其附属设施占用的空间；

（四）土地用途；

（五）使用期限；

（六）出让金等费用及其支付方式；

（七）解决争议的方法。

第一百三十九条　【建设用地使用权登记】设立建设用地使用权的，应当向登记机构申请建设用地使用权登记。建设用地使用权自登记时设立。登记机构应当向建设用地使用权人发放建设用地使用权证书。

第一百四十条　【土地用途】建设用地使用权人应当合理利用土地，不得改变土地用途；需要改变土地用途的，应当依法经有关行政主管部门批准。

第一百四十一条　【建设用地使用权人支付出让金等费用的义务】建设用地使用权人应当依照法律规定以及合同约定支付出让金等费用。

第一百四十二条　【建设用地使用权人建造的建筑物等设施的权属】建设用地使用权人建造的建筑物、构筑物及其附属设施的所有权属于建设用地使用权人，但有相反证据证明的除外。

第一百四十三条　【建设用地使用权流转方式】建设用地使用权人有权将建设用地使用权转让、互换、出资、赠与或者抵押，但法律另有规定的除外。

第一百四十四条　【处分建设用地使用权的合同形式和期限】建设用地使用权转让、互换、出资、赠与或者抵押的，当事人应当采取书面形式订立相应的合同。使用期限由当事人约定，但不得超过建设用地使用权的剩余期限。

第一百四十五条　【建设用地使用权流转应当申请变更登记】建设用地使用权转让、互换、出资或者赠与的，应当向登记机构申请变更登记。

第一百四十六条　【建筑物等设施随建设用地使用权的流转而一并处分】建设用地使用权转让、互换、出资或者赠与的，附着于该土地上的建筑物、构筑物及其附属设施一并处分。

第一百四十七条　【建设用地使用权随建筑物等设施的流转而一并处分】建筑物、构筑物及其附属设施转让、互换、出资或者赠与的，该建筑物、构筑物及其附属设施占用范围内的建设用地使用权一并处分。

第一百四十八条　【建设用地使用权提前收回及其补偿】建设用地使用权期间届满前，因公共利益需要提前收回该土地的，应当依照本法第四十二条的规定对该土地上的房屋及其他不动产给予补偿，并退还相应的出让金。

第一百四十九条　【建设用地使用权续期及土地上的房屋及其他不动产归属】住宅建设用地使用权期间届满的，自动续期。

非住宅建设用地使用权期间届满后的续期，依照法律规定办理。该土地上的房屋及其他不动产的归属，有约定的，按照约定；没有约定或者约定不明确的，依照法律、行政法规的规定办理。

第一百五十条 【建设用地使用权注销登记】建设用地使用权消灭的，出让人应当及时办理注销登记。登记机构应当收回建设用地使用权证书。

第一百五十一条 【集体所有的土地作为建设用地的规定】集体所有的土地作为建设用地的，应当依照土地管理法等法律规定办理。

第十三章 宅基地使用权

第一百五十二条 【宅基地使用权的权利内容】宅基地使用权人依法对集体所有的土地享有占有和使用的权利，有权依法利用该土地建造住宅及其附属设施。

第一百五十三条 【宅基地使用权的取得、行使和转让适用法律的衔接性】宅基地使用权的取得、行使和转让，适用土地管理法等法律和国家有关规定。

第一百五十四条 【宅基地灭失后重新分配】宅基地因自然灾害等原因灭失的，宅基地使用权消灭。对失去宅基地的村民，应当重新分配宅基地。

第一百五十五条 【宅基地使用权的变更登记和注销登记】已经登记的宅基地使用权转让或者消灭的，应当及时办理变更登记或者注销登记。

第十四章 地 役 权

第一百五十六条 【地役权】地役权人有权按照合同约定，利用他人的不动产，以提高自己的不动产的效益。

前款所称他人的不动产为供役地，自己的不动产为需役地。

第一百五十七条 【设立地役权】设立地役权，当事人应当采取书面形式订立地役权合同。

地役权合同一般包括下列条款：

（一）当事人的姓名或者名称和住所；

（二）供役地和需役地的位置；

（三）利用目的和方法；

（四）利用期限；

（五）费用及其支付方式；

（六）解决争议的方法。

第一百五十八条 【地役权效力】地役权自地役权合同生效时设立。当事人要求登记的，可以向登记机构申请地役权登记；未经登记，不得对抗善意第三人。

第一百五十九条 【供役地权利人义务】供役地权利人应当按照合同约定，允许地役权人利用其土地，不得妨害地役权人行使权利。

第一百六十条 【地役权人权利义务】地役权人应当按照合同约定的利用目的和方法利用供役地，尽量减少对供役地权利人物权的限制。

第一百六十一条 【地役权期限】地役权的期限由当事人约定，但不得超过土地承包经营权、建设用地使用权等用益物权的剩余期限。

第一百六十二条 【在享有和负担地役权的土地上设立承包经营权、宅基地使用权】土地所有权人享有地役权或者负担地役权的，设立土地承包经营权、宅基地使用权时，该土地承包经营权人、宅基地使用权人继续享有或者负担已设立的地役权。

第一百六十三条 【在已设立用益物权的土地上设立地役权】土地上已设立土地承包经营权、建设用地使用权、宅基地使用权等权利的，未经用益物权人同意，土地所有权人不得设立地役权。

第一百六十四条 【地役权不得与需役地分离而单独转让】地役权不得单独转让。土地承包经营权、建设用地使用权等转让的，地役权一并转让，但合同另有约定的除外。

第一百六十五条 【地役权不得单独抵押】地役权不得单独抵押。土地承包经营权、建设用地使用权等抵押的，在实现抵押权时，地役权一并转让。

第一百六十六条 【需役地上的土地承包经营权、建设用地使用权部分转让】需役地以及需役地上的土地承包经营权、建设用地使用权部分转让时，转让部分涉及地役权的，受让人同时享有地役权。

第一百六十七条 【供役地上的土地承包经营权、建设用地使用权部分转让】供役地以及供役地上的土地承包经营权、建设用地使用权部分转让时，转让部分涉及地役权的，地役权对受让人具有约束力。

第一百六十八条 【地役权消灭】地役权人有下列情形之一的，供役地权利人有权解除地役权合同，地役权消灭：

（一）违反法律规定或者合同约定，滥用地役权；

（二）有偿利用供役地，约定的付款期间届满后在合理期限内经两次催告未支付费用。

第一百六十九条 【地役权变动后的登记】已经登记的地役权变更、转让或者消灭的，应当及时办理变更登记或者注销登记。

中华人民共和国城市房地产管理法(节录)

1. 1994年7月5日第八届全国人民代表大会常务委员会第八次会议通过
2. 根据2007年8月30日第十届全国人民代表大会常务委员会第二十九次会议《关于修改〈中华人民共和国城市房地产管理法〉的决定》第一次修正
3. 根据2009年8月27日第十一届全国人民代表大会常务委员会第十次会议《关于修改部分法律的决定》第二次修正
4. 根据2019年8月26日第十三届全国人民代表大会常务委员会第十二次会议《关于修改〈中华人民共和国土地管理法〉、〈中华人民共和国城市房地产管理法〉的决定》第三次修正

第二章 房地产开发用地

第一节 土地使用权出让

第八条 【土地使用权出让】土地使用权出让,是指国家将国有土地使用权(以下简称土地使用权)在一定年限内出让给土地使用者,由土地使用者向国家支付土地使用权出让金的行为。

第九条 【有偿出让】城市规划区内的集体所有的土地,经依法征收转为国有土地后,该幅国有土地的使用权方可有偿出让,但法律另有规定的除外。

第十条 【出让条件】土地使用权出让,必须符合土地利用总体规划、城市规划和年度建设用地计划。

第十一条 【出让报批】县级以上地方人民政府出让土地使用权用于房地产开发的,须根据省级以上人民政府下达的控制指标拟订年度出让土地使用权总面积方案,按照国务院规定,报国务院或者省级人民政府批准。

第十二条 【出让步骤】土地使用权出让,由市、县人民政府有计划、有步骤地进行。出让的每幅地块、用途、年限和其他条件,由市、县人民政府土地管理部门会同城市规划、建设、房产管理部门共同拟定方案,按照国务院规定,报经有批准权的人民政府批准后,由市、县人民政府土地管理部门实施。

直辖市的县人民政府及其有关部门行使前款规定的权限,由直辖市人民政府规定。

第十三条 【出让方式】土地使用权出让,可以采取拍卖、招标或者双方协议的方式。

商业、旅游、娱乐和豪华住宅用地,有条件的,必须采取拍卖、招标方式;没有条件,不能采取拍卖、招标方式的,可以采取双方协议的方式。

采取双方协议方式出让土地使用权的出让金不得低于按国家规定所确定的最低价。

第十四条 【年限规定】土地使用权出让最高年限由国务院规定。

第十五条 【出让合同签订】土地使用权出让，应当签订书面出让合同。

土地使用权出让合同由市、县人民政府土地管理部门与土地使用者签订。

第十六条 【出让金支付】土地使用者必须按照出让合同约定，支付土地使用权出让金；未按照出让合同约定支付土地使用权出让金的，土地管理部门有权解除合同，并可以请求违约赔偿。

第十七条 【出让土地的提供】土地使用者按照出让合同约定支付土地使用权出让金的，市、县人民政府土地管理部门必须按照出让合同约定，提供出让的土地；未按照出让合同约定提供出让的土地的，土地使用者有权解除合同，由土地管理部门返还土地使用权出让金，土地使用者并可以请求违约赔偿。

第十八条 【用途改变】土地使用者需要改变土地使用权出让合同约定的土地用途的，必须取得出让方和市、县人民政府城市规划行政主管部门的同意，签订土地使用权出让合同变更协议或者重新签订土地使用权出让合同，相应调整土地使用权出让金。

第十九条 【出让金使用】土地使用权出让金应当全部上缴财政，列入预算，用于城市基础设施建设和土地开发。土地使用权出让金上缴和使用的具体办法由国务院规定。

第二十条 【土地使用权的收回】国家对土地使用者依法取得的土地使用权，在出让合同约定的使用年限届满前不收回；在特殊情况下，根据社会公共利益的需要，可以依照法律程序提前收回，并根据土地使用者使用土地的实际年限和开发土地的实际情况给予相应的补偿。

第二十一条 【使用权终止】土地使用权因土地灭失而终止。

第二十二条 【使用权续延】土地使用权出让合同约定的使用年限届满，土地使用者需要继续使用土地的，应当至迟于届满前一年申请续期，除根据社会公共利益需要收回该幅土地的，应当予以批准。经批准准予续期的，应当重新签订土地使用权出让合同，依照规定支付土地使用权出让金。

土地使用权出让合同约定的使用年限届满，土地使用者未申请续期或者虽申请续期但依照前款规定未获批准的，土地使用权由国家无偿收回。

第二节　土地使用权划拨

第二十三条 【使用权划拨】土地使用权划拨，是指县级以上人民政府依法批准，在土地使用者缴纳补偿、安置等费用后将该幅土地交付其使用，或者将土地使用权无偿交付给土地使用者使用的行为。

依照本法规定以划拨方式取得土地使用权的，除法律、行政法规另有规定外，没有使用期限的限制。

第二十四条 【划拨土地类别】下列建设用地的土地使用权，确属必需的，可以由县级以上人民政府依法批准划拨：

（一）国家机关用地和军事用地；

（二）城市基础设施用地和公益事业用地；

（三）国家重点扶持的能源、交通、水利等项目用地；

（四）法律、行政法规规定的其他用地。

土地调查条例

1．2008年2月7日国务院令第518号公布

2．根据2016年2月6日《国务院关于修改部分行政法规的决定》第一次修订

3．根据2018年3月19日《国务院关于修改和废止部分行政法规的决定》第二次修订

第一章　总　　则

第一条　为了科学、有效地组织实施土地调查，保障土地调查数据的真实性、准确性和及时性，根据《中华人民共和国土地管理法》和《中华人民共和国统计法》，制定本条例。

第二条　土地调查的目的，是全面查清土地资源和利用状况，掌握真实准确的土地基础数据，为科学规划、合理利用、有效保护土地资源，实施最严格的耕地保护制度，加强和改善宏观调控提供依据，促进经济社会全面协调可持续发展。

第三条　土地调查工作按照全国统一领导、部门分工协作、地方分级负责、各方共同参与的原则组织实施。

第四条　土地调查所需经费，由中央和地方各级人民政府共同负担，列入相应年度的财政预算，按时拨付，确保足额到位。

土地调查经费应当统一管理、专款专用、从严控制支出。

第五条　报刊、广播、电视和互联网等新闻媒体，应当及时开展土地调查工作的宣传报道。

第二章　土地调查的内容和方法

第六条　国家根据国民经济和社会发展需要，每10年进行一次全国土地调查；根据土地管理工作的需要，每年进行土地变更调查。

第七条　土地调查包括下列内容：

（一）土地利用现状及变化情况，包括地类、位置、面积、分布等状况；

（二）土地权属及变化情况，包括土地的所有权和使用权状况；

（三）土地条件，包括土地的自然条件、社会经济条件等状况。

进行土地利用现状及变化情况调查时，应当重点调查基本农田现状及变化情况，包括基本农田的数量、分布和保护状况。

第八条 土地调查采用全面调查的方法，综合运用实地调查统计、遥感监测等手段。

第九条 土地调查采用《土地利用现状分类》国家标准、统一的技术规程和按照国家统一标准制作的调查基础图件。

土地调查技术规程，由国务院国土资源主管部门会同国务院有关部门制定。

第三章 土地调查的组织实施

第十条 县级以上人民政府国土资源主管部门会同同级有关部门进行土地调查。

乡（镇）人民政府、街道办事处和村（居）民委员会应当广泛动员和组织社会力量积极参与土地调查工作。

第十一条 县级以上人民政府有关部门应当积极参与和密切配合土地调查工作，依法提供土地调查需要的相关资料。

社会团体以及与土地调查有关的单位和个人应当依照本条例的规定，配合土地调查工作。

第十二条 全国土地调查总体方案由国务院国土资源主管部门会同国务院有关部门拟订，报国务院批准。县级以上地方人民政府国土资源主管部门会同同级有关部门按照国家统一要求，根据本行政区域的土地利用特点，编制地方土地调查实施方案，报上一级人民政府国土资源主管部门备案。

第十三条 在土地调查中，需要面向社会选择专业调查队伍承担的土地调查任务，应当通过招标投标方式组织实施。

承担土地调查任务的单位应当具备以下条件：

（一）具有法人资格；

（二）有与土地调查相关的工作业绩；

（三）有完备的技术和质量管理制度；

（四）有经过培训且考核合格的专业技术人员。

国务院国土资源主管部门应当会同国务院有关部门加强对承担土地调查任务单位的监管和服务。

第十四条 土地调查人员应当坚持实事求是，恪守职业道德，具有执行调查任务所需要的专业知识。

土地调查人员应当接受业务培训，经考核合格领取全国统一的土地调查员工作证。

第十五条 土地调查人员应当严格执行全国土地调查总体方案和地方土地调查实施方案、《土地利用现状分类》国家标准和统一的技术规程，不得伪造、篡改调查资料，不得强令、授意调查对象提供虚假的调查资料。

土地调查人员应当对其登记、审核、录入的调查资料与现场调查资料的一致性负责。

第十六条 土地调查人员依法独立行使调查、报告、监督和检查职权，有权根据工作需要进行现场调查，并按照技术规程进行现场作业。

土地调查人员有权就与调查有关的问题询问有关单位和个人，要求有关单位和个人如实提供相关资料。

土地调查人员进行现场调查、现场作业以及询问有关单位和个人时，应当出示土地调查员工作证。

第十七条 接受调查的有关单位和个人应当如实回答询问，履行现场指界义务，按照要求提供相关资料，不得转移、隐匿、篡改、毁弃原始记录和土地登记簿等相关资料。

第十八条 各地方、各部门、各单位的负责人不得擅自修改土地调查资料、数据，不得强令或者授意土地调查人员篡改调查资料、数据或者编造虚假数据，不得对拒绝、抵制篡改调查资料、数据或者编造虚假数据的土地调查人员打击报复。

第四章 调查成果处理和质量控制

第十九条 土地调查形成下列调查成果：

（一）数据成果；

（二）图件成果；

（三）文字成果；

（四）数据库成果。

第二十条 土地调查成果实行逐级汇交、汇总统计制度。

土地调查数据的处理和上报应当按照全国土地调查总体方案和有关标准进行。

第二十一条 县级以上地方人民政府对本行政区域的土地调查成果质量负总责，主要负责人是第一责任人。

县级以上人民政府国土资源主管部门会同同级有关部门对调查的各个环节实行质量控制，建立土地调查成果质量控制岗位责任制，切实保证调查的数据、图件和被调查土地实际状况三者一致，并对其加工、整理、汇总的调查成果的准确性负责。

第二十二条 国务院国土资源主管部门会同国务院有关部门统一组织土地调查成果质量的抽查工作。抽查结果作为评价土地调查成果质量的重要依据。

第二十三条 土地调查成果实行分阶段、分级检查验收制度。前一阶段土地调查成果经检查验收合格后，方可开展下一阶段的调查工作。

土地调查成果检查验收办法，由国务院国土资源主管部门会同国务院有关部门制定。

第五章 调查成果公布和应用

第二十四条 国家建立土地调查成果公布制度。

土地调查成果应当向社会公布，并接受公开查询，但依法应当保密的除外。

第二十五条 全国土地调查成果，报国务院批准后公布。

地方土地调查成果，经本级人民政府审核，报上一级人民政府批准后公布。

全国土地调查成果公布后，县级以上地方人民政府方可逐级依次公布本行政区域的土地调查成果。

第二十六条 县级以上人民政府国土资源主管部门会同同级有关部门做好土地调查成果的保存、管理、开发、应用和为社会公众提供服务等工作。

国家通过土地调查，建立互联共享的土地调查数据库，并做好维护、更新工作。

第二十七条 土地调查成果是编制国民经济和社会发展规划以及从事国土资源规划、管理、保护和利用的重要依据。

第二十八条 土地调查成果应当严格管理和规范使用，不作为依照其他法律、行政法规对调查对象实施行政处罚的依据，不作为划分部门职责分工和管理范围的依据。

第六章 表彰和处罚

第二十九条 对在土地调查工作中做出突出贡献的单位和个人，应当按照国家有关规定给予表彰或者奖励。

第三十条 地方、部门、单位的负责人有下列行为之一的，依法给予处分；构成犯罪的，依法追究刑事责任：

（一）擅自修改调查资料、数据的；

（二）强令、授意土地调查人员篡改调查资料、数据或者编造虚假数据的；

（三）对拒绝、抵制篡改调查资料、数据或者编造虚假数据的土地调查人员打击报复的。

第三十一条 土地调查人员不执行全国土地调查总体方案和地方土地调查实施方案、《土地利用现状分类》国家标准和统一的技术规程，或者伪造、篡改调查资料，或者强令、授意接受调查的有关单位和个人提供虚假调查资料的，依法给予处分，并由县级以上人民政府国土资源主管部门、统计机构予以通报批评。

第三十二条 接受调查的单位和个人有下列行为之一的，由县级以上人民政府国土资源主管部门责令限期改正，可以处5万元以下的罚款；构成违反治安管理行为的，由公安机关依法给予治安管理处罚；构成犯罪的，依法追究刑事责任：

（一）拒绝或者阻挠土地调查人员依法进行调查的；

（二）提供虚假调查资料的；

（三）拒绝提供调查资料的；

（四）转移、隐匿、篡改、毁弃原始记录、土地登记簿等相关资料的。

第三十三条 县级以上地方人民政府有下列行为之一的，由上级人民政府予以通报批评；情

节严重的,对直接负责的主管人员和其他直接责任人员依法给予处分:

(一)未按期完成土地调查工作,被责令限期完成,逾期仍未完成的;

(二)提供的土地调查数据失真,被责令限期改正,逾期仍未改正的。

第七章 附 则

第三十四条 军用土地调查,由国务院国土资源主管部门会同军队有关部门按照国家统一规定和要求制定具体办法。

中央单位使用土地的调查数据汇总内容的确定和成果的应用管理,由国务院国土资源主管部门会同国务院管理机关事务工作的机构负责。

第三十五条 县级以上人民政府可以按照全国土地调查总体方案和地方土地调查实施方案成立土地调查领导小组,组织和领导土地调查工作。必要时,可以设立土地调查领导小组办公室负责土地调查日常工作。

第三十六条 本条例自公布之日起施行。

二、土地规划与审批

土地利用年度计划管理办法

1. 1999 年 3 月 2 日国土资源部令第 2 号发布
2. 2004 年 11 月 1 日国土资源部令第 26 号第一次修订
3. 2006 年 12 月 19 日国土资源部令第 37 号第二次修订
4. 2016 年 5 月 12 日国土资源部令第 66 号第三次修订

第一条 为加强土地管理和调控,严格实施土地用途管制,切实保护耕地,节约集约用地,合理控制建设用地总量,根据《中华人民共和国土地管理法》、《中华人民共和国土地管理法实施条例》、《国务院关于深化改革严格土地管理的决定》和《国务院关于加强土地调控有关问题的通知》,制定本办法。

第二条 土地利用年度计划的编制、下达、执行、监督和考核,适用本办法。

本办法所称土地利用年度计划,是指国家对计划年度内新增建设用地量、土地整治补充耕地量和耕地保有量的具体安排。

前款规定的新增建设用地量,包括建设占用农用地和未利用地。

城乡建设用地增减挂钩和工矿废弃地复垦利用,依照本办法的规定纳入土地利用年度计划管理。

第三条 土地利用年度计划管理应当遵循下列原则:

(一)严格执行土地利用总体规划安排,合理控制建设用地总量和强度,切实保护耕地特别是基本农田,保护和改善生态环境,保障土地的可持续利用;

(二)运用土地政策参与宏观调控,创新计划管理方式,以土地供应引导需求,促进土地利用结构优化和经济增长方式转变,提高土地节约集约利用水平;

(三)坚持绿色发展,实行耕地保护数量、质量、生态并重,确保建设占用耕地与补充耕地相平衡,提高补充耕地质量;

(四)严格执行国家区域政策、产业政策和供地政策,优先安排社会民生建设用地,保障国家重点建设项目和基础设施项目用地;

(五)坚持协调发展,统筹区域、城乡建设用地,促进国土空间开发格局优化。统筹存量与新增建设用地,促进存量用地盘活利用,严格控制农村集体建设用地规模;

(六)尊重群众意愿,维护群众土地合法权益,保障群众共享城镇化发展成果。

第四条 土地利用年度计划指标包括:

(一)新增建设用地计划指标。包括新增建设用地总量和新增建设占用农用地及耕地指标;

(二)土地整治补充耕地计划指标;

(三)耕地保有量计划指标;

(四)城乡建设用地增减挂钩指标和工矿废弃地复垦利用指标。

各地可以根据实际需要,在上述分类的基础上增设控制指标。

第五条 土地利用年度计划中,新增建设用地计划指标,依据国民经济和社会发展计划、国家区域政策、产业政策、土地利用总体规划以及土地利用变更调查成果等确定。

土地整治补充耕地计划指标,依据土地利用总体规划、土地整治规划、建设占用耕地、耕地后备资源潜力和土地整治实际补充耕地等情况确定。

耕地保有量计划指标,依据国务院向省、自治区、直辖市下达的耕地保护责任考核目标确定。

城乡建设用地增减挂钩指标和工矿废弃地复垦利用指标,依据土地利用总体规划、土地整治规划等专项规划和建设用地整治利用等工作进展情况确定。

第六条 国土资源部会同国家发展改革委以全国土地利用总体规划安排为基础,根据经济社会发展状况和各地用地实际等情况,测算全国未来三年新增建设用地计划指标控制总规模。

第七条 需国务院及国家发展改革委等部门审批、核准和备案的重点建设项目拟在计划年度内使用土地,涉及新增建设用地的,由行业主管部门按项目向国土资源部提出计划建议,同时抄送项目拟使用土地所在地的省、自治区、直辖市国土资源主管部门以及发展改革部门。

第八条 县级以上地方国土资源主管部门,以本级土地利用总体规划安排为基本依据,综合考虑本地规划管控、固定资产投资、节约集约用地、人口转移等因素,测算本地未来三年新增建设用地计划指标控制规模,以此为基础,按照年度间相对平衡的原则,会同有关部门提出本地的土地利用年度计划建议,经同级政府审查后,报上一级国土资源主管部门。

计划单列市、新疆生产建设兵团的土地利用年度计划建议在相关省、自治区的计划建议中单列。

第九条 国土资源部会同国家发展改革委根据未来三年全国新增建设用地计划指标控制总规模,结合省、自治区、直辖市和国务院有关部门提出的计划指标建议,编制全国土地利用年度计划草案,纳入国民经济和社会发展计划草案,报国务院批准,提交全国人民代表大会审议确定后,下达各地执行。

第十条 全国土地利用年度计划下达到省、自治区、直辖市以及计划单列市、新疆生产建设兵团。

国务院及国务院有关部门、中央军委或者中央军委授权的军队有关机关审批、核准、备案的单独选址重点基础设施建设项目,所需的新增建设用地计划指标不下达地方,在建设项目用地审批时直接安排。其他项目所需的新增建设用地计划指标和城乡建设用地增减挂钩指标、工矿废弃地复垦利用指标等每年一次性全部下达地方。

新增建设用地计划指标下达前,各省、自治区、直辖市、计划单列市及新疆生产建设兵团,可以按照不超过上一年度国家下达新增建设用地计划指标总量的百分之五十预先安排使用。

第十一条 城乡建设用地增减挂钩指标和工矿废弃地复垦利用指标,由国土资源部会同国家发展改革委依据全国人民代表大会审议通过的全国土地利用年度计划总量指标,根据各地经济社会发展状况、规划安排、农村建设用地状况、资源潜力和相关工作进展情况,提出分解方案并下达地方执行。

第十二条 省级以下国土资源主管部门应当将上级下达的土地利用年度计划指标予以分解,经同级人民政府同意后下达。省、自治区、直辖市国土资源主管部门应当将分解下达的土地利用年度计划报国土资源部。

省、自治区、直辖市国土资源主管部门应当根据省级重点建设项目安排、建设项目用地预审和市县建设用地需求,合理确定预留省级的土地利用计划指标和下达市县的土地利用计划指标,并保障农村居民申请宅基地的合理用地需求。市县的土地利用计划指标应当一次性全部下达。

第十三条 新增建设用地计划指标实行指令性管理,不得突破。

批准使用的建设用地应当符合土地利用年度计划。凡不符合土地利用总体规划、国家区域政策、产业政策和供地政策的建设项目,不得安排土地利用年度计划指标。

没有土地利用年度计划指标擅自批准用地的,按照违法批准用地追究法律责任。

第十四条 土地利用年度计划一经批准下达,必须严格执行。

因特殊情况需增加全国土地利用年度计划中新增建设用地计划的，按规定程序报国务院审定。

因地震、洪水、台风、泥石流等重大自然灾害引发的抗灾救灾、灾后恢复重建用地等特殊情况，制定灾后重建规划，经发展改革、国土资源、民政等部门审核，省级以上人民政府批准，可以先行安排新增建设用地指标，列出具体项目，半年内将执行情况报国土资源部。

水利设施工程建设区域以外的水面用地，不占用计划指标。

第十五条 县级以上地方国土资源主管部门应当加强土地利用年度计划执行监管，严格执行土地利用年度计划指标使用在线报备制度，对土地利用年度计划指标使用情况及时进行登记，并按月在线上报。

国土资源部依据在线报备数据，按季度对各省、自治区、直辖市土地利用计划安排使用情况进行通报。

第十六条 省、自治区、直辖市国土资源主管部门应当加强对土地利用年度计划执行情况的跟踪检查，于每年一月底前形成上一年度土地利用年度计划执行情况报告报国土资源部，抄送同级发展改革部门。

第十七条 上级国土资源主管部门应当对下级国土资源主管部门土地利用年度计划的执行情况进行年度评估考核。土地利用年度计划以每年一月一日至十二月三十一日为考核年度。

新增建设用地计划执行情况考核，以农用地转用审批、土地利用变更调查等数据为依据，重点考核新增建设用地总量、新增建设占用耕地计划执行情况和农村宅基地指标保障情况。

城乡建设用地增减挂钩指标和工矿废弃地复垦利用指标考核，重点考核实施管理、进展成效、群众满意度、整治利用质量等情况。

第十八条 土地利用年度计划执行情况年度评估考核结果，应当作为下一年度土地利用年度计划编制和管理的重要依据。

对实际新增建设用地面积超过当年下达计划指标的，视情况相应扣减下一年度计划指标。

对建设用地整治利用中存在侵害群众权益、整治利用未达到时间、数量和质量要求等情形，情节严重的，扣减下一年度用地计划指标。

第十九条 节余的新增建设用地计划指标，经国土资源部审核同意后，允许在三年内结转使用。

第二十条 本办法自发布之日起施行。

建设项目用地预审管理办法

1. 2001 年 7 月 25 日国土资源部令第 7 号公布
2. 2004 年 11 月 1 日国土资源部令第 27 号修订
3. 2008 年 11 月 29 日国土资源部令第 42 号第一次修正
4. 根据 2016 年 11 月 29 日国土资源部令第 68 号《关于修改〈建设项目用地预审管理办法〉的决定》第二次修正

第一条 为保证土地利用总体规划的实施，充分发挥土地供应的宏观调控作用，控制建设用地总量，根据《中华人民共和国土地管理法》、《中华人民共和国土地管理法实施条例》和《国务院关于深化改革严格土地管理的决定》，制定本办法。

第二条 本办法所称建设项目用地预审，是指国土资源主管部门在建设项目审批、核准、备案阶段，依法对建设项目涉及的土地利用事项进行的审查。

第三条 预审应当遵循下列原则：

（一）符合土地利用总体规划；

（二）保护耕地，特别是基本农田；

（三）合理和集约节约利用土地；

（四）符合国家供地政策。

第四条 建设项目用地实行分级预审。

需人民政府或有批准权的人民政府发展和改革等部门审批的建设项目，由该人民政府的国土资源主管部门预审。

需核准和备案的建设项目，由与核准、备案机关同级的国土资源主管部门预审。

第五条 需审批的建设项目在可行性研究阶段，由建设用地单位提出预审申请。

需核准的建设项目在项目申请报告核准前，由建设单位提出用地预审申请。

需备案的建设项目在办理备案手续后，由建设单位提出用地预审申请。

第六条 依照本办法第四条规定应当由国土资源部预审的建设项目，国土资源部委托项目所在地的省级国土资源主管部门受理，但建设项目占用规划确定的城市建设用地范围内土地的，委托市级国土资源主管部门受理。受理后，提出初审意见，转报国土资源部。

涉密军事项目和国务院批准的特殊建设项目用地，建设用地单位可直接向国土资源部提出预审申请。

应当由国土资源部负责预审的输电线塔基、钻探井位、通讯基站等小面积零星分散建设项目用地，由省级国土资源主管部门预审，并报国土资源部备案。

第七条 申请用地预审的项目建设单位，应当提交下列材料：

（一）建设项目用地预审申请表；

（二）建设项目用地预审申请报告，内容包括拟建项目的基本情况、拟选址占地情况、拟用地是否符合土地利用总体规划、拟用地面积是否符合土地使用标准、拟用地是否符合供地政策等；

（三）审批项目建议书的建设项目提供项目建议书批复文件，直接审批可行性研究报告或者需核准的建设项目提供建设项目列入相关规划或者产业政策的文件。

前款规定的用地预审申请表样式由国土资源部制定。

第八条 建设单位应当对单独选址建设项目是否位于地质灾害易发区、是否压覆重要矿产资源进行查询核实；位于地质灾害易发区或者压覆重要矿产资源的，应当依据相关法律法规的规定，在办理用地预审手续后，完成地质灾害危险性评估、压覆矿产资源登记等。

第九条 负责初审的国土资源主管部门在转报用地预审申请时，应当提供下列材料：

（一）依据本办法第十一条有关规定，对申报材料作出的初步审查意见；

（二）标注项目用地范围的土地利用总体规划图、土地利用现状图及其他相关图件；

（三）属于《土地管理法》第二十六条规定情形，建设项目用地需修改土地利用总体规划的，应当出具规划修改方案。

第十条 符合本办法第七条规定的预审申请和第九条规定的初审转报件，国土资源主管部门应当受理和接收。不符合的，应当场或在五日内书面通知申请人和转报人，逾期不通知的，视为受理和接收。

受国土资源部委托负责初审的国土资源主管部门应当自受理之日起二十日内完成初审工作，并转报国土资源部。

第十一条 预审应当审查以下内容：

（一）建设项目用地是否符合国家供地政策和土地管理法律、法规规定的条件；

（二）建设项目选址是否符合土地利用总体规划，属《土地管理法》第二十六条规定情形，建设项目用地需修改土地利用总体规划的，规划修改方案是否符合法律、法规的规定；

（三）建设项目用地规模是否符合有关土地使用标准的规定；对国家和地方尚未颁布土地使用标准和建设标准的建设项目，以及确需突破土地使用标准确定的规模和功能分区的建设项目，是否已组织建设项目节地评价并出具评审论证意见。

占用基本农田或者其他耕地规模较大的建设项目，还应当审查是否已经组织踏勘论证。

第十二条 国土资源主管部门应当自受理预审申请或者收到转报材料之日起二十日内，完成审查工作，并出具预审意见。二十日内不能出具预审意见的，经负责预审的国土资源主管部门负责人批准，可以延长十日。

第十三条 预审意见应当包括对本办法第十一条规定内容的结论性意见和对建设用地单位的具体要求。

第十四条 预审意见是有关部门审批项目可行性研究报告、核准项目申请报告的必备文件。

第十五条 建设项目用地预审文件有效期为三年，自批准之日起计算。已经预审的项目，如需对土地用途、建设项目选址等进行重大调整的，应当重新申请预审。

未经预审或者预审未通过的，不得批复可行性研究报告、核准项目申请报告；不得批准农用地转用、土地征收，不得办理供地手续。预审审查的相关内容在建设用地报批时，未发生重大变化的，不再重复审查。

第十六条 本办法自2009年1月1日起施行。

建设用地审查报批管理办法

1. 1999年3月2日国土资源部令第3号公布
2. 根据2010年11月30日国土资源部令第49号《关于修改部分规章的决定》第一次修正
3. 根据2016年11月29日国土资源部令第69号《关于修改〈建设用地审查报批管理办法〉的决定》第二次修正

第一条 为加强土地管理，规范建设用地审查报批工作，根据《中华人民共和国土地管理法》（以下简称《土地管理法》）、《中华人民共和国土地管理法实施条例》（以下简称《土地管理法实施条例》），制定本办法。

第二条 依法应当报国务院和省、自治区、直辖市人民政府批准的建设用地的申请、审查、报批和实施，适用本办法。

第三条 县级以上国土资源主管部门负责建设用地的申请受理、审查、报批工作。

第四条 在建设项目审批、核准、备案阶段，建设单位应当向建设项目批准机关的同级国土资源主管部门提出建设项目用地预审申请。

受理预审申请的国土资源主管部门应当依据土地利用总体规划、土地使用标准和国家土地供应政策，对建设项目的有关事项进行预审，出具建设项目用地预审意见。

第五条 在土地利用总体规划确定的城市建设用地范围外单独选址的建设项目使用土地的，建设单位应当向土地所在地的市、县国土资源主管部门提出用地申请。

建设单位提出用地申请时，应当填写《建设用地申请表》，并附具下列材料：

（一）建设项目用地预审意见；

（二）建设项目批准、核准或者备案文件；

（三）建设项目初步设计批准或者审核文件。

建设项目拟占用耕地的，还应当提出补充耕地方案；建设项目位于地质灾害易发区的，还应当提供地质灾害危险性评估报告。

第六条 国家重点建设项目中的控制工期的单体工程和因工期紧或者受季节影响急需动工建设的其他工程，可以由省、自治区、直辖市国土资源主管部门向国土资源部申请先行用地。

申请先行用地，应当提交下列材料：

（一）省、自治区、直辖市国土资源主管部门先行用地申请；

（二）建设项目用地预审意见；

（三）建设项目批准、核准或者备案文件；

（四）建设项目初步设计批准文件、审核文件或者有关部门确认工程建设的文件；

（五）国土资源部规定的其他材料。

经批准先行用地的，应当在规定期限内完成用地报批手续。

第七条 市、县国土资源主管部门对材料齐全、符合条件的建设用地申请，应当受理，并在收到申请之日起30日内拟订农用地转用方案、补充耕地方案、征收土地方案和供地方案，编制建设项目用地呈报说明书，经同级人民政府审核同意后，报上一级国土资源主管部门审查。

第八条 在土地利用总体规划确定的城市建设用地范围内，为实施城市规划占用土地的，由市、县国土资源主管部门拟订农用地转用方案、补充耕地方案和征收土地方案，编制建设项目用地呈报说明书，经同级人民政府审核同意后，报上一级国土资源主管部门审查。

在土地利用总体规划确定的村庄和集镇建设用地范围内，为实施村庄和集镇规划占用土地的，由市、县国土资源主管部门拟订农用地转用方案、补充耕地方案，编制建设项目用地呈报说明书，经同级人民政府审核同意后，报上一级国土资源主管部门审查。

报国务院批准的城市建设用地，农用地转用方案、补充耕地方案和征收土地方案可以合并编制，一年申报一次；国务院批准城市建设用地后，由省、自治区、直辖市人民政府对设区的市人民政府分期分批申报的农用地转用和征收土地实施方案进行审核并回复。

第九条 建设只占用国有农用地的，市、县国土资源主管部门只需拟订农用地转用方案、补充耕地方案和供地方案。

建设只占用农民集体所有建设用地的，市、县国土资源主管部门只需拟订征收土地方案和供地方案。

建设只占用国有未利用地，按照《土地管理法实施条例》第二十四条规定应由国务院批准的，市、县国土资源主管部门只需拟订供地方案；其他建设项目使用国有未利用地的，按照省、自治区、直辖市的规定办理。

第十条 建设项目用地呈报说明书应当包括用地安排情况、拟使用土地情况等，并应附具下列材料：

（一）经批准的市、县土地利用总体规划图和分幅土地利用现状图，占用基本农田的，同时提供乡级土地利用总体规划图；

（二）有资格的单位出具的勘测定界图及勘测定界技术报告书；

（三）地籍资料或者其他土地权属证明材料；

（四）为实施城市规划和村庄、集镇规划占用土地的，提供城市规划图和村庄、集镇规划图。

第十一条 农用地转用方案，应当包括占用农用地的种类、面积、质量等，以及符合规划计划、基本农田占用补划等情况。

补充耕地方案，应当包括补充耕地的位置、面积、质量，补充的期限，资金落实情况等，以及补充耕地项目备案信息。

征收土地方案，应当包括征收土地的范围、种类、面积、权属，土地补偿费和安置补助费标准，需要安置人员的安置途径等。

供地方案，应当包括供地方式、面积、用途等。

第十二条 有关国土资源主管部门收到上报的建设项目用地呈报说明书和有关方案后，对材料齐全、符合条件的，应当在5日内报经同级人民政府审核。同级人民政府审核同意后，逐级上报有批准权的人民政府，并将审查所需的材料及时送该级国土资源主管部门审查。

对依法应由国务院批准的建设项目用地呈报说明书和有关方案，省、自治区、直辖市人民政府必须提出明确的审查意见，并对报送材料的真实性、合法性负责。

省、自治区、直辖市人民政府批准农用地转用、国务院批准征收土地的，省、自治区、直辖市人民政府批准农用地转用方案后，应当将批准文件和下级国土资源主管部门上报的材料一并上报。

第十三条 有批准权的国土资源主管部门应当自收到上报的农用地转用方案、补充耕地方案、征收土地方案和供地方案并按规定征求有关方面意见后30日内审查完毕。

建设用地审查应当实行国土资源主管部门内部会审制度。

第十四条 农用地转用方案和补充耕地方案符合下列条件的，国土资源主管部门方可报人民政府批准：

（一）符合土地利用总体规划；

（二）确属必需占用农用地且符合土地利用年度计划确定的控制指标；

（三）占用耕地的，补充耕地方案符合土地整理开发专项规划且面积、质量符合规定要求；

（四）单独办理农用地转用的，必须符合单独选址条件。

第十五条 征收土地方案符合下列条件的，国土资源主管部门方可报人民政府批准：

（一）被征收土地界址、地类、面积清楚，权属无争议的；

（二）被征收土地的补偿标准符合法律、法规规定的；

（三）被征收土地上需要安置人员的安置途径切实可行。

建设项目施工和地质勘查需要临时使用农民集体所有的土地的，依法签订临时使用土地合同并支付临时使用土地补偿费，不得办理土地征收。

第十六条 供地方案符合下列条件的，国土资源主管部门方可报人民政府批准：

（一）符合国家的土地供应政策；

（二）申请用地面积符合建设用地标准和集约用地的要求；

（三）只占用国有未利用地的，符合规划、界址清楚、面积准确。

第十七条 农用地转用方案、补充耕地方案、征收土地方案和供地方案经有批准权的人民政府批准后，同级国土资源主管部门应当在收到批件后 5 日内将批复发出。

未按规定缴纳新增建设用地土地有偿使用费的，不予批复建设用地。其中，报国务院批准的城市建设用地，省、自治区、直辖市人民政府在设区的市人民政府按照有关规定缴纳新增建设用地土地有偿使用费后办理回复文件。

第十八条 经批准的农用地转用方案、补充耕地方案、征收土地方案和供地方案，由土地所在地的市、县人民政府组织实施。

第十九条 建设项目补充耕地方案经批准下达后，在土地利用总体规划确定的城市建设用地范围外单独选址的建设项目，由市、县国土资源主管部门负责监督落实；在土地利用总体规划确定的城市和村庄、集镇建设用地范围内，为实施城市规划和村庄、集镇规划占用土地的，由省、自治区、直辖市国土资源主管部门负责监督落实。

第二十条 征收土地公告和征地补偿、安置方案公告，按照《征收土地公告办法》的有关规定执行。

征地补偿、安置方案确定后，市、县国土资源主管部门应当依照征地补偿、安置方案向被征收土地的农村集体经济组织和农民支付土地补偿费、地上附着物和青苗补偿费，并落实需要安置农业人口的安置途径。

第二十一条 在土地利用总体规划确定的城市建设用地范围内，为实施城市规划占用土地的，经依法批准后，市、县国土资源主管部门应当公布规划要求，设定使用条件，确定使用方式，并组织实施。

第二十二条 以有偿使用方式提供国有土地使用权的，由市、县国土资源主管部门与土地使用者签订土地有偿使用合同，并向建设单位颁发《建设用地批准书》。土地使用者缴纳土地有偿使用费后，依照规定办理土地登记。

以划拨方式提供国有土地使用权的，由市、县国土资源主管部门向建设单位颁发《国有土地划拨决定书》和《建设用地批准书》，依照规定办理土地登记。《国有土地划拨决定书》应当包括划拨土地面积、土地用途、土地使用条件等内容。

建设项目施工期间，建设单位应当将《建设用地批准书》公示于施工现场。

市、县国土资源主管部门应当将提供国有土地的情况定期予以公布。

第二十三条 各级国土资源主管部门应当对建设用地进行跟踪检查。

对违反本办法批准建设用地或者未经批准非法占用土地的，应当依法予以处罚。

第二十四条 本办法自发布之日起施行。

三、国有土地使用权出让转让

中华人民共和国城镇国有土地使用权出让和转让暂行条例

1. 1990年5月19日国务院令第55号公布
2. 自公布之日起施行

第一章 总 则

第一条 为了改革城镇国有土地使用制度，合理开发、利用、经营土地，加强土地管理，促进城市建设和经济发展，制定本条例。

第二条 国家按照所有权与使用权分离的原则，实行城镇国有土地使用权出让、转让制度，但地下资源、埋藏物和市政公用设施除外。

前款所称城镇国有土地是指市、县城、建制镇、工矿区范围内属于全民所有的土地（以下简称土地）。

第三条 中华人民共和国境内外的公司、企业、其他组织和个人，除法律另有规定者外，均可依照本条例的规定取得土地使用权，进行土地开发、利用、经营。

第四条 依照本条例的规定取得土地使用权的土地使用者，其使用权在使用年限内可以转让、出租、抵押或者用于其他经济活动，合法权益受国家法律保护。

第五条 土地使用者开发、利用、经营土地的活动，应当遵守国家法律、法规的规定，并不得损害社会公共利益。

第六条 县级以上人民政府土地管理部门依法对土地使用权的出让、转让、出租、抵押、终止进行监督检查。

第七条 土地使用权出让、转让、出租、抵押、终止及有关的地上建筑物、其他附着物的登记，由政府土地管理部门、房产管理部门依照法律和国务院的有关规定办理。

登记文件可以公开查阅。

第二章　土地使用权出让

第八条　土地使用权出让是指国家以土地所有者的身份将土地使用权在一定年限内让与土地使用者,并由土地使用者向国家支付土地使用权出让金的行为。

土地使用权出让应当签订出让合同。

第九条　土地使用权的出让,由市、县人民政府负责,有计划、有步骤地进行。

第十条　土地使用权出让的地块、用途、年限和其他条件,由市、县人民政府土地管理部门会同城市规划和建设管理部门、房产管理部门共同拟定方案,按照国务院规定的批准权限报经批准后,由土地管理部门实施。

第十一条　土地使用权出让合同应当按照平等、自愿、有偿的原则,由市、县人民政府土地管理部门(以下简称出让方)与土地使用者签订。

第十二条　土地使用权出让最高年限按下列用途确定:

(一)居住用地七十年;

(二)工业用地五十年;

(三)教育、科技、文化、卫生、体育用地五十年;

(四)商业、旅游、娱乐用地四十年;

(五)综合或者其他用地五十年。

第十三条　土地使用权出让可以采取下列方式:

(一)协议;

(二)招标;

(三)拍卖。

依照前款规定方式出让土地使用权的具体程序和步骤,由省、自治区、直辖市人民政府规定。

第十四条　土地使用者应当在签订土地使用权出让合同后六十日内,支付全部土地使用权出让金。逾期未全部支付的,出让方有权解除合同,并可请求违约赔偿。

第十五条　出让方应当按照合同规定,提供出让的土地使用权。未按合同规定提供土地使用权的,土地使用者有权解除合同,并可请求违约赔偿。

第十六条　土地使用者在支付全部土地使用权出让金后,应当依照规定办理登记,领取土地使用证,取得土地使用权。

第十七条　土地使用者应当按照土地使用权出让合同的规定和城市规划的要求,开发、利用、经营土地。

未按合同规定的期限和条件开发、利用土地的,市、县人民政府土地管理部门应当予以纠正,并根据情节可以给予警告、罚款直至无偿收回土地使用权的处罚。

第十八条 土地使用者需要改变土地使用权出让合同规定的土地用途的，应当征得出让方同意并经土地管理部门和城市规划部门批准，依照本章的有关规定重新签订土地使用权出让合同，调整土地使用权出让金，并办理登记。

第三章 土地使用权转让

第十九条 土地使用权转让是指土地使用者将土地使用权再转移的行为，包括出售、交换和赠与。

未按土地使用权出让合同规定的期限和条件投资开发、利用土地的，土地使用权不得转让。

第二十条 土地使用权转让应当签订转让合同。

第二十一条 土地使用权转让时，土地使用权出让合同和登记文件中所载明的权利、义务随之转移。

第二十二条 土地使用者通过转让方式取得的土地使用权，其使用年限为土地使用权出让合同规定的使用年限减去原土地使用者已使用年限后的剩余年限。

第二十三条 土地使用权转让时，其地上建筑物、其他附着物所有权随之转让。

第二十四条 地上建筑物、其他附着物的所有人或者共有人，享有该建筑物、附着物使用范围内的土地使用权。

土地使用者转让地上建筑物、其他附着物所有权时，其使用范围内的土地使用权随之转让，但地上建筑物、其他附着物作为动产转让的除外。

第二十五条 土地使用权和地上建筑物、其他附着物所有权转让，应当依照规定办理过户登记。

土地使用权和地上建筑物、其他附着物所有权分割转让的，应当经市、县人民政府土地管理部门和房产管理部门批准，并依照规定办理过户登记。

第二十六条 土地使用权转让价格明显低于市场价格的，市、县人民政府有优先购买权。

土地使用权转让的市场价格不合理上涨时，市、县人民政府可以采取必要的措施。

第二十七条 土地使用权转让后，需要改变土地使用权出让合同规定的土地用途的，依照本条例第十八条的规定办理。

第四章 土地使用权出租

第二十八条 土地使用权出租是指土地使用者作为出租人将土地使用权随同地上建筑物、其他附着物租赁给承租人使用，由承租人向出租人支付租金的行为。

未按土地使用权出让合同规定的期限和条件投资开发、利用土地的，土地使用权不得出租。

第二十九条 土地使用权出租，出租人与承租人应当签订租赁合同。

租赁合同不得违背国家法律、法规和土地使用权出让合同的规定。

第三十条 土地使用权出租后，出租人必须继续履行土地使用权出让合同。

第三十一条 土地使用权和地上建筑物、其他附着物出租,出租人应当依照规定办理登记。

第五章 土地使用权抵押

第三十二条 土地使用权可以抵押。

第三十三条 土地使用权抵押时,其地上建筑物、其他附着物随之抵押。

地上建筑物、其他附着物抵押时,其使用范围内的土地使用权随之抵押。

第三十四条 土地使用权抵押,抵押人与抵押权人应当签订抵押合同。

抵押合同不得违背国家法律、法规和土地使用权出让合同的规定。

第三十五条 土地使用权和地上建筑物、其他附着物抵押,应当依照规定办理抵押登记。

第三十六条 抵押人到期未能履行债务或者在抵押合同期间宣告解散、破产的,抵押权人有权依照国家法律、法规和抵押合同的规定处分抵押财产。

因处分抵押财产而取得土地使用权和地上建筑物、其他附着物所有权的,应当依照规定办理过户登记。

第三十七条 处分抵押财产所得,抵押权人有优先受偿权。

第三十八条 抵押权因债务清偿或者其他原因而消灭的,应当依照规定办理注销抵押登记。

第六章 土地使用权终止

第三十九条 土地使用权因土地使用权出让合同规定的使用年限届满、提前收回及土地灭失等原因而终止。

第四十条 土地使用权期满,土地使用权及其地上建筑物、其他附着物所有权由国家无偿取得。土地使用者应当交还土地使用证,并依照规定办理注销登记。

第四十一条 土地使用权期满,土地使用者可以申请续期。需要续期的,应当依照本条例第二章的规定重新签订合同,支付土地使用权出让金,并办理登记。

第四十二条 国家对土地使用者依法取得的土地使用权不提前收回。在特殊情况下,根据社会公共利益的需要,国家可以依照法律程序提前收回,并根据土地使用者已使用的年限和开发、利用土地的实际情况给予相应的补偿。

第七章 划拨土地使用权

第四十三条 划拨土地使用权是指土地使用者通过各种方式依法无偿取得的土地使用权。

前款土地使用者应当依照《中华人民共和国城镇土地使用税暂行条例》的规定缴纳土地使用税。

第四十四条 划拨土地使用权,除本条例第四十五条规定的情况外,不得转让、出租、抵押。

第四十五条 符合下列条件的,经市、县人民政府土地管理部门和房产管理部门批准,其划拨土地使用权和地上建筑物、其他附着物所有权可以转让、出租、抵押:

（一）土地使用者为公司、企业、其他经济组织和个人；

（二）领有国有土地使用证；

（三）具有地上建筑物、其他附着物合法的产权证明；

（四）依照本条例第二章的规定签订土地使用权出让合同，向当地市、县人民政府补交土地使用权出让金或者以转让、出租、抵押所获收益抵交土地使用权出让金。

转让、出租、抵押前款划拨土地使用权的，分别依照本条例第三章、第四章和第五章的规定办理。

第四十六条 对未经批准擅自转让、出租、抵押划拨土地使用权的单位和个人，市、县人民政府土地管理部门应当没收其非法收入，并根据情节处以罚款。

第四十七条 无偿取得划拨土地使用权的土地使用者，因迁移、解散、撤销、破产或者其他原因而停止使用土地的，市、县人民政府应当无偿收回其划拨土地使用权，并可依照本条例的规定予以出让。

对划拨土地使用权，市、县人民政府根据城市建设发展需要和城市规划的要求，可以无偿收回，并可依照本条例的规定予以出让。

无偿收回划拨土地使用权时，对其地上建筑物、其他附着物，市、县人民政府应当根据实际情况给予适当补偿。

第八章 附 则

第四十八条 依照本条例的规定取得土地使用权的个人，其土地使用权可以继承。

第四十九条 土地使用者应当依照国家税收法规的规定纳税。

第五十条 依照本条例收取的土地使用权出让金列入财政预算，作为专项基金管理，主要用于城市建设和土地开发。具体使用管理办法，由财政部另行制定。

第五十一条 各省、自治区、直辖市人民政府应当根据本条例的规定和当地的实际情况选择部分条件比较成熟的城镇先行试点。

第五十二条 外商投资从事开发经营成片土地的，其土地使用权的管理依照国务院的有关规定执行。

第五十三条 本条例由国家土地管理局负责解释；实施办法由省、自治区、直辖市人民政府制定。

第五十四条 本条例自发布之日起施行。

城市国有土地使用权出让转让规划管理办法

1. 1992年12月4日建设部令第22号公布

2. 根据2011年1月26日住房和城乡建设部令第9号《关于废止和修改部分规章的决定》修正

第一条 为了加强城市国有土地使用权出让、转让的规划管理,保证城市规划实施,科学、合理利用城市土地,根据《中华人民共和国城乡规划法》、《中华人民共和国土地管理法》、《中华人民共和国城镇国有土地使用权出让和转让暂行条例》和《外商投资开发经营成片土地暂行管理办法》等制定本办法。

第二条 在城市规划区内城市国有土地使用权出让、转让必须符合城市规划,有利于城市经济社会的发展,并遵守本办法。

第三条 国务院城市规划行政主管部门负责全国城市国有土地使用权出让、转让规划管理的指导工作。

省、自治区、直辖市人民政府城市规划行政主管部门负责本省、自治区、直辖市行政区域内城市国有土地使用权出让、转让规划管理的指导工作。

直辖市、市和县人民政府城市规划行政主管部门负责城市规划区内城市国有土地使用权出让、转让的规划管理工作。

第四条 城市国有土地使用权出让的投放量应当与城市土地资源、经济社会发展和市场需求相适应。土地使用权出让、转让应当与建设项目相结合。城市规划行政主管部门和有关部门要根据城市规划实施的步骤和要求,编制城市国有土地使用权出让规划和计划,包括地块数量、用地面积、地块位置、出让步骤等,保证城市国有土地使用权的出让有规划、有步骤、有计划地进行。

第五条 出让城市国有土地使用权,出让前应当制定控制性详细规划。

出让的地块,必须具有城市规划行政主管部门提出的规划设计条件及附图。

第六条 规划设计条件应当包括:地块面积,土地使用性质,容积率,建筑密度,建筑高度,停车泊位,主要出入口,绿地比例,须配置的公共设施、工程设施,建筑界线,开发期限以及其他要求。

附图应当包括:地块区位和现状,地块坐标、标高,道路红线坐标、标高,出入口位置,建筑界线以及地块周围地区环境与基础设施条件。

第七条 城市国有土地使用权出让、转让合同必须附具规划设计条件及附图。

规划设计条件及附图,出让方和受让方不得擅自变更。在出让转让过程中确需变更的,必须经城市规划行政主管部门批准。

第八条 城市用地分等定级应当根据城市各地段的现状和规划要求等因素确定。土地出让金的测算应当把出让地块的规划设计条件作为重要依据之一。在城市政府的统一组织下,城市规划行政主管部门应当和有关部门进行城市用地分等定级和土地出让金的测算。

第九条 已取得土地出让合同的,受让方应当持出让合同依法向城市规划行政主管部门申请建设用地规划许可证。在取得建设用地规划许可证后,方可办理土地使用权属证明。

第十条 通过出让获得的土地使用权再转让时,受让方应当遵守原出让合同附具的规划设计条件,并由受让方向城市规划行政主管部门办理登记手续。

受让方如需改变原规划设计条件,应当先经城市规划行政主管部门批准。

第十一条 受让方在符合规划设计条件外为公众提供公共使用空间或设施的,经城市规划行政主管部门批准后,可给予适当提高容积率的补偿。

受让方经城市规划行政主管部门批准变更规划设计条件而获得的收益,应当按规定比例上交城市政府。

第十二条 城市规划行政主管部门有权对城市国有土地使用权出让、转让过程是否符合城市规划进行监督检查。

第十三条 凡持未附具城市规划行政主管部门提供的规划设计条件及附图的出让、转让合同,或擅自变更的,城市规划行政主管部门不予办理建设用地规划许可证。

凡未取得或擅自变更建设用地规划许可证而办理土地使用权属证明的,土地权属证明无效。

第十四条 各级人民政府城市规划行政主管部门,应当对本行政区域内的城市国有土地使用权出让、转让规划管理情况逐项登记,定期汇总。

第十五条 城市规划行政主管部门应当深化城市土地利用规划,加强规划管理工作。城市规划行政主管部门必须提高办事效率,对申领规划设计条件及附图、建设用地规划许可证的应当在规定的期限内完成。

第十六条 各省、自治区、直辖市城市规划行政主管部门可以根据本办法制定实施细则,报当地人民政府批准后执行。

第十七条 本办法由建设部负责解释。

第十八条 本办法自 1993 年 1 月 1 日起施行。

招标拍卖挂牌出让国有建设用地使用权规定

1. 2002年5月9日国土资源部令第11号公布
2. 2007年9月28日国土资源部令第39号修订
3. 自2007年11月1日起施行

第一条 为规范国有建设用地使用权出让行为，优化土地资源配置，建立公开、公平、公正的土地使用制度，根据《中华人民共和国物权法》、《中华人民共和国土地管理法》、《中华人民共和国城市房地产管理法》和《中华人民共和国土地管理法实施条例》，制定本规定。

第二条 在中华人民共和国境内以招标、拍卖或者挂牌出让方式在土地的地表、地上或者地下设立国有建设用地使用权的，适用本规定。

本规定所称招标出让国有建设用地使用权，是指市、县人民政府国土资源行政主管部门（以下简称出让人）发布招标公告，邀请特定或者不特定的自然人、法人和其他组织参加国有建设用地使用权投标，根据投标结果确定国有建设用地使用权人的行为。

本规定所称拍卖出让国有建设用地使用权，是指出让人发布拍卖公告，由竞买人在指定时间、地点进行公开竞价，根据出价结果确定国有建设用地使用权人的行为。

本规定所称挂牌出让国有建设用地使用权，是指出让人发布挂牌公告，按公告规定的期限将拟出让宗地的交易条件在指定的土地交易场所挂牌公布，接受竞买人的报价申请并更新挂牌价格，根据挂牌期限截止时的出价结果或者现场竞价结果确定国有建设用地使用权人的行为。

第三条 招标、拍卖或者挂牌出让国有建设用地使用权，应当遵循公开、公平、公正和诚信的原则。

第四条 工业、商业、旅游、娱乐和商品住宅等经营性用地以及同一宗地有两个以上意向用地者的，应当以招标、拍卖或者挂牌方式出让。

前款规定的工业用地包括仓储用地，但不包括采矿用地。

第五条 国有建设用地使用权招标、拍卖或者挂牌出让活动，应当有计划地进行。

市、县人民政府国土资源行政主管部门根据经济社会发展计划、产业政策、土地利用总体规划、土地利用年度计划、城市规划和土地市场状况，编制国有建设用地使用权出让年度计划，报经同级人民政府批准后，及时向社会公开发布。

第六条 市、县人民政府国土资源行政主管部门应当按照出让年度计划，会同城市规划等有关部门共同拟订拟招标拍卖挂牌出让地块的出让方案，报经市、县人民政府批准后，由市、县人民政府国土资源行政主管部门组织实施。

前款规定的出让方案应当包括出让地块的空间范围、用途、年限、出让方式、时间和其他条件等。

第七条 出让人应当根据招标拍卖挂牌出让地块的情况，编制招标拍卖挂牌出让文件。

招标拍卖挂牌出让文件应当包括出让公告、投标或者竞买须知、土地使用条件、标书或者竞买申请书、报价单、中标通知书或者成交确认书、国有建设用地使用权出让合同文本。

第八条 出让人应当至少在投标、拍卖或者挂牌开始日前20日，在土地有形市场或者指定的场所、媒介发布招标、拍卖或者挂牌公告，公布招标拍卖挂牌出让宗地的基本情况和招标拍卖挂牌的时间、地点。

第九条 招标拍卖挂牌公告应当包括下列内容：

（一）出让人的名称和地址；

（二）出让宗地的面积、界址、空间范围、现状、使用年期、用途、规划指标要求；

（三）投标人、竞买人的资格要求以及申请取得投标、竞买资格的办法；

（四）索取招标拍卖挂牌出让文件的时间、地点和方式；

（五）招标拍卖挂牌时间、地点、投标挂牌期限、投标和竞价方式等；

（六）确定中标人、竞得人的标准和方法；

（七）投标、竞买保证金；

（八）其他需要公告的事项。

第十条 市、县人民政府国土资源行政主管部门应当根据土地估价结果和政府产业政策综合确定标底或者底价。

标底或者底价不得低于国家规定的最低价标准。

确定招标标底，拍卖和挂牌的起叫价、起始价、底价，投标、竞买保证金，应当实行集体决策。

招标标底和拍卖挂牌的底价，在招标开标前和拍卖挂牌出让活动结束之前应当保密。

第十一条 中华人民共和国境内外的自然人、法人和其他组织，除法律、法规另有规定外，均可申请参加国有建设用地使用权招标拍卖挂牌出让活动。

出让人在招标拍卖挂牌出让公告中不得设定影响公平、公正竞争的限制条件。挂牌出让的，出让公告中规定的申请截止时间，应当为挂牌出让结束日前2天。对符合招标拍卖挂牌公告规定条件的申请人，出让人应当通知其参加招标拍卖挂牌活动。

第十二条 市、县人民政府国土资源行政主管部门应当为投标人、竞买人查询拟出让土地的有关情况提供便利。

第十三条 投标、开标依照下列程序进行：

（一）投标人在投标截止时间前将标书投入标箱。招标公告允许邮寄标书的，投标人可以邮寄，但出让人在投标截止时间前收到的方为有效。

标书投入标箱后，不可撤回。投标人应当对标书和有关书面承诺承担责任。

（二）出让人按照招标公告规定的时间、地点开标，邀请所有投标人参加。由投标人或者其推选的代表检查标箱的密封情况，当众开启标箱，点算标书。投标人少于三人的，出让人应当终止招标活动。投标人不少于三人的，应当逐一宣布投标人名称、投标价格和投标文件的主要内容。

（三）评标小组进行评标。评标小组由出让人代表、有关专家组成，成员人数为五人以上的单数。

评标小组可以要求投标人对投标文件作出必要的澄清或者说明，但是澄清或者说明不得超出投标文件的范围或者改变投标文件的实质性内容。

评标小组应当按照招标文件确定的评标标准和方法，对投标文件进行评审。

（四）招标人根据评标结果，确定中标人。

按照价高者得的原则确定中标人的，可以不成立评标小组，由招标主持人根据开标结果，确定中标人。

第十四条 对能够最大限度地满足招标文件中规定的各项综合评价标准，或者能够满足招标文件的实质性要求且价格最高的投标人，应当确定为中标人。

第十五条 拍卖会依照下列程序进行：

（一）主持人点算竞买人；

（二）主持人介绍拍卖宗地的面积、界址、空间范围、现状、用途、使用年期、规划指标要求、开工和竣工时间以及其他有关事项；

（三）主持人宣布起叫价和增价规则及增价幅度。没有底价的，应当明确提示；

（四）主持人报出起叫价；

（五）竞买人举牌应价或者报价；

（六）主持人确认该应价或者报价后继续竞价；

（七）主持人连续三次宣布同一应价或者报价而没有再应价或者报价的，主持人落槌表示拍卖成交；

（八）主持人宣布最高应价或者报价者为竞得人。

第十六条 竞买人的最高应价或者报价未达到底价时，主持人应当终止拍卖。

拍卖主持人在拍卖中可以根据竞买人竞价情况调整拍卖增价幅度。

第十七条 挂牌依照以下程序进行：

（一）在挂牌公告规定的挂牌起始日，出让人将挂牌宗地的面积、界址、空间范围、现状、用途、使用年期、规划指标要求、开工时间和竣工时间、起始价、增价规则及增价幅度等，在挂牌公告规定的土地交易场所挂牌公布；

（二）符合条件的竞买人填写报价单报价；

（三）挂牌主持人确认该报价后，更新显示挂牌价格；

（四）挂牌主持人在挂牌公告规定的挂牌截止时间确定竞得人。

第十八条 挂牌时间不得少于 10 日。挂牌期间可根据竞买人竞价情况调整增价幅度。

第十九条 挂牌截止应当由挂牌主持人主持确定。挂牌期限届满，挂牌主持人现场宣布最高报价及其报价者，并询问竞买人是否愿意继续竞价。有竞买人表示愿意继续竞价的，挂牌出让转入现场竞价，通过现场竞价确定竞得人。挂牌主持人连续三次报出最高挂牌价格，没有竞买人表示愿意继续竞价的，按照下列规定确定是否成交：

（一）在挂牌期限内只有一个竞买人报价，且报价不低于底价，并符合其他条件的，挂牌成交；

（二）在挂牌期限内有两个或者两个以上的竞买人报价的，出价最高者为竞得人；报价相同的，先提交报价单者为竞得人，但报价低于底价者除外；

（三）在挂牌期限内无应价者或者竞买人的报价均低于底价或者均不符合其他条件的，挂牌不成交。

第二十条 以招标、拍卖或者挂牌方式确定中标人、竞得人后，中标人、竞得人支付的投标、竞买保证金，转作受让地块的定金。出让人应当向中标人发出中标通知书或者与竞得人签订成交确认书。

中标通知书或者成交确认书应当包括出让人和中标人或者竞得人的名称，出让标的，成交时间、地点、价款以及签订国有建设用地使用权出让合同的时间、地点等内容。

中标通知书或者成交确认书对出让人和中标人或者竞得人具有法律效力。出让人改变竞得结果，或者中标人、竞得人放弃中标宗地、竞得宗地的，应当依法承担责任。

第二十一条 中标人、竞得人应当按照中标通知书或者成交确认书约定的时间，与出让人签订国有建设用地使用权出让合同。中标人、竞得人支付的投标、竞买保证金抵作土地出让价款；其他投标人、竞买人支付的投标、竞买保证金，出让人必须在招标拍卖挂牌活动结束后 5 个工作日内予以退还，不计利息。

第二十二条 招标拍卖挂牌活动结束后，出让人应在 10 个工作日内将招标拍卖挂牌出让结果在土地有形市场或者指定的场所、媒介公布。

出让人公布出让结果，不得向受让人收取费用。

第二十三条 受让人依照国有建设用地使用权出让合同的约定付清全部土地出让价款后，方可申请办理土地登记，领取国有建设用地使用权证书。

未按出让合同约定缴清全部土地出让价款的，不得发放国有建设用地使用权证书，也不得按出让价款缴纳比例分割发放国有建设用地使用权证书。

第二十四条 应当以招标拍卖挂牌方式出让国有建设用地使用权而擅自采用协议方式出让的，对直接负责的主管人员和其他直接责任人员依法给予处分；构成犯罪的，依法追究刑事责任。

第二十五条 中标人、竞得人有下列行为之一的，中标、竞得结果无效；造成损失的，应当依法承担赔偿责任：

(一)提供虚假文件隐瞒事实的;

(二)采取行贿、恶意串通等非法手段中标或者竞得的。

第二十六条 国土资源行政主管部门的工作人员在招标拍卖挂牌出让活动中玩忽职守、滥用职权、徇私舞弊的,依法给予处分;构成犯罪的,依法追究刑事责任。

第二十七条 以招标拍卖挂牌方式租赁国有建设用地使用权的,参照本规定执行。

第二十八条 本规定自2007年11月1日起施行。

闲置土地处置办法

1. 1999年4月28日国土资源部令第5号发布
2. 2012年6月1日国土资源部令第53号修订公布
3. 自2012年7月1日起施行

第一章 总 则

第一条 为有效处置和充分利用闲置土地,规范土地市场行为,促进节约集约用地,根据《中华人民共和国土地管理法》、《中华人民共和国城市房地产管理法》及有关法律、行政法规,制定本办法。

第二条 本办法所称闲置土地,是指国有建设用地使用权人超过国有建设用地使用权有偿使用合同或者划拨决定书约定、规定的动工开发日期满一年未动工开发的国有建设用地。

已动工开发但开发建设用地面积占应动工开发建设用地总面积不足三分之一或者已投资额占总投资额不足百分之二十五,中止开发建设满一年的国有建设用地,也可以认定为闲置土地。

第三条 闲置土地处置应当符合土地利用总体规划和城乡规划,遵循依法依规、促进利用、保障权益、信息公开的原则。

第四条 市、县国土资源主管部门负责本行政区域内闲置土地的调查认定和处置工作的组织实施。

上级国土资源主管部门对下级国土资源主管部门调查认定和处置闲置土地工作进行监督管理。

第二章 调查和认定

第五条 市、县国土资源主管部门发现有涉嫌构成本办法第二条规定的闲置土地的,应当在三十日内开展调查核实,向国有建设用地使用权人发出《闲置土地调查通知书》。

国有建设用地使用权人应当在接到《闲置土地调查通知书》之日起三十日内，按照要求提供土地开发利用情况、闲置原因以及相关说明等材料。

第六条 《闲置土地调查通知书》应当包括下列内容：

（一）国有建设用地使用权人的姓名或者名称、地址；

（二）涉嫌闲置土地的基本情况；

（三）涉嫌闲置土地的事实和依据；

（四）调查的主要内容及提交材料的期限；

（五）国有建设用地使用权人的权利和义务；

（六）其他需要调查的事项。

第七条 市、县国土资源主管部门履行闲置土地调查职责，可以采取下列措施：

（一）询问当事人及其他证人；

（二）现场勘测、拍照、摄像；

（三）查阅、复制与被调查人有关的土地资料；

（四）要求被调查人就有关土地权利及使用问题作出说明。

第八条 有下列情形之一，属于政府、政府有关部门的行为造成动工开发延迟的，国有建设用地使用权人应当向市、县国土资源主管部门提供土地闲置原因说明材料，经审核属实的，依照本办法第十二条和第十三条规定处置：

（一）因未按照国有建设用地使用权有偿使用合同或者划拨决定书约定、规定的期限、条件将土地交付给国有建设用地使用权人，致使项目不具备动工开发条件的；

（二）因土地利用总体规划、城乡规划依法修改，造成国有建设用地使用权人不能按照国有建设用地使用权有偿使用合同或者划拨决定书约定、规定的用途、规划和建设条件开发的；

（三）因国家出台相关政策，需要对约定、规定的规划和建设条件进行修改的；

（四）因处置土地上相关群众信访事项等无法动工开发的；

（五）因军事管制、文物保护等无法动工开发的；

（六）政府、政府有关部门的其他行为。

因自然灾害等不可抗力导致土地闲置的，依照前款规定办理。

第九条 经调查核实，符合本办法第二条规定条件，构成闲置土地的，市、县国土资源主管部门应当向国有建设用地使用权人下达《闲置土地认定书》。

第十条 《闲置土地认定书》应当载明下列事项：

（一）国有建设用地使用权人的姓名或者名称、地址；

（二）闲置土地的基本情况；

（三）认定土地闲置的事实、依据；

（四）闲置原因及认定结论；

（五）其他需要说明的事项。

第十一条 《闲置土地认定书》下达后，市、县国土资源主管部门应当通过门户网站等形式向社会公开闲置土地的位置、国有建设用地使用权人名称、闲置时间等信息；属于政府或者政府有关部门的行为导致土地闲置的，应当同时公开闲置原因，并书面告知有关政府或者政府部门。

上级国土资源主管部门应当及时汇总下级国土资源主管部门上报的闲置土地信息，并在门户网站上公开。

闲置土地在没有处置完毕前，相关信息应当长期公开。闲置土地处置完毕后，应当及时撤销相关信息。

第三章 处置和利用

第十二条 因本办法第八条规定情形造成土地闲置的，市、县国土资源主管部门应当与国有建设用地使用权人协商，选择下列方式处置：

（一）延长动工开发期限。签订补充协议，重新约定动工开发、竣工期限和违约责任。从补充协议约定的动工开发日期起，延长动工开发期限最长不得超过一年；

（二）调整土地用途、规划条件。按照新用途或者新规划条件重新办理相关用地手续，并按照新用途或者新规划条件核算、收缴或者退还土地价款。改变用途后的土地利用必须符合土地利用总体规划和城乡规划；

（三）由政府安排临时使用。待原项目具备开发建设条件，国有建设用地使用权人重新开发建设。从安排临时使用之日起，临时使用期限最长不得超过两年；

（四）协议有偿收回国有建设用地使用权；

（五）置换土地。对已缴清土地价款、落实项目资金，且因规划依法修改造成闲置的，可以为国有建设用地使用权人置换其他价值相当、用途相同的国有建设用地进行开发建设。涉及出让土地的，应当重新签订土地出让合同，并在合同中注明为置换土地；

（六）市、县国土资源主管部门还可以根据实际情况规定其他处置方式。

除前款第四项规定外，动工开发时间按照新约定、规定的时间重新起算。

符合本办法第二条第二款规定情形的闲置土地，依照本条规定的方式处置。

第十三条 市、县国土资源主管部门与国有建设用地使用权人协商一致后，应当拟订闲置土地处置方案，报本级人民政府批准后实施。

闲置土地设有抵押权的，市、县国土资源主管部门在拟订闲置土地处置方案时，应当书面通知相关抵押权人。

第十四条 除本办法第八条规定情形外，闲置土地按照下列方式处理：

（一）未动工开发满一年的，由市、县国土资源主管部门报经本级人民政府批准后，向国有建设用地使用权人下达《征缴土地闲置费决定书》，按照土地出让或者划拨价款的百分之二十征缴土地闲置费。土地闲置费不得列入生产成本；

（二）未动工开发满两年的，由市、县国土资源主管部门按照《中华人民共和国土地管理法》第三十七条和《中华人民共和国城市房地产管理法》第二十六条的规定，报经有批准权的人民政府批准后，向国有建设用地使用权人下达《收回国有建设用地使用权决定书》，无偿收回国有建设用地使用权。闲置土地设有抵押权的，同时抄送相关土地抵押权人。

第十五条 市、县国土资源主管部门在依照本办法第十四条规定作出征缴土地闲置费、收回国有建设用地使用权决定前，应当书面告知国有建设用地使用权人有申请听证的权利。国有建设用地使用权人要求举行听证的，市、县国土资源主管部门应当依照《国土资源听证规定》依法组织听证。

第十六条 《征缴土地闲置费决定书》和《收回国有建设用地使用权决定书》应当包括下列内容：

（一）国有建设用地使用权人的姓名或者名称、地址；

（二）违反法律、法规或者规章的事实和证据；

（三）决定的种类和依据；

（四）决定的履行方式和期限；

（五）申请行政复议或者提起行政诉讼的途径和期限；

（六）作出决定的行政机关名称和作出决定的日期；

（七）其他需要说明的事项。

第十七条 国有建设用地使用权人应当自《征缴土地闲置费决定书》送达之日起三十日内，按照规定缴纳土地闲置费；自《收回国有建设用地使用权决定书》送达之日起三十日内，到市、县国土资源主管部门办理国有建设用地使用权注销登记，交回土地权利证书。

国有建设用地使用权人对《征缴土地闲置费决定书》和《收回国有建设用地使用权决定书》不服的，可以依法申请行政复议或者提起行政诉讼。

第十八条 国有建设用地使用权人逾期不申请行政复议、不提起行政诉讼，也不履行相关义务的，市、县国土资源主管部门可以采取下列措施：

（一）逾期不办理国有建设用地使用权注销登记，不交回土地权利证书的，直接公告注销国有建设用地使用权登记和土地权利证书；

（二）申请人民法院强制执行。

第十九条 对依法收回的闲置土地，市、县国土资源主管部门可以采取下列方式利用：

（一）依据国家土地供应政策，确定新的国有建设用地使用权人开发利用；

（二）纳入政府土地储备；

（三）对耕作条件未被破坏且近期无法安排建设项目的，由市、县国土资源主管部门委托有关农村集体经济组织、单位或者个人组织恢复耕种。

第二十条 闲置土地依法处置后土地权属和土地用途发生变化的，应当依据实地现状在当年土地变更调查中进行变更，并依照有关规定办理土地变更登记。

第四章 预防和监管

第二十一条 市、县国土资源主管部门供应土地应当符合下列要求，防止因政府、政府有关部门的行为造成土地闲置：

（一）土地权利清晰；

（二）安置补偿落实到位；

（三）没有法律经济纠纷；

（四）地块位置、使用性质、容积率等规划条件明确；

（五）具备动工开发所必需的其他基本条件。

第二十二条 国有建设用地使用权有偿使用合同或者划拨决定书应当就项目动工开发、竣工时间和违约责任等作出明确约定、规定。约定、规定动工开发时间应当综合考虑办理动工开发所需相关手续的时限规定和实际情况，为动工开发预留合理时间。

因特殊情况，未约定、规定动工开发日期，或者约定、规定不明确的，以实际交付土地之日起一年为动工开发日期。实际交付土地日期以交地确认书确定的时间为准。

第二十三条 国有建设用地使用权人应当在项目开发建设期间，及时向市、县国土资源主管部门报告项目动工开发、开发进度、竣工等情况。

国有建设用地使用权人应当在施工现场设立建设项目公示牌，公布建设用地使用权人、建设单位、项目动工开发、竣工时间和土地开发利用标准等。

第二十四条 国有建设用地使用权人违反法律法规规定和合同约定、划拨决定书规定恶意囤地、炒地的，依照本办法规定处理完毕前，市、县国土资源主管部门不得受理该国有建设用地使用权人新的用地申请，不得办理被认定为闲置土地的转让、出租、抵押和变更登记。

第二十五条 市、县国土资源主管部门应当将本行政区域内的闲置土地信息按宗录入土地市场动态监测与监管系统备案。闲置土地按照规定处置完毕后，市、县国土资源主管部门应当及时更新该宗土地相关信息。

闲置土地未按照规定备案的，不得采取本办法第十二条规定的方式处置。

第二十六条 市、县国土资源主管部门应当将国有建设用地使用权人闲置土地的信息抄送金融监管等部门。

第二十七条 省级以上国土资源主管部门可以根据情况，对闲置土地情况严重的地区，在土地利用总体规划、土地利用年度计划、建设用地审批、土地供应等方面采取限制新增加建设用地、促进闲置土地开发利用的措施。

第五章　法律责任

第二十八条　市、县国土资源主管部门未按照国有建设用地使用权有偿使用合同或者划拨决定书约定、规定的期限、条件将土地交付给国有建设用地使用权人，致使项目不具备动工开发条件的，应当依法承担违约责任。

第二十九条　县级以上国土资源主管部门及其工作人员违反本办法规定，有下列情形之一的，依法给予处分；构成犯罪的，依法追究刑事责任：

（一）违反本办法第二十一条的规定供应土地的；

（二）违反本办法第二十四条的规定受理用地申请和办理土地登记的；

（三）违反本办法第二十五条的规定处置闲置土地的；

（四）不依法履行闲置土地监督检查职责，在闲置土地调查、认定和处置工作中徇私舞弊、滥用职权、玩忽职守的。

第六章　附　　则

第三十条　本办法中下列用语的含义：

动工开发：依法取得施工许可证后，需挖深基坑的项目，基坑开挖完毕；使用桩基的项目，打入所有基础桩；其他项目，地基施工完成三分之一。

已投资额、总投资额：均不含国有建设用地使用权出让价款、划拨价款和向国家缴纳的相关税费。

第三十一条　集体所有建设用地闲置的调查、认定和处置，参照本办法有关规定执行。

第三十二条　本办法自2012年7月1日起施行。

最高人民法院关于破产企业国有划拨土地使用权应否列入破产财产等问题的批复

1. 2002年10月11日最高人民法院审判委员会第1245次会议通过
2. 2003年4月16日公布
3. 法释〔2003〕6号
4. 自2003年4月18日起施行

湖北省高级人民法院：

你院鄂高法〔2002〕158号《关于破产企业国有划拨土地使用权应否列入破产财产以及有关

抵押效力认定等问题的请示》收悉。经研究，答复如下：

一、根据《中华人民共和国土地管理法》第五十八条第一款第（四）项及《城镇国有土地使用权出让和转让暂行条例》第四十七条的规定，破产企业以划拨方式取得的国有土地使用权不属于破产财产，在企业破产时，有关人民政府可以予以收回，并依法处置。纳入国家兼并破产计划的国有企业，其依法取得的国有土地使用权，应依据国务院有关文件规定办理。

二、企业对其以划拨方式取得的国有土地使用权无处分权，以该土地使用权为标的物设定抵押，除依法办理抵押登记手续外，还应经具有审批权限的人民政府或土地行政管理部门批准。否则，应认定抵押无效。如果企业对以划拨方式取得的国有土地使用权设定抵押时，履行了法定的审批手续，并依法办理了抵押登记，应认定抵押有效。根据《中华人民共和国城市房地产管理法》第五十条和《中华人民共和国担保法》第五十六条的规定，抵押权人只有在以抵押标的物折价或拍卖、变卖所得价款缴纳相当于土地使用权出让金的款项后，对剩余部分方可享有优先受偿权。但纳入国家兼并破产计划的国有企业，其用以划拨方式取得的国有土地使用权设定抵押的，应依据国务院有关文件规定办理。

三、国有企业以关键设备、成套设备、厂房设定抵押的效力问题，应依据法释〔2002〕14 号《关于国有工业企业以机器设备等财产为抵押物与债权人签订的抵押合同的法律效力问题的批复》办理。

国有企业以建筑物设定抵押的效力问题，应区分两种情况处理：如果建筑物附着于以划拨方式取得的国有土地使用权之上，将该建筑物与土地使用权一并设定抵押的，对土地使用权的抵押需履行法定的审批手续，否则，应认定抵押无效；如果建筑物附着于以出让、转让方式取得的国有土地使用权之上，将该建筑物与土地使用权一并设定抵押的，即使未经有关主管部门批准，亦应认定抵押有效。

本批复自公布之日起施行，正在审理或者尚未审理的案件，适用本批复，但对提起再审的判决、裁定已经发生法律效力的案件除外。

此复

最高人民法院关于能否将国有土地使用权折价抵偿给抵押权人问题的批复

1. 1998年9月1日最高人民法院审判委员会第1019次会议通过
2. 1998年9月3日公布
3. 法释〔1998〕25号
4. 自1998年9月9日起施行

四川省高级人民法院：

你院川高法〔1998〕19号《关于能否将国有土地使用权以国土部门认定的价格抵偿给抵押权人的请示》收悉。经研究，答复如下：

在依法以国有土地使用权作抵押的担保纠纷案件中，债务履行期届满抵押权人未受清偿的，可以通过拍卖的方式将土地使用权变现。如果无法变现，债务人又没有其他可供清偿的财产时，应当对国有土地使用权依法评估。人民法院可以参考政府土地管理部门确认的地价评估结果将土地使用权折价，经抵押权人同意，将折价后的土地使用权抵偿给抵押权人，土地使用权由抵押权人享有。

此复

最高人民法院关于审理涉及国有土地使用权合同纠纷案件适用法律问题的解释

1. 2004年11月23日最高人民法院审判委员会第1334次会议通过
2. 2005年6月18日公布
3. 法释〔2005〕5号
4. 自2005年8月1日起施行

根据《中华人民共和国民法通则》、《中华人民共和国合同法》、《中华人民共和国土地管理法》、《中华人民共和国城市房地产管理法》等法律规定，结合民事审判实践，就审理涉及国有土地使用权合同纠纷案件适用法律的问题,制定本解释。

一、土地使用权出让合同纠纷

第一条 本解释所称的土地使用权出让合同,是指市、县人民政府土地管理部门作为出让方将国有土地使用权在一定年限内让与受让方,受让方支付土地使用权出让金的协议。

第二条 开发区管理委员会作为出让方与受让方订立的土地使用权出让合同,应当认定无效。

本解释实施前,开发区管理委员会作为出让方与受让方订立的土地使用权出让合同,起诉前经市、县人民政府土地管理部门追认的,可以认定合同有效。

第三条 经市、县人民政府批准同意以协议方式出让的土地使用权,土地使用权出让金低于订立合同时当地政府按照国家规定确定的最低价的,应当认定土地使用权出让合同约定的价格条款无效。

当事人请求按照订立合同时的市场评估价格交纳土地使用权出让金的,应予支持;受让方不同意按照市场评估价格补足,请求解除合同的,应予支持。因此造成的损失,由当事人按照过错承担责任。

第四条 土地使用权出让合同的出让方因未办理土地使用权出让批准手续而不能交付土地,受让方请求解除合同的,应予支持。

第五条 受让方经出让方和市、县人民政府城市规划行政主管部门同意,改变土地使用权出让合同约定的土地用途,当事人请求按照起诉时同种用途的土地出让金标准调整土地出让金的,应予支持。

第六条 受让方擅自改变土地使用权出让合同约定的土地用途,出让方请求解除合同的,应予支持。

二、土地使用权转让合同纠纷

第七条 本解释所称的土地使用权转让合同,是指土地使用权人作为转让方将出让土地使用权转让于受让方,受让方支付价款的协议。

第八条 土地使用权人作为转让方与受让方订立土地使用权转让合同后,当事人一方以双方之间未办理土地使用权变更登记手续为由,请求确认合同无效的,不予支持。

第九条 转让方未取得出让土地使用权证书与受让方订立合同转让土地使用权,起诉前转让方已经取得出让土地使用权证书或者有批准权的人民政府同意转让的,应当认定合同有效。

第十条 土地使用权人作为转让方就同一出让土地使用权订立数个转让合同,在转让合同有效的情况下,受让方均要求履行合同的,按照以下情形分别处理:

(一)已经办理土地使用权变更登记手续的受让方,请求转让方履行交付土地等合同义务的,应予支持；

（二）均未办理土地使用权变更登记手续，已先行合法占有投资开发土地的受让方请求转让方履行土地使用权变更登记等合同义务的，应予支持；

（三）均未办理土地使用权变更登记手续，又未合法占有投资开发土地，先行支付土地转让款的受让方请求转让方履行交付土地和办理土地使用权变更登记等合同义务的，应予支持；

（四）合同均未履行，依法成立在先的合同受让方请求履行合同的，应予支持。

未能取得土地使用权的受让方请求解除合同、赔偿损失的，按照《中华人民共和国合同法》的有关规定处理。

第十一条 土地使用权人未经有批准权的人民政府批准，与受让方订立合同转让划拨土地使用权的，应当认定合同无效。但起诉前经有批准权的人民政府批准办理土地使用权出让手续的，应当认定合同有效。

第十二条 土地使用权人与受让方订立合同转让划拨土地使用权，起诉前经有批准权的人民政府同意转让，并由受让方办理土地使用权出让手续的，土地使用权人与受让方订立的合同可以按照补偿性质的合同处理。

第十三条 土地使用权人与受让方订立合同转让划拨土地使用权，起诉前经有批准权的人民政府决定不办理土地使用权出让手续，并将该划拨土地使用权直接划拨给受让方使用的，土地使用权人与受让方订立的合同可以按照补偿性质的合同处理。

三、合作开发房地产合同纠纷

第十四条 本解释所称的合作开发房地产合同，是指当事人订立的以提供出让土地使用权、资金等作为共同投资，共享利润、共担风险合作开发房地产为基本内容的协议。

第十五条 合作开发房地产合同的当事人一方具备房地产开发经营资质的，应当认定合同有效。

当事人双方均不具备房地产开发经营资质的，应当认定合同无效。但起诉前当事人一方已经取得房地产开发经营资质或者已依法合作成立具有房地产开发经营资质的房地产开发企业的，应当认定合同有效。

第十六条 土地使用权人未经有批准权的人民政府批准，以划拨土地使用权作为投资与他人订立合同合作开发房地产的，应当认定合同无效。但起诉前已经办理批准手续的，应当认定合同有效。

第十七条 投资数额超出合作开发房地产合同的约定，对增加的投资数额的承担比例，当事人协商不成的，按照当事人的过错确定；因不可归责于当事人的事由或者当事人的过错无法确定的，按照约定的投资比例确定；没有约定投资比例的，按照约定的利润分配比例确定。

第十八条 房屋实际建筑面积少于合作开发房地产合同的约定，对房屋实际建筑面积的分配比例，当事人协商不成的，按照当事人的过错确定；因不可归责于当事人的事由或者当事人过错无法确定的，按照约定的利润分配比例确定。

第十九条 在下列情形下，合作开发房地产合同的当事人请求分配房地产项目利益的，不予受理；已经受理的，驳回起诉：

（一）依法需经批准的房地产建设项目未经有批准权的人民政府主管部门批准；

（二）房地产建设项目未取得建设工程规划许可证；

（三）擅自变更建设工程规划。

因当事人隐瞒建设工程规划变更的事实所造成的损失，由当事人按照过错承担。

第二十条 房屋实际建筑面积超出规划建筑面积，经有批准权的人民政府主管部门批准后，当事人对超出部分的房屋分配比例协商不成的，按照约定的利润分配比例确定。对增加的投资数额的承担比例，当事人协商不成的，按照约定的投资比例确定；没有约定投资比例的，按照约定的利润分配比例确定。

第二十一条 当事人违反规划开发建设的房屋，被有批准权的人民政府主管部门认定为违法建筑责令拆除，当事人对损失承担协商不成的，按照当事人过错确定责任；过错无法确定的，按照约定的投资比例确定责任；没有约定投资比例的，按照约定的利润分配比例确定责任。

第二十二条 合作开发房地产合同约定仅以投资数额确定利润分配比例，当事人未足额交纳出资的，按照当事人的实际投资比例分配利润。

第二十三条 合作开发房地产合同的当事人要求将房屋预售款充抵投资参与利润分配的，不予支持。

第二十四条 合作开发房地产合同约定提供土地使用权的当事人不承担经营风险，只收取固定利益的，应当认定为土地使用权转让合同。

第二十五条 合作开发房地产合同约定提供资金的当事人不承担经营风险，只分配固定数量房屋的，应当认定为房屋买卖合同。

第二十六条 合作开发房地产合同约定提供资金的当事人不承担经营风险，只收取固定数额货币的，应当认定为借款合同。

第二十七条 合作开发房地产合同约定提供资金的当事人不承担经营风险，只以租赁或者其他形式使用房屋的，应当认定为房屋租赁合同。

四、其　　他

第二十八条 本解释自 2005 年 8 月 1 日起施行；施行后受理的第一审案件适用本解释。

本解释施行前最高人民法院发布的司法解释与本解释不一致的，以本解释为准。

四、农村土地管理与使用

中华人民共和国农村土地承包法

1. 2002 年 8 月 29 日第九届全国人民代表大会常务委员会第二十九次会议通过
2. 根据 2009 年 8 月 27 日第十一届全国人民代表大会常务委员会第十次会议《关于修改部分法律的决定》第一次修正
3. 根据 2018 年 12 月 29 日第十三届全国人民代表大会常务委员会第七次会议《关于修改〈中华人民共和国农村土地承包法〉的决定》第二次修正

目　　录

第一章　总　　则

第一条　【立法目的】为了巩固和完善以家庭承包经营为基础、统分结合的双层经营体制，保持农村土地承包关系稳定并长久不变，维护农村土地承包经营当事人的合法权益，促进农业、农村经济发展和农村社会和谐稳定，根据宪法，制定本法。

第二条　【定义】本法所称农村土地，是指农民集体所有和国家所有依法由农民集体使用的耕地、林地、草地，以及其他依法用于农业的土地。

第三条 【土地承包方式】国家实行农村土地承包经营制度。

农村土地承包采取农村集体经济组织内部的家庭承包方式，不宜采取家庭承包方式的荒山、荒沟、荒丘、荒滩等农村土地，可以采取招标、拍卖、公开协商等方式承包。

第四条 【土地所有权不变】农村土地承包后，土地的所有权性质不变。承包地不得买卖。

第五条 【保护土地承包经营权】农村集体经济组织成员有权依法承包由本集体经济组织发包的农村土地。

任何组织和个人不得剥夺和非法限制农村集体经济组织成员承包土地的权利。

第六条 【保护妇女土地承包经营权】农村土地承包，妇女与男子享有平等的权利。承包中应当保护妇女的合法权益，任何组织和个人不得剥夺、侵害妇女应当享有的土地承包经营权。

第七条 【土地承包原则】农村土地承包应当坚持公开、公平、公正的原则，正确处理国家、集体、个人三者的利益关系。

第八条 【国家保护各方合法权益】国家保护集体土地所有者的合法权益，保护承包方的土地承包经营权，任何组织和个人不得侵犯。

第九条 【经营的选择】承包方承包土地后，享有土地承包经营权，可以自己经营，也可以保留土地承包权，流转其承包地的土地经营权，由他人经营。

第十条 【保护土地经营权流转】国家保护承包方依法、自愿、有偿流转土地经营权，保护土地经营权人的合法权益，任何组织和个人不得侵犯。

第十一条 【合理利用】农村土地承包经营应当遵守法律、法规，保护土地资源的合理开发和可持续利用。未经依法批准不得将承包地用于非农建设。

国家鼓励增加对土地的投入，培肥地力，提高农业生产能力。

第十二条 【各级行政主管部门职责】国务院农业农村、林业和草原主管部门分别依照国务院规定的职责负责全国农村土地承包经营及承包经营合同管理的指导。

县级以上地方人民政府农业农村、林业和草原等主管部门分别依照各自职责，负责本行政区域内农村土地承包经营及承包经营合同管理。

乡（镇）人民政府负责本行政区域内农村土地承包经营及承包经营合同管理。

第二章 家庭承包

第一节 发包方和承包方的权利和义务

第十三条 【发包方】农民集体所有的土地依法属于村农民集体所有的，由村集体经济组织或者村民委员会发包；已经分别属于村内两个以上农村集体经济组织的农民集体所有的，由村内各该农村集体经济组织或者村民小组发包。村集体经济组织或者村民委员会发包的，不得改变村内各集体经济组织农民集体所有的土地的所有权。

国家所有依法由农民集体使用的农村土地，由使用该土地的农村集体经济组织、村民委员会或者村民小组发包。

第十四条 【发包方权利】发包方享有下列权利：

（一）发包本集体所有的或者国家所有依法由本集体使用的农村土地；

（二）监督承包方依照承包合同约定的用途合理利用和保护土地；

（三）制止承包方损害承包地和农业资源的行为；

（四）法律、行政法规规定的其他权利。

第十五条 【发包方义务】发包方承担下列义务：

（一）维护承包方的土地承包经营权，不得非法变更、解除承包合同；

（二）尊重承包方的生产经营自主权，不得干涉承包方依法进行正常的生产经营活动；

（三）依照承包合同约定为承包方提供生产、技术、信息等服务；

（四）执行县、乡（镇）土地利用总体规划，组织本集体经济组织内的农业基础设施建设；

（五）法律、行政法规规定的其他义务。

第十六条 【承包方】家庭承包的承包方是本集体经济组织的农户。

农户内家庭成员依法平等享有承包土地的各项权益。

第十七条 【承包方权利】承包方享有下列权利：

（一）依法享有承包地使用、收益的权利，有权自主组织生产经营和处置产品；

（二）依法互换、转让土地承包经营权；

（三）依法流转土地经营权；

（四）承包地被依法征收、征用、占用的，有权依法获得相应的补偿；

（五）法律、行政法规规定的其他权利。

第十八条 【承包方义务】承包方承担下列义务：

（一）维持土地的农业用途，未经依法批准不得用于非农建设；

（二）依法保护和合理利用土地，不得给土地造成永久性损害；

（三）法律、行政法规规定的其他义务。

第二节 承包的原则和程序

第十九条 【承包原则】土地承包应当遵循以下原则：

（一）按照规定统一组织承包时，本集体经济组织成员依法平等地行使承包土地的权利，也可以自愿放弃承包土地的权利；

（二）民主协商，公平合理；

（三）承包方案应当按照本法第十三条的规定，依法经本集体经济组织成员的村民会议三分之二以上成员或者三分之二以上村民代表的同意；

（四）承包程序合法。

第二十条 【承包程序】土地承包应当按照以下程序进行:

(一)本集体经济组织成员的村民会议选举产生承包工作小组;

(二)承包工作小组依照法律、法规的规定拟订并公布承包方案;

(三)依法召开本集体经济组织成员的村民会议,讨论通过承包方案;

(四)公开组织实施承包方案;

(五)签订承包合同。

第三节 承包期限和承包合同

第二十一条 【承包期】耕地的承包期为三十年。草地的承包期为三十年至五十年。林地的承包期为三十年至七十年。

前款规定的耕地承包期届满后再延长三十年,草地、林地承包期届满后依照前款规定相应延长。

第二十二条 【承包合同】发包方应当与承包方签订书面承包合同。

承包合同一般包括以下条款:

(一)发包方、承包方的名称,发包方负责人和承包方代表的姓名、住所;

(二)承包土地的名称、坐落、面积、质量等级;

(三)承包期限和起止日期;

(四)承包土地的用途;

(五)发包方和承包方的权利和义务;

(六)违约责任。

第二十三条 【承包合同生效】承包合同自成立之日起生效。承包方自承包合同生效时取得土地承包经营权。

第二十四条 【承包经营权证】国家对耕地、林地和草地等实行统一登记,登记机构应当向承包方颁发土地承包经营权证或者林权证等证书,并登记造册,确认土地承包经营权。

土地承包经营权证或者林权证等证书应当将具有土地承包经营权的全部家庭成员列入。

登记机构除按规定收取证书工本费外,不得收取其他费用。

第二十五条 【不得随意变更承包合同】承包合同生效后,发包方不得因承办人或者负责人的变动而变更或者解除,也不得因集体经济组织的分立或者合并而变更或者解除。

第二十六条 【不得利用职权干涉承包】国家机关及其工作人员不得利用职权干涉农村土地承包或者变更、解除承包合同。

第四节 土地承包经营权的保护和互换、转让

第二十七条 【承包地的合理收回】承包期内,发包方不得收回承包地。

国家保护进城农户的土地承包经营权。不得以退出土地承包经营权作为农户进城落户的条件。

承包期内，承包农户进城落户的，引导支持其按照自愿有偿原则依法在本集体经济组织内转让土地承包经营权或者将承包地交回发包方，也可以鼓励其流转土地经营权。

承包期内，承包方交回承包地或者发包方依法收回承包地时，承包方对其在承包地上投入而提高土地生产能力的，有权获得相应的补偿。

第二十八条　【承包地的合理调整】承包期内，发包方不得调整承包地。

承包期内，因自然灾害严重毁损承包地等特殊情形对个别农户之间承包的耕地和草地需要适当调整的，必须经本集体经济组织成员的村民会议三分之二以上成员或者三分之二以上村民代表的同意，并报乡（镇）人民政府和县级人民政府农业农村、林业和草原等主管部门批准。承包合同中约定不得调整的，按照其约定。

第二十九条　【可用于调整承包的土地】下列土地应当用于调整承包土地或者承包给新增人口：

（一）集体经济组织依法预留的机动地；

（二）通过依法开垦等方式增加的；

（三）发包方依法收回和承包方依法、自愿交回的。

第三十条　【自愿交回承包地】承包期内，承包方可以自愿将承包地交回发包方。承包方自愿交回承包地的，可以获得合理补偿，但是应当提前半年以书面形式通知发包方。承包方在承包期内交回承包地的，在承包期内不得再要求承包土地。

第三十一条　【妇女婚姻状况变更不影响承包权】承包期内，妇女结婚，在新居住地未取得承包地的，发包方不得收回其原承包地；妇女离婚或者丧偶，仍在原居住地生活或者不在原居住地生活但在新居住地未取得承包地的，发包方不得收回其原承包地。

第三十二条　【承包继承】承包人应得的承包收益，依照继承法的规定继承。

林地承包的承包人死亡，其继承人可以在承包期内继续承包。

第三十三条　【土地承包经营权互换】承包方之间为方便耕种或者各自需要，可以对属于同一集体经济组织的土地的土地承包经营权进行互换，并向发包方备案。

第三十四条　【土地承包经营权转让】经发包方同意，承包方可以将全部或者部分的土地承包经营权转让给本集体经济组织的其他农户，由该农户同发包方确立新的承包关系，原承包方与发包方在该土地上的承包关系即行终止。

第三十五条　【登记】土地承包经营权互换、转让的，当事人可以向登记机构申请登记。未经登记，不得对抗善意第三人。

第五节　土地经营权

第三十六条　【土地经营权自主流转】承包方可以自主决定依法采取出租（转包）、入股或者其他方式向他人流转土地经营权，并向发包方备案。

第三十七条　【土地经营权人权利】土地经营权人有权在合同约定的期限内占有农村土地，自主开展农业生产经营并取得收益。

第三十八条　【土地经营权流转原则】土地经营权流转应当遵循以下原则：

（一）依法、自愿、有偿，任何组织和个人不得强迫或者阻碍土地经营权流转；

（二）不得改变土地所有权的性质和土地的农业用途，不得破坏农业综合生产能力和农业生态环境；

（三）流转期限不得超过承包期的剩余期限；

（四）受让方须有农业经营能力或者资质；

（五）在同等条件下，本集体经济组织成员享有优先权。

第三十九条　【土地经营权流转价款与收益】土地经营权流转的价款，应当由当事人双方协商确定。流转的收益归承包方所有，任何组织和个人不得擅自截留、扣缴。

第四十条　【土地经营权流转合同】土地经营权流转，当事人双方应当签订书面流转合同。

土地经营权流转合同一般包括以下条款：

（一）双方当事人的姓名、住所；

（二）流转土地的名称、坐落、面积、质量等级；

（三）流转期限和起止日期；

（四）流转土地的用途；

（五）双方当事人的权利和义务；

（六）流转价款及支付方式；

（七）土地被依法征收、征用、占用时有关补偿费的归属；

（八）违约责任。

承包方将土地交由他人代耕不超过一年的，可以不签订书面合同。

第四十一条　【土地经营权流转登记】土地经营权流转期限为五年以上的，当事人可以向登记机构申请土地经营权登记。未经登记，不得对抗善意第三人。

第四十二条　【承包方单方解除合同】承包方不得单方解除土地经营权流转合同，但受让方有下列情形之一的除外：

（一）擅自改变土地的农业用途；

（二）弃耕抛荒连续两年以上；

（三）给土地造成严重损害或者严重破坏土地生态环境；

（四）其他严重违约行为。

第四十三条　【受让方投资】经承包方同意，受让方可以依法投资改良土壤，建设农业生产附属、配套设施，并按照合同约定对其投资部分获得合理补偿。

第四十四条 【承包关系不变】承包方流转土地经营权的，其与发包方的承包关系不变。

第四十五条 【社会资本取得土地经营权的相关制度】县级以上地方人民政府应当建立工商企业等社会资本通过流转取得土地经营权的资格审查、项目审核和风险防范制度。

工商企业等社会资本通过流转取得土地经营权的，本集体经济组织可以收取适量管理费用。

具体办法由国务院农业农村、林业和草原主管部门规定。

第四十六条 【土地经营权再流转】经承包方书面同意，并向本集体经济组织备案，受让方可以再流转土地经营权。

第四十七条 【经营权担保】承包方可以用承包地的土地经营权向金融机构融资担保，并向发包方备案。受让方通过流转取得的土地经营权，经承包方书面同意并向发包方备案，可以向金融机构融资担保。

担保物权自融资担保合同生效时设立。当事人可以向登记机构申请登记；未经登记，不得对抗善意第三人。

实现担保物权时，担保物权人有权就土地经营权优先受偿。

土地经营权融资担保办法由国务院有关部门规定。

第三章 其他方式的承包

第四十八条 【其他承包方式的法律适用】不宜采取家庭承包方式的荒山、荒沟、荒丘、荒滩等农村土地，通过招标、拍卖、公开协商等方式承包的，适用本章规定。

第四十九条 【承包合同】以其他方式承包农村土地的，应当签订承包合同，承包方取得土地经营权。当事人的权利和义务、承包期限等，由双方协商确定。以招标、拍卖方式承包的，承包费通过公开竞标、竞价确定；以公开协商等方式承包的，承包费由双方议定。

第五十条 【承包或股份经营】荒山、荒沟、荒丘、荒滩等可以直接通过招标、拍卖、公开协商等方式实行承包经营，也可以将土地经营权折股分给本集体经济组织成员后，再实行承包经营或者股份合作经营。

承包荒山、荒沟、荒丘、荒滩的，应当遵守有关法律、行政法规的规定，防止水土流失，保护生态环境。

第五十一条 【优先承包权】以其他方式承包农村土地，在同等条件下，本集体经济组织成员有权优先承包。

第五十二条 【本集体经济组织以外单位、个人的承包】发包方将农村土地发包给本集体经济组织以外的单位或者个人承包，应当事先经本集体经济组织成员的村民会议三分之二以上成员或者三分之二以上村民代表的同意，并报乡（镇）人民政府批准。

由本集体经济组织以外的单位或者个人承包的，应当对承包方的资信情况和经营能力进行审查后，再签订承包合同。

第五十三条　【土地经营权流转】通过招标、拍卖、公开协商等方式承包农村土地，经依法登记取得权属证书的，可以依法采取出租、入股、抵押或者其他方式流转土地经营权。

第五十四条　【土地经营权继承】依照本章规定通过招标、拍卖、公开协商等方式取得土地经营权的，该承包人死亡，其应得的承包收益，依照继承法的规定继承；在承包期内，其继承人可以继续承包。

第四章　争议的解决和法律责任

第五十五条　【承包纠纷解决方式】因土地承包经营发生纠纷的，双方当事人可以通过协商解决，也可以请求村民委员会、乡（镇）人民政府等调解解决。

当事人不愿协商、调解或者协商、调解不成的，可以向农村土地承包仲裁机构申请仲裁，也可以直接向人民法院起诉。

第五十六条　【侵权责任】任何组织和个人侵害土地承包经营权、土地经营权的，应当承担民事责任。

第五十七条　【发包方的侵权责任】发包方有下列行为之一的，应当承担停止侵害、排除妨碍、消除危险、返还财产、恢复原状、赔偿损失等民事责任：

（一）干涉承包方依法享有的生产经营自主权；

（二）违反本法规定收回、调整承包地；

（三）强迫或者阻碍承包方进行土地承包经营权的互换、转让或者土地经营权流转；

（四）假借少数服从多数强迫承包方放弃或者变更土地承包经营权；

（五）以划分“口粮田”和“责任田”等为由收回承包地搞招标承包；

（六）将承包地收回抵顶欠款；

（七）剥夺、侵害妇女依法享有的土地承包经营权；

（八）其他侵害土地承包经营权的行为。

第五十八条　【违反强制性规定的约定无效】承包合同中违背承包方意愿或者违反法律、行政法规有关不得收回、调整承包地等强制性规定的约定无效。

第五十九条　【违约责任】当事人一方不履行合同义务或者履行义务不符合约定的，应当依法承担违约责任。

第六十条　【强迫流转无效】任何组织和个人强迫进行土地承包经营权互换、转让或者土地经营权流转的，该互换、转让或者流转无效。

第六十一条　【流转收益的退还】任何组织和个人擅自截留、扣缴土地承包经营权互换、转让或者土地经营权流转收益的，应当退还。

第六十二条　【刑事责任】违反土地管理法规，非法征收、征用、占用土地或者贪污、挪用土地征收、征用补偿费用，构成犯罪的，依法追究刑事责任；造成他人损害的，应当承担损害赔偿等责任。

第六十三条 【承包方的违法责任】承包方、土地经营权人违法将承包地用于非农建设的,由县级以上地方人民政府有关主管部门依法予以处罚。

承包方给承包地造成永久性损害的,发包方有权制止,并有权要求赔偿由此造成的损失。

第六十四条 【土地经营权人违规使用土地的后果】土地经营权人擅自改变土地的农业用途、弃耕抛荒连续两年以上、给土地造成严重损害或者严重破坏土地生态环境,承包方在合理期限内不解除土地经营权流转合同的,发包方有权要求终止土地经营权流转合同。土地经营权人对土地和土地生态环境造成的损害应当予以赔偿。

第六十五条 【国家机关及其工作人员的违法责任】国家机关及其工作人员有利用职权干涉农村土地承包经营,变更、解除承包经营合同,干涉承包经营当事人依法享有的生产经营自主权,强迫、阻碍承包经营当事人进行土地承包经营权互换、转让或者土地经营权流转等侵害土地承包经营权、土地经营权的行为,给承包经营当事人造成损失的,应当承担损害赔偿等责任;情节严重的,由上级机关或者所在单位给予直接责任人员处分;构成犯罪的,依法追究刑事责任。

第五章 附　　则

第六十六条 【本法实施前的承包效力】本法实施前已经按照国家有关农村土地承包的规定承包,包括承包期限长于本法规定的,本法实施后继续有效,不得重新承包土地。未向承包方颁发土地承包经营权证或者林权证等证书的,应当补发证书。

第六十七条 【机动地】本法实施前已经预留机动地的,机动地面积不得超过本集体经济组织耕地总面积的百分之五。不足百分之五的,不得再增加机动地。

本法实施前未留机动地的,本法实施后不得再留机动地。

第六十八条 【制定实施办法的授权】各省、自治区、直辖市人民代表大会常务委员会可以根据本法,结合本行政区域的实际情况,制定实施办法。

第六十九条 【特别事项由法律、法规规定】确认农村集体经济组织成员身份的原则、程序等,由法律、法规规定。

第七十条 【施行日期】本法自 2003 年 3 月 1 日起施行。

基本农田保护条例

1. 1998 年 12 月 27 日国务院令第 257 号公布

2. 根据 2011 年 1 月 8 日《国务院关于废止和修改部分行政法规的决定》修订

第一章 总 则

第一条 为了对基本农田实行特殊保护，促进农业生产和社会经济的可持续发展，根据《中华人民共和国农业法》和《中华人民共和国土地管理法》，制定本条例。

第二条 国家实行基本农田保护制度。

本条例所称基本农田，是指按照一定时期人口和社会经济发展对农产品的需求，依据土地利用总体规划确定的不得占用的耕地。

本条例所称基本农田保护区，是指为对基本农田实行特殊保护而依据土地利用总体规划和依照法定程序确定的特定保护区域。

第三条 基本农田保护实行全面规划、合理利用、用养结合、严格保护的方针。

第四条 县级以上地方各级人民政府应当将基本农田保护工作纳入国民经济和社会发展计划，作为政府领导任期目标责任制的一项内容，并由上一级人民政府监督实施。

第五条 任何单位和个人都有保护基本农田的义务，并有权检举、控告侵占、破坏基本农田和其他违反本条例的行为。

第六条 国务院土地行政主管部门和农业行政主管部门按照国务院规定的职责分工，依照本条例负责全国的基本农田保护管理工作。

县级以上地方各级人民政府土地行政主管部门和农业行政主管部门按照本级人民政府规定的职责分工，依照本条例负责本行政区域内的基本农田保护管理工作。

乡（镇）人民政府负责本行政区域内的基本农田保护管理工作。

第七条 国家对在基本农田保护工作中取得显著成绩的单位和个人，给予奖励。

第二章 划 定

第八条 各级人民政府在编制土地利用总体规划时，应当将基本农田保护作为规划的一项内容，明确基本农田保护的布局安排、数量指标和质量要求。

县级和乡（镇）土地利用总体规划应当确定基本农田保护区。

第九条 省、自治区、直辖市划定的基本农田应当占本行政区域内耕地总面积的百分之八十以上，具体数量指标根据全国土地利用总体规划逐级分解下达。

第十条 下列耕地应当划入基本农田保护区，严格管理：

（一）经国务院有关主管部门或者县级以上地方人民政府批准确定的粮、棉、油生产基地内的耕地；

（二）有良好的水利与水土保持设施的耕地，正在实施改造计划以及可以改造的中、低产田；

（三）蔬菜生产基地；

（四）农业科研、教学试验田。

根据土地利用总体规划，铁路、公路等交通沿线，城市和村庄、集镇建设用地区周边的耕地，应当优先划入基本农田保护区；需要退耕还林、还牧、还湖的耕地，不应当划入基本农田保护区。

第十一条 基本农田保护区以乡（镇）为单位划区定界，由县级人民政府土地行政主管部门会同同级农业行政主管部门组织实施。

划定的基本农田保护区，由县级人民政府设立保护标志，予以公告，由县级人民政府土地行政主管部门建立档案，并抄送同级农业行政主管部门。任何单位和个人不得破坏或者擅自改变基本农田保护区的保护标志。

基本农田划区定界后，由省、自治区、直辖市人民政府组织土地行政主管部门和农业行政主管部门验收确认，或者由省、自治区人民政府授权设区的市、自治州人民政府组织土地行政主管部门和农业行政主管部门验收确认。

第十二条 划定基本农田保护区时，不得改变土地承包者的承包经营权。

第十三条 划定基本农田保护区的技术规程，由国务院土地行政主管部门会同国务院农业行政主管部门制定。

第三章 保 护

第十四条 地方各级人民政府应当采取措施，确保土地利用总体规划确定的本行政区域内基本农旧的数量不减少。

第十五条 基本农田保护区经依法划定后，任何单位和个人不得改变或者占用。国家能源、交通、水利、军事设施等重点建设项目选址确实无法避开基本农田保护区，需要占用基本农田，涉及农用地转用或者征收土地的，必须经国务院批准。

第十六条 经国务院批准占用基本农田的，当地人民政府应当按照国务院的批准文件修改土地利用总体规划，并补充划入数量和质量相当的基本农田。占用单位应当按照占多少、垦多少的原则，负责开垦与所占基本农田的数量与质量相当的耕地；没有条件开垦或者开垦的耕地不符合要求的，应当按照省、自治区、直辖市的规定缴纳耕地开垦费，专款用于开垦新的耕地。

占用基本农田的单位应当按照县级以上地方人民政府的要求，将所占用基本农田耕作层的土壤用于新开垦耕地、劣质地或者其他耕地的土壤改良。

第十七条 禁止任何单位和个人在基本农田保护区内建窑、建房、建坟、挖砂、采石、采矿、取土、堆放固体废弃物或者进行其他破坏基本农田的活动。

禁止任何单位和个人占用基本农田发展林果业和挖塘养鱼。

第十八条 禁止任何单位和个人闲置、荒芜基本农田。经国务院批准的重点建设项目占用基本农田的，满1年不使用而又可以耕种并收获的，应当由原耕种该幅基本农田的集体或者个人恢复耕种，也可以由用地单位组织耕种；1年以上未动工建设的，应当按照省、自治区、直辖市的规定缴纳闲置费；连续2年未使用的，经国务院批准，由县级以上人民政府无偿收回用地单位的土地使用权；该幅土地原为农民集体所有的，应当交由原农村集体经济组织恢复耕种，重新划入基本农田保护区。

承包经营基本农田的单位或者个人连续2年弃耕抛荒的，原发包单位应当终止承包合同，收回发包的基本农田。

第十九条 国家提倡和鼓励农业生产者对其经营的基本农田施用有机肥料，合理施用化肥和农药。利用基本农田从事农业生产的单位和个人应当保持和培肥地力。

第二十条 县级人民政府应当根据当地实际情况制定基本农田地力分等定级办法，由农业行政主管部门会同土地行政主管部门组织实施，对基本农田地力分等定级，并建立档案。

第二十一条 农村集体经济组织或者村民委员会应当定期评定基本农田地力等级。

第二十二条 县级以上地方各级人民政府农业行政主管部门应当逐步建立基本农田地力与施肥效益长期定位监测网点，定期向本级人民政府提出基本农田地力变化状况报告以及相应的地力保护措施，并为农业生产者提供施肥指导服务。

第二十三条 县级以上人民政府农业行政主管部门应当会同同级环境保护行政主管部门对基本农田环境污染进行监测和评价，并定期向本级人民政府提出环境质量与发展趋势的报告。

第二十四条 经国务院批准占用基本农田兴建国家重点建设项目的，必须遵守国家有关建设项目环境保护管理的规定。在建设项目环境影响报告书中，应当有基本农田环境保护方案。

第二十五条 向基本农田保护区提供肥料和作为肥料的城市垃圾、污泥的，应当符合国家有关标准。

第二十六条 因发生事故或者其他突然性事件，造成或者可能造成基本农田环境污染事故的，当事人必须立即采取措施处理，并向当地环境保护行政主管部门和农业行政主管部门报告，接受调查处理。

第四章 监督管理

第二十七条 在建立基本农田保护区的地方，县级以上地方人民政府应当与下一级人民政府签订基本农田保护责任书；乡（镇）人民政府应当根据与县级人民政府签订的基本农田保护责任书的要求，与农村集体经济组织或者村民委员会签订基本农田保护责任书。

基本农田保护责任书应当包括下列内容:

(一)基本农田的范围、面积、地块;

(二)基本农田的地力等级;

(三)保护措施;

(四)当事人的权利与义务;

(五)奖励与处罚。

第二十八条 县级以上地方人民政府应当建立基本农田保护监督检查制度,定期组织土地行政主管部门、农业行政主管部门以及其他有关部门对基本农田保护情况进行检查,将检查情况书面报告上一级人民政府。被检查的单位和个人应当如实提供有关情况和资料,不得拒绝。

第二十九条 县级以上地方人民政府土地行政主管部门、农业行政主管部门对本行政区域内发生的破坏基本农田的行为,有权责令纠正。

第五章 法律责任

第三十条 违反本条例规定,有下列行为之一的,依照《中华人民共和国土地管理法》和《中华人民共和国土地管理法实施条例》的有关规定,从重给予处罚:

(一)未经批准或者采取欺骗手段骗取批准,非法占用基本农田的;

(二)超过批准数量,非法占用基本农田的;

(三)非法批准占用基本农田的;

(四)买卖或者以其他形式非法转让基本农田的。

第三十一条 违反本条例规定,应当将耕地划入基本农田保护区而不划入的,由上一级人民政府责令限期改正;拒不改正的,对直接负责的主管人员和其他直接责任人员依法给予行政处分或者纪律处分。

第三十二条 违反本条例规定,破坏或者擅自改变基本农田保护区标志的,由县级以上地方人民政府土地行政主管部门或者农业行政主管部门责令恢复原状,可以处1000元以下罚款。

第三十三条 违反本条例规定,占用基本农田建窑、建房、建坟、挖砂、采石、采矿、取土、堆放固体废弃物或者从事其他活动破坏基本农田,毁坏种植条件的,由县级以上人民政府土地行政主管部门责令改正或者治理,恢复原种植条件,处占用基本农田的耕地开垦费1倍以上2倍以下的罚款;构成犯罪的,依法追究刑事责任。

第三十四条 侵占、挪用基本农田的耕地开垦费,构成犯罪的,依法追究刑事责任;尚不构成犯罪的,依法给予行政处分或者纪律处分。

第六章 附则

第三十五条 省、自治区、直辖市人民政府可以根据当地实际情况,将其他农业生产用地划为保护区。保护区内的其他农业生产用地的保护和管理,可以参照本条例执行。

第三十六条 本条例自1999年1月1日起施行。1994年8月18日国务院发布的《基本农田保护条例》同时废止。

土地复垦条例

1. 2011年3月5日国务院令第592号公布
2. 自公布之日起施行

第一章 总 则

第一条 为了落实十分珍惜、合理利用土地和切实保护耕地的基本国策,规范土地复垦活动,加强土地复垦管理,提高土地利用的社会效益、经济效益和生态效益,根据《中华人民共和国土地管理法》,制定本条例。

第二条 本条例所称土地复垦,是指对生产建设活动和自然灾害损毁的土地,采取整治措施,使其达到可供利用状态的活动。

第三条 生产建设活动损毁的土地,按照"谁损毁,谁复垦"的原则,由生产建设单位或者个人(以下称土地复垦义务人)负责复垦。但是,由于历史原因无法确定土地复垦义务人的生产建设活动损毁的土地(以下称历史遗留损毁土地),由县级以上人民政府负责组织复垦。

自然灾害损毁的土地,由县级以上人民政府负责组织复垦。

第四条 生产建设活动应当节约集约利用土地,不占或者少占耕地;对依法占用的土地应当采取有效措施,减少土地损毁面积,降低土地损毁程度。

土地复垦应当坚持科学规划、因地制宜、综合治理、经济可行、合理利用的原则。复垦的土地应当优先用于农业。

第五条 国务院国土资源主管部门负责全国土地复垦的监督管理工作。县级以上地方人民政府国土资源主管部门负责本行政区域土地复垦的监督管理工作。

县级以上人民政府其他有关部门依照本条例的规定和各自的职责做好土地复垦有关工作。

第六条 编制土地复垦方案、实施土地复垦工程、进行土地复垦验收等活动,应当遵守土地复垦国家标准;没有国家标准的,应当遵守土地复垦行业标准。

制定土地复垦国家标准和行业标准,应当根据土地损毁的类型、程度、自然地理条件和复垦的可行性等因素,分类确定不同类型损毁土地的复垦方式、目标和要求等。

第七条 县级以上地方人民政府国土资源主管部门应当建立土地复垦监测制度,及时掌握本行政区域土地资源损毁和土地复垦效果等情况。

国务院国土资源主管部门和省、自治区、直辖市人民政府国土资源主管部门应当建立健全土地复垦信息管理系统,收集、汇总和发布土地复垦数据信息。

第八条 县级以上人民政府国土资源主管部门应当依据职责加强对土地复垦情况的监督检查。被检查的单位或者个人应当如实反映情况,提供必要的资料。

任何单位和个人不得扰乱、阻挠土地复垦工作,破坏土地复垦工程、设施和设备。

第九条 国家鼓励和支持土地复垦科学研究和技术创新,推广先进的土地复垦技术。

对在土地复垦工作中作出突出贡献的单位和个人,由县级以上人民政府给予表彰。

第二章 生产建设活动损毁土地的复垦

第十条 下列损毁土地由土地复垦义务人负责复垦:

(一)露天采矿、烧制砖瓦、挖沙取土等地表挖掘所损毁的土地;

(二)地下采矿等造成地表塌陷的土地;

(三)堆放采矿剥离物、废石、矿渣、粉煤灰等固体废弃物压占的土地;

(四)能源、交通、水利等基础设施建设和其他生产建设活动临时占用所损毁的土地。

第十一条 土地复垦义务人应当按照土地复垦标准和国务院国土资源主管部门的规定编制土地复垦方案。

第十二条 土地复垦方案应当包括下列内容:

(一)项目概况和项目区土地利用状况;

(二)损毁土地的分析预测和土地复垦的可行性评价;

(三)土地复垦的目标任务;

(四)土地复垦应当达到的质量要求和采取的措施;

(五)土地复垦工程和投资估(概)算;

(六)土地复垦费用的安排;

(七)土地复垦工作计划与进度安排;

(八)国务院国土资源主管部门规定的其他内容。

第十三条 土地复垦义务人应当在办理建设用地申请或者采矿权申请手续时,随有关报批材料报送土地复垦方案。

土地复垦义务人未编制土地复垦方案或者土地复垦方案不符合要求的,有批准权的人民政府不得批准建设用地,有批准权的国土资源主管部门不得颁发采矿许可证。

本条例施行前已经办理建设用地手续或者领取采矿许可证,本条例施行后继续从事生产建设活动造成土地损毁的,土地复垦义务人应当按照国务院国土资源主管部门的规定补充编制土地复垦方案。

第十四条 土地复垦义务人应当按照土地复垦方案开展土地复垦工作。矿山企业还应当对土地损毁情况进行动态监测和评价。

生产建设周期长、需要分阶段实施复垦的,土地复垦义务人应当对土地复垦工作与生产建设活动统一规划、统筹实施,根据生产建设进度确定各阶段土地复垦的目标任务、工程规划设计、费用安排、工程实施进度和完成期限等。

第十五条 土地复垦义务人应当将土地复垦费用列入生产成本或者建设项目总投资。

第十六条 土地复垦义务人应当建立土地复垦质量控制制度,遵守土地复垦标准和环境保护标准,保护土壤质量与生态环境,避免污染土壤和地下水。

土地复垦义务人应当首先对拟损毁的耕地、林地、牧草地进行表土剥离,剥离的表土用于被损毁土地的复垦。

禁止将重金属污染物或者其他有毒有害物质用作回填或者充填材料。受重金属污染物或者其他有毒有害物质污染的土地复垦后,达不到国家有关标准的,不得用于种植食用农作物。

第十七条 土地复垦义务人应当于每年 12 月 31 日前向县级以上地方人民政府国土资源主管部门报告当年的土地损毁情况、土地复垦费用使用情况以及土地复垦工程实施情况。

县级以上地方人民政府国土资源主管部门应当加强对土地复垦义务人使用土地复垦费用和实施土地复垦工程的监督。

第十八条 土地复垦义务人不复垦,或者复垦验收中经整改仍不合格的,应当缴纳土地复垦费,由有关国土资源主管部门代为组织复垦。

确定土地复垦费的数额,应当综合考虑损毁前的土地类型、实际损毁面积、损毁程度、复垦标准、复垦用途和完成复垦任务所需的工程量等因素。土地复垦费的具体征收使用管理办法,由国务院财政、价格主管部门商国务院有关部门制定。

土地复垦义务人缴纳的土地复垦费专项用于土地复垦。任何单位和个人不得截留、挤占、挪用。

第十九条 土地复垦义务人对在生产建设活动中损毁的由其他单位或者个人使用的国有土地或者农民集体所有的土地,除负责复垦外,还应当向遭受损失的单位或者个人支付损失补偿费。

损失补偿费由土地复垦义务人与遭受损失的单位或者个人按照造成的实际损失协商确定;协商不成的,可以向土地所在地人民政府国土资源主管部门申请调解或者依法向人民法院提起民事诉讼。

第二十条 土地复垦义务人不依法履行土地复垦义务的,在申请新的建设用地时,有批准权的人民政府不得批准;在申请新的采矿许可证或者申请采矿许可证延续、变更、注销时,有批准权的国土资源主管部门不得批准。

第三章　历史遗留损毁土地和自然灾害损毁土地的复垦

第二十一条　县级以上人民政府国土资源主管部门应当对历史遗留损毁土地和自然灾害损毁土地进行调查评价。

第二十二条　县级以上人民政府国土资源主管部门应当在调查评价的基础上，根据土地利用总体规划编制土地复垦专项规划，确定复垦的重点区域以及复垦的目标任务和要求，报本级人民政府批准后组织实施。

第二十三条　对历史遗留损毁土地和自然灾害损毁土地，县级以上人民政府应当投入资金进行复垦，或者按照“谁投资，谁受益”的原则，吸引社会投资进行复垦。土地权利人明确的，可以采取扶持、优惠措施，鼓励土地权利人自行复垦。

第二十四条　国家对历史遗留损毁土地和自然灾害损毁土地的复垦按项目实施管理。

县级以上人民政府国土资源主管部门应当根据土地复垦专项规划和年度土地复垦资金安排情况确定年度复垦项目。

第二十五条　政府投资进行复垦的，负责组织实施土地复垦项目的国土资源主管部门应当组织编制土地复垦项目设计书，明确复垦项目的位置、面积、目标任务、工程规划设计、实施进度及完成期限等。

土地权利人自行复垦或者社会投资进行复垦的，土地权利人或者投资单位、个人应当组织编制土地复垦项目设计书，并报负责组织实施土地复垦项目的国土资源主管部门审查同意后实施。

第二十六条　政府投资进行复垦的，有关国土资源主管部门应当依照招标投标法律法规的规定，通过公开招标的方式确定土地复垦项目的施工单位。

土地权利人自行复垦或者社会投资进行复垦的，土地复垦项目的施工单位由土地权利人或者投资单位、个人依法自行确定。

第二十七条　土地复垦项目的施工单位应当按照土地复垦项目设计书进行复垦。

负责组织实施土地复垦项目的国土资源主管部门应当健全项目管理制度，加强项目实施中的指导、管理和监督。

第四章　土地复垦验收

第二十八条　土地复垦义务人按照土地复垦方案的要求完成土地复垦任务后，应当按照国务院国土资源主管部门的规定向所在地县级以上地方人民政府国土资源主管部门申请验收，接到申请的国土资源主管部门应当会同同级农业、林业、环境保护等有关部门进行验收。

进行土地复垦验收，应当邀请有关专家进行现场踏勘，查验复垦后的土地是否符合土地复垦标准以及土地复垦方案的要求，核实复垦后的土地类型、面积和质量等情况，并将初步验收结果公告，听取相关权利人的意见。相关权利人对土地复垦完成情况提出异议的，国土资源主管部门应当会同有关部门进一步核查,并将核查情况向相关权利人反馈;情况属实的,应当向土地复垦义务人提出整改意见。

第二十九条 负责组织验收的国土资源主管部门应当会同有关部门在接到土地复垦验收申请之日起60个工作日内完成验收,经验收合格的,向土地复垦义务人出具验收合格确认书;经验收不合格的,向土地复垦义务人出具书面整改意见,列明需要整改的事项,由土地复垦义务人整改完成后重新申请验收。

第三十条 政府投资的土地复垦项目竣工后,负责组织实施土地复垦项目的国土资源主管部门应当依照本条例第二十八条第二款的规定进行初步验收。初步验收完成后,负责组织实施土地复垦项目的国土资源主管部门应当按照国务院国土资源主管部门的规定向上级人民政府国土资源主管部门申请最终验收。上级人民政府国土资源主管部门应当会同有关部门及时组织验收。

土地权利人自行复垦或者社会投资进行复垦的土地复垦项目竣工后,由负责组织实施土地复垦项目的国土资源主管部门会同有关部门进行验收。

第三十一条 复垦为农用地的,负责组织验收的国土资源主管部门应当会同有关部门在验收合格后的5年内对土地复垦效果进行跟踪评价,并提出改善土地质量的建议和措施。

第五章 土地复垦激励措施

第三十二条 土地复垦义务人在规定的期限内将生产建设活动损毁的耕地、林地、牧草地等农用地复垦恢复原状的,依照国家有关税收法律法规的规定退还已经缴纳的耕地占用税。

第三十三条 社会投资复垦的历史遗留损毁土地或者自然灾害损毁土地,属于无使用权人的国有土地的,经县级以上人民政府依法批准,可以确定给投资单位或者个人长期从事种植业、林业、畜牧业或者渔业生产。

社会投资复垦的历史遗留损毁土地或者自然灾害损毁土地,属于农民集体所有土地或者有使用权人的国有土地的,有关国土资源主管部门应当组织投资单位或者个人与土地权利人签订土地复垦协议,明确复垦的目标任务以及复垦后的土地使用和收益分配。

第三十四条 历史遗留损毁和自然灾害损毁的国有土地的使用权人,以及历史遗留损毁和自然灾害损毁的农民集体所有土地的所有权人、使用权人,自行将损毁土地复垦为耕地的,由县级以上地方人民政府给予补贴。

第三十五条 县级以上地方人民政府将历史遗留损毁和自然灾害损毁的建设用地复垦为耕地的,按照国家有关规定可以作为本省、自治区、直辖市内进行非农建设占用耕地时的补充耕地指标。

第六章 法律责任

第三十六条 负有土地复垦监督管理职责的部门及其工作人员有下列行为之一的,对直接负责的主管人员和其他直接责任人员，依法给予处分；直接负责的主管人员和其他直接责任人员构成犯罪的，依法追究刑事责任：

（一）违反本条例规定批准建设用地或者批准采矿许可证及采矿许可证的延续、变更、注销的；

（二）截留、挤占、挪用土地复垦费的；

（三）在土地复垦验收中弄虚作假的；

（四）不依法履行监督管理职责或者对发现的违反本条例的行为不依法查处的；

（五）在审查土地复垦方案、实施土地复垦项目、组织土地复垦验收以及实施监督检查过程中，索取、收受他人财物或者谋取其他利益的；

（六）其他徇私舞弊、滥用职权、玩忽职守行为。

第三十七条 本条例施行前已经办理建设用地手续或者领取采矿许可证，本条例施行后继续从事生产建设活动造成土地损毁的土地复垦义务人未按照规定补充编制土地复垦方案的，由县级以上地方人民政府国土资源主管部门责令限期改正；逾期不改正的，处10万元以上20万元以下的罚款。

第三十八条 土地复垦义务人未按照规定将土地复垦费用列入生产成本或者建设项目总投资的，由县级以上地方人民政府国土资源主管部门责令限期改正；逾期不改正的，处10万元以上50万元以下的罚款。

第三十九条 土地复垦义务人未按照规定对拟损毁的耕地、林地、牧草地进行表土剥离，由县级以上地方人民政府国土资源主管部门责令限期改正；逾期不改正的，按照应当进行表土剥离的土地面积处每公顷1万元的罚款。

第四十条 土地复垦义务人将重金属污染物或者其他有毒有害物质用作回填或者充填材料的，由县级以上地方人民政府环境保护主管部门责令停止违法行为，限期采取治理措施，消除污染，处10万元以上50万元以下的罚款；逾期不采取治理措施的，环境保护主管部门可以指定有治理能力的单位代为治理，所需费用由违法者承担。

第四十一条 土地复垦义务人未按照规定报告土地损毁情况、土地复垦费用使用情况或者土地复垦工程实施情况的，由县级以上地方人民政府国土资源主管部门责令限期改正；逾期不改正的，处2万元以上5万元以下的罚款。

第四十二条 土地复垦义务人依照本条例规定应当缴纳土地复垦费而不缴纳的，由县级以上地方人民政府国土资源主管部门责令限期缴纳；逾期不缴纳的，处应缴纳土地复垦费1倍以上2倍以下的罚款，土地复垦义务人为矿山企业的，由颁发采矿许可证的机关吊销采矿许可证。

第四十三条 土地复垦义务人拒绝、阻碍国土资源主管部门监督检查，或者在接受监督检查时弄虚作假的，由国土资源主管部门责令改正，处2万元以上5万元以下的罚款；有关责任人员构成违反治安管理行为的，由公安机关依法予以治安管理处罚；有关责任人员构成犯罪的，依法追究刑事责任。

破坏土地复垦工程、设施和设备，构成违反治安管理行为的，由公安机关依法予以治安管理处罚；构成犯罪的，依法追究刑事责任。

第七章　附　　则

第四十四条　本条例自公布之日起施行。1988 年 11 月 8 日国务院发布的《土地复垦规定》同时废止。

征收土地公告办法

1. 2001 年 10 月 22 日国土资源部令第 10 号公布
2. 根据 2010 年 11 月 30 日国土资源部令第 49 号《关于修改部分规章的决定》修正

第一条　为规范征收土地公告工作，保护农村集体经济组织、农村村民或者其他权利人的合法权益，保障经济建设用地，根据《中华人民共和国土地管理法》和《中华人民共和国土地管理法实施条例》，制定本办法。

第二条　征收土地公告和征地补偿、安置方案公告，适用本办法。

第三条　征收农民集体所有土地的，征收土地方案和征地补偿、安置方案应当在被征收土地所在地的村、组内以书面形式公告。其中，征收乡（镇）农民集体所有土地的，在乡（镇）人民政府所在地进行公告。

第四条　被征收土地所在地的市、县人民政府应当在收到征收土地方案批准文件之日起 10 个工作日内进行征收土地公告，该市、县人民政府土地行政主管部门负责具体实施。

第五条　征收土地公告应当包括下列内容：

（一）征地批准机关、批准文号、批准时间和批准用途；

（二）被征收土地的所有权人、位置、地类和面积；

（三）征地补偿标准和农业人员安置途径；

（四）办理征地补偿登记的期限、地点。

第六条　被征地农村集体经济组织、农村村民或者其他权利人应当在征收土地公告规定的期限内持土地权属证书到指定地点办理征地补偿登记手续。

被征地农村集体经济组织、农村村民或者其他权利人未如期办理征地补偿登记手续的，其补偿内容以有关市、县土地行政主管部门的调查结果为准。

第七条　有关市、县人民政府土地行政主管部门会同有关部门根据批准的征收土地方案，在征收土地公告之日起45日内以被征收土地的所有权人为单位拟订征地补偿、安置方案并予以公告。

第八条 征地补偿安置、方案公告应当包括下列内容：

（一）本集体经济组织被征收土地的位置、地类、面积，地上附着物和青苗的种类、数量，需要安置的农业人口的数量；

（二）土地补偿费的标准、数额、支付对象和支付方式；

（三）安置补助费的标准、数额、支付对象和支付方式；

（四）地上附着物和青苗的补偿标准和支付方式；

（五）农业人员的具体安置途径；

（六）其他有关征地补偿、安置的具体措施。

第九条 被征地农村集体经济组织、农村村民或者其他权利人对征地补偿、安置方案有不同意见的或者要求举行听证会的，应当在征地补偿、安置方案公告之日起10个工作日内向有关市、县人民政府土地行政主管部门提出。

第十条 有关市、县人民政府土地行政主管部门应当研究被征地农村集体经济组织、农村村民或者其他权利人对征地补偿、安置方案的不同意见。对当事人要求听证的，应当举行听证会。确需修改征地补偿、安置方案的，应当依照有关法律、法规和批准的征收土地方案进行修改。

有关市、县人民政府土地行政主管部门将征地补偿、安置方案报市、县人民政府审批时，应当附具被征地农村集体经济组织、农村村民或者其他权利人的意见及采纳情况，举行听证会的，还应当附具听证笔录。

第十一条 征地补偿、安置方案经批准后，由有关市、县人民政府土地行政主管部门组织实施。

第十二条 有关市、县人民政府土地行政主管部门将征地补偿、安置费用拨付给被征地农村集体经济组织后，有权要求该农村集体经济组织在一定时限内提供支付清单。

市、县人民政府土地行政主管部门有权督促有关农村集体经济组织将征地补偿、安置费用收支状况向本集体经济组织成员予以公布，以便被征地农村集体经济组织、农村村民或者其他权利人查询和监督。

第十三条 市、县人民政府土地行政主管部门应当受理对征收土地公告内容和征地补偿、安置方案公告内容的查询或者实施中问题的举报，接受社会监督。

第十四条 未依法进行征收土地公告的，被征地农村集体经济组织、农村村民或者其他权利人有权依法要求公告，有权拒绝办理征地补偿登记手续。

未依法进行征地补偿、安置方案公告的，被征地农村集体经济组织、农村村民或者其他权利人有权依法要求公告，有权拒绝办理征地补偿、安置手续。

第十五条 因未按照依法批准的征收土地方案和征地补偿、安置方案进行补偿、安置引发争议的，由市、县人民政府协调；协调不成的，由上一级地方人民政府裁决。

征地补偿、安置争议不影响征用土地方案的实施。

第十六条 本办法自2002年1月1日起施行。

最高人民法院关于审理涉及农村土地承包纠纷案件适用法律问题的解释

1．2005年3月29日最高人民法院审判委员会第1346次会议通过

2．2005年7月29日公布

3．法释〔2005〕6号

4．自2005年9月1日起施行

根据《中华人民共和国民法通则》、《中华人民共和国合同法》、《中华人民共和国民事诉讼法》、《中华人民共和国农村土地承包法》、《中华人民共和国土地管理法》等法律的规定，结合民事审判实践，对审理涉及农村土地承包纠纷案件适用法律的若干问题解释如下：

一、受理与诉讼主体

第一条 下列涉及农村土地承包民事纠纷，人民法院应当依法受理：

（一）承包合同纠纷；

（二）承包经营权侵权纠纷；

（三）承包经营权流转纠纷；

（四）承包地征收补偿费用分配纠纷；

（五）承包经营权继承纠纷。

集体经济组织成员因未实际取得土地承包经营权提起民事诉讼的，人民法院应当告知其向有关行政主管部门申请解决。

集体经济组织成员就用于分配的土地补偿费数额提起民事诉讼的，人民法院不予受理。

第二条 当事人自愿达成书面仲裁协议的，受诉人民法院应当参照最高人民法院《关于适用〈中华人民共和国民事诉讼法〉若干问题的意见》第145条至第148条的规定处理。

当事人未达成书面仲裁协议，一方当事人向农村土地承包仲裁机构申请仲裁，另一方当事人提起诉讼的，人民法院应予受理，并书面通知仲裁机构。但另一方当事人接受仲裁管辖后又起诉的，人民法院不予受理。

当事人对仲裁裁决不服并在收到裁决书之日起三十日内提起诉讼的,人民法院应予受理。

第三条 承包合同纠纷,以发包方和承包方为当事人。

前款所称承包方是指以家庭承包方式承包本集体经济组织农村土地的农户,以及以其他方式承包农村土地的单位或者个人。

第四条 农户成员为多人的,由其代表人进行诉讼。

农户代表人按照下列情形确定:

(一)土地承包经营权证等证书上记载的人;

(二)未依法登记取得土地承包经营权证等证书的,为在承包合同上签字的人;

(三)前两项规定的人死亡、丧失民事行为能力或者因其他原因无法进行诉讼的,为农户成员推选的人。

二、家庭承包纠纷案件的处理

第五条 承包合同中有关收回、调整承包地的约定违反农村土地承包法第二十六条、第二十七条、第三十条、第三十五条规定的,应当认定该约定无效。

第六条 因发包方违法收回、调整承包地,或者因发包方收回承包方弃耕、撂荒的承包地产生的纠纷,按照下列情形,分别处理:

(一)发包方未将承包地另行发包,承包方请求返还承包地的,应予支持;

(二)发包方已将承包地另行发包给第三人,承包方以发包方和第三人为共同被告,请求确认其所签订的承包合同无效、返还承包地并赔偿损失的,应予支持。但属于承包方弃耕、撂荒情形的,对其赔偿损失的诉讼请求,不予支持。

前款第(二)项所称的第三人,请求受益方补偿其在承包地上的合理投入的,应予支持。

第七条 承包合同约定或者土地承包经营权证等证书记载的承包期限短于农村土地承包法规定的期限,承包方请求延长的,应予支持。

第八条 承包方违反农村土地承包法第十七条规定,将承包地用于非农建设或者对承包地造成永久性损害,发包方请求承包方停止侵害、恢复原状或者赔偿损失的,应予支持。

第九条 发包方根据农村土地承包法第二十六条规定收回承包地前,承包方已经以转包、出租等形式将其土地承包经营权流转给第三人,且流转期限尚未届满,因流转价款收取产生的纠纷,按照下列情形,分别处理:

(一)承包方已经一次性收取了流转价款,发包方请求承包方返还剩余流转期限的流转价款的,应予支持;

(二)流转价款为分期支付,发包方请求第三人按照流转合同的约定支付流转价款的,应予支持。

第十条 承包方交回承包地不符合农村土地承包法第二十九条规定程序的,不得认定其为自愿交回。

第十一条 土地承包经营权流转中，本集体经济组织成员在流转价款、流转期限等主要内容相同的条件下主张优先权的，应予支持。但下列情形除外：

（一）在书面公示的合理期限内未提出优先权主张的；

（二）未经书面公示，在本集体经济组织以外的人开始使用承包地两个月内未提出优先权主张的。

第十二条 发包方强迫承包方将土地承包经营权流转给第三人，承包方请求确认其与第三人签订的流转合同无效的，应予支持。

发包方阻碍承包方依法流转土地承包经营权，承包方请求排除妨碍、赔偿损失的，应予支持。

第十三条 承包方未经发包方同意，采取转让方式流转其土地承包经营权的，转让合同无效。但发包方无法定理由不同意或者拖延表态的除外。

第十四条 承包方依法采取转包、出租、互换或者其他方式流转土地承包经营权，发包方仅以该土地承包经营权流转合同未报其备案为由，请求确认合同无效的，不予支持。

第十五条 承包方以其土地承包经营权进行抵押或者抵偿债务的，应当认定无效。对因此造成的损失，当事人有过错的，应当承担相应的民事责任。

第十六条 因承包方不收取流转价款或者向对方支付费用的约定产生纠纷，当事人协商变更无法达成一致，且继续履行又显失公平的，人民法院可以根据发生变更的客观情况，按照公平原则处理。

第十七条 当事人对转包、出租地流转期限没有约定或者约定不明的，参照合同法第二百三十二条规定处理。除当事人另有约定或者属于林地承包经营外，承包地交回的时间应当在农作物收获期结束后或者下一耕种期开始前。

对提高土地生产能力的投入，对方当事人请求承包方给予相应补偿的，应予支持。

第十八条 发包方或者其他组织、个人擅自截留、扣缴承包收益或者土地承包经营权流转收益，承包方请求返还的，应予支持。

发包方或者其他组织、个人主张抵销的，不予支持。

三、其他方式承包纠纷的处理

第十九条 本集体经济组织成员在承包费、承包期限等主要内容相同的条件下主张优先承包权的，应予支持。但在发包方将农村土地发包给本集体经济组织以外的单位或者个人，已经法律规定的民主议定程序通过，并由乡（镇）人民政府批准后主张优先承包权的，不予支持。

第二十条 发包方就同一土地签订两个以上承包合同，承包方均主张取得土地承包经营权的，按照下列情形，分别处理：

（一）已经依法登记的承包方，取得土地承包经营权；

（二）均未依法登记的，生效在先合同的承包方取得土地承包经营权；

（三）依前两项规定无法确定的，已经根据承包合同合法占有使用承包地的人取得土地承包经营权，但争议发生后一方强行先占承包地的行为和事实，不得作为确定土地承包经营权的依据。

第二十一条 承包方未依法登记取得土地承包经营权证等证书，即以转让、出租、入股、抵押等方式流转土地承包经营权，发包方请求确认该流转无效的，应予支持。但非因承包方原因未登记取得土地承包经营权证等证书的除外。

承包方流转土地承包经营权，除法律或者本解释有特殊规定外，按照有关家庭承包土地承包经营权流转的规定处理。

四、土地征收补偿费用分配及土地承包经营权继承纠纷的处理

第二十二条 承包地被依法征收，承包方请求发包方给付已经收到的地上附着物和青苗的补偿费的，应予支持。

承包方已将土地承包经营权以转包、出租等方式流转给第三人的，除当事人另有约定外，青苗补偿费归实际投入人所有，地上附着物补偿费归附着物所有人所有。

第二十三条 承包地被依法征收，放弃统一安置的家庭承包方，请求发包方给付已经收到的安置补助费的，应予支持。

第二十四条 农村集体经济组织或者村民委员会、村民小组，可以依照法律规定的民主议定程序，决定在本集体经济组织内部分配已经收到的土地补偿费。征地补偿安置方案确定时已经具有本集体经济组织成员资格的人，请求支付相应份额的，应予支持。但已报全国人大常委会、国务院备案的地方性法规、自治条例和单行条例、地方政府规章对土地补偿费在农村集体经济组织内部的分配办法另有规定的除外。

第二十五条 林地家庭承包中，承包方的继承人请求在承包期内继续承包的，应予支持。

其他方式承包中，承包方的继承人或者权利义务承受者请求在承包期内继续承包的，应予支持。

五、其 他 规 定

第二十六条 人民法院在审理涉及本解释第五条、第六条第一款第（二）项及第二款、第十六条的纠纷案件时，应当着重进行调解。必要时可以委托人民调解组织进行调解。

第二十七条 本解释自 2005 年 9 月 1 日起施行。施行后受理的第一审案件，适用本解释的规定。

施行前已经生效的司法解释与本解释不一致的，以本解释为准。

五、土地登记与权属

不动产登记暂行条例

1. 2014 年 11 月 24 日国务院令第 656 号发布
2. 根据 2019 年 3 月 24 日国务院令第 710 号《关于修改部分行政法规的决定》修订

第一章 总 则

第一条 为整合不动产登记职责,规范登记行为,方便群众申请登记,保护权利人合法权益,根据《中华人民共和国物权法》等法律,制定本条例。

第二条 本条例所称不动产登记,是指不动产登记机构依法将不动产权利归属和其他法定事项记载于不动产登记簿的行为。

本条例所称不动产,是指土地、海域以及房屋、林木等定着物。

第三条 不动产首次登记、变更登记、转移登记、注销登记、更正登记、异议登记、预告登记、查封登记等,适用本条例。

第四条 国家实行不动产统一登记制度。

不动产登记遵循严格管理、稳定连续、方便群众的原则。

不动产权利人已经依法享有的不动产权利,不因登记机构和登记程序的改变而受到影响。

第五条 下列不动产权利,依照本条例的规定办理登记:

(一)集体土地所有权;

(二)房屋等建筑物、构筑物所有权;

(三)森林、林木所有权;

(四)耕地、林地、草地等土地承包经营权;

(五)建设用地使用权;

(六)宅基地使用权;

(七)海域使用权;

(八)地役权;

(九)抵押权;

（十）法律规定需要登记的其他不动产权利。

第六条 国务院国土资源主管部门负责指导、监督全国不动产登记工作。

县级以上地方人民政府应当确定一个部门为本行政区域的不动产登记机构，负责不动产登记工作，并接受上级人民政府不动产登记主管部门的指导、监督。

第七条 不动产登记由不动产所在地的县级人民政府不动产登记机构办理；直辖市、设区的市人民政府可以确定本级不动产登记机构统一办理所属各区的不动产登记。

跨县级行政区域的不动产登记，由所跨县级行政区域的不动产登记机构分别办理。不能分别办理的，由所跨县级行政区域的不动产登记机构协商办理；协商不成的，由共同的上一级人民政府不动产登记主管部门指定办理。

国务院确定的重点国有林区的森林、林木和林地，国务院批准项目用海、用岛，中央国家机关使用的国有土地等不动产登记，由国务院国土资源主管部门会同有关部门规定。

第二章 不动产登记簿

第八条 不动产以不动产单元为基本单位进行登记。不动产单元具有唯一编码。

不动产登记机构应当按照国务院国土资源主管部门的规定设立统一的不动产登记簿。

不动产登记簿应当记载以下事项：

（一）不动产的坐落、界址、空间界限、面积、用途等自然状况；

（二）不动产权利的主体、类型、内容、来源、期限、权利变化等权属状况；

（三）涉及不动产权利限制、提示的事项；

（四）其他相关事项。

第九条 不动产登记簿应当采用电子介质，暂不具备条件的，可以采用纸质介质。不动产登记机构应当明确不动产登记簿唯一、合法的介质形式。

不动产登记簿采用电子介质的，应当定期进行异地备份，并具有唯一、确定的纸质转化形式。

第十条 不动产登记机构应当依法将各类登记事项准确、完整、清晰地记载于不动产登记簿。任何人不得损毁不动产登记簿，除依法予以更正外不得修改登记事项。

第十一条 不动产登记工作人员应当具备与不动产登记工作相适应的专业知识和业务能力。

不动产登记机构应当加强对不动产登记工作人员的管理和专业技术培训。

第十二条 不动产登记机构应当指定专人负责不动产登记簿的保管，并建立健全相应的安全责任制度。

采用纸质介质不动产登记簿的，应当配备必要的防盗、防火、防渍、防有害生物等安全保护设施。

采用电子介质不动产登记簿的，应当配备专门的存储设施，并采取信息网络安全防护措施。

第十三条 不动产登记簿由不动产登记机构永久保存。不动产登记簿损毁、灭失的，不动产登记机构应当依据原有登记资料予以重建。

行政区域变更或者不动产登记机构职能调整的，应当及时将不动产登记簿移交相应的不动产登记机构。

第三章 登记程序

第十四条 因买卖、设定抵押权等申请不动产登记的，应当由当事人双方共同申请。

属于下列情形之一的，可以由当事人单方申请：

(一)尚未登记的不动产首次申请登记的；

(二)继承、接受遗赠取得不动产权利的；

(三)人民法院、仲裁委员会生效的法律文书或者人民政府生效的决定等设立、变更、转让、消灭不动产权利的；

(四)权利人姓名、名称或者自然状况发生变化，申请变更登记的；

(五)不动产灭失或者权利人放弃不动产权利，申请注销登记的；

(六)申请更正登记或者异议登记的；

(七)法律、行政法规规定可以由当事人单方申请的其他情形。

第十五条 当事人或者其代理人应当向不动产登记机构申请不动产登记。

不动产登记机构将申请登记事项记载于不动产登记簿前，申请人可以撤回登记申请。

第十六条 申请人应当提交下列材料，并对申请材料的真实性负责：

(一)登记申请书；

(二)申请人、代理人身份证明材料、授权委托书；

(三)相关的不动产权属来源证明材料、登记原因证明文件、不动产权属证书；

(四)不动产界址、空间界限、面积等材料；

(五)与他人利害关系的说明材料；

(六)法律、行政法规以及本条例实施细则规定的其他材料。

不动产登记机构应当在办公场所和门户网站公开申请登记所需材料目录和示范文本等信息。

第十七条 不动产登记机构收到不动产登记申请材料，应当分别按照下列情况办理：

(一)属于登记职责范围，申请材料齐全、符合法定形式，或者申请人按照要求提交全部补正申请材料的，应当受理并书面告知申请人；

(二)申请材料存在可以当场更正的错误的，应当告知申请人当场更正，申请人当场更正后，应当受理并书面告知申请人；

(三)申请材料不齐全或者不符合法定形式的，应当当场书面告知申请人不予受理并一次性告知需要补正的全部内容；

（四）申请登记的不动产不属于本机构登记范围的，应当当场书面告知申请人不予受理并告知申请人向有登记权的机构申请。

不动产登记机构未当场书面告知申请人不予受理的，视为受理。

第十八条 不动产登记机构受理不动产登记申请的，应当按照下列要求进行查验：

（一）不动产界址、空间界限、面积等材料与申请登记的不动产状况是否一致；

（二）有关证明材料、文件与申请登记的内容是否一致；

（三）登记申请是否违反法律、行政法规规定。

第十九条 属于下列情形之一的，不动产登记机构可以对申请登记的不动产进行实地查看：

（一）房屋等建筑物、构筑物所有权首次登记；

（二）在建建筑物抵押权登记；

（三）因不动产灭失导致的注销登记；

（四）不动产登记机构认为需要实地查看的其他情形。

对可能存在权属争议，或者可能涉及他人利害关系的登记申请，不动产登记机构可以向申请人、利害关系人或者有关单位进行调查。

不动产登记机构进行实地查看或者调查时，申请人、被调查人应当予以配合。

第二十条 不动产登记机构应当自受理登记申请之日起30个工作日内办结不动产登记手续，法律另有规定的除外。

第二十一条 登记事项自记载于不动产登记簿时完成登记。

不动产登记机构完成登记，应当依法向申请人核发不动产权属证书或者登记证明。

第二十二条 登记申请有下列情形之一的，不动产登记机构应当不予登记，并书面告知申请人：

（一）违反法律、行政法规规定的；

（二）存在尚未解决的权属争议的；

（三）申请登记的不动产权利超过规定期限的；

（四）法律、行政法规规定不予登记的其他情形。

第四章 登记信息共享与保护

第二十三条 国务院国土资源主管部门应当会同有关部门建立统一的不动产登记信息管理基础平台。

各级不动产登记机构登记的信息应当纳入统一的不动产登记信息管理基础平台，确保国家、省、市、县四级登记信息的实时共享。

第二十四条 不动产登记有关信息与住房城乡建设、农业、林业、海洋等部门审批信息、交易信息等应当实时互通共享。

不动产登记机构能够通过实时互通共享取得的信息，不得要求不动产登记申请人重复提交。

第二十五条 国土资源、公安、民政、财政、税务、工商、金融、审计、统计等部门应当加强不动产登记有关信息互通共享。

第二十六条 不动产登记机构、不动产登记信息共享单位及其工作人员应当对不动产登记信息保密；涉及国家秘密的不动产登记信息，应当依法采取必要的安全保密措施。

第二十七条 权利人、利害关系人可以依法查询、复制不动产登记资料，不动产登记机构应当提供。

有关国家机关可以依照法律、行政法规的规定查询、复制与调查处理事项有关的不动产登记资料。

第二十八条 查询不动产登记资料的单位、个人应当向不动产登记机构说明查询目的，不得将查询获得的不动产登记资料用于其他目的；未经权利人同意，不得泄露查询获得的不动产登记资料。

第五章 法律责任

第二十九条 不动产登记机构登记错误给他人造成损害，或者当事人提供虚假材料申请登记给他人造成损害的，依照《中华人民共和国物权法》的规定承担赔偿责任。

第三十条 不动产登记机构工作人员进行虚假登记，损毁、伪造不动产登记簿，擅自修改登记事项，或者有其他滥用职权、玩忽职守行为的，依法给予处分；给他人造成损害的，依法承担赔偿责任；构成犯罪的，依法追究刑事责任。

第三十一条 伪造、变造不动产权属证书、不动产登记证明，或者买卖、使用伪造、变造的不动产权属证书、不动产登记证明的，由不动产登记机构或者公安机关依法予以收缴；有违法所得的，没收违法所得；给他人造成损害的，依法承担赔偿责任；构成违反治安管理行为的，依法给予治安管理处罚；构成犯罪的，依法追究刑事责任。

第三十二条 不动产登记机构、不动产登记信息共享单位及其工作人员，查询不动产登记资料的单位或者个人违反国家规定，泄露不动产登记资料、登记信息，或者利用不动产登记资料、登记信息进行不正当活动，给他人造成损害的，依法承担赔偿责任；对有关责任人员依法给予处分；有关责任人员构成犯罪的，依法追究刑事责任。

第六章 附 则

第三十三条 本条例施行前依法颁发的各类不动产权属证书和制作的不动产登记簿继续有效。

不动产统一登记过渡期内，农村土地承包经营权的登记按照国家有关规定执行。

第三十四条 本条例实施细则由国务院国土资源主管部门会同有关部门制定。

第三十五条 本条例自2015年3月1日起施行。本条例施行前公布的行政法规有关不动产登记的规定与本条例规定不一致的，以本条例规定为准。

确定土地所有权和使用权的若干规定

1. 1995年3月11日国家土地管理局发布
2. 根据2010年12月3日《国土资源部关于修改部分规范性文件的决定》修正

第一章 总 则

第一条 为了确定土地所有权和使用权，依法进行土地登记，根据有关的法律、法规和政策，制订本规定。

第二条 土地所有权和使用权由县级以上人民政府确定，土地管理部门具体承办。

土地权属争议，由土地管理部门提出处理意见，报人民政府下达处理决定或报人民政府批准后由土地管理部门下达处理决定。

第二章 国家土地所有权

第三条 城市市区范围内的土地属于国家所有。

第四条 依据一九五〇年《中华人民共和国土地改革法》及有关规定，凡当时没有将土地所有权分配给农民的土地属于国家所有；实施一九六二年《农村人民公社工作条例修正草案》（以下简称《六十条》）未划入农民集体范围内的土地属于国家所有。

第五条 国家建设征收的土地，属于国家所有。

第六条 开发利用国有土地，开发利用者依法享有土地使用权，土地所有权仍属国家。

第七条 国有铁路线路、车站、货场用地以及依法留用的其他铁路用地属于国家所有。土改时已分配给农民所有的原铁路用地和新建铁路两侧未经征收的农民集体所有土地属于农民集体所有。

第八条 县级以上（含县级）公路线路用地属于国家所有。公路两侧保护用地和公路其他用地凡未经征收的农民集体所有的土地仍属于农民集体所有。

第九条 国有电力、通讯设施用地属于国家所有。但国有电力通讯杆塔占用农民集体所有的土地，未办理征收手续的，土地仍属于农民集体所有，对电力通讯经营单位可确定为他项权利。

第十条 军队接收的敌伪地产及解放后经人民政府批准征收、划拨的军事用地属于国家所有。

第十一条 河道堤防内的土地和堤防外的护堤地，无堤防河道历史最高洪水位或者设计洪水位以下的土地，除土改时已将所有权分配给农民，国家未征收，且迄今仍归农民集体使用的外，属于国家所有。

第十二条 县级以上（含县级）水利部门直接管理的水库、渠道等水利工程用地属于国家所有。水利工程管理和保护范围内未经征收的农民集体土地仍属于农民集体所有。

第十三条 国家建设对农民集体全部进行移民安置并调剂土地后，迁移农民集体原有土地转为国家所有。但移民后原集体仍继续使用的集体所有土地，国家未进行征收的，其所有权不变。

第十四条 因国家建设征收土地，农民集体建制被撤销或其人口全部转为非农业人口，其未经征收的土地，归国家所有。继续使用原有土地的原农民集体及其成员享有国有土地使用权。

第十五条 全民所有制单位和城镇集体所有制单位兼并农民集体企业的，办理有关手续后，被兼并的原农民集体企业使用的集体所有土地转为国家所有。乡（镇）企业依照国家建设征收土地的审批程序和补偿标准使用的非本乡（镇）村农民集体所有的土地，转为国家所有。

第十六条 一九六二年九月《六十条》公布以前，全民所有制单位，城市集体所有制单位和集体所有制的华侨农场使用的原农民集体所有的土地（含合作化之前的个人土地），迄今没有退给农民集体的，属于国家所有。

《六十条》公布时起至一九八二年五月《国家建设征收土地条例》公布时止，全民所有制单位、城市集体所有制单位使用的原农民集体所有的土地，有下列情形之一的，属于国家所有：

1. 签订过土地转移等有关协议的；

2. 经县级以上人民政府批准使用的；

3. 进行过一定补偿或安置劳动力的；

4. 接受农民集体馈赠的；

5. 已购买原集体所有的建筑物的；

6. 农民集体所有制企事业单位转为全民所有制或者城市集体所有制单位的。

一九八二年五月《国家建设征收土地条例》公布时起至一九八七年《土地管理法》开始施行时止，全民所有制单位、城市集体所有制单位违反规定使用的农民集体土地，依照有关规定进行了清查处理后仍由全民所有制单位、城市集体所有制单位使用的，确定为国家所有。

凡属上述情况以外未办理征地手续使用的农民集体土地，由县级以上地方人民政府根据具体情况，按当时规定补办征地手续，或退还农民集体。一九八七年《土地管理法》施行后违法占用的农民集体土地，必须依法处理后，再确定土地所有权。

第十七条 一九八六年三月中共中央、国务院《关于加强土地管理、制止乱占耕地的通知》发布之前，全民所有制单位、城市集体所有制单位租用农民集体所有的土地，按照有关规定处理后，能够恢复耕种的，退还农民集体耕种，所有权仍属于农民集体；已建成永久性建筑物的，由用地单位按租用时的规定，补办手续，土地归国家所有。凡已经按照有关规定处理了的，可按处理决定确定所有权和使用权。

第十八条 土地所有权有争议，不能依法证明争议土地属于农民集体所有的，属于国家所有。

第三章 集体土地所有权

第十九条 土地改革时分给农民并颁发了土地所有证的土地，属于农民集体所有；实施《六十条》时确定为集体所有的土地，属农民集体所有。依照第二章规定属于国家所有的除外。

第二十条 村农民集体所有的土地，按目前该村农民集体实际使用的本集体土地所有权界线确定所有权。

根据《六十条》确定的农民集体土地所有权，由于下列原因发生变更的，按变更后的现状确定集体土地所有权：

（一）由于村、队、社、场合并或分割等管理体制的变化引起土地所有权变更的；

（二）由于土地开发、国家征地、集体兴办企事业或者自然灾害等原因进行过土地调整的；

（三）由于农田基本建设和行政区划变动等原因重新划定土地所有权界线的。行政区划变动未涉及土地权属变更的，原土地权属不变。

第二十一条 农民集体连续使用其他农民集体所有的土地已满二十年的，应视为现使用者所有；连续使用不满二十年，或者虽满二十年但在二十年期满之前所有者曾向现使用者或有关部门提出归还的，由县级以上人民政府根据具体情况确定土地所有权。

第二十二条 乡（镇）或村在集体所有的土地上修建并管理的道路、水利设施用地，分别属于乡（镇）或村农民集体所有。

第二十三条 乡（镇）或村办企事业单位使用的集体土地，《六十条》公布以前使用的，分别属于该乡（镇）或村农民集体所有；《六十条》公布时起至一九八二年国务院《村镇建房用地管理条例》发布时止使用的，有下列情况之一的，分别属于该乡（镇）或村农民集体所有：

1. 签订过用地协议的（不含租借）；

2. 经县、乡（公社）、村（大队）批准或同意，并进行了适当的土地调整或者经过一定补偿的；

3. 通过购买房屋取得的；

4. 原集体企事业单位体制经批准变更的。

一九八二年国务院《村镇建房用地管理条例》发布时起至一九八七年《土地管理法》开始施行时止，乡（镇）、村办企事业单位违反规定使用的集体土地按照有关规定清查处理后，乡（镇）、村集体单位继续使用的，可确定为该乡（镇）或村集体所有。

乡（镇）、村办企事业单位采用上述以外的方式占用的集体土地，或虽采用上述方式，但目前土地利用不合理的，如荒废、闲置等，应将其全部或部分土地退还原村或乡农民集体，或按有关规定进行处理。一九八七年《土地管理法》施行后违法占用的土地，须依法处理后再确定所有权。

第二十四条 乡（镇）企业使用本乡（镇）、村集体所有的土地，依照有关规定进行补偿和安置的，土地所有权转为乡（镇）农民集体所有。经依法批准的乡（镇）、村公共设施、公益事业使用的农民集体土地，分别属于乡（镇）、村农民集体所有。

第二十五条 农民集体经依法批准以土地使用权作为联营条件与其他单位或个人举办联营企业的，或者农民集体经依法批准以集体所有的土地的使用权作价入股，举办外商投资企业和内联乡镇企业的，集体土地所有权不变。

第四章 国有土地使用权

第二十六条 土地使用权确定给直接使用土地的具有法人资格的单位或个人。但法律、法规、政策和本规定另有规定的除外。

第二十七条 土地使用者经国家依法划拨、出让或解放初期接收、沿用，或通过依法转让、继承、接受地上建筑物等方式使用国有土地的，可确定其国有土地使用权。

第二十八条 土地公有制之前，通过购买房屋或土地及租赁土地方式使用私有的土地，土地转为国有后迄今仍继续使用的，可确定现使用者国有土地使用权。

第二十九条 因原房屋拆除、改建或自然坍塌等原因，已经变更了实际土地使用者的，经依法审核批准，可将土地使用权确定给实际土地使用者；空地及房屋坍塌或拆除后两年以上仍未恢复使用的土地，由当地县级以上人民政府收回土地使用权。

第三十条 原宗教团体、寺观教堂宗教活动用地，被其他单位占用，原使用单位因恢复宗教活动需要退还使用的，应按有关规定予以退还。确属无法退还或土地使用权有争议的，经协商、处理后确定土地使用权。

第三十一条 军事设施用地（含靶场、试验场、训练场）依照解放初土地接收文件和人民政府批准征收或划拨土地的文件确定土地使用权。土地使用权有争议的，按照国务院、中央军委有关文件规定处理后，再确定土地使用权。

国家确定的保留或地方代管的军事设施用地的土地使用权确定给军队，现由其他单位使用的，可依照有关规定确定为他项权利。

经国家批准撤销的军事设施，其土地使用权依照有关规定由当地县级以上人民政府收回并重新确定使用权。

第三十二条 依法接收、征收、划拨的铁路线路用地及其他铁路设施用地，现仍由铁路单位使用的，其使用权确定给铁路单位。铁路线路路基两侧依法取得使用权的保护用地，使用权确定给铁路单位。

第三十三条 国家水利、公路设施用地依照征收、划拨文件和有关法律、法规划定用地界线。

第三十四条 驻机关、企事业单位内的行政管理和服务性单位，经政府批准使用的土地，可以由土地管理部门商被驻单位规定土地的用途和其他限制条件后分别确定实际土地使用者的土地使用权。但租用房屋的除外。

第三十五条 原由铁路、公路、水利、电力、军队及其他单位和个人使用的土地，一九八二年五月《国家建设征收土地条例》公布之前，已经转由其他单位或个人使用的，除按照国家法律和政策应当退还的外，其国有土地使用权可确定给实际土地使用者，但严重影响上述部门的设施安全和正常使用的，暂不确定土地使用权，按照有关规定处理后，再确定土地使用权。一九八二年五月以后非法转让的，经依法处理后再确定使用权。

第三十六条 农民集体使用的国有土地，其使用权按县级以上人民政府主管部门审批、划拨文件确定；没有审批、划拨文件的，依照当时规定补办手续后，按使用现状确定；过去未明确划定使用界线的，由县级以上人民政府参照土地实际使用情况确定。

第三十七条 未按规定用途使用的国有土地，由县级以上人民政府收回重新安排使用，或者按有关规定处理后确定使用权。

第三十八条 一九八七年一月《土地管理法》施行之前重复划拨或重复征收的土地，可按目前实际使用情况或者根据最后一次划拨或征收文件确定使用权。

第三十九条 以土地使用权为条件与其他单位或个人合建房屋的，根据批准文件、合建协议或者投资数额确定土地使用权，但一九八二年《国家建设征收土地条例》公布后合建的，应依法办理土地转让手续后再确定土地使用权。

第四十条 以出让方式取得的土地使用权或以划拨方式取得的土地使用权补办出让手续后作为资产入股的，土地使用权确定给股份制企业。

国家以土地使用权作价入股的，土地使用权确定给股份制企业。

国家将土地使用权租赁给股份制企业的，土地使用权确定给股份制企业。企业以出让方式取得的土地使用权或以划拨方式取得的土地使用权补办出让手续后，出租给股份制企业的，土地使用权不变。

第四十一条 企业以出让方式取得的土地使用权，企业破产后，经依法处置，确定给新的受让人；企业通过划拨方式取得的土地使用权，企业破产时，其土地使用权由县级以上人民政府收回后，根据有关规定进行处置。

第四十二条 法人之间合并，依法属于应当以有偿方式取得土地使用权的，原土地使用权应当办理有关手续，有偿取得土地使用权；依法可以以划拨形式取得土地使用权的，可以办理划拨土地权属变更登记，取得土地使用权。

第五章　集体土地建设用地使用权

第四十三条 乡（镇）村办企业事业单位和个人依法使用农民集体土地进行非农业建设的，

可依法确定使用者集体土地建设用地使用权。对多占少用、占而不用的,其闲置部分不予确定使用权,并退还农民集体,另行安排使用。

第四十四条 依照本规定第二十五条规定的农民集体土地,集体土地建设用地使用权确定给联营或股份企业。

第四十五条 一九八二年二月国务院发布《村镇建房用地管理条例》之前农村居民建房占用的宅基地,超过当地政府规定的面积,在《村镇建房用地管理条例》施行后未经拆迁、改建、翻建的,可以暂按现有实际使用面积确定集体土地建设用地使用权。

第四十六条 一九八二年二月《村镇建房用地管理条例》发布时起至一九八七年一月《土地管理法》开始施行时止,农村居民建房占用的宅基地,其面积超过当地政府规定标准的,超过部分按一九八六年三月中共中央、国务院《关于加强土地管理、制止乱占耕地的通知》及地方人民政府的有关规定处理后,按处理后实际使用面积确定集体土地建设用地使用权。

第四十七条 符合当地政府分户建房规定而尚未分户的农村居民,其现有的宅基地没有超过分户建房用地合计面积标准的,可按现有宅基地面积确定集体土地建设用地使用权。

第四十八条 非农业户口居民(含华侨)原在农村的宅基地,房屋产权没有变化的,可依法确定其集体土地建设用地使用权。房屋拆除后没有批准重建的,土地使用权由集体收回。

第四十九条 接受转让、购买房屋取得的宅基地,与原有宅基地合计面积超过当地政府规定标准,按照有关规定处理后允许继续使用的,可暂确定其集体土地建设用地使用权。继承房屋取得的宅基地,可确定集体土地建设用地使用权。

第五十条 农村专业户宅基地以外的非农业建设用地与宅基地分别确定集体土地建设用地使用权。

第五十一条 按照本规定第四十五条至第四十九条的规定确定农村居民宅基地集体土地建设用地使用权时,其面积超过当地政府规定标准的,可在土地登记卡和土地证书内注明超过标准面积的数量。以后分户建房或现有房屋拆迁、改建、翻建或政府依法实施规划重新建设时,按当地政府规定的面积标准重新确定使用权,其超过部分退还集体。

第五十二条 空闲或房屋坍塌、拆除两年以上未恢复使用的宅基地,不确定土地使用权。已经确定使用权的,由集体报经县级人民政府批准,注销其土地登记,土地由集体收回。

第六章 附 则

第五十三条 一宗地由两个以上单位或个人共同使用的,可确定为共有土地使用权。共有土地使用权面积可以在共有使用人之间分摊。

第五十四条 地面与空中、地面与地下立体交叉使用土地的(楼房除外),土地使用权确定给地面使用者,空中和地下可确定为他项权利。

平面交叉使用土地的,可以确定为共有土地使用权;也可以将土地使用权确定给主要用途或优先使用单位,次要和服从使用单位可确定为他项权利。

上述两款中的交叉用地,如属合法批准征收、划拨的,可按批准文件确定使用权,其他用地单位确定为他项权利。

第五十五条 依法划定的铁路、公路、河道、水利工程、军事设施、危险品生产和储存地、风景区等区域的管理和保护范围内的土地,其土地的所有权和使用权依照土地管理有关法规确定。但对上述范围内的土地的用途,可以根据有关的规定增加适当的限制条件。

第五十六条 土地所有权或使用权证明文件上的四至界线与实地一致,但实地面积与批准面积不一致的,按实地四至界线计算土地面积,确定土地的所有权或使用权。

第五十七条 他项权利依照法律或当事人约定设定。他项权利可以与土地所有权或使用权同时确定,也可在土地所有权或使用权确定之后增设。

第五十八条 各级人民政府或人民法院已依法处理的土地权属争议,按处理决定确定土地所有权或使用权。

第五十九条 本规定由国家土地管理局负责解释。

第六十条 本规定自1995年5月1日起施行。1989年7月5日国家土地管理局印发的《关于确定土地权属问题的若干意见》同时停止执行。

土地权属争议调查处理办法

1. 2003年1月3日国土资源部令第17号公布
2. 根据2010年11月30日国土资源部令第49号《关于修改部分规章的决定》修正

第一条 为依法、公正、及时地做好土地权属争议的调查处理工作,保护当事人的合法权益,维护土地的社会主义公有制,根据《中华人民共和国土地管理法》,制定本办法。

第二条 本办法所称土地权属争议,是指土地所有权或者使用权归属争议。

第三条 调查处理土地权属争议,应当以法律、法规和土地管理规章为依据。从实际出发,尊重历史,面对现实。

第四条 县级以上国土资源行政主管部门负责土地权属争议案件(以下简称争议案件)的调查和调解工作;对需要依法作出处理决定的,拟定处理意见,报同级人民政府作出处理决定。

县级以上国土资源行政主管部门可以指定专门机构或者人员负责办理争议案件有关事宜。

第五条 个人之间、个人与单位之间、单位与单位之间发生的争议案件,由争议土地所在地的县级国土资源行政主管部门调查处理。

前款规定的个人之间、个人与单位之间发生的争议案件,可以根据当事人的申请,由乡级人民政府受理和处理。

第六条 设区的市、自治州国土资源行政主管部门调查处理下列争议案件:

一、跨县级行政区域的;

二、同级人民政府、上级国土资源行政主管部门交办或者有关部门转送的。

第七条 省、自治区、直辖市国土资源行政主管部门调查处理下列争议案件:

一、跨设区的市、自治州行政区域的;

二、争议一方为中央国家机关或者其直属单位,且涉及土地面积较大的;

三、争议一方为军队,且涉及土地面积较大的;

四、在本行政区域内有较大影响的;

五、同级人民政府、国土资源部交办或者有关部门转送的。

第八条 国土资源部调查处理下列争议案件:

一、国务院交办的;

二、在全国范围内有重大影响的。

第九条 当事人发生土地权属争议,经协商不能解决的,可以依法向县级以上人民政府或者乡级人民政府提出处理申请,也可以依照本办法第五、六、七、八条的规定,向有关的国土资源行政主管部门提出调查处理申请。

第十条 申请调查处理土地权属争议的,应当符合下列条件:

一、申请人与争议的土地有直接利害关系;

二、有明确的请求处理对象、具体的处理请求和事实根据。

第十一条 当事人申请调查处理土地权属争议,应当提交书面申请书和有关证据材料,并按照被申请人数提交副本。

申请书应当载明以下事项:

一、申请人和被申请人的姓名或者名称、地址、邮政编码、法定代表人姓名和职务;

二、请求的事项、事实和理由;

三、证人的姓名、工作单位、住址、邮政编码。

第十二条 当事人可以委托代理人代为申请土地权属争议的调查处理。委托代理人申请的,应当提交授权委托书。授权委托书应当写明委托事项和权限。

第十三条 对申请人提出的土地权属争议调查处理的申请,国土资源行政主管部门应当依照本办法第十条的规定进行审查,并在收到申请书之日起7个工作日内提出是否受理的意见。

认为应当受理的,在决定受理之日起5个工作日内将申请书副本发送被申请人。被申请人应当在接到申请书副本之日起30日内提交答辩书和有关证据材料。逾期不提交答辩书的,不影响案件的处理。

认为不应当受理的，应当及时拟定不予受理建议书，报同级人民政府作出不予受理决定。

当事人对不予受理决定不服的，可以依法申请行政复议或者提起行政诉讼。

同级人民政府、上级国土资源行政主管部门交办或者有关部门转办的争议案件，按照本条有关规定审查处理。

第十四条 下列案件不作为争议案件受理：

一、土地侵权案件；

二、行政区域边界争议案件；

三、土地违法案件；

四、农村土地承包经营权争议案件；

五、其他不作为土地权属争议的案件。

第十五条 国土资源行政主管部门决定受理后，应当及时指定承办人，对当事人争议的事实情况进行调查。

第十六条 承办人与争议案件有利害关系的，应当申请回避；当事人认为承办人与争议案件有利害关系的，有权请求该承办人回避。承办人是否回避，由受理案件的国土资源行政主管部门决定。

第十七条 承办人在调查处理土地权属争议过程中，可以向有关单位或者个人调查取证。被调查的单位或者个人应当协助，并如实提供有关证明材料。

第十八条 在调查处理土地权属争议过程中，国土资源行政主管部门认为有必要对争议的土地进行实地调查的，应当通知当事人及有关人员到现场。必要时，可以邀请有关部门派人协助调查。

第十九条 土地权属争议双方当事人对各自提出的事实和理由负有举证责任，应当及时向负责调查处理的国土资源行政主管部门提供有关证据材料。

第二十条 国土资源行政主管部门在调查处理争议案件时，应当审查双方当事人提供的下列证据材料：

一、人民政府颁发的确定土地权属的凭证；

二、人民政府或者主管部门批准征收、划拨、出让土地或者以其他方式批准使用土地的文件；

三、争议双方当事人依法达成的书面协议；

四、人民政府或者司法机关处理争议的文件或者附图；

五、其他有关证明文件。

第二十一条 对当事人提供的证据材料，国土资源行政主管部门应当查证属实，方可作为认定事实的根据。

第二十二条 在土地所有权和使用权争议解决之前，任何一方不得改变土地利用的现状。

第二十三条 国土资源行政主管部门对受理的争议案件，应当在查清事实、分清权属关系的基础上先行调解,促使当事人以协商方式达成协议。调解应当坚持自愿、合法的原则。

第二十四条 调解达成协议的,应当制作调解书。调解书应当载明以下内容:

一、当事人的姓名或者名称、法定代表人姓名、职务;

二、争议的主要事实;

三、协议内容及其他有关事项。

第二十五条 调解书经双方当事人签名或者盖章,由承办人署名并加盖国土资源行政主管部门的印章后生效。

生效的调解书具有法律效力,是土地登记的依据。

第二十六条 国土资源行政主管部门应当在调解书生效之日起15日内,依照民事诉讼法的有关规定,将调解书送达当事人,并同时抄报上一级国土资源行政主管部门。

第二十七条 调解未达成协议的,国土资源行政主管部门应当及时提出调查处理意见,报同级人民政府作出处理决定。

第二十八条 国土资源行政主管部门应当自受理土地权属争议之日起6个月内提出调查处理意见。因情况复杂,在规定时间内不能提出调查处理意见的,经该国土资源行政主管部门的主要负责人批准,可以适当延长。

第二十九条 调查处理意见应当包括以下内容:

一、当事人的姓名或者名称、地址、法定代表人的姓名、职务;

二、争议的事实、理由和要求;

三、认定的事实和适用的法律、法规等依据;

四、拟定的处理结论。

第三十条 国土资源行政主管部门提出调查处理意见后,应当在5个工作日内报送同级人民政府,由人民政府下达处理决定。

国土资源行政主管部门的调查处理意见在报同级人民政府的同时,抄报上一级国土资源行政主管部门。

第三十一条 当事人对人民政府作出的处理决定不服的,可以依法申请行政复议或者提起行政诉讼。

在规定的时间内,当事人既不申请行政复议,也不提起行政诉讼,处理决定即发生法律效力。

生效的处理决定是土地登记的依据。

第三十二条 在土地权属争议调查处理过程中,国土资源行政主管部门的工作人员玩忽职守、滥用职权、徇私舞弊,构成犯罪的,依法追究刑事责任;不构成犯罪的,由其所在单位或者其上级机关依法给予行政处分。

第三十三条 乡级人民政府处理土地权属争议,参照本办法执行。

第三十四条 调查处理争议案件的文书格式,由国土资源部统一制定。

第三十五条 调查处理争议案件的费用,依照国家有关规定执行。

第三十六条 本办法自2003年3月1日起施行。1995年12月18日原国家土地管理局发布的《土地权属争议处理暂行办法》同时废止。

六、土地监察与违法惩处

中华人民共和国刑法(节录)

1.1979年7月1日第五届全国人民代表大会第二次会议通过

2.1997年3月14日第八届全国人民代表大会第五次会议修订

3.根据1998年12月29日第九届全国人民代表大会常务委员会第六次会议通过的《关于惩治骗购外汇、逃汇和非法买卖外汇犯罪的决定》、1999年12月25日第九届全国人民代表大会常务委员会第十三次会议通过的《中华人民共和国刑法修正案》、2001年8月31日第九届全国人民代表大会常务委员会第二十三次会议通过的《中华人民共和国刑法修正案(二)》、2001年12月29日第九届全国人民代表大会常务委员会第二十五次会议通过的《中华人民共和国刑法修正案(三)》、2002年12月28日第九届全国人民代表大会常务委员会第三十一次会议通过的《中华人民共和国刑法修正案(四)》、2005年2月28日第十届全国人民代表大会常务委员会第十四次会议通过的《中华人民共和国刑法修正案(五)》、2006年6月29日第十届全国人民代表大会常务委员会第二十二次会议通过的《中华人民共和国刑法修正案(六)》、2009年2月28日第十一届全国人民代表大会常务委员会第七次会议通过的《中华人民共和国刑法修正案(七)》、2009年8月27日第十一届全国人民代表大会常务委员会第十次会议通过的《关于修改部分法律的决定》、2011年2月25日第十一届全国人民代表大会常务委员会第十九次会议通过的《中华人民共和国刑法修正案(八)》、2015年8月29日第十二届全国人民代表大会常务委员会第十六次会议通过的《中华人民共和国刑法修正案(九)》、2017年11月4日第十二届全国人民代表大会常务委员会第三十次会议通过的《中华人民共和国刑法修正案(十)》修正

第二百二十八条 **【非法转让、倒卖土地使用权罪】**以牟利为目的,违反土地管理法规,非法转让、倒卖土地使用权,情节严重的,处三年以下有期徒刑或者拘役,并处或者单处非法转让、倒卖土地使用权价额百分之五以上百分之二十以下罚金;情节特别严重的,处三年以上七年以下有

期徒刑，并处非法转让、倒卖土地使用权价额百分之五以上百分之二十以下罚金。

第三百四十二条 【非法占用农用地罪】违反土地管理法规，非法占用耕地、林地等农用地，改变被占用土地用途，数量较大，造成耕地、林地等农用地大量毁坏的，处五年以下有期徒刑或者拘役，并处或者单处罚金。

第四百一十条 【非法批准征收、征用、占用土地罪；非法低价出让国有土地使用权罪】国家机关工作人员徇私舞弊，违反土地管理法规，滥用职权，非法批准征收、征用、占用土地，或者非法低价出让国有土地使用权，情节严重的，处三年以下有期徒刑或者拘役；致使国家或者集体利益遭受特别重大损失的，处三年以上七年以下有期徒刑。

国土资源执法监督规定

1．2018 年 1 月 2 日国土资源部令第 79 号公布
2．自 2018 年 3 月 1 日起施行

第一条 为了规范国土资源执法监督行为，依法履行国土资源执法监督职责，切实保护国土资源，维护公民、法人和其他组织的合法权益，根据《中华人民共和国土地管理法》《中华人民共和国矿产资源法》等法律法规，制定本规定。

第二条 本规定所称国土资源执法监督，是指县级以上国土资源主管部门依照法定职权和程序，对公民、法人和其他组织执行和遵守国土资源法律法规的情况进行监督检查，并对违反国土资源法律法规的行为进行制止和查处的行政执法活动。

第三条 国土资源执法监督，遵循依法、规范、严格、公正、文明的原则。

第四条 县级以上国土资源主管部门应当强化遥感监测、视频监控等科技和信息化手段的应用，也可以通过购买社会服务等方式，发挥现代科技对执法监督工作的支撑作用，提升执法监督效能。

第五条 对在执法监督工作中认真履行职责，依法执行公务成绩显著的国土资源主管部门及其执法人员，由上级国土资源主管部门给予通报表扬。

第六条 县级以上国土资源主管部门依照法律法规规定，履行下列执法监督职责：

（一）对执行和遵守国土资源法律法规的情况进行检查；

（二）对发现的违反国土资源法律法规的行为进行制止，责令限期改正；

（三）对涉嫌违反国土资源法律法规的行为进行调查；

（四）对违反国土资源法律法规的行为依法实施行政处罚和行政处理；

（五）对违反国土资源法律法规依法应当追究国家工作人员行政纪律责任的，依照有关规定提出行政处分建议；

（六）对违反国土资源法律法规涉嫌犯罪的，向公安、检察机关移送案件有关材料；

（七）法律法规规定的其他职责。

第七条 县级以上地方国土资源主管部门根据工作需要，可以委托国土资源执法监督队伍行使执法监督职权。具体职权范围由委托机关决定。

上级国土资源主管部门应当加强对下级国土资源主管部门行政执法行为的监督和指导。

第八条 县级以上地方国土资源主管部门应当加强与人民法院、人民检察院和公安机关的沟通和协作，依法配合有关机关查处涉嫌国土资源犯罪的行为。

第九条 从事国土资源执法监督的工作人员应当具备下列条件：

（一）具有较高的政治素质，忠于职守、秉公执法、清正廉明；

（二）熟悉国土资源法律法规和相关专业知识；

（三）取得国土资源执法证件。

第十条 国土资源执法人员经过考核合格后，方可取得国土资源执法证件。

国土资源主管部门应当定期组织对执法人员的业务培训。

执法人员不得超越法定职权使用执法证件，不得将执法证件用于国土资源执法监督以外的活动。

第十一条 国土资源部负责省级以上国土资源主管部门执法证件的颁发工作。

省级国土资源主管部门负责市、县国土资源主管部门执法证件的颁发工作。

国土资源执法证件的样式，由国土资源部规定。

第十二条 单位名称、执法人员信息等发生变化的，应当申领新的执法证件。

遗失执法证件的，应当及时向所在国土资源主管部门书面报告。有关国土资源主管部门在门户网站声明作废后，核发新的执法证件。

省级国土资源主管部门应当在每年 1 月底前，通过国土资源执法综合监管平台将上年度执法人员基本信息、培训、发证以及变更、注销、撤销等情况报国土资源部备案。

国土资源部和省级国土资源主管部门应当结合备案情况定期审验相关信息。

第十三条 因调离、辞职、退休或者其他情形不再履行国土资源执法监督职责的，有关国土资源主管部门应当收回其执法证件，由发证机关予以注销。

第十四条 有下列情形之一的，有关国土资源主管部门应当收回其执法证件，并报发证机关备案：

（一）因涉嫌违法违纪被立案审查，尚未作出结论的；

（二）暂时停止履行执法监督职责的；

（三）擅自涂改、转借执法证件的；

（四）利用执法证件开展与执法监督职责无关的活动，尚未造成严重后果的；

（五）因其他原因应当收回执法证件的。

本条第一、二种情形消除后，经审查合格，可以继续履行执法监督职责的，应当将执法证件及时发还。

第十五条 有下列情形之一的，有关国土资源主管部门应当收回其执法证件，逐级上报发证机关，由发证机关予以撤销，并在门户网站上公布：

（一）弄虚作假取得执法证件的；

（二）在执法监督活动中存在徇私舞弊、滥用职权、玩忽职守等行为，不再适合履行执法监督职责的；

（三）利用执法证件开展与执法监督职责无关的活动，造成严重后果的；

（四）有其他依法应当撤销执法证件情形的。

执法证件被撤销的，不得再重新申领。

第十六条 国土资源执法人员依法履行执法监督职责时，应当主动出示执法证件，并且不得少于2人。

第十七条 县级以上国土资源主管部门可以组织特邀国土资源监察专员参与国土资源执法监督活动，为国土资源执法监督工作提供意见和建议。

第十八条 市、县国土资源主管部门可以根据工作需要，聘任信息员、协管员，收集国土资源违法行为信息，协助及时发现国土资源违法行为。

第十九条 县级以上国土资源主管部门履行执法监督职责，依法可以采取下列措施：

（一）要求被检查的单位或者个人提供有关文件和资料，进行查阅或者予以复制；

（二）要求被检查的单位或者个人就有关问题作出说明，询问违法案件的当事人、嫌疑人和证人；

（三）进入被检查单位或者个人违法现场进行勘测、拍照、录音和摄像等；

（四）责令当事人停止正在实施的违法行为，限期改正；

（五）对当事人拒不停止违法行为的，应当将违法事实书面报告本级人民政府和上一级国土资源主管部门，也可以提请本级人民政府协调有关部门和单位采取相关措施；

（六）对涉嫌违反国土资源法律法规的单位和个人，依法暂停办理其与该行为有关的审批或者登记发证手续；

（七）对执法监督中发现有严重违反国土资源法律法规，国土资源管理秩序混乱，未积极采取措施消除违法状态的地区，其上级国土资源主管部门可以建议本级人民政府约谈该地区人民政府主要负责人；

（八）执法监督中发现有地区存在违反国土资源法律法规的苗头性或者倾向性问题，可以向该地区的人民政府或者国土资源主管部门进行反馈，提出执法监督建议；

（九）法律法规规定的其他措施。

第二十条 县级以上地方国土资源主管部门应当按照有关规定保障国土资源执法监督工作的经费、车辆、装备等必要条件，并为执法人员提供人身意外伤害保险等职业风险保障。

第二十一条 市、县国土资源主管部门应当建立执法巡查制度，制订巡查工作计划，组织开展巡查活动，及时发现、报告和依法制止国土资源违法行为。

第二十二条 国土资源部在全国部署开展土地矿产卫片执法监督。

省级国土资源主管部门按照国土资源部的统一部署，组织所辖行政区域内的市、县国土资源主管部门开展土地矿产卫片执法监督，并向国土资源部报告结果。

第二十三条 省级以上国土资源主管部门实行国土资源违法案件挂牌督办和公开通报制度。

符合下列条件之一的违法案件可以挂牌督办：

（一）公众反映强烈，影响社会稳定的；

（二）给国家、人民群众利益造成重大损害的；

（三）造成耕地大量破坏，或者非法采出矿产品价值数额巨大的；

（四）其他需要挂牌督办的。

省级以上国土资源主管部门应当将重大典型案件和挂牌督办案件的案情、处理结果向社会公开通报。

第二十四条 对上级国土资源主管部门交办的国土资源违法案件，下级国土资源主管部门拖延办理的，上级国土资源主管部门可以发出督办通知，责令限期办理；必要时，可以派员督办或者挂牌督办。

第二十五条 县级以上国土资源主管部门实行行政执法全过程记录制度。根据情况可以采取下列记录方式，实现全过程留痕和可回溯管理：

（一）将行政执法文书作为全过程记录的基本形式；

（二）对现场检查、随机抽查、调查取证、听证、行政强制、送达等容易引发争议的行政执法过程，进行音像记录；

（三）对直接涉及重大财产权益的现场执法活动和执法场所，进行音像记录。

第二十六条 县级以上国土资源主管部门实行重大行政执法决定法制审核制度。在作出重大行政处罚决定前，由该部门的法制工作机构对拟作出决定的合法性、适当性进行审核。未经法制审核或者审核未通过的，不得作出决定。

重大行政处罚决定，包括没收违法采出的矿产品、没收违法所得、没收违法建筑物、限期拆除违法建筑物、吊销勘查许可证或者采矿许可证等。

第二十七条 县级以上国土资源主管部门的执法监督机构提请法制审核的，应当提交以下材料：

（一）处罚决定文本；

（二）案件调查报告；

（三）法律法规规章依据；

（四）相关的证据材料；

（五）需要提供的其他相关材料。

第二十八条 法制审核原则上采取书面审核的方式，审核以下内容：

（一）执法主体是否合法；

（二）是否超越本机关执法权限；

（三）违法定性是否准确；

（四）法律适用是否正确；

（五）程序是否合法；

（六）行政裁量权行使是否适当。

第二十九条 县级以上国土资源主管部门的法制工作机构自收到送审材料之日起5个工作日内完成审核。情况复杂需要进一步调查研究的，可以适当延长，但延长期限不超过10个工作日。

经过审核，对拟作出的重大行政处罚决定符合本规定第二十八条的，法制工作机构出具通过法制审核的书面意见；对不符合规定的，不予通过法制审核。

第三十条 县级以上国土资源主管部门实行行政执法公示制度。县级以上国土资源主管部门建立行政执法公示平台，依法及时向社会公开下列信息，接受社会公众监督：

（一）本部门执法查处的法律依据、管辖范围、工作流程、救济方式等相关规定；

（二）本部门国土资源执法证件持有人姓名、编号等信息；

（三）本部门作出的生效行政处罚决定和行政处理决定；

（四）本部门公开挂牌督办案件处理结果；

（五）本部门认为需要公开的其他执法监督事项。

第三十一条 有下列情形之一的，县级以上国土资源主管部门及其执法人员，应当采取相应处置措施，履行执法监督职责：

（一）对于下达《责令停止违法行为通知书》后制止无效的，及时报告本级人民政府和上一级国土资源主管部门；

（二）依法申请人民法院强制执行，人民法院不予受理的，应当作出明确记录。

第三十二条 上级国土资源主管部门应当通过检查、抽查等方式，评议考核下级国土资源主管部门执法监督工作。

评议考核结果应当在适当范围内予以通报，并作为年度责任目标考核、评优、奖惩的重要依据，以及干部任用的重要参考。

评议考核不合格的，上级国土资源主管部门可以对其主要负责人进行约谈，责令限期整改。

第三十三条 县级以上国土资源主管部门实行错案责任追究制度。国土资源执法人员在查办国土资源违法案件过程中，因过错造成损害后果的，所在的国土资源主管部门应当予以纠正，并依照有关规定追究相关人员的过错责任。

第三十四条 县级以上国土资源主管部门及其执法人员有下列情形之一，致使公共利益或者公民、法人和其他组织的合法权益遭受重大损害的，应当依法给予处分：

（一）对发现的国土资源违法行为未依法制止的；

（二）应当依法立案查处，无正当理由，未依法立案查处的；

（三）已经立案查处，依法应当申请强制执行、提出处分建议或者移送有权机关追究行政纪律或者刑事责任，无正当理由，未依法申请强制执行、提出处分建议、移送有权机关的。

第三十五条 县级以上国土资源主管部门及其执法人员有下列情形之一的，应当依法给予处分；构成犯罪的，依法追究刑事责任：

（一）伪造、销毁、藏匿证据，造成严重后果的；

（二）篡改案件材料，造成严重后果的；

（三）不依法履行职责，致使案件调查、审核出现重大失误的；

（四）违反保密规定，向案件当事人泄露案情，造成严重后果的；

（五）越权干预案件调查处理，造成严重后果的；

（六）有其他徇私舞弊、玩忽职守、滥用职权行为的。

第三十六条 阻碍国土资源主管部门依法履行执法监督职责，对国土资源执法人员进行威胁、侮辱、殴打或者故意伤害，构成违反治安管理行为的，依法给予治安管理处罚；构成犯罪的，依法追究刑事责任。

第三十七条 本规定自 2018 年 3 月 1 日起施行。原国家土地管理局 1995 年 6 月 12 日发布的《土地监察暂行规定》同时废止。

最高人民法院关于审理破坏土地资源刑事案件具体应用法律若干问题的解释

1．2000 年 6 月 16 日最高人民法院审判委员会第 1119 次会议通过

2．2000 年 6 月 19 日公布

3．法释〔2000〕14 号

4．自 2000 年 6 月 22 日起施行

为依法惩处破坏土地资源犯罪活动，根据刑法的有关规定，现就审理这类案件具体应用法律的若干问题解释如下：

第一条 以牟利为目的，违反土地管理法规，非法转让、倒卖土地使用权，具有下列情形之一的，属于非法转让、倒卖土地使用权“情节严重”，依照刑法第二百二十八条的规定，以非法转让、倒卖土地使用权罪定罪处罚：

（一）非法转让、倒卖基本农田五亩以上的；

（二）非法转让、倒卖基本农田以外的耕地十亩以上的；

（三）非法转让、倒卖其他土地二十亩以上的；

（四）非法获利五十万元以上的；

（五）非法转让、倒卖土地接近上述数量标准并具有其他恶劣情节的，如曾因非法转让、倒卖土地使用权受过行政处罚或者造成严重后果等。

第二条 实施第一条规定的行为，具有下列情形之一的，属于非法转让、倒卖土地使用权“情节特别严重”：

（一）非法转让、倒卖基本农田十亩以上的；

（二）非法转让、倒卖基本农田以外的耕地二十亩以上的；

（三）非法转让、倒卖其他土地四十亩以上的；

（四）非法获利一百万元以上的；

（五）非法转让、倒卖土地接近上述数量标准并具有其他恶劣情节，如造成严重后果等。

第三条 违反土地管理法规，非法占用耕地改作他用，数量较大，造成耕地大量毁坏的，依照刑法第三百四十二条的规定，以非法占用耕地罪定罪处罚：

（一）非法占用耕地“数量较大”，是指非法占用基本农田五亩以上或者非法占用基本农田以外的耕地十亩以上。

（二）非法占用耕地“造成耕地大量毁坏”，是指行为人非法占用耕地建窑、建坟、建房、挖沙、采石、采矿、取土、堆放固体废弃物或者进行其他非农业建设，造成基本农田五亩以上或者基本农田以外的耕地十亩以上种植条件严重毁坏或者严重污染。

第四条 国家机关工作人员徇私舞弊，违反土地管理法规，滥用职权，非法批准征用、占用土地，具有下列情形之一的，属于非法批准征用、占用土地“情节严重”，依照刑法第四百一十条的规定，以非法批准征用、占用土地罪定罪处罚：

（一）非法批准征用、占用基本农田十亩以上的；

（二）非法批准征用、占用基本农田以外的耕地三十亩以上的；

（三）非法批准征用、占用其他土地五十亩以上的；

（四）虽未达到上述数量标准，但非法批准征用、占用土地造成直接经济损失三十万元以上；造成耕地大量毁坏等恶劣情节的。

第五条 实施第四条规定的行为，具有下列情形之一的，属于非法批准征用、占用土地“致使国家或者集体利益遭受特别重大损失”：

（一）非法批准征用、占用基本农田二十亩以上的；

（二）非法批准征用、占用基本农田以外的耕地六十亩以上的；

（三）非法批准征用、占用其他土地一百亩以上的；

（四）非法批准征用、占用土地，造成基本农田五亩以上，其他耕地十亩以上严重毁坏的；

（五）非法批准征用、占用土地造成直接经济损失五十万元以上等恶劣情节的。

第六条 国家机关工作人员徇私舞弊，违反土地管理法规，非法低价出让国有土地使用权，具有下列情形之一的，属于“情节严重”，依照刑法第四百一十条的规定，以非法低价出让国有土地使用权罪定罪处罚：

（一）出让国有土地使用权面积在三十亩以上，并且出让价额低于国家规定的最低价额标准的百分之六十的；

（二）造成国有土地资产流失价额在三十万元以上的。

第七条 实施第六条规定的行为，具有下列情形之一的，属于非法低价出让国有土地使用权，“致使国家和集体利益遭受特别重大损失”：

（一）非法低价出让国有土地使用权面积在六十亩以上，并且出让价额低于国家规定的最低价额标准的百分之四十的；

（二）造成国有土地资产流失价额在五十万元以上的。

第八条 单位犯非法转让、倒卖土地使用权罪、非法占有耕地罪的定罪量刑标准，依照本解释第一条、第二条、第三条的规定执行。

第九条 多次实施本解释规定的行为依法应当追诉的，或者一年内多次实施本解释规定的行为未经处理的，按照累计的数量、数额处罚。

最高人民法院关于审理破坏林地资源刑事案件具体应用法律若干问题的解释

1. 2005 年 12 月 19 日最高人民法院审判委员会第 1374 次会议通过
2. 2005 年 12 月 26 日公布
3. 法释〔2005〕15 号
4. 自 2005 年 12 月 30 日起施行

为依法惩治破坏林地资源犯罪活动，根据《中华人民共和国刑法》及全国人民代表大会常务委员会《关于〈中华人民共和国刑法〉第二百二十八条、第三百四十二条、第四百一十条的解释》的有关规定，现就人民法院审理这类刑事案件具体应用法律的若干问题解释如下：

第一条 违反土地管理法规，非法占用林地，改变被占用林地用途，在非法占用的林地上实施建窑、建坟、建房、挖沙、采石、采矿、取土、种植农作物、堆放或排泄废弃物等行为或者进行其他非林业生产、建设，造成林地的原有植被或林业种植条件严重毁坏或者严重污染，并具有下列情形之一的，属于刑法第三百四十二条规定的犯罪行为，应当以非法占用农用地罪判处五年以下有期徒刑或者拘役，并处或者单处罚金：

（一）非法占用并毁坏防护林地、特种用途林地数量分别或者合计达到五亩以上；

（二）非法占用并毁坏其他林地数量达到十亩以上；

（三）非法占用并毁坏本条第（一）项、第（二）项规定的林地，数量分别达到相应规定的数量标准的百分之五十以上；

（四）非法占用并毁坏本条第（一）项、第（二）项规定的林地，其中一项数量达到相应规定的数量标准的百分之五十以上，且两项数量合计达到该项规定的数量标准。

第二条 国家机关工作人员徇私舞弊，违反土地管理法规，滥用职权，非法批准征用、占用林地，具有下列情形之一的，属于刑法第四百一十条规定的"情节严重"，应当以非法批准征用、占用土地罪判处三年以下有期徒刑或者拘役：

（一）非法批准征用、占用防护林地、特种用途林地数量分别或者合计达到十亩以上；

（二）非法批准征用、占用其他林地数量达到二十亩以上；

（三）非法批准征用、占用林地造成直接经济损失数额达到三十万元以上，或者造成本条第（一）项规定的林地数量分别或者合计达到五亩以上或者本条第（二）项规定的林地数量达到十亩以上毁坏。

第三条 实施本解释第二条规定的行为,具有下列情形之一的,属于刑法第四百一十条规定的“致使国家或者集体利益遭受特别重大损失”,应当以非法批准征用、占用土地罪判处三年以上七年以下有期徒刑:

(一)非法批准征用、占用防护林地、特种用途林地数量分别或者合计达到二十亩以上;

(二)非法批准征用、占用其他林地数量达到四十亩以上;

(三)非法批准征用、占用林地造成直接经济损失数额达到六十万元以上,或者造成本条第(一)项规定的林地数量分别或者合计达到十亩以上或者本条第(二)项规定的林地数量达到二十亩以上毁坏。

第四条 国家机关工作人员徇私舞弊,违反土地管理法规,非法低价出让国有林地使用权,具有下列情形之一的,属于刑法第四百一十条规定的“情节严重”,应当以非法低价出让国有土地使用权罪判处三年以下有期徒刑或者拘役:

(一)林地数量合计达到三十亩以上,并且出让价额低于国家规定的最低价额标准的百分之六十;

(二)造成国有资产流失价额达到三十万元以上。

第五条 实施本解释第四条规定的行为,造成国有资产流失价额达到六十万元以上的,属于刑法第四百一十条规定的“致使国家和集体利益遭受特别重大损失”,应当以非法低价出让国有土地使用权罪判处三年以上七年以下有期徒刑。

第六条 单位实施破坏林地资源犯罪的,依照本解释规定的相关定罪量刑标准执行。

第七条 多次实施本解释规定的行为依法应当追诉且未经处理的,应当按照累计的数量、数额处罚。

附录

集体土地征收流程图

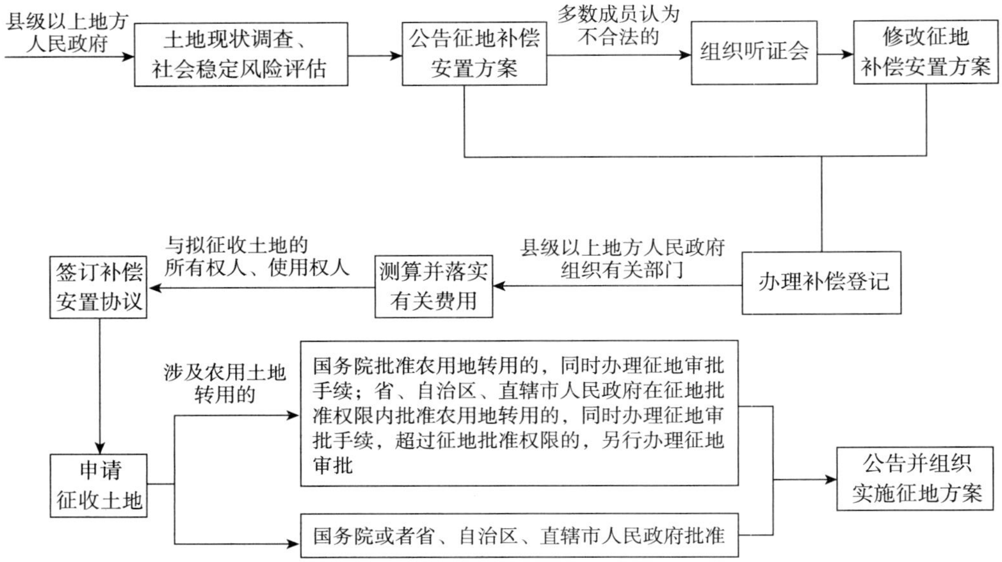

土地征收补偿计算

(1)土地补偿费、安置补助费

征收农用地的土地补偿费、安置补助费标准由省、自治区、直辖市通过制定公布区片综合地价确定。制定区片综合地价应当综合考虑土地原用途、土地资源条件、土地产值、土地区位、土地供求关系、人口以及经济社会发展水平等因素,并至少每三年调整或者重新公布一次。

(2)地上附着物和青苗等的补偿标准

地上附着物和青苗等的补偿标准,由省、自治区、直辖市制定。

(3)农村村民住宅

农村村民住宅,应当按照先补偿后搬迁、居住条件有改善的原则,尊重农村村民意愿,采取重新安排宅基地建房、提供安置房或者货币补偿等方式给予公平、合理的补偿,并对因征收造成的搬迁、临时安置等费用予以补偿,保障农村村民居住的权利和合法的住房财产权益。

(4)安排被征地农民的社会保障费用

县级以上地方人民政府应当将被征地农民纳入相应的养老等社会保障体系。被征地农民的社会保障费用主要用于符合条件的被征地农民的养老保险等社会保险缴费补贴。被征地农民社会保障费用的筹集、管理和使用办法,由省、自治区、直辖市制定。

(5)征收农用地以外的其他土地的补偿标准

征收农用地以外的其他土地的补偿标准,由省、自治区、直辖市制定。

农村土地承包操作流程图

本集体经济组织成员的村民会议选举产生承包工作小组

↓

承包工作小组依照法律、法规的规定拟订并公布承包方案

↓

依法召开本集体经济组织成员的村民会议，讨论通过承包方案

↓

公开并组织实施承包方案

↓

村小组分别对每块田进行确权，并将地块名称、面积、等级、地类、基本农田、四至以及共有人情况等填写清楚，并由村小组干部和农户签名确认

↓

发包方根据确权表填写农村土地承包合同，并由发包方负责人、农户和鉴证单位签名盖章确认。

↓

根据签订的承包合同填写农村土地承包经营权证，并由县农业行政主管部门审核无误后盖章

↓

编制农村土地承包基本情况汇总表，发放农村土地承包经营权证，并由农户在基本情况汇总表上签名领取

农村土地承包经营权流转流程图

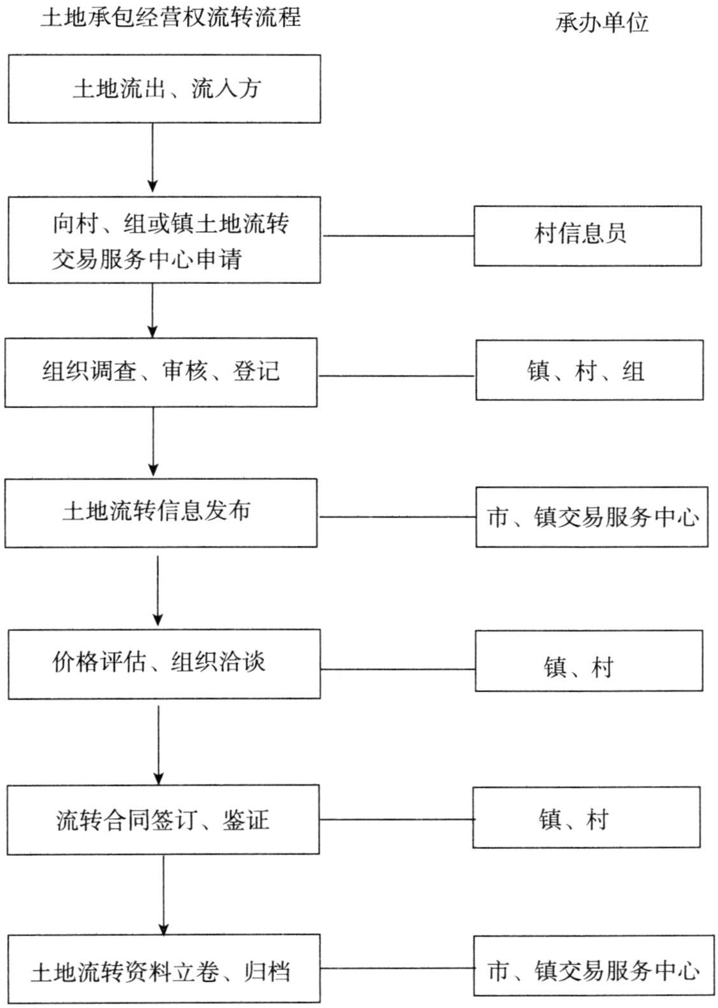

农村土地承包纠纷仲裁流程图

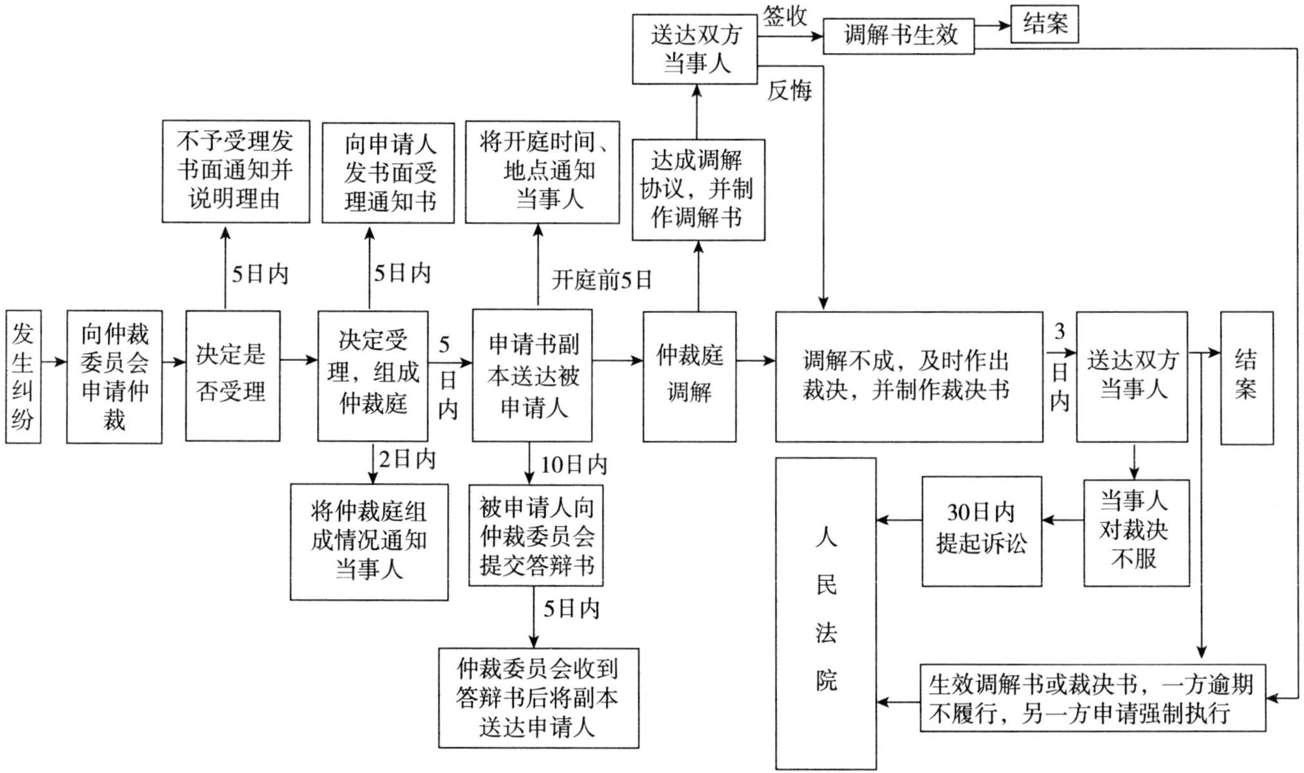